Rolf Böve

Spezialisierungsvorteile und -risiken im Kreditgeschäft

GABLER RESEARCH

ifk edition

Herausgegeben von:

Prof. Dr. Andreas Pfingsten, Universität Münster

Band 20

Die ifk edition macht bankwissenschaftliche Forschungsergebnisse einer breiten Leserschaft zugänglich. Die Beiträge der Schriftenreihe zeichnen sich durch die wissenschaftliche Qualität ihrer theoretischen und empirischen Analysen ebenso aus wie durch ihren Praxisbezug. Sie behandeln eine breite Palette von Themen wie das Kredit- und das Einlagengeschäft, das Risikomanagement, die Bankenregulierung sowie das Rechnungswesen von Banken.

Rolf Böve

Spezialisierungsvorteile und -risiken im Kreditgeschäft

Eine empirische Analyse am Beispiel der deutschen Sparkassen und Kreditgenossenschaften

Mit einem Geleitwort von Prof. Dr. Andreas Pfingsten

GABLER

RESEARCH

Bibliografische Information der Deutschen Nationalbibliothek
Die Deutsche Nationalbibliothek verzeichnet diese Publikation in der Deutschen Nationalbibliografie; detaillierte bibliografische Daten sind im Internet über <http://dnb.d-nb.de> abrufbar.

Dissertation Universität Münster, 2009

D6

Die Bände 1–4 sind im LIT Verlag, die Bände 5–17 im Fritz Knapp Verlag erschienen.

1. Auflage 2009

Lektorat: Claudia Jeske | Nicole Schweitzer

Gabler ist Teil der Fachverlagsgruppe Springer Science+Business Media.
www.gabler.de

Umschlaggestaltung: KünkelLopka Medienentwicklung, Heidelberg
Gedruckt auf säurefreiem und chlorfrei gebleichtem Papier
Printed in Germany

ISBN 978-3-8349-1967-0

Geleitwort

Die zielgerichtete Steuerung des Kreditportfolios ist eine wichtige Aufgabe des Bankmanagements. Dabei ist eine wichtige Teilfrage, ob sich ein Institut in der Kreditvergabe an Unternehmen vorwiegend auf ausgewählte Branchen konzentrieren will oder ob die Unternehmenskredite breit gestreut über nahezu alle Branchen vergeben werden sollen. Im ersten Fall sprechen wir von Spezialisierung bzw. Fokussierung, im zweiten Fall von Diversifikation.

In der „normalen" Kapitalmarkttheorie, die vollkommene Kapitalmärkte unterstellt, ist die Antwort klar: Bestmögliche Diversifikation ist anzustreben, um die Übernahme unsystematischer Risiken, für die am Markt keine Prämien gezahlt werden, zu vermeiden. Auf unvollkommenen Märkten und für Kreditinstitute als Intermediäre ist die Antwort demgegenüber nicht klar: Dem risikomindernden Effekt der Diversifikation steht der Verzicht auf Spezialisierungsvorteile durch besondere Branchenkenntnis entgegen.

In früheren Arbeiten wurde zunächst gezeigt, dass sich die deutschen Sparkassen und Genossenschaftsbanken in den letzten Jahren zunehmend für eine Strategie der Diversifikation entschieden haben. Für diese Institute war das keine gute Botschaft; denn weiter konnte nachgewiesen werden, dass mit einer stärkeren Spezialisierung höhere durchschnittliche Renditen und geringere durchschnittliche Ausfälle einher gingen. Offen geblieben ist bislang, warum die beschriebenen Wirkungen eingetreten sind und wie sich Spezialisierung auf das Kreditportfoliorisiko auswirkt. Genau an dieser Stelle setzt die vorliegende Arbeit mit ihren durchdacht strukturierten und zugleich vielschichtigen Analysen an.

Die empirische Arbeit ist sehr logisch aufgebaut. Zunächst wird überprüft, welche möglichen Ursachen die geringeren Verluste im Kreditgeschäft spezialisierter Banken haben können. Zum einen könnte dies die Monitoring-Qualität sein, d.h. die Fähigkeit der Bank, aufgrund ihrer guten Branchenkenntnisse jeweils die besten Kreditnehmer auszuwählen und zu behalten. Eine weitere Erklärung wäre eine Konzentration auf besonders risikoarme Branchen. Auch dies wird für Sparkassen und Kreditgenossenschaften untersucht.

Die Fokussierung auf diese beiden Institutsgruppen ist im Übrigen dem Tatbestand geschuldet, dass die Institute dieser Gruppen bei aller verbleibenden Heterogenität immer noch vergleichsweise homogen sind und außerdem hinreichend zahlreich, um aussagekräftige ökonometrische Ergebnisse erzielen zu können. Die wissenschaftlich überaus wertvollen Daten durfte der Verfasser im Rahmen einer Kooperation mit der Deutschen Bundesbank nutzen. An dieser Stelle möchte ich dafür sowie für die fachliche Unterstützung Herrn Dr. Thilo Liebig sowie seinen Mitarbeitern Dr. Klaus Düllmann und Dr. Christoph Memmel meinen herzlichsten Dank sagen.

Ökonomisch und ökonometrisch sorgsam motivierte Untersuchungen und die sorgfältige Verwendung von Robustheitstests kennzeichnen auch die Suche nach Gründen für die höhere Rentabilität spezialisierter Institute. Der Leser wird dabei entdecken, dass die Wahl eines konkreten Spezialisierungsmaßes die Ergebnisse treiben kann. Mit Blick auf die Effizienz gibt es zudem einige interessante Beobachtungen zur Rolle der Bankengröße.

Da für das Bankmanagement gerade die unerwarteten Verluste eine herausragende Bedeutung haben, wird auch dieses Thema mit der Spezialisierung in Verbindung gebracht. Der Autor ermittelt Portfolio-VaR-Werte, wobei unterschiedliche Monitoring-Fähigkeiten der Banken berücksichtigt werden, und untersucht anschließend den Zusammenhang mit der Spezialisierung. Diese Analysen liefern einen erheblichen Beitrag zur Abwägung von Konzentrationsrisiken und Spezialisierungsvorteilen.

Insgesamt liegt hier eine Arbeit zur wichtigen strategischen Entscheidung Fokussierung versus Diversifikation vor, die sowohl praxisrelevante Erkenntnisse beinhaltet als auch dem theoretisch und empirisch orientierten Forscher Ansätze für weiterführende Arbeiten liefert. Ich wünsche dem Werk daher eine große Verbreitung.

Prof. Dr. Andreas Pfingsten

Vorwort

Die vorliegende Arbeit wurde im Wintersemester 2008/2009 von der wirtschaftswissenschaftlichen Fakultät der Westfälischen Wilhelms-Universität Münster als Dissertation angenommen. Sie entstand während meiner vierjährigen Tätigkeit als wissenschaftlicher Mitarbeiter am Institut für Kreditwesen bei Herrn Prof. Dr. Andreas Pfingsten.

Ich möchte mich ganz herzlich bei all denjenigen bedanken, die mich beim Verfassen der Dissertation unterstützt haben. Mein erster Dank gilt meinem Doktorvater Prof. Dr. Andreas Pfingsten. Er hat mir während der gesamten Zeit als wissenschaftlicher Mitarbeiter wertvolle Anregungen gegeben und mein Vorhaben tatkräftig gefördert. Die sehr angenehme Arbeitsatmosphäre am Lehrstuhl ist nicht zuletzt auf sein Engagement für das Institut zurückzuführen. Herr Prof. Dr. Bernd Wilfling hat sich freundlicherweise bereit erklärt, für die Dissertation das Zweitgutachten zu erstellen.

Die Dissertation ist im Rahmen einer Kooperation zwischen dem Institut für Kreditwesen und der Deutschen Bundesbank entstanden. Als Volontär bei der Deutschen Bundesbank hatte ich die Möglichkeit, bankindividuelle Daten für die empirischen Untersuchungen in meiner Arbeit einzusetzen. Mein Dank gilt daher auch der Deutschen Bundesbank, insbesondere den Mitarbeitern der Abteilung „Mikro- und Makroprudenzielle Analysen des Bankensektors" unter der Leitung von Herrn Dr. Thilo Liebig. Gesondert hervorheben möchte ich Herrn Dr. Christoph Memmel und Herrn Dr. Klaus Düllmann, die sich stets Zeit für konstruktive Gespräche genommen haben.

Für die schöne Zeit am Institut für Kreditwesen danke ich meinen früheren Kolleginnen und Kollegen Sven Bornemann, Burkhard Döge, Frederik Hesse, Carsten Hubensack, Dr. Andreas Kamp, Hannes Klein, Christian Kuklick, Dr. Claudia Schaaff, Dr. Norbert Sträter, Dr. Sebastian Suhr, Dr. Daniel Thiry und Dr. Irmhild Wrede. Für das Korrekturlesen von Teilen meines Manuskripts bedanke ich mich bei Michael Nettels und Carsten Hubensack. Bei Dr. Daniel Thiry möchte ich mich für hilfreiche Anregungen bedanken.

Meinen Eltern Renate und Bernhard Böve danke ich für die liebevolle Unterstützung und den Rückhalt während meiner gesamten Ausbildungszeit. Auch meine Schwester Inge Engel stand mir stets mit liebevollem Rat zur Seite. Zuletzt möchte ich mich bei meiner Freundin Ina Winterscheid bedanken. Sie hat mir während der Zeit stets neue Kraft gegeben. Für das intensive Korrekturlesen der gesamten Arbeit, ihr Verständnis für die Entbehrungen während der Promotionszeit und ihre Besuche mit Essenspaketen in der Universität möchte ich mich mit ganzem Herzen bedanken.

Rolf Böve

Inhaltsverzeichnis

Abbildungsverzeichnis

Tabellenverzeichnis

Symbolverzeichnis

A_groß_kurz	Anteil der kurzfristigen Neukredite mit Nominalbeträgen von über 1 Mio. € an der Kreditneuvergabe im Firmenkundengeschäft
A_groß_lang	Anteil der langfristigen Neukredite mit Nominalbeträgen von über 1 Mio. € an der Kreditneuvergabe im Firmenkundengeschäft
A_groß_mittel	Anteil der mittelfristigen Neukredite mit Nominalbeträgen von über 1 Mio. € an der Kreditneuvergabe im Firmenkundengeschäft
A_klein_kurz	Anteil der kurzfristigen Neukredite mit Nominalbeträgen bis zu 1 Mio. € an der Kreditneuvergabe im Firmenkundengeschäft
A_klein_lang	Anteil der langfristigen Neukredite mit Nominalbeträgen bis zu 1 Mio. € an der Kreditneuvergabe im Firmenkundengeschäft
A_klein_mittel	Anteil der mittelfristigen Neukredite mit Nominalbeträgen bis zu 1 Mio. € an der Kreditneuvergabe im Firmenkundengeschäft
A_Überziehung	Anteil der Überziehungskredite an den gesamten Kundenkrediten
$a\_monitoring^{\overline{SM}}$	Monitoring-Anpassungsfaktor für die Bank mit dem niedrigsten Spezialisierungsgrad
$a\_monitoring_b^{\overline{SM}}$	Monitoring-Anpassungsfaktor für die Bank b
agglom	Agglomerationsgrad
agglom1	Dummy-Variable für Agglomerationsgebiete
agglom2	Dummy-Variable für städtische Gebiete
b	Bank

bank_ford	Anteil der Interbankenkredite
bank_verb	Anteil der Verbindlichkeiten gegenüber Banken
bilanz	Bilanzsumme
bilanz_2	quadrierte Bilanzsumme
bilanz_gross	Dummy-Variable für Bank mit großer Bilanzsumme
bilanz_klein	Dummy-Variable für Bank mit kleiner Bilanzsumme
blanko	Blankoanteil bei einzelwertberichtigten Krediten
branchen_anz	Branchenanzahl
CDI	Capital Diversification Index
cir	Cost-Income-Ratio
D^{Bund}	Distanz zur Branchenzusammensetzung des gesamtdeutschen Kreditmarktes
D^{BWS}	Distanz zur Branchenzusammensetzung der Bruttowertschöpfung
D^{Land}	Distanz zur Branchenzusammensetzung des Kreditmarktes auf Ebene der Bundesländer
D^{Ort}	Distanz zur Branchenzusammensetzung des Kreditmarktes auf Ebene der Ortskennzahlen
DF	Diversifikationsfaktor
ekq	Eigenkapitalquote
ekr	Eigenkapitalrentabilität
EL	erwartete Verluste
ELQ	erwartete Verlustquote
ELQ_faktorlos	erwartete Verlustquote ohne Bereinigung durch den Bundeslandanpassungsfaktor
ELQ_national	erwartete Verlustquote auf Basis der nationalen Branchenzusammensetzung
ELQ_Ort	durchschnittliche erwartete Verlustquote eines Geschäftsgebietes
ewb_ant	Anteil der Einzelwertberichtigungen
exp	Exponentialfunktion
faktor	Bundeslandanpassungsfaktor
frist	Höhe der Fristentransformation

fusion1	Dummy-Variable für übernehmende Institute
fusion2	Dummy-Variable für übernommene Institute
gepr_ant	Anteil der geprüften Kredite
gkm_satz	Geld- und Kapitalmarktsatz
gkr	Gesamtkapitalrentabilität
HHI	Hirschman-Herfindahl-Index auf Basis von Nominalbeträgen
HHI^w	Hirschman-Herfindahl-Index auf Basis von erwarteten Verlusten
hoehe	durchschnittliche Kredithöhe
hyp	Anteil der Hypothekarkredite
i	Branche
IR	Insolvenzrate
kommunal	Anteil der Kommunalkredite
kred_ant	Anteil der Kundenkredite
kundeneinl	Anteil der Kundeneinlagen
LQ^{ausf}	Ausfallrate
LQ^{notl}	Anteil der notleidenden Kredite am Kundenkreditvolumen
LQ^{notl_gepr}	Anteil der notleidenden Kredite am geprüften Kreditvolumen
markt_ant1	durchschnittlicher Marktanteil in betreuten Branchen
markt_ant2	Anteil am gesamten Kreditvolumen des Geschäftsgebietes
markt_struktur	Konzentrationsgrad der Kreditvergabe im Geschäftsgebiet
N	Anzahl der Unternehmen
NF	Normierungsfaktor
ost	Dummy-Variable für ostdeutsche Institute
$PD^{Monitoring}$	Ausfallwahrscheinlichkeit mit Berücksichtigung der Monitoring-Qualität
$PD^{ohne\ Monitoring}$	Ausfallwahrscheinlichkeit ohne Berücksichtigung der Monitoring-Qualität
personal	Personalaufwandsquote
personal_kredit	Personalaufwandsquote für das Firmenkundenkreditgeschäft
privat	Anteil der Privatkundenkredite

$provision$	Anteil der Provisionserträge
Q	Korrelationsmatrix der systematischen Branchenfaktoren
R^2	Bestimmtheitsmaß
$RATIO$	Quotient aus tatsächlicher und erwarteter Verlustquote
$RATIO^{ausf}$	Quotient aus Ausfallrate und erwarteter Verlustquote
$RATIO^{notl}$	Quotient aus der Quote notleidender Kredite und erwarteter Verlustquote
rVaR	relativer Value-at-Risk
$rVaR^{EF}$	relativer Value-at-Risk ohne Berücksichtigung von Diversifikationseffekten
$rVaR^{d}$	relativer Value-at-Risk ohne Berücksichtigung der Monitoring-Qualität auf Basis der durchschnittlichen Korrelationsmatrix
$rVaR^{j}$	relativer Value-at-Risk ohne Berücksichtigung der Monitoring-Qualität auf Basis der 2-Jahres-Korrelationsmatrizen
$rVaR^{(d,SM)}$	relativer Value-at-Risk mit Berücksichtigung der Monitoring-Qualität gemäß Spezialisierungsmaß SM auf Basis der durchschnittlichen Korrelationsmatrix
$rVaR^{(j,SM)}$	relativer Value-at-Risk mit Berücksichtigung der Monitoring-Qualität gemäß Spezialisierungsmaß SM auf Basis der 2-Jahres Korrelationsmatrizen
SER	Salary Exposure Rate
SM_Ort	Abstand der Ort-Benchmark zur nationalen Benchmark
$sparkasse$	Dummy-Variable für die Sparkassen
t	Zeitpunkt
VaR^{EF}	Value-at-Risk ohne Berücksichtigung von Diversifikationseffekten
VaR^{MF}	Value-at-Risk unter Berücksichtigung von Diversifikationseffekten
$var_{between}$	Varianz der Spezialisierungsgrad-Bankmittelwerte
var_{ges}	gesamte Spezialisierungsgrad-Varianz
var_{within}	Durchschnitt der Spezialisierungsgrad-Varianzen über die Jahre je Bank
$verbr\_verb$	Anteil der verbrieften Verbindlichkeiten

$verwaltung$	Verwaltungsaufwandsquote
w	Beitrag einer Branche zum Risikobeitrag auf Basis des Ein-Faktor-Modells
X_t^{Bund}	Kreditvolumen in Deutschland zum Zeitpunkt t
$X_t^{Ort_b}$	Gesamte Kreditvergabe im Geschäftsgebiet der Bank b zum Zeitpunkt t
$x_{(b,i,t)}$	Kreditvergabe der Bank b an die Branche i zum Zeitpunkt t
$x_{(b,t)}$	Kreditvolumen der Bank b zum Zeitpunkt t
$x_{(i,t)}^{Bund}$	Anteil der Branche i an der nationalen Kreditvergabe zum Zeitpunkt t
$x_{(i,t)}^{BWS}$	Anteil der Branche i an der Kreditvergabe der Bruttowertschöpfung zum Zeitpunkt t
$x_{(i,t)}^{Land_b}$	Anteil der Branche i an der Kreditvergabe des Landes zum Zeitpunkt t
$x_{(i,t)}^{Ort_b}$	Anteil der Branche i an der Kreditvergabe des Geschäftsgebietes zum Zeitpunkt t
y	Gruppe von Kontrollvariablen
Z	Systematischer Branchenfaktor
z	Gruppe von Kontrollvariablen
Z_groß_kurz	Zinssätze der Firmenkundenkredite mit Nominalbeträgen über 1 Mio. € und Zinsbindungsfristen bis zu 1 Jahr
Z_groß_lang	Zinssätze der Firmenkundenkredite mit Nominalbeträgen über 1 Mio. € und Zinsbindungsfristen von über 5 Jahren
Z_groß_mittel	Zinssätze der Firmenkundenkredite mit Nominalbeträgen über 1 Mio. € und Zinsbindungsfristen von über 1 Jahr bis zu 5 Jahren
Z_klein_kurz	Zinssätze der Firmenkundenkredite mit Nominalbeträgen bis zu 1 Mio. € und Zinsbindungsfristen bis zu 1 Jahr
Z_klein_lang	Zinssätze der Firmenkundenkredite mit Nominalbeträgen bis zu 1 Mio. € und Zinsbindungsfristen von über 5 Jahren
Z_klein_mittel	Zinssätze der Firmenkundenkredite mit Nominalbeträgen bis zu 1 Mio. € und Zinsbindungsfristen von über 1 Jahr bis zu 5 Jahren

Z_kurz	Zinssätze der Firmenkundenkredite mit Laufzeiten bis zu 1 Jahr
Z_lang	Zinssätze der Firmenkundenkredite mit Laufzeiten von über 5 Jahren
Z_mittel	Zinssätze der Firmenkundenkredite mit Laufzeiten von über 1 Jahr bis zu 5 Jahren
ZAQ	Zinsaufwandsquote
ZEQ	Zinsertragsquote
ZEQ^{ausf}	risikobereinigte Konditionsmarge
ZEQ^{kon}	Konditionsmarge aus dem Kreditgeschäft
$ZEQ\_P\_Satz\_fest$	durchschnittlicher Zinssatz im Privatkundengeschäft auf Basis des bankindividuellen Kreditartenmix
$ZEQ\_P\_Volumen\_fest$	durchschnittlicher Zinssatz im Privatkundengeschäft auf Basis durchschnittlicher Zinssätze in den einzelnen Kreditkategorien
$ZEQ\_U\_Satz\_fest$	durchschnittlicher Zinssatz im Kreditkundengeschäft auf Basis des bankindividuellen Kreditartenmix
$ZEQ\_U\_Volumen\_fest$	durchschnittlicher Zinssatz im Kreditkundengeschäft auf Basis durchschnittlicher Zinssätze in den einzelnen Kreditkategorien
$Zins\_Ratio$	durchschnittlicher Zinssatz einer Bank im Rahmen der Kredit- und Geldmarktgeschäfte
α	Konstante in Regressionsmodellen
$\alpha*$	Konstante in Regressionsmodellen
β	Regressionskoeffizient
$\overline{\beta}$	Durchschnittliche Korrelation zwischen den Branchen
ϵ	Störterm
ρ	Anteil des systematischen Faktors an der Unternehmenswertrendite
$\overline{(\cdot)}$	Mittelwert der Größe $(\cdot)$ über den Beobachtungszeitraum
€	Euro

Abkürzungsverzeichnis

Abs.	Absatz
BAFIN	Bundesanstalt für Finanzdienstleistungsaufsicht
BAKIS	Bankaufsichtliches Informationssystem
BAKred	Bundesaufsichtsamt für das Kreditwesen
BVR	Bundesverband der deutschen Volksbanken und Raiffeisenbanken
bzw.	beziehungsweise
c.p.	ceteris paribus
CDO	Collateralized Debt Obligation
cor	Korrelationskoeffizient
d.h.	das heißt
Dez.	Dezember
Dienstl.	Dienstleistungen
Div.	Diversifikation
DM	Deutsche Mark
DSGV	Deutscher Sparkassen- und Giroverband
DZ Bank	Deutsche Zentral-Genossenschaftsbank
EAD	Exposure at Default
EDF	Expected Default Frequency
et al.	et alii
EURIBOR	European Interbank Offered Rate
EWB	Einzelwertberichtigung
EWU	Europäische Währungsunion
f.	folgende
F&E	Forschung und Entwicklung

ff.	fortfolgende
FIBOR	Frankfurt Interbank Offered Rate
GuV	Gewinn- und Verlustrechnung
ggf.	gegebenenfalls
GKM	Geld- und Kapitalmarkt
HAC	heteroskedarticity and autocorrelation consistent
Hg.	Herausgeber
HGB	Handelsgesetzbuch
HHI	Hirschman-Herfindahl-Index
i.Allg.	im Allgemeinen
i.e.S.	im engeren Sinne
ICB	Industry Classification Benchmark
IFRS	International Financial Reporting Standard(s)
InsO	Insolvenzordnung
IRB	Internal Ratings Based (Approach)
KMU	kleine und mittelgroße Unternehmen
KWG	Kreditwesengesetz
LGD	Loss Given Default
ln	natürlicher Logarithmus
m.a.W.	mit anderen Worten
Max	Maximum
MFI	Monetary Financial Institution
Min	Minimum
Mio.	Millionen
Mittelw.	Mittelwert
NACE	System der europäischen Union zur Klassifizierung von Wirtschaftszweigen
NRW	Nordrhein-Westfalen
p5	5%-Quartil
p95	95%-Quartil
PD	Ausfallrate
PrüfbV	Prüfungsberichtsverordnung

PSD	Post-Spar-Darlehensvereine
RechKredV	Verordnung über die Rechnungslegung der Kreditinstitute und Finanzdienstleistungsinstitute
RKQ	Risikokostenquote
S.	Seite
s.u.	siehe unten
SER	Salary Exposure Rate
SM	Spezialisierungsmaß
SolvV	Solvabilitätsverordnung
SpkG	Sparkassengesetz
SPV	Special Purpose Vehicle
Stabw.	Standardabweichung
u.	und
u.a.	unter anderem
u.a.O.	und andere Orte
Unt.	Unternehmen
US	United States
UStG	Umsatzsteuergesetz
usw.	und so weiter
VaR	Value-at-Risk
vgl.	vergleiche
VIF	Variance-Inflation-Factor
WGZ	Westdeutsche Genossenschafts-Zentralbank
ZEQ	Zinsertragsquote
6-M-Satz	6-Monats-FIBOR bzw. -EURIBOR

Kapitel 1

Einleitung

„Schuld daran war (nur) die Branchenkonzentration im Kreditportfolio". Ein fiktiver Satz, gleichwohl ein Satz, der ausdrückt, was es nach überwiegender Meinung im Kreditgeschäft zu vermeiden gilt: Branchenkonzentration.[1] Branchenkonzentration geht mit höheren Zusammenhängen zwischen den Ausfallprozessen der einzelnen Kredite im Kreditportfolio einher, da sich makroökonomische Entwicklungen auf Unternehmen der gleichen Branche häufig in ähnlicher Weise auswirken. Gemeinsame Ausfälle von mehreren Krediten und damit extreme Verluste werden wahrscheinlicher. Die Bankenaufsicht verlangt von den Banken daher, Branchenkonzentrationen in ihrer Risikosteuerung zu berücksichtigen, zu überwachen und offenzulegen.[2] Studien[3] untermauern die mit einer Branchenkonzentration verbundenen negativen Konsequenzen und zeigen einen positiven Zusammenhang zwischen Konzentrationsgrad und unerwarteten Verlusten.[4] Allerdings weisen diese Studien einen (möglicherweise) entscheidenden Mangel auf: Die Monitoring-Fähigkeit der Banken, die den Grad der Informationsasymmetrie zwischen Kreditgeber und -nehmer und dadurch möglicherweise auch Parameter der Kreditportfolioqualität wesentlich beeinflusst, wird

---

[1] Neben der Branchenkonzentration können auch andere Arten der Konzentration im Kreditgeschäft betrachtet werden. Zu nennen hierbei sind die Single-Name-Konzentration, auch Adressenkonzentration genannt, die die Konzentration in Krediten an einzelne Kreditnehmer bezeichnet, sowie die geographische Konzentration als ungleichmäßige Verteilung über geographische Regionen oder auch die Konzentration von Forderungen gegenüber durch Geschäftsbeziehungen miteinander verbundenen Unternehmen. Vgl. hierzu etwa Deutsche Bundesbank (2006b).

[2] Vgl. hierzu Bundesanstalt für Finanzdienstleistungsaufsicht (2005), BTR 1.1, und Basel Committee on Banking Supervision (2006a).

[3] Vgl. hierzu die Ausführungen in Abschnitt 2.

[4] Zu unerwarteten Verlusten vgl. Sträter / Suhr (2004) bzw. die Ausführungen in Kapitel 6.

konstant gehalten; Ausfallwahrscheinlichkeit und die Verlusthöhe bei Ausfall eines Kredites sind exogen gegeben und nicht vom Kreditgeber beeinflussbar. Dabei kann durchaus vermutet werden, dass sich bei Banken, die sich auf bestimmte Branchen spezialisieren, die erworbene Branchenexpertise positiv auf das Monitoring im Kreditgeschäft auswirkt.[5] Es gibt einige Arbeiten, die diese Vermutung bekräftigen. In den empirischen Studien von Kamp (2006) und Acharya et al. (2006) wird ein negativer Zusammenhang zwischen Spezialisierungsgrad und Risikovorsorgequoten im Kreditgeschäft nachgewiesen. Es ist jedoch nicht geklärt, ob dies unbedingt auf bessere Monitoring-Fähigkeiten der im Kreditgeschäft spezialisierten Banken zurückzuführen ist. Möglich ist auch, dass diversifizierte Banken mehr in riskante Branchen investieren als spezialisierte Banken, da sie sich auf Basis der breiteren Streuung ihrer Kredite genügend gegen hohe Verluste abgesichert fühlen. Die empirischen Studien von Kamp et al. (2007), Acharya et al. (2006) und Hayden et al. (2007) liefern ferner den Nachweis, dass spezialisierte Banken tendenziell höhere Renditen erzielen. Ein möglicher Grund für diesen Zusammenhang ist, dass die evtl. vorhandenen Monitoring-Vorteile bei spezialisierten Banken höhere Kreditertäge mit sich bringen. An den soeben genannten Stellen setzen die empirischen Untersuchungen der vorliegenden Arbeit an. Sie versuchen, die entsprechenden Lücken zu schließen und damit ein tieferes Verständnis für die Zusammenhänge zwischen Spezialisierungsgrad und Rendite bzw. Risiko zu schaffen.

Die Arbeit beschäftigt sich im ersten Untersuchungsteil mit den Fragestellungen, ob ein höherer Spezialisierungsgrad im Firmenkundenkreditgeschäft mit einer höheren Monitoring-Qualität einhergeht und ob die auf Basis der Branchenverteilung im Kreditgeschäft zu erwartenden Verlustquoten bei den spezialisierten Banken geringer sind als bei den diversifizierten Banken. Antworten auf diese beiden Fragen sind zugleich Antworten auf die Frage, wie die Unterschiede zwischen den Risikovorsorgequoten spezialisierter und diversifizierter Banken zu erklären sind. Im zweiten Teil wird der Frage nachgegangen, ob spezialisierte Banken höhere Erträge aus dem Kreditgeschäft erzielen. Die Beantwortung dieser Frage liefert außerdem einen Beitrag dazu, den Zusammenhang zwischen Spezialisierungsgrad und Bankrendite transparenter zu machen. Das Ziel des dritten Untersuchungsteils dieser Arbeit besteht darin, den im ersten Teil ermittelten Zusammenhang zwischen Spezialisierungsgrad und Monitoring-Qualität in Untersuchungen zum Portfoliorisiko einfließen zu lassen.

[5] Schon Schmalenbach (1910) schreibt einem Prokuristen, der (ausschließlich) die Holzindustrie zu bedienen hat, eine spezifische Kenntnis zu, die ihn in die Lage versetzt zu wissen, „wie man den Holzkaufleuten am besten beikommt“.

Wie hängen Spezialisierungsgrad und unerwartete Verluste des Kreditportfolios zusammen, wenn Monitoring-Unterschiede berücksichtigt werden?

Grundlage der Untersuchungen ist das Kreditgeschäft der deutschen Sparkassen und Kreditgenossenschaften im Zeitraum 1995 bis 2006. Das Geschäft der Kreditinstitute dieser beiden in sich recht homogenen Bankengruppen ist sehr stark durch das traditionelle Kreditgeschäft geprägt und bietet sich deshalb besonders gut als Untersuchungsobjekt für die oben vorgestellten Fragestellungen an.[6]

Allen empirischen Untersuchungen in dieser Arbeit ist gemein, dass keine Kausalbeziehungen, sondern lediglich Zusammenhänge aufgezeigt werden. Die Untersuchungen haben also keinen normativen Charakter. Auf Basis ökonomischer Überlegungen lassen sich dennoch sehr viele nützliche Schlussfolgerungen ziehen, die u.a. auch für die Bankenaufsicht und das Bankmanagement von Interesse sein dürften.

Diese Arbeit ist im Rahmen einer Forschungskooperation der Westfälischen Wilhelms-Universität Münster mit der Deutschen Bundesbank enstanden. In dieser Arbeit werden zum ersten Mal bankindividuelle Daten der Kreditnehmerstatistik, bankindividuelle Jahresabschlussdaten sowie Brancheninsolvenzraten zusammengeführt und zu empirischen Untersuchungen genutzt.[7]

Der Aufbau der Arbeit ist wie folgt: In Kapitel 2 wird zunächst ausführlich erläutert, weshalb eine genauere Untersuchung der Spezialisierung auf bestimmte Branchen im Firmenkundenkreditgeschäft lohnend ist. Hierbei erfolgt zugleich die Einordnung der Fragestellungen dieser Arbeit in die Literatur. Anschließend werden Konzepte zur Messung des Spezialisierungsgrades vorgestellt und diskutiert. In Kapitel 3 werden die Datenbasis und die später verwendeten Variablen eingeführt und die Einschränkung der Untersuchungen auf Sparkassen und Kreditgenossenschaften begründet. Das Kapitel endet mit einer Beschreibung des Umgangs mit Fusionen, die bei Kreditgenossenschaften und Sparkassen eine wichtige Rolle spielen, und der Vorstellung des Datensets, das grundsätzlich für die Schätzungen herangezogen wird. Kapitel

[6] Für eine ausführliche Begründung der Eingrenzung der Untersuchungen auf diese beiden Bankengruppen vgl. Abschnitt 3.3.

[7] Zur genaueren Abgrenzung gegenüber themenverwandten Arbeiten vgl. Abschnitt 2.3.1.2.

4 widmet sich zunächst der Fragestellung, ob spezialisierte Sparkassen und Kreditgenossenschaften Monitoring-Vorteile aufweisen. Nach einer kurzen Motivation und Vorstellung der empirischen Methodik werden die empirischen Resultate präsentiert. Es wird ausführlich überprüft, ob die Ergebnisse stabil sind bzw. welche Veränderungen eintreten, wenn das Untersuchungsdesign modifiziert wird. Anschließend erfolgt ein Zwischenfazit. Im zweiten Teil von Kapitel 4 wird der Zusammenhang zwischen Spezialisierungsgrad und erwarteter Verlustquote untersucht. Der Aufbau entspricht im Wesentlichen dem des ersten Teils. Das Kapitel endet mit einem Fazit. In Kapitel 5 wird der Frage nachgegangen, wie Spezialisierungsgrad und risikobereinigte Konditionsmarge zusammenhängen. Auch hier werden im Anschluss an die Vorstellung der empirischen Resultate der Standard-Untersuchung ausführliche Robustheitsuntersuchungen vorgenommen, in deren Rahmen auch Daten der EWU-Zinsstatistik verwendet werden, um weitere Einblicke in den Zusammenhang zwischen Spezialisierungsgrad und Krediterträgen zu gewinnen. Das Kapitel endet wiederum mit einem Fazit. Kapitel 6 untersucht, wie Spezialisierungsgrad und unerwartete Verluste bzw. der VaR des Kreditportfolios bei Berücksichtigung von Monitoring-Vorteilen zusammenhängen. Nach der Beschreibung von Grundlagen zum Kreditportfoliorisiko wird das in diesem Kapitel eingesetzte Kreditmodell vorgestellt und die Methodik zur Ermittlung des VaRs erläutert. Im Rahmen der Darstellung des Untersuchungsdesigns wird u.a. beschrieben, wie die in Kapitel 4 erzielten Ergebnisse zur Monitoring-Qualität in die Berechnung des VaRs einfließen. Nach der Vorstellung der empirischen Resultate werden Untersuchungen auf Basis von Modellvarianten durchgeführt, um zu testen, ob die Ergebnisse stabil sind, und ein Fazit gezogen. Kapitel 7 fasst die Ergebnisse dieser Arbeit zusammen.

Kapitel 2

Grundlagen

2.1 Überblick

Nach einigen Hinweisen zu Begriffsverwendungen in dieser Arbeit (vgl. Abschnitt 2.2) wird in Abschnitt 2.3 erläutert, weshalb eine genauere Untersuchung der Spezialisierung auf bestimmte Branchen im Firmenkundenkreditgeschäft lohnend ist. Es wird zum einen auf deren mögliche Auswirkung auf den Abbau von Informationsasymmetrien bei der Finanzintermediation eingegangen (vgl. Abschnitt 2.3.1), zum anderen wird deren mögliche Einflussnahme auf das Portfoliorisiko diskutiert (vgl. Abschnitt 2.3.2). Hierbei wird jeweils auch die diesbezüglich relevante Literatur besprochen. Aufgrund der Tatsache, dass es für die Untersuchungen in dieser Arbeit keine vergleichbaren theoretischen und empirischen Arbeiten gibt, wird der Literaturüberblick relativ kurz gehalten. Abschließend werden in Abschnitt 2.4 unterschiedliche Konzepte zur Messung des Spezialisierungsgrades erläutert.

2.2 Vorbemerkungen

Im Rahmen dieser Arbeit wird – soweit nicht anders erwähnt – unter dem Begriff der Spezialisierung stets die Spezialisierung auf Branchen im Firmenkundenkreditgeschäft verstanden. Der Begriff der Konzentration wird im Wesentlichen synonym verwendet. Auch der Begriff der Diversifikation, der den Begriffen der Spezialisierung bzw. Konzentration entgegensteht, ist – soweit nicht anders erwähnt – auf die Branchendiversifikation im Firmenkundenkreditgeschäft bezogen. Eine weitere Vereinfachung der Formulierung wird vorgenommen, wenn bei Aussagen, wie „Spezialisierte Banken haben niedrigere Risikovorsorgequoten" auf das ceteris paribus verzichtet wird bzw. nicht die Formulierung „Ein höherer Spezialisierungsgrad hängt (c.p.) mit einer niedrigeren Risikovorsorgequote zusammen" gewählt wird. In Fällen, in denen die exakte Formulierungsweise eine entscheidende Rolle spielt, wird hierauf gesondert eingegangen.

2.3 Die zwei Gesichter der Spezialisierung

In diesem Abschnitt wird noch nicht auf die Messung des Spezialisierungsgrades eingegangen. Für das Verständnis ist es zunächst ausreichend, ein stärker spezialisiertes bzw. konzentriertes Portfolio mit einem Portfolio gleichzusetzen, in dem bestimmte Branchen übermäßig stark vertreten sind. Was unter „übermäßig stark" verstanden werden kann, wird in Abschnitt 2.4 ausführlicher diskutiert.

2.3.1 Die Rolle der Spezialisierung im Rahmen der Finanzintermediation

2.3.1.1 Einführung

Im Rahmen des Kreditgeschäfts der Banken kommt der Theorie der Finanzintermediation eine bedeutende Rolle zu.[1] Die Bank wird innerhalb der neuen Institutionenökonomik[2] als Finanzintermediär gesehen, dessen Aufgabe insbesondere die effiziente Informationsbeschaffung und -verarbeitung ist.[3] Die Kreditbeziehung ist durch Informationsasymmetrie[4] zwischen der Bank als Kreditgeber (Prinzipal) und dem (potenziellen) Kreditnehmer (Agent) geprägt.[5] Für die Banken besteht ex ante Unsicherheit über die Ausfallwahrscheinlichkeit (PD[6]) des Kreditnehmers, d.h. über die Wahrscheinlichkeit, mit der ein Kreditnehmer die Zins- und Tilgungszahlungen nicht leisten kann. Des Weiteren ist unsicher, welcher Verlust bei Ausfall (LGD[7]) des

[1] Für einen Überblick vgl. Freixas / Rochet (1997), Greenbaum / Thakor (1995) und Allen / Santomero (1998).
[2] Vgl. hierzu z.B. Göbel (2002).
[3] Vgl. Diamond (1984).
[4] Vgl. hierzu Kamp / Ricke (2003).
[5] Zur Prinzipal-Agent-Theorie vgl. Bamberg / Spremann (1989).
[6] PD ist die Abkürzung für Probability of Default.
[7] LGD ist die Abkürzung für Loss Given Default.

Kreditnehmers eintritt.[8] Die Unkenntnis der genauen Qualität des Kreditnehmers ist mit dem Problem der adversen Selektion verbunden. Banken werden in Unkenntnis der wahren Qualität der Kreditnehmer einen Zinssatz verlangen, von dem sie erwarten, dass er über alle Kreditnehmer betrachtet (u.a.) die erwarteten Verluste deckt. Kreditnehmer, deren Qualität überdurchschnittlich gut ist, werden jedoch den Kredit zu diesem Zinssatz tendenziell nicht eingehen, da sich für sie ein solcher Geschäftsabschluss besonders negativ auf die Rendite auswirkt und sie bei anderen Banken, die das individuelle Risiko bei der Bepreisung der Kredite berücksichtigen, bessere Konditionen erwarten können. Kreditnehmer von relativ schlechter Qualität werden die Kreditkonditionen als günstig einstufen und den Kredit abschließen. Insgesamt verbleiben also bei der Bank die schlechteren Kreditnehmer (adverse Selektion), was zur Folge hat, dass die tatsächlichen Verluste (im Durchschnitt) höher als erwartet sind.[9]

Während der Kreditlaufzeit (interim) besitzt der Kreditnehmer einen Verhaltensspielraum. Von der Bank unbeobachtet, kann er Anstrengungen unterlassen, die für die Rückzahlungsfähigkeit förderlich wären. Ein weiteres Moral-Hazard-Problem stellt die Risikoerhöhung von Seiten des Kreditnehmers im Verlaufe der Kreditbeziehung dar. Kreditnehmer können ihren erwarteten Gewinn durch Steigerung des Projektrisikos (bei gleichem Erwartungswert der Rückflüsse aus dem Projekt) erhöhen, da sie nur beschränkte Verlust-, aber unbegrenzte Gewinnchancen haben.[10] Für die Bank als Kreditgeber führt dieses Verhalten zu sinkenden erwarteten Rückflüssen aus dem Kredit. Die Banken profitieren nicht von der Chance auf sehr hohe Projektrückflüsse, sondern werden lediglich durch das höhere Risiko, dass die Projektrückflüsse nicht zur Leistung der Zins- und Tilgungszahlungen ausreichen, bestraft. Des Weiteren wird möglicherweise von den Banken zu spät erkannt, dass der Kreditnehmer nicht zur Rückzahlung des Kredites in der Lage sein wird, und es werden nicht rechtzeitig Maßnahmen ergriffen, die eine möglichst hohe Befriedigungsquote, z.B. durch Erhöhen der Sicherheiten, anstreben. Ex post ist die Unsicherheit dadurch gekennzeichnet, dass die Bank den Projekterfolg nicht beobachten kann.

[8] Es gibt verschiedene Ausfalldefinitionen (z.B. Bildung von Einzelwertberichtigung, 90 Tage Verzug). Vgl. hierzu z.B. Grunert / Volk (2005). In Abschnitt 3.4.3 wird darauf eingegangen, welche Ausfalldefinition in dieser Arbeit maßgeblich ist.

[9] Vgl. zur Thematik der adversen Selektion Akerlof (1970), Dell'Ariccia et al. (1999), Marquez (2002) und Hauswald / Marquez (2006).

[10] Vgl. hierzu Stiglitz / Weiss (1981).

Monitoring dient dem Abbau von Informationsasymmetrien und lässt sich einteilen in Screening und Kreditüberwachung (Monitoring i.e.S.).[11] Ex ante versuchen Banken im Rahmen des Screenings die Unsicherheit hinsichtlich der Fähigkeit des (potenziellen) Kreditnehmers, den Kredit zurück zu bezahlen, zu reduzieren.[12] Dies schließt auch die Werthaltigkeitsschätzung der Kreditsicherheiten mit ein. Interim versuchen Banken im Rahmen des Monitorings i.e.S., Informationen darüber zu generieren, ob der Kreditnehmer sich so verhält, dass die Rückzahlung des Kredites nicht gefährdet wird, und ggf. Einfluss auf Entscheidungen des Kreditnehmers zu ihren Gunsten zu nehmen. Außerdem sollen möglichst frühzeitig Informationen über Probleme bei der Rückzahlungsfähigkeit gewonnen werden, um Verlust begrenzende Maßnahmen, wie z.B. Nachbesicherungen, einleiten zu können.

Die Qualität des Monitorings im Firmenkundenkreditgeschäft geht mit dem Informationsstand über das jeweilige Unternehmen und der Güte der Verarbeitung der Informationen einher. Ein wichtiges Element hierbei ist, aus abgeschlossenen und laufenden Kreditbeziehungen erworbene Kenntnisse auf neue (potenzielle) Kontrakte zu transferieren. Die Bank vermag besser zu entscheiden, welche Informationen wichtig sind und wie diese dazu genutzt werden können, Rückschlüsse auf die wirtschaftliche Situation eines Unternehmens zu ziehen. Die Übertragbarkeit von Know-how im Rahmen des Screenings und der Kreditüberwachung ist davon abhängig, inwieweit die wirtschaftliche Entwicklung und damit die Rückzahlungsfähigkeit der verschiedenen (potenziellen) Kreditnehmer von ähnlichen Faktoren in ähnlicher Weise beeinflusst wird. Die Frage, die sich nun zwangsläufig stellt, lautet: „Wie lassen sich Segmente von Unternehmen bilden, in denen ein Know-how-Transfer besonders gut gelingt?“

Eine mögliche Antwort lautet: „Indem Unternehmen Branchen zugeordnet werden.“ Folgende Beobachtungen können diese Antwort stützen:

---

[11] Bei Hellwig (1991) werden unter Monitoring Costs die Kosten verstanden, die bei der Überwachung des Kreditnehmers zum Abbau der ex ante, interim und ex post Unsicherheit für die Bank anfallen. Der Abbau der ex post Unsicherheit wird im Folgenden ausgeblendet. Wichtiger erscheint es, auf eine Verbesserung der Fähigkeiten bei der Kreditabwicklung im Anschluss an einen Kreditausfall hinzuweisen.

[12] Ein Überblick über die unterschiedlichen Verfahren der Kreditwürdigkeitsprüfung findet sich z.B. bei Hartmann-Wendels et al. (2007), S. 453 ff., und Schmoll (1999).

- Innerhalb des Firmenkundengeschäfts wird die Branchenzugehörigkeit in der Regel als zentrales Kriterium der Risikoanalyse bzw. als zentrales Merkmal bei der Bonitätsbeurteilung herangezogen.[13]

- Zur Beurteilung branchenübergreifender Forderungspools, z.B. im Rahmen von Collateralized Debt Obligations (CDOs),[14] ziehen Ratingagenturen insbesondere die Branchenverteilung heran.[15] Dies geschieht vereinfacht gesagt, um die Wahrscheinlichkeit für gemeinsame Ausfälle mehrerer Forderungen zu bestimmen.

- In Kreditportfoliomodellen werden Kredite in der Regel Branchen zugeordnet.[16] Dies erfolgt im Wesentlichen, um die Zusammenhangsstruktur zwischen den wirtschaftlichen Entwicklungen der einzelnen Unternehmen in datentechnisch realisierbarer Form zu erfassen. Für Unternehmen, die einer Branche angehören, wird ein stärkerer Zusammenhang zwischen den wirtschaftlichen Entwicklungen bzw. eine stärker gleichgeartete Abhängigkeit von Entwicklungen makroökonomischer Faktoren angenommen als für Unternehmen verschiedener Branchen.

Banken, die sich auf bestimmte Branchen spezialisieren und dadurch Branchenexpertise aufbauen, sind demnach besonders prädestiniert dafür, Erfahrungen aus Kreditbeziehungen auf neue (potenzielle) Kreditbeziehungen in dieser Branche übertragen zu können. Eine effektive Sammlung und Nutzung von Informationen dürfte sich sowohl auf die Qualität des Screenings als auch auf die der Kreditüberwachung positiv auswirken. Durch besseres Screening kann das Problem der adversen Selektion vermindert und eine bessere Einschätzung der Werthaltigkeit von Sicherheiten vorgenommen werden. Im Verlaufe der Kreditbeziehung können negative Entwicklungen

[13] Vgl. hierzu Creditreform Rating AG (2004) und Creditreform Rating AG (2005). Auch andere Segmentierungskriterien, wie die Zugehörigkeit zu einer Region, die Größe oder das Alter der Unternehmung sind vorstellbar. Die Zugehörigkeit zu einer Region als Kriterium bietet sich bei dieser Arbeit nicht an, da hauptsächlich regional tätige Banken in die Untersuchungen einbezogen werden. Über Größe und Alter der Unternehmen liegen keine Informationen vor. Für die betrachteten Banken ist jedoch überwiegend davon auszugehen, dass kleinere und mittel-große Unternehmen das Gros der Kreditnehmer stellen.

[14] Bei CDOs handelt es sich um einen Pool verbriefter Anleihen oder Kredite. Vgl. hierzu etwa Fabozzi / Goodman (2001).

[15] Z.B. berechnet die Ratingagentur Moody's einen „diversity score", zu dessen Ermittlung die Forderungen zunächst nach Branchen gruppiert werden. Vgl. Gluck / Remeza (2000).

[16] Dies geschieht z.B. beim Kreditportfoliomodell CreditMetrics^{TM}. Vgl. hierzu die technische Dokumentation von Gupton et al. (1997).

schneller erkannt, korrigiert oder durch verlustbegrenzende Maßnahmen in ihrer negativen Wirkung gemildert werden. Des Weiteren dürfte Branchenexpertise auch bei der Kreditabwicklung von Vorteil sein. Grossman et al. (1997), Bartlett (2000) und Kabance (2001) weisen einen Einfluss der Branchenzugehörigkeit auf die Höhe der Recovery Rate nach, wobei Diskrepanzen zwischen den Branchen-LGDs u.a. durch die Unterschiedlichkeit der Sicherheiten geprägt sein könnten. Branchenkenntnisse sollten die Verwertung von branchenspezifischen Sicherheiten positiv beeinflussen. Ferner zeigen Franks et al. (2004) und Grunert / Volk (2005), dass eine intensive Kunde-Bank-Beziehung mit einer höheren Recovery Rate einhergeht, was u.a. durch eine schnellere Abwicklung des Work-Out-Prozesses und genauere Kenntnisse über den Kreditnehmer erklärt werden kann. Auch für Banken mit Branchenexpertise sind aus diesen Gründen höhere Wiedereinbringungsquoten vorstellbar.

Folgendes Fazit lässt sich ziehen: Es besteht Anlass zu der Vermutung, dass spezialisierte Banken eine höhere Monitoring-Qualität aufweisen, die eine geringere PD und einen geringeren LGD im Firmenkundenkreditgeschäft mit sich bringt.

2.3.1.2 Offene Forschungsfragen

Es gibt keine theoretischen und empirischen Arbeiten, die den Zusammenhang zwischen Spezialisierung und Monitoring-Qualität unmittelbar und ausführlich beleuchten,[17] jedoch einige Arbeiten, die die Gültigkeit des obigen Argumentationsgangs bestärken. Die für die Finanzintermediation grundlegende Arbeit von Diamond (1984) erklärt die Vorteilhaftigkeit einer Bankbeziehung gegenüber einer Finanzierung über den Kapitalmarkt. Entscheidender Punkt bei seiner Argumentation ist, dass die Kosten des „delegated monitoring“ durch Diversifikation des Kreditportfolios gesenkt werden können. Im Diamond-Modell wird allerdings die Monitoring-Qualität konstant gehalten. Eine modelltheoretische Erweiterung von Hellwig (1998) kommt zu dem Ergebnis, dass es vorteilhaft sein kann, zu Lasten der Diversifikation nur wenige große Projekte zu finanzieren, da dadurch Monitoring-Kosten gespart werden könnten. Winton (1999) zeigt in seinem theoretischen Modell, dass Diversifikation nur bei moderatem Ausfallrisiko der Kredite sinnvoll ist, da sie nur in dem Fall das Ausfallrisiko einer Bank reduziert. Im Rahmen des Modells können Banken durch

[17] In den Zeitschriftenbeiträgen von Gann / Hofmann (2005) und Hies (1994) finden sich einige Überlegungen zu möglichen Vorteilen der Spezialisierung, allerdings keine tiefergehenden Argumentationsketten.

den Aufbau von Branchenexpertise und die Festlegung der Monitoring-Qualität das Ausfallrisiko eines Kredites beeinflussen. In diesem Modell wird somit die Endogenität von Kreditrisiken berücksichtigt. Wintons Vermutung, dass die Effektivität des Monitorings in (für die jeweilige Bank) neuen Branchen niedriger ist als in bereits betreuten Branchen, wird durch empirische Arbeiten erhärtet. Kamp (2006), Acharya et al. (2006) und Craigwell et al. (2006) zeigen, dass eine Kreditvergabe an neue Branchen mit höheren Risikovorsorgequoten im Kreditgeschäft einhergeht.[18] Diese Resultate sind ein Indiz dafür, dass Branchenkenntnisse von Bedeutung für die Qualität des Monitorings sind. Die Untersuchungen kontrollieren jedoch nicht, ob die neuen Branchen tendenziell höhere Insolvenzquoten als die bislang betreuten Branchen aufweisen, was auch eine Erklärung für die Ergebnisse sein könnte. Bei der Kreditvergabe an neue Branchen ist ferner das sogenannte Winner's Curse Problem zu beachten.[19] Schlechte Kreditnehmer vermuten, dass die Monitoring-Qualität der neu in der Branche tätigen Bank relativ niedrig ist und erhoffen sich dadurch, dass ihre wahre Bonität nicht enttarnt werden kann. Sie haben einen starken Anreiz, sich bei dieser Bank für einen neuen Kredit zu bewerben. Die adverse Selektion impliziert, dass sich die Kredite schlechter entwickeln als in den bisherigen Branchen der Bank. Unabhängig von der tatsächlichen Monitoring-Qualität in der neuen Branche kann sich demnach bei der Bank eine höhere Risikovorsorgequote einstellen.

In den Arbeiten von Acharya et al. (2006), Kamp (2006) und Hayden et al. (2007) finden sich weitere Ergebnisse, die für einen Zusammenhang zwischen Spezialisierung und Monitoring-Qualität sprechen. In der Studie von Acharya et al. (2006) wird u.a. der Zusammenhang zwischen der Branchendiversifikation im Firmenkundenkreditgeschäft und dem Anteil zweifelhafter Kredite und Non-Performing-Loans an der Bilanzsumme auf der Basis von 105 italienischen Banken für den Zeitraum 1993 bis 1999 empirisch untersucht.[20] Es zeigt sich, dass eine zunehmende Spezialisierung auf Branchen mit einer geringeren Quote an zweifelhaften Krediten und Non-Performing-Loans einhergeht. Kritisch zu sehen ist allerdings, dass die Banken

---

18 Bei Craigwell et al. (2006) gilt dieser Zusammenhang jedoch nur für die Ausweitung des Geschäfts im Bereich der Güterindustrien und nicht für die im Bereich des Dienstleistungsgewerbes. Vgl. hierzu Craigwell et al. (2006), S. 11.

19 Vgl. hierzu Winton (1999), S. 2, Dell'Ariccia (2001), Gehrig (1998) und Kühn (2008), S. 100 ff.

20 In der Studie wird des Weiteren auch die sektorale Diversifikation betrachtet, die auf einer Einteilung in Kredite an Staatshoheiten, andere Staatskredite, Kredite an den Nicht-Finanzsektor, Kredite an den Finanzsektor, Kredite an Haushalte und andere Kredite basiert.

jeweils nur die Forderungen gegenüber den fünf größten Branchen (bei insgesamt 23) melden und der restliche Forderungsbestand in einer sechsten Gruppe zusammengefasst wird.[21] Kamp (2006) kommt in seinen Untersuchungen zu demselben Ergebnis für den deutschen Bankenmarkt. Ein höherer Spezialisierungsgrad im Firmenkundenkreditgeschäft ist mit niedrigeren Risikovorsorgequoten im Kreditgeschäft verbunden. Die Untersuchungen umfassen einen Zeitraum von 1991 bis 2004. Dabei werden alle auf dem deutschen Markt tätigen Banken berücksichtigt. Die wesentliche Datenquelle ist die Kreditnehmerstatistik, der die Kreditvergabe der einzelnen Banken an 23 Branchen entnommen werden kann.[22] In der Studie von Craigwell et al. (2006) wird für den Bankenmarkt von Barbados (Zeitraum 1979 bis 2005) zum einen die Branchendiversifikation im Rahmen der Warengüterindustrien und zum anderen im Rahmen der Dienstleistungsbetriebe betrachtet. Die Warengüterindustrien und die Dienstleistungsbetriebe sind jeweils in acht Branchen untergliedert. Die Resultate empirischer Untersuchungen zeigen, dass eine Spezialisierung innerhalb der Warengüterindustrien mit niedrigeren Einzelwertberichtigungen einhergeht. Im Bereich der Dienstleistungsbetriebe ist jedoch ein höherer Spezialisierungsgrad tendenziell mit höheren Einzelwertberichtigungen verbunden.

Insgesamt geht aus den empirischen Studien hervor, dass eine Spezialisierung auf bestimmte Branchen überwiegend mit niedrigeren Risikovorsorgequoten einhergeht. Dieses Ergebnis ist ein Indiz dafür, dass Spezialisierung und Monitoring-Vorteile miteinander verbunden sind. Allerdings können die niedrigeren Risikovorsorgequoten auch dadurch hervorgerufen sein, dass eine stärkere Spezialisierung mit einer risikoärmeren Branchenwahl zusammenhängt. Solch ein Zusammenhang wäre durchaus plausibel, da sich Banken mit höherem Diversifikationsgrad möglicherweise gegen hohe unerwartete Verluste geschützt fühlen und damit eher als spezialisiertere Banken bereit sein könnten, in relativ risikoreiche Branchen zu investieren. Des Weiteren kann Branchendiversifikation insbesondere in wirtschaftlich schwachen Geschäftsgebieten zum Schutz gegen hohe unerwartete Verluste eingesetzt werden.[23] Mit der Absicht, eine Forschungslücke zu schließen, wird in Abschnitt 4.2 der vorliegenden Arbeit der Zusammenhang zwischen Spezialisierungsgrad und Monitoring-Qualität sowie in Abschnitt 4.3 der Zusammenhang zwischen Spezialisierungsgrad und der

[21] Vgl. Acharya et al. (2006), S. 6.

[22] Die Kreditnehmerstatistik ist auch eine der wesentlichen Datenquellen der vorliegenden Arbeit. Vgl. hierzu Abschnitt 3.2.1.

[23] Der Zusammenhang zwischen Spezialisierungsgrad und unerwarteten Verlusten wird im nächsten Abschnitt und insbesondere in Kapitel 6 ausführlich behandelt.

mit der Branchenwahl bzw. mit dem Geschäftsgebiet verbundenen erwarteten Verlustquote untersucht.

Falls die Frage nach der Existenz von Monitoring-Vorteilen für spezialisierte Banken mit Ja beantwortet werden kann, so stellt sich anschließend die Frage, ob die Monitoring-Vorteile auch zu höheren Erträgen im Kreditgeschäft führen. In der Literatur existieren keine Arbeiten, die sich mit der Beziehung zwischen Spezialisierungsgrad und Krediterträgen auseinandersetzen. Lediglich zur Beziehung mit der Bankrendite finden sich empirische Studien. In den oben genannten Arbeiten von Acharya et al. (2006) und Kamp (2006) wird jeweils tendenziell ein positiver Zusammenhang zwischen Spezialisierungsgrad und Bankrendite ermittelt. Allerdings ist bei der Arbeit von Kamp (2006) zu beachten, dass die Ergebnisse auf Basis aller Banken deutlich klarer ausfallen als bei Beschränkung der Untersuchung auf einzelne Bankengruppen.[24] Die Studie von Hayden et al. (2007) untersucht ebenfalls den Zusammenhang zwischen Spezialisierung und Bankrendite für 983 deutsche Banken im Zeitraum 1996 bis 2002. Neben einer sektoralen und geographischen Diversifikation wird auch die Branchendiversifikation im Firmenkundenkreditportfolio betrachtet.[25] Für alle drei Diversifikationstypen wird ein positiver Zusammenhang zwischen Spezialisierung und Bankrendite ermittelt. Kritisch zu sehen ist jedoch, dass als Datenbasis für die Kreditzusammensetzung auf die Evidenzdaten für Millionenkredite gemäß §14 KWG zurückgegriffen wurde und damit nur Kredite ab einem Volumen von $1,5$ Mio. € (bzw. 3 Mio. DM) erfasst sind.[26] In der oben bereits erwähnten Studie von Craigwell et al. (2006) ergibt sich ein abweichendes Resultat: ein höherer Diversifikationsgrad geht mit einer höheren Bankrendite einher.

Insgesamt weisen die Ergebnisse der Studien, insbesondere die für den deutschen Bankenmarkt, tendenziell einen positiven Zusammenhang zwischen Spezialisierung

24 Vgl. hierzu Kamp (2006), S. 233 ff.

25 In der Studie von Elyasiani / Deng (2004) wird neben einer sektoralen und geographischen Kreditportfoliodiversifikation auch die Diversifikation der Geschäftstätigkeit betrachtet und für alle drei Maße ein positiver Zusammenhang mit den Erträgen ermittelt. Die Auswirkung der Diversifikation der Geschäftstätigkeit auf die Bankrendite wird auch in anderen Studien, wie z.B. in denen von Stiroh (2004) und Elsas et al. (2006), analysiert. Der Diversifikationsgrad der Geschäftstätigkeit wird dabei durch die Zusammensetzung der Einkommensarten beschrieben.

26 Die Auswahl der in die Untersuchung einbezogenen Banken erfolgte auf Basis des Kriteriums, dass die gemeldeteten Millionenkredite mindestens 50% der Bilanzposition „Forderungen gegenüber Kunden“ betragen.

und Bankrendite aus. Dies ist allerdings noch kein Beleg für einen positiven Zusammenhang zwischen Spezialisierung und Erträgen aus dem Kreditgeschäft. So ist z.B. vorstellbar, dass Spezialisierung auch über Kostenvorteile und effizientere Geschäftsabläufe mit einer höheren Bankrendite verbunden ist.[27] In Kapitel 5 wird deshalb überprüft, ob höhere Kreditertäge für spezialisierte Banken zu beobachten sind.

Zum Abschluss dieses Abschnittes sei auf das Thema des Relationship Banking bzw. Relationship Lending verwiesen.[28] Der Grund hierfür ist, dass Banken, die Relationship Lending betreiben, im Rahmen einer langfristigen Beziehung und aufgrund wiederholter Transaktionen möglicherweise Informationsasymmetrien abbauen können, genauso wie Banken, die sich auf bestimmte Branchen spezialisieren. Relationship Lending wird in Studien auf unterschiedliche Weisen vom Transaction Lending abgegrenzt. Gewöhnlich wird eines der folgenden Kriterien[29] zur Abgrenzung verwendet:

- Anzahl der Bankbeziehungen eines Kunden,
- Dauer der Bankbeziehung oder
- Intensität der Bankbeziehung.

Die empirische Arbeit von Degryse / Ongena (2003) zeigt, dass steigender Wettbewerb auf dem Norwegischen Bankenmarkt zu mehr Relationship Lending aber weniger Spezialisierung auf bestimmte Industriezweige führt, was das Ergebnis der modelltheoretischen Analyse von Boot / Thakor (2000) stützt. Dies spricht eher für einen Zusammenhang zwischen Relationship Lending und Diversifikation. Allerdings fehlen für den deutschen Bankenmarkt entsprechende Untersuchungen. In der theoretischen Literatur herrscht Uneinigkeit über die Entwicklung der Kreditkonditionen beim Relationship Banking. Boot / Thakor (1994) zeigen in ihrem Modell, dass sich für die Kreditnehmer die Konditionen im Laufe der Bankbeziehung tendenziell ver-

[27] Dieses Thema wird in der Arbeit nicht weiter verfolgt. Möglichkeiten, diese Fragestellung zu untersuchen, bestehen z.B. darin, Arbeiten, die sich mit der Effizienz von Banken beschäftigen, auf der Input-Seite um den Spezialisierungsgrad zu ergänzen. Als Beispiele für Effizienzuntersuchungen seien die empirischen Arbeiten von Fiorentino et al. (2006) und Lang / Welzel (1997) genannt.

[28] In Deutschland wird im Kontext des Relationship Banking oder auch Relationship Lending oft von der „Hausbankbeziehung“ gesprochen. Vgl. hierzu etwa Elsas / Krahnen (1998) und Fischer (1990).

[29] Vgl. hierzu Waldeck (2005).

bessern, weil Banken die informationsbedingten Kostenvorteile an die Kunden weiterreichen. Dieses Argument könnte auch im Rahmen des Zusammenhangs zwischen Spezialisierung und Kreditkonditionen von Bedeutung sein. Greenbaum et al. (1989), Sharpe (1990), Wilson (1993) und Petersen / Rajan (1995) erwarten hingegen sich verschlechternde Kreditkonditionen für Kreditnehmer im Zeitablauf. Aufbauend auf der Annahme, dass die Kunden gegenüber Konkurrenzinstituten informatorisch abgeschottet werden, folgern sie, dass Banken Margenerhöhungen durchsetzen können. Die empirische Literatur zeigt entsprechend uneinheitliche Ergebnisse.[30] In Studien für den deutschen Bankenmarkt wurde kein Zusammenhang zwischen Relationship Lending und Kreditkonditionen festgestellt.[31] Da ferner Einzelkreditnehmerdaten für die vorliegende Arbeit nicht zur Verfügung stehen, ist es nicht möglich, tiefergehend zu überprüfen, inwieweit ein nachgewiesener Zusammenhang zwischen Spezialisierungsgrad und Monitoring-Qualität oder auch Kreditkonditionen dadurch beeinflusst wird, dass ein Zusammenhang zwischen Spezialisierung und Relationship Banking besteht. Es können an einigen wenigen Stellen lediglich Vermutungen hierzu geäußert werden.

2.3.2 Die Rolle der Spezialisierung im Rahmen des Kreditportfoliorisikos

Die bisherigen Ausführungen haben sich mit dem Einfluss beschäftigt, den die Spezialisierung auf bestimmte Branchen im Rahmen eines einzelnen Kreditengagements haben könnte. Wie schon angemerkt worden ist, bedeutet Spezialisierung auf bestimmte Branchen aber auch, dass die Ausfallprozesse der einzelnen Kredite stärker zusammenhängen. Hierdurch erhöht sich die Wahrscheinlichkeit für den gemeinsamen Ausfall mehrerer Kreditnehmer und damit die Wahrscheinlichkeit für extreme Verluste im Kreditportfolio. Die unerwarteten Verluste bzw. der Portfolio-VaR[32] nehmen mit dem Spezialisierungsgrad zu, zumindest unter der Annahme, dass die Qualität der einzelnen Kredite konstant bleibt.

Die Bedeutung, die der Branchenkonzentration zugesprochen wird, zeigt sich auch daran, dass die Bankenaufsicht diesbezüglich Forderungen an die Banken stellt. In

[30] Vgl. z.B. Berger / Udell (1995) und Degryse / van Cayseele (2000).
[31] Vgl. hierzu Machauer / Weber (2000) und Harhoff / Körting (1998).
[32] Genaue Begriffserklärungen finden sich in Kapitel 6.

den MaRisk[33] wird von den Banken verlangt, Konzentrationsrisiken in ihrer internen Risikosteuerung und bei der Überprüfung hinsichtlich einer ausreichenden Eigenkapitalbasis zu berücksichtigen. Es ist durch geeignete Maßnahmen zu gewährleisten, dass gesamtgeschäftsbezogene Risiken, zu denen explizit das Branchenrisiko gezählt wird, gesteuert und überwacht werden können.[34] Im Risikobericht ist auf die Entwicklung der Branchenstruktur einzugehen.[35] Zusätzlich zu den Forderungen der MaRisk bestehen Offenlegungspflichten gemäß der Säule 3 von Basel II. Innerhalb der Adressenausfallrisikoberichterstattung sind Angaben zu den Konzentrationsrisiken zu machen.[36]

In einer Studie von Heitfield et al. (2005), die Daten der US-amerikanischen Regulierungsbehörden über syndizierte Kredite verwendet, wird die Wirkung der Branchenkonzentration auf die Verlustverteilung einzelner Kredit-Portfolios untersucht.[37] Für jedes der insgesamt 30 Portfolios wird die Verlustverteilung auf Basis einer Monte-Carlo-Simulation in Anlehnung an das Kreditportfoliomodell CreditMetrics^{TM} ermittelt.[38] Entscheidend ist, dass die Asset-Korrelationen zwischen Unternehmen aus einer Branche größer sind als die zwischen Unternehmen aus verschiedenen Branchen. Die Asset-Korrelationen werden aus Marktdaten ermittelt.[39] Die PDs der einzelnen Kredite werden auf der Basis branchendurchschnittlicher KMV-EDFs be-

[33] MaRisk ist die Abkürzung für Mindestanforderungen an das Risikomanagement. Die MaRisk dienen der Umsetzung der Säule 2 von Basel II auf nationaler Ebene und umfassen qualitative Anforderungen an die Banken. Vgl. hierzu Basel Committee on Banking Supervision (2006a). Sie stellen eine Ergänzung der (quantitativen) Eigenmittelanforderungen der Säule 1 bzw. der Solvabilitätsverordnung (vgl. SolvV (2006)) dar. In den Eigenmittelanforderungen wird die Branchenkonzentration nicht erfasst, da keine Ausfall-Korrelationen zwischen den Krediten berücksichtigt werden.

[34] Vgl. Bundesanstalt für Finanzdienstleistungsaufsicht (2005), BTR 1.1. Branchenlimite sind bereits in Banken verbreitet, wie sich den Geschäftsberichten von Banken entnehmen lässt. Vgl. z.B. Sparkasse Hannover (2008), S. 45, und Norddeutsche Landesbank (2008), S. 73.

[35] Vgl. Bundesanstalt für Finanzdienstleistungsaufsicht (2005), BTR 1.1.

[36] In Deutsche Bundesbank (2006b), S. 37, befindet sich ein Überblick über wesentliche Konzentrationsrisiken im Bankgeschäft.

[37] Des Weiteren wird auch die Wirkung der Konzentration auf einzelne Kreditnehmer, die Single-Name-Konzentration, analysiert.

[38] Vgl. hierzu Hartmann-Wendels et al. (2007), Wahrenburg / Niethen (2000) sowie ausführlicher die technische Dokumentation von Gupton et al. (1997).

[39] Genau genommen, handelt es sich um Korrelationen zwischen Unternehmenswerten, wobei die Unternehmenswerte von der Firma KMV berechnet und zur Verfügung gestellt werden. Vgl. hierzu Crosbie / Bohn (2003). Das Unternehmen KMV wurde 1990 gegründet und gehört seit 2003 zur Ratingagentur Moodys.

rechnet.[40] Anschließend wird der Zusammenhang zwischen der gleichfalls für alle Portfolios ermittelten Branchenkonzentration und den aus den Verlustverteilungen abgeleiteten unerwarteten Verlusten berechnet. Hier zeigt sich erwartungsgemäß ein positiver Zusammenhang.

In einer Studie von Düllmann / Masschelein (2006) wird zunächst ein Benchmark-Portfolio berechnet. Hierbei handelt es sich um die über 2.224 deutsche Banken aggregierte Kreditvergabe an jeweils 11 verschiedene Branchen. Ausgehend von diesem Portfolio werden fünf weitere fiktive Portfolios gebildet, wobei jeweils die Branchenkonzentration erhöht wird.[41] Die unerwarteten Verluste werden im Rahmen eines Multi-Faktor-Modells mit Hilfe von Monte-Carlo-Simulationen berechnet. Dabei werden die Asset-Korrelationen auf der Basis von Aktienindizes geschätzt und für die PDs der einzelnen Kredite werden konstant 2% angesetzt. Es zeigt sich, dass mit zunehmender Branchenkonzentration die unerwarteten Verluste sehr stark ansteigen.

Die Ergebnisse der beiden Studien sind nicht überraschend, da in beiden Fällen die Ausfallwahrscheinlichkeiten exogen gegeben sind und nicht durch die Monitoring-Fähigkeiten des Kreditgebers beeinflusst werden. Bei Düllmann / Masschelein (2006) wird ferner nicht der mögliche Effekt berücksichtigt, dass in spezialisierten Portfolios sichere Branchen stärker vertreten sind.

In der Arbeit von Kamp (2006) wird u.a. der Zusammenhang zwischen dem Spezialisierungsgrad und der Standardabweichung der Risikovorsorgequoten über die Jahre untersucht. Die Ergebnisse der Regressionen zeigen einen positiven Zusammenhang an. Zum einen ist jedoch die Aussagekraft der Standardabweichung bei Kreditrisiken begrenzt, da Verlustverteilungen bei Kreditportfolios leptokurtotisch und linksschief[42] und für die Einschätzung der unerwarteten Verluste Informationen über die Tails notwendig sind. Zum anderen ist die Standardabweichung der Risikovorsorgequoten möglicherweise stark durch Veränderungen des Kreditportfolios im

[40] EDF ist die Abkürzung für Expected Default Frequency. EDFs sollen die Ausfallwahrscheinlichkeit von Unternehmen angeben. Vgl. hierzu Crosbie / Bohn (2003).

[41] Der Anteil einer Branche wird ständig ausgeweitet, der der anderen reduziert. Ein ähnliches Vorgehen findet sich auch bei Düllmann / Masschelein (2007).

[42] Vgl. hierzu etwa Blattmann (2000), S. 269.

Laufe der Jahre getrieben.

In der vorliegenden Arbeit wird ebenfalls der Zusammenhang zwischen Spezialisierungsgrad und Portfoliorisiko untersucht.[43] Das Hauptanliegen hierbei ist es, mögliche Monitoring-Vorteile spezialisierter Banken bei der Berechnung der unerwarteten Verluste zu berücksichtigen. Des Weiteren wird auch dem Umstand Rechnung getragen, dass spezialisierte Banken eher in sichere Branchen investieren und in wirtschaftlich starken Geschäftsgebieten tätig sein könnten. In Kapitel 6 werden somit die zwei Seiten der Branchenspezialisierung zusammengeführt, um die finale Frage zu beantworten: „Was wirkt stärker: Konzentrationsnachteile oder Spezialisierungsvorteile?"

2.4 Konzepte zur Messung des Spezialisierungsgrades

Bislang wurde erläutert, weshalb die Betrachtung der Spezialisierung auf bestimmte Branchen im Firmenkundenkreditschäft von hoher Relevanz für das Bankgeschäft ist und wie die in dieser Arbeit vorgenommenen Untersuchungen in die bisherige Literatur einzuordnen sind. Es ist jedoch noch nicht darauf eingegangen worden, wie der Spezialisierungsgrad gemessen werden kann. Es sei darauf hingewiesen, dass die Vorstellung der Konzepte zur Spezialisierungsgradmessung nicht auf Basis einer geschlossenen Theorie erfolgt. Ein solches Rahmenwerk fehlt.[44] Es wird hingegen auf einzelne Aspekte eingegangen, die bei den Messkonzepten berücksichtigt werden sollten. Des Weiteren sei darauf hingewiesen, dass die Messung des Spezialisierungs- bzw. Konzentrationsgrades hier maßgeblich aus dem Blickwinkel des mit Spezialisierung möglicherweise verbundenen überlegenen Monitorings diskutiert wird („ein höherer Spezialisierungsgrad sollte besseren Know-how-Transfer implizieren") und nicht aus dem, der einen besonders hohen Zusammenhang mit den unerwarteten Verlusten anstrebt („ein höherer Spezialisierungsgrad sollte höhere unerwartete Verluste implizieren").

[43] Vgl. Kapitel 6.

[44] Ein Grund hierfür dürfte sein, dass eine Analyse des Know-how-Transfers innerhalb des Screenings, der Kreditüberwachung und -abwicklung schwierig ist. Für solch eine Analyse wären ausführliche Auskünfte aus der Bankpraxis notwendig.

Ein weit verbreitetes Konzept zur Messung des Spezialisierungs- bzw. Diversifikationsgrades ist das Konzept der naiven Diversifikation.[45] Im Folgenden wird hauptsächlich der Begriff der naiven Spezialisierung bzw. der naiven Spezialisierungsmaße verwendet.[46] Das Konzept der naiven Spezialisierung besagt, dass ein maximaler Grad an Diversifikation bzw. Spezialisierung erzielt wird, wenn die Kreditvergabe gleichmäßig auf alle Branchen aufgeteilt ist bzw. die Kreditvergabe sich auf eine Branche beschränkt.[47]

Für die Bestimmung des Spezialisierungsgrades ist die Zuordnung der Kredite zu Branchen bzw. die Brancheneinteilung entscheidend. An eine Brancheneinteilung, die als Grundlage für die Messung des naiven Spezialisierungsgrades verwendet werden soll, könnten z.B. folgende Forderungen gestellt werden:[48]

1. Innerhalb der jeweiligen Branchen sollen die Ähnlichkeiten der Unternehmen[49] möglichst hoch sein und die Unterschiede zwischen Unternehmen unterschiedlicher Branchen möglichst groß.
2. Innerhalb der jeweiligen Branchen sollen die Ähnlichkeiten zwischen einzelnen Unternehmen vergleichbar hoch sein.
3. Die Ähnlichkeiten der Unternehmen innerhalb einer Branche sollen vergleichbar sein mit denen innerhalb anderer Branchen.
4. Die Unterschiede zwischen den Branchen sollen vergleichbar hoch sein.

Angenommen, eine Branche würde Unternehmen mit relativ geringer Ähnlichkeit vereinigen oder insgesamt recht heterogen sein (d.h. Punkt 1 bzw. Punkt 2 des Forderungskatalogs wären nicht erfüllt), so wäre eine Kreditvergabe, die einen sehr großen

45 In der Wettbewerbspolitik (vgl. hierzu etwa Kerber (2003), S. 333 f., und Breitmeyer (2004)) oder in der Ungleichheitsmessung von Einkommens- und Vermögensverteilungen (vgl. etwa Siebke (1999)) werden verschiedene naive Konzentrationsmaße verwendet.

46 Hohe Werte zeigen nämlich einen hohen Spezialisierungsgrad an.

47 Auf die in der vorliegenden Arbeit zur Messung eingesetzten naiven Spezialisierungsmaße wird in Abschnitt 3.4.2.1 eingegangen.

48 Diese Forderungen stellen keinen streng axiomatischen Anforderungskatalog dar, sondern sollen lediglich – in intuitiver Weise – zum besseren Verständnis der Bedeutung der Brancheneinteilung beitragen.

49 Ein Unternehmen wird in diesem Kontext als einem anderen Unternehmen ähnlich angesehen, wenn die wirtschaftliche Entwicklung der beiden Unternehmen von ähnlichen Faktoren in ähnlicher Weise beeinflusst wird und damit ein Know-how-Transfer beim Monitoring der beiden Unternehmen relativ gut möglich ist.

Anteil auf diese Gruppe vereinigt, nicht zwangsläufig als spezialisiert anzusehen. Es wäre eine weitere Unterteilung der Branche notwendig, um hierüber genauer urteilen zu können. Die Punkte 3 und 4 verlangen, dass sowohl die Unterschiede zwischen den Branchen als auch die Ähnlichkeiten innerhalb der Branchen für alle Branchen vergleichbar hoch sind. Falls die dritte Forderung nicht erfüllt wird, so würde ein Engagement in eine vergleichsweise homogene Branche genauso beurteilt werden, wie ein entsprechend großes in eine vergleichsweise heterogene Branche. Ein Ignorieren des vierten Aspektes würde dazu führen, dass der Spezialisierungsgrad einer Bank mit Kreditengagements in zwei Gruppen, bei denen die Unternehmen vergleichweise ähnlich sind, genauso beurteilt würde wie der einer Bank mit entsprechend hohen Engagements in zwei Branchen, bei denen sich die Kredite sehr stark unterscheiden. Dabei wäre es intuitiv, wenn der ersten Bank ein höherer Spezialisierungsgrad zugeordnet würde als der zweiten.

Liegt eine Brancheneinteilung vor, die obige Eigenschaften nicht erfüllt, so ist die Anwendung des Konzeptes der naiven Spezialisierung problematisch. Ein Beispiel mag dies verdeutlichen. Es werden zwei Banken betrachtet und eine Brancheneinteilung in vier Branchen A_1, A_2, A_3 und B. Diese Brancheneinteilung erfülle im Wesentlichen die obigen Eigenschaften. Die erste Bank ist mit 50% in der Branche A_1 und mit 50% in der Branche B engagiert, die zweite Bank mit jeweils 25% in allen vier Branchen, d.h. die zweite Bank ist perfekt (naiv) diversifiziert und die erste Bank stärker spezialisiert als die zweite. Wird die Brancheneinteilung so geändert, dass die Branchen A_1, A_2 und A_3 zu einer Branche zusammengefasst werden, so gilt nun die erste Bank als perfekt diversifiziert und der ausgewiesene Spezialisierungsgrad der zweiten Bank wäre höher als der der ersten. Da angenommen wurde, dass die ursprüngliche Brancheneinteilung die Forderungen erfüllt, wird die neue Brancheneinteilung – wie leicht zu sehen ist – sämtlichen Forderungen nicht gerecht. Der hohe Spezialisierungsgrad der ersten Bank wird verkannt, weil Engagements in die recht homogene Branche B genauso beurteilt werden wie Engagements in die recht heterogene Branche A. Dieses Beispiel zeigt, dass die Güte des Konzeptes der naiven Spezialisierung von der Brancheneinteilung abhängt.

Es stellt sich zum einen die Frage, wie die Güte einer Brancheneinteilung beurteilt werden kann, und zum anderen, welche Alternativen zum Konzept der naiven Spezialisierung bestehen. Die Beurteilung einer Brancheneinteilung ist schwierig, obige Eigenschaftsanforderungen stellen nämlich keinen leicht abprüfbaren Kriterienkatalog dar. Die Messung von Ähnlichkeiten ist dabei das Hauptproblem. Außerdem stellen die vier Eigenschaften zum Teil konkurrierende Eigenschaften dar.[50] Zur genaueren Fundierung müsste untersucht werden, wie im Bereich des Screenings, der Kreditüberwachung und der Kreditabwicklung eine Know-how-Übertragung tatsächlich erfolgt bzw. erfolgen kann. Dafür wäre eine genaue Kenntnis über die einzelnen Monitoring-Prozessschritte in den Banken notwendig. Aus dieser Analyse könnten dann Faktoren abgeleitet werden, die den Grad der Ähnlichkeit zwischen Krediten widerspiegeln. Im nächsten Schritt wäre dann die Beurteilung der Ähnlichkeitsstruktur auf Basis dieser Faktoren vorzunehmen. Dies impliziert allerdings, dass jeweils ein bezüglich dieser Faktoren repräsentativer Anteil an Unternehmen aus den einzelnen Branchen für die Analyse herangezogen werden müsste. Auch wenn eine Einschätzung über die Eignung einer Brancheneinteilung letztendlich erfolgen kann, so besteht im Wesentlichen das Problem, dass Daten über die Kreditvergabe nach Branchen nicht für eine Vielzahl unterschiedlicher Brancheneinteilungen zur Verfügung stehen. In Abschnitt 3.2.1 wird vielmehr deutlich, dass für die Untersuchungen in dieser Arbeit nur eine Brancheneinteilung existiert. Die einzige Möglichkeit einer Modifikation der Einteilung besteht in der Zusammenfassung von Branchen.

Als Alternativen zum Konzept der naiven Spezialisierung sind Konzepte, die Korrelationen zwischen und innerhalb der Branchen einbeziehen, und das Konzept der Distanzmaße zu nennen. Zunächst sei die Integration von Korrelationen diskutiert. Die Berücksichtigung von Korrelationen zwischen den Ausfallprozessen oder auch den Wertentwicklungen von Unternehmen innerhalb einer Branche und von Unternehmen aus verschiedenen Branchen reduziert die Anforderungen an eine gute Brancheneinteilung. Die dritte und vierte Eigenschaft sind nicht länger notwendig, zumindest wenn darauf vertraut wird, dass Intra- und Inter-Branchen-Korrelationen ein sinnvolles Maß für die Ähnlichkeit von Krediten darstellen.[51] Dieses Konzept wird in dieser Arbeit jedoch nicht zur Messung des Spezialisierungsgrades eingesetzt. Berechnete Korrelationswerte zwischen den Branchen schwanken nämlich sehr stark

[50] Z.B. wird durch eine Verfeinerung der Branchenstruktur die (durchschnittliche) Ähnlichkeit zwischen den Unternehmen einer Branche erhöht. Gleichzeitig wird dadurch aber die Struktur der Unterschiede zwischen den Branchen tendenziell heterogener.

[51] Ein mögliches Spezialisierungsmaß, das Korrelationen berücksichtigt, wäre z.B. der Quotient aus VaR des Kreditportfolios bei Berücksichtigung der jeweiligen Korrelationen und der Summe der Stand-Alone-VaRs für jeden Kreditnehmer bzw. jede Branche. Vgl. hierzu z.B. Tasche (2006).

mit den Jahren,[52] was sehr stark schwankende Ähnlichkeiten zwischen den Branchen anzeigt, obwohl davon auszugehen sein dürfte, dass sich der Grad der Übertragbarkeit von Wissen zwischen Branchen im Verlaufe der Jahre nicht erheblich ändert.[53] Ferner sollen die Spezialisierungsmaße in dieser Arbeit möglichst einfach interpretierbar sein. Eine Berücksichtigung von Korrelationen würde dazu führen, dass stets Effekte der durchschnittlichen Korrelationshöhe und der Branchenstruktur zugleich beachtet werden müssten. Ein weiterer Grund ist, dass die in Abschnitt 2.3 genannten empirischen Studien ebenfalls auf die Einbeziehung von Korrelationen verzichten, die Ergebnisse aber durchaus signifikante Zusammenhänge der Spezialisierungsmaße mit wichtigen Größen des Bankgeschäfts aufgezeigt haben. Dies lässt auch für die in der vorliegenden Arbeit beabsichtigten Untersuchungen einen Verzicht auf die Integration von Korrelationen vertretbar erscheinen. Der maßgebliche Grund für die Entscheidung gegen die Berücksichtigung von Korrelationen wird jedoch durch die Ausführungen in Kapitel 6 geliefert. Eine wesentliche Fragestellung dieser Arbeit ist, wie der Spezialisierungsgrad und das Kreditportfolio-Risiko bei Berücksichtigung unterschiedlicher Monitoring-Qualität zusammenhängen. Diese Untersuchungsfrage impliziert eine strikte Trennung zwischen der Messung des Spezialisierungsgrades und der Verwendung von Korrelationen.

Anstelle der Einbeziehung von Korrelationen wird deshalb das Konzept der Distanzmaße in dieser Arbeit neben dem Konzept der naiven Spezialisierung zum Einsatz kommen.[54] Beim Konzept der Distanzmaße wird die Distanz der Branchenverteilung des Kreditportfolios zu einer Benchmark-Verteilung ermittelt. Der maximale Grad an Diversifikation ist erreicht, wenn das Kreditportfolio genau die gleiche Branchenstruktur aufweist wie das Benchmark-Portfolio. Wesentlich ist die Bestimmung des

[52] In Abschnitt 6.3.1 werden Korrelationen auf Basis von Aktienindizes ermittelt. Die Korrelationsmatrizen sind in den Tabellen D-1 bis D-6 im Anhang D angegeben.

[53] Ferner ist die Ermittlung von Intra-Branchen-Korrelationen äußerst schwierig. In Kapitel 6 wird im Standardfall deshalb auch eine für alle Branchen konstante Intra-Branchen-Korrelation angenommen. Als Robustheitsuntersuchung werden auch branchenspezifische Intra-Branchen-Korrelationen eingesetzt. Allerdings ist deren Ermittlung durchaus mit Problemen behaftet. Vgl. hierzu Abschnitt 6.5.1.

[54] In der Arbeit von Pfingsten / Rudolph (2004) wird zum ersten Mal auf Basis von Distanzmaßen die Branchenkonzentration gemessen. Auf Basis aggregierter Daten über die Kreditvergabe wird anhand von sechs verschiedenen Distanzmaßen untersucht, wie sich die Branchenkonzentration im Zeitraum 1970 bis 2001 entwickelt. Bei Kamp (2006) kommen die gleichen Distanzmaße zur Messung des Spezialisierungsgrades einzelner Banken zum Einsatz. Auch bei Norden / Szerencses (2005) im Rahmen einer detaillierten Analyse der Kreditrisiken einer (einzelnen) Bank werden Distanzmaße eingesetzt.

Benchmark-Portfolios. Vorstellbar wäre als Benchmark die Struktur eines Kreditportfolios mit minimalem (relativem) VaR zu nehmen. Neben der Problematik der Bestimmung eines solchen Portfolios[55] ist wiederum anzumerken, dass hierdurch eine Vermischung des Spezialisierungsgrades mit VaR-Aspekten vollzogen wird, die – wie soeben erwähnt – vermieden werden soll. Stattdessen wird als Benchmark in dieser Arbeit u.a. die Struktur der Anteile der Branchen an der nationalen Kreditvergabe herangezogen. Diese Benchmark lässt sich zum einen dadurch motivieren, dass eine gemäß der Kreditvergabe große Branche eine Branche darstellt, die eher in weitere Branchen unterteilt werden könnte bzw. möglicherweise tendenziell heterogener ist als kleinere Branchen. Direkt formuliert heißt dies, dass die Größe einer Branche (gemessen durch die Kreditvergabe an diese Branche)[56] als Proxy für die Ähnlichkeit innerhalb einer Branche angesetzt wird.[57] Bezogen auf das oben angegebene Beispiel würde für den Fall, dass die Branchen A_1, A_2, A_3 und B gleich groß sind, auch bei Zusammenlegen der Branchen A_1, A_2 und A_3 perfekte Diversifikation für die zweite Bank ausgewiesen.

Die zweite Motivation der Benchmark zielt weniger auf den möglicherweise geringeren Anspruch an die Güte der Brancheneinteilung, als vielmehr auf die Interpretation der Spezialisierung im Sinne einer Abweichung von einer Norm ab. Die oben genannte Benchmark ist öffentlich verfügbar. Wenn ein Bankmanager das Kreditportfolio eng an dieser Benchmark anlehnt, so schützt er sich unter Umständen davor, wegen zu hoher Konzentrationsrisiken kritisiert zu werden.[58] Wenn stattdessen eine Bank relativ wenig in eine Branche investiert, an die bankenübergreifend viele Kredite vergeben werden, und relativ viel in eine Branche, an die bankenübergreifend wenig Kredite vergeben werden, dann weicht die Bank von einer leicht zu rechtfertigenden Struktur ab, m.a.W. die Bank spezialisiert sich. In diesem Zusammenhang ist darauf zu verweisen, dass die Mehrzahl der in dieser Arbeit betrachteten Banken in einem regional begrenzten Geschäftsgebiet aktiv sind.[59] Ein Abweichen von der nationa-

[55] Vgl. hierzu Kamp (2006), S. 16 ff., und Düllmann / Masschelein (2006). Ferner ist eine Vielzahl von lokalen Minima mit stark unterschiedlichen Branchenstrukturen zu erwarten. Dies würde eher für eine Abstandsmessung im Sinne einer Abweichung von einer efficient frontier als von einem (einzigen) Benchmarkwert sprechen.

[56] Zusätzlich wird auch die Bruttowertschöpfung einer Branche in dieser Arbeit herangezogen. Vgl. Abschnitt 3.4.2.2.

[57] Dieses Vorgehen ist sicherlich problematisch, möglicherweise liefert z.B. die Anzahl der Unternehmen einen besseren Proxy. Außerdem wird durch Verwendung einer solchen Benchmark eine Brancheneinteilung auch nicht von der vierten Forderung befreit.

[58] Vgl. hierzu Pfingsten / Rudolph (2004).

[59] Vgl. hierzu Abschnitt 3.3.

len Benchmark wird möglicherweise durch die regionale Branchenstruktur geprägt und wird nicht bewusst durch die Bank eingegangen. Die regionale Bindung und die damit zusammenhängende begrenzte Kreditnehmerauswahl hat möglicherweise auch Einfluss auf die naive Diversifikation, so dass in diesem Zusammenhang auch nicht von bewusster Spezialisierung bzw. Diversifikation die Rede sein kann. Auch wenn in dieser Arbeit keine Untersuchung stattfinden soll, inwieweit der jeweilige Spezialisierungsgrad bewusst eingegangen wird und von einer Spezialisierungs- oder auch Diversifikationsstrategie die Rede sein kann, so sollen doch Distanzmaße, denen regionale Benchmarks zugrunde liegen und die möglicherweise bewusste Spezialisierung anzeigen können, zum Einsatz kommen.

Die Ausführungen zeigen, dass die Vorabauswahl eines perfekten Konzeptes zur Spezialisierungsgradmessung bzw. eines perfekten Spezialisierungsmaßes nicht möglich ist. Anstatt in dieser Tatsache einen allzu großen Mangel zu sehen, ist eher darauf hinzuweisen, dass die in dieser Arbeit durchgeführten Untersuchungen einen Teil dazu beitragen können, herauszufinden, inwieweit die verwendeten Maße zur Bestimmung des Spezialisierunsgrades im Firmenkundenkreditgeschäft geeignet sind. In Abschnitt 3.4.2 werden die verwendeten Spezialisierungsmaße im Detail vorgestellt.

Kapitel 3

Datenbasis

3.1 Überblick

In diesem Kapitel wird die Datenbasis für die folgenden Untersuchungen eingeführt. Zunächst werden die verwendeten Datenquellen vorgestellt (Abschnitt 3.2). In Abschnitt 3.3 werden die Bankengruppen der Sparkassen und Kreditgenossenschaften, die Untersuchungsobjekte dieser Arbeit, beschrieben und die Gründe für die Eingrenzung der Untersuchungen auf diese Kreditinstitute dargelegt. Es folgt in Abschnitt 3.4 die Vorstellung der in dieser Arbeit verwendeten Variablen. Nach der Beschreibung des Umgangs mit Fusionen (Abschnitt 3.5) wird in Abschnitt 3.6 – unter Rückgriff auf die vorangegangenen Abschnitte – das Standard-Datenset für die anschließenden Untersuchungen festgelegt.

3.2 Datenquellen

3.2.1 Kreditnehmerstatistik

Eine der wichtigsten Datenquellen für die vorliegende Arbeit ist die Kreditnehmerstatistik der Deutschen Bundesbank. Um die Spezialisierung auf bestimmte Branchen analysieren zu können, ist es notwendig, Informationen über die Kreditvergabe der Banken in einzelnen Branchen zu haben. Die Kreditnehmerstatistik weist die Nominalbeträge ausstehender Kredite an inländische Unternehmen und Privatpersonen (einschließlich Organisationen ohne Erwerbszweck) aufgeschlüsselt nach

Wirtschaftszweigen aus. Eine Verwendung für statistische Auswertungen ist ab 1995 sinnvoll, da vorher Brüche in der Branchengliederung die Nutzbarkeit erheblich einschränken.[1] Die Banken melden ihre Bestände am Ende jedes Quartals an die Deutsche Bundesbank. Bis 1998 sind alle Kreditinstitute gemäß §1 KWG eingeschlossen, ab 1998 ist die Kreditnehmerstatistik auf die Monetary Financial Institutions (MFI) begrenzt.[2] Sparkassen und Kreditgenossenschaften sind von dieser Umstellung nicht betroffen.[3] Die Daten sind auf Branchenebene aggregiert und bieten keine Informationen über die Kreditvergabe an einzelne Kreditnehmer.[4] Sowohl bei den Firmenkundenkrediten als auch bei den Privatkundenkrediten findet eine Unterteilung in Wechselkredite, Treuhandkredite und Hypothekarkredite statt. Die Untergliederung nach der Ursprungslaufzeit weist Forderungen unter einem Jahr, Forderungen von einem bis fünf Jahren und Forderungen über fünf Jahren aus.

Die Firmenkundenkredite werden 23 verschiedenen Branchen zugeordnet. Diese Untergliederung orientiert sich an der Brancheneinteilung des Statistischen Bundesamtes bzw. der „Allgemeinen Systematik der Wirtschaftszweige in den Europäischen Gemeinschaften" (NACE Rev. 1 bzw. NACE Rev. 1.1).[5] Tabelle 3-1 gibt einen Überblick über die Branchengliederung und den prozentualen Anteil der einzelnen Branchen an der gesamten Kreditvergabe im Firmenkundenbereich sowie der Kreditvergabe bei Einschränkung sowohl auf jeweils Sparkassen und Kreditgenossenschaften

[1] Im März 1995 wurde von der „Systematik der Wirtschaftszweige, Ausgabe 1979" (vgl. Statistisches Bundesamt (1979)) auf die „Klassifikation der Wirtschaftszweige, Ausgabe 1993" (vgl. Statistisches Bundesamt (1993)) umgestellt.

[2] Vgl. hierzu Europäische Gemeinschaft (2001). Als MFIs gelten alle Institute, die Einlagen oder den Einlagen nahe stehende Substitute, z.B. durch Emission von Wertpapieren, entgegennehmen und Kredite (auch in Form des Wertpapierkaufs) auf eigene Rechnung gewähren. Ausgenommen sind im Wesentlichen Spezialinstitute (Kapitalanlagegesellschaften, die einer gesonderten Meldepflicht unterliegen, ferner Wertpapiersammelbanken, Wohnungsunternehmen mit Spareinrichtung sowie Institute, die nur das Garantiegeschäft betreiben). Vgl hierzu Deutsche Bundesbank (2005b).

[3] Beeinflusst wird lediglich die Berechnung der Branchenzusammensetzung des gesamtdeutschen Kreditmarktes, die als Benchmark bei einem in dieser Arbeit verwendeten Distanzmaß fungiert. Vgl. hierzu Abschnitt 3.4.2.2.

[4] Eine Analyse auf Basis von Einzelkreditnehmerdaten ist grundsätzlich auf Basis der Evidenzdaten für Millionenkredite gemäß § 14 KWG möglich. Allerdings ist die Datenbasis der Millionenkredite verzerrt, da nur Kredite ab 1,5 Mio. € (bzw. 3 Mio. DM, vgl. Deutsche Bundesbank (1998)) gemeldet werden müssen, was für die Mehrheit der hier betrachteten Kreditgenossenschaften und Sparkassen zu einem Ausschluss der meisten Kredite führt. Aus diesem Grund wird auf die Verwendung der Evidenzdaten für Millionenkredite verzichtet.

[5] Vgl. Deutsche Bundesbank (2005b).

Tabelle 3-1: Branchenzusammensetzung des Kreditmarktes

		Alle Banken		Kreditgenossenschaften und Sparkassen		Kreditgenossenschaften		Sparkassen	
	Branche	Dez. 1995	Dez. 2006	Dez. 1995	Dez. 2006	Dez. 1995	Dez. 2006	Dez. 1995	Dez. 2006
	Land- und Forstwirtschaft	2,99%	2,85%	4,93%	5,82%	8,02%	9,90%	3,30%	3,41%
	Energie- u. Wasserversorgung, Bergbau	3,06%	3,30%	1,28%	1,72%	0,52%	1,21%	1,68%	2,02%
Verarbeitendes Gewerbe	Chemische Industrie, Mineralölverarb.	0,82%	0,90%	0,43%	0,35%	0,39%	0,26%	0,45%	0,40%
	Gummi u. Kunststoff	0,74%	0,62%	0,78%	0,65%	0,82%	0,55%	0,76%	0,70%
	Glasgewerbe, Keramik	0,90%	0,46%	0,87%	0,57%	0,77%	0,52%	0,93%	0,60%
	Metallerzeugung u. -bearbeitung	2,50%	1,83%	3,24%	2,61%	2,72%	2,37%	3,51%	2,76%
	Maschinenbau u. Fahrzeugbau	2,71%	2,12%	2,04%	1,68%	2,32%	1,45%	1,89%	1,82%
	Herstellung von Büromaschinen, Elektrotechnik	1,94%	1,16%	1,95%	1,20%	2,41%	1,09%	1,71%	1,26%
	Holzgewerbe, Papier, Druck, Möbel	3,06%	2,17%	3,99%	2,94%	4,32%	3,12%	3,81%	2,83%
	Textil- u. Bekleidungsgewerbe	0,96%	0,41%	1,13%	0,54%	1,24%	0,57%	1,07%	0,52%
	Ernährung und Tabak	2,70%	1,62%	3,39%	2,19%	3,83%	2,39%	3,15%	2,07%
	Baugewerbe	6,10%	3,85%	9,87%	6,97%	11,04%	7,34%	9,25%	6,75%
	Handel und Reparaturen	15,83%	10,84%	19,90%	15,33%	19,82%	15,59%	19,94%	15,17%
	Verkehr und Nachrichtenübermittlung	3,85%	4,32%	3,03%	2,69%	2,97%	2,52%	3,07%	2,79%
	Finanzierungsinst. (ohne MFIs)* und Versicherung	3,16%	1,42%	1,09%	2,07%	0,80%	1,10%	1,24%	2,65%
Dienstleistungen	Wohnungsunternehmen	11,45%	12,48%	5,40%	7,82%	2,90%	5,64%	6,73%	9,11%
	Beteiligungsgesellschaften	2,09%	3,31%	0,52%	1,28%	0,26%	0,50%	0,66%	1,75%
	Sonstiges Grundstückswesen	11,05%	17,21%	7,15%	12,28%	3,72%	7,88%	8,97%	14,89%
	Gastgewerbe	2,84%	2,08%	4,74%	3,97%	4,93%	4,31%	4,63%	3,78%
	Datenverarb. u. Datenbanken, F&E, Dienstl. für Unt.	7,91%	7,30%	9,10%	9,07%	7,98%	7,87%	9,69%	9,77%
	Gesundheits-, Veterinär- und Sozialwesen	6,01%	6,51%	8,59%	10,84%	12,19%	17,30%	6,69%	7,02%
	Vermietung beweglicher Sachen	0,58%	2,09%	0,65%	0,97%	0,51%	0,60%	0,72%	1,19%
	Sonstige Dienstleistungen	6,63%	6,04%	5,82%	6,32%	5,40%	5,82%	6,04%	6,61%

* MFI: Monetary Financial Institution. Interbankenkredite sind somit nicht im Datensatz enthalten.

getrennt als auch auf beide Bankengruppen zusammen.

Auffällig ist, dass bei Kreditgenossenschaften der Anteil der Kredite an die Land- und Forstwirtschaft sowie an die Branche des Gesundheits-, Veterinär- und Sozialwesens höher als bei anderen Bankengruppen ist, dafür aber die Kreditvergabe an Wohnungsunternehmen und die Branche des sonstigen Grundstückwesens geringer ausfällt. Sowohl Kreditgenossenschaften als auch Sparkassen vergeben im Vergleich zu den anderen Bankengruppen verstärkt Kredite an die Baubranche und die Branche „Handel und Reparaturen".

Die Kreditnehmerstatistik ist insbesondere die Basis für die Berechnung des Spezialisierungsgrades.[6] In Anbetracht der großen Bedeutung dieser Datenquelle werden die mit ihr verbundenen Einschränkungen und Probleme nun eingehend diskutiert.

Eine berechtigte Frage ist, ob die Brancheneinteilung fein genug ist. Tabelle 3-1 weist z.B. bei der Branche „Handel und Reparaturen" einen sehr großen Anteil an der Kreditvergabe aus, was anzeigt, dass eine weitere Untergliederung wünschenswert wäre. In Deutsche Bundesbank (2006b) wird angeführt, dass die Branchendefinitionen nicht mit dem Ziel der Risikomessung entwickelt wurden und so die Zusammenfassung zu Gruppen, die mit einem Risikofaktor identifiziert werden können, nicht unbedingt gelingt. Unter der Annahme, dass auch für die Messung des Spezialisierungsgrades eine Zuordnung der Unternehmen zu Branchen empfehlenswert ist, bei der das Kreditrisiko der Unternehmen einer Branche auf Grund der Tätigkeit im selben Wirtschaftszweig verbunden ist,[7] ist aber die verwendete Brancheneinteilung durchaus zufriedenstellend. In Kapitel 6 wird eine Überleitung in die gröbere ICB-Brancheneinteilung der Supersektoren vorgenommen, um auf Basis von Aktienindizes Korrelationen zwischen den Branchen zu ermitteln.[8] Da die ICB-Brancheneinteilung und die mit ihr verbundenen Aktienindizes auf dem Finanzmarkt etabliert sind und auch zur Risikosteuerung eingesetzt werden können, ist die Nutzung der feineren Einteilung gemäß der Kreditnehmerstatistik vertretbar. Angaben über die Vergabe an einzelne Kreditnehmer fehlen und somit auch Angaben über die Granularität der Kreditportfolios. Proxys für die durchschnittliche

[6] Vgl. hierzu Abschnitt 3.4.2.
[7] Vgl. hierzu die Ausführungen in Abschnitt 2.3.1.1.
[8] Vgl. hierzu Tabelle 6-1 in Abschnitt 6.3.1.

Kredithöhe in den einzelnen Branchen[9] stellen einen Versuch dar, hierüber mehr Aufschluss zu gewinnen.[10]

Die Kreditnehmerstatistik weist nur einen Teil der Forderungen der Kreditinstitute aus. Ausländische Kredite fehlen. Des Weiteren werden Schuldverschreibungen und andere festverzinsliche Wertpapiere nicht erfasst. Kamp (2006) hält Angaben über die prozentualen Anteile der Branchen innerhalb des Rentenportfolios für wünschenswert. Banken können das Rentenportfolio dazu nutzen, Forderungen gegenüber Branchen und Regionen einzugehen, die im Kreditportfolio unterrepräsentiert sind, und damit ihren Diversifikationsgrad erhöhen. Bei Schuldverschreibungen und anderen festverzinslichen Wertpapieren existieren für einzelne Banken nur Angaben über das gesamte Volumen.[11] Problematisch mag das Fehlen von außerbilanziellen Geschäften sein, wie z.B. das Stellen von Bürgschaften. Die Entscheidungen über das Eingehen solcher Positionen werden im Kreditbereich getroffen und eine Aufgliederung nach Branchen wäre für die Messung des Spezialisierungsgrades von Vorteil. Zu beachten ist ferner, dass Ausfallrisiken durch Kreditderivate bzw. Kreditverbriefungen verkauft werden können. Zu unterscheiden ist zwischen True-Sale- und synthetischen Verkäufen.[12] Bei True-Sale-Geschäften verbleiben die Forderungen nicht in der Bilanz. Für die Spezialisierungsgradmessung wäre eine Berücksichtigung bei

[9] Vgl. Abschnitt 3.4.4.1.

[10] Die Verwendung von Daten zu Großkrediten ist derzeit für den betrachteten Beobachtungszeitraum nur sehr eingeschränkt möglich, da die Daten größtenteils nicht in informationstechnisch verwendbarer Form vorliegen.

[11] Es stellt sich allerdings die Frage, ob Rentenportfolios bei der Messung des Spezialisierungsgrades überhaupt berücksichtigt werden sollten. Das Management von Rentenportfolios ist organisatorisch vom Kreditgeschäft getrennt und die Übertragung bzw. gemeinschaftliche Nutzung von Wissen dürfte relativ eingeschränkt sein. Ferner unterscheidet sich die Kreditvergabe mit direktem Kundenkontakt erheblich vom Management des Rentenportfolios, bei dem größtenteils auf Basis von externen Analysen entschieden wird. Außerdem ist der Anteil der Bankschuldverschreibungen und Anleihen der öffentlichen Haushalte in Deutschland sehr hoch. So betrug z.B. im Dezember 2006 der Anteil der inländischen Non-MFI-Corporate Bonds und Bonds ausländischer Nichtbanken am Bestand der Anleihen und Schuldverschreibungen bei den deutschen Banken lediglich 25%. Vgl. hierzu Deutsche Bundesbank (2007a).

[12] Für einen Überblick über Kreditderivate und Kreditverbriefungen vgl. Burghof et al. (2005) und Deutsche Bundesbank (2004a).

Verkauf an ein SPV[13] angemessen, da Screening und Monitoring in diesem Fall[14] für diese Forderungen durchgeführt werden. Bei synthetischen Verkäufen verbleiben die Forderungen in der Bilanz. Hinsichtlich der Spezialisierungsgradmessung ist dies unproblematisch. Allerdings werden die Verluste aus dem Kreditgeschäft durch solche Transaktionen reduziert und geringere tatsächliche Verlustquoten sind die Folge. In Abschnitt 3.3 wird gezeigt werden, dass durch die Einschränkung der folgenden Untersuchungen auf Kreditgenossenschaften und Sparkassen die mit den Daten-Restriktionen der Kreditnehmerstatistik verbundenen Probleme im Wesentlichen gelöst werden können.

Neben der grundsätzlichen Unsicherheit, ob in den Banken eine sorgfältige Pflege der Branchenschlüssel betrieben wurde und inwieweit Unternehmenskonglomerate sinnvoll einer Branche zuzuordnen sind,[15] ist auf mögliche Strukturbrüche in der Kreditnehmerstatistik einzugehen. In Kamp (2006) findet sich ein Überblick über die Änderungen in der Kreditnehmerstatistik, die für Datenbrüche sorgen könnten und die entweder die Branchengliederung oder den Kreis der meldepflichtigen Institute betreffen. Unter Berücksichtigung der Tatsache, dass die Daten erst nach dem stärksten Strukturbruch im Jahre 1995 genutzt werden, zeigen die Untersuchungen in Kamp (2006),[16] dass der Einfluss der Mitte 1999 vorgenommenen Änderung[17] von Relevanz für Untersuchungen sein könnte, die die Daten der Kreditnehmerstatistik einbeziehen. Aus diesem Grund wird bei den späteren Untersuchungen überprüft,

---

[13] SPV steht für Special Purpose Vehicle. Ein SPV wird bei Kreditverbriefungen zwischengeschaltet. Die Geschäftstätigkeit des SPVs ist auf die Übernahme von Ausfallrisiken des Referenzportfolios und die Ausgabe von Wertpapieren beschränkt. Vgl. hierzu etwa Ohl (1994), S. 32.

[14] Zumeist verbleibt ein Teil der Forderung bei der Bank, u.a. um zu gewährleisten, dass das Monitoring weiterhin von der Bank durchgeführt wird. Aber auch aus Reputationsgründen ist eine Fortführung der Monitoring-Aktivitäten erklärbar. Vgl. hierzu Rudolph et al. (2007), S. 34, Das (2005), S. 316, sowie Gibson (2004), S. 17.

[15] Vgl. hierzu Kamp (2006), S. 33.

[16] Dummys für Strukturbrüche werden bei Kamp (2006) in Regressionen als erklärende Variablen für den Spezialisierungsgrad eingesetzt. Insbesondere die Änderungen der Branchengliederung im Jahre 1995 haben demnach einen starken Einfluss auf den Spezialisierungsgrad.

[17] Ab März 1999 werden Institutionen für Operate-Leasing nicht mehr der Branche „Finanzierungsinstitutionen", sondern je nach Gegenstand des Leasingobjektes den Branchen „Sonstiges Grundstückswesen" bzw. „Vermietung beweglicher Sachen" zugeordnet. Bei Kamp (2006) zeigen sich für die Änderungen im Jahre 1999 in Abhängigkeit vom betrachteten Spezialisierungsmaß zum Teil signifikante Auswirkungen auf den Spezialisierungsgrad.

ob der bei den einzelnen Banken verwendete Beobachtungszeitraum Einfluss auf die Ergebnisse hat.[18]

3.2.2 Bankaufsichtliches Informationssystem (BAKIS)

Das Bankaufsichtliche Informationssystem (BAKIS) wurde vom Bundesaufsichtsamt für das Kreditwesen (BAKred)[19] ins Leben gerufen. BAKIS ist eine Datenbank, in der individuelle Bankdaten für statistische Zwecke und Zwecke der Bankenaufsicht gespeichert werden. Banken müssen jeweils am Ende des Jahres die entsprechenden Daten an die Deutsche Bundesbank und die BaFin melden. Die Daten werden nicht veröffentlicht. Auf eine ausführliche Darstellung aller in BAKIS gesammelten Daten wird verzichtet, sondern nur ein kurzer Überblick über die in der Arbeit verwendeten Daten gegeben. Die Zuordnung zu den Daten aus der Kreditnehmerstatistik erfolgt auf der Basis von Identifikationsnummern der einzelnen Banken. In den empirischen Untersuchungen werden folgende Daten eingesetzt:

1. Jahresabschlussdaten
   (a) Bilanzdaten
   (b) Daten der Gewinn- und Verlustrechnung (GuV)
   (c) Daten aus den Prüfungsberichten der Jahresabschlussprüfer (Sonderdatenkatalog)
2. Daten über Bankenfusionen

In dieser Arbeit werden (jährliche) Jahresabschlussdaten (Bilanzen[20], GuVs[21] und Sonderdatenkatalog[22]) von 1995 bis 2006 verwendet. Der Aufbau der verwendeten Bilanzen und Gewinn- und Verlustrechnungen wird durch die RechKredV vorgegeben. Mögliche Verzerrungen dieser Daten aufgrund von bilanzpolitischem Spielraum,

---

[18] Vgl. hierzu z.B. Abschnitt 4.2.3.1.

[19] Die Aufgaben des BAKred werden seit dem 1. Mai 2002 von der Bundesanstalt für Finanzdienstleistungsaufsicht (BaFin) wahrgenommen. Zum Aufbau und zu den Aufgaben der BaFin vgl. z.B. Hartmann-Wendels et al. (2007), S. 46ff.

[20] Zum Aufbau einer Bankbilanz vgl. den Anhang „Formblatt 1“ der RechKredV.

[21] Zum Aufbau einer Bank-GuV vgl. die Anhänge „Formblatt 2 (Kontoform)“ bzw. „Formblatt 3 (Staffelform)“ der RechKredV.

[22] Auf der Homepage der Deutschen Bundesbank steht eine Übersicht der Daten gemäß § 68 PrüfbV zur Verfügung. Vgl. Deutsche Bundesbank (2002).

der den Banken eingeräumt wird, werden an späterer Stelle in dieser Arbeit Berücksichtigung finden.[23] Probleme durch Umstellungen von HGB- auf IFRS-Bilanzierung sind nicht gegeben, da Einzel- und keine Konzernabschlüsse als Datengrundlage verwendet werden; hierbei handelt es sich innerhalb des BAKIS-Datensatzes ausschließlich um HGB-Abschlüsse.[24] Der Sonderdatenkatalog enthält zusätzliche Daten, wie z.B. Anzahl der Mitarbeiter oder weitere Informationen zur Qualität des Kreditportfolios. Auf Basis der Jahresabschlussdaten werden tatsächliche Verlustquoten für das Kreditgeschäft und Kontrollvariablen, wie Bankgröße oder Anteil an Kundeneinlagen, ermittelt. In den Abschnitten 3.4.3 und 3.4.4 werden diese Variablen im Detail vorgestellt.

Die Daten über Bankenfusionen von 1995 bis 2006 umfassen Fusionszeitpunkt, Name sowie Identifikationsnummer der jeweiligen übernehmenden Bank und der übernommenen Bank bzw. der übernommenen Banken. In Abschnitt 3.5 wird der Umgang mit Fusionen im Rahmen der empirischen Untersuchungen beschrieben.

3.2.3 Daten des Statistischen Bundesamtes

Zur Berechnung der erwarteten Verlustquoten für die einzelnen Branchen[25] wird auf die Insolvenz- und Umsatzsteuerstatistik des Statistischen Bundesamtes zurückgegriffen. Die Insolvenzstatistik[26] gibt Auskunft über die Anzahl der Insolvenzen von Unternehmen und selbstständigen Privatpersonen in Deutschland. Das Statistische Bundesamt unterscheidet hierbei zwischen

- eröffneten Insolvenzverfahren und
- mangels Masse abgewiesenen Insolvenzanträgen.

Eine Insolvenz kann von einem Gläubiger oder vom Schuldner bei Vorliegen von Zahlungsunfähigkeit, drohender Zahlungsunfähigkeit oder Überschuldung beim Insolvenzgericht beantragt werden.[27] Falls das verbliebene Vermögen des Schuldners

[23] Vgl. Abschnitt 3.4.3.1.
[24] Einzelabschlüsse nach IFRS können lediglich zu Informationszwecken aufgestellt werden. Zur Bemessung der Gewinnausschüttungen und für steuerliche Zwecke ist der HGB-Abschluss verpflichtend. Vgl. etwa Pellens et al. (2006), S. 12 ff.
[25] Vgl. hierzu genauer Abschnitt 3.4.3.1.
[26] Vgl. hierzu Statistisches Bundesamt (2005a).
[27] Für eine Darstellung des Insolvenzverfahrens vgl. Drukarczyk (2001) und Bertl (2007).

(Insolvenzmasse) die Verfahrenskosten nicht deckt, wird der Insolvenzantrag mangels Masse abgewiesen. Andernfalls geht bei Eröffnung des Insolvenzverfahrens das verbliebene Vermögen des Schuldners in den Besitz des Insolvenzverwalters, der im Regelfall die Insolvenzmasse verwertet und die Gläubiger aus den Verwertungserlösen befriedigt. Als Proxy für die Anzahl der ausgefallenen Kreditnehmer wird in dieser Arbeit die Summe aus eröffneten und mangels Masse abgewiesenen Insolvenzverfahren verwendet. Zu beachten ist, dass die Insolvenzordnung zum 1. Januar 1999 eingeführt wurde. Diese führte die zuvor in Westdeutschland geltende Konkurs- und Vergleichsordnung und die in Ostdeutschland geltende Gesamtvollstreckungsordnung zusammen.[28] Bis zum Jahre 1998 wird als Proxy für die Anzahl der Insolvenzen die Summe aus Konkurs-, Vergleichs- und Gesamtvollstreckungsverfahren verwendet. Mögliche Auswirkungen der Verfahrensänderung auf die Ergebnisse der späteren Untersuchungen werden wie bei den Änderungen der Kreditnehmerstatistik durch Dummys für Zeiträume und auf gewisse Zeiträume beschränkte Regressionen Berücksichtigung finden.[29]

Die Anzahl der Insolvenzen wird vom Statistischen Bundesamt u.a. nach Branchen und dabei in unterschiedlichen Detaillierungsgraden aufgeschlüsselt. Die in der Arbeit verwendete Gliederung deckt sich im Wesentlichen mit der Branchengliederung der Kreditnehmerstatistik, so dass die Insolvenzdaten auf die Branchen gemäß der Kreditnehmerstatistik übertragen werden können.

Zur Berechnung der Insolvenzquoten ist ferner die Anzahl der Unternehmen (bzw. selbstständigen Privatpersonen) in den einzelnen Branchen notwendig. Da es in Deutschland kein Unternehmensregister gibt, das eine vollständige Auflistung aller Gewerbeeinrichtigungen nach Branchen enthält, ist es verbreitet, die Anzahl der Unternehmen auf Basis der Umsatzsteuerstatistik[30] zu verwenden. Das Statistische Bundesamt selbst berechnet Insolvenzquoten auf der Grundlage der Umsatzsteuerstatistik.[31] Da die für Insolvenzquoten verwendete Brancheneinteilung für die Zwecke dieser Arbeit nicht detailliert genug ist, müssen jedoch eigene Berechnungen vorgenommen werden. Die Umsatzsteuerstatistik erfasst alle Unternehmen, die in dem entsprechenden Jahr Umsatzsteuervoranmeldungen abgegeben haben, mit Lieferun-

[28] Eine Gegenüberstellung der Insolvenzordnung mit den früheren Ordnungen findet sich bei Ehricke (2007).
[29] Vgl. hierzu z.B. Abschnitt 4.2.3.1.
[30] Vgl. hierzu Statistisches Bundesamt (2005b).
[31] Vgl. Statistisches Bundesamt (2007), S. 358.

gen und Leistungen über 17.500 €.[32] Nicht erfasst sind Unternehmen, die keine Voranmeldung, sondern nur eine jährliche Umsatzsteuer-Erklärung abgeben müssen,[33] und Kleinunternehmer[34] mit jährlichen Umsätzen aus Lieferungen und Leistungen unter 17.500 € sowie Unternehmen, die nahezu ausschließlich steuerfreie Umsätze[35] tätigen. Problematisch ist diese Eingrenzung insbesondere für die Branche „Land- und Forstwirtschaft". Zahlreiche Unternehmen dieser Branche sind in der Umsatzsteuerstatistik nicht erfasst. Dies ist auch der Grund, weshalb das Statistische Bundesamt auf die Berechnung der Insolvenzquote dieser Branche verzichtet. Da das Statistische Bundesamt ansonsten die Berechnung der Insolvenzquoten vornimmt, ist davon auszugehen, dass in den anderen Branchen von mehr oder minder verlässlichen Insolvenzquoten gesprochen werden kann. Da die Land- und Forstwirtschaft für die Kreditgenossenschaften einen großen Teil des Kreditportfolios ausmacht,[36] ist auf die Behandlung dieser Branche bei den späteren empirischen Untersuchungen besonderes Augenmerk zu legen und durch Robustheitsuntersuchungen zu klären, inwieweit eine Veränderung der angenommenen Anzahl an Gewerbebetrieben Auswirkungen auf die empirischen Ergebnisse hat.[37] Als Ausgangsbasis wird im Folgenden pragmatisch unterstellt, dass die Anzahl der laut Umsatzsteuerstatistik angegebenen Land- und Forstwirtschaftsbetriebe der Hälfte der tatsächlich vorhandenen Betriebe in dieser Branche entspricht. In Abschnitt 3.4.3 wird beschrieben, wie mit Hilfe der Daten des Statistischen Bundesamtes bankindividuelle erwartete Verlustquoten berechnet werden.[38]

---

32 Die beschriebenen Regelungen gelten ab dem Jahre 2003. Im Jahre 2002 war z.B. noch eine Grenze von 16.620 € gültig.

33 Dies ist der Fall, wenn die zu zahlende Umsatzsteuer des vorangegangenen Kalenderjahres unter 512 € lag. Vgl. § 18 UStG.

34 Genau genommen darf der Umsatz des vorangegangenen Kalenderjahres 17.500 € und für das laufende Jahr voraussichtlich 50.000 € nicht überschreiten. Vgl. § 19 UStG.

35 Vgl. § 4 UStG.

36 Vgl. hierzu Tabelle 3-1.

37 Vgl. hierzu etwa Abschnitt 4.2.3.1.

38 Ferner liegen Informationen je Branche über die voraussichtliche Forderungssumme vor. Die Gerichte melden bei Eröffnung eines Verfahrens die durch die Insolvenz betroffenen – ihnen bekannten – Forderungen. Die Werte stellen lediglich eine Schätzgröße für das insgesamt betroffene Forderungsvolumen dar. Diese Größe könnte zur Ermittlung eines Proxys für die durchschnittliche Kredithöhe in einer Branche herangezogen werden. Wie in Abschnitt 3.4.4.1 zu sehen sein wird, wird in dieser Arbeit jedoch ein anderer Proxy, der auf den Angaben der Kreditnehmerstatistik basiert, verwendet.

3.3 Einschränkung auf Sparkassen und Kreditgenossenschaften

Es wurde bereits mehrfach erwähnt, dass sich die vorliegende Arbeit in ihren Untersuchungen auf Kreditgenossenschaften und Sparkassen beschränken wird. In diesem Abschnitt werden nach einer kurzen Einordnung in den deutschen Bankenmarkt zunächst einige Charakteristika dieser beiden Bankengruppen vorgestellt. Anschließend wird erläutert, weshalb sich die vorliegende Arbeit ausschließlich auf diese beiden Bankengruppen konzentriert.

Das deutsche Bankwesen ist durch die sog. Drei-Säulen-Struktur geprägt. Damit wird die strikte Trennung in die Säulen Genossenschaftsbanken (Kreditgenossenschaften und genossenschaftliche Zentralbanken), öffentlich-rechtliche Institute (Sparkassen und Landesbanken) und Kreditbanken bzw. andere Banken bezeichnet.[39] In der Kreditnehmerstatistik[40] sind die Banken folgendermaßen untergliedert:

1. Kreditbanken und andere Banken
   (a) Kreditbanken
      i. Großbanken
      ii. Regionalbanken
      iii. Zweigstellen ausländischer Banken
   (b) Andere Banken
      i. Kreditinstitute mit Sonderaufgaben
      ii. Private Hypothekenbanken
      iii. Öffentlich-rechtliche Grundkreditanstalten
2. Öffentlich-rechtliche Banken
   (a) Landesbanken
   (b) Sparkassen
3. Genossenschaftsbanken

[39] Vgl. hierzu etwa Hackethal (2004) und Eim (2004).
[40] Vgl. hierzu die Fußnote 2.

(a) Genossenschaftliche Zentralbanken

(b) Kreditgenossenschaften

In dieser Arbeit wird die Gruppe der Kreditbanken und anderer Banken nicht betrachtet und aus der Gruppe der öffentlich-rechtlichen Banken sowie der Gruppe der Genossenschaftsbanken werden jeweils nur die Primärinstitute, d.h. Sparkassen bzw. Kreditgenossenschaften, in den Untersuchungen berücksichtigt.

Zu den Kreditgenossenschaften gehören neben den mehrheitlich vertretenen Volksbanken und Raiffeisenbanken z.B. auch die ausschließlich auf das Privatkundengeschäft ausgerichteten Sparda-Banken und PSD Banken sowie Kirchenbanken.[41] Zum genossenschaftlichen Finanzverbund zählen zusätzlich zu den Kreditgenossenschaften auch Spezialinstitute, wie z.B. Bausparkassen oder Hypothekenbanken, und die zwei Zentralbanken, DZ Bank und WGZ-Bank. Die wesentlichen Prinzipien der Zusammenarbeit im genossenschaftlichen Finanzverbund sind das Dezentralitäts-, Subsidiaritäts- und Regionalprinzip.[42] Das Dezentralitätsprinzip besagt, dass die Genossenschaftsbanken selbstständig und in uneingeschränkter Eigenverantwortung ihr Geschäftsgebiet bearbeiten. Dabei können sie ein umfassendes Leistungsprogramm anbieten, insbesondere auch deshalb, weil Funktionen, die von den Primärbanken nicht ausgeführt werden, von zentralen Einheiten des Finanzverbundes übernommen werden (Subsidiaritätsprinzip).[43] Der Aktionsraum der lokalen Genossenschaftsbanken wird nach dem Regionalprinzip auf ein eng umrissenes Gebiet beschränkt,[44] um Doppelpräsenzen und dadurch aufkommenden innergenossenschaftlichen Wettbewerb zu vermeiden.[45] Das vorgegebene Oberziel der Genossenschaftsbanken ist nicht die Gewinnmaximierung, sondern gemäß § 1 des Genossenschaftsgesetzes „die För-

[41] Für einen Überblick vgl. Bundesverband der Deutschen Volksbanken und Raiffeisenbanken (2007).

[42] Vgl. hierzu und im Folgenden Theurl / Kring (2002).

[43] So fungieren die Zentralbanken z.B. als Clearing-Stellen für die Primärinstitute, sorgen für den Zugang zu nationalen und internationalen Finanzmärkten und unterstützen beim Asset-Liability-Management. Vgl. Hackethal (2004).

[44] Zu beachten ist, dass es Kreditgenossenschaften gibt, die nicht dem Regionalprinzip unterworfen sind und ein mehr oder minder ausgeprägt überregionales Geschäftsgebiet haben. Hierzu zählen u.a. die Deutsche Apotheker- und Ärztebank, die BBBank und die Kirchenbanken. Da die regionale Bindung der Institute von Bedeutung für die späteren Untersuchungen sein könnte, wurde überprüft, ob die Einbeziehung von Instituten, die nicht dem Regionalprinzip unterliegen, Einfluss auf die Ergebnisse nimmt. Hierbei haben sich die Ergebnisse als stabil erwiesen.

[45] Es gab dennoch zahlreiche Institute mit überschneidenden Geschäftsgebieten. Fusionen haben diesen Zustand teilweise behoben. Vgl. hierzu Ringle (2003).

derung des Erwerbs und der Wirtschaft ihrer Mitglieder mittels gemeinschaftlichen Geschäftsbetriebes".[46] Die Rechtsform der Kreditgenossenschaften ist in Deutschland die der eingetragenen Genossenschaft. Die Mitglieder sind gemäß dem Prinzip der Selbstverantwortung und Selbstverwaltung für den Erfolg der Bank verantwortlich und determinieren die Geschäftspolitik in den Organen der Bank, wie z.B. der Mitgliederversammlung (Generalversammlung).[47] Kreditgenossenschaften sind ferner in Regionalverbänden bzw. dem Verband der PSD-Vereine und dem Verband der Sparda-Banken organisiert, die den angeschlossenen Instituten betreuend zur Seite stehen und auch die Prüfung gemäß KWG sicherstellen.[48] Unterstellt sind diese Verbände dem Bundesverband der Deutschen Volksbanken und Raiffeisenbanken (BVR) als Spitzenverband. Neben der Entwicklung von Geschäftskonzepten[49] ist der BVR das zentrale Interessenvertretungsorgan bei ordnungspolitischen Fragestellungen.[50] Auch die Sicherungseinrichtung der Kreditgenossenschaften, die bei Schieflage einzelner Institute tätig wird, ist beim BVR angesiedelt.[51]

Neben den Kreditgenossenschaften werden die Sparkassen in den Untersuchungen der vorliegenden Arbeit als Beobachtungsobjekte dienen. In Deutschland handelt es sich bei den Sparkassen – abgesehen von wenigen Ausnahmen[52] – um öffentlich-rechtliche Kreditinstitute. Träger einer Sparkasse ist eine kommunale Gebietskörperschaft oder ein kommunaler Sparkassenzweckverband. Sparkassen gehören zur Sparkassen-Finanzgruppe, in der neben den Landesbanken u.a. auch Bausparkas-

46 Zu beachten ist allerdings, dass nur noch bei 10% der Banken der Förderauftrag eine entscheidende Rolle bei der Strategiebestimmung einnimmt. Vgl. Kring (2002).

47 Ab 1.500 Mitgliedern kann stattdessen eine Vertreterversammlung einberufen werden. Einen Überblick über die Governance-Strukturen des genossenschaftlichen Finanzverbundes gibt Leuschner (2005).

48 Vgl. hierzu Theurl / Kring (2002).

49 „Die Entwicklung von Konzepten für die Gruppe als strategisches Kompetenzzentrum, wobei die Autonomie der Primärgenossenschaften in ihrer strategischen Ausrichtung unberührt bleibt." S. Bundesverband der Deutschen Volksbanken und Raiffeisenbanken (2005), § 3. Z.B. wurde dem BVR mit dem Beschluss zur Umsetzung der gemeinsamen Strategie „Bündelung der Kräfte" durch die BVR-Mitgliederversammlung am 13. Juni 2001 die Federführung für die weitere Implementierung übertragen. Vgl. hierzu Bundesverband der Deutschen Volksbanken und Raiffeisenbanken (2003) und Kalefeld (2001).

50 Vgl. hierzu Müller (2007) bzw. Bundesverband der Deutschen Volksbanken und Raiffeisenbanken (2005), § 3.

51 Vgl. Bundesverband der Deutschen Volksbanken und Raiffeisenbanken (2005), § 4.

52 Hierbei handelt es sich um sogenannte freie Sparkassen, die aber in vielen Punkten mit den anderen Sparkassen vergleichbar sind. Vgl. hierzu Hackethal (2004) und Staats (2006), S. 18 ff.

sen, Erstversicherungen, Kapitalbeteiligungsgesellschaften und Spezialkreditinstitute eingebunden sind. Wie bei den Kreditgenossenschaften wird der Geschäftsbetrieb der Sparkassen durch das Regional-, Dezentralitäts- und Subsidiaritätsprinzip geprägt.[53] Oberziel der Sparkassen ist ebenfalls nicht die Gewinnmaximierung, sondern die Förderung des Gemeinwohls.[54] In dem für die Sparkassen maßgeblichen Sparkassengesetz des entsprechenden Bundeslandes sowie der Satzung des Trägers wird den Sparkassen vorgeschrieben, den öffentlichen Interessen ihrer Region zu dienen und den Fokus auf die Förderung des Mittelstandes und der öffentlichen Einrichtungen zu legen. Typischerweise verlangen die Gesetze aber auch eine Geschäftsführung nach ökonomischen Prinzipien.[55] Die Sparkassen sind über die Mitgliedschaft in einem der regionalen Sparkassen- und Giroverbände auch Mitglied beim Deutschen Sparkassen- und Giroverband (DSGV), dem Dachverband aller deutschen Sparkassen, Landesbanken und Landesbausparkassen. Dieser übernimmt zentrale Dienstleistungen, wie z.B. die Vertretung in Spitzenverbänden oder die Erarbeitung gemeinsamer Geschäftskonzepte, und ist in dieser Funktion mit dem BVR vergleichbar. Für den Sparkassensektor bestand bis zum 18. Juli 2005 die Gewährträgerhaftung, d.h. die Haftung der öffentlichen Eigentümer für die Sparkasse im Falle von deren Zahlungsunfähigkeit. Zusätzlich verpflichtete die Anstaltslast die Träger einer Sparkasse dazu, diese mit den nötigen finanziellen Mitteln auszustatten und funktionsfähig zu erhalten. Diese Garantien durch kommunale Körperschaften sorgten für sehr geringe Refinanzierungskosten der Sparkassen.[56] Da bestehende Verbindlichkeiten bis zum Jahre 2015 im Rahmen einer Übergangsfrist noch unter die Gewährträgerhaftung fallen,[57] gelten bei dem hier verwendeten Beobachtungszeitraum (1995 - 2006) veränderte Refinanzierungsbedingungen für in 2005 (ab dem 18. Juli) und in 2006 neu abgeschlossene Verbindlichkeiten. Für mögliche Auswirkungen auf die Untersuchungsergebnisse[58] wird durch die Einbeziehung von Dummys für den Beob-

[53] Eine den Zentralbanken beim genossenschaftlichen Finanzverbund vergleichbare Funktion übernehmen bei der Sparkassen-Finanzgruppe die Landesbanken.

[54] Vgl. z.B. § 3 Abs. 1-3 SpkG NRW, Deutscher Sparkassen- und Giroverband (2002) und Kessler (1996), S. 36 ff.

[55] Vgl. etwa Hackethal (2004) und Deutscher Sparkassen- und Giroverband (2002).

[56] Vgl. hierzu Hartmann-Wendels et al. (2007), S. 31 ff.

[57] Die Übergangsphase umfasste den Zeitraum 18. Juli 2001 bis 18. Juli 2005. In dieser Phase eingegangene Verbindlichkeiten mit einer Laufzeit bis maximal Ende 2015 unterliegen noch der Gewährträgerhaftung. Bei davor eingegangenen Verbindlichkeiten besteht diese Einschränkung nicht.

[58] Es könnte z.B. sein, dass veränderte Refinanzierungsbedingungen Auswirkung auf die Kreditvergabepolitik der Bank haben. Vgl. hierzu die Ausführungen in Abschnitt 4.2.3.2.2.

achtungszeitraum kontrolliert.[59] Zur Sicherung der Einlagen der Sparkassenkunden besteht ferner ein Sicherungssystem der Sparkassen-Finanzgruppe, das u.a. durch regionale Sparkassenstützungsfonds gespeist wird.[60]

Für die spätere Analyse des Kreditgeschäfts ist zu verlangen, dass die betrachteten Banken im Kundenkreditgeschäft ein gewisses Maß an Aktivität zeigen. Stellt das Kundenkreditgeschäft lediglich ein untergeordnetes Betätigungsfeld einer Bank dar, so ist der Erfolg bzw. die Ausgestaltung dieses Bereichs zu sehr davon abhängig, welche Funktion der ergänzenden Tätigkeit des Kundenkreditgeschäfts beigemessen wird. Die Geschäftsmodelle der Kreditgenossenschaften und Sparkassen sind sehr stark vom traditionellen Kundenkreditgeschäft geprägt.[61] Bei den in den folgenden Untersuchungen betrachteten Sparkassen und Kreditgenossenschaften betrug im Zeitraum 1995 bis 2006 der Anteil des Kundenkreditgeschäfts (ohne Interbankenkredite) an der Bilanzsumme durchschnittlich 70% bei einer Standardabweichung von 9,4%. Diese Tatsache steht für die grundsätzliche Eignung der Sparkassen und Kreditgenossenschaften als Untersuchungseinheiten in den späteren Analysen, erklärt aber nicht, weshalb die Untersuchungen auf diese beiden Bankengruppen begrenzt werden sollten, denn auch andere Banken, z.B. die Kreditbanken, weisen einen hohen Kundenkreditanteil auf.[62] Ein wesentlicher Grund für die Einschränkung der Untersuchungen im Rahmen dieser Arbeit auf Kreditgenossenschaften und Sparkassen ist der innerhalb dieser Bankengruppen gegebene hohe Grad an Homogenität.[63] Das Subsidiaritäts- und Regionalprinzip sowie jeweils die Zugehörigkeit zu einem Finanzverbund bzw. Verband, der übergeordnete Strategien und Geschäftskonzepte entwickelt, sorgen dafür, dass die einzelnen Sparkassen bzw. Kreditgenossenschaften in ihrer Geschäftsausrichtung untereinander jeweils viele Parallelen aufweisen. Dies ist für die späteren empirischen Untersuchungen von Vorteil. Die Regressionsergebnisse würden ansonsten zu sehr von Einflüssen bestimmt, die aufgrund der begrenzten Anzahl an erklärenden Variablen außerhalb des Modells liegen. Innerhalb der Gruppen der Kreditbanken und anderen Banken ist eine solche Homogenität nicht

[59] Vgl. etwa Abschnitt 5.4.1.1.
[60] Vgl. hierzu Hartmann-Wendels et al. (2007), S. 376 ff.
[61] Vgl. hierzu Hackethal (2004).
[62] Im Zeitraum 1995 bis 2006 betrug der Anteil der Kundenkredite an der Bilanzsumme bei den Kreditbanken ca. 50%.
[63] Vgl. hierzu Hackethal (2004).

gegeben.[64] Weitere gewichtige Gründe für die Beschränkung auf die Gruppen der Sparkassen und Kreditgenossenschaften ergeben sich aus den Daten-Restriktionen der Kreditnehmerstatistik.[65] Folgende Aspekte sind hierbei zu nennen:

- Keine Erfassung von Auslandskrediten: Für Kreditgenossenschaften und Sparkassen ist dies nicht problematisch, da das Regionalprinzip sie jeweils an eine Kreditvergabe überwiegend in Deutschland bindet. Im Beobachtungszeitraum betrug der Anteil ausländischer Buchkredite an Nichtbanken im Verhältnis zu den Kundenkrediten sowohl bei den Kreditgenossenschaften als auch bei den Sparkassen im Durchschnitt 0,5%. Im Unterschied dazu lag der Anteil bei den Großbanken bei über 20%. Bei den Landesbanken und genossenschaftlichen Zentralbanken liegen die Anteile über 15% und bei den Regionalbanken ist ein Anteil von über 10% zu konstatieren.[66]
- Keine Branchengliederung des Rentenportfolios für einzelne Banken: Dies ist vor dem Hintergrund, dass bei den Sparkassen und den Kreditgenossenschaften der Anteil des Rentenportfolios an der Bilanzsumme im Durchschnitt relativ gering war, zu verschmerzen. Der Anteil der Wertpapiere am Forderungsvolumen gegenüber Nichtbanken betrug bei den Kreditgenossenschaften im Durchschnitt 10% und bei den Sparkassen 12% über den Beobachtungszeitraum. Bei den Großbanken betrug der Anteil hingegen 20%.[67]
- Fehlende Berücksichtigung von Kreditderivaten und Kreditverbriefungen: Der Einsatz von Kreditderivaten bzw. -verbriefungen bei Sparkassen und Kreditgenossenschaften war im Beobachtungszeitraum sehr gering. Gemäß Deutsche Bundesbank (2004a) ist der Markt für Kreditderivate in Deutschland durch hohe Konzentration gekennzeichnet. Ende 2003 hielten die vier Großbanken 78% der Positionen in Kreditderivaten, die von den 10 aktivsten Marktteilnehmern gehalten wurden. Zu den aktivsten Marktteilnehmern zählten keine Kreditgenossenschaften oder Sparkassen. Gemäß Deutsche Bundesbank (2004a) spie-

64 Vgl. hierzu etwa Varmaz (2006), S. 229, und Bundesverband Deutscher Banken (2008). Es ist ferner zu bemerken, dass die Zweigstellen ausländischer Banken mit Sitz in einem Land des Europäischen Wirtschaftsraums gemäß § 53(b), (1) und (3) KWG keine Jahresabschlussdaten an die Deutsche Bundesbank melden müssen. Es liegen aus diesem Grund für über die Hälfte der Auslandsbanken keine Daten vor.

65 Vgl. Abschnitt 3.2.1.

66 Die Daten entstammen den Bankenstatistiken der Deutschen Bundesbank. Vgl. etwa Deutsche Bundesbank (2005a).

67 Die Daten entstammen den Bankenstatistiken der Deutschen Bundesbank. Vgl. etwa Deutsche Bundesbank (2005a).

len Kreditverbriefungen in Deutschland im Vergleich zu den Kreditderivaten eine deutlich geringere Rolle. Dabei wird wiederum das Geschäft klar von den Großbanken dominiert.

- Keine Berücksichtigung von außerbilanziellen Geschäften: Der Anteil an außerbilanziellem Kreditgeschäft war bei den Kreditgenossenschaften und Sparkassen relativ gering. Der Anteil der Verbindlichkeiten aus Bürgschaften an den Kundenkrediten betrug bei den Kreditgenossenschaften und Sparkassen im Beobachtungszeitraum im Durchschnitt jeweils ca. 4%. Im Vergleich dazu lag der Anteil bei den Großbanken bei ca. 18%. Die Werte liegen bei den Landesbanken und genossenschaftlichen Zentralbanken in den meisten Jahren über 10% und bei den Regionalbanken über 8%.[68]

1995 (2006) stellten Sparkassen und Kreditgenossenschaften 84% (89%) aller deutschen Banken, der Anteil der summierten Bilanzsummen betrug von 1995 bis 2006 im Durchschnitt 24% und der Anteil am inländischen Kundenkreditgeschäft belief sich im Durchschnitt auf 35%. Von 1995 bis 2006 ist die Anzahl der Kreditgenossenschaften von 2.589 auf 1.255 gesunken; bei den Sparkassen ist ein Rückgang von 624 auf 457 zu konstatieren. Hauptsächlicher Grund hierfür sind Fusionen (vgl. hierzu Abbildung 3.2).[69]

Für die späteren Untersuchungen wird die Menge der betrachteten Institute weiter eingegrenzt. Der Ausschluss von Banken, die überwiegend Privatkundenkreditgeschäft betreiben, wie z.B. Sparda-Banken und PSD Banken, und die weniger als sieben Jahre an Beobachtungen aufweisen,[70] führt dazu, dass am Anfang (Ende) des Beobachtungszeitraums 1.575 (1.183) Kreditgenossenschaften und 534 (435) Sparkassen in die Untersuchungen eingehen. Dies entspricht bei den Kreditgenossenschaften einem Anteil von 61% (94%) und bei den Sparkassen einem Anteil von 85% (95%) an den insgesamt vorhandenen Instituten.

[68] Die Daten entstammen den Bankenstatistiken der Deutschen Bundesbank. Vgl. etwa Deutsche Bundesbank (2005a).

[69] Zur Behandlung von Fusionen vgl. Abschnitt 3.5.

[70] Vgl. hierzu ausführlicher Abschnitt 3.6, in dem das Standard-Datenset vorgestellt wird.

3.4 Variablen

3.4.1 Notation

Zunächst wird die für spätere Definitionen grundlegende Notation vorgestellt. $X_{(b,i,t)}$ bezeichnet das Kreditvolumen, das die Bank b zum Zeitpunkt t in der Branche i aufweist, und $x_{(b,i\,t)}$ den Anteil der Branche i zum Zeitpunkt t am Kreditportfolio der Bank b. $X_{(b,t)} := \sum_{i=1}^{23} X_{(b,i,t)}$ steht für das gesamte Kreditvolumen der Bank b zum Zeitpunkt t im Firmenkundengeschäft. $\mathrm{X}_{(i,t)}^{Bund}$ sei das an die Branche i zum Zeitpunkt t vergebene Kreditvolumen in Deutschland. Die Insolvenzrate der Branche i zum Zeitpunkt t wird mit $IR_{(i,t)}$ abgekürzt. Des Weiteren sei angemerkt, dass im Folgenden Firmenkundenkredite keine Interbankenkredite beinhalten, dafür aber Kredite an kleine Unternehmen, die gemäß Basel II zu den Retailkrediten gezählt werden.[71]

3.4.2 Spezialisierungsgrad

Wie bereits in Abschnitt 2.4 diskutiert, ist das optimale Maß zur Identifikation des Spezialisierungsgrades nicht ermittelbar. In dieser Arbeit wird der Fokus nicht auf die Betrachtung einer möglichst großen Anzahl an denkbaren Spezialisierungsmaßen gelegt, sondern gemäß der folgenden Grundsätze vorgegangen:

1. Die in anderen empirischen Arbeiten, insbesondere in Kamp (2006) bzw. Pfingsten / Rudolph (2004), verwendeten Spezialisierungsmaße sind im Wesentlichen der Pool, aus dem in dieser Arbeit die Maße entnommen werden, da ein Großteil der hier durchgeführten Untersuchungen Bezug auf die in jenen Arbeiten erzielten empirischen Resultate nimmt.

2. Es wird nicht ausschließlich auf ein Spezialisierungsmaß und eine Messkonzeption zurückgegriffen, da

    - überprüft werden soll, ob die grundlegenden empirischen Ergebnisse nicht allein von der speziellen Wahl des Spezialisierungsmaßes abhängen bzw.

[71] Vgl. hierzu Basel Committee on Banking Supervision (2006a), S. 23 f. Die andere Zuordnung gemäß Basel II dürfte aber für die Untersuchungen in dieser Arbeit nicht von Bedeutung sein.

- bei Vorliegen von unterschiedlichen empirischen Resultaten Aussagen über die Eignung der jeweiligen Maße zur Spezialisierungsgradmessung getroffen werden können.

3. Die Anzahl der betrachteten Spezialisierungsmaße soll möglichst gering gehalten werden, um die Analyse übersichtlich zu halten und die eigentliche Untersuchungsfrage in den Vordergrund zu stellen.

Die Abbildung 3.1 gibt einen Überblick[72] über mögliche Konzeptionen zur Messung des Spezialisierungsgrades.

Abbildung 3.1: Überblick über unterschiedliche Konzepte der Spezialisierungsgradmessung.

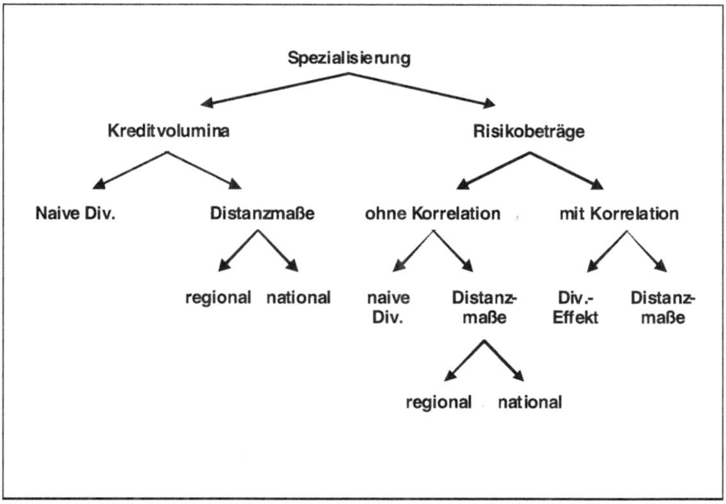

Aus der Abbildung 3.1 wird ersichtlich, dass Spezialisierungsgradmessung unterteilt werden kann in Messung auf Basis von Risikobeträgen und auf Basis von Volumengrößen sowie in naive Spezialisierungsgradmessung und Messung auf Basis von

[72] Andere Strukturierungen sind denkbar. Die Darstellung zielt außerdem nicht auf Vollständigkeit ab. So sind die in Kamp (2006) eingesetzten vergleichenden Konzentrationsmaße nicht in der Abbildung enthalten. Diese stellen eine konzeptionelle Mischung aus naiven Maßen und den Distanzmaßen dar. Da vergleichende Konzentrationsmaße im Unterschied zu den Distanzmaßen nur die Konzentration und nicht die Struktur der Benchmark berücksichtigen (vgl. Kamp (2006), S. 65), ist die Verwendung von Distanzmaßen zu bevorzugen.

Distanzmaßen. Die Berücksichtigung von Korrelationen zur Bestimmung des Spezialisierungsgrades wird nicht in diesem Kapitel behandelt, sondern hauptsächlicher Bestandteil einer eigenständigen Untersuchung in Kapitel 6 sein.[73] Im Folgenden wird zunächst die naive Spezialisierungsgradmessung und dann die Messung auf der Grundlage von Distanzmaßen vorgestellt, wobei jeweils auf volumen- und risikobezogene Konzeptionen eingegangen wird.

3.4.2.1 Messung anhand naiver Spezialisierungsmaße

Naive Spezialisierungsmaße bzw. naive Diversifikationsmaße beruhen auf der Idee, dass ein maximaler Grad an Spezialisierung bzw. Diversifikation erzielt wird, wenn die Kreditvergabe sich auf eine Branche beschränkt bzw. sich gleichmäßig auf alle Branchen aufteilt. In der Arbeit von Kamp (2006) werden als naive Spezialisierungsmaße der Hirschman-Herfindahl-Index (*HHI*), der Gini-Koeffizient und die Shannon-Entropie verwendet. In anderen empirischen Arbeiten, wie z.B. der von Acharya et al. (2006), wird lediglich der *HHI* zur Messung der naiven Spezialisierung bzw. Diversifikation herangezogen. Gemäß Grundsatz 1 und 3 hinsichtlich der Auswahl der betrachteten Spezialisierungsmaße beschränkt sich diese Arbeit ebenfalls auf den *HHI* als Stellvertreter für die naive Spezialisierungsgradmessung.[74] Zunächst sei der *HHI* auf Basis der Kreditvolumina eingeführt.[75] Der *HHI* der Bank b zum Zeitpunkt t wird definiert durch

$$HHI_{(b,t)} := \sum_{i=1}^{23} x^2_{(b,i,t)}.$$

[73] Vgl. hierzu auch Abschnitt 2.4. Auf der Basis des 1. Grundsatzes hinsichtlich der Auswahl der betrachteten Spezialisierungsmaße bietet es sich für die Untersuchungen in Kapitel 4 und 5 nicht an, Korrelationsstrukturen in die Spezialisierungsgradmessung einfließen zu lassen, da diese auch in den empirischen Arbeiten, auf die Bezug genommen wird, nicht zum Einsatz kommen.

[74] Theoriebasierte Argumente, die für eine Verwendung des *HHI* und gegen eine Verwendung z.B. des Gini-Koeffizienten zur Messung der Branchenkonzentration sprechen, fehlen. Zur Messung der Single-Name-Konzentration wäre der Gini-Koeffizient ungeeignet (z.B. wegen fehlender Superadditivität: werden Kredite zusammengefasst, so ist es möglich, dass der Wert des Gini-Koeffizienten sinkt); vgl. hierzu z.B. Deutsche Bundesbank (2006b). Im Rahmen der Messung der Branchenkonzentration lässt sich lediglich sagen, dass der *HHI* im Vergleich zum Gini-Koeffizienten eine stärkere Gewichtung großer Branchen vornimmt. Vgl. hierzu Neubauer et al. (2002), S. 100 ff. Eine Beurteilung dieser Eigenschaft wäre allerdings von Willkür geprägt.

[75] Der Hirschman-Herfindahl-Index geht auf die Arbeiten von Hirschman (1945) und Herfindahl (1950) zurück.

Die Werte liegen zwischen $\frac{1}{23}$ und 1. Ein Wert von 1 bedeutet, dass die Bank ihre Kreditvergabe auf eine Branche beschränkt hat, wohingegen ein Wert von $\frac{1}{23}$ dafür steht, dass die Bank in allen 23 Branchen gleich hohe Kreditvolumina aufweist. Je höher der Wert ist, desto mehr weicht die Kreditvergabe an die Branchen von einer Gleichverteilung ab, desto spezialisierter gilt die Bank im Firmenkundenkreditgeschäft. Basis ist in diesem Fall das Kreditvolumen. Es wird davon ausgegangen, dass die Höhe des Kreditvolumens anzeigt, welches Engagement eine Bank in die Betreuung einer Branche investiert. Es ist aber auch denkbar, dass sich der Arbeitseinsatz nach der Höhe des mit den Kreditengagements verbundenen Risikos richtet. Dies würde eine Messung des Spezialisierungsgrades auf Basis von Risikobeträgen nahe legen. Zu klären ist, wie der Risikobetrag definiert werden soll. Zur Auswahl stehen unerwartete und erwartete Verlustgrößen.[76] Für die Verwendung von unerwarteten Verlustgrößen, wie z.B. dem VaR,[77] spricht, dass erwartete Verluste bei der Festlegung der Zinshöhe von den Banken Berücksichtigung finden und kein Risiko mehr darstellen sollten und im Unterschied dazu die unerwarteten Verluste das eigentliche Risiko implizieren, auf das sich auch aufsichtsrechtliche und interne Kreditbeschränkungen beziehen.[78] Allerdings stehen für die Berechnung der unerwarteten Verluste je Branche lediglich die Insolvenzrate und das Kreditvolumen je Branche zur Verfügung. Dies sind Informationen, die auch in die Berechnung von erwarteten Verlusten einfließen. In Kapitel 6 werden VaR-Beträge für die einzelnen Branchen berechnet. Auf Basis der dort getroffenen Annahmen stellen die VaR-Beträge eine konkave Funktion der erwarteten Verluste je Branche dar.[79] Dies führt dazu, dass ein *HHI* auf Basis von erwarteten Verlustbeträgen im Allgemeinen stärker vom *HHI* auf Basis von Kreditvolumina abweicht als ein *HHI* auf Basis von unerwarteten Verlusten.[80] Eine Verwendung von unerwarteten Verlusten liefert somit keine zusätzlichen Informationen und der *HHI* auf der Basis von unerwarteten Verlusten nimmt nur eine Position zwischen dem *HHI* auf Basis von Kreditvolumina und dem auf Basis

---

[76] Erwartete Verluste zählen streng genommen nicht zum Risiko im engeren Sinne. Vgl. hierzu z.B. Sträter / Suhr (2004). In Kapitel 6 wird auf die unerwarteten Verluste noch genauer eingegangen.

[77] Zu detaillierten Ausführungen zum VaR vgl. Kapitel 6.

[78] Zu aufsichtsrechtlichen und internen Beschränkungen der Kreditvergabe vgl. Abschnitt 6.1.

[79] Vgl. hierzu Abschnitt 6.2.

[80] Dies spiegelt sich in den Korrelationen zwischen diesen Maßen wider. Die Korrelation zwischen dem *HHI* auf Basis von Kreditvolumina und dem *HHI* auf Basis von erwarteten Verlustbeträgen liegt bei den Kreditgenossenschaften (Sparkassen) bei 0,745 (0,586). Zwischen dem *HHI* auf Basis von Kreditvolumina und dem *HHI* auf Basis von unerwarteten Verlusten beträgt die Korrelation bei den Kreditgenossenschaften (Sparkassen) 0,959 (0,806). Vgl. hierzu die Tabellen 3-3, 3-4 und 6-3.

von erwarteten Verlusten ein. Da ferner die Betrachtung von unerwarteten Verlusten lieber isoliert in Kapitel 6 vorgenommen werden soll, wird der risikogewichtete *HHI* (*HHI*^{w}) auf der Grundlage von erwarteten Verlusten berechnet.[81] Eine Diskussion der in dieser Arbeit verwendeten Definition für die erwarteten Verluste wird im Rahmen der Einführung der erwarteten Verlustquote durchgeführt.[82] Der *HHI*^{w} der Bank b zum Zeitpunkt t wird definiert als

$$HHI^w_{(b,t)} := \sum_{i=1}^{23} \left(\frac{IR_{(i,t)} \cdot X_{(b,i,t)}}{\sum_{j=1}^{23} IR_{(j,t)} \cdot X_{(b,j,t)}} \right)^2 .$$

Die Interpretation des *HHI*^{w} entspricht der des *HHI*, wobei anstelle der Betrachtung der Kreditvolumina die der erwarteten Verluste innerhalb einer Branche getreten ist. Welches der beiden naiven Spezialisierungsmaße vorzuziehen ist, ist hier nicht klärbar. Limitsysteme innerhalb der Banken, die die Kreditvergabe nach Branchen einschränken, orientieren sich möglicherweise an den mit den Krediten verbundenen Risikobeträgen, wohingegen sich hierarchische Kompetenz-Staffelungen, die festlegen, bis zu welchem Betrag ein Mitarbeiter Kredite vergeben darf, eher nach Volumengrößen richten.[83] Es ist zugleich denkbar, dass sich die Kopplung des Arbeitseinsatzes an Risiko- oder Volumengrößen von Bank zu Bank unterscheidet.

3.4.2.2 Messung anhand von Distanzmaßen

Wie in Abschnitt 2.4 beschrieben, ist die Konzeption der naiven Spezialisierungsgradmessung insbesondere abhängig von der Güte der Brancheneinteilung. Ein anderer Ansatz, als die Gleichgewichtung der Branchen als maximalen Diversifikationsgrad festzulegen, besteht darin, die Distanz zu einem Benchmark-Portfolio, bei dem grundsätzlich nicht alle Branchen gleichgewichtet sind, als Maßstab für den Spezialisierungsgrad zu verwenden. In Abschnitt 2.4 wurde auf die wesentlichen Aspekte der beiden Konzeptionen eingegangen, so dass an dieser Stelle das Hauptaugenmerk auf die Defintion der einzelnen Distanzmaße gelegt wird.

In dieser Arbeit werden analog zu der Arbeit von Kamp (2006) die folgenden vier Benchmark-Portfolios verwendet:

1. Branchenzusammensetzung des gesamtdeutschen Kreditmarktes,

[81] Das w aus *HHI*^{w} leitet sich von *weighted* ab.

[82] Vgl. hierzu Abschnitt 3.4.3.

[83] Vgl. zu Nominal- und VaR-Limiten Holton (2003), S. 27 ff.

2. Branchenzusammensetzung des Kreditmarktes auf Ebene der Bundesländer,

3. Branchenzusammensetzung des Kreditmarktes auf Ebene der Ortskennzahlen,[84]

4. Branchenzusammensetzung der Bruttowertschöpfung.

Die Anteile der Branche i am jeweiligen Benchmark-Portfolio zum Zeitpunkt t seien mit $x_{(i,t)}^{Bund}$, $x_{(i,t)}^{Land_b}$, $x_{(i,t)}^{Ort_b}$ und $x_{(i,t)}^{BWS}$ abgekürzt, wobei die beiden Benchmarks $x_{(i,t)}^{Land_b}$ und $x_{(i,t)}^{Ort_b}$ in Abhängigkeit von der Bank b angegeben sind, da das jeweilige herangezogene Bundesland bzw. der jeweilige herangezogene Ort vom Standort der Bank abhängen. Bei der Bestimmung der Anteile $x_{(i,t)}^{Bund}$ werden die Kreditvolumina in der Branche i über sämtliche in der Kreditnehmerstatistik aufgeführte Banken addiert und ins Verhältnis zur gesamten Kreditvergabe gesetzt.[85] Bei der Bestimmung der Anteile $x_{(i,t)}^{Land_b}$ und $x_{(i,t)}^{Ort_b}$ wird der Kreis der einbezogenen Banken eingeschränkt. Banken, die auf dem gesamtdeutschen Markt tätig sind, werden nicht bei der Berechnung des Marktportfolios auf Landesebene berücksichtigt, da eine Zurechnung zu einem Bundesland zu erheblichen Verzerrungen führen würde. Lediglich Regionalbanken, Landesbanken, Sparkassen und Kreditgenossenschaften werden an der Benchmark-Bildung beteiligt.[86] Zusammen stellen sie 2006 63% der gesamten deutschen Kreditvergabe. Bei der Bestimmung des Ort-Portfolios wird ferner auf die Zuordnung der Landesbanken verzichtet, was zu einer Quote von 47% an berücksichtigter Kreditvergabe führt. Diese unvollständige Datenlage ist bei der Interpretation der Ergebnisse zu berücksichtigen.[87]

Der Spezialisierungsgrad einer Bank drückt sich bei der Konzeption der Distanzmaße anhand des Abstandes von der jeweiligen Benchmark aus. In der Arbeit von Kamp (2006) werden fünf verschiedene Abstandsdefinitionen, die auf den Ausführungen von Pfingsten / Rudolph (2004) basieren, eingesetzt. In dieser Arbeit wird

[84] Im vorliegenden Datensatz werden die Kreditinstitute 182 verschiedenen Ortskennzahlen zugeordnet. Gemäß Kötter / Wedow (2006) vergeben Kreditgenossenschaften und Sparkassen im Durchschnitt 80% ihrer Kredite innerhalb der Region, die durch die Ortskennzahl angegeben wird.

[85] Zu beachten sind die Angaben aus Abschnitt 3.2.1, die die Disposition der Kreditnehmerstatistikdaten, wie z.B. die Einschränkung auf inländische Kredite, beschreiben.

[86] Zu beachten ist ferner, dass hier alle in der Kreditnehmerstatistik aufgeführten Institute dieser Bankengruppen berücksichtigt werden, also nicht nur die, die gemäß Abschnitt 3.6 zum Standard-Set für die späteren empirischen Untersuchungen zählen.

[87] Für eine genauere Untersuchung der regionalen Benchmarks vgl. z.B. Abschnitt 4.2.3.2.3.

die normalisierte Summe der absoluten Differenzen als Abstand verwendet, d.h. die Distanzmaße werden definiert als

$$D_{(b,t)}^{Typ} := \frac{1}{2} \sum_{i=1}^{23} |x_{(b,i,t)} - x_{(i,t)}^{Typ_b}|,$$

wobei *Typ* = *Bund*, *Land*, *Ort* oder *BWS*. Die Werte liegen zwischen 0 und 1 und können interpretiert werden als der Anteil des Portfolios, der umstrukturiert werden müsste, um die Benchmark nachzubilden.[88] Dieser Umstand und die Tatsache, dass die anderen in Kamp (2006) verwendeten Abstände jeweils mit einem fundamentalen Nachteil behaftet sind oder große Nähe zu $D_{(b,t)}^{Typ}$ aufweisen,[89] lässt die Auswahl dieses Maßes sinnvoll erscheinen. Ein Wert von 0 gibt an, dass das Kreditportfolio der Bank dem Benchmark-Portfolio entspricht.[90] Höhere Werte implizieren ein stärkeres Abweichen von der Benchmark und in diesem Sinne einen höheren Spezialisierungsgrad.

Die Distanzmaße $D_{(b,t)}^{Bund}$ und $D_{(b,t)}^{BWS}$ korrespondieren zu einem Spezialisierungsgrad, der zum einen von den Sparkassen und Kreditgenossenschaften bewusst eingegangen worden, zum anderen aber auch durch die jeweilige regionale Branchenstruktur geprägt sein könnte. Die regionale Ausrichtung der Sparkassen und Kreditgenossenschaften[91] macht diese Banken davon abhängig, welche Branchenstruktur in ihrem jeweiligen regional eng umgrenzten Geschäftsgebiet gegeben ist. Weicht diese Struktur von den nationalen Benchmarks ab, so wird sich $D_{(b,t)}^{Ort}$ von den nationalen Distanzmaßen unterscheiden.[92] In diesem Fall kann z.B. eine Bank genau die Ort-Benchmark nachbilden – die Bank gilt demnach auf Basis des Ort-Distanzmaßes als

88 Vgl. hierzu Pfingsten / Rudolph (2004), S. 7 f.

89 Der maximale Abstand stellt lediglich auf den größten Abstand zwischen Benchmarkanteil und Bankportfolioanteil bei einer Branche ab und ignoriert somit unter Umständen einen Großteil der Branchenzusammensetzung. Zwei Abstandsmaße, die im Unterschied zum hier vorgestellten Maß relative Abstände messen, ordnen jedem Branchenanteil von 0 einen Abstand von $\frac{1}{23}$ zu. Ein weiteres Maß, das wie das in dieser Arbeit verwendete Maß absolute Abstände betrachtet, aber große Abstände stärker gewichtet, ähnelt dem in dieser Arbeit verwendeten Maß sehr stark. Vgl. hierzu Kamp (2006), S. 60 ff.

90 In Kamp (2006) wird ferner darauf hingewiesen, dass alle Banken (zumindest theoretisch) die Benchmarks auf Basis der Kreditvolumina zugleich nachbilden könnten (vgl. hierzu Kamp (2006), S. 61). Genauer gesagt gilt dies, wenn das Spektrum der einbezogenen Banken dem Kreis der Banken entspricht, die bei der Berechnung der Benchmark eingehen.

91 Vgl. hierzu Abschnitt 3.3 und Fußnote 84.

92 In Abschnitt 3.4.4.4 wird zur Klärung dieses Sachverhaltes eine Variable (*SM_ Ort*) eingeführt, die angibt, inwieweit die jeweilige regionale Benchmark von der nationalen abweicht.

optimal diversifiziert – und auf Basis von $D^{Bund}_{(b,t)}$ oder $D^{BWS}_{(b,t)}$ als eher spezialisiert gelten. Der ausgewiesene hohe Spezialisierungsgrad ließe sich in diesem Fall dann eher als das Resultat einer spezifischen regionalen Branchenstruktur verstehen denn als das Ergebnis einer Spezialisierungsstrategie. Hohe $\mathrm{D}^{Ort}_{(b,t)}$-Werte hingegen können als Indiz für eine bewusste Spezialisierung angesehen werden. Unter der Annahme, dass sich die Struktur der eingehenden Kreditanträge bei einer Bank an der regional gegebenen Branchenstruktur orientiert, lässt ein deutliches Abweichen von der Ort-Benchmark auf ein aktives Selektieren seitens der Bank schließen. Das Distanzmaß $\mathrm{D}^{Land}_{(b,t)}$ nimmt eine Zwischenstellung ein, wie es auch in der Arbeit von Kamp (2006) im Rahmen der Untersuchung über die Entwicklung des Diversifikationsgrades im Verlauf der Jahre herausgearbeitet wird.[93] Bei der Analyse der empirischen Ergebnisse wird den unterschiedlichen Konzeptionen und Interpretationsansätzen Rechnung getragen.[94]

Die Distanzmaße wurden auf der Basis von Kreditvolumina definiert. Wie bei den Maßen der naiven Spezialisierung ist es auch denkbar, erwartete Verluste anstelle der Kreditvolumina einzusetzen, was in diesem Fall bedeuten würde, dass ein Abweichen bei einer Branche mit hoher Insolvenzrate stärker gewichtet würde als bei einer Branche mit geringer Insolvenzrate. Wie in Abschnitt 3.4.2.1 dargelegt, ist das Zugrundelegen von Risikobeträgen durchaus motivierbar, allerdings soll in dieser Arbeit auf die zusätzliche Berechnung bei den Distanzmaßen verzichtet werden, um gemäß Grundsatz 3 aus Abschnitt 3.4.2 zu verfahren. Falls die Wahl „Kreditvolumen oder Risikobetrag“ einen erheblichen Einfluss auf die empirischen Ergebnisse haben sollte, so sollte sich dies bereits bei der Betrachtung der naiven Spezialisierungsmaße zeigen.

In dieser Arbeit werden also insgesamt sechs Spezialisierungsmaße, zwei naive Maße und vier Distanzmaße, in den empirischen Untersuchungen zum Einsatz kommen. Tabelle 3-2 sind deskriptive Statistiken der Spezialisierungsmaße zu entnehmen, wobei zu Vergleichszwecken neben der separaten sowie zusammengefassten Darstellung für Sparkassen und Kreditgenossenschaften auch Werte für die Großbanken angegeben sind, aus Vertraulichkeitsgründen allerdings nur die Angaben zum Mittelwert.[95]

---

[93] Vgl. Kamp (2006), S. 154 ff.

[94] Vgl. z.B. Abschnitt 4.2.2.

[95] Es werden nur diejenigen Kreditgenossenschaften und Sparkassen berücksichtigt, die gemäß Abschnitt 3.6 zum Standard-Datenset gehören.

Tabelle 3-2: Deskriptive Statistiken der verwendeten Spezialisierungsmaße nach Bankengruppen (auf der Basis von Bankmittelwerten über den Zeitraum 1995-2006)

	Mittelw.	Median	Stabw.	p5	p95	Min.	Max.
HHI							
Sparkassen	0,107	0,105	0,017	0,084	0,135	0,072	0,202
Kreditgenossenschaften	0,143	0,123	0,073	0,001	0,265	0,075	0,886
Sparkassen und Kreditgenossenschaften	0,134	0,116	0,065	0,089	0,238	0,072	0,886
Großbanken	0,079						
HHI^{w}							
Sparkassen	0,127	0,122	0,024	0,096	0,174	0,087	0,217
Kreditgenossenschaften	0,163	0,148	0,067	0,107	0,258	0,088	0,936
Sparkassen und Kreditgenossenschaften	0,154	0,140	0,061	0,102	0,240	0,087	0,936
Großbanken	0,106						
D^{Bund}							
Sparkassen	0,294	0,288	0,062	0,204	0,407	0,138	0,511
Kreditgenossenschaften	0,432	0,419	0,101	0,288	0,619	0,221	0,921
Sparkassen und Kreditgenossenschaften	0,397	0,386	0,110	0,239	0,592	0,138	0,921
Großbanken	0,231						
D^{Land}							
Sparkassen	0,246	0,238	0,064	0,155	0,364	0,115	0,462
Kreditgenossenschaften	0,379	0,363	0,108	0,232	0,584	0,171	0,900
Sparkassen und Kreditgenossenschaften	0,345	0,329	0,114	0,188	0,557	0,115	0,900
Großbanken							
D^{Ort}							
Sparkassen	0,202	0,190	0,082	0,099	0,345	0,000	0,616
Kreditgenossenschaften	0,321	0,306	0,119	0,164	0,549	0,010	0,850
Sparkassen und Kreditgenossenschaften	0,291	0,271	0,122	0,131	0,527	0,000	0,850
Großbanken							
D^{BWS}							
Sparkassen	0,311	0,310	0,059	0,226	0,414	0,175	0,524
Kreditgenossenschaften	0,428	0,413	0,101	0,287	0,608	0,224	0,926
Sparkassen und Kreditgenossenschaften	0,399	0,385	0,105	0,254	0,583	0,175	0,926
Großbanken	0,232						

Die deskriptiven Statistiken hier und im Folgenden beziehen sich jeweils – sofern nicht anders vermerkt – auf Bankmittelwerte über den Zeitraum 1995 bis 2006.[96]

Es ist ersichtlich, dass Kreditgenossenschaften auf Basis aller Spezialisierungsmaße als durchschnittlich am spezialisiertesten ausgewiesen werden. Auch die höchsten Spezialisierungsgrad-Werte finden sich jeweils bei den Kreditgenossenschaften. Insbesondere bei *HHI* und HHI^w sind bei dieser Bankengruppe gleichsam die Wertschwankungen am größten. Großbanken haben tendenziell die geringsten SM-Werte.

Um einen Eindruck über den Zusammenhang zwischen den einzelnen Spezialisierungsmaßen zu erhalten, sind in Tabelle 3-3 und Tabelle 3-4 die linearen Korrelationen zwischen den vorgestellten Maßen bei Kreditgenossenschaften bzw. Sparkassen aufgeführt.

Tabelle 3-3: Korrelationsmatrix der verwendeten Spezialisierungsmaße bei Kreditgenossenschaften (auf der Basis von Bankmittelwerten über den Zeitraum 1995-2006)

	HHI	HHI^w	D^{Bund}	D^{Land}	D^{Ort}	D^{BWS}
HHI	1					
HHI^w	0,745*	1				
D^{Bund}	0,775*	0,626*	1			
D^{Land}	0,747*	0,581*	0,934*	1		
D^{Ort}	0,652*	0,531*	0,761*	0,798*	1	
D^{BWS}	0,799*	0,633*	0,968*	0,893*	0,720*	1

* zeigt jeweils statistische Signifikanz auf einem 1%-Signifikanzniveau an.

[96] Analysen zu Veränderungen über die Zeit werden im Rahmen der Robustheitsuntersuchungen zu den einzelnen Fragestellungen durchgeführt. Vgl. z.B. Abschnitt 4.2.3.4.

Tabelle 3-4: Korrelationsmatrix der verwendeten Spezialisierungsmaße bei Sparkassen (auf der Basis von Bankmittelwerten über den Zeitraum 1995-2006)

	HHI	HHI^w	D^{Bund}	D^{Land}	D^{Ort}	D^{BWS}
HHI	1					
HHI^w	0,586*	1				
D^{Bund}	0,331*	0,447*	1			
D^{Land}	0,343*	0,222*	0,768*	1		
D^{Ort}	0,340*	0,139*	0,318*	0,467*	1	
D^{BWS}	0,371*	0,521*	0,892*	0,610*	0,247*	1

* zeigt jeweils statistische Signifikanz auf einem 1%-Signifikanzniveau an.

Es zeigt sich zwischen allen Spezialisierungsmaßen ein signifikant positiver Zusammenhang. Bei den Kreditgenossenschaften ist dieser insgesamt höher als bei den Sparkassen. Tendenziell sind bei beiden Bankengruppen die Korrelationen zwischen den unterschiedlichen Distanzmaßen bzw. zwischen den beiden naiven Spezialisierungsmaßen höher als die Korrelationen, die den linearen Zusammenhang zwischen einem naiven Spezialisierungsmaß und einem Distanzmaß angeben. Die höchste Korrelation wird zwischen D^{Bund} und D^{BWS} ausgewiesen, was auf die Ähnlichkeit der beiden relevanten Benchmarks hindeutet. Der niedrigste Zusammenhang – sowohl bei den Kreditgenossenschaften als auch bei den Sparkassen – ist zwischen HHI^w und D^{Ort} zu konstatieren. Dies ist nicht überraschend, da die Ort-Benchmark oft erheblich von einer gleichgewichteten Zusammensetzung aller Branchen abweicht und zugleich auf Kreditvolumina – anstatt wie der HHI^w auf Risikobeträge – abstellt.

3.4.3 Zentrale Variablen

Die Bestimmung des Spezialisierungsgrades dient in dieser Arbeit keinem Selbstzweck, sondern die Untersuchung der Beziehung des Spezialisierungsgrades zu bestimmten Kennziffern des Kreditgeschäfts wird im Zentrum stehen. Die Einführung dieser Kennziffern wird in diesem Abschnitt vorgenommen.

3.4.3.1 Erwartete und tatsächliche Verlustquote

Zunächst soll die erwartete Verlustquote vorgestellt werden. Zur Berechnung der erwarteten Verlustquote wird auf die Insolvenzstatistik[97], die Umsatzsteuerstatistik[98] und die Kreditnehmerstatistik[99] zurückgegriffen. Da keine Informationen über einzelne Kreditnehmer und somit auch keine einzelkreditnehmerbezogenen Ausfallwahrscheinlichkeiten vorliegen, werden Ausfallwahrscheinlichkeiten je Branche genutzt.[100] Es soll ermittelt werden, welche Verluste auf Basis der jeweiligen Branchenverteilung zu erwarten sind. Als Ausfallwahrscheinlichkeiten je Branche werden Insolvenzraten je Branche verwendet.[101] Die erwarteten Verluste (EL) werden definiert als

$$EL_{(b,t)} := \sum_{i=1}^{23} X_{(b,i,t)} \cdot IR_{(i,t)} \cdot faktor_{(b,t)},$$

wobei

$$faktor_{(b,t)} := \frac{\text{Durchschnittliche Insolvenzrate im Bundesland } Land_b \text{ im Jahr } t}{\text{Durchschnittliche Insolvenzrate in Deutschland im Jahr } t}.$$

Da Ausfallwahrscheinlichkeiten auch von regionalen Gegebenheiten abhängen und Sparkassen sowie Kreditgenossenschaften regional ausgerichtet sind, dient die Multiplikation mit dem Bundeslandanpassungsfaktor *faktor* einer Annäherung an regionale Besonderheiten hinsichtlich der maßgeblichen Insolvenzraten. Der Loss Given Default (LGD), der den prozentualen Anteil des Verlustes im Falle eines Ausfalls bezeichnet,[102] wird implizit mit 100% angesetzt. Verlässliche Daten für den LGD je Branche liegen nicht vor und aus diesem Grund scheint es vernünftiger, durch geeignete Kontrollvariablen unterschiedlich hohen LGDs Rechnung zu tragen. Somit wird der erwartete Verlust je Branche berechnet als EAD· PD, wobei das EAD mit dem

---

97 Vgl. hierzu Abschnitt 3.2.3.

98 Vgl. hierzu Abschnitt 3.2.3.

99 Vgl. Abschnitt hierzu 3.2.1.

100 Vgl. Abschnitt 2.3.1.1 für die Eignung des Faktors Branche hinsichtlich der Zuordnung von Ausfallwahrscheinlichkeiten.

101 Zur Berechnung der Insolvenzraten und zu damit verbundenen Problemen vgl. Abschnitt 3.2.3. Wie dort erwähnt, werden im Rahmen der späteren Analysen Robustheitsuntersuchungen (vgl. z.B. Abschnitt 4.2.3.1) zur Überprüfung der Stabilität der empirischen Ergebnisse bei Annahme unterschiedlicher Insolvenzraten für die Land- und Forstwirtschaft durchgeführt.

102 Im weiteren Verlauf wird die Behandlung der LGDs noch häufiger thematisiert. Einen umfassenden Überblick über das Thema LGD bzw. Recovery Risk liefert das Buch Altman et al. (2005).

Kreditvolumen und die PD[103] mit der Insolvenzrate korrespondiert. Die erwartete Verlustquote (ELQ) für die Bank b zum Zeitpunkt t wird definiert durch

$$ELQ_{(b,t)} := \frac{EL_{(b,t)}}{X_{(b,t)}}.$$

Da die Branche als Schlüsselfaktor für die Ausfallwahrscheinlichkeit gilt und die Insolvenzraten den Anteil der ausgefallenen Kredite je Branche angeben, ist die ELQ eine vernünftige Kennzahl für die Verlustrate, die eine Bank mit einer entsprechenden Branchenverteilung im Durchschnitt aufweisen sollte. Die ex post ermittelte Insolvenzrate in einer Branche kann als ex ante erwartete Verlustrate in einer Branche bei perfekter Prognosefähigkeit interpretiert werden. Zu beachten ist ferner, dass mit dem geschilderten Vorgehen eine konkrete Ausfall-Definition verbunden ist. Als ausgefallen gilt ein Kredit, wenn für den entsprechenden Kreditnehmer ein Insolvenzantrag vorliegt.[104] Bei der Vorstellung der tatsächlichen Verlustquote wird thematisiert, inwieweit die Ausfall-Definitionen der erwarteten und tatsächlichen Verlustquote voneinander abweichen.

Die erwartete Verlustquote bezieht ausschließlich das Firmenkundenkreditgeschäft in die Berechnung ein. Dies ist wünschenswert, da Spezialisierung im Firmenkundenkreditgeschäft betrachtet wird und damit auch die Analyse der Auswirkungen der Spezialisierung auf das Firmenkundenkreditgeschäft begrenzt bleiben sollte.[105] Eine Anpassung um Privatkundenkredite erfolgt nicht, da deren Aufschlüsselung innerhalb der Kreditnehmerstatistik keine sinnvolle Zuordnung von Ausfallwahrscheinlichkeiten ermöglicht.[106] Modifikationen von ELQ treten in Abschnitt 4.3 auf.

[103] EAD steht für Exposure at Default, also das ausstehende Kreditvolumen bei Ausfall. PD steht für Probability of Default, also die Ausfallwahrscheinlichkeit. Zur Berechnung der erwarteten Verluste wird z.B. innerhalb von Basel II die Formel EAD·PD·LGD verwendet (vgl. Basel Committee on Banking Supervision (2006a), S. 86). Es wird allerdings auch die Auffassung vertreten, dass aufgrund von stochastischen Abhängigkeiten zwischen den einzelnen Faktoren, modifizierte Berechnungsmethoden notwendig sind. Vgl. hierzu z.B. Frye (2000b). Eine Anwendung von komplexeren Berechnungsverfahren wird in dieser Arbeit aufgrund der Tatsache, dass hierfür notwendige Daten nicht vorliegen, nicht vorgenommen.

[104] Dies ist nicht die einzig mögliche Ausfall-Definition. Gemäß Basel II gilt ein Kredit z.B. schon als ausgefallen, falls die Forderung mehr als 90 Tage überfällig ist. Vgl. hierzu Basel Committee on Banking Supervision (2006a), S. 100.

[105] Die erwartete Verlustquote könnte auch in der Art modifiziert werden, dass Interbankenkredite miteinbezogen werden, wobei diese einen erwarteten Verlust von 0 zugeordnet bekommen. In den in dieser Arbeit verwendeten Untersuchungen bietet sich eine solche Anpassung aber nicht an.

[106] Die Berücksichtigung von Privatkundenkrediten erfolgt über eine Kontrollvariable. Vgl. hierzu Abschnitt 3.4.4.1.

Hier werden bei bestimmten Untersuchungen die erwarteten Verluste nicht durch den Bundeslandanpassungsfaktor um regionale Unterschiede bereinigt, allein die Branchenstruktur ist in dem Fall maßgeblich. Die entsprechende erwartete Verlustquote wird als *ELQ_faktorlos* bezeichnet. Die normierte erwartete Verlustquote (*ELQ_normiert*) ist definiert durch

$$ELQ\_normiert_{(b,t)} := \frac{ELQ\_faktorlos_{(b,t)}}{ELQ\_national_t},$$

wobei

$$ELQ\_national_t := \sum_{i=1}^{23} X_{(i,t)}^{Bund} \cdot IR_{(i,t)}$$

die auf Basis der nationalen (Kreditvergabe-)Branchenzusammensetzung ermittelte erwartete Verlustquote im Jahr t bezeichnet. $ELQ\_normiert_{(b,t)}$ gibt also an, wie riskant die Branchenwahl der Bank b zum Zeitpunkt t im Vergleich zur bundesweiten Kreditvergabe zum Zeitpunkt t zu beurteilen ist. Eine ebenfalls in Abschnitt 4.3 zum Einsatz kommende Variable ist ELQ_Ort_b. Sie gibt die durchschnittliche erwartete Verlustquote eines Ortes an, in dem sich die Bank b befindet, d.h.

$$ELQ\_Ort_{(b,t)} := \sum_{i=1}^{23} x_{(i,t)}^{Ort_b} \cdot IR_{(i,t)}.$$

Neben der erwarteten Verlustquote wird die sogenannte tatsächliche Verlustquote eine tragende Rolle bei den empirischen Untersuchungen spielen. Ziel dieser Kennzahl soll es sein, die tatsächlich in einer Bank im Kreditgeschäft angefallenen Ausfälle in Relation zum maßgeblichen Kreditgeschäft anzugeben. Zunächst wäre es wünschenswert, wenn Ausfalldaten für das Firmenkundenkreditgeschäft isoliert vorlägen, um diese in Beziehung zu dem in diesem Geschäftsfeld vorherrschenden Spezialisierungsgrad setzen zu können. Diese Information ist allerdings aus den gegebenen Daten der Risikovorsorge von Banken nicht entnehmbar. Daten über Ausfälle liegen jeweils nur für das gesamte Kreditgeschäft einer Bank vor, was insbesondere bedeutet, dass Ausfälle aus dem Privatkundengeschäft nicht von denen aus dem Firmenkundengeschäft getrennt werden können. Dieser Aspekt ist in den nachfolgenden Untersuchungen zu berücksichtigen.[107] Ausfalldaten können sich hinsichtlich

- der zeitlichen und sachlichen Verlässlichkeit sowie
- der zeitlichen und sachlichen Nähe zur Insolvenzrate

[107] Vgl. hierzu z.B. Abschnitt 4.2.1.

unterscheiden. In dieser Arbeit werden die folgenden zwei Kennziffern für die tatsächliche Verlustquote verwendet:

- Ausfallrate (LQ^{ausf}):=

$$\frac{\begin{pmatrix}\text{Verbrauch von Einzelwertberichtigungen}\\ +\text{ Direktabschreibungen auf Forderungen}\\ \text{- Zuschreibungen auf Forderungen}\end{pmatrix}}{\text{Kundenkreditvolumen}} \quad (3\text{-}1)$$

- Quote notleidender Kredite (LQ^{notl}):=

$$\frac{\begin{pmatrix}\text{geprüfte Kredite mit erhöhtem latenten Risiko}\\ +\text{ geprüfte Kredite, die wertberichtigt wurden (vor EWB)}\end{pmatrix}}{\text{Kundenkreditvolumen}} \quad (3\text{-}2)$$

Bei der Buchung als Verbrauch von Einzelwertberichtigungen (EWBs) oder als Abschreibung existiert ein zeitlicher Spielraum für die Bank.[108] Dies bedeutet, dass Betrachtungen der Ausfallrate über einen längeren Zeitraum notwendig sind. Die Höhe der Größe ist von einer Bank jedoch kaum gestaltbar, da zu dem Zeitpunkt, zu dem die letzten Zahlungen aus einem ausgefallenen Kredit erfolgen, eine exakte Vorgabe über die Höhe des endgültigen Forderungsverlustes existiert. Die Buchung des Verbrauchs oder der Abschreibung wird durchgeführt, wenn feststeht, wie hoch der Verlust aus dem Kredit sein wird, die Buchung einer Zuschreibung findet dann statt, wenn zu hohe Einzelwertberichtigungen angesetzt worden sind oder wenn wider Erwarten nach Abschreibung einer Forderung noch Zahlungen an die Bank eingehen. Im Allgemeinen finden solche Buchungen am Ende eines Insolvenzverfahrens statt, das im Durchschnitt ca. 1,2 Jahre dauert.[109] Die Größen im Zähler sind um Erträge oder Aufwendungen aus der Auflösung bzw. Bildung von Vorsorgereserven gemäß §340 f und §340 g HGB bereinigt.[110] Die direkte Vergleichbarkeit der Ausfallrate mit den Insolvenzraten bzw. den erwarteten Verlustquoten ist nur eingeschränkt gegeben. Für eine Gegenüberstellung mit den erwarteten Verlustquoten wäre es von Vorteil, wenn bei ausgefallenen Krediten nicht die Verlusthöhe, sondern der jeweilige Nominalbetrag bzw. das ausstehende Kreditvolumen zur Berechnung der tatsächlichen Verlustquote herangezogen würde, da die erwartete Verlustquote einen LGD

[108] Ein Überblick über die Praxis der Einzelwertberichtigungen und Abschreibungen im Kreditgeschäft findet sich in Ludolph et al. (2007).

[109] Vgl. hierzu Rammer (2007), S. 39f. Möglich sind aber auch andere Zeitpunkte, wie z.B. der Zeitpunkt der Ablehnung eines Insolvenzverfahrens mangels Masse oder der Zeitpunkt eines Forderungsverzichts.

[110] Vgl. hierzu Hartmann-Wendels et al. (2007), S. 774 ff.

von 100% ansetzt und damit unterstellt, dass jeweils der gesamte Kredit ausfällt. Wird bei der Berechnung der tatsächlichen Verlustquote der Verlustbetrag verwendet, so hängt die tatsächliche Verlustquote auch vom LGD ab. Ein Vergleich mit der erwarteten Verlustgröße muss diesem Aspekt Rechnung tragen. Des Weiteren kann es sein, dass Verluste aus Krediten auch dann auftreten, wenn kein Insolvenzverfahren durchlaufen worden ist. Ein Forderungsverzicht kann von den Banken vorgenommen werden, wenn sie z.B. annehmen, dass eine Fortführung der Geschäfte von Seiten des Kreditnehmers zu einer höheren Befriedigungsquote führt als eine Befriedigung im Rahmen eines Insolvenzverfahrens.[111] Insgesamt ist jedoch davon auszugehen, dass ein Großteil der Verluste verursachenden Kreditnehmer auch in der Insolvenzstatistik aufgeführt sind.[112]

Die zweite Kennziffer zur Messung der tatsächlichen Verlustquote ist aufgrund der Tatsache, dass nicht die Verlusthöhe (bei Ausfall), sondern der Nominalbetrag herangezogen wird, ausgewählt worden. Allerdings sind mit der Quote der notleidenden Kredite einige Probleme verbunden. Die LQ^{notl} lässt sich nur eingeschränkt mit den Insolvenzraten in Beziehung setzen. Es ist zu beachten, dass LQ^{notl} auf Bestandsgrößen basiert und Mehrfachanrechnungen eines notleidenden Kredites vorgenommen werden. Es sei folgendes Beispiel zur Veranschaulichung der unterschiedlichen Messungen gegeben: Eine Branche bestehe aus nur einem Kreditnehmer, der bei einer Bank einen Kredit über fünf Jahre aufnehme. Der Kredit werde nach zwei Jahren zweifelhaft und im fünften Jahr werde ein Insolvenzverfahren eröffnet. Für die LQ^{notl} wird ein durchschnittlicher Wert von $\frac{3}{5}$ über die fünf Jahre ausgewiesen, die Insolvenzrate beträgt dagegen im Durchschnitt $\frac{1}{5}$. Der Ausfall eines Kredites in einem der fünf Jahre wird also bei der LQ^{notl} dreimal angesetzt. Falls der Kredit bereits im ersten Jahr als notleidend ausgewiesen wird, ergäbe sich eine durchschnittliche LQ^{notl} von 1. Da die Quote bei unterschiedlichen Banken vergleichbaren Prüfungsstandards unterliegen sollte, scheint sie trotz der Zeitpunktabhängigkeit eine über

[111] Vgl. hierzu Dubach (1995).

[112] Eine Alternative zur Verwendung des Verbrauchs von EWBs stellt die Verwendung der Bildung von EWBs dar. Eine so gebildete Kennzahl würde dann auf zeitlich auseinanderliegenden Komponenten (Bildung von EWBs, Abschreibungen, Zuschreibungen) basieren. Da die mit dieser Kennzahl durchgeführten empirischen Untersuchungen zu vergleichbaren Resultaten bei geringerem Bestimmtheitsmaß und geringerer statistischer Signifikanz des Modells geführt haben, wird auf die Verwendung dieser Kennzahl verzichtet.

Banken vergleichbare Kennzahl darzustellen.[113] Der Vergleich mit den Insolvenzraten wird auch dadurch beeinträchtigt, dass nicht klar ist, wie viele der notleidenden Kredite tatsächlich zum Insolvenzfall werden. Aufgrund des Vorteils der Betrachtung von Nominalbeträgen wird jedoch die Kennzahl LQ^{notl} mit in die späteren Untersuchungen aufgenommen.

Als Nenner wird in beiden Fällen das Kundenkreditvolumen (ohne Interbankenkredite, Kreditderivate und außerbilanzielle Geschäfte) angesetzt. Bei LQ^{notl} bestände auch die Möglichkeit, die Summe der geprüften Kredite im Nenner anzusetzen. Allerdings ist anzunehmen, dass die Prüfungen nahezu alle einzelwertberichtigten Kredite umfassen und auch ansonsten der Fokus auf unter Risikogesichtspunkten eher kritische Kredite gerichtet ist, so dass ein Großteil der notleidenden Kredite erfasst sein dürfte und das Ansetzen des gesamten Kundenkreditvolumens als Vergleichsmaßstab gerechtfertigt ist.[114] Im Falle der LQ^{notl} sind im Zähler auch Derivate mit ihrem Kreditäquivalent angesetzt, was allerdings für Sparkassen und Kreditgenossenschaften wenig problematisch ist.[115] Entscheidender ist der Verzicht auf die Interbankenkredite. Während bei der LQ^{ausf} ein Weglassen dieser Forderungen nicht kritisch ist, da ein tatsächlicher Verlust bei deutschen Interbankenkrediten im Beobachtungszeitraum nicht stattgefunden hat, dürfte der Zähler von LQ^{notl} auch Interbankenkredite beinhalten. Allerdings sollte der Anteil eher gering sein, so dass nur von einer geringen Verzerrung auszugehen ist und der Vorteil, die Interbankenkredite bei der Betrachtung ausblenden zu können, überwiegen müsste.

Insgesamt ist festzuhalten, dass insbesondere die Verwendung von LQ^{notl} nicht unproblematisch ist. Bei der Interpretation der empirischen Resultate ist dies zu berücksichtigen. Die Tatsache, dass beide Proxys für die tatsächliche Verlustquote an Verlässlichkeit bei Betrachtung über einen längeren Zeitraum gewinnen, wird einer

113 Eine weitere Möglichkeit, die tatsächliche Verlustquote zu messen, wäre das Verwenden von Wertberichtigungsbeständen. Da aber hier der gleiche Nachteil der mehrfachen Anrechnung besteht wie bei der LQ^{notl} und hier größerer Spielraum seitens der Banken vermutet werden muss sowie keine Nominalbeträge, sondern (prognostizierte) Verlustbeträge angesetzt werden, wird von der Verwendung von Wertberichtigungsbeständen Abstand genommen.

114 In Abschnitt 4.2.3.2.3 im Rahmen von Robustheitsuntersuchungen wird untersucht, inwieweit diese Annahme zutreffend ist und die Verwendung von LQ^{notl} gegenüber der von LQ^{notl_gepr}, bei der das geprüfte Kreditvolumen als Nenner eingesetzt wird, vorzuziehen ist.

115 Vgl. hierzu Abschnitt 3.3.

der Gründe für die später gewählten Regressionsverfahren sein.[116]

In Abschnitt 4.2 wird untersucht, ob spezialisierte Banken Monitoring-Vorteile aufweisen. Die Qualität des Monitorings wird anhand des Quotienten aus tatsächlicher und erwarteter Verlustquote gemessen. Auf Basis der zwei Kennzahlen für die tatsächliche Verlustquote werden die Variablen

$$RATIO^{ausf}_{(b,t)} := \frac{LQ^{ausf}_{(b,t)}}{ELQ_{(b,t)}}$$

und

$$RATIO^{notl}_{(b,t)} := \frac{LQ^{notl}_{(b,t)}}{ELQ_{(b,t)}}$$

definiert. In Abschnitt 4.2.1 wird ausführlicher auf diese Variablen eingegangen.

In der Tabelle 3-5 sind deskriptive Statistiken der soeben eingeführten Verlustquoten angegeben.[117] Die linearen Korrelationen zwischen den in dieser Arbeit verwendeten Verlustquoten sind der Tabelle 3-6 zu entnehmen. Es zeigen sich signifikant positive Zusammenhänge sowohl zwischen den beiden tatsächlichen Verlustquoten als auch zwischen tatsächlichen Verlustquoten und erwarteter Verlustquote, wobei letztere bei den Sparkassen stärker ausgeprägt sind als bei den Kreditgenossenschaften.

---

116 Vgl. z.B. Abschnitt 4.2.1.

117 Auf die Variable *ELQ_normiert* wird bei der Darstellung verzichtet, da die Aussagekraft der Variable für sich genommen relativ gering ist.

Tabelle 3-5: Deskriptive Statistik der verwendeten Verlustquoten und *RATIO*s nach Bankengruppen (auf der Basis von Bankmittelwerten über den Zeitraum 1995-2006)

		Mittelw.	Median	Stabw.	p5	p95	Min.	Max.
ELQ	Sparkassen	0,011	0,010	0,004	0,007	0,021	0,006	0,026
	Kreditgenossenschaften	0,009	0,008	0,003	0,006	0,018	0,004	0,027
	Sparkassen und Kreditgenossenschaften	0,010	0,008	0,004	0,006	0,019	0,004	0,027
	Großbanken	0,011						
ELQ_faktorlos	Sparkassen	0,011	0,011	0,002	0,009	0,016	0,006	0,024
	Kreditgenossenschaften	0,010	0,011	0,002	0,007	0,015	0,004	0,023
	Sparkassen und Kreditgenossenschaften	0,010	0,011	0,002	0,008	0,015	0,004	0,024
	Großbanken	0,010						
ELQ_Ort	Sparkassen	0,010	0,011	0,002	0,008	0,012	0,007	0,014
	Kreditgenossenschaften	0,010	0,010	0,002	0,008	0,012	0,007	0,014
	Sparkassen und Kreditgenossenschaften	0,010	0,011	0,002	0,008	0,012	0,007	0,014
	Großbanken							
LQ^{ausf}	Sparkassen	0,006	0,005	0,004	0,002	0,016	0,0000	0,030
	Kreditgenossenschaften	0,005	0,004	0,006	0,001	0,013	0,000	0,090
	Sparkassen und Kreditgenossenschaften	0,005	0,004	0,005	0,001	0,014	0,000	0,090
	Großbanken	0,005						
LQ^{notl}	Sparkassen	0,094	0,086	0,047	0,034	0,191	0,012	0,269
	Kreditgenossenschaften	0,119	0,105	0,067	0,038	0,254	0,001	0,620
	Sparkassen und Kreditgenossenschaften	0,113	0,100	0,063	0,037	0,237	0,001	0,620
	Großbanken	0,054						
$RATIO^{ausf}$	Sparkassen	0,521	0,468	0,301	0,153	1,105	0,029	2,158
	Kreditgenossenschaften	0,545	0,420	0,662	0,068	1,343	0,000	17,147
	Sparkassen und Kreditgenossenschaften	0,539	0,429	0,592	0,085	1,255	0,000	17,147
	Großbanken	0,456						
$RATIO^{notl}$	Sparkassen	9,056	8,246	4,349	3,607	17,266	1,319	29,391
	Kreditgenossenschaften	14,130	12,184	8,512	4,335	30,778	0,133	89,196
	Sparkassen und Kreditgenossenschaften	12,846	11,048	7,985	4,005	28,510	0,133	89,196
	Großbanken	4,853						

Tabelle 3-6: Korrelationsmatrix der verwendeten Verlustquoten und *RATIOs* (auf der Basis von Bankmittelwerten über den Zeitraum 1995-2006)

Kreditgenossenschaften	ELQ	ELQ_faktorlos	ELQ_Ort	LQ^{ausf}	LQ^{notl}	$RATIO^{ausf}$	$RATIO^{notl}$
ELQ	1						
ELQ_faktorlos	0,565*	1					
ELQ_Ort	0,365*	0,423*	1				
LQ^{ausf}	0,350*	0,180*	0,147*	1			
LQ^{notl}	0,308*	0,182*	0,227*	0,653*	1		
$RATIO^{ausf}$	-0,037	-0,004	0,053	0,848*	0,499*	1	
$RATIO^{notl}$	-0,286*	-0,034	0,113*	0,388*	0,780*	0,537*	1
Sparkassen	**ELQ**	**ELQ_faktorlos**	**ELQ_Ort**	**LQ^{ausf}**	**LQ^{notl}**	**$RATIO^{ausf}$**	**$RATIO^{notl}$**
ELQ	1						
ELQ_faktorlos	0,406*	1					
ELQ_Ort	0,383*	0,556*	1				
LQ^{ausf}	0,616*	0,330*	0,292*	1			
LQ^{notl}	0,537*	0,239*	0,256*	0,688*	1		
$RATIO^{ausf}$	-0,019	-0,043	0,104	0,710*	0,455*	1	
$RATIO^{notl}$	-0,272*	0,044	0,139*	0,206*	0,614*	0,566*	1

* zeigt jeweils statistische Signifikanz auf einem 1%-Signifikanzniveau an.

3.4.3.2 Erträge aus dem Kreditgeschäft

Zur Beurteilung der Ertragssituation des Kreditgeschäfts einer Bank wird in dieser Arbeit insbesondere auf die risikobereinigte Konditionsmarge abgestellt. Im Folgenden wird schrittweise deren Berechnung beschrieben. Als Ausgangsbasis wird die *Zins_Ratio* definiert als

$$Zins\_Ratio := \frac{\text{Zinserträge aus Kredit- und Geldmarktgeschäften}}{\text{Volumen an Kredit- und Geldmarktgeschäften}}.$$

Diese Quote gibt an, welchen durchschnittlichen Zinssatz eine Bank im Rahmen der Kredit- und Geldmarktgeschäfte verlangt. Unter Geldmarktgeschäften sind vor allem Interbankenkredite zu verstehen,[118] so dass der Nenner der Summe aus Kundenkreditvolumen und Interbankenkreditvolumen entspricht. Um die Quote um Interbankenkredite zu bereinigen, wird unterstellt, dass Interbankenkredite zum 6-Monats-FIBOR bzw. -EURIBOR[119] vergeben werden. Die bereinigte Zinsertragsquote (ZEQ) lässt sich dann berechnen als

$$ZEQ := Zins\_Ratio \cdot \frac{1}{(1 - bank\_ford)} - (\text{6-M-Satz}) \cdot \frac{1}{(1 - bank\_ford)} \cdot bank\_ford.$$

Hierbei bezeichnet *bank_ford* den Interbankenkreditanteil[120] und 6-M-Satz den 6-Monats-FIBOR bzw. -EURIBOR.

Als Vergleichsmaßstab, ob eine Bank erfolgreich im Kreditgeschäft ist, eignet sich die ZEQ allerdings nur sehr eingeschränkt. Die ZEQ enthält neben der eigentlichen (Gewinn-)Marge für die Bank weitere Komponenten, die insbesondere auf die Laufzeitstruktur und Qualität der vergebenen Kredite zurückzuführen sind. Im Wesentlichen setzt sich der verlangte Zinssatz folgendermaßen zusammen:[121]

$$ZEQ = \text{Geld- und Kapitalmarkt-Satz} + \text{Risikokosten} + \text{Marge}.$$

118 Vgl. Borchert (2003), S. 36.

119 FIBOR steht für Frankfurt Interbank Offered Rate und ist ein Zinssatz, zu dem Banken bereit waren, bei anderen Banken kurzfristig Geld als Festgelder oder Termingelder anzulegen. Der Fibor wurde 1999 vom EURIBOR (European Interbank Offered Rate) abgelöst. Vgl. hierzu z.B. Steiner / Bruns (2007), S. 135.

120 Vgl. hierzu Abschnitt 3.4.4.1.

121 Vgl. hierzu z.B. Schmeisser / Mauksch (2005). Es handelt sich hierbei um eine bewusst einfach gehaltene Darstellung, da die Datensituation die Anwendung komplexerer Ansätze nicht ermöglicht.

Gemäß der Marktzinsmethode[122] ist dem Kreditgeschäft nur die Konditionsmarge zuzurechnen. Die Konditionsmarge ist die Differenz aus dem Zinssatz des Kredites und dem Zinssatz, der für eine laufzeitkongruente Refinanzierung auf dem Geld- und Kapitalmarkt (GKM) aufgewendet werden müsste. Die Konditionsmarge ist von der Strukturmarge abzugrenzen, die sich aus Unterschieden zwischen der Laufzeitstruktur von Aktiva und Passiva und damit verbundenen Zinssatzunterschieden ergibt. Bei Sparkassen und Kreditgenossenschaften ist die positive Fristentransformation, d.h. die im Vergleich zur Refinanzierung langfristigere Geldanlage, eine nicht unbedeutende Ertragskomponente,[123] die aber im Rahmen der Untersuchungen dieser Arbeit ausgeblendet wird, da sie nicht als Erfolgskomponente des Kreditgeschäftes zu verstehen ist.[124] Die Konditionsmarge (ZEQ^{kon}) der Bank b zum Zeitpunkt t aus dem Kreditgeschäft wird definiert als

$$ZEQ^{kon}_{(b,t)} := ZEQ_{(b,t)} - gkm\_satz_{(b,t)},$$

wobei der GKM-Satz (gkm_satz) an die Laufzeitstruktur der Kredite angepasst ist, d.h. es handelt sich um bankspezifische GKM-Sätze. Für die Laufzeiten bis einschließlich einem Jahr werden die FIBOR- bzw. EURIBOR-Zinssätze verwendet, bei Laufzeiten über einem Jahr wird auf die Swapsätze zurückgegriffen, die von der Deutschen Bundesbank veröffentlicht werden. Die verwendeten Jahres-Werte werden jeweils als Durchschnitt über die 12 Monats-Werte des entsprechenden Kalenderjahres berechnet. Für die Laufzeitklasse[125] bis zu einem Jahr wird der jeweils aktuelle 6-Monats-FIBOR bzw. -EURIBOR angesetzt, in der Laufzeitklasse von einem bis fünf Jahren, wird der Durchschnitt der 3-Jahres-Swapsätze aus dem aktuellen Jahr und den beiden vorherigen Jahren gebildet und in der Laufzeitklasse über fünf Jahren wird gleichsam mit den 7-Jahres-Swapsätzen verfahren. Der Mittelwert der Zinssätze der Laufzeitklassen gewichtet mit dem Kreditvolumen je Laufzeitklasse ergibt den in dieser Arbeit verwendeten GKM-Satz. Mangels genauerer Informationen über die Zeitpunktstruktur der Kreditvergabe in den einzelnen Laufzeitklassen wird auf die beschriebene Vorgehensweise zurückgegriffen.

Die Risikokosten sind bei der Quote ZEQ^{kon} noch nicht herausgerechnet. Banken, die riskantere Kredite vergeben, müssen zur Erzielung einer vergleichbar hohen Rendite,

[122] In dieser Arbeit wird das Basismodell für endfällige Kredite angewendet. Für einen Überblick über die Marktzinsmethode vgl. etwa Schierenbeck (2003), S. 70 ff.

[123] Vgl. hierzu Deutsche Bundesbank (2005c), S. 72.

[124] Lediglich in Abschnitt 5.4.1 wird die Höhe der Fristentransformation einmal als Segmentierungskriterium verwendet.

[125] Die Laufzeitangaben bei den Krediten beziehen sich auf die Ursprungslaufzeiten.

höhere Zinssätze verlangen, um die im Durchschnitt höheren Ausfälle an Zins- und Tilgungsleistungen zu kompensieren. Diese Argumentation zielt allein auf die Berücksichtigung von erwarteten Verlusten bei der Zinsbildung ab. Durch Basel II und die damit verbundene Kopplung der Eigenkapitalunterlegung an kreditspezifische unerwartete Verluste[126] sowie die Verbreitung von internen Kreditportfoliomodellen ist eine zusätzliche Berücksichtigung von unerwarteten Verlusten bei der Zinsbildung auf ausgedehnter Front angeregt worden.[127] Je höher nämlich die unerwarteten Verluste aus dem Kreditgeschäft sind, desto weniger frei verfügbares Kapital hat die Bank für andere Geschäfte. Dies führt dazu, dass Return-Kennzahlen in Relation zu Maßgrößen der unerwarteten Verluste gesetzt werden, um den eigentlichen (risikoadjustierten) Erfolg eines Geschäftes abzubilden. An dieser Stelle werden die unerwarteten Verluste nicht berücksichtigt, da allein die Ertragssituation (ohne Einbeziehung des Risikos im engeren Sinne) im Kreditgeschäft Objekt der Betrachtung sein soll. Den unerwarteten Verlusten wird sich später das Kapitel 6 widmen.

Grundsätzlich lässt sich die Berechnung der ZEQ^{kon} nach Risikokosten[128] angeben als

$$ZEQ^{kon} - RKQ - RKQ \cdot ZEQ, \tag{3-3}$$

wobei RKQ für eine Risikokostenquote steht. In den Untersuchungen in Kapitel 5 wird als Risikokostenquote auf die Ausfallrate zurückgegriffen und die risikobereinigte Konditionsmarge mit ZEQ^{ausf} abgekürzt. Die Ausfallrate (LQ^{ausf}) gibt zwar die tatsächliche Verlustquote und nicht die erwartete Verlustquote an, allerdings ist die Bereinigung um diese Größe insofern sinnvoll, als dass hier der eigentliche Erfolg abgebildet wird. Würde z.B. als Risikokostenquote die auf Basis der Branchenverteilung erwartete Verlustquote verwendet, so wäre nicht klar, ob eine Bank tatsächlich diese Verluste im Kreditgeschäft erlitten hat. Die Ausfallrate lässt sich zugleich auch als die erwartete Verlustquote bei perfekter Prognosefähigkeit der Banken interpretieren.[129] Um Verwirrungen zu vermeiden, wird im Folgenden aber lediglich die Variable ELQ mit der erwarteten Verlustquote identifiziert. Zu beach-

126 Vgl. hierzu z.B. Schmeisser / Mauksch (2005).

127 Eine Beschreibung der unerwarteten Verluste und damit zusammenhängender Themata findet in Abschnitt 6.1 statt.

128 Hier und im Folgenden sollen darunter die Standardrisikokosten im Sinne erwarteter Verluste verstanden werden.

129 Bei der Variable ELQ wurde eine ähnliche Interpretation gegeben mit dem Unterschied, dass sich die perfekte Prognosefähigkeit auf die Ausfallrate in einer Branche (über alle Banken) bezogen hat.

ten ist, dass eine Anpassung der Ausfallrate um einen LGD nicht notwendig ist, da die Ausfallrate die Verlustquote bei Ausfall bereits enthält.[130]

Die Korrelationen zwischen den Zinsertragsquoten sind für die Kreditgenossenschaften und Sparkassen in Tabelle 3-7 angegeben.

Tabelle 3-7: Korrelationsmatrix der verwendeten Zinsgrößen (auf der Basis von Bankmittelwerten über den Zeitraum 1995-2006)

Kreditgenossenschaften	ZEQ	ZEQ^{kon}	ZEQ^{ausf}
ZEQ	1		
ZEQ^{kon}	0,924*	1	
ZEQ^{ausf}	0,578*	0,574*	1
Sparkassen	**ZEQ**	**ZEQ^{kon}**	**ZEQ^{ausf}**
ZEQ	1		
ZEQ^{kon}	0,886*	1	
ZEQ^{ausf}	0,463*	0,474*	1

* zeigt jeweils statistische Signifikanz auf einem 1%-Signifikanzniveau an.

Alle Zusammenhänge sind – wie zu erwarten – signifikant positiv. Bei den Kreditgenossenschaften sind die Korrelationen zumeist höher als bei den Sparkassen.

In Tabelle 3-8 werden deskriptive Statistiken zur Zinsertragsquote, Konditionsmarge und risikobereinigten Konditionsmarge angegeben. Insgesamt zeigen sich für die Kreditgenossenschaften die durchschnittlich höchsten und für die Großbanken die durchschnittlich niedrigsten Werte. Die Wertschwankungen sind bei Kreditgenossenschaften größer als bei den Sparkassen. Die Minima sind bei den Kreditgenossenschaften zum Teil negativ, was bei den Sparkassen nicht der Fall ist. Die durchgängig positiven Mittelwerte zeigen an, dass die Bankengruppen im Durchschnitt eine positive Konditionsmarge erwirtschaften, die zumindest für die Deckung der Standardrisikokosten auszureichen scheint.

130 Dies wäre bei Verwendung von LQ^{notl} als Risikokostenquote nicht der Fall (vgl. hierzu Abschnitt 3.4.3.1). Neben dieser Tatsache rechtfertigen die in Abschnitt 3.4.3.1 genannten Probleme von LQ^{notl}, insbesondere die Mehrfachanrechnung der notleidenden Kredite, die Bevorzugung der Variablen LQ^{ausf} gegenüber der Variablen LQ^{notl}.

Tabelle 3-8: Deskriptive Statistik der verwendeten Zinsertragsquoten nach Bankengruppen (auf der Basis von Bankmittelwerten über den Zeitraum 1995-2006)

	Mittelw.	Median	Stabw.	p5	p95	Min.	Max.
ZEQ							
Sparkassen	0,067	0,067	0,004	0,062	0,073	0,055	0,083
Kreditgenossenschaften	0,070	0,069	0,005	0,063	0,078	0,020	0,101
Sparkassen und Kreditgenossenschaften	0,069	0,069	0,005	0,062	0,077	0,020	0,101
Großbanken	0,053						
ZEQ^{kon}							
Sparkassen	0,020	0,020	0,003	0,015	0,026	0,011	0,037
Kreditgenossenschaften	0,023	0,023	0,005	0,016	0,033	-0,016	0,057
Sparkassen und Kreditgenossenschaften	0,023	0,022	0,005	0,016	0,031	-0,016	0,057
Großbanken	0,010						
ZEQ^{ausf}							
Sparkassen	0,015	0,015	0,005	0,006	0,022	-0,007	0,032
Kreditgenossenschaften	0,019	0,019	0,007	0,011	0,027	-0,104	0,057
Sparkassen und Kreditgenossenschaften	0,018	0,018	0,006	0,010	0,026	-0,104	0,057
Großbanken	0,005						

3.4.4 Kontrollvariablen

Im Rahmen der empirischen Untersuchungen ist es jeweils wichtig, neben dem Spezialisierungsgrad weitere Einflussfaktoren zu berücksichtigen, um den eigentlichen Einfluss des Spezialisierungsgrades zu extrahieren. Im Folgenden werden die in den Untersuchungen dieser Arbeit zum Einsatz kommenden Kontrollvariablen vorgestellt, wobei eine Untergliederung stattfindet in

1. Variablen zum Kreditgeschäft bzw. der Aktivseite der Bilanz,
2. Variablen der Passivseite der Bilanz,
3. Variablen der GuV,[131]
4. allgemeine Variablen und
5. Personalaufwandsquote für das Kreditgeschäft.

Eine detaillierte Motivation der einzelnen Variablen wird an dieser Stelle ausbleiben und erst im Rahmen der jeweiligen empirischen Untersuchungen durchgeführt.

3.4.4.1 Variablen zum Kreditgeschäft

Neben dem Spezialisierungsgrad im Firmenkundenkreditgeschäft gibt es zahlreiche andere Faktoren, durch die sich einzelne Banken im Kreditgeschäft voneinander unterscheiden können. Zur Identifizierung, inwieweit das Geschäft einer Bank vom Kreditgeschäft geprägt ist, wird der Kreditanteil (*kred_ ant*) berechnet, der definiert ist als

$$kred\_ant := \frac{\text{Summe der Kundenkredite}}{\text{Bilanzsumme}}.$$

Diese Definition ist auf Kundenkredite ohne Interbankenkredite und Kredite im engeren Sinne, d.h. ohne festverzinsliche Wertpapiere und außerbilanzielle Geschäfte, eingegrenzt und gibt demnach den Anteil des traditionellen Kreditgeschäfts wieder.

[131] Daten aus dem Sonderdatenkatalog (vgl. Abschnitt 3.2.2) werden sowohl bei Variablen der Bilanz und Variablen der GuV zum Einsatz kommen.

Das Firmenkundenkreditgeschäft stellt nur einen Teil des Kreditgeschäfts einer Bank. Privatkundenkredite und Interbankenkredite sind weitere Betätigungsfelder. Unterschiedliche Anteilsstrukturen hinsichlich dieser Segmente haben möglicherweise Einfluss auf die in Abschnitt 3.4.3 beschriebenen erklärten Variablen. Aus diesem Grund werden als Variablen eingeführt

$$\text{Anteil der Privatkundenkredite } (privat) := \frac{\text{Summe der Privatkundenkredite}}{\text{Summe der Kundenkredite}}$$

und

$$\text{Anteil der Interbankenkredite } (bank\_ford) := \frac{\text{Summe der Interbankenkredite}}{\text{Summe der Kredite}}.$$

Ferner wird der Anteil der Kommunalkredite[132] Berücksichtigung finden, da in diesem Segment in der Regel keine (nennenswerten) Ausfälle eintreten[133] und von Banken mit einem hohen Anteil geringere Verluste im Kreditgeschäft zu erwarten sind. Die Definition lautet

$$\text{Anteil der Kommunalkredite } (kommunal) := \frac{\text{Summe der Kommunalkredite}}{\text{Summe der Kredite}}.$$

Ein weiteres Unterscheidungskriterium ist die Art und Höhe der Besicherung der Kredite. Hier stehen keine detaillierten Daten zur Verfügung. Allerdings sind in der Kreditnehmerstatistik Hypothekarkredite ausgewiesen.[134] Hypothekarkredite gelten aufgrund der strengen Regelungen hinsichtlich der Deckungshöhe als relativ sicher bzw. abgesichert bei Ausfall des Kreditnehmers.[135] Der Anteil der Hypothekarkredite wird auf Basis der Daten der Kreditnehmerstatistik berechnet als

$$hyp := \frac{\text{Summe der Hypothekarkredite im Kundenkreditgeschäft}}{\text{Summe der Kundenkredite}}.$$

Ferner ist im Sonderdatenkatalog ab 1999 das Blankovolumen bei geprüften einzelwertberichtigten Krediten angegeben. Zur Berechnung eines Proxys für den durchschnittlichen Blankoanteil wird

$$blanko := \frac{\text{Blankovolumen bei geprüften einzelwertberichtigten Krediten}}{\text{Summe der geprüften einzelwertberichtigten Kredite}}$$

[132] Kommunalkredite sind Kredite, die Gemeinden und anderen öffentlich-rechtlichen Gebietskörperschaften gewährt werden. Vgl. Grill / Perczynski (2008), S. 401.

[133] Vgl. etwa Hölscher (2001).

[134] Hypothekarkredite sind langfristige Darlehen, die durch Eintragung von Grundpfandrechten (Grundschulden bzw. Hypotheken) gesichert sind, wobei insbesondere Grundstücke und Gebäude beliehen werden. Vgl. hierzu Grill / Perczynski (2008), S. 424 ff.

[135] Vgl. hierzu Hölscher (2001).

gesetzt. Hierbei ist zu beachten, dass der über alle Kredite gebildete Blankoanteil durchaus von dieser Quote abweichen kann. In Ermangelung anderer Daten und unter Berücksichtigung der Tatsache, dass der Blankoanteil gerade im Falle eines Ausfalls bzw. einer Einzelwertberichtigung von besonderer Wichtigkeit sein dürfte,[136] wird diese Variable in den empirischen Untersuchungen Anwendung finden.

Die Berechnung eines vernünftigen Proxys für die durchschnittliche Kredithöhe ist auf Basis der verwendeten Datenquellen problematisch. Ein möglicher Ansatz ist, die Summe der gemäß Kreditnehmerstatistik in den einzelnen Branchen von allen Banken vergebenen Kredite ins Verhältnis zu der Anzahl der Unternehmen in den jeweiligen Branchen (auf Basis der Umsatzsteuerstatistik) zu setzen und anschließend anhand der Branchenverteilung einen Proxy der durchschnittlichen Kredithöhe für jede einzelne Bank zu berechnen, d.h.

$$hoehe_{(b,t)} := \sum_{i=1}^{23} \frac{X_{(i,t)}^{Bund}}{N_{(i,t)}} \cdot x_{(b,i,t)}.$$

Kritisch ist insbesondere die Unterstellung, dass jeder Kreditnehmer nur eine Bank als Kreditgeber hat, was in der Realität nicht der Fall ist.[137] Problematisch ist dies, falls systematische Unterschiede zwischen den Branchen bestehen. Des Weiteren ist fraglich, ob die Branchenverteilung als einziger erklärender Faktor für eine verlässliche Approximation der Kredithöhe genügt.[138] Bei den folgenden Untersuchungen wird auf die mit der Variable *hoehe* verbundenen Probleme eingegangen. Damit die

---

[136] Die Bedeutung der Besicherungsquote wird in sämtlichen Studien, die die Einflussfaktoren des LGD untersuchen, betont. Kredite mit einer höheren Besicherung weisen eine höhere Recovery Rate auf als Kredite mit geringer Besicherung. Vgl. etwa Thorburn (2000), Hamilton et al. (2001), Kabance (2001) und Bos et al. (2002).

[137] Gemäß Hommel / Schneider (2004) liegt die durchschnittliche Anzahl der Bankbeziehungen zwischen 1,9 und 4,5.

[138] Eine andere Möglichkeit wäre, ausstehende Forderungsvolumina im Rahmen von Insolvenzen heranzuziehen und die durchschnittliche Höhe je Insolvenz in den einzelnen Branchen zu ermitteln. Auf Basis der Branchenverteilung gemäß der Kreditnehmerstatistik könnte dann für jede Bank ein Proxy für die durchschnittliche Kredithöhe berechnet werden, nämlich

$$\sum_{i=1}^{23} \frac{\text{Ausstehende Forderungsvolumen in Branche } i}{\text{Anzahl insolventer Unternehmen in Branche } i} \cdot x_{(\cdot,i,\cdot)}\ .$$

Allerdings bleiben die geschilderten Problempunkte bestehen und werden um weitere Nachteile ergänzt. Die ausstehenden Forderungsvolumina sind nur erste Schätzungen hinsichtlich der tatsächlichen Forderungsvolumina und die Kredithöhe stellt allein auf Insolvenzfälle ab.

Schätzungen weniger sensitiv auf Ausreißer reagieren, wird die Variable *hoehe* logarithmiert.[139]

Wie bereits mehrfach erwähnt, sind Sparkassen und Kreditgenossenschaften im Wesentlichen regional begrenzt aktiv. In ihren Einzugsgebieten haben die Banken einen sehr unterschiedlichen Anteil an den vergebenen Krediten. In dieser Arbeit wird der durchschnittliche Marktanteil der Bank b zum Zeitpunkt t definiert als

$$markt\_ant1_{(b,t)} := \sum_{i=1}^{23} markt\_ant_{(b,i,t)} \cdot x_{(b,i,t)},$$

wobei

$$markt\_ant_{(b,i,t)} := \frac{X_{(b,i,t)}}{X_{(i,t)}^{Ort_b}}$$

den Anteil der Bank b bezeichnet, den diese an der Kreditvergabe in der Branche i in ihrem Geschäftsgebiet hat. Die Variable $markt\_ant1_{(b,t)}$ berücksichtigt demnach den Marktanteil der Bank in allen Branchen, gewichtet jedoch entsprechend dem Anteil, den die jeweilige Branche an der gesamten Kreditvergabe der Bank ausmacht. Es kann also durchaus passieren, dass ein hoher Marktanteil zugeordnet wird, obwohl die Bank nur in einer Branche Kredite vergibt. Durch die Verwendung von Spezialisierungsmaßen wird allerdings dem Aspekt der Branchenanzahl Rechnung getragen.[140] Neben dieser branchenbezogenen Berechnung des Marktanteils wird auch ein Anteil am gesamten Kreditvolumen des Geschäftsgebietes, d.h.

$$markt\_ant2_{(b,t)} := \frac{X_{(b,t)}}{X_{(t)}^{Ort_b}}$$

ermittelt. Zu berücksichtigen ist in beiden Fällen, dass die Anteile $X_{(i,t)}^{Ort_b}$ bzw. $X_{(t)}^{Ort_b}$ nicht die Kreditvolumina von Banken enthalten, die überregional aktiv sind.[141] Insbesondere in städtischen Gebieten, in denen überregional tätige Banken im Kreditgeschäft möglicherweise verstärkt präsent sind, ist mit erheblich verzerrten Marktanteilen zu rechnen. Unter anderem aus diesem Grund wird eine Variable eingeführt, die anzeigt, ob das Geschäftsgebiet eher städtisch oder eher ländlich ist.[142]

[139] Wooldridge (2008), S. 191, gibt als Daumenregel an, dass sich für positive Dollarbeträge häufig Logarithmierungen anbieten.

[140] Es wird ferner eine eigene Variable Branchenanzahl definiert (s.u.), die zwar nicht in den Regressionen Anwendung findet, deren starker Zusammenhang mit den Spezialisierungsmaßen aber aufgezeigt wird. Vgl. hierzu Abschnitt 3.4.5.

[141] Vgl. hierzu Abschnitt 3.4.2.2.

[142] Vgl. hierzu Abschnitt 3.4.4.4.

In enger Beziehung zu den Spezialisierungsmaßen steht die Variable Branchenanzahl. Sie ist definiert als die Anzahl der Branchen, an die eine Bank jeweils mindestens 4% ihres gesamten Kreditvolumens im Firmenkundengeschäft vergibt. Anstelle der fixen 4%-Hürde für alle Branchen wären auch branchenspezifische Mindestwerte, die sich z.B. an der Benchmark $x_{(i,t)}^{Bund}$ orientieren, denkbar. Da Distanzmaße aber diesen Aspekt berücksichtigen und hier die Anzahl der Branchen, die unabhängig von ihrem jeweiligen Stellenwert hinsichtlich des gesamten Kreditmarktes für eine Bank nicht unbedeutend sind, im Vordergrund stehen soll, wird

$$branchen\_anz_{(b,t)} := \sum_{i=1}^{23} 1_{(x_{(b,i,t)} \geq 4\%)}$$

gesetzt.

Den Tabellen 3-9 und 3-10 sind deskriptive Statistiken zu den Variablen für das Kreditgeschäft zu entnehmen. Der Anteil der Kredite, Privatkundenkredite und Interbankenkredite sowie der Blankoanteil sind bei Kreditgenossenschaften und Sparkassen verlgeichbar hoch. Sparkassen vergeben deutlich mehr Hypothekar- und Kommunaldarlehn. Großbanken weisen im Durchschnitt einen ähnlich hohen Kreditanteil auf, sind aber relativ gesehen weniger stark im Privatkundenkreditgeschäft aktiv, dafür engagierter im Bereich der Interbankenkredite und zeigen höhere Blankoquoten. Die durchschnittliche Kredithöhe auf Basis der Branchenverteilung ist bei Sparkassen und Kreditgenossenschaften geringer als bei den Großbanken. Sparkassen weisen einen höheren Marktanteil als Kreditgenossenschaften auf.[143] Die Branchenanzahl zeigt im Unterschied zu den Spezialisierungsmaßen keine großen Differenzen zwischen den drei Bankengruppen an.

In Tabelle 3-11 sind die Korrelationen zwischen den Variablen für das Kreditgeschäft angegeben. Der betragsmäßig maximale Wert liegt bei 0, 515, so dass eine gleichzeitige Verwendung der Variablen in Regressionen aufgrund zu hoher Abhängigkeiten untereinander nicht ausgeschlossen werden muss.[144]

143 Sparkassen sind tendenziell größer als Kreditgenossenschaften (vgl. Tabelle 3-16) und größere Banken haben tendenziell größere Marktanteile. Die Korrelation zwischen Bankgröße (vgl. Abschnitt 3.4.4.4) und *markt_ant1* beträgt 0,312 bei Kreditgenossenschaften und 0,317 bei Sparkassen.

144 Vgl. hierzu Tabachnick / Fidell (2006), 4. Kapitel.

Tabelle 3-9: Deskriptive Statistik der Variablen für das Kreditgeschäft nach Bankengruppen (auf der Basis von Bankmittelwerten über den Zeitraum 1995-2006)

	Mittelw.	Median	Stabw.	p5	p95	Min.	Max.
Kreditanteil							
Sparkassen	0,663	0,682	0,102	0,457	0,796	0,295	0,877
Kreditgenossenschaften	0,723	0,735	0,086	0,557	0,841	0,292	0,983
Sparkassen und Kreditgenossenschaften	0,707	0,722	0,094	0,519	0,834	0,292	0,983
Großbanken	0,687						
Anteil der Privatkundenkredite							
Sparkassen	0,518	0,515	0,072	0,409	0,643	0,291	0,761
Kreditgenossenschaften	0,527	0,526	0,111	0,343	0,710	0,076	0,839
Sparkassen und Kreditgenossenschaften	0,525	0,522	0,103	0,359	0,699	0,076	0,839
Großbanken	0,284						
Anteil der Interbankenkredite							
Sparkassen	0,120	0,102	0,075	0,036	0,267	0,014	0,539
Kreditgenossenschaften	0,176	0,159	0,086	0,075	0,341	0,022	0,676
Sparkassen und Kreditgenossenschaften	0,162	0,145	0,087	0,057	0,330	0,014	0,676
Großbanken	0,340						
Anteil der Kommunalkredite							
Sparkassen	0,078	0,067	0,058	0,011	0,193	0,001	0,396
Kreditgenossenschaften	0,017	0,008	0,030	0,000	0,059	0,000	0,547
Sparkassen und Kreditgenossenschaften	0,033	0,014	0,047	0,000	0,130	0,000	0,547
Großbanken	0,018						
Anteil der Hypothekardarlehn							
Sparkassen	0,406	0,409	0,076	0,278	0,528	0,113	0,647
Kreditgenossenschaften	0,296	0,300	0,142	0,045	0,528	0,000	0,719
Sparkassen und Kreditgenossenschaften	0,324	0,340	0,137	0,068	0,528	0,000	0,719
Großbanken	0,165						
Blankoanteil							
Sparkassen	0,443	0,444	0,094	0,296	0,592	0,129	0,775
Kreditgenossenschaften	0,441	0,433	0,110	0,278	0,614	0,108	1,000
Sparkassen und Kreditgenossenschaften	0,441	0,435	0,106	0,283	0,610	0,108	1,000
Großbanken	0,740						

Tabelle 3-10: Deskriptive Statistik der Variablen für das Kreditgeschäft nach Bankengruppen (auf der Basis von Bankmittelwerten über den Zeitraum 1995-2006)

	Mittelw.	Median	Stabw.	p5	p95	Min.	Max.
Kredithöhe in 1.000 €							
Sparkassen	580	575	73	473	707	398	1075
Kreditgenossenschaften	563	548	123	417	722	303	1934
Sparkassen und Kreditgenossenschaften	568	557	113	428	715	303	1934
Großbanken	887						
Markanteil in betreuten Branchen							
Sparkassen	0,146	0,080	0,187	0,010	0,615	0,004	1,000
Kreditgenossenschaften	0,044	0,012	0,099	0,001	0,223	0,000	0,998
Sparkassen und Kreditgenossenschaften	0,070	0,020	0,135	0,002	0,329	0,000	1,000
Großbanken							
Markanteil insgesamt							
Sparkassen	0,115	0,051	0,180	0,003	0,585	0,001	0,947
Kreditgenossenschaften	0,034	0,006	0,095	0,000	0,168	0,000	0,999
Sparkassen und Kreditgenossenschaften	0,054	0,010	0,127	0,000	0,284	0,000	0,999
Großbanken							
Branchenanzahl							
Sparkassen	6,828	6,833	0,784	5,583	8,100	4,417	9,250
Kreditgenossenschaften	6,444	6,583	1,207	4,250	8,250	1,000	10,000
Sparkassen und Kreditgenossenschaften	6,541	6,667	1,128	4,583	8,167	1,000	10,000
Großbanken	6,778						

Tabelle 3-11: Korrelationsmatrix verwendeter Variablen für das Kreditgeschäft (auf der Basis von Bankmittelwerten über den Zeitraum 1995-2006)

Kreditgenossenschaften	kred_ant	privat	bank_ford	kommunal	hyp	blanko	hoehe	markt_ant1	markt_ant2
kred_ant	1								
privat	0,024	1							
bank_ford	-0,262*	-0,070*	1						
kommunal	-0,322*	-0,109*	0,195*	1					
hyp	0,151*	0,264*	-0,191*	0,006	1				
blanko	-0,048	-0,023	0,130*	0,022	-0,045	1			
hoehe	-0,128*	-0,064	0,054	0,339*	-0,029	0,091*	1		
markt_ant1	-0,023	-0,196*	-0,043	0,036	-0,079*	-0,010	0,114*	1	
markt_ant2	0,003	-0,105*	-0,073*	-0,027	-0,060	-0,031	0,007	0,943*	1
Sparkassen	**kred_ant**	**privat**	**bank_ford**	**kommunal**	**hyp**	**blanko**	**hoehe**	**markt_ant1**	**markt_ant2**
kred_ant	1								
privat	0,097	1							
bank_ford	-0,515*	-0,150*	1						
kommunal	-0,423*	-0,150*	0,199*	1					
hyp	-0,084	0,162*	0,053	0,155*	1				
blanko	-0,323*	-0,241*	0,392*	0,221*	-0,080	1			
hoehe	0,289*	-0,036	-0,114*	-0,022	-0,090	0,014	1		
markt_ant1	0,030	-0,158*	0,085	0,007	-0,266*	0,084	0,089	1	
markt_ant2	0,035	-0,102	0,054	0,013	-0,227*	0,034	0,055	0,966*	1

* zeigt jeweils statistische Signifikanz auf einem 1%-Signifikanzniveau an.

3.4.4.2 Variablen der Passivseite der Bilanz

Die Variablen der Passivseite spiegeln wider, wie sich ein Bank refinanziert. In dieser Arbeit werden

der Anteil der Kundeneinlagen[145] (*kundeneinl*) als

$$kundeneinl := \frac{\text{Kundeneinlagen}}{\text{Bilanzsumme}},$$

der Anteil der Verbindlichkeiten gegenüber Banken (*bank_verb*) als

$$bank\_verb := \frac{\text{Verbindlichkeiten gegenüber Banken}}{\text{Bilanzsumme}}$$

und der Anteil der verbrieften Verbindlichkeiten (*verbr_verb*) als

$$verbr\_verb := \frac{\text{Verbriefte Verbindlichkeiten}}{\text{Bilanzsumme}}$$

eingeführt. Eine günstige Refinanzierung, z.B. durch einen hohen Kundeneinlagenanteil, hat u.a. Auswirkungen auf die Gesamtkapitalrentabilität und kann die Zinspolitik der Banken bei der Kreditvergabe beeinflussen. Aus diesem Grund sind diese Variablen nicht zu vernachlässigen. Ferner wird die Eigenkapitalquote (*ekq*) definiert durch

$$ekq := \frac{\text{Eigenkapital}}{\text{Bilanzsumme}}.$$

Sie ist zugleich Puffer gegen unerwartete Verluste im Kreditgeschäft und Indikator bezüglich der Höhe in der Vergangenheit akkumulierter Gewinne.[146]

In Tabelle 3-12 sind deskriptive Statistiken zu den Variablen der Passivseite der Bilanz aufgeführt.

---

[145] In dieser Arbeit werden die Kundeneinlagen den Verbindlichkeiten gegenüber Kunden gleichgesetzt. Möglich wäre u.a. das Hinzurechnen der verbrieften und nachrangigen Verbindlichkeiten. Hier soll allerdings die kapitalmarktnahe Refinanzierung in einer separaten Variable erfasst werden.

[146] Vgl. hierzu etwa Milne / Whalley (2001) und Heid et al. (2004). In den späteren Untersuchungen wird allerdings auf die Eigenkapitalquote als Kontrollvariable verzichet, da insbesondere der zuletzt genannte Aspekt starke Endogenitätsprobleme vermuten lässt, auch wenn sich in zusätzlichen Untersuchungen gezeigt hat, dass ein Hinzufügen der Variablen *ekq* zu keinen entscheidenden Veränderungen der Ergebnisse der anderen erklärenden Variablen führt. Im Rahmen der Vorstellung wichtiger Bank-Variablen sei sie der Vollständigkeit halber mitaufgeführt.

Tabelle 3-12: Deskriptive Statistik der Variablen mit Bezug zur Refinanzierungsstruktur nach Bankengruppen (auf der Basis von Bankmittelwerten über den Zeitraum 1995-2006)

	Mittelw.	Median	Stabw.	p5	p95	Min.	Max.
Eigenkapitalquote							
Sparkassen	0,044	0,043	0,009	0,030	0,059	0,024	0,079
Kreditgenossenschaften	0,053	0,052	0,013	0,039	0,072	0,020	0,321
Sparkassen und Kreditgenossenschaften	0,051	0,049	0,013	0,036	0,070	0,020	0,321
Großbanken	0,036						
Anteil der Kundeneinlagen							
Sparkassen	0,673	0,679	0,084	0,524	0,805	0,406	0,884
Kreditgenossenschaften	0,765	0,768	0,071	0,647	0,874	0,173	0,944
Sparkassen und Kreditgenossenschaften	0,742	0,750	0,084	0,592	0,868	0,173	0,944
Großbanken	0,407						
Anteil der Bankverbindlichkeiten							
Sparkassen	0,210	0,197	0,078	0,097	0,350	0,063	0,519
Kreditgenossenschaften	0,130	0,126	0,055	0,046	0,225	0,005	0,651
Sparkassen und Kreditgenossenschaften	0,150	0,141	0,071	0,053	0,288	0,005	0,651
Großbanken	0,386						
Anteil der verbrieften Verbindlichkeiten							
Sparkassen	0,037	0,029	0,032	0,000	0,097	0,000	0,197
Kreditgenossenschaften	0,027	0,005	0,037	0,000	0,102	0,000	0,256
Sparkassen und Kreditgenossenschaften	0,029	0,014	0,036	0,000	0,101	0,000	0,256
Großbanken	0,108						

Kreditgenossenschaften und Sparkassen zeichnen sich gemäß Tabelle 3-12 im Unterschied zu den Großbanken durch einen hohen Anteil an Kundeneinlagen und eine relativ geringe Refinanzierung über Bankenkredite und Verbriefungen aus.

Die Korrelationen zwischen den Variablen der Passivseite der Bilanz sind in Tabelle 3-13 aufgelistet.

Tabelle 3-13: Korrelationsmatrix der verwendeten Variablen der Refinanzierung (auf der Basis von Bankmittelwerten über den Zeitraum 1995-2006)

Kreditgenossenschaften	ekq	kundeneinl	bank_verb	verbr_verb
ekq	1			
kundeneinl	0,018	1		
bank_verb	-0,080*	-0,788*	1	
verbr_verb	-0,180*	-0,561*	0,060*	1
Sparkassen	**ekq**	**kundeneinl**	**bank_verb**	**verbr_verb**
ekq	1			
kundeneinl	-0,022	1		
bank_verb	-0,073	-0,903*	1	
verbr_verb	-0,134*	-0,371*	-0,001	1

* zeigt jeweils statistische Signifikanz auf einem 1%-Signifikanzniveau an.

Zwischen dem Anteil der Kundeneinlagen auf der einen Seite und dem Anteil der Bankverbindlichkeiten sowie verbrieften Verbindlichkeiten auf der anderen Seite bestehen erwartungsgemäß sehr hohe negative Korrelationen. Eine gleichzeitige Verwendung in Regressionen ist kritisch zu beurteilen.

3.4.4.3 Variablen der GuV

Die Variablen der GuV geben an, in welchem Ausmaß Aufwand und Ertrag für bestimmte Aktivitäten anfallen. In dieser Arbeit werden die Quote der Personalaufwendungen[147] (*personal*), definiert als

$$personal := \frac{\text{Personalaufwendungen}}{\text{Bilanzsumme}},$$

[147] Schierenbeck (2003) verwendet hierfür den Begriff Personalkostenspanne. Vgl. Schierenbeck (2003), S. 425 ff.

und die Quote der Verwaltungsaufwendungen[148] (*verwaltung*), definiert als

$$verwaltung := \frac{\text{Verwaltungsaufwendungen}}{\text{Bilanzsumme}},$$

zum Einsatz kommen, um die Personal- bzw. Verwaltungsintensität bei der jeweiligen Bank zu messen. Ein großer Nachteil der Variablen *personal* bei der Analyse des Kreditgeschäfts ist jedoch, dass sich die Personalaufwendungen nicht ausschließlich auf das Kreditgeschäft beziehen, sondern alle Geschäftsaktivitäten einer Bank betreffen. Aus diesem Grund wird in Abschnitt 3.4.4.5 eine Quote der Personalaufwendungen vorgestellt, die lediglich auf das Kreditgeschäft abstellt. Da die Verwendung dieser Variablen möglicherweise Probleme aufweist, wird zusätzlich die in diesem Abschnitt eingeführte Größe *personal* in den Untersuchungen berücksichtigt.[149]

Der Anteil der Provisionserträge, berechnet als

$$provision := \frac{\text{Provisionserträge}}{\text{Erträge}},$$

zeigt im Wesentlichen an, in welchem Ausmaß eine Bank an Dienstleistungen verdient.[150] Um die Profitabilität einer Bank zu messen, wird in dieser Arbeit auf die Gesamtkapitalrentabilität (*gkr*),

$$gkr := \frac{\text{Jahresüberschuss}}{\text{Bilanzsumme}},$$

sowie die Eigenkapitalrentabilität (*ekr*),

$$ekr := \frac{\text{Jahresüberschuss}}{\text{Eigenkapital}},$$

zurückgegriffen. Des Weiteren kommt als Maß für die Effizienz die Cost-Income-Ratio (*cir*) zum Einsatz, die definiert wird als[151]

$$cir := \frac{\text{Verwaltungsaufwendungen}}{\text{Erträge - Zuführung zur Risikovorsorge}}.$$

Tabelle 3-14 sind deskriptive Statistiken der GuV-Variablen zu entnehmen.

148 Schierenbeck (2003) verwendet hierfür den Begriff Sachkostenspanne. Vgl. Schierenbeck (2003), S. 425 ff.

149 Vgl. hierzu Abschnitt 3.4.4.5.

150 Zu den Provisionsgeschäften zählen z.B. Wertpapiergeschäfte für Kunden, Vermittlungsgeschäfte mit den Verbundpartnern und Zahlungsverkehr im In- und Ausland.

151 Die Definition der Cost-Income-Ratio orientiert sich an Schierenbeck (2003), S. 445 ff. Die dort gegebene Definition über Bruttoertrags- und Bruttobedarfsspanne (Bilanzsummengrößen kürzen sich raus) entspricht der in dieser Arbeit verwendeten.

Tabelle 3-14: Deskriptive Statistiken der GuV-Variablen nach Bankengruppen (auf der Basis von Bankmittelwerten über den Zeitraum 1995-2006)

	Mittelw.	Median	Stabw.	p5	p95	Min.	Max.
Personalaufwandsquote							
Sparkassen	0,013	0,013	0,002	0,010	0,015	0,007	0,018
Kreditgenossenschaften	0,016	0,016	0,003	0,012	0,021	0,002	0,040
Sparkassen und Kreditgenossenschaften	0,015	0,015	0,003	0,011	0,020	0,002	0,040
Großbanken	0,008						
Verwaltungsaufwandsquote							
Sparkassen	0,021	0,021	0,002	0,016	0,025	0,012	0,029
Kreditgenossenschaften	0,026	0,026	0,005	0,020	0,034	0,004	0,076
Sparkassen und Kreditgenossenschaften	0,025	0,024	0,005	0,018	0,033	0,004	0,076
Großbanken	0,014						
Provisionsanteil							
Sparkassen	0,088	0,087	0,016	0,062	0,115	0,028	0,142
Kreditgenossenschaften	0,107	0,105	0,029	0,062	0,155	0,000	0,246
Sparkassen und Kreditgenossenschaften	0,102	0,099	0,028	0,062	0,150	0,000	0,246
Großbanken	0,136						
Gesamtkapitalrentabilität							
Sparkassen	0,002	0,002	0,001	0,001	0,004	-0,003	0,006
Kreditgenossenschaften	0,003	0,003	0,001	0,001	0,005	-0,004	0,009
Sparkassen und Kreditgenossenschaften	0,003	0,003	0,001	0,001	0,005	-0,004	0,009
Großbanken	0,002						
Eigenkapitalrentabilität							
Sparkassen	0,048	0,050	0,027	0,023	0,075	-0,283	0,10075
Kreditgenossenschaften	0,050	0,051	0,020	0,017	0,078	-0,176	0,126
Sparkassen und Kreditgenossenschaften	0,050	0,051	0,022	0,018	0,078	-0,283	0,126
Großbanken	0,041						
Cost-Income-Ratio							
Sparkassen	0,600	0,603	0,055	0,507	0,683	0,380	0,751
Kreditgenossenschaften	0,670	0,673	0,439	0,572	0,773		
Sparkassen und Kreditgenossenschaften	0,652	0,657	0,381	0,540	0,758		
Großbanken	0,809						

Die Personal- und Verwaltungsaufwandsquoten nehmen mit der Größe der Banken ab,[152] was sich auch daran zeigt, dass Kreditgenossenschaften durchschnittlich die höchsten und Großbanken die kleinsten Quoten aufweisen. Die Personalaufwendungen je Mitarbeiter sind bei den Großbanken im Mittel ca. doppelt so hoch wie bei den Sparkassen und Kreditgenossenschaften. Der Provisionsanteil ist bei den Sparkassen am geringsten und bei den Großbanken am größten. Gesamtkapital- und Eigenkapitalrentabilität liegen bei den drei Bankengruppen im Durchschnitt nahe beieinander. Anders sieht es bei der Cost-Income-Ratio aus. Hier weisen Kreditgenossenschaften und vor allem Sparkassen deutlich geringere Werte auf als die Großbanken.

Die Korrelationen zwischen den GuV-Variablen sind in der Tabelle 3-15 aufgeführt.

Tabelle 3-15: Korrelationsmatrix verwendeter GuV-Variablen (auf der Basis von Bankmittelwerten über den Zeitraum 1995-2006)

Kreditg.	personal	verwaltung	provision	gkr	ekr	cir
personal	1					
verwaltung	0,951*	1				
provision	0,432*	0,468*	1			
gkr	-0,015	-0,082*	-0,120*	1		
ekr	-0,114*	-0,185*	-0,122*	0,854*	1	
cir	0,140*	0,141*	0,115*	-0,063	-0,162*	1
Sparkassen	**personal**	**verwaltung**	**provision**	**gkr**	**ekr**	**cir**
personal	1					
verwaltung	0,875*	1				
provision	0,261*	0,512*	1			
gkr	-0,074	-0,230*	-0,201*	1		
ekr	-0,212*	-0,252*	-0,059*	0,748*	1	
cir	0,583*	0,553*	0,140*	-0,374*	-0,311*	1

* zeigt jeweils statistische Signifikanz auf einem 1%-Signifikanzniveau an.

Wie zu erwarten, weisen Personal- und Verwaltungsaufwandsquote sowie *gkr* und *ekr* sehr hohe Abhängigkeiten auf, die jeweils eine gemeinsame Verwendung in Regressio-

[152] Die Korrelationen zwischen Bankgröße (vgl. Abschnitt 3.4.4.4) und *personal* bzw. *verwaltung* liegen für die Kreditgenossenschaften bei -0,217 bzw. -0,196 und für die Sparkassen bei -0,345 bzw. -0,315.

nen nicht empfiehlt. Die anderen Variablen sind diesbezüglich als unproblematisch einzustufen.

3.4.4.4 Allgemeine Variablen

Die Größe einer Bank (*bilanz*) wird in dieser Arbeit – wie in vielen anderen empirischen Arbeiten auch – durch die Bilanzsumme gemessen. Damit die Schätzungen weniger sensitiv auf Ausreißer reagieren, wird die Bilanzsumme logarithmiert.[153] Weitere Charakterisierungen einer Bank können durch Beschreibung des Geschäftsgebietes erfolgen. Die Variable *ost* nimmt den Wert 1 an, wenn sich der Hauptsitz der Bank in den ostdeutschen Bundesländern befindet und den Wert 0 sonst. Sparkassen und Kreditgenossenschaften, die überwiegend in Ostdeutschland aktiv sind, führen möglicherweise Geschäfte unter anderen Bedingungen als in Westdeutschland durch.[154] Die Geschäftsgebiete können des Weiteren eher städtisch oder eher ländlich geprägt sein. Das Bundesamt für Bauwesen und Raumordnung stellt Daten zur Verfügung, die Regionen hinsichtlich des Agglomerationsgrades klassifizieren.[155] Diese Regionenbildung ähnelt dabei der auf Basis der Ortskennzahlen von Seiten der Deutschen Bundesbank.[156] Auf Basis des Stammsitzes der Bank werden die Banken einer Raumordnungsregion zugeordnet und damit einem Agglomerationsgrad (*agglom*). Die Variable *agglom* kann die Werte 1, 2 und 3 annehmen, wobei 1 für Agglomerationsräume, 2 für verstädterte und 3 für ländliche Räume steht.[157] Maßgebliche Einteilungskriterien sind dabei die Bevölkerungsdichte und die Größe bzw. zentralörtliche Funktion der Kerne von Regionen.[158] Für die späteren Untersuchungen wird die Variable *agglom* in zwei Dummy-Variablen *agglom1* und *agglom2* umgewandelt, wobei *agglom1*=1 bzw. *agglom2*=1, falls *agglom*=1 bzw. *agglom*=2, und Null sonst, d.h. *agglom1* ist die Dummyvariable, die anzeigt, ob das Geschäftsgebiet ein Agglomerationsgebiet, und *agglom2* die, die anzeigt, ob das Geschäftsgebiet

153 Vgl. hierzu etwa Wooldridge (2008), S. 191.

154 Zeitlich differenzierte Betrachtungen untersuchen ferner, ob dieser Effekt sich im Zeitablauf verändert, z.B. im Laufe der Jahre Konvergenztendenzen ersichtlich sind. Vgl. hierzu z.B. Abschnitt 4.2.3.4.

155 Vgl. hierzu Bundesamt für Bauwesen und Raumordnung (2005).

156 Vgl. hierzu Kötter / Wedow (2006).

157 Neben dieser groben Einteilung in die drei sogenannten Regionsgrundtypen existiert u.a. auch eine in sieben differenzierte Regionstypen. Vgl. hierzu Bundesamt für Bauwesen und Raumordnung (2005). Auf die Nutzung der differenzierten Regionstypen wird verzichtet, da die Zusammenfassung zu den drei Grundtypen eine gut strukturierte Grundlage, die die wesentlichen Informationen in aussagekräftiger Form umfasst, für die Berücksichtigung des Agglomerationsgrades darstellt.

158 Vgl. hierzu Bundesamt für Bauwesen und Raumordnung (2005).

verstädtert ist.

Ebenfalls gebunden an das jeweilige Geschäftsgebiet ist die Variable *markt_struktur*, definiert als Hirschman-Herfindahl-Index über die Anteile an der Kreditvergabe in einer Bundesbank-Region, die Banken mit Stammsitz in dieser Region im Firmenkundengeschäft aufweisen. Dabei werden wie bei der Bestimmung der Ort-Benchmark in Abschnitt 3.4.2.2 und des Marktanteils in Abschnitt 3.4.4.1 lediglich Kreditgenossenschaften, Sparkassen und Regionalbanken berücksichtigt, d.h. es ist wiederum auf Verzerrungen zu achten. Die berechnete Variable beschreibt, inwieweit die Kreditvergabe in einer Region nach Banken konzentriert ist, was als Maß für die Wettbewerbsintensität in einer Region aufgefasst werden kann.[159] Die Beziehungen zwischen den Variablen des Marktanteils, der Marktstruktur und des Agglomerationsgrades, der bei der Wettbewerbssituation ebenfalls eine Rolle spielen könnte, da z.B. überregional tätige Banken insbesondere in städtischen Regionen aktiv sind,[160] werden bei den empirischen Untersuchungen Beachtung finden.

Wie bei der Vorstellung der Distanzmaße in Abschnitt 3.4.2.2 erwähnt wurde, kann bei Sparkassen und Kreditgenossenschaften ein großer Abstand zur nationalen Kreditportfolio-Benchmark durch eine deutlich von der nationalen abweichenden regionalen Branchenstruktur hervorgerufen sein. Um zu überprüfen, inwieweit die regionale Branchenstruktur divergiert, wird

$$SM\_Ort_{(b,t)} := \frac{1}{2}\sum_{i=1}^{23} |x_{(i,t)}^{Bund} - x_{(i,t)}^{Ort_b}|$$

gesetzt. $SM\_Ort_{(b,t)}$ gibt den Abstand der Ort-Benchmark, die für die Bank b relevant ist, zur nationalen Benchmark zum Zeitpunkt t an. Dabei wird auf die gleiche Abstandsdefinition wie in Abschnitt 3.4.2.2 zurückgegriffen.

Des Weiteren werden Dummys eingesetzt, die angeben, ob eine Bank im Beobachtungszeitraum eine andere Bank übernommen hat (*fusion1*) oder übernommen wurde (*fusion2*). Zur Behandlung von Fusionen vgl. Abschnitt 3.5.

Deskriptive Statistiken zu den allgemeinen Variablen sind der Tabelle 3-16 zu entnehmen.

[159] Zur Messung von Wettbewerbsintensität vgl. z.B. Breitmeyer (2004).
[160] Vgl. hierzu Hackethal (2004).

Tabelle 3-16: Deskriptive Statistik allgemeiner Variablen nach Bankengruppen (auf der Basis von Bankmittelwerten über den Zeitraum 1995-2006)

	Mittelw.	Median	Stabw.	p5	p95	Min.	Max.
Bilanzsumme in Mio. €							
Sparkassen	1.700	1.100	2.200	210	5.200	49	26.000
Kreditgenossenschaften	280	160	640	28	850	4	19.000
Sparkassen und Kreditgenossenschaften	630	230	1.400	32	2.400	4	26.000
Großbanken	380.000						
ost							
Sparkassen	0,169						
Kreditgenossenschaften	0,066						
Sparkassen und Kreditgenossenschaften	0,092						
Großbanken							
Marktstruktur							
Sparkassen	0,133	0,080	0,157	0,022	0,522	0,001	0,912
Kreditgenossenschaften	0,125	0,074	0,136	0,025	0,445	0,001	0,998
Sparkassen und Kreditgenossenschaften	0,127	0,075	0,141	0,025	0,462	0,001	0,998
Großbanken							
Agglomerationsgrad							
Sparkassen	1,803						
Kreditgenossenschaften	1,864						
Sparkassen und Kreditgenossenschaften	1,849						
Großbanken							
Spezialisierungsgrad der Region							
Sparkassen	0,240	0,236	0,053	0,161	0,298	0,121	0,527
Kreditgenossenschaften	0,242	0,239	0,056	0,141	0,340	0,118	0,526
Sparkassen und Kreditgenossenschaften	0,242	0,239	0,056	0,141	0,340	0,118	0,526
Großbanken							

Großbanken sind im Durchschnitt deutlich größer als Sparkassen und Kreditgenossenschaften und die Bilanzsumme der Sparkassen ist im Mittel ca. sechs Mal so groß wie die der Kreditgenossenschaften. 83% der Sparkassen und 93% der Kreditgenossenschaften haben ihren Hauptsitz in Westdeutschland. Sparkassen und Kreditgenossenschaften sind hinsichtlich des durchschnittlichen Agglomerationsgrades ihrer Geschäftsgebiete vergleichbar.

In Tabelle 3-17 sind die Korrelationen zwischen den allgemeinen Variablen angegeben.

Tabelle 3-17: Korrelationsmatrix der allgemeinen Variablen (auf der Basis von Bankmittelwerten über den Zeitraum 1995-2006)

Kreditg.	bilanz	ost_west	agglom	SM_Ort	markt_struktur
bilanz	1				
ost	-0,006	1			
agglom	-0,130*	-0,064	1		
SM_Ort	0,048	-0,057	0,304*	1	
markt_struktur	-0,050	-0,019	-0,032	0,436*	1
Sparkassen	**bilanz**	**ost_west**	**agglom**	**SM_Ort**	**markt_struktur**
bilanz	1				
ost	0,090	1			
agglom	-0,228*	-0,197*	1		
SM_Ort	-0,159*	-0,108	0,131*	1	
markt_struktur	-0,016	-0,040	-0,045	0,217*	1

* zeigt jeweils statistische Signifikanz auf einem 1%-Signifikanzniveau an.

Es ist ersichtlich, dass die Abhängigkeiten zwischen den allgemeinen Variablen nicht so hoch sind, als dass eine gemeinsame Verwendung in Regressionen ausgeschlossen werden müsste. Größere Banken haben ihr Geschäftsgebiet eher in städtischem Umfeld. Bei Sparkassen sind städtisch geprägte Geschäftsgebiete eher in West- als in Ostdeutschland anzutreffen.

3.4.4.5 Personalaufwand für das Kreditgeschäft

Der Personalaufwand wird in der Gewinn- und Verlustrechnung nicht danach aufgegliedert, in welchem Bereich er angefallen ist. Für die späteren Untersuchungen ist von Bedeutung, wie hoch der Personalaufwand im Bereich des Firmenkundenkreditgeschäfts ist.[161] Coleman et al. (2006) verwendet diese Größe als Proxy für die Monitoring-Qualität im Kreditgeschäft.[162] Die Ermittlung dieses Proxys in der vorliegenden Arbeit orientiert sich an dem dort durchgeführten Verfahren. Durch eine Fixed-Effects-Schätzung wird das Verhältnis aus Personalaufwand und Nichtzinsaufwand um bankspezifische Besonderheiten bereinigt.[163] Gemäß Coleman et al. (2006) wird eine Salary Exposure Rate (*SER*) definiert durch

$$SER_{(b,t)} := \frac{Personalaufwand_{(b,t)}}{Nichtzinsaufwand_{(b,t)}}.$$

Zur Ermittlung der Variablen *personal_kredit*, wird die folgende Fixed-Effects-Schätzung durchgeführt:

$$SER_{(b,t)} = personal\_kredit_b + \sum_{j=1}^{n} \beta_j \cdot y_{(j,b,t)} + \epsilon_{(b,t)}. \qquad (3\text{-}4)$$

Die *SER* wird um verschiedene Einflussfaktoren $y_{(j,b,t)}$ bereinigt, so dass der zeitfixe, bankeigene Term $personal\_kredit_b$ der Fixed-Effects-Schätzung den Personalaufwand für das Firmenkundenkreditgeschäft anzeigt. Die Regressionen werden für Kreditgenossenschaften und Sparkassen separat sowie für beide Bankengruppen zusammen durchgeführt. Als Datengrundlage dient das Standard-Datenset, das in Abschnitt 3.6 beschrieben und auch in den späteren Regressionen eingesetzt wird.

Als Kontrollvariablen werden Variablen der Aktiv- und Passivseite sowie der Gewinn- und Verlustrechnung verwendet. Der Anteil der Kundenkredite, der Privatkundenkredite und der Anteil der Interbankenkredite kommen als Variablen der Aktivseite zum Einsatz. Der Kundenkreditanteil ist ein Indikator für die Arbeitsintensität der

---

161 Vgl. hierzu auch die Anmerkungen in Abschnitt 3.4.4.3.

162 Vgl. hierzu Coleman et al. (2006).

163 Auf eine ausführliche Beschreibung dieses Schätzverfahrens wird an dieser Stelle verzichtet, da es analog zu dem aus Coleman et al. (2006), S. 179 ff., angewandt wird und die Ermittlung der Variablen nur den ersten Schritt auf dem Weg zu den eigentlichen Untersuchungen darstellt. Im Rahmen dieser werden die Fixed-Effects-Schätzungen genauer beschrieben. Vgl. hierzu etwa Abschnitt 4.2.3.4.2.

Bank. Möglicherweise stellen sich bei einem höheren *kred_ ant*-Wert Fixkostendegressionseffekte ein, was für einen negativen Koeffizienten spricht. Beim Privatkundenkreditanteil wird ein positiver Zusammenhang vermutet, da das Privatkundengeschäft durch einen geringen Umsatz je Mitarbeiter geprägt ist und damit wahrscheinlich auch durch eine hohe Personalintensität. Im Unterschied dazu mag ein hoher Anteil an Interbankenkrediten eher für standardisierte Geschäfte mit höheren Transaktionsvolumina stehen, was einen negativen Koeffizienten mit sich bringen sollte. Der Provisionsanteil kann ebenfalls Aufschluss über die Arbeitsintensität des Bankgeschäfts geben. Ein höherer *provision*-Wert kann Ausdruck für einen größeren Anteil beratungsintensiver Dienstleistungen sein und damit ist ein positiver Zusammenhang zwischen dem Provisionsanteil und der *SER* zu erwarten. Als Variablen der Passivseite werden der Anteil der verbrieften Verbindlichkeiten und der Anteil der Bankverbindlichkeiten eingesetzt.[164] Höhere Variablenwerte sollten jeweils mit einer geringeren *SER* einhergehen, da sie im Vergleich zum personalintensiven Kundeneinlagengeschäft höhervolumige Transaktionen repräsentieren. Die Kontrollvariable *bilanz* soll berücksichtigen, dass größere Banken unter Umständen von Fixkostendegressionseffekten profitieren und damit geringere *SER*-Werte aufweisen. Des Weiteren wird die Gesamtkapitalrentabilität als Maß für den Erfolg bzw. die Effizienz einer Bank herangezogen.[165] Für Banken mit höheren *gkr*-Werten lässt sich eine geringere *SER* vermuten.

In der Tabelle 3-18 sind die Ergebnisse der Regressionen für die Kreditgenossenschaften, Sparkassen und beide Bankengruppen zusammen dargestellt. Für die Variablen *kred_ ant*, *provision*, *verbr_ verb*, *bank_ verb* und *gkr* zeigen sich die erwarteten Zusammenhänge mit der Variable *SER*. Beim Privatkundenkreditanteil ist bei den Sparkassen zumindest ein positiver Zusammenhang, wenn auch kein statistisch signifikanter, zu erkennen. Bei den Kreditgenossenschaften liegt hingegen ein statistisch signifikant negativer Zusammenhang vor. Möglicherweise ist die Betreuung der Privatkunden mit weniger hoch bezahltem Personal verknüpft. Der Anteil der Interbankenkredite weist sowohl bei Kreditgenossenschaften als auch bei Sparkassen – anders als vermutet – eine positive Beziehung mit der *SER* auf. Dies ist ein

164 Alternativ hätte auch die Variable *kundeneinl* verwendet werden können. Eine gleichzeitige Nutzung von *kundeneinl* und *bank_ verb* ist jedoch aufgrund der sehr hohen (negativen) Korrelation und damit verbundener Multikollinearität nicht zu empfehlen.

165 Dies folgt dem Vorgehen von Coleman et al. (2006). Die Cost-Income-Ratio wäre zur Beschreibung der Effizienz möglicherweise geeigneter, allerdings ähnelt die Definition der *SER* stark der der Cost-Income-Ratio, so dass verzerrte Regressionsergebnisse die Folge sind.

Zeichen dafür, dass ein passivlastiges Geschäftsmodell personalintensiv ist. Die Resultate für *bilanz* sind bei den Kreditgenossenschaften wie erwartet, höhere Werte gehen mit niedrigeren *SER*-Werten einher. Bei den Sparkassen ist der Zusammenhang zwischen *bilanz* und *SER* insignifikant positiv. Ein Grund hierfür könnte sein, dass Sparkassen im Durchschnitt ca. sechs mal so groß sind wie Kreditgenossenschaften und dass Fixkostendegressionseffekte durch organisatorische Zusatzkosten in diesem Größensegment konterkariert werden.[166] Es ist auch vorstellbar, dass insbesondere die großen Sparkassen hochqualifizierte Spezialisten einstellen und bereit sind, für diese mehr zu bezahlen.

Tabelle 3-18: Ergebnisse der Fixed-Effects-Schätzungen zur Ermittlung der Variable *personal_kredit*

	(1) Kreditgenossenschaften	(2) Sparkassen	(3) Beide Bankengruppen
kred_ant	-0,043***	-0,046***	-0,043***
	(-5,42)	(-3,53)	(-6,42)
privat	-0,028***	0,026	-0,015*
	(-3,70)	(1,90)	(-2,34)
bank_ford	0,057***	0,028***	0,049***
	(9,25)	(3,32)	(9,57)
provision	0,267***	0,433***	0,295***
	(16,39)	(12,76)	(20,31)
verbr_verb	-0,104***	-0,024	-0,113***
	(-5,64)	(-0,93)	(-7,43)
bank_verb	-0,005	-0,017	0,002
	(-0,53)	(-1,58)	(0,27)
bilanz	-0,020***	0,005	-0,018***
	(-14,03)	(1,91)	(-13,86)
gkr	-3,537***	-0,058	-3,110***
	(-25,02)	(-0,23)	(-25,19)
Beobachtungen	17.454	6.059	23.513
R^2	0,08	0,08	0,07

*, **, *** zeigen jeweils statistische Signifikanz auf einem 5%-, 1%- bzw. 0,1%-Signifikanzniveau an.

Es ist zu beachten, dass einige der Variablen, wie z.B. *bilanz* und *kred_ant*, die bei der Schätzung der Variablen *personal_kredit* als Kontrollvariablen eingesetzt werden, auch bei späteren Schätzungen zusammen mit der stochastischen Größe *personal_kredit* als erklärende Variablen verwendet werden.[167] Dies kann unter Um-

[166] Vgl. hierzu Tröger (2003).
[167] Vgl. z.B. Abschnitt 4.2.1.

ständen zu Korrelationen mit den Störtermen und zu verzerrten Schätzergebnissen führen. Aus diesem Grund wird bei späteren Regressionen immer überprüft, ob sich die Verwendung der Personalaufwandsquote anstelle der Variablen *personal_kredit* auf die Resultate für die anderen Variablen auswirkt. Soweit nicht anders vermerkt, haben sich die Ergebnisse als stabil gezeigt.

3.4.5 Ausgewählte Korrelationen

Um einen ersten Eindruck über die Zusammenhänge zwischen den Spezialisierungsmaßen und den anderen Variablen zu erhalten, sind die entsprechenden Korrelationen in Tabelle 3-19 für die Kreditgenossenschaften und in Tabelle 3-20 für die Sparkassen angegeben. Hierbei werden Variablen ausgeblendet, deren Zusammenhang mit den Spezialisierungsmaßen in späteren Abschnitten noch ausführlich untersucht wird. Es ist bei der Interpretation zu berücksichtigen, dass die bivariaten Vergleiche komplexe Zusammenhänge vereinfachen.

Herausgestellt werden sollen lediglich ein paar der notierten Korrelationskoeffizienten. Der in anderen empirischen Arbeiten, wie z.B. in Kamp (2006), aufgezeigte negative Zusammenhang zwischen Spezialisierungsgrad und Risikovorsorgequoten ist hier an den überwiegend negativen Korrelationen zwischen Spezialisierungsgrad und tatsächlichen Verlustquoten erkennbar. Dabei sind die Zusammenhänge bei den Kreditgenossenschaften bzw. bei LQ^{ausf} stärker als bei den Sparkassen bzw. bei LQ^{notl}. Bei den Sparkassen gilt für HHI^{w} ein signifikant positiver Zusammenhang mit LQ^{notl}. Die in empirischen Arbeiten nachgewiesene positive Beziehung zwischen Spezialisierungsgrad und Rentabilität der Bank spiegelt sich hier in positiven Einträgen bei *ekr* und *gkr* wider. Bei Kreditgenossenschaften sind die Zusammenhänge größtenteils signifikant positiv, wohingegen bei Sparkassen nur insignifikant von Null verschiedene Werte ablesbar sind. Zu beachten ist allerdings, dass die in jenen anderen empirischen Arbeiten vorgenommenen Untersuchungen multivariater Natur sind, im Unterschied zur bivariaten Betrachtungsweise hier.

Auffällig ist der stark negative Zusammenhang zwischen Bankgröße und sämtlichen Spezialisierungsmaßen; kleine Banken sind im Durchschnitt spezialisierter als große Banken. Dies ist ein gewichtiges Argument dafür, in späteren Regressionen die Bi-

Tabelle 3-19: Korrelationen zwischen den verwendeten Spezialisierungsmaßen und ausgewählten weiteren Variablen bei Kreditgenossenschaften (auf der Basis von Bankmittelwerten über den Zeitraum 1995-2006)

	HHI	HHI^w	D^{Bund}	D^{Land}	D^{Ort}	D^{BWS}
ELQ_Ort	-0,160*	-0,095*	-0,115*	-0,177*	-0,332*	-0,134*
LQ^{ausf}	-0,301*	-0,199*	-0,401*	-0,443*	-0,368*	-0,365*
LQ^{notl}	-0,210*	-0,109*	-0,242*	-0,312*	-0,263*	-0,209*
kred_ant	-0,231*	-0,186*	-0,269*	-0,179*	-0,142*	-0,295*
privat	0,046	0,119*	0,221*	0,256*	0,252*	0,122*
bank_ford	0,262*	0,254*	0,236*	0,165*	0,118*	0,240*
hyp	-0,193*	-0,124*	-0,174*	-0,110*	-0,069*	-0,189*
blanko	-0,033	-0,033	-0,066*	-0,042	-0,029	-0,084*
hoehe	0,207*	-0,113*	0,224*	0,257*	0,179*	0,236*
markt_ant1	-0,198*	-0,194*	-0,333*	-0,422*	-0,571*	-0,259*
markt_ant2	-0,257*	-0,225*	-0,363*	-0,450*	-0,691*	-0,292*
branchen_anz	-0,679*	-0,514*	-0,516*	-0,449*	-0,405*	-0,560*
ekq	0,146*	0,039	0,204*	0,215*	0,225*	0,192*
provision	-0,174*	-0,113*	-0,267*	-0,401*	-0,313*	-0,209*
gkr	0,142*	0,046	0,229*	0,248*	0,192*	0,209*
ekr	0,095	0,025	0,165*	0,195*	0,122*	0,144*
bilanz	-0,556*	-0,486*	-0,726*	-0,705*	-0,607*	-0,664*
ost	0,100*	0,219*	0,040	-0,175*	-0,063	0,092*
agglom	0,141*	0,005	0,279*	0,229*	0,038	0,309*

* zeigt jeweils statistische Signifikanz auf einem 1%-Signifikanzniveau an.

Tabelle 3-20: Korrelationen zwischen den verwendeten Spezialisierungsmaßen und ausgewählten weiteren Variablen bei Sparkassen (auf der Basis von Bankmittelwerten über den Zeitraum 1995-2006)

	HHI	HHI^w	D^{Bund}	D^{Land}	D^{Ort}	D^{BWS}
ELQ_Ort	-0,151*	0,061	0,113*	-0,065	-0,322*	0,0658
LQ^{ausf}	-0,030	-0,015	-0,251*	-0,358*	-0,200*	-0,124*
LQ^{notl}	0,066	0,167*	0,032	-0,068	-0,044	0,095
kred_ant	-0,096	-0,285*	-0,073	0,092	0,053	-0,138*
privat	0,056	0,113*	0,258*	0,179*	0,147*	0,087
bank_ford	0,036	0,111	-0,112*	-0,252*	-0,170*	-0,023
hyp	0,155*	0,191*	0,082	0,029	0,188*	0,200*
blanko	-0,030	-0,065	-0,228*	-0,289*	-0,146*	-0,119*
hoehe	-0,292*	-0,390*	-0,260*	-0,150*	-0,056	-0,173*
markt_ant1	-0,089	-0,137*	-0,391*	-0,430*	-0,583*	-0,321*
markt_ant2	-0,120*	-0,093	-0,313*	-0,404*	-0,664*	-0,254*
branchen_anz	-0,475*	-0,291*	0,001	0,002	-0,105	0,005
ekq	-0,076	-0,141*	0,111	0,241*	0,157*	0,026
provision	0,076	0,170*	-0,021	-0,181*	-0,006	0,051
gkr	0,006	0,014	0,070	0,109	0,095	0,023
ekr	0,061	0,102	0,046	0,031	0,037	0,033
bilanz	-0,283*	-0,440*	-0,653*	-0,515*	-0,447*	-0,593*
ost	0,168*	0,376*	-0,056	-0,310*	-0,117*	0,120*
agglom	-0,099	0,045	0,217*	0,052	-0,021	0,373*

* zeigt jeweils statistische Signifikanz auf einem 1%-Signifikanzniveau an.

lanzsumme stets als Kontrollvariable zu verwenden. Ansonsten bliebe unklar, inwieweit der für Spezialisierungsmaße ausgewiesene Zusammenhang durch Größeneffekte überlagert ist. Für die meisten der Spezialisierungsmaße zeigen sich signifikant positive Zusammenhänge zwischen Spezialisierungsgrad und Anteil der Privatkundenkredite sowohl bei Kreditgenossenschaften als auch bei Sparkassen. Die Variable *privat* sollte demnach auch bei den späteren Regressionen nicht fehlen. Die Branchenanzahl verhält sich bei einem Großteil der Spezialisierungsmaße so wie erwartet, d.h. eine größere Branchenanzahl steht für einen geringeren Spezialisierungsgrad et vice versa. Allerdings sind bei den Sparkassen für D^{Bund}, D^{Land} und D^{BWS} insignifikant positive Korrelationen zu verzeichnen. Der Spezialisierungsgrad auf Basis der beiden naiven Maße ist in Ostdeutschland tendenziell höher als in Westdeutschland, umgekehrt stellt sich dies für den Spezialisierungsgrad auf Basis der Distanzmaße mit regionalen Benchmarks dar. Ferner zeigt sich, dass Banken mit eher ländlichem Geschäftsgebiet im Allgemeinen spezialisierter sind. Dies gilt stärker für Kreditgenossenschaften und insbesondere dann, wenn der Spezialisierungsgrad auf der Basis von D^{Bund} und D^{BWS} gemessen wird. Dies spricht dafür, im weiteren Verlauf dieser Arbeit sowohl der Variablen *ost* als auch dem Agglomerationsgrad des Geschäftsgebietes erhöhte Aufmerksamkeit zukommen zu lassen, um den Einfluss von regionalen Strukturunterschieden herauszufiltern.

Da die tatsächlichen Verlustquoten wichtige Parameter für die Qualität des Kreditportfolios darstellen und bei der Definition von erklärten Variablen im Rahmen späterer Regressionen einfließen, aber nicht isoliert als erklärte Variablen zum Einsatz kommen, werden in Tabelle 3-21 Korrelationen zu einigen, in diesem Kontext relevant erscheinenden Variablen vorgestellt.

Auffällig ist der stark negative Zusammenhang zwischen tatsächlichen Verlustquoten und *gkr* bzw. *ekr*. Banken mit hohen tatsächlichen Verlustquoten scheinen die damit verbundenen höheren relativen Aufwendungen nicht durch höhere Erträge kompensieren zu können, ein erstes Indiz dafür, dass Banken Kredite nicht angemessen risikoadjustiert verzinsen. Wie zu erwarten, geht ein höherer Blankoanteil tendenziell mit höheren LQ^{ausf}-Werten einher; bei Sparkassen ist dies auch für LQ^{notl} der Fall, was ein wenig erstaunt, da der Blankoanteil unmittelbar lediglich Einfluss auf den LGD hat, der bei LQ^{notl} nicht berücksichtigt wird. Das Privatkundengeschäft scheint im Vergleich zum Firmenkundengeschäft und das Kreditgeschäft in Westdeutschland im Vergleich zu dem in Ostdeutschland zu geringeren tatsächlichen

Verlustquoten zu führen, wie die negativen Einträge bei der Variable *privat* bzw. *ost* belegen. Dies ist ein weiteres Argument für die Aufnahme dieser beiden Variablen in spätere Regressionen. Die positiven Korrelationskoeffizienten für den Marktanteil nach Branchen sind ein Indiz dafür, dass ein hoher Marktanteil möglicherweise durch Inkaufnahme von riskanteren Kreditengagements erzielt wird. Auch hier gelten allerdings die Einwände, die gegen einen bivariaten Vergleich sprechen, so dass den Äußerungen mit Vorsicht zu begegnen ist. Zu Analysezwecken werden weitere Korrelationen im Verlauf der Arbeit an den entsprechenden Stellen vorgestellt.

Tabelle 3-21: Korrelationen zwischen den verwendeten tatsächlichen Verlustquoten und ausgewählten weiteren Variablen (auf der Basis von Bankmittelwerten über den Zeitraum 1995-2006)

	Kreditgenossenschaften		Sparkassen	
	LQ^{ausf}	LQ^{notl}	LQ^{ausf}	LQ^{notl}
gkr	-0,490*	-0,383*	-0,486*	-0,393*
ekr	-0,487*	-0,387*	-0,324*	-0,197*
blanko	0,289*	0,060	0,464*	0,209*
privat	-0,375*	-0,311*	-0,323*	-0,239*
ost	-0,349*	-0,303*	-0,579*	0,513*
markt_ant1	0,324*	0,242*	0,297*	0,139*

* zeigt jeweils statistische Signifikanz auf einem 1%-Signifikanzniveau an.

3.5 Behandlung von Fusionen

Wie bereits erwähnt, ist der zahlenmäßige Rückgang der Kreditgenossenschaften und Sparkassen vor allem auf Fusionen zurückzuführen. Abbildung 3.2 gibt die im Standard-Datenset[168] berücksichtigten Fusionen bei den Kreditgenossenschaften und Sparkassen im Zeitablauf an.[169] Insgesamt gehen 93% bzw. 94% der tatsächlich bei Kreditgenossenschaften bzw. Sparkassen im Beobachtungszeitraum eingetrete-

[168] Vgl. hierzu Abschnitt 3.6.

[169] Es werden Fusionen als Vorgänge und nicht als Anzahl der durch Fusionen veschwindenden Banken gezählt.

nen Fusionen in die Untersuchungen ein.[170]

Abbildung 3.2: Anzahl der im Standard-Datenset berücksichtigten Fusionen bei Kreditgenossenschaften und Sparkassen im Zeitablauf

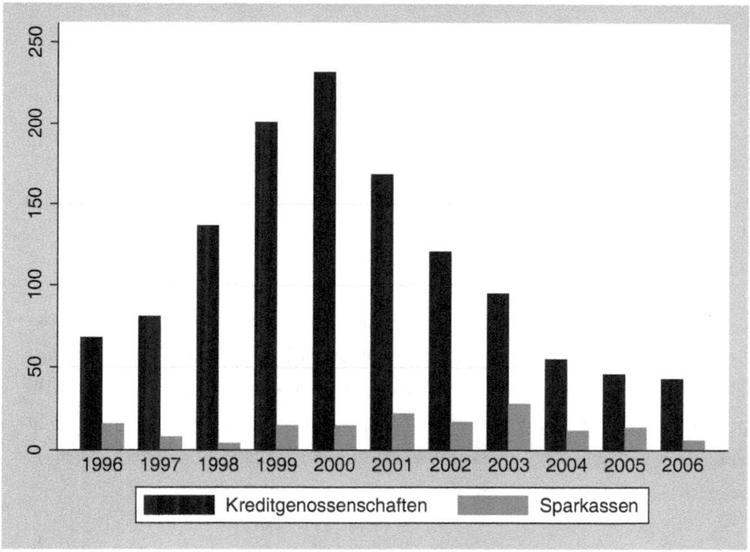

Für die späteren Schätzungen ist festzulegen, wie mit Fusionen umzugehen ist. Fusionen bezeichnen den Zusammenschluss von mindestens zwei Banken, wobei eine das gesamte Vermögen und die Verbindlichkeiten übernimmt oder beide Banken in eine neue Gesellschaft eingebracht werden.[171] Als übernommene Bank wird im Folgenden eine Bank verstanden, die von einer anderen Bank übernommen wurde oder die bei Aufgehen in einer neuen Gesellschaft nicht die größte Bank darstellt. Aus Vereinfachungsgründen wird im Folgenden im Rahmen einer Fusion durch Verwendung des Singulars nur von einer übernommenen Bank ausgegangen, obwohl durchaus mehrere übernommene Banken beteiligt sein können. Die Verwendung des Begriffs der übernehmenden Bank in dieser Arbeit leitet sich aus der Definition der übernommenen Bank ab.

[170] Die restlichen 7% bzw. 6% der Fusionen finden insbesondere deshalb keine Berücksichtigung im Standard-Datenset, da die an diesen Fusionen beteiligten Institute einen sehr hohen Privatkundenanteil aufweisen und damit nicht zum Standard-Datenset zählen. Vgl. hierzu Abschnitt 3.6.

[171] Vgl. hierzu Achleitner / Schiereck (2007).

Folgende Problempunkte bzw. Aspekte sind im Rahmen der Behandlung der Fusionen zu beachten:

- Übernommene und übernehmende Banken haben sich vor der Übernahme möglicherweise anders verhalten als andere Banken.
- Für übernommene Banken liegt nur ein verkürzter Beobachtungszeitraum vor.
- Für Banken, die eine andere Bank übernommen haben, ist im der Übernahme direkt folgenden Zeitraum unter Umständen das Geschäft stark von Post-Merger-Aktivitäten geprägt, wie z.B. Rationalisierungsmaßnahmen in Bereichen, die starke Überschneidungen bei den beteiligten Banken zeigen, so dass die Geschäftsaktivitäten möglicherweise von denen anderer Banken abweichen.[172]
- Für Banken, die eine andere Banken übernommen haben, wird ein Spezialisierungsgrad ausgewiesen, der auf den zusammengeführten Firmenkundenkreditportfolios der beteiligten Institute basiert. Für die Beurteilung von Spezialisierungsvorteilen ist dies im Anschluss an die Übernahme ungünstig, da nicht davon auszugehen ist, dass eine Integration des Firmenkundenkreditgeschäfts in abschließender Weise erfolgt ist.
- Eine Übernahme kann aus unterschiedlichen Gründen erfolgen. Es ist möglich, dass eine Bank übernommen wird, um eine drohende Insolvenz abzuwenden,[173] oder dass Banken, die in aneinander angrenzenden oder zum Teil auch überschneidenden Regionen aktiv sind, sich zusammenschließen, um Größenvorteile zu generieren und Doppelpräsenzen abzubauen.[174] Insgesamt scheint das Motiv der Vermeidung von künftigen Problemfällen dominiert zu haben.[175]

In Tabelle 3-22 ist angegeben, wie sich bei Fusionen im Durchschnitt der Spezialisierungsgrad der übernehmenden Bank ändert. Aus Vergleichszwecken ist dazu auch die durchschnittliche absolute Veränderung notiert, falls keine Fusion stattgefunden hat.

---

[172] Vgl. hierzu z.B. Barnikel (2007).

[173] Vgl. hierzu Kötter et al. (2005).

[174] Vgl. hierzu z.B. Kötter et al. (2005). Eine Übersicht über die möglichen Gründe für Fusionen bei Kreditgenossenschaften und Sparkassen findet sich in Tröger (2003) und Laudi (2003).

[175] Vgl. hierzu Deutsche Bundesbank (2005c).

Tabelle 3-22: Mittelwerte und Medianwerte für die Veränderung des Spezialisierungsgrades pro Jahr für den Fall, dass eine bzw. keine Fusion stattgefunden hat

	HHI	HHI^w	D^{Bund}	D^{Land}	D^{Ort}	D^{BWS}
	Kreditgenossenschaften					
Fusion (Mittelw.)	-0,0039	-0,0056	-0,0064	-0,0102	-0,0127	-0,0066
Fusion (Median)	-0,0014	-0,0026	0,0000	-0,0006	-0,0034	0,0000
keine Fusion (Mittelw.)	-0,0009	-0,0024	-0,0003	-0,0002	-0,0016	-0,0015
keine Fusion (Median)	-0,0007	-0,0028	0,0024	0,0018	0,0007	-0,0006
	Sparkassen					
Fusion (Mittelw.)	-0,0039	-0,0046	-0,0093	-0,0139	-0,0174	-0,0055
Fusion (Median)	-0,0019	-0,0039	-0,0021	-0,0070	-0,0103	-0,0048
keine Fusion (Mittelw.)	-0,0007	-0,0027	-0,0020	-0,0003	-0,0008	-0,0026
keine Fusion (Median)	-0,0007	-0,0024	0,0001	0,0002	0,0004	-0,0016

Wie Tabelle 3-22 zu entnehmen ist, gehen Fusionen sowohl bei den Kreditgenossenschaften als auch bei den Sparkassen mit einer Verringerung des Spezialisierungsgrades bei der übernehmenden Bank einher.[176] Zu erkennen ist auch, dass für die meisten Spezialisierungsmaße die Abnahme des Spezialisierungsgrades im Rahmen einer Fusion deutlich größer ist als für den Fall keiner Fusion.[177] Dies impliziert, dass für übernehmende Banken im Anschluss an eine Fusion hinsichtlich der Ermittlung von Spezialisierungsvorteilen ein zu geringer Spezialisierungsgrad ausgewiesen wird, da nicht davon auszugehen ist, dass unmittelbar nach einer Fusion die Integration des Firmenkundenkreditschäfts erfolgreich abgeschlossen wird.[178]

Die Berücksichtigung von Fusionen im Rahmen der späteren Schätzungen kann auf verschiedene Arten geschehen. Jeder dieser Möglichkeiten weist gewisse Nachteile auf. Im Wesentlichen lassen sich die folgenden Vorgehensweisen unterscheiden:

176 Die einzige Ausnahme zeigt sich bei den Kreditgenossenschaften für das Spezialisierungsmaß HHI^w bei Betrachtung des Medianwertes der Spezialisierungsgrad-Veränderung.

177 Für einen Vergleich, der auf relative Veränderungen des Spezialisierungsgrades abstellt, ergibt sich das gleiche Resultat. Fusionen führen zu einer (überdurchschnittlich) starken Reduzierung des Spezialisierungsgrades.

178 Vgl. hierzu den 4. Problempunkt in diesem Abschnitt.

- Bis zur Übernahme wird die übernommene Bank als eigene Bank in die Regression mitaufgenommen. Die übernehmende Bank wird, sofern sie später nicht selbst übernommen wird, über den gesamten Zeitraum als eine Bank bzw. Untersuchungseinheit geführt, d.h. ab der Übernahme werden die Beobachtungsdaten der fusionierten Bank der übernehmenden Bank zugerechnet.
- Bis zur Übernahme werden die übernommene und die übernehmende Bank als eigene Institute in der Regression verwendet. Die fusionierte Bank wird ebenfalls als eigene Untersuchungseinheit in die Untersuchungen mitaufgenommen.
- Die fusionierte Bank wird als eigene Untersuchungseinheit berücksichtigt, falls gewisse Voraussetzungen erfüllt sind, z.B. durch die Fusion die Bilanzsumme der übernehmenden Bank um mehr als 15% gestiegen ist. Ansonsten wird das fusionierte Institut als Weiterführung des übernehmenden Instituts behandelt.
- Fusionierte Banken werden aus der Regression ausgeschlossen.

In dieser Arbeit wird vorrangig die erste Vorgehensweise eingesetzt. Vorteil dieses Vorgehens ist, dass selbst bei Bereinigung um Banken mit weniger als 7 Beobachtungsjahren[179] noch relativ viele Banken im Datenset erhalten bleiben. Bei den anderen drei Methoden werden jeweils mehr Banken ausgeschlossen. Ein Nachteil der ersten Variante ist sicherlich, dass eine übernehmende Bank sich durch eine Fusion sehr stark verändert haben kann und dass so bei Between-Groups-Schätzungen, die überwiegend zum Einsatz kommen, der Mittelwert über stark unterschiedliche Variablenwerte gebildet wird. Aus diesem Grund wird zum Teil auch die dritte Variante zur Überprüfung der Ergebnisrobustheit herangezogen. Bei der zweiten und dritten Vorgehensweise werden fusionierte Institute (zumindest teilweise) als eigene Untersuchungseinheiten geführt. Einer der Problempunkte macht sich hier besonders stark bemerkbar: Der Spezialisierungsgrad wird hier über Firmenkundenkreditportfolios, deren Zusammenführung im Rahmen von Fusionen Zeit beansprucht, berechnet. Bei Between-Groups-Schätzungen wird dadurch ein Untersuchungsobjekt eingeführt, dessen ausgewiesener Spezialisierungsgrad sich eigentlich nicht mit denen der anderen vergleichen lässt. Dabei haben die Ergebnisse aus der Tabelle 3-22 angezeigt, dass den fusionierten Instituten ein zu niedriger Spezialisierungsgrad zugewiesen wird. U.a. im Rahmen von Fixed-Effects-Schätzungen werden die Veränderungen der fusionierten Institute im Zeitablauf möglicherweise sehr stark

179 Die Begründungen für diese Bereinigung finden sich insbesondere in den Abschnitten 3.6 und 4.2.1.

von Post-Merger-Aktivitäten geprägt sein. Bei der ersten Variante werden diese Effekte dadurch verringert, dass die Beobachtungen der fusionierten Bank Teil der Beobachtungen der übernehmenden Bank sind. Die letzte Variante ist durch die Vernachlässigung sehr vieler Beobachtungen nicht zu empfehlen. Um Fusionseffekte in der Regression einzufangen, werden, wie bereits in Abschnitt 3.4.4.4 angegeben, die Dummy-Variablen *fusion1* und *fusion2* in die Regressionen aufgenommen, wobei die erste Variable den Wert 1 annimmt, falls es sich um eine übernehmende Bank handelt, und die zweite den Wert 1, falls eine Bank im Beobachtungszeitraum übernommen wurde.

3.6 Das Standard-Datenset

In den vorherigen Abschnitten ist angeklungen, dass in den späteren Untersuchungen ein Standard-Datenset als Basis der Regressionen dienen wird. Zugleich sind die wesentlichen Eckpfeiler dieser Beobachtungsgrundlage bereits vorgestellt worden. In diesem Abschnitt werden diese Punkte noch einmal zusammengefasst und ergänzt.

Das Standard-Datenset umfasst jährliche[180] Daten von Kreditgenossenschaften und Sparkassen sowie gewisse Marktdaten im Zeitraum 1995 bis 2006. Dabei werden lediglich Institute berücksichtigt, die mehr als 6 Jahre, also für mehr als die Hälfte des Beobachtungszeitraums Beobachtungen aufweisen. Durch diese Bereinigung werden im Wesentlichen Institute ausgeschlossen, die vor dem Jahr 2002 von einer anderen Bank übernommen worden sind. Der Hauptgrund für diese Einschränkung der Datenbasis ist, dass ein Großteil der späteren Regressionen Between-Groups-Schätzungen sind und insbesondere für die Ermittlung einer verlässlichen tatsächlichen Verlustquote ein genügend langer Zeitraum herangezogen werden sollte.[181] Durch Robustheitsuntersuchungen wird aber der Gefahr Rechnung getragen, dass durch den Ausschluss von Instituten eine wesentliche Beeinflussung der Resultate ausgeht. Untersuchungen, die Institute mit mindestens einem Jahr an Beobachtungen zulassen, werden ergänzend vorgenommen, auch in dem Wissen um die gewisse

180 Da u.a. die BAKIS-Daten nur jährlich und i.Allg. bezogen auf den 31.12. eines Jahres vorliegen, wird auch die Verwendung der vierteljährlich vorliegenden Daten der Kreditnehmerstatistik auf die für den 31.12. eines Jahres geltenden Werte eingeschränkt.

181 Für eine ausführliche Diskussion hierzu vgl. Abschnitt 4.2.1.

Willkür bei der Einschränkung des Datensets.[182]

Ein weitere Eingrenzung fußt auf dem Anteil der Privatkundenkredite. Da diese Arbeit sich mit dem Zusammenhang zwischen dem Spezialisierungsgrad im Firmenkundenkreditgeschäft und weiteren Bankgrößen befasst, ist es sinnvoll, dass die in die Untersuchungen einbezogenen Banken im Firmenkundengeschäft ein gewisses Maß an Aktivität aufweisen. Institute, die fast ausschließlich Privatkunden im Kreditkundengeschäft betreuen, wie z.B. Sparda-Banken, und nur einen vernachlässigbar geringen Anteil der Kundenkredite an Firmenkunden vergeben, sind von den Untersuchungen auszuschließen. Die Kennzahlen des Kreditgeschäfts werden bei diesen Banken im Wesentlichen durch das Privatkundengeschäft geprägt und der Spezialisierungsgrad im Firmenkundenkreditgeschäft spielt diesbezüglich nur eine untergeordnete Rolle. Die Einbeziehung dieser Institute würde Scheinzusammenhänge erzeugen, die auch durch Kontrollvariablen nicht zu beheben sind. Das Standard-Datenset bezieht aus diesem Grund nur Banken ein, die einen Privatkundenanteil von weniger als 90% haben. Diese Grenze hat zur Folge, dass sämtliche Sparda-Banken und PSD Banken, also Banken, die ein auf das Privatkundenkreditgeschäft zugeschnittenes Geschäftsmodell aufweisen,[183] von den Untersuchungen ausgeschlossen werden. Des Weiteren zeichnet sich dieser Schwellenwert dadurch aus, dass nur sehr wenige Banken einen Privatkundenanteil aufweisen, der in der Nähe unterhalb dieses Wertes liegt. Da trotz dieser Vorteile diese Grenze letztendlich willkürlich gewählt ist, werden Robustheitsuntersuchungen mit einem anderen Schwellenwert durchgeführt, um zu überprüfen, ob diese im Standard-Datenset vollzogene Einschränkung Einfluss auf die Ergebnisse der Schätzungen hat.[184]

Ansonsten werden keine weiteren auf grundsätzlichen Regeln beruhenden Eingrenzungen im Standard-Datenset vorgenommen.[185] Das heißt auch, dass Institute sämtlicher Größenklassen in die Untersuchungen einbezogen werden. Da durchaus unterschiedliche Zusammenhänge zwischen den Variablen für Institute unterschiedlicher Größenklassen bestehen können, werden zusätzlich Schätzungen durchgeführt, die auf einer nach der Größe segmentierten Datengrundlage basieren. Segmentierungen werden auch anhand anderer Variablen, wie z.B. dem Agglomerationsgrad

[182] Vgl. hierzu z.B. Abschnitt 4.2.3.1.
[183] Vgl. hierzu z.B. Harbrecht (2005).
[184] Vgl. hierzu z.B. Abschnitt 4.2.3.1.
[185] Einzelfallunterscheidungen sind hiervon ausgenommen, wie z.B. der Ausschluss der auf Kreditverwertung spezialisierten BAG Hamm.

des Geschäftsgebietes, vorgenommen, um zu überprüfen, ob innerhalb von Banken-Segmenten mit bestimmten Variablenausprägungen Zusammenhänge bestehen, die von denen anderer Segmente abweichen.[186] Ergänzt werden diese Untersuchungen um Regressionen, die Banken mit extremen Variablenwerten ausschließen.[187] Insgesamt werden bei den Kreditgenossenschaften im Durchschnitt pro Jahr 80% der vorhandenen Institute und bei den Sparkassen 93% der vorhandenen Institute im Standard-Datenset erfasst.[188]

Im Standard-Fall werden Fusionen in der Form berücksichtigt, dass die übernommene Bank bis zur Übernahme als eigene Untersuchungseinheit geführt wird, solange sie vorher mindestens sieben Jahre bestanden hat, und ab da die Daten der fusionierten Bank der übernehmenden Bank zugeordnet werden.[189] Robustheitsuntersuchungen überprüfen, ob durch diese Art des Umgangs mit Fusionen Einfluss auf die Ergebnisse der Regressionen genommen wird.[190]

Bei der Analyse von Zusammenhängen werden Time-Lags berücksichtigt. Zu unterscheiden sind Variablen, die eine Zeitraumgröße darstellen, wie z.B. die Zinserträge oder Größen der Gewinn- und Verlustrechnung, und den gesamten Zeitraum eines (Bilanz-)Jahres umfassen, und Variablen, bei denen es sich um Zeitpunktgrößen handelt, wie z.B. den Spezialisierungsgrad oder Bilanzgrößen, und die sich im Wesentlichen auf den 31.12 eines Jahres beziehen. Grundsätzlich wird für die Zeitpunktgrößen ein Time-Lag von einem Jahr verwendet, d.h. es wird z.B. der Zusammenhang zwischen dem Spezialisierungrad des Zeitpunktes t-1 und Zinserträgen des Jahres t analysiert. Auch wenn keine Schlussfolgerungen über Kausalzusammenhänge gezogen werden, so ist ein zeitlicher Vorlauf des Spezialisierungsgrades gegenüber einem zeitlichen Nachfolgen sinnvoll, was insbesondere auch durch deutlichere Zusammenhänge bei den Schätzungen offenbar wird. Höhere Time-Lags führen wiederum zu Ergebnissen, die schwächere Zusammenhänge des Spezialisierungsgrades mit den anderen Größen anzeigen. Bei Größen, die sowohl aus Zeitpunkt- als

[186] Vgl. hierzu z.B. Abschnitt 4.2.3.3.
[187] Vgl. hierzu z.B. Abschnitt 4.2.3.1.
[188] Der Grund für den deutlich geringeren Anteil der erfassten Kreditgenossenschaften ist im Wesentlichen die hohe Anzahl an Fusionen vor 2002 bei den Kreditgenossenschaften. Siehe hierzu auch Abbildung 3.2.
[189] Vgl. hierzu ausführlicher Abschnitt 3.5.
[190] Vgl. hierzu z.B. Abschnitt 4.3.3.2.

auch aus Zeitraumgrößen gebildet werden, wie z.B. der erwarteten Verlustgröße,[191] wird die Regel der Time-Lags für Zeitpunkt- und Zeitraumgrößen beibehalten. Das heißt z.B. für die erwartete Verlustquote, dass die Branchenzusammensetzung des Jahres t-1 und die Insolvenzraten des Jahres t verwendet werden. Bei den beiden verwendeten tatsächlichen Verlustquoten LQ^{notl} und LQ^{ausf} werden unterschiedliche Time-Lags eingeführt.[192] Während LQ^{ausf} ohne Time-Lag in den Regressionen eingesetzt wird, wird bei LQ^{notl} ein Time-Lag von einem Jahr berücksichtigt. Die im Verlaufe bzw. am Ende eines Insolvenzverfahrens vorgenommene Abschreibung der Kredite bzw. der Verbrauch der Einzelwertberichtigungen ist zeitlich später anzusiedeln als die Bildung von Einzelwertberichtigungen bzw. das Urteil über das Vorhandensein von latenten Risiken.[193] Durch die Einbeziehung von Time-Lags ist die Behandlung von Fusionen noch einmal aufzugreifen. Falls im Jahre t eine Fusion stattgefunden hat, weisen die Zeitraumgrößen des Jahres t bereits die Werte des fusionierten Institutes aus, die Zeitpunktgrößen beziehen sich aber noch auf die Werte des übernehmenden Institutes aus dem Jahre t-1 ohne Berücksichtigung der Fusion. Daher werden die den Zeitpunktgrößen zugrunde liegenden Daten, die zum Zeitpunkt t-1 betrachtet werden, konsolidiert, wenn im Jahre t eine Fusion stattgefunden hat. Wie bereits erwähnt, werden überwiegend Regressionen auf Basis der Bank-Mittelwerte über die Jahre durchgeführt. Hierbei mag es nicht zweckmäßig erscheinen, Time-Lags einzuführen, da hierdurch ein Jahr an Beobachtungen entfällt und durch die Mittelwertbildung über den relativ langen Zeitraum die Unterschiede durch die Time-Lag-Berücksichtigung eher gering sein dürften. Ein Vergleich der Ergebnisse der (Between-Groups-)Regressionen mit und ohne Time-Lags zeigen jedoch insgesamt, insbesondere für den Spezialisierungsgrad, etwas deutlichere Zusammenhänge für die Regressionsergebnisse bei Einbeziehung von Time-Lags. Bei den Fixed-Effects-Schätzungen ist der Unterschied erwartungsgemäß noch größer.[194]

Die Vorstellung des Standard-Datensets beschließt die Präsentation des Datenmaterials. Auf Basis der in diesem Kapitel eingeführten Variablen werden in den folgenden Kapiteln die Untersuchungen durchgeführt, bei denen im Mittelpunkt stets

---

191 Bei der erwarteten Verlustgröße gehen Insolvenzraten (Zeitraumgröße) und Kreditbestände (Zeitpunktgröße) in die Berechnung ein.

192 LQ^{notl} gibt die Quote der notleidenden Kredite an und LQ^{ausf} bezeichnet die Ausfallrate. Vgl. hierzu Abschnitt 3.4.3.1.

193 Vgl. hierzu auch Abschnitt 3.4.3.1.

194 Ein Beispiel zur Illustration der Relevanz von Time-Lags bei Fixed-Effects-Schätzungen findet sich in Abschnitt 4.2.3.4.2.

der Zusammenhang des Spezialisierungrades, gemessen anhand sechs verschiedener Spezialisierungsmaße, mit wichtigen Kenngrößen des Kreditgeschäfts steht.

Kapitel 4

Warum haben spezialisierte Sparkassen und Kreditgenossenschaften geringere Verluste im Kreditgeschäft?

4.1 Motivation und Überblick

In der empirischen Arbeit von Kamp (2006) wird ein negativer Zusammenhang zwischen dem Spezialisierungsgrad im Firmenkundenkreditgeschäft und den Risikovorsorgequoten im Kreditgeschäft ermittelt.[1] Banken, die sich im Firmenkundenkreditgeschäft auf bestimmte Branchen spezialisiert haben, zeigen tendenziell eine geringerere Quote an Einzelwertberichtigungen oder an Krediten mit erhöhten latenten Risiken als diversifizierte Banken. Dieser Zusammenhang ist bei den Kreditgenossenschaften für das Distanzmaß D^{Land} statistisch signifikant, bei den Sparkassen in Abhängigkeit von der verwendeten Risikovorsorgequote signifikant bzw. insignifikant.[2] Die in Kamp (2006) verwendeten Risikovorsorgequoten (sowie Spezialisierungsmaße) ähneln den in dieser Arbeit vorgestellten Proxys für die tatsächliche

---

[1] Vgl. hierzu Kamp (2006), S. 264 ff.

[2] Für andere Spezialisierungsmaße werden keine Ergebnisse bezogen auf einzelne Bankengruppen ausgewiesen.

Verlustquote LQ^{ausf} und LQ^{notl},[3] und die Datenbasis ist vergleichbar.[4]

In der Tabelle 4-1 werden die auf Basis des in der vorliegenden Arbeit verwendeten Datensatzes ermittelten Korrelationen zwischen LQ^{ausf} bzw. LQ^{notl} und dem Spezialisierungsgrad[5] sowohl für Kreditgenossenschaften als auch für Sparkassen angegeben.

Tabelle 4-1: Korrelationen zwischen dem Spezialisierungsgrad und den tatsächlichen Verlustquoten (auf der Basis von Bankmittelwerten über den Zeitraum 1995-2006)

	HHI	HHI^w	D^{Bund}	D^{Land}	D^{Ort}	D^{BWS}
	Kreditgenossenschaften					
LQ^{ausf}	-0,301*	-0,199*	-0,401*	-0,443*	-0,368*	-0,365*
LQ^{notl}	-0,210*	-0,109*	-0,242*	-0,312*	-0,263*	-0,209*
	Sparkassen					
LQ^{ausf}	-0,030	-0,015	-0,251*	-0,358*	-0,200*	-0,124*
LQ^{notl}	0,066	0,167*	0,032	-0,068	-0,044	0,095

* zeigt jeweils statistische Signifikanz auf einem 1%-Konfidenzniveau an.

[3] Anstelle LQ^{ausf} wird in der Arbeit von Kamp (2006) die Quote der einzelwertberichtigten Kredite verwendet. Bei Berechnung der Quote notleidender Kredite wird im Nenner das Nominalvolumen der geprüften Kredite anstatt das Nominalvolumen sämtlicher Kundenkredite angesetzt. Vgl. hierzu auch Abschnitt 3.4.3.

[4] Die empirischen Untersuchungen in Kamp (2006) beruhen ebenfalls im Wesentlichen auf den Daten der Kreditnehmerstatistik. Unterschiede bestehen z.B. beim untersuchten Zeitraum. In der vorliegenden Arbeit wird, wie beschrieben, der Zeitraum von 1995 bis 2006 zugrunde gelegt, in der Arbeit von Kamp (2006) der von 1991 bis 2004. Des Weiteren umfasst das Standard-Datenset in der vorliegenden Arbeit nur Kreditgenossenschaften und Sparkassen mit einem Privatkundenkreditanteil unter 90%. Bei Kamp (2006) finden diesbezüglich keine Einschränkungen statt. Wie zu sehen sein wird, ist die vorrangig in der vorliegenden Arbeit verwendete Schätzmethode die Between-Groups-Schätzung. In der Arbeit von Kamp (2006) werden überwiegend Fixed-Effects-Schätzungen eingesetzt. Darüber hinaus werden in der vorliegenden Arbeit zusätzliche Kontrollvariablen bei den Regressionen Berücksichtigung finden. Es ist aber nicht das Ziel dieser Arbeit, die Auswirkung dieser Unterschiede zu analysieren. Die Ergebnisse der Arbeit von Kamp (2006) sollen lediglich als Motivation für die in der vorliegenden Arbeit durchgeführten Untersuchungen herangezogen werden.

[5] Im Folgenden wird anstatt der Verwendung des Plurals in der Regel der Singular benutzt, da der Plural sprachlich eher ungebräuchlich ist und der Singular den Aussagen mehr Prägnanz verleiht.

Es ist ersichtlich, dass der negative Zusammenhang zwischen tatsächlicher Verlustquote und dem Spezialisierungsgrad bei den Kreditgenossenschaften durchgängig signifikant negativ ist. Bei den Sparkassen hingegen sind Unterschiede in Abhängigkeit vom verwendeten Spezialisierungsmaß und Proxy für die tatsächliche Verlustquote zu erkennen. Für die naiven Spezialisierungsmaße sind insignifikant negative Zusammenhänge mit LQ^{ausf} und für die Distanzmaße signifikant negative Zusammenhänge zu konstatieren. Eine signifikant positive Beziehung zum LQ^{notl} gilt für HHI^{w}, für die anderen Spezialisierungsmaße liegen nicht signifikant von Null verschiedene (sowohl negative als auch positive) Korrelationen vor. Im Zuge dieser Analyse wurden auch multiple Regressionen, die Kontrollvariablen, wie z.B. Bankgröße und Kreditanteil, integrieren, durchgeführt. Sowohl bei den Kreditgenossenschaften als auch bei den Sparkassen ergaben sich für alle Spezialisierungsmaße negative Beziehungen zu den tatsächlichen Verlustquoten. Auch wenn bei den Sparkassen die Tendenz nicht so eindeutig ist wie bei den Kreditgenossenschaften, so ist insgesamt für die beiden Bankengruppen eine mit steigendem Spezialisierungsgrad eher sinkende tatsächliche Verlustquote auszumachen. Nicht allein die für die Kreditgenossenschaften ausgewiesenen signifikant negativen Zusammenhänge lassen eine Untersuchung der Ursachen für dieses Ergebnis sinnvoll erscheinen. Auch die im Vergleich zu den Kreditgenossenschaften statistisch schwächeren und stärker durch die Art des verwendeten Spezialisierungsmaßes geprägten Zusammenhänge mit der tatsächlichen Verlustquote bei den Sparkassen können als Argument für eine weitergehende Analyse herangezogen werden. Basierend auf der Gleichung $LQ = \frac{LQ}{ELQ} \cdot ELQ$ und der Zerlegung der tatsächlichen Verlustquote in die beiden Faktoren $\frac{LQ}{ELQ}$ und ELQ, geben die soeben vorgestellten Resultate Anlass zu der Vermutung, dass auch zwischen dem Spezialisierungsgrad und den beiden Faktoren ein Zusammenhang besteht, der sich ferner für die beiden Bankengruppen unterscheiden sollte. Die Untersuchung dieser Vermutung lässt sich als Ursachenforschung für die ausgewiesenen Zusammenhänge zwischen Spezialisierungsgrad und tatächlicher Verlustquote interpretieren; zugleich ist eine solche Untersuchung aber für sich betrachtet von wesentlicher Bedeutung. Die Untersuchungen des Zusammenhangs zwischen dem Spezialisierungsgrad und dem Quotienten aus tatsächlicher und erwarteter Verlustquote sowie des Zusammenhangs zwischen dem Spezialisierungsgrad und der erwarteten Verlustquote sind nämlich gleichbedeutend mit der Untersuchung der beiden folgenden Fragestellungen:

1. Sind spezialisierte Kreditgenossenschaften bzw. Sparkassen beim Monitoring, d.h. beim Screening, bei der Kreditüberwachung und/oder der Kreditabwicklung, besser als diversifizierte Banken?

2. Vergeben spezialisierte Kreditgenossenschaften bzw. Sparkassen verstärkt Kredite an risikoarme Branchen bzw. sind spezialisierte Institute eher in Geschäftsgebieten mit geringen erwarteten Verlustquoten aktiv?

Die Beantwortung dieser beiden Fragen wird Gegenstand dieses Kapitels sein.[6] Gegeben die vorgestellten Ergebnisse zur Beziehung zwischen Spezialisierungsgrad und tatsächlicher Verlustquote, ist davon auszugehen, dass – zumindest im Fall der Kreditgenossenschaften – mindestens eine der Fragen mit Ja zu beantworten ist. Da – wie in Abschnitt 2.3 beschrieben wurde – die Untersuchung der Existenz von Monitoring-Vorteilen für die nachfolgenden Untersuchungen in Kapitel 5 und 6 von Bedeutung ist, wird diese Analyse wesentlich ausführlicher durchgeführt als die Analyse der Branchenwahl. Die in Abschnitt 2.3 aufgezeigten möglichen Implikationen von Monitoring-Vorteilen für den Erfolg des Bankgeschäfts dürften darüber hinaus auch für das Bankmanagement und die Bankenaufsicht von großem Interesse sein.

Abschnitt 4.2 widmet sich der ersten Fragestellung und in Abschnitt 4.3 wird die zweite Fragestellung behandelt. Dabei wird jeweils zunächst die empirische Methodik beschrieben (Abschnitt 4.2.1 bzw. 4.3.1). Im Anschluss an die jeweilige Vorstellung der empirischen Resultate (Abschnitt 4.2.2 bzw. 4.3.2) wird im Rahmen von Robustheitsuntersuchungen überprüft, ob sich die Ergebnisse als stabil erweisen (Abschnitt 4.2.3 bzw. 4.3.3). Beide Analysen werden durch ein Zwischenfazit (Abschnitt 4.2.4 bzw. 4.3.4) abgeschlossen. Das Kapitel endet mit einem Fazit (Abschnitt 4.4).

[6] Für die Einordnung der beiden Fragen in die betriebswirtschaftliche Literatur vgl. Abschnitt 2.3.

4.2 Weisen spezialisierte Sparkassen und Kreditgenossenschaften Monitoring-Vorteile auf?

4.2.1 Empirische Methodik

In diesem Abschnitt wird das empirische Design zur Überprüfung der Fragestellung, ob spezialisierte Banken Monitoring-Vorteile aufweisen, vorgestellt. Neben der Bestimmung des Spezialisierungsgrades, die auf Basis der in Abschnitt 3.4.2 eingeführten Maße erfolgt, ist die Ermittlung der Monitoring-Qualität entscheidend. Die Messung der Monitoring-Qualität wird in dieser Arbeit anhand des Vergleichs von tatsächlicher (LQ) mit erwarteter Verlustquote (ELQ) vorgenommen. In Abschnitt 3.4.3 wurden zwei Variablen zur Approximation der tatsächlichen Verlustquote und eine Variable zur Approximation der erwarteten Verlustquote sowie der Quotient der beiden Größen ($RATIO$) vorgestellt. Die grundlegende Idee ist, dass Banken mit einer relativ niedrigen $RATIO$ relativ niedrige tatsächliche Verluste im Kreditgeschäft im Vergleich zu den auf Basis der Branchenverteilung erwarteten Verlusten erleiden, was impliziert, dass diese Banken vergleichsweise gutes Screening und Monitoring im Kreditgeschäft durchführen. Banken mit relativ hoher $RATIO$ hingegen haben hohe Verluste im Kreditgeschäft, wobei diese in Relation zu der durchschnittlichen Insolvenzrate, gewichtet mit den Branchenanteilen, gesetzt werden, was auf vergleichsweise schlechtes Screening und Monitoring hindeutet. Die $RATIO$ stellt somit einen Proxy für die Monitoring-Qualität dar. Hohe Werte stehen für tendenziell schlechte und niedrige für tendenziell gute Monitoring-Qualität. Beide in Abschnitt 3.4.3.1 eingeführten $RATIO$s, die $RATIO^{ausf}$ und die $RATIO^{notl}$, werden in dieser Arbeit zur Approximation der Monitoring-Qualität eingesetzt.[7] In den Regressionen wird jeweils der natürliche Logarithmus der $RATIO$-Werte verwendet. Der Grund für dieses Vorgehen ist, dass nicht absolute, sondern relative Veränderungen der $RATIO$s Basis der Untersuchung sein sollen. So wird eine Halbierung der $RATIO$ stets, d.h. unabhängig vom Niveau, mit derselben Verbesserung der Monitoring-Qualität in Verbindung gesetzt. Eine Reduzierung der tatsächlichen Verlustquote von 2% auf 1% (bei unveränderter erwarteter Verlustquote) wird mit der gleichen Verbesserung der Monitoring-Qualität identifiziert wie eine Reduzierung der tatsächlichen Verlustquote von 0,5% auf 0,25%; ohne Logarithmierung müsste die tatsächliche

[7] Auch im Folgenden wird anstatt der Verwendung des Plurals ($RATIO$s) häufig der Singular ($RATIO$) benutzt, weil dadurch dem Zusammenhang zwischen den $RATIO$s und der Monitoring-Qualität stärker Ausdruck verliehen wird.

Verlustquote von 0,5% auf -0,5% sinken – was nicht möglich ist.[8] Je geringer die tatsächliche Verlustquote ist, desto kleiner wird die Möglichkeit, die Quote absolut weiter zu senken. Eine Verbesserung der Monitoring-Qualität kann nicht mehr zu den gleichen absoluten Veränderungen wie bei einem höheren Niveau der tatsächlichen Verlustquote führen. Unter der Annahme, dass eine Verbesserung der Monitoring-Qualität für alle *RATIO*-Niveaus gleichermaßen möglich ist, wird der Logarithmus der *RATIO*s in den Regressionen als erklärte Variable zum Einsatz kommen.[9] Um im Folgenden die Formulierungen einfach zu halten, wird anstelle des Ausdrucks $\ln(RATIO)$ weiterhin der Ausdruck *RATIO* verwendet.

Bei der Verwendung der *RATIO*s sind die folgenden Problempunkte zu beachten:

1. Die mit den Proxys für die erwartete und die tatsächliche Verlustquote zusammenhängenden Probleme sind den Abschnitten 3.4.3 und 3.2.3 zu entnehmen. Insbesondere die Ermittlung der Insolvenzquote für die Branche der Land- und Forstwirtschaft ist mit Schwierigkeiten verbunden, da viele Unternehmen dieser Branche nicht in der Umsatzsteuerstatistik erfasst sind. Robustheitsuntersuchungen auf der Basis unterschiedlicher Annahmen hinsichtlich dieser Insolvenzquoten[10] sollen diesem Problem entgegentreten.

2. Die tatsächliche Verlustquote bezieht sich auf Firmenkunden- und Privatkundenkredite, im Unterschied dazu referenziert die erwartete Verlustquote lediglich auf Firmenkundenkredite. Aus diesem Grunde wird bei der empirischen Untersuchung der Anteil der Privatkundenkredite als Kontrollvariable berücksichtigt, wie an späterer Stelle noch ausgeführt wird.

3. Die erwartete Verlustquote basiert auf Branchen-PDs und enthält keine Informationen über den LGD, im Unterschied zur LQ^{ausf}, die auf die Verlusthöhe abstellt.[11] Wie weiter unten dargelegt, wird deshalb die Variable *blanko* als Kontrollvariable zum Einsatz kommen.

4. Es ist möglich, dass Banken innerhalb der Branchen bewusst an riskantere Unternehmen Kredite vergeben und sich das höhere Risiko durch höhere Zins-

[8] Wenn man von möglichen Zuschreibungen bei der $RATIO^{ausf}$ absieht.

[9] Schätzungen, die auf die Logarithmierung verzichten, kommen aber zu vergleichbaren Ergebnissen. Die Logarithmierung hat demnach keinen entscheidenden Einfluss auf die später vorgestellten Resultate.

[10] Vgl. hierzu z.B. Abschnitt 4.2.3.1.

[11] Vgl. hierzu Abschnitt 3.4.3.

sätze vergüten lassen. Eine höhere *RATIO* würde demnach nicht unbedingt auf schlechteres Screening und Monitoring hinweisen, sondern evtl. auf eine höhere Risikoneigung. Wenn in diesem Untersuchungsteil die *RATIO* dennoch als Proxy für die Monitoring-Qualität dient, wird unterstellt, dass keine systematischen Unterschiede hinsichtlich der Risikoneigung bei spezialisierten und diversifizierten Sparkassen bzw. Kreditgenossenschaften bestehen. In Kapitel 5 wird die Beziehung zwischen Spezialisierungsgrad und Zinserträgen aus dem Kreditgeschäft untersucht. Dies wird starke Argumente für eine Beibehaltung der hier gemachten Annahme liefern.[12]

Die Ermittlung einer verlässlichen tatsächlichen Verlustquote ist für die Untersuchung der Monitoring-Qualität von entscheidender Bedeutung; sie ist wesentlicher Bestandteil des Proxys für die Monitoring-Qualität. Wie bereits in Abschnitt 3.4.3.1 diskutiert wurde, sind die tatsächlichen Verlustquoten, die als Zähler in die *RATIO* einfließen, von bankpolitischem Spielraum, der insbesondere in der Zeitdimension anzusiedeln ist, geprägt. In zeitlicher Hinsicht ist zum einen die Beziehung zwischen der tatsächlichen und der erwarteten Verlustquote von Belang. Die in Abschnitt 3.4.3.1 erläuterte zeitliche Disposition der beiden tatsächlichen Verlustquoten war ausschlaggebend für die verwendeten Time-Lags, die in Abschnitt 3.6 beschrieben wurden. LQ^{notl} wird demnach um ein Jahr gelagged, und LQ^{ausf} geht ungelagged in die Untersuchungen ein. Zum anderen sind aber insbesondere die Unterschiede zwischen den Banken bei der zeitlichen Gestaltung der Risikovorsorge bzw. Abschreibungen im Kreditgeschäft relevant. Wird die Paneldatenstruktur zu einer einfachen Querschnittsdatenstruktur reduziert, indem Durchschnittswerte je Bank herangezogen werden, so wird gewährleistet, dass unterschiedliche Bankpraktiken hinsichtlich der Risikovorsorge die Ergebnisse nicht bzw. nur geringfügig verzerren. Eine Panel-Regression, die unterschiedliche Time-Lags für die Verlustquoten ansetzt, kann diesen Zweck nicht erfüllen, da sie theoretisch unterschiedliche Time-Lags für die einzelnen Banken ansetzen müsste. Ein weiterer Grund für die Bevorzugung der

[12] Vgl. hierzu Abschnitt 5.4.1.5. Der Autor ist sich aber bewusst, dass die Annahme kritisch gesehen werden kann. So könnten Bankmanager, die eine erhöhte Branchenkonzentration eingehen und somit von der gängigen Kreditportfolio-Steuerung abweichen, durchaus eine andere Einstellung zum Risiko haben als Manager diversifizierterer Portfolios. Eine stärkere Schwankung der tatsächlichen Verlustquote bei spezialisierten Instituten, wie sie bei Kamp (2006), S. 278 ff., beobachtet wird, würde ebenfalls einen systematischen Unterschied nahelegen. Allerdings haben im Zuge dieser Analyse zusätzlich durchgeführte Untersuchungen keinen signifikant positiven Zusammenhang zwischen dem Spezialisierungsgrad und den Schwankungen der tatsächlichen Verlustquote nachweisen können.

Between-Groups-Schätzung ist, dass weniger der Zusammenhang zwischen Spezialisierungsgradänderung und Änderung der *RATIO* innerhalb einer Bank analysiert werden soll, sondern die Präferenz besteht, den Zusammenhang zwischen dem Spezialisierungsgradniveau und der *RATIO* zu untersuchen, d.h. auf die Unterschiede zwischen den Banken einzugehen. Dieses Vorgehen wird durch die Tatsache bestärkt, dass die Varianz der Spezialisisierungsgrad-Bankmittelwerte ($var_{between}$) den überwiegenden Anteil der gesamten Spezialisierungsgrad-Varianz (var_{ges}) ausmacht. Die gesamte Varianz der jeweiligen Spezialisierungsmaße wird durch Veränderungen über die Zeit und Unterschiede zwischen den Banken bestimmt, und es gilt der theoretische Zusammenhang $var_{ges} \approx var_{within} + var_{between}$. Hierbei bezeichnet var_{within} den Durchschnitt der Varianzen der Spezialisierungsgrade über die Jahre je Bank. Gleichheit würde gelten, wenn für alle Banken zwölf Beobachtungsjahre vorlägen oder bei der Berechnung von $var_{between}$ und var_{within} Gewichtungen mit den zugrunde liegenden Beobachtungsjahren vorgenommen würden. In der Tabelle 4-2 sind die Anteile für $var_{between}$ bei den einzelnen Spezialisierungsmaßen notiert.

Tabelle 4-2: Anteil von $var_{between}$ an var_{ges} bei den einzelnen Spezialisierungsmaßen

	Kreditgenossenschaften	Sparkassen
HHI	94%	77%
HHI^{w}	84%	64%
D^{Bund}	90%	82%
D^{Land}	89%	84%
D^{Ort}	90%	88%
D^{BWS}	90%	83%

Bei den Kreditgenossenschaften werden also durchschnittlich 90% der gesamten Varianz des Spezialisierungsgrades durch Unterschiede zwischen den Banken erklärt, bei den Sparkassen sind es 80%. Ein ebenfalls positiver Aspekt der Querschnittsbetrachtung liegt in der Integrierbarkeit von bankindividuellen zeitfixen Variablen, wie z.B. der Personalaufwandsquote für das Kreditgeschäft. Dies ist bei Fixed-Effects-Schätzungen nicht möglich.

Um die Beziehung zwischen dem Spezialisierungsgrad und der Monitoring-Qualität zu untersuchen und dabei den möglichen Einfluss anderer Faktoren auf die Monitoring-Qualität zu bereinigen, wird gemäß folgender Regressionsgleichung vorgegangen:

$$\begin{aligned}\overline{\ln(RATIO)}_b &= \alpha + \beta_1 \cdot \overline{SM}_b + \beta_2 \cdot \overline{kred\_ant}_b + \beta_3 \cdot \overline{privat}_b \\ &+\beta_4 \cdot \overline{kommunal}_b + \beta_5 \cdot \overline{hyp}_b + \beta_6 \cdot \overline{blanko}_b \\ &+\beta_7 \cdot \overline{personal\_kredit}_b + \beta_8 \cdot \overline{markt\_ant1}_b \\ &+\beta_9 \cdot \overline{bilanz}_b + \beta_{10} \cdot \overline{agglom1}_b + \beta_{11} \cdot \overline{agglom2}_b \\ &+\beta_{12} \cdot \overline{ost\_west}_b + \beta_{13} \cdot \overline{fusion1}_b + \beta_{14} \cdot \overline{fusion2}_b + \epsilon_b.\end{aligned} \tag{4-1}$$

Hierbei bezeichnen die Variablen Durchschnittswerte über den betrachteten Zeitraum (im Wesentlichen von 1995 bis 2006) für die einzelnen Banken. $RATIO$ steht stellvertretend für $RATIO^{ausf}$ und $RATIO^{notl}$, die in Abschnitt 3.4.3 eingeführt worden sind, und SM steht für die sechs Spezialisierungsmaße aus Abschnitt 3.4.2. Auf die Angabe von Time-Lags wird verzichtet, um die Darstellung übersichtlich zu halten. Die verwendeten Time-Lags wurden in Abschnitt 3.6 im Rahmen der Vorstellung des Standard-Beobachtungssets vorgestellt. ϵ_b bezeichnet den bankindividuellen Fehlerterm, der unbeobachtete Effekte auffängt. Das Regressionsmodell auf Basis der Gleichung 4-1 stellt das Standard-Modell für die Analyse dar und wird im Folgenden ausführlich motiviert. Es sei aber schon hier darauf hingewiesen, dass in Abschnitt 4.2.3 Untersuchungen auf Basis von Modellvarianten vorgenommen werden, um die Robustheit des Modells zu überprüfen.

Dem Regressionsmodell liegen Annahmen bezüglich der funktionalen Spezifikation, der Störgrößen- und Variablen-Spezifikation zugrunde.[13] Die Annahmen bezüglich der funktionalen Spezifikation bestehen insbesondere darin, dass keine relevanten erklärenden Variablen fehlen und die verwendeten erklärenden Variablen nicht irrelevant sind sowie ein linearer Zusammenhang zwischen den erklärenden Variablen und der erklärten Variable vorliegt. Zur Überprüfung, ob fehlende Variablen ein Problem darstellen, Endogenitäten die Ergebnisse verzerren und somit die Fehlerterme mit den erklärenden Variablen korreliert sind, wird ein Ramsey Test durchgeführt.[14] Ferner werden Untersuchungen mit veränderter Variablenzusammenstellung durchgeführt.[15] Außerdem wird die Unterstellung von linearen Zusammenhängen in Abschnitt 4.2.3.3.1 im Rahmen von Robustheitsuntersuchungen teilweise gelockert. Die Annahmen hinsichtlich der Störgrößen-Spezifikation besagen zusammengefasst, dass die Störgrößen für alle Beobachtungen eine jeweils von den anderen Störgrößen unabhängige Normalverteilung mit Erwartungswert 0 und konstanter Varianz

[13] Vgl. hierzu Auer (2007), S. 136 ff.
[14] Vgl. hierzu Ramsey (1969).
[15] Vgl. hierzu Abschnitt 4.2.3.2.

besitzen. Bei den Regressionen wird die Anzahl der Beobachtungsjahre je Bank als Gewichtungsfaktor zwecks Fehlertermkorrektur mit in die Regression aufgenommen.[16] Zusätzlich findet eine White-Korrektur der Fehlerterme durch Verwendung von robusten Varianz-Matrizen statt, die im Falle von Heteroskedastizität angebracht ist.[17] Die Punktschätzer werden dadurch nicht beeinflusst, sondern allein die Standardfehler und somit die Signifikanzaussagen.[18] Aufgrund der recht hohen Beobachtungsanzahl ist die Normalverteilungsannahme als nicht kritisch zu erachten.[19] Die Annahmen zur Variablen-Spezifikation bestehen darin, dass die erklärenden Variablen keine Zufallsvariablen sind, sondern wie in einem Experiment kontrolliert werden können, und dass keine perfekte Multikollinearität vorliegt. Die Verletzung der ersten Annahme ist unproblematisch, falls Störgrößen und Beobachtungen der erklärenden Variablen unabhängig sind. Diesem Aspekt wird wiederum durch den Ramsey-Test Rechnung getragen. Die in Abschnitt 3.4. ausgewiesenen Korrelationen zwischen den Variablen lassen für das Modell gemäß der Gleichung 4-1 keine Probleme durch Multikollinearität erwarten. Zur zusätzlichen Überprüfung werden allerdings Variance Inflation Factors berechnet.[20]

Trotz der oben angeführten Mängel werden in Abschnitt 4.2.3.4.2 Panel-Regressionen durchgeführt, um zu überprüfen, inwieweit diese zu vergleichbaren Resultaten kommen. Auch die Tatsache, dass die empirischen Resultate von Kamp (2006) und Acharya et al. (2006), auf die unsere Untersuchungen Bezug nehmen, auf Basis von Panel-Regressionen ermittelt wurden, lässt eine zusätzliche Panel-Analyse empfehlen.

Je länger der Zeitraum ist, der für die Durchschnittsbildung herangezogen wird, desto verlässlicher ist die tatsächliche Verlustquote und desto weniger spielen zeitliche Unterschiede zwischen den Banken bei der Risikovorsorge eine Rolle. Aus diesem Grund werden im Standard-Modell auch nur Banken als Beobachtungseinheit

[16] Die Mittelwertbildung über eine unterschiedliche Anzahl von Jahren führt zu Heteroskedastizität, die durch Multiplikation der einzelnen Terme mit der Quadratwurzel aus der Anzahl der Beobachtungsjahre korrigiert werden soll. Vgl. hierzu ausführlicher Johnston / DiNardo (1997).

[17] Im Falle von Homoskedastizität führt diese Korrektur zu den gleichen Ergebnissen wie im Falle des Verzichts auf die Korrektur, so dass die Verwendung einer robusten Varianz-Matrix nie von Nachteil ist. Vgl. hierzu White (1980).

[18] Vgl. hierzu ausführlicher Stock / Watson (2007), S. 162 ff.

[19] Vgl. hierzu Auer (2007), S. 419 ff.

[20] Vgl. hierzu ausführlicher Poddig et al. (2003).

Verwendung finden, die für mehr als die Hälfte des Beobachtungszeitraumes, d.h. für mindestens sieben Jahre, Daten aufweisen. In Abschnitt 4.2.3.1 wird überprüft, ob diese in letzter Instanz willkürliche Einschränkung der Daten signifikante Auswirkungen auf die empirischen Resultate besitzt.[21] Die Durchschnittsbildung über einen möglichst langen Beobachtungszeitraum lässt Informationen außer Acht, die Entwicklungen über den Zeitraum betreffen. Aus diesem Grund werden in Abschnitt 4.2.3.4 neben der Panel-Analyse mit ihren in diesem Fall vorliegenden methodischen Mängeln auch Regressionen über kürzere Beobachtungsräume durchgeführt, um Unterschiede im Zeitablauf zu berücksichtigen bzw. zu ermitteln.

Für die Durchschnittsbildung stehen bei Verhältnis-Kennzahlen, also bei Variablen, die mindestens zwei Größen zueinander in Beziehung setzen, wie z.B. bei der *RATIO*, im Wesentlichen zwei Alternativen zur Verfügung. Zum einen können (ungewichtete) Durchschnitte über die jährlichen Quoten gebildet werden, zum anderen können jeweils über die Jahre aufsummierte Zähler und Nenner dividiert werden, was einer Gewichtung der jährlichen Werte mit der Größe der jährlichen Nenner entspricht. Bei der *RATIO* als Quotient zweier Quoten wäre eine Berechnung jeweils des Nenners und des Zählers auf diese Weise möglich. Letzteres Verfahren führt dazu, dass Beobachtungen vor einer Übernahme weniger stark den Durchschnittswert beeinflussen als die Beobachtungen nach einer Übernahme. Die unterschiedliche Gewichtung der Daten bei diesen beiden Methoden kann auch Auswirkung auf den Einfluss von Ausreißer-Werten in einzelnen Jahren auf den Mittelwert haben. Jahre, in denen der Nenner verhältnismäßig klein ist, weisen vergleichsweise häufig extreme Quoten auf und diese würden bei der ungewichteten Durchschnittsbildung stärker den Mittelwert prägen als bei der gewichteten Durchschnittsbildung. Zusätzlich durchgeführte Untersuchungen haben jedoch gezeigt, dass sich keine signifikanten Unterschiede zwischen den empirischen Resultaten ergeben, wenn von einer ungewichteten zu einer gewichteten Durchschnittsbildung gewechselt wird. Aus diesem Grund werden im Folgenden lediglich die Analysen auf Basis der ungewichteten Durchschnittsbildung vorgenommen.

Die zentrale Hypothese lautet: $\beta_1 < 0$. Ein negatives β_1 bedeutet, dass spezialisierte Banken im Durchschnitt eine geringere tatsächliche Verlustquote im Verhältnis

[21] Insbesondere ist vorstellbar, dass die vorgenommene Einschränkung, durch die im Wesentlichen Banken wegfallen, die übernommen worden sind, zu Verzerrungen führt, weil für übernommene Banken andere Zusammenhänge gelten könnten.

zur erwarteten Verlustquote haben als diversifizierte Banken. Dies würde heißen, dass spezialisierte Banken Monitoring-Vorteile aufweisen, also überlegene Screening-Fähigkeiten zur Idenfikation von besseren Kreditnehmern in den Branchen und/oder überlegene Fähigkeiten bei der Überwachung und Beeinflussung von laufenden Kreditverträgen zeigen. Diese Konklusion ist zulässig, da nicht allein die tatsächlichen Verlustraten herangezogen werden, sondern eine Anpassung an die jeweilige Branchenverteilung vorgenommen wird. Im Falle von $RATIO^{notl}$ wird im Unterschied zur $RATIO^{ausf}$ der Einfluss unterschiedlich hoher LGDs bei den Banken ausgeblendet und allein auf unterschiedlich hohe PDs abgestellt. An dieser Stelle soll noch nicht spekuliert werden, in welcher Weise und weshalb für die einzelnen Spezialisierungsmaße unterschiedliche Ergebnisse resultieren könnten.

Wie der Regressionsgleichung zu entnehmen ist, werden weitere Variablen berücksichtigt, die die Verluste im Kreditgeschäft beeinflussen könnten. Die Integration dieser Kontrollvariablen ist von entscheidender Bedeutung, da andernfalls nicht der Einfluss des Spezialisierungsgrades herausgefiltert werden kann. Falls der Spezialisierungsgrad mit einer Variablen korreliert ist, die ebenfalls Einfluss auf die *RATIO* besitzt, würde ein Auslassen der Variablen dem Spezialisierungsgrad einen Teil des Einflusses dieser Variablen zuordnen, was zu Verzerrungen führen würde. Die recht hohen Korrelationen zu anderen Variablen, die in Abschnitt 3.4.5 angegeben sind, verdeutlichen die Notwendigkeit einer multiplen Regression.

Für den Anteil der Kundenkredite an der Bilanzsumme (*kred_ant*) gibt es sowohl Argumente für eine positive als auch für eine negative Beziehung zur *RATIO*. Zum einen kann ein hoher Kreditanteil und damit eine exponierte Bedeutung des Kreditgeschäfts für die Bank diese dazu veranlassen, das Monitoring besonders gewissenhaft durchzuführen, was ein negatives β_2 vermuten lässt. Des Weiteren bedeutet bei gegebener Bankgröße und gegebenem Spezialisierungsgrad ein höherer Kreditanteil ein höheres Volumen an Krediten in den einzelnen Branchen und damit möglicherweise bessere Branchen-Kenntnisse. Zum anderen kann ein hoher Kreditanteil mit einer Kreditvergabe verbunden sein, die zur Aufrechterhaltung des hohen Kreditanteils auch riskante Kreditengagements eingeht, was eine positive Beziehung des Kreditanteils zur *RATIO* nahelegt.

Die erwartete Verlustquote wird lediglich auf Basis der Firmenkundenkredite berechnet; die tatsächliche Verlustquote hingegen bezieht Privatkundenkredite mit ein. Wenn nun im Privatkundenkreditgeschäft eine geringere tatsächliche Verlustquote vorliegt als im Firmenkundenkreditgeschäft, so ist β_3 negativ. Mit steigender Quote der Privatkundenkredite (*privat*) sinkt in diesem Fall die $RATIO$. Dafür, dass Privatkundenkredite risikoärmer sind, spricht die Tatsache, dass ca. 75% der Privatkundenkredite Wohnungsbaukredite sind, also Kredite, die im Vergleich zum Firmenkundenkreditgeschäft eine vergleichsweise hohe Besicherung und niedrige PDs aufweisen.[22] Allerdings ist bei den Firmenkundenkrediten zu unterscheiden, ob es sich um Kredite an kleine (und mittelgroße) Unternehmen (KMUs) oder an große Unternehmen handelt.[23] Die Quantitative Impact Studies 3 und 5[24] ordnen den Krediten an große Unternehmen die geringsten PDs zu. Die Kredite an KMUs weisen erheblich höhere PDs auf[25] und liegen tendenziell über den PDs für Privatkundenkredite.[26] Da Kreditgenossenschaften tendenziell an sehr kleine Unternehmen und Sparkassen tendenziell an größere Unternehmen Kredite vergeben,[27] wird für die Sparkassen ein eher positiver Zusammenhang zwischen dem Privatkundenanteil und der $RATIO$ und für die Kreditgenossenschaften ein negatives β_3 erwartet. Es ist aber des Weiteren zu beachten, dass Banken mit einem großen Privatkundenanteil im Firmenkundenkreditgeschäft möglicherweise nur eine Ergänzung ihres Kreditportfolios sehen und lediglich sehr sichere Engagements anstreben. Dies würde auch bei den Sparkassen für eine eher negative Beziehung zwischen *privat* und der $RATIO$ sprechen.

---

22 Vgl. hierzu Basel Committee on Banking Supervision (2003) und Basel Committee on Banking Supervision (2006b).

23 Für Einteilungskriterien in diese beiden Gruppen vgl. Institut für Mittelstandsforschung (2003).

24 Vgl. hierzu Basel Committee on Banking Supervision (2003) und Basel Committee on Banking Supervision (2006b).

25 Dies gilt insbesondere für diejenigen, die dem Retailsegment zugerechnet werden, was bei Krediten an mittelständische Unternehmen mit einer Gesamtverbindlichkeit von weniger als 1 Million Euro der Fall ist. Für eine genaue Klassifizierung vgl. Basel Committee on Banking Supervision (2006a), S. 23 f.

26 Auch wenn, wie in Fußnote 25 bemerkt, gewisse Firmenkundenkredite zum Retailsegment gezählt werden, so lässt die Aufschlüsselung nach unterschiedlichen Gruppen des Retailsegments eine solche Aussage zu.

27 Sparkassen sind im Durchschnitt deutlich größer als Kreditgenossenschaften (vgl. Tabelle 3-16) und größere Banken vergeben tendenziell an größere Unternehmen Kredite. Vgl. hierzu Weth (2002).

Bei den Kommunalkrediten ist von einer tatsächlichen Verlustquote von 0% auszugehen.[28] Je höher der Anteil der Kommunalkredite (*kommunal*) ist, desto niedriger sollte die *RATIO* sein.

Für den Anteil der Hypothekarkredite (*hyp*) wird ebenfalls ein negativer Zusammenhang erwartet, da sich Hypothekarkredite durch eine hohe werthaltige Besicherung auszeichnen.[29] Dies spricht für ein negatives β_5 im Falle der $RATIO^{ausf}$. Ob Hypothekarkredite auch verhältnismäßig niedrige PDs aufweisen, zeigt sich daran, ob der Zusammenhang zwischen *hyp* und $RATIO^{notl}$ negativ ist.

Der Blankoanteil (*blanko*) hat einen hohen positiven Einfluss auf den LGD.[30] Je höher der Blankoanteil ist, desto höher sollte also die $RATIO^{ausf}$ sein. Ein signifikant positiver Zusammenhang mit der $RATIO^{notl}$ ist nicht unbedingt zu erwarten, da die $RATIO^{notl}$ den Einfluss des LGDs ausblendet. Die in dieser Arbeit verwendete Variable *blanko* gibt den Blankoanteil bei einzelwertberichtigten Krediten an und berücksichtigt somit zumindest einen Teil der Nachbesicherungen, die Banken bei kritischen Kreditengagements nach Kreditabschluss gefordert haben. Der Zusammenhang zwischen dem LGD und der Variable *blanko* sollte demnach besonders stark sein. Des Weiteren ist bei dieser Definition des Blankoanteils vorstellbar, dass ein positives β_6 auch für die $RATIO^{notl}$ zu konstatieren ist, da eine hohe Blankoquote bei einzelwertberichtigten Krediten für schlechtes Monitoring und somit auch für hohe PDs sprechen könnte.[31] Gegen die Aufnahme der Variablen *blanko* in die Regressionsgleichung ist einzuwenden, dass eine niedrige Blankoquote bei einzelwertberichtigten Krediten als Resultat einer erfolgreichen Kreditüberwachung durch rechtzeitige Nachbesicherung oder als Resultat guten Screenings, das riskante Kredite nur mit hohen Sicherheiten vergibt, gesehen werden kann. Die Variable *blanko* beschreibt somit in gewisser Weise schon einen Teil der Monitoring-Qualität. Falls

---

28 Vgl. hierzu Lux (2001).

29 Vgl. etwa Eichwald / Pehle (2000).

30 Vgl. hierzu Grunert / Weber (2007).

31 Im Rahmen der Theorie der Finanzintermediation wird eine hohe Sicherheitenquote (ohne Berücksichtigung von Nachbesicherungen) u.a. als Signal guter Kreditnehmer für ihre geringe Ausfallwahrscheinlichkeit angesehen. Zugleich besteht aber die Vermutung, dass in der Bank-Praxis von schlechten Kreditnehmern mehr Sicherheiten gefordert werden als von guten Kreditnehmern, weil das Risiko-Exposure verringert werden soll. Vgl. hierzu Lehmann et al. (2004). Werden keine Nachbesicherungen berücksichtigt, so ist demnach nicht eindeutig, wie Blankoanteil und PD zusammenhängen sollten.

ein Zusammenhang zwischen Spezialisierungsgrad und *blanko* besteht, spezialisierte Banken rechtzeitig Nachbesicherungen vornehmen und u.a. dadurch eine bessere Monitoring-Qualität aufweisen, so wird dies bei Integration der Variablen *blanko* in die Regressionsgleichung nicht berücksichtigt. Der Variable *blanko* würde bei den empirischen Untersuchungen ein Einfluss auf die LGD zugeordnet, der eigentlich dem Spezialisierungsgrad zugewiesen werden sollte. Das entscheidende Argument für eine Einbeziehung des Blankoanteils in die Regressionsgleichung basiert darauf, dass bei der Berechnung der erwarteten Verlustgröße aufgrund fehlender Daten keine LGD-Werte der einzelnen Branchen eingehen. Da Blankoanteile und LGDs in gewissem Maße branchenabhängig sind,[32] führt eine Nichtberücksichtigung der Blankoanteile zu Verzerrungen bei der Regression mit der erklärten Variablen $RATIO^{ausf}$. So haben Kredinstitute, die überwiegend in Branchen engagiert sind, bei denen relativ niedrige Sicherheitenquoten üblich sind, tendenziell höhere $RATIO^{ausf}$-Werte. Die Einbeziehung der Variablen *blanko* führt dazu, dass dieser Effekt berücksichigt wird und nicht verzerrend auf die Ergebnisse für die anderen Variablen wirkt. Im Standard-Modell wird deshalb die Variable *blanko* mitberücksichtigt.[33] Im Rahmen der Robustheitsuntersuchungen in Abschnitt 4.2.3.2.1 wird jedoch analysiert, wie sich ein Weglassen dieser Variablen auswirkt.

Die in Abschnitt 3.4.4.5 ermittelten Personalaufwandsquoten für das Kreditgeschäft (*personal_kredit*) werden bei Coleman et al. (2006) als Proxy für Monitoring-Anstrengungen verwendet. Höhere Monitoring-Anstrengungen lassen eine niedrigere *RATIO* erwarten.

Für den Marktanteil (*markt_ant1*), also dem mit Branchenanteilen gewichteten durchschnittlichen Anteil einer Bank an der Kreditvergabe an die einzelnen Branchen im Geschäftsgebiet, sind wie beim Kreditanteil entgegengesetzte Argumentationen plausibel. Zum einen kann der hohe Marktanteil einer Bank mit mehr Verhandlungsmacht verbunden sein, die bei der Selektion der Kreditnehmer und bei der Ausgestaltung des Kreditvertrages, insbesondere hinsichtlich der Stellung von Sicherheiten, hilfreich ist, was für einen negativen Zusammenhang zwischen Marktanteil und *RATIO* spricht. Zum anderen kann ein hoher Marktanteil auch für eine undifferenzierte, leichtsinnige Kreditvergabe stehen und die mögliche Marktmacht

32 Vgl. hierzu Altman / Kishore (1996) und Acharya et al. (2003).

33 Um die Regressionsgleichungen vergleichbar zu gestalten, wird der Blankoanteil auch bei den Regressionen mit der Variablen $RATIO^{notl}$ verwendet.

lediglich dazu genutzt werden, höhere Zinssätze durchzusetzen,[34] statt das Risiko zu reduzieren. Dies sind Argumente für ein positives β_8.

Je größer eine Bank ist, desto höher sind – bei gleich hohem Kreditanteil und Spezialisierungsgrad – die Engagements in den einzelnen Branchen, was tiefere Branchen-Kenntnis mit sich bringen könnte. Des Weiteren werden Investitionen, die für ein besseres Monitoring sorgen könnten, z.B. automatisierte Frühwarnsysteme, und die damit verbundenen Fixkosten auf ein größeres Volumen verteilt (Fixkostendegressionseffekt).[35] Dies könnte dazu führen, dass größere Banken solche Investitionen eher vornehmen als kleinere Banken. Allerdings nehmen mit der Größe einer Bank auch organisatorische Defizite und Kommunikationsbarrieren zu, so dass das vorhandene Wissen nicht unbedingt optimal für ein erfolgreiches Monitoring zusammengeführt wird.[36] Ferner ist es möglich, dass größere Banken aufgrund des Too-Big-to-Fail-Phänomens[37] ein höheres Risiko eingehen. Hypothesen über die Art des Zusammenhangs zwischen der *RATIO* und der (logarithmierten) Bilanzsumme (*bilanz*) aufzustellen, fällt also schwer. Es ist darüber hinaus zu beachten, dass Sparkassen im Durchschnitt deutlich größer als Kreditgenossenschaften sind,[38] und damit nicht unwahrscheinlich, dass sich der Größeneffekt bei den beiden Bankengruppen voneinander unterscheidet. Im Rahmen der Robustheitsuntersuchungen in Abschnitt 4.2.3.2.2 wird ein quadratischer *bilanz*-Term eingeführt, um die gängige These von bis zu einer gewissen Größe positiven, anschließend jedoch negativen Effekten zu überprüfen.[39] In Abschnitt 4.2.3.3.3 werden ferner Regressionen für unterschiedliche Größenklassen durchgeführt.

Der Agglomerationsgrad des Geschäftsgebietes wird durch die beiden Dummy-Variablen *agglom1* und *agglom2* angegeben. Ein von Null verschiedenes β_{10} bzw. β_{11}, was anzeigen würde, dass sich die *RATIO*s in Agglomerations- bzw. verstädterten Räumen von denen in ländlichen Gegenden unterscheiden, könnte daher resultieren, dass die Insolvenzraten dieser Gebietstypen voneinander abweichen. Des Weiteren besteht die Möglichkeit unterschiedlicher Wettbewerbssituationen auf dem Land und in der

---

34 Dies wird später in Kapitel 5 untersucht.

35 Vgl. hierzu Lang / Welzel (1994) und Varmaz (2006), S. 33 f.

36 Vgl. hierzu Tröger (2003) und Cerasi / Daltung (2000).

37 Vgl. hierzu Kaufman (2003) und Berlin et al. (1991).

38 Vgl. hierzu Tabelle 3-16 in Abschnitt 3.4.4.4.

39 Bei Hartmann-Wendels et al. (2007), S. 50 ff., findet sich ein Überblick über die Thematik der optimalen Betriebsgröße bei Banken.

Stadt, die Auswirkungen auf die Selektionsmöglichkeiten und die Verhandlungsmacht der Sparkassen und Kreditgenossenschaften haben. Bei der Berechnung von *markt_ant1* wurden überregional tätige Banken nicht berücksichtigt. Dies kann unterschiedliche Auswirkungen je nach Agglomerationsgrad des Geschäftsgebietes haben. Ferner ist vorstellbar, dass in ländlichen Geschäftsgebieten eine andere Kunde-Bank-Beziehung besteht als in städtischen Gebieten. Eine engere Kunde-Bank-Beziehung auf dem Land, die möglicherweise mehr Wissen über den Kunden, zugleich aber auch persönliche Verbundenheit mit sich bringt, kann ebenfalls ein Grund dafür sein, dass der Agglomerationsgrad Einfluss auf die *RATIO* hat.

Eine weitere Variable zur Berücksichtigung regionaler Besonderheiten ist die Variable *ost*. Möglicherweise sind Banken in Ostdeutschland mit anderen Rahmenbedingungen als in Westdeutschland konfrontiert.[40] Im Rahmen der Aufteilung des Beobachtungszeitraums in zwei Phasen wird in Abschnitt 4.2.3.4.1 ferner untersucht, ob die Unterschiede mit der Zeit ab- oder zugenommen haben.

Die beiden Dummys *fusion1* bzw. *fusion2*, die anzeigen, ob eine Bank in dem betrachteten Zeitraum eine andere Bank übernommen hat bzw. von einer anderen Bank übernommen wurde, sollen Verzerrungen abfangen, die durch Fusionen bzw. Übernahmen hervorgerufen werden.[41] Vorstellbar sind verschiedene Einflussnahmen. Bei einigen der Übernahmen insbesondere bei den Kreditgenossenschaften ist kolportiert, dass sie aufgrund von Schieflagen bei den anschließend übernommenen Banken erfolgt sind.[42] Es ist möglich, dass die übernommene Bank vergleichsweise geringe Risikovorsorge bzw. Abschreibungen im Kreditgeschäft vorgenommen hat, um die (Krisen-)Situation zu beschönigen. Vor der Übernahme ist ein Hinauszögern von Abschreibungen und damit ein Beeinflussen der $RATIO^{ausf}$ leichter durchführbar als die Beeinflussung der $RATIO^{notl}$, die durch externe Prüfungen geprägt ist. Dies würde bedeuten, dass β_{14} für $RATIO^{ausf}$ negativ ist. Nach der Übernahme würde sich der bestehende Abschreibungsbedarf und die Anpassung der Risikovorsorge an die Maßstäbe der übernehmenden Bank in der Form auswirken, dass mit einem positiven β_{13} zu rechnen ist.

[40] Vgl. hierzu etwa Lehmann et al. (2004).
[41] Wie in Abschnitt 3.5 beschrieben, wird im Falle einer Fusion die fusionierte Bank mit der übernehmenden Bank identifiziert. Die übernommene Bank geht bis zur Fusion als eigenständiges Institut in die Untersuchungen ein.
[42] Vgl. hierzu Deutsche Bundesbank (2005c), S. 74.

Die Auswirkungen weiterer Variablen, die alternativ, wie z.B. *markt_ ant2*, oder zusätzlich, wie *kundeneinl*, in die Regressionsgleichung aufgenommen werden könnten, werden in Abschnitt 4.2.3.2.2 bzw. 4.2.3.2.3 im Rahmen der Robustheitsuntersuchungen analysiert.

Die Regressionen werden separat für Sparkassen und Kreditgenossenschaften sowie für beide Bankengruppen zusammen durchgeführt. Bei der gemeinsamen Regression wird ein Dummy (*sparkasse*) für die Bankengruppe einbezogen, der den Wert 0 annimmt, falls es sich um eine Kreditgenossenschaft handelt, und den Wert 1 im Falle einer Sparkasse. Zusätzlich werden Regressionen für beide Bankengruppen zusammen gemäß der Gleichung

$$\begin{aligned}\overline{\ln(RATIO)}_b &= \alpha + \alpha^\star \cdot sparkasse_b + \beta_1 \cdot \overline{SM}_b + \beta_1^\star \cdot \overline{SM}_b \cdot sparkasse_b \\ &\quad + \sum_{j=2}^{14} \beta_j \cdot \overline{z}_{(j,b)} + \epsilon_b \qquad (4\text{-}2)\end{aligned}$$

durchgeführt, um zu klären, ob signifikante Unterschiede zwischen Sparkassen und Kreditgenossenschaften im Hinblick auf den Einfluss bestehen, den der Spezialisierungsgrad auf die *RATIO* besitzt.[43] $z_{(j,b)}$ für $j = 2, \ldots, 14$ stehen hierbei für die erklärenden Variablen, die in Gleichung 4-1 verwendet wurden.

4.2.2 Empirische Resultate

Die Ergebnisse der Regressionen auf Basis der Gleichungen 4-1 und 4-2 werden in den Tabellen 4-3 bis 4-8 angegeben, wobei die Variablen so standardisiert wurden, dass sie einen Mittelwert von 0 und eine Varianz von 1 besitzen.[44] Tabelle 4-3 bzw. 4-4 enthält die Regressionsergebnisse der Kreditgenossenschaften für die $RATIO^{ausf}$ bzw. $RATIO^{notl}$ jeweils für die sechs vorgestellten Spezialisierungsmaße. Den Tabellen 4-5 und 4-6 ist Entsprechendes für die Sparkassen zu entnehmen. Die Resultate der auf Basis der Gleichung 4-2 durchgeführten Regressionen für beide Bankengruppen zusammen sind in den Tabellen 4-7 und 4-8 eingetragen. Im Folgenden werden die Ergebnisse vorgestellt und interpretiert, wobei zunächst die Ergebnisse für den Spezialisierungsgrad (Abschnitt 4.2.2.1) und anschließend die für die Kontrollvariablen (Abschnitt 4.2.2.2) – in der Reihenfolge, in der sie in der Regressionsgleichung

[43] Zur Verwendung von Interaktionstermen vgl. etwa Aiken / West (1991) und Friedrich (1982).

[44] Die Ergebnisse der nicht normierten Regressionen sind in den Tabellen A-1 bis A-6 in Anhang A angegeben.

Tabelle 4-3: Ergebnisse der 0-1-normierten Standard-Regressionen mit $RATIO^{ausf}$ als erklärter Variable auf Basis von Bankmittelwerten für die Kreditgenossenschaften

	(1) HHI	(2) HHI^{w}	(3) D^{Bund}	(4) D^{Land}	(5) D^{Ort}	(6) D^{BWS}
SM	-0,229***	-0,204***	-0,301***	-0,258***	-0,183***	-0,279***
	(-5,43)	(-5,76)	(-6,65)	(-5,69)	(-5,13)	(-6,60)
kred_ant	0,122***	0,143***	0,102**	0,113***	0,139***	0,103**
	(3,98)	(4,74)	(3,18)	(3,55)	(4,51)	(3,24)
privat	-0,167***	-0,128***	-0,134***	-0,133***	-0,118***	-0,156***
	(-5,31)	(-4,33)	(-4,63)	(-4,53)	(-4,13)	(-5,18)
kommunal	-0,056	-0,058	-0,050	-0,054	-0,066*	-0,056
	(-1,76)	(-1,92)	(-1,49)	(-1,52)	(-1,97)	(-1,65)
hyp	-0,111***	-0,099***	-0,109***	-0,104***	-0,104***	-0,106***
	(-3,90)	(-3,38)	(-3,82)	(-3,57)	(-3,52)	(-3,69)
blanko	0,192***	0,179***	0,187***	0,193***	0,186***	0,181***
	(4,88)	(4,50)	(4,80)	(4,89)	(4,66)	(4,61)
personal_kredit	-0,061	-0,068	-0,055	-0,052	-0,045	-0,051
	(-1,78)	(-1,93)	(-1,57)	(-1,46)	(-1,25)	(-1,45)
markt_ant1	-0,024	-0,027	-0,019	-0,029	-0,082**	-0,022
	(-1,14)	(-1,28)	(-0,92)	(-1,31)	(-3,20)	(-1,04)
bilanz	0,174***	0,207***	0,060	0,094*	0,165***	0,078
	(4,81)	(5,94)	(1,33)	(2,07)	(4,14)	(1,79)
agglom1	-0,027	-0,008	-0,072*	-0,060	-0,015	-0,076*
	(-0,90)	(-0,25)	(-2,30)	(-1,93)	(-0,51)	(-2,41)
agglom2	0,005	0,010	-0,014	-0,018	-0,010	-0,016
	(0,16)	(0,34)	(-0,48)	(-0,62)	(-0,34)	(-0,52)
ost	0,084**	0,132***	0,093***	0,055	0,107***	0,101***
	(3,23)	(5,28)	(3,54)	(1,96)	(4,11)	(3,85)
fusion1	0,112***	0,106***	0,119***	0,115***	0,115***	0,123***
	(4,50)	(4,24)	(4,78)	(4,58)	(4,47)	(4,91)
fusion2	-0,055*	-0,038	-0,058*	-0,052*	-0,050*	-0,055*
	(-2,45)	(-1,65)	(-2,56)	(-2,29)	(-2,19)	(-2,44)
Beobachtungen	1575	1575	1575	1575	1575	1575
R^2	0,277	0,273	0,280	0,270	0,260	0,277

*,**,*** zeigen jeweils statistische Signifikanz auf einem 5%-, 1%- bzw. 0,1%-Signifikanzniveau an.

Tabelle 4-4: Ergebnisse der 0-1-normierten Standard-Regressionen mit $RATIO^{notl}$ als erklärter Variable auf Basis von Bankmittelwerten für die Kreditgenossenschaften

	(1) HHI	(2) HHI^w	(3) D^{Bund}	(4) D^{Land}	(5) D^{Ort}	(6) D^{BWS}
SM	-0,141***	-0,196***	-0,204***	-0,198***	-0,126***	-0,180***
	(-3,32)	(-5,21)	(-4,30)	(-4,44)	(-3,45)	(-3,92)
kred_ant	0,205***	0,207***	0,187***	0,189***	0,212***	0,191***
	(5,18)	(5,43)	(4,70)	(4,88)	(5,54)	(4,72)
privat	-0,153***	-0,137***	-0,134***	-0,136***	-0,124***	-0,147***
	(-4,36)	(-4,20)	(-4,09)	(-4,18)	(-3,81)	(-4,30)
kommunal	-0,065*	-0,049	-0,058	-0,056	-0,068*	-0,064
	(-2,07)	(-1,71)	(-1,75)	(-1,62)	(-2,07)	(-1,91)
hyp	-0,099***	-0,090***	-0,098***	-0,094***	-0,094***	-0,095***
	(-3,58)	(-3,30)	(-3,55)	(-3,40)	(-3,39)	(-3,46)
blanko	-0,004	-0,013	-0,006	-0,002	-0,007	-0,011
	(-0,10)	(-0,33)	(-0,17)	(-0,04)	(-0,19)	(-0,29)
personal_kredit	-0,095**	-0,111***	-0,093**	-0,092**	-0,086**	-0,089**
	(-2,92)	(-3,45)	(-2,81)	(-2,79)	(-2,60)	(-2,69)
markt_ant1	-0,023	-0,017	-0,018	-0,022	-0,061*	-0,021
	(-0,91)	(-0,74)	(-0,73)	(-0,89)	(-2,00)	(-0,83)
bilanz	0,023	0,026	-0,060	-0,051	0,010	-0,042
	(0,54)	(0,68)	(-1,19)	(-1,05)	(0,23)	(-0,83)
agglom1	-0,046	-0,027	-0,077*	-0,071*	-0,038	-0,078*
	(-1,44)	(-0,82)	(-2,35)	(-2,19)	(-1,17)	(-2,38)
agglom2	0,038	0,043	0,025	0,020	0,027	0,025
	(1,27)	(1,47)	(0,83)	(0,68)	(0,93)	(0,83)
ost	-0,053	-0,029	-0,051	-0,084*	-0,042	-0,044
	(-1,67)	(-0,99)	(-1,63)	(-2,57)	(-1,37)	(-1,39)
fusion1	0,051	0,041	0,055	0,051	0,052	0,058
	(1,68)	(1,37)	(1,82)	(1,69)	(1,68)	(1,90)
fusion2	0,016	0,030	0,014	0,017	0,019	0,016
	(0,68)	(1,28)	(0,58)	(0,73)	(0,79)	(0,67)
Beobachtungen	1575	1575	1575	1575	1575	1575
R^2	0,129	0,144	0,133	0,132	0,124	0,130

*,**,*** zeigen jeweils statistische Signifikanz auf einem 5%-, 1%- bzw. 0,1%-Signifikanzniveau an.

Tabelle 4-5: Ergebnisse der 0-1-normierten Standard-Regressionen mit $RATIO^{ausf}$ als erklärter Variable auf Basis von Bankmittelwerten für die Sparkassen

	(1) HHI	(2) HHI^w	(3) D^{Bund}	(4) D^{Land}	(5) D^{Ort}	(6) D^{BWS}
SM	-0,034	-0,190***	-0,216***	-0,136**	-0,038	-0,186***
	(-0,68)	(-3,93)	(-4,08)	(-2,89)	(-1,00)	(-3,56)
kred_ant	0,022	-0,005	-0,027	-0,006	0,022	-0,017
	(0,35)	(-0,07)	(-0,42)	(-0,09)	(0,35)	(-0,27)
privat	-0,142**	-0,138**	-0,138**	-0,149**	-0,142**	-0,159***
	(-2,98)	(-2,94)	(-2,97)	(-3,13)	(-2,97)	(-3,35)
kommunal	-0,067	-0,083*	-0,079	-0,055	-0,066	-0,086
	(-1,58)	(-2,00)	(-1,81)	(-1,30)	(-1,56)	(-1,96)
hyp	-0,121**	-0,104*	-0,138**	-0,130**	-0,122**	-0,113**
	(-2,76)	(-2,41)	(-3,23)	(-3,03)	(-2,79)	(-2,65)
blanko	0,339***	0,321***	0,333***	0,334***	0,339***	0,340***
	(6,82)	(6,42)	(6,69)	(6,72)	(6,82)	(6,76)
personal_kredit	0,145**	0,128*	0,141**	0,141**	0,144**	0,143**
	(2,75)	(2,41)	(2,67)	(2,67)	(2,69)	(2,69)
markt_ant1	-0,064	-0,057	-0,064	-0,067	-0,081	-0,060
	(-1,46)	(-1,36)	(-1,52)	(-1,56)	(-1,78)	(-1,43)
bilanz	0,234***	0,161**	0,095	0,166**	0,236***	0,126
	(4,03)	(2,68)	(1,43)	(2,65)	(4,06)	(1,91)
agglom1	-0,084	-0,068	-0,127*	-0,093	-0,087	-0,144*
	(-1,42)	(-1,17)	(-2,18)	(-1,59)	(-1,47)	(-2,47)
agglom2	0,041	0,046	0,029	0,042	0,040	0,019
	(0,79)	(0,88)	(0,55)	(0,80)	(0,76)	(0,36)
ost	0,235**	0,277***	0,172*	0,157	0,223**	0,203**
	(3,02)	(3,60)	(2,18)	(1,93)	(2,85)	(2,60)
fusion1	-0,005	0,009	-0,002	-0,011	-0,004	0,003
	(-0,11)	(0,22)	(-0,06)	(-0,27)	(-0,11)	(0,08)
fusion2	0,001	0,017	-0,007	0,003	0,002	-0,003
	(0,03)	(0,44)	(-0,18)	(0,07)	(0,06)	(-0,08)
Beobachtungen	534	534	534	534	534	534
R^2	0,316	0,337	0,338	0,325	0,316	0,333

*,**,*** zeigen jeweils statistische Signifikanz auf einem 5%-, 1%- bzw. 0,1%-Signifikanzniveau an.

Tabelle 4-6: Ergebnisse der 0-1-normierten Standard-Regressionen mit $RATIO^{notl}$ als erklärter Variable auf Basis von Bankmittelwerten für die Sparkassen

	(1) HHI	(2) HHI^w	(3) D^{Bund}	(4) D^{Land}	(5) D^{Ort}	(6) D^{BWS}
SM	-0,010	-0,119*	-0,132*	-0,041	-0,036	-0,130*
	(-0,22)	(-2,46)	(-2,27)	(-0,75)	(-0,84)	(-2,16)
kred_ant	-0,025	-0,042	-0,055	-0,033	-0,025	-0,052
	(-0,36)	(-0,61)	(-0,78)	(-0,48)	(-0,36)	(-0,76)
privat	-0,262***	-0,260***	-0,260***	-0,264***	-0,264***	-0,275***
	(-5,42)	(-5,45)	(-5,47)	(-5,47)	(-5,52)	(-5,70)
kommunal	-0,046	-0,056	-0,053	-0,043	-0,045	-0,059
	(-1,02)	(-1,24)	(-1,14)	(-0,94)	(-0,99)	(-1,25)
hyp	-0,270***	-0,258***	-0,279***	-0,273***	-0,269***	-0,264***
	(-5,22)	(-5,02)	(-5,50)	(-5,35)	(-5,23)	(-5,15)
blanko	0,102	0,091	0,098	0,100	0,102	0,102
	(1,90)	(1,68)	(1,82)	(1,86)	(1,90)	(1,90)
personal_kredit	0,023	0,011	0,019	0,022	0,020	0,020
	(0,37)	(0,18)	(0,31)	(0,35)	(0,32)	(0,33)
markt_ant1	-0,048	-0,043	-0,047	-0,049	-0,063	-0,044
	(-0,97)	(-0,89)	(-0,97)	(-1,00)	(-1,23)	(-0,91)
bilanz	-0,158*	-0,207**	-0,246***	-0,178*	-0,164*	-0,238**
	(-2,41)	(-3,09)	(-3,38)	(-2,54)	(-2,58)	(-3,14)
agglom1	-0,006	0,006	-0,030	-0,009	-0,005	-0,045
	(-0,10)	(0,10)	(-0,50)	(-0,15)	(-0,08)	(-0,75)
agglom2	0,163**	0,165**	0,155**	0,163**	0,161**	0,146**
	(2,94)	(2,98)	(2,82)	(2,95)	(2,91)	(2,67)
ost	-0,069	-0,041	-0,106	-0,092	-0,077	-0,090
	(-0,85)	(-0,51)	(-1,31)	(-1,12)	(-0,96)	(-1,12)
fusion1	-0,050	-0,043	-0,050	-0,052	-0,052	-0,046
	(-1,08)	(-0,93)	(-1,09)	(-1,12)	(-1,13)	(-1,01)
fusion2	0,015	0,025	0,010	0,015	0,016	0,012
	(0,38)	(0,64)	(0,25)	(0,39)	(0,42)	(0,31)
Beobachtungen	534	534	534	534	534	534
R^2	0,195	0,204	0,204	0,196	0,196	0,204

*,**,*** zeigen jeweils statistische Signifikanz auf einem 5%-, 1%- bzw. 0,1%-Signifikanzniveau an.

Tabelle 4-7: Ergebnisse der 0-1-normierten Standard-Regressionen mit $RATIO^{ausf}$ als erklärter Variable auf Basis von Bankmittelwerten für Kreditgenossenschaften und Sparkassen

	(1) HHI	(2) HHI^{w}	(3) D^{Bund}	(4) D^{Land}	(5) D^{Ort}	(6) D^{BWS}
SM	-0,237***	-0,216***	-0,379***	-0,321***	-0,215***	-0,337***
	(-6,23)	(-6,56)	(-8,11)	(-6,98)	(-6,11)	(-7,98)
SM·sparkasse	2,701	-0,024	0,203**	0,187**	0,115**	0,191*
	(1,53)	(-0,33)	(2,89)	(3,21)	(3,02)	(2,45)
kred_ant	0,121***	0,143***	0,093**	0,105***	0,139***	0,096**
	(4,19)	(5,03)	(3,10)	(3,53)	(4,85)	(3,21)
privat	-0,174***	-0,142***	-0,142***	-0,138***	-0,124***	-0,164***
	(-6,53)	(-5,53)	(-5,70)	(-5,50)	(-5,01)	(-6,38)
kommunal	-0,050	-0,053*	-0,053	-0,044	-0,058*	-0,059*
	(-1,88)	(-2,10)	(-1,93)	(-1,54)	(-2,08)	(-2,12)
hyp	-0,115***	-0,098***	-0,121***	-0,111***	-0,109***	-0,115***
	(-4,37)	(-3,62)	(-4,59)	(-4,16)	(-4,00)	(-4,30)
blanko	0,210***	0,195***	0,205***	0,215***	0,208***	0,200***
	(6,08)	(5,54)	(5,96)	(6,15)	(5,93)	(5,79)
personal_kredit	-0,036	-0,043	-0,029	-0,029	-0,021	-0,025
	(-1,17)	(-1,37)	(-0,93)	(-0,92)	(-0,64)	(-0,80)
markt_ant1	-0,037*	-0,043*	-0,030	-0,035	-0,084***	-0,032
	(-2,00)	(-2,36)	(-1,61)	(-1,84)	(-3,81)	(-1,73)
bilanz	0,220***	0,248***	0,074	0,119**	0,211***	0,097*
	(5,94)	(6,67)	(1,63)	(2,62)	(5,28)	(2,19)
agglom1	-0,032	-0,011	-0,076**	-0,064*	-0,023	-0,083**
	(-1,21)	(-0,43)	(-2,79)	(-2,36)	(-0,87)	(-3,01)
agglom2	0,018	0,025	-0,000	-0,005	0,004	-0,004
	(0,69)	(0,96)	(-0,01)	(-0,18)	(0,14)	(-0,14)
ost	0,109***	0,165***	0,104***	0,069*	0,134***	0,117***
	(3,97)	(6,17)	(3,77)	(2,37)	(4,85)	(4,29)
fusion1	0,093***	0,090***	0,095***	0,093***	0,095***	0,100***
	(4,41)	(4,27)	(4,50)	(4,38)	(4,38)	(4,74)
fusion2	-0,049*	-0,030	-0,054**	-0,046*	-0,045*	-0,051**
	(-2,48)	(-1,52)	(-2,73)	(-2,34)	(-2,27)	(-2,58)
sparkasse	-0,180	-0,035	-0,288***	-0,255***	-0,154**	-0,247**
	(-1,82)	(-0,43)	(-3,41)	(-3,63)	(-3,00)	(-2,76)
Beobachtungen	2109	2109	2109	2109	2109	2109
R^2	0,278	0,274	0,284	0,273	0,260	0,281

*,**,*** zeigen jeweils statistische Signifikanz auf einem 5%-, 1%- bzw. 0,1%-Signifikanzniveau an.

Tabelle 4-8: Ergebnisse der 0-1-normierten Standard-Regressionen mit $RATIO^{notl}$ als erklärter Variable auf Basis von Bankmittelwerten für Kreditgenossenschaften und Sparkassen

	(1) HHI	(2) HHI^{w}	(3) D^{Bund}	(4) D^{Land}	(5) D^{Ort}	(6) D^{BWS}
SM	-0,162***	-0,207***	-0,279***	-0,245***	-0,159***	-0,243***
	(-4,40)	(-6,29)	(-5,84)	(-5,56)	(-4,63)	(-5,52)
SM·sparkasse	1,859	0,059	0,192*	0,191**	0,064	0,168
	(1,44)	(0,66)	(2,19)	(2,70)	(1,39)	(1,71)
kred_ant	0,171***	0,176***	0,148***	0,154***	0,182***	0,151***
	(4,98)	(5,30)	(4,23)	(4,56)	(5,49)	(4,27)
privat	-0,169***	-0,154***	-0,148***	-0,145***	-0,136***	-0,163***
	(-6,01)	(-5,77)	(-5,52)	(-5,44)	(-5,13)	(-5,90)
kommunal	-0,032	-0,024	-0,032	-0,025	-0,036	-0,037
	(-1,20)	(-0,95)	(-1,15)	(-0,87)	(-1,26)	(-1,31)
hyp	-0,108***	-0,097***	-0,113***	-0,105***	-0,103***	-0,109***
	(-4,47)	(-4,02)	(-4,65)	(-4,33)	(-4,22)	(-4,43)
blanko	0,023	0,012	0,021	0,028	0,022	0,016
	(0,76)	(0,37)	(0,67)	(0,91)	(0,69)	(0,52)
personal_kredit	-0,094***	-0,108***	-0,091**	-0,092**	-0,085**	-0,087**
	(-3,38)	(-3,92)	(-3,21)	(-3,23)	(-2,96)	(-3,07)
markt_ant1	-0,025	-0,024	-0,017	-0,020	-0,062*	-0,020
	(-1,11)	(-1,10)	(-0,76)	(-0,87)	(-2,38)	(-0,88)
bilanz	-0,010	-0,007	-0,120*	-0,092	-0,026	-0,102*
	(-0,25)	(-0,18)	(-2,35)	(-1,88)	(-0,59)	(-2,00)
agglom1	-0,034	-0,014	-0,066*	-0,059*	-0,026	-0,070*
	(-1,25)	(-0,53)	(-2,39)	(-2,12)	(-0,96)	(-2,53)
agglom2	0,070**	0,077**	0,057*	0,052*	0,059*	0,055*
	(2,77)	(3,03)	(2,23)	(2,03)	(2,33)	(2,15)
ost	-0,055	-0,026	-0,061*	-0,088**	-0,040	-0,051
	(-1,82)	(-0,92)	(-2,04)	(-2,77)	(-1,34)	(-1,67)
fusion1	0,037	0,028	0,037	0,036	0,037	0,041
	(1,50)	(1,16)	(1,51)	(1,46)	(1,49)	(1,68)
fusion2	0,017	0,031	0,013	0,018	0,019	0,015
	(0,84)	(1,57)	(0,64)	(0,90)	(0,97)	(0,75)
sparkasse	-0,364***	-0,306**	-0,450***	-0,438***	-0,287***	-0,405***
	(-3,41)	(-3,10)	(-4,43)	(-5,24)	(-4,81)	(-3,64)
Beobachtungen	2109	2109	2109	2109	2109	2109
R^2	0,188	0,201	0,194	0,190	0,181	0,191

*,**,*** zeigen jeweils statistische Signifikanz auf einem 5%-, 1%- bzw. 0,1%-Signifikanzniveau an.

4-1 angegeben sind – besprochen werden.

Angemerkt sei an dieser Stelle, dass in der vorliegenden Arbeit Zusammenhänge als statistisch signifikant bezeichnet werden, wenn sie auf einem 5%-Signifikanzniveau signifikant sind. Dies ist in der empirischen Forschung gängig.[45] Konsequenter Weise werden in dieser Arbeit nur die Koeffizienten mit Sternchen markiert, die zumindest auf einem 5%-Signifikanzniveau signifikant von Null verschieden sind,[46] so dass nur signifikante Zusammenhänge gekennzeichnet werden. Des Weiteren werden durch die zusätzliche Markierung von Signifikanzen auf einem 0,1%-Signifikanzniveau statistisch hochsignifikante Zusammenhänge besonders hervorgehoben.[47] In der vorliegenden Arbeit wird einer Variable im Rahmen von 0-1-standardisierten Regressionen ökonomische Signifikanz zugesprochen, wenn der entsprechende Koeffizienten-Wert größer als 0,1 ist. Da in der Literatur keine Klassifizierung, ab wann Zusammenhänge als ökonomisch signifikant einzustufen sind, vorgegeben wird, und sich der Autor der Willkür seiner Wahl durchaus bewusst ist, wird im Folgenden nur in wenigen Fällen von ökonomischer Signifikanz in absoluter Form gesprochen. Häufiger wird die ökonomische Stärke eines Zusammenhangs lediglich relativ zu der eines anderen Zusammenhangs betrachtet.

In allen Fällen zeigt der (Heteroskedastie-robuste) F-Test[48] an, dass das Regressionsmodell jeweils insgesamt signifikant ist und damit einen gewissen Erklärungsgehalt besitzt. Da hier und im gesamten weiteren Verlauf dieser Arbeit stets die Gesamtsignifikanz der Regressionsmodelle gegeben ist, wird auf die Angabe und Kommentierung der F-Statistik-Werte sowie eine ausführliche Diskussion der R^2-Werte verzichtet. Für die Kreditgenossenschaften wird beim Ramsey-Test in allen Fällen die Hypothese zumindest auf einem 5%-Signifikanzniveau, für die Sparkassen auf einem 10%-Signifikanzniveau abgelehnt, d.h. eine Fehlspezifikation durch Weglassen relevanter erklärender Variablen oder Endogenitäten wird nicht angezeigt.[49] Die Variance-Inflation-Factors (VIF) der einzelnen Variablen liegen bei den

[45] Vgl. hierzu etwa Eckey et al. (2004), S. 77, und Wooldridge (2008), S. 128.

[46] Dies weicht vom üblichen Vorgehen, das Kennzeichnungen ab einer Signifikanz auf einem 10%-Signifikanzniveau vorsieht, ab.

[47] Insbesondere bei diesen Zusammenhängen können zufällige Signifikanzen mit sehr hoher Wahrscheinlichkeit ausgeschlossen werden. Vgl. hierzu Wooldridge (2008), S. 79.

[48] Vgl. hierzu Wooldridge (2008), S. 269.

[49] Zu Eigenschaften des Ramsey-Tests vgl. Studenmund (2006), S. 193 ff., Hackl (2005), S. 103 ff., und Eckey et al. (2004).

separaten Regressionen unterhalb von 5 und im Durchschnitt meist unter 2, d.h. Multikollinearitätsprobleme können ausgeschlossen werden.[50]

4.2.2.1 Resultate für den Spezialisierungsgrad

Im Mittelpunkt steht die Beantwortung der Frage, ob spezialisierte Banken Monitoring-Vorteile, d.h. ob Banken mit einem höheren Spezialisierungsgrad niedrigere *RATIO*s haben. Aus diesem Grund werden die Koeffizienten β_1 ausführlich kommentiert. Sowohl für Kreditgenossenschaften als auch für Sparkassen werden bei Verwendung der Ausfallquote und bei Verwendung der Quote notleidender Kredite als tatsächliche Verlustquoten negative β_1 für sämtliche Spezialisierungsmaße ausgewiesen. Dies gilt auch für die Koeffizienten im Falle der gemeinsamen Regression.

Bei den Kreditgenossenschaften liegen ausschließlich auf einem 0,1%-Signifikanzveau statistisch signifikante negative Zusammenhänge zwischen dem Spezialisierungsgrad und den Quotienten aus tatsächlicher und erwarteter Verlustquote vor. Es zeigt sich ferner eine hohe ökonomische Signifikanz. Die Koeffizienten liegen zwischen -0,301 und -0,126 bei einem Mittelwert von -0,208 (Median: -0,204), d.h. bei einer Veränderung des Spezialisierungsgrades in Höhe der Standardabweichung nimmt die *RATIO* durchschnittlich um 20,8% ihrer Standardabweichung ab. Spezialisierte Kreditgenossenschaften haben demnach relativ zu den auf Basis der Branchenzusammensetzung erwarteten Verlusten geringere tatsächliche Verluste als diversifizierte Institute. Ein höherer Spezialisierungsgrad geht mit einer höheren Monitoring-Qualität einher. Insgesamt ist die negative Beziehung bei der $RATIO^{ausf}$ stärker ausgeprägt als bei der $RATIO^{notl}$. Der Koeffizient beträgt – jeweils über die sechs Spezialisierungsmaße berechnet – bei der $RATIO^{ausf}$ -0,242 und bei der $RATIO^{notl}$ -0,174. Auch die Absolutwerte der t-Statistiken sind größer, wenn die tatsächlichen Verluste über Abschreibungen und Verbrauch von Einzelwertberichtigungen ermittelt werden. Hier steht ein durchschnittlicher t-Wert von $-5,88$ einem von -4,11 gegenüber. Eine Ursache für die – wenn auch geringfügigen – Unterschiede könnte sein, dass spezialisiertere Banken niedrigere LGDs bei ihren Kreditengagements aufweisen, ein Vorteil, der bei der $RATIO^{notl}$ nicht berücksichtigt wird, da die Quote notleidender Kredite auf Nominalbeträge und nicht auf Verlustbeträge bei Ausfall abstellt. Auch wenn

[50] Eine weit verbreitete Daumenregel besagt, dass Probleme durch Multikollinearität entstehen, falls der VIF einer Variable größer als 10 ist. Vgl. hierzu Chatterjee / Price (2000).

die Variable *blanko* einen Großteil der LGDs erklären mag, so ist doch vorstellbar, dass eine spezialisierte Bank bei gleich hohem Blankoanteil z.B. durch eine effiziente Kreditabwicklung eine höhere Recovery Rate erzielt.[51] Die hohen Korrelationen zwischen den Spezialisierungsmaßen bei Kreditgenossenschaften[52] ließen vermuten, dass sich die Resultate zwischen den Spezialisierungsmaßen nicht allzu sehr unterscheiden würden. Die durchgängig signifikant negativen Beziehungen zu den $RATIO$s bestätigen diese Vermutung. Sowohl für die Spezialisierung gemessen anhand naiver Spezialisierungsmaße als auch für die gemessen anhand von Distanzmaßen sind vergleichbare Monitoring-Vorteile zu berichten. Die insgesamt niedrigsten (absoluten) t-Werte bzw. Koeffizienten hat das Maß D^{Ort} mit durchschnittlich -4,29 bzw. -0,155, und die höchsten das Maß D^{Bund} mit -5, 48 bzw. -0,253.[53] Dieses Resultat lässt darauf schließen, dass eine aktiv vorgenommene Spezialisierung, gekennzeichnet durch hohe D^{Ort}-Werte, einer vermeintlich eher passiven Spezialisierung, gekennzeichnet durch hohe D^{Bund}-Werte, nicht überlegen, sondern – wie es scheint – eher unterlegen ist.[54] Es ist jedoch zu beachten, dass der schwächer ausgewiesene Zusammenhang zwischen D^{Ort} und den $RATIO$s auch durch Verzerrungen hervorgerufen sein kann, die durch das Weglassen von überregional tätigen Banken bei der Ermittlung der Benchmark bewirkt werden. Ferner zeigen die relativ hohe Korrelation zwischen D^{Bund} und D^{Ort} in Höhe von 0,761 und die relativ geringe (absolute) Korrelation zwischen D^{Bund} und *SM_ Ort*,[55] dass eine klare Trennung in aktive und passive Spezialisierung anhand dieser beiden Spezialisierungsmaße nicht möglich erscheint. In Abschnitt 4.2.3.2.3 wird die Variable *SM_ Ort*, die die Abweichung der Ort-Benchmark von der nationalen Benchmark beschreibt, als erklärende Variable in die Regressionen einbezogen und eine tiefergehende Analyse des Zusammenhangs zwischen D^{Ort} und D^{Bund} vorgenommen. Außerdem kann die hohe Korrelation zwischen *markt_ ant1* und D^{Ort} Einfluss auf die Regressionsergebnisse haben.[56] Bei der Vorstellung der Ergebnisse für die Variable *markt_ ant1* wird darauf eingegangen. Die Resultate für die beiden naiven Spezialisierungsmaße *HHI* und HHI^{w} sind für die $RATIO^{ausf}$ vergleichbar.

[51] In Abschnitt 4.2.3.2.1 wird ferner untersucht, ob und wie sich die Ergebnisse durch Weglassen der Variable *blanko* verändern.

[52] Vgl. hierzu die Tabelle 3-3 in Abschnitt 3.4.2.2.

[53] Für das Maß D^{BWS}, das sehr stark mit dem Maß D^{Bund} korreliert ist (die Korrelation liegt bei 0,968), und das Maß D^{Land}, dessen Benchmarks zwischen nationaler Benchmark und jeweiligen Ort-Benchmarks einzuordnen sind, ist die Stärke des Zusammenhangs dazwischen anzusiedeln.

[54] Vgl. hierzu Abschnitt 3.4.2.2.

[55] Vgl. hierzu Tabelle 3-3 in Abschnitt 3.4.2.2 bzw. Tabelle 3-4 in Abschnitt 3.4.5.

[56] Vgl. Tabelle 3-19 in Abschnitt 3.4.5.

Bei der $RATIO^{notl}$ ist der negative Zusammenhang für HHI^{w} stärker.

Bei den Sparkassen sind zwar ebenfalls negative β_1 zu konstatieren, allerdings ist die Beziehung zwischen Spezialisierungsgrad und $RATIO$ insgesamt schwächer und variiert erheblich stärker in Abhängigkeit vom betrachteten Spezialisierungsmaß und der Art der $RATIO$. Der durchschnittliche Koeffizient liegt bei -0,106 (Median: -0,130) und der durchschnittliche t-Wert bei -2,07 (Median: -2,27). Bei der $RATIO^{ausf}$ sind die negativen Zusammenhänge ausgeprägter als bei der $RATIO^{notl}$. Durchschnittliche t-Werte bzw. Koeffizienten in Höhe von -2,69 bzw. -0,133 stehen Werten in Höhe von -1,45 bzw. -0,078 gegenüber. Eine mögliche Ursache für die Diskrepanz könnte wie bei den Kreditgenossenschaften sein, dass der Spezialisierungsgrad erheblichen Einfluss auf die LGDs hat, der bei der Quote notleidender Kredite nicht berücksichtigt wird. Eine weitere Möglichkeit wäre, dass spezialisierte Sparkassen besonders frühzeitig Einzelwertberichtigungen bilden bzw. dass die externen Prüfer bei spezialisierten Instituten aufgrund vermuteter Konzentrationsrisiken umfassender und kritischer das Kreditportfolio durchleuchten und dadurch die $RATIO^{notl}$ ansteigt. Allerdings sollten die Standards externer Prüfungen erhebliche Verzerrungen verhindern.[57] Die Korrelationen zwischen den Spezialisierungsmaßen sind bei den Sparkassen geringer als bei den Kreditgenossenschaften.[58] Dies schlägt sich auch in erheblichen Unterschieden zwischen den Spezialisierungsmaßen bei den Regressionsergebnissen nieder. Die stärksten negativen Zusammenhänge gelten für HHI^{w}, D^{Bund} und D^{BWS}. Alle drei Maße sind bei der $RATIO^{ausf}$ signifikant negativ auf einem 0,1%-Signifikanzniveau und bei der $RATIO^{notl}$ auf einem 5%-Signifikanzniveau. Für D^{Land} ist bei der $RATIO^{ausf}$ statistische Signifikanz auf einem 1%-Signifikanzniveau zu verzeichnen. In den anderen Fällen ist keine statistische Signifikanz gegeben, d.h. insbesondere, dass für HHI und D^{Ort} lediglich insignifikant negative Beziehungen zu den beiden Proxys für die Monitoring-Qualität bestehen. Für den schwachen Zusammenhang bei D^{Ort} können dieselben möglichen Ursachen wie bei den Kreditgenossenschaften angeführt werden. Bei den Sparkassen ist im Unterschied zu den Kreditgenossenschaften eine weitaus geringere Korrelation zwischen D^{Ort} und D^{Bund} und eine höhere (absolute) Korrelation zwischen D^{Bund} und SM_Ort gegeben.[59] Bei

[57] In Abschnitt 4.2.3.2.3 wird genauer untersucht, inwieweit mögliche Unterschiede bei den Prüfungsmethoden zu Beeinflussungen der Ergebnisse führen und ob die Verwendung der $RATIO^{notl\_gepr}$, bei der die tatsächliche Verlustquote im Nenner das geprüfte Kreditvolumen ansetzt, als erklärte Variable vorzuziehen ist.

[58] Vgl. hierzu Abschnitt 3.4.2.2.

[59] Vgl. hierzu Abschnitt 3.4.2.2 und 3.4.5.

den Sparkassen ist somit die Verwendung des Spezialisierungsmaßes D^{Bund} als Maß für passive Spezialisierung und die von D^{Ort} als Maß für aktive Spezialisierung zutreffender als bei den Kreditgenossenschaften. Ein Abweichen des Kreditportfolios vom Ort-Portfolio, d.h. eine aktive Spezialisierung, scheint bei Sparkassen weniger Monitoring-Vorteile zu generieren als ein Abweichen von der nationalen Benchmark, was als passive Spezialisierung verstanden werden kann. In Abschnitt 4.2.3.2.3 wird diese Hypothese wie bei den Kreditgenossenschaften durch Aufnahme der Variablen *SM_ Ort* genauer untersucht. Eine mögliche Interpretation der geringeren (absoluten) t- und Koeffizienten-Werte für den *HHI* im Vergleich zu denen für den HHI^w ist, dass sich bei Sparkassen der Arbeitseinsatz stärker nach dem Risiko als nach dem Nominalvolumen der Kreditengagements richtet. Hohe HHI^w-Werte würden somit eine hohe Konzentration des Arbeitseinsatzes und der Informationsbeschaffung sowie -verarbeitung auf bestimmte Branchen anzeigen, zumindest stärker, als dies für hohe *HHI*-Werte der Fall ist. Für Sparkassen scheint demnach eine Verwendung des HHI^w zur Messung des Spezialisierungsgrades sinnvoller als eine Verwendung des *HHI*.

Die Ergebnisse für den Zusammenhang zwischen Spezialisierungsgrad und *RATIO* bei den gemeinsamen Regressionen entsprechen im Wesentlichen denen für die Kreditgenossenschaften. Dies lässt sich durch die bedeutend höhere Anzahl an betrachteten Kreditgenossenschaften erklären. Da sich die Resultate für β_1 durch Hinzufügen des Interaktionsterms zwischen Sparkassen-Dummy und Spezialisierungsgrad kaum verändern, werden lediglich die Ergebnisse basierend auf der Regressionsgleichung 4-2 vorgestellt. Auffällig ist, dass der negative Zusammenhang zwischen Spezialisierungsgrad und $RATIO^{ausf}$ bzw. $RATIO^{notl}$ für alle Spezialisierungsmaße stärker ist als bei den Kreditgenossenschaften. Dies dokumentieren durchschnittliche t- bzw. Koeffizienten-Werte von -6,18 (Median: -0,623) bzw. -0,232 (Median: -0,243).[60] Von Bedeutung könnte hierbei sein, dass der Sparkassen-Dummy in der Regressionsgleichung verwendet wird. Sparkassen weisen in fast allen Fällen signifikant niedrigere RATIOs als Kreditgenossenschaften auf, ein Ergebnis, das aufgrund der niedrigeren Mittelwerte der *RATIO*s gemäß Abschnitt 3.4.2.2 zu erwarten war. Die Ursache hierfür könnte sein, dass Kreditgenossenschaften überwiegend Kredite an KMUs vergeben im Unterschied zu den Sparkassen, die eher größere Unternehmen, für die

[60] Höhere negative Koeffizienten liegen auch bei den Regressionen ohne 0-1-Standardisierung vor. Vgl. hierzu die Tabellen A-5 und A-6 in Anhang A.

geringere Ausfallquoten als für KMUs gelten, als Kreditnehmer aufweisen.[61] Ein Weglassen des Sparkassen-Dummys könnte dazu führen, dass der Zusammenhang zwischen Spezialisierungsgrad und Monitoring-Qualität anders ausgewiesen würde. Ein Zusammenführen der Daten von Sparkassen mit denen von Kreditgenossenschaften entspricht einem Zusammenführen von niedrigen Spezialisierungsgraden und niedrigen *RATIO*s mit hohen Spezialisierungsgraden und hohen *RATIO*s.[62] Ohne den Sparkassen-Dummy, d.h. bei Vernachlässigung der Unterschiede zwischen der Kreditvergabe bei Kreditgenossenschaften und der bei Sparkassen wäre es somit möglich, dass sich der stark negative Zusammenhang abschwächt. Die Ergebnisse für gemeinsame Regressionen ohne Dummy-Variable[63] zeigen allerdings, dass dem nicht so ist. Der stark negative Zusammenhang des Spezialisierungsgrades mit der *RATIO* bleibt erhalten. Zum einen wird die zahlenmäßige Überlegenheit der Kreditgenossenschaften dafür ausschlaggebend sein, zum anderen ist auch der Einfluss der Kontrollvariablen zu beachten. Die separaten Regressionen haben bereits gezeigt, dass bei den Kreditgenossenschaften ein stärkerer negativer Zusammenhang zwischen Spezialisierungsgrad und Monitoring-Qualität besteht. Der Interaktionsterm $SM \cdot sparkasse$ spiegelt dies durch positive Werte – mit Ausnahme des negativen Wertes für den HHI^w – wider.[64] Signifikante Unterschiede werden für alle vier Distanzmaße ausgewiesen. Bei den Kreditgenossenschaften geht also ein Abweichen von der jeweiligen Benchmark mit einer stärkeren Monitoring-Verbesserung einher als bei den Sparkassen.

Die zentrale Hypothese, dass $\beta_1 < 0$ bzw. dass spezialisierte Banken Monitoring-Vorteile aufweisen, konnte durch die Regressionen verifiziert werden. Insgesamt lässt sich sagen, dass für die Kreditgenossenschaften die Wahl des Spezialisierungsmaßes keine so große Rolle spielt wie für die Sparkassen. Insbesondere zeigt sich, dass sich für Sparkassen die Orientierung an Risikogrößen anstatt an Volumengrößen bei naiver Spezialisierungsgradmessung erheblich stärker auswirkt als bei Kreditgenossenschaften. Bevor die Robustheit der Ergebnisse untersucht wird, werden die Resultate für die Kontrollvariablen vorgestellt. Da die Ergebnisse der gemeinsamen

[61] Vgl. hierzu Basel Committee on Banking Supervision (2003) und Basel Committee on Banking Supervision (2006b).

[62] Vgl. hierzu Abschnitt 3.4.2.2 bzw. 3.4.3.

[63] Die Ergebnisse sind in den Tabellen A-7 und A-8 in Anhang A notiert.

[64] Es ist allerdings zu beachten, dass die Variance Inflation Factors für den Interaktionsterm und den Sparkassen-Dummy in den meisten Fällen größer als 10 sind, d.h. die Signifikanzaussagen hinsichtlich der Unterschiede zwischen den Zusammenhängen bei Sparkassen und Kreditgenossenschaften sind mit Vorsicht zu betrachten.

Regressionen den Regressionsergebnissen bei den Kreditgenossenschaften sehr stark ähneln, wird auf die Darstellung der Resultate für die gemeinsamen Regressionen verzichtet.

4.2.2.2 Resultate für die Kontrollvariablen

Der Kreditanteil (*kred_ ant*) weist bei den Kreditgenossenschaften zum 0,1%-Signifikanzniveau signifikant positive Zusammenhänge mit der *RATIO* für alle zwölf Regressionen auf, bei den Sparkassen hingegen sind ausschließlich insignifikante Zusammenhänge festzustellen. Es scheint demnach nicht der Fall zu sein, dass Banken mit höherem Kundenkreditanteil, also einer höheren Abhängigkeit vom Erfolg des Kundenkreditgeschäfts, sich Vorteile im Monitoring verschaffen. Das Ergebnis für die Kreditgenossenschaften lässt vermuten, dass Institute zur Aufrechterhaltung eines hohen Kreditanteils auch riskantere Kreditengagements eingehen bzw. Risikogesichtspunkte vernachlässigen. Diese Behauptung lässt sich allerdings mit den vorliegenden Daten nicht verifizieren. Es ist jedoch erkennbar, dass Kreditgenossenschaften mit einem hohen Kreditanteil im Beobachtungszeitraum ein tendenziell geringeres Kreditwachstum[65] über den Beobachtungszeitraum aufweisen als Institute mit einem niedrigen Kreditanteil.[66] Dies lässt darauf schließen, dass der Kreditanteil nicht unbedingt Ausdruck für eine expansive Kreditvergabe (zumindest im Beobachtungszeitraum) ist. Der positive Zusammenhang zwischen Kreditanteil und *RATIO* dürfte damit weniger durch unbedachte expansive Kreditpolitik geprägt sein, sondern eher dadurch, dass Banken mit einem hohen Kreditanteil anstreben, ein (relativ zur ihrer Bilanzsumme) hohes Volumen an Krediten aufrecht zu erhalten. In Abschnitt 4.2.3.4.1 wird eine Teilung des Beobachtungszeitraums vorgenommen. Möglicherweise ergeben sich hierbei Erkenntnisse darüber, ob der hier geäußerten Vermutung zugestimmt werden kann und ein hoher Kreditanteil auch über beide Zeiträume mit einer höheren *RATIO* zusammenhängt. In Abschnitt 4.2.3.2.1 wird ferner untersucht, ob das Weglassen der Variablen *blanko* Auswirkungen auf die Ergebnisse hat. Bei den Sparkassen liegt eine Korrelation von -0,323 zwischen *blanko* und *kred_ ant* vor, die anzeigt, dass Sparkassen mit größerem Kreditanteil höhere Besicherungsquoten aufweisen und damit der LGD und die $RATIO^{ausf}$ mit steigen-

[65] Das Kreditwachstum bezeichnet in diesem Fall das geometrische Mittel der jährlichen Veränderungen des Kundenkreditvolumens über den jeweiligen Beobachtungszeitraum einer Bank.

[66] Bei den Kreditgenossenschaften wird eine (signifikant) negative Korrelation zwischen Kreditanteil und Kreditwachstum in Höhe von $-0,153$ ausgewiesen.

dem Kreditanteil sinken dürften.

Die Quote der Privatkundenkredite (*privat*) hat sowohl bei den Sparkassen als auch bei den Kreditgenossenschaften einen signifikant negativen Einfluss auf die *RATIO*. In den meisten Fällen ist statistische Signifikanz auf einem 0,1%-, in jedem Fall aber auf einem 1%-Signifikanzniveau gegeben. Die Berechnung der erwarteten Verlustquote erfolgt lediglich auf Basis der Firmenkundenkredite, wohingegen die tatsächliche Verlustquote die Privatkundenkredite miteinbezieht. Implizit wird also durch die Definition der *RATIO* unterstellt, dass die erwartete Verlustquote des Privatkundengeschäfts der des Firmenkundengeschäfts entspricht.[67] Die negativen β_3 können somit bedeuten, dass im Privatkundengeschäft durchschnittlich geringere tatsächliche Verlustquoten als im Firmenkundengeschäft anfallen. Für die Kreditgenossenschaften überrascht dieses Ergebnis nicht, da – wie bereits erwähnt – das Firmenkundengeschäft erheblich von Krediten an KMUs geprägt ist. Bei den Sparkassen hätte man auf Basis der Ergebnisse der Quantitative Impact Studies 3 und 5 eher positive als negative β_3 erwartet.[68] Wie es scheint, ist aber auch bei Sparkassen das Firmenkundenkreditgeschäft noch in solchem Maß von Verträgen mit KMUs charakterisiert, dass das Privatkundengeschäft geringere tatsächliche Verlustquoten aufweist. Bei den Sparkassen ist ferner der negative Zusammenhang bei der $RATIO^{notl}$ stärker als bei der $RATIO^{ausf}$. Dies könnte daher resultieren, dass die PDs im Firmenkundengeschäft deutlich höher sind, die LGDs aber – wenn auch nur geringfügig – niedriger.[69] Es besteht aber auch die Möglichkeit, dass ein hoher Privatkundenanteil mit einer bestimmten Kreditvergabepolitik im Firmenkundenkreditgeschäft zusammenhängt. Ein negativer Zusammenhang von *privat* mit der *RATIO* könnte auch daher resultieren, dass Kreditinstitute, die ihren Fokus im Privatkundenge-

[67] Für die *RATIO* (ohne Logarithmierung) gilt

$$\frac{\text{tatsächliche Verlustquote im Firmen- und Privatkundengeschäft}}{\text{erwartete Verlustquote im Firmenkundengeschäft}};$$

es wird also implizit unterstellt, dass die erwartete Verlustquote im Firmenkundengeschäft der erwarteten Verlustquote im Firmen- und Privatkundengeschäft entspricht und damit die erwartete Verlustquote im Privatkundengeschäft mit der im Firmenkundengeschäft übereinstimmt.

[68] Vgl. Basel Committee on Banking Supervision (2003) und Basel Committee on Banking Supervision (2006b).

[69] Ergebnisse der Quantitative Impact Studies 3 und 5 stützen diese Vermutung und weisen KMU-Krediten des Retail-Segments tendenziell einen geringeren LGD zu als Privatkundenkrediten. Vgl. hierzu Basel Committee on Banking Supervision (2003) und Basel Committee on Banking Supervision (2006b).

schäft haben, nur sehr sichere Engagements im Firmenkundengeschäft eingehen und nur dann Firmenkundenkredite vergeben, wenn das Risiko für sie einschätzbar und niedrig ist. In Kapitel 5 im Rahmen der Untersuchung der Kreditertäge wird auf diesen Aspekt noch einmal eingegangen.

Für die Quote der Kommunalkredite (*kommunal*) werden insgesamt nur schwach negative Zusammenhänge mit der *RATIO* ausgewiesen. Lediglich in 4 von 24 Fällen sind die Ergebnisse statistisch signifikant auf einem 5%-Signifikanzniveau. Bei den Kreditgenossenschaften war ein solches Ergebnis zu erwarten, da der Anteil der Kommunalkredite an den Kundenkrediten im Durchschnitt lediglich 1,4% beträgt und damit keinen deutlichen Effekt zeigen sollte. Bei den Sparkassen mit einer durchschnittlichen Quote von 6,7% wäre ein stärkerer negativer Zusammenhang zu vermuten gewesen. Ein möglicher Grund für die eher schwache Beziehung zwischen *kommunal* und der *RATIO* ist, dass Banken mit einem hohen Kommunalkreditanteil bei den übrigen Krediten höhere Risiken eingehen als andere Banken, da sie sich durch den hohen Anteil der Kommunalkredite genügend abgesichert fühlen. Auch die Tatsache, dass Kommunalkredite zu niedrigen Zinssätzen vergeben werden, könnte für die Banken mit hohen *kommunal*-Werten ein Anlass sein, durch Kreditvergabe an riskantere Kreditnehmer die niedrigeren Kreditertäge zu kompensieren. In Kapitel 5 im Rahmen der Untersuchung der Kreditertäge wird die Variable *kommunal* nicht als erklärende Variable herangezogen. Zusätzlich vorgenommene Untersuchungen zeigen einen statistisch insignifikant negativen Zusammenhang zwischen *kommunal* und ZEQ^{ausf}. Dies kann als Indiz für die erste Argumentationsvariante („abgesichert durch Kommunalkredite") interpretiert werden. Ferner zeigen die Ergebnisse in Kapitel 5, dass die Risikoadjustierung bei den Konditionen unzureichend erfolgt. Auch dies spricht dafür, dass eher gelockerte Risikostandards als ehrgeizige Renditepläne für den nur schwach negativen Zusammenhang zwischen *kommunal* und *RATIO* verantwortlich sind.

Die Quote der Hypothekardarlehn (*hyp*) weist in den meisten Fällen einen auf einem 0,1%-Signifikanzniveau signifikant negativen Zusammenhang mit der *RATIO* auf, d.h. Banken mit einem hohen Anteil hypothekarisch abgesicherter Kredite an den Kundenkrediten haben eine geringere *RATIO*. Lediglich für die Sparkassen ist bei der $RATIO^{ausf}$ geringere statistische Signifikanz, zumindest aber zum 5%-Signifikanzniveau, zu konstatieren. Wie es scheint, haben bei den Sparkassen die Hypothekarkredite keinen Einfluss auf den LGD, sondern lediglich auf die PD. Dieses Ergebnis kann aber damit zusammenhängen, dass u.a. die hohe Besicherungsquote bei Hypothekardarlehn maßgeblich für einen geringen LGD ist und dieser Effekt zumindest teilweise dem als Kontrollvariable eingesetzten Blankoanteil zugeordnet wird. In Abschnitt 4.2.3.2.1 wird überprüft, ob durch die Berücksichtigung des Blankoanteils der Einfluss auf den LGD konterkariert wird.

Für den Blankoanteil (*blanko*) bei einzelwertberichtigten Krediten liegt – wie erwartet – eine signifikant positive Beziehung zur $RATIO^{ausf}$ sowohl bei Sparkassen als auch bei Kreditgenossenschaften vor. Die Variable *blanko* bestimmt in erheblichem Maße den LGD und ist damit für die $RATIO^{ausf}$ von großer Bedeutung. In allen diesen Fällen signifikant auf einem 0,1%-Signifikanzniveau zeigt sich für Sparkassen mit einem durchschnittlichen Koeffizientenwert von 0,334 eine höhere ökonomische Signifikanz als für die Kreditgenossenschaften mit einem durchschnittlichen Koeffizientenwert von 0,186. Für die $RATIO^{notl}$, die unabhängig von der Höhe des LGDs ist, zeigen sich bei den Kreditgenossenschaften insignifikante Ergebnisse. Der für die Sparkassen ausgewiesene positive Zusammenhang ist auf Basis der t- und Koeffizientenwerte noch als statistisch und ökonomisch relevant auffassbar. Bei Sparkassen ist somit ein schwaches Indiz dafür gegeben, dass hohe Besicherungsquoten bei einzelwertberichtigten Krediten, was hohe Nachbesicherungen einschließt, mit einem erfolgreichen Monitoring in Verbindung stehen könnten.

Der Personalaufwand für das Kreditgeschäft (*personal_kredit*) wird bei Coleman et al. (2006) als Proxy für die Monitoring-Anstrengungen verwendet, so dass negative β_7 zu erwarten sind. Für die Kreditgenossenschaften zeigt sich bei der $RATIO^{notl}$ ein signifikant negativer und bei der $RATIO^{ausf}$ ein insignifikant negativer Zusammenhang zwischen *personal_kredit* und der *RATIO*. Die ökonomische Bedeutung der Variablen ist im Vergleich zu der des Spezialisierungsgrades deutlich geringer. Bei den Sparkassen ist eine positive Beziehung zwischen *personal_kredit* und der *RATIO* festzustellen. Für die $RATIO^{ausf}$ liegt sogar statistische Signifikanz vor. Dieses Ergebnis entspricht nicht den Erwartungen. Höhere Personalaufwendungen im Kreditgeschäft gehen bei Sparkassen nicht – wie vermutet – mit einer Verbesserung der Monitoring-Qualität, sondern mit einer Verschlechterung einher. Eine mögliche Erklärung hierfür ist, dass Sparkassen mit höher bezahltem und damit höher qualifiziertem Personal im Kreditgeschäft höhere Risiken im Kreditgeschäft eingehen, da sie die Risiken steuern zu können vermeinen und entsprechende Erträge daraus generieren wollen.[70] Bei Einbeziehung der Variablen *personal_kredit* im Rahmen der Untersuchung der Kreditertäge, die in Kapitel 5 vorgenommen wird, zeigt sich bei den Sparkassen überwiegend ein statistisch insignifikant negativer Zusammenhang mit *ZEQ*.[71] Dies widerspricht obiger Interpretation der Ergebnisse für die Sparkassen. Eine Erklärung hierfür könnte es geben, wenn höhere Personalaufwendungen im Kreditgeschäft bei Sparkassen mit einer Reduzierung der erwarteten Verlustquote einhergehen, was z.B. aufgrund eines ausgefeilteren Risikomanagements denkbar wäre. In dem Fall ließen sich niedrigere Zinsen und zugleich eine höhere *RATIO* erklären. Im Rahmen der Untersuchung der erwarteten Verlustquote in Abschnitt 4.3 wird dieser Zusammenhang weiter untersucht. Es sei ferner darauf hingewiesen, dass keine Anzeichen für Endogenitätsprobleme aufgrund der Verwendung der Variablen *personal_kredit* zu erkennen sind. Der Ramsey-Test zeigt keine Fehlspezifikation an und ein Weglassen der Variablen bzw. ein Austauschen gegen die Personalaufwandsquote für das gesamte Bankgeschäft führen lediglich zu marginalen Veränderungen der Ergebnisse für die anderen Variablen.

Der Marktanteil (*markt_ant1*) hängt negativ mit der *RATIO* zusammen, allerdings ist nur im Falle von D^{Ort} bei den Kreditgenossenschaften statistische Signifikanz gegeben. Dieses Ergebnis widerlegt die These, dass ein hoher Marktanteil das Resultat einer expansiven und wenig risikobedachten Kreditvergabe ist. Insgesamt zeigt sich ein schwacher Beleg dafür, dass ein hoher Marktanteil mit größerer Marktmacht und einem verbesserten Standing bei der Auswahl der Kreditnehmer einhergeht. Die geringe Korrelation zwischen *blanko* und *markt_ant1* liefert keinen Beleg für die Vermutung, dass ein höherer Marktanteil auch mit einer höheren Besicherungsquote verbunden sein könnte.[72] Der schwache Zusammenhang zwischen dem Marktanteil und der *RATIO* könnte auch daraus resultieren, dass bei der Berechnung des Marktanteils überregional tätige Banken nicht berücksichigt sind und so höhere *markt_ant1*-Werte nicht unbedingt auch höheren Marktanteilen entsprechen. Allerdings sollte durch Integration des Agglomerationsgrades in die Regressionsgleichung dieser Umstand zumindest teilweise bereinigt sein, falls man davon ausgeht, dass überregional tätige Banken verstärkt in städtischen Gebieten aktiv sind. Die im Falle von D^{Ort} ausgewiesenen relativ hohen t-Werte können unter Umständen damit

[70] Vgl. etwa UBS AG (2005).

[71] Aufgrund der statistischen Insignifikanz, die auch für Kreditgenossenschaften gegeben ist, wird die Variable in den Untersuchungen in Kapitel 5 nicht als erklärende Variable verwendet.

[72] Vgl. Tabelle 3-11 in Abschnitt 3.4.4.1.

zusammenhängen, dass ein Teil des negativen Einflusses des Spezialisierungsmaßes D^{Ort} der Variablen *markt_ant1* zugeordnet worden ist. Die hohe Korrelation zwischen D^{Ort} und *markt_ant1* sowie die statistische Insignifikanz für *markt_ant1* im Falle der anderen Spezialisierungsmaße sprechen dafür. In Abschnitt 4.2.3.2.1 wird untersucht, welche Konsequenzen ein Weglassen der Variablen *markt_ant1* hat.

Eine eindeutige Hypothese darüber, welcher Zusammenhang zwischen der Größe (*bilanz*) einer Bank und der Monitoring-Qualität besteht, konnte nicht aufgestellt werden. Entsprechend heterogen sind die Resultate für die Variable *bilanz*. Bei der $RATIO^{ausf}$ sind sowohl für die Kreditgenossenschaften als auch für die Sparkassen positive Zusammenhänge zwischen der Größe und der Monitoring-Qualität feststellbar. Bei den beiden naiven Spezialisierungsmaßen und bei D^{Ort} sowie (etwas schwächer) bei D^{Land} liegt statistische Signifikanz vor. Im Unterschied dazu sind bei den Kreditgenossenschaften insignifikant positive und negative Beziehungen im Falle der $RATIO^{notl}$ zu erkennen. Bei den Sparkassen zeigt sich gar ein signifikant negativer Einfluss bei der $RATIO^{notl}$, der am stärksten für D^{Bund} ist. Die Ergebnisse für $RATIO^{ausf}$ sprechen dafür, dass kleine Banken Vorteile im Monitoring aufweisen. Gründe hierfür könnten das Too-Big-to-Fail-Phänomen, das das Eingehen größerer Risikopositionen von Seiten großer Banken erklärt,[73] und die Prävalenz von organisatorischen Informationsbarrieren sein. Zudem mag die enge Kundennähe bei kleinen Banken[74] eine genauere Kenntnis der Kreditnehmer beinhalten.[75] Zugleich ist möglich, dass größere Sparkassen und Kreditgenossenschaften in Geschäftsgebieten aktiv sind, in denen der Wettbewerb stärker und somit die Selektion guter Kreditnehmer schwieriger ist.[76] Allerdings sollte dieser Effekt durch Berücksichtigung des Agglomerationsgrades als erklärende Variable von der Bankgröße separiert sein. Eine Ursache für das zum Teil negative Vorzeichen bei der $RATIO^{notl}$ könnte sein, dass bei größeren Banken und damit im Durchschnitt größeren Kreditportfolios ein geringerer Anteil extern geprüft wird. Dies würde zu einer geringeren Quote an notleidenden Krediten und somit zu einer geringeren $RATIO^{notl}$ führen. Dieser Zusammenhang wird in Abschnitt 4.2.3.2.3 genauer untersucht. Es ist ferner zu beachten, dass hohe negative Korrelationen zwischen den Spezialisierungsmaßen und

[73] Vgl. hierzu Kaufman (2003).

[74] Vgl. hierzu Kranz (2001).

[75] Udell (1989) und Nakamura (1994) kommen in ihren Arbeiten zu dem Schluss, dass Entscheidungen über Kreditengagements in großen Banken strenger an rigide Regeln gebunden sind als in kleinen Banken, die flexibler zusätzliche Informationen in die Kreditentscheidung einfließen lassen.

[76] Vgl. hierzu Gold (1997), S. 42.

der Größe[77] die Ergebnisse verzerren könnten.[78] Aus diesem Grund und wegen der obigen heterogenen Resultate wird in Abschnitt 4.2.3.3.3 der Einfluss der Bankgröße noch genauer untersucht.

Die beiden Dummy-Variablen *agglom1* und *agglom2* sollen erfassen, inwiefern der Agglomerationsgrad des Geschäftsgebietes mit der $RATIO$ zusammenhängt. In Agglomerationsgebieten zeigt sich für Kreditgenossenschaften und Sparkassen eine eher niedrigere $RATIO$ als in ländlichen Gebieten. Für D^{Bund} und D^{BWS} liegt statistische Signifikanz auf einem 5%-Signifikanzniveau vor. In städtischen Gebieten ist hingegen eine eher höhere $RATIO$ festzustellen. Am stärksten ist dieser Zusammenhang für die $RATIO^{notl}$ bei den Sparkassen bei statistischer Signifikanz auf einem 1%-Signifikanzniveau. Zwischen den Geschäftsgebieten unterschiedlichen Agglomerationsgrades können Unterschiede bestehen. Es ist z.B. möglich, dass die durchschnittlichen Insolvenzraten oder die Wettbewerbssituationen voneinander abweichen. In eher städtischen Gebieten ist damit zu rechnen, dass überregional tätige Banken stärker aktiv sind, ein Aspekt, der bei der Berechnung der Variablen *markt_ant1* außer Acht gelassen wird. Eine Möglichkeit der Interpretation der Ergebnisse ist somit, dass in Ballungszentren durchschnittlich geringere Insolvenzraten als in ländlichen Gebieten vorliegen, die den Nachteil höheren Wettbewerbs überkompensieren, was in verstädterten Gebieten nicht der Fall ist.

Sparkassen und Kreditgenossenschaften in Westdeutschland haben eine niedrigere $RATIO^{ausf}$. In den meisten Fällen ist dieser Zusammenhang signifikant. Die ökonomische Signifikanz ist bei den Sparkassen höher. Dies resultiert daher, dass der Anteil der Institute, die in Ostdeutschland aktiv sind, bei den Sparkassen größer ist als der bei den Kreditgenossenschaften, was zu einer höheren Standardabweichung der Variablen *ost* bei den Sparkassen führt; vergleichbare Koeffizienten ergeben sich, falls bei der Regression keine 0-1-Standardisierung der Variablen durchgeführt wird.[79] d.h. der Status Ostdeutschland hat bei Kreditgenossenschaften einen ähnlich hohen Einfluss auf die $RATIO^{ausf}$ wie der bei Sparkassen. Für die $RATIO^{notl}$ zeigen sich hingegen negative β_{12}. Mit Ausnahme für das Spezialisierungsmaß D^{Land} sind die Zusammenhänge zwar insignifikant, die Frage, weshalb sich die Ergebnisse für

[77] Vgl. hierzu Abschnitt 3.4.5.
[78] Allerdings zeigen die VIF-Werte keine Verzerrung durch Multikollinearität an. Vgl. hierzu die Fußnote 50.
[79] Vgl. hierzu die Tabellen A-1 und A-3 in Anhang A.

$RATIO^{ausf}$ und $RATIO^{notl}$ so stark unterscheiden, bleibt aber bestehen. Eine mögliche Ursache ist, dass der durchschnittliche LGD bei Krediten in Westdeutschland niedriger ist als in Ostdeutschland. Dies würde die signifikant positiven Zusammenhänge für die LGD-sensitive $RATIO^{ausf}$ erklären und zugleich die Insignifikanz im Falle der LGD-neutralen $RATIO^{notl}$. Es sei an dieser Stelle angemerkt, dass der positive Zusammenhang bei der $RATIO^{ausf}$ nicht auf höhere Insolvenzraten in Ostdeutschland zurückzuführen ist, da dies über den Anpassungsfaktor für Bundesländer bereits in die Berechnung der erwarteten Verlustquote einfließt.

Die Ergebnisse für die Fusions-Dummys (*fusion1* und *fusion2*) entsprechen annähernd den Erwartungen. Übernommene Kreditgenossenschaften zeigen eine geringere $RATIO^{ausf}$, wobei mit Ausnahme für den HHI^{w} Signifikanz auf einem 5%-Signifikanzniveau gilt. Zusammen mit dem positiven, wenn auch statistisch insignifikanten Zusammenhang im Falle der $RATIO^{notl}$ stützt dies die These, dass Banken vor einer Übernahme durch Hinauszögern von Abschreibungen ihre wirtschaftliche Situation positiver erscheinen lassen wollen, was bei der durch externe Prüfungen geprägten $RATIO^{notl}$ nicht möglich ist. Hierzu passt auch, dass übernehmende Kreditgenossenschaften eine signifikant höhere $RATIO^{ausf}$ und eine lediglich insignifikant höhere $RATIO^{notl}$ aufweisen. Banken müssen nach der Übernahme die fälligen Abschreibungen im Kreditgeschäft nachholen, die Quote der notleidenden Kredite ist aufgrund der Standards externer Prüfungen hiervon nicht so stark betroffen. Zur Bekräftigung dieser Thesen müssten eigentlich die Beziehungen zwischen den übernehmenden und jeweils von diesen übernommenen Banken untersucht werden. Durchgeführte Untersuchungen zeigen positive Korrelationen zwischen der $RATIO^{ausf}$ der übernehmenden und der der jeweils übernommenen Banken an. Dies stützt nicht die These von zu geringen Abschreibungen bei übernommenen Instituten, die nach der Fusion nachgeholt werden müssen. Allerdings werden bei dieser Betrachtung sämtliche andere Einflussfaktoren ausgeblendet. Für eine Analyse, die mehr Klarheit verschaffen kann, wäre es notwendig, den Zusammenhang zwischen der $RATIO^{ausf}$ der übernehmenden und der der jeweils übernommenen Banken zu untersuchen und dabei den Effekt der Fusion von anderen Effekten zu trennen. Da dies nicht für die Beantwortung einer der Hauptfragestellungen dieser Arbeit dienlich ist, wird auf eine weitergehende Untersuchung verzichtet. Für die Sparkassen sind ausschließlich insignifikante Werte zu konstatieren, wobei für die übernehmenden eher negative und für die übernommenen Institute eher positive Koeffizienten ausgewiesen werden. Eine mögliche Interpretation ist, dass übernehmende Institute bei Sparkassen vergleichsweise erfolgreiche Banken mit guten Monitoring-Fähigkeiten sind und übernommene Institute im Vorfeld der Übernahme keinen bilanzpolitischen Euphemismus betreiben.

Zum Abschluss dieses Abschnittes sei noch auf Unterschiede zwischen den R^2-Werten bei den Regressionen eingegangen. Es fällt auf, dass die R^2-Werte bei den Sparkassen größer sind als bei den Kreditgenossenschaften und bei der $RATIO^{ausf}$ größer als bei der $RATIO^{notl}$. Die durchschnittlichen adjustierten R^2-Werte betragen bei den Kreditgenossenschaften 0,22 bzw. 0,12 für die $RATIO^{ausf}$ bzw. $RATIO^{notl}$ und bei den Sparkassen 0,31 bzw. 0,18.[80] Dies bedeutet, dass bei den Kreditgenossenschaften bzw. bei der $RATIO^{notl}$ das Regressionsmodell mit seinen exogenen Variablen einen geringeren Erklärungsgehalt für die Streuung der endogenen Variable liefert als bei den Sparkassen bzw. der $RATIO^{ausf}$. Bei den Kreditgenossenschaften könnten demnach andere exogene Faktoren für die Monitoring-Qualität von größerer Bedeutung sein als für die Sparkassen oder die Erklärung der Monitoring-Qualität ist bei den Kreditgenossenschaften generell schwieriger. Die niedrigeren R^2-Werte für die $RATIO^{notl}$ können als Bestätigung für die mit ihr verbundenen Probleme aufgefasst werden.[81] Möglicherweise ist die Höhe dieser RATIO besonders durch Faktoren geprägt, die normalerweise nicht mit der Monitoring-Qualität in Verbindung gebracht werden. Eine ausführliche Diskussion der R^2-Werte wird – wie bereits erwähnt – in dieser Arbeit nicht geführt. So wird in Abschnitt 4.2 auch nicht weiter auf das Bestimmtheitsmaß eingegangen. Wichtig in diesem Zusammenhang ist es zu beachten, dass im Folgenden auch bei relativ geringen R^2-Werten die Gesamtsignifikanz der Regressionsmodelle gegeben ist.

4.2.3 Robustheitsuntersuchungen

In den folgenden Abschnitten wird – wie bereits mehrfach angekündigt – überprüft, inwieweit Modifikationen des Standard-Modells aus Abschnitt 4.2.1 zu Veränderungen der Resultate führen. Im Vordergrund steht dabei die Analyse, wie robust die erzielten Ergebnisse des Monitoring-Vorteils von spezialisierten Sparkassen und Kreditgenossenschaften sind. Die Untersuchungen lassen sich in die folgenden Rubriken unterteilen:

---

[80] Die adjustierten R^2-Werte unterscheiden sich von den R^2-Werten bei der relativ hohen Beobachtungszahl nur geringfügig.

[81] Vgl. hierzu Abschnitt 3.4.3.1.

1. Variation der Datenbasis,
2. Variation der Variablenzusammenstellung,
3. Betrachtung unterschiedlicher Segmente und
4. Berücksichtigung zeitlicher Aspekte.

Die Vorstellung der Resultate der einzelnen Untersuchungen wird auf die Analyse des Zusammenhangs zwischen Spezialisierungsgrad und *RATIO* – falls vorhanden – deutlicher Veränderungen der Kontrollvariablen beschränkt.[82]

4.2.3.1 Variation der Datenbasis

In diesem Abschnitt wird untersucht, inwieweit sich Veränderungen für die Resultate aus Abschnitt 4.2.2 ergeben, wenn die Datenbasis modifiziert wird.

Es ist möglich, dass die Ergebnisse überwiegend durch Banken mit extremen Variablenausprägungen beeinflusst worden sind. Aus diesem Grund werden bei der nächsten Untersuchung Banken aus der Datenbasis ausgeschlossen, die in einer der verwendeten Variablen Ausprägungen aufweisen, die unterhalb des 1%- oder oberhalb des 99%-Quantils liegen. Bei den Kreditgenossenschaften werden 286 Institute (18%) im Vergleich zur Standard-Regression ausgeschlossen, bei den Sparkassen sind es 132 Institute (25%). Die Resultate dieser Regressionen entsprechen im Wesentlichen denen der Standard-Regressionen. Der Tabelle 4-9 ist zu entnehmen, dass für Kreditgenossenschaften ein leicht (statistisch und ökonomisch) schwächerer Zusammenhang zwischen Spezialisierungsgrad und *RATIO* im Vergleich zur Standard-Regression[83] gilt, die signifikant negative Beziehung aber bestehen bleibt. Ferner wandelt sich die insignifikant negative Beziehung des Marktanteils in eine insignifikant positive. Dies ist ein Zeichen dafür, dass der negative Zusammenhang wenig Robustheit gegenüber Veränderungen des Datenmaterials zeigt. Bei den Sparkassen sind die Änderungen marginal. Insgesamt kann behauptet werden, dass die zentralen Resultate stabil und nicht allein durch Variablenwerte geprägt sind, die unter bzw. über dem jeweiligen 1%- bzw. 99%-Quantil liegen.

[82] Die vollständigen Ergebnistabellen können vom Autor auf Anfrage zur Verfügung gestellt werden.
[83] Vgl. Tabelle 4-3 und 4-4.

Tabelle 4-9: Ergebnisse (Ausschnitt) der 0-1-normierten Regressionen mit $RATIO^{ausf}$ bzw. $RATIO^{notl}$ als erklärter Variable auf Basis von Bankmittelwerten unter Ausschluss von Banken mit extremen Variablenausprägungen

	(1) HHI	(2) HHI^w	(3) D^{Bund}	(4) D^{Land}	(5) D^{Ort}	(6) D^{BWS}
$RATIO^{ausf}$ als erklärte Variable bei Kreditgenossenschaften						
SM	-0,120***	-0,128***	-0,212***	-0,157***	-0,079**	-0,186***
	(-3,58)	(-4,10)	(-5,24)	(-4,12)	(-2,60)	(-4,95)
markt_ant1	0,021	0,013	0,026	0,020	-0,003	0,026
	(1,11)	(0,70)	(1,38)	(1,05)	(-0,13)	(1,34)
Beobachtungen	1289	1289	1289	1289	1289	1289
R^2	0,276	0,278	0,285	0,277	0,270	0,282
$RATIO^{notl}$ als erklärte Variable bei Kreditgenossenschaften						
SM	-0,106**	-0,173***	-0,167***	-0,157***	-0,046	-0,138***
	(-3,17)	(-5,56)	(-3,86)	(-3,75)	(-1,34)	(-3,38)
markt_ant1	0,049*	0,042	0,053*	0,049*	0,034	0,052*
	(2,01)	(1,79)	(2,14)	(2,01)	(1,32)	(2,10)
Beobachtungen	1289	1289	1289	1289	1289	1289
R^2	0,104	0,118	0,108	0,107	0,098	0,105
$RATIO^{ausf}$ als erklärte Variable bei Sparkassen						
SM	-0,046	-0,222***	-0,212***	-0,103	-0,009	-0,194***
	(-1,02)	(-4,33)	(-3,60)	(-1,90)	(-0,17)	(-3,50)
Beobachtungen	402	402	402	402	402	402
R^2	0,279	0,310	0,303	0,284	0,278	0,300
$RATIO^{notl}$ als erklärte Variable bei Sparkassen						
SM	-0,037	-0,148**	-0,155*	-0,002	0,001	-0,182**
	(-0,76)	(-2,82)	(-2,47)	(-0,04)	(0,03)	(-2,96)
Beobachtungen	402	402	402	402	402	402
R^2	0,181	0,195	0,194	0,180	0,180	0,200

*,**,*** zeigen jeweils statistische Signifikanz auf einem 5%-, 1%- bzw. 0,1%-Signifikanzniveau an.

Banken mit einem sehr hohen Anteil der Privatkundenkredite an den Kundenkrediten sind für die Analyse des Monitorings im Firmenkundenkreditgeschäft weniger geeignet und möglicherweise in der Lage, die Resultate zu verzerren. Bei dem Standard-Datenset werden Banken berücksichtigt, die höchstens einen Privatkundenkreditanteil von 90% an den Kundenkrediten haben. Es wird nun untersucht, ob diese letztendlich willkürlich gewählte Grenze starken Einfluss auf die Ergebnisse hat. Es werden in diesem Fall Banken ausgeschlossen, die einen Anteil von über 60% an Privatkundenkrediten haben. Bei den Kreditgenossenschaften werden im Vergleich zur Standard-Regression 402 und bei den Sparkassen 62 Institute mehr ausgeschlossen. Auch die Grenze von 60% ist an sich willkürlich. Es gibt keinen exakten Schwellenwert, ab dem eine Bank für Analysen des Firmenkundenkreditgeschäfts als ungeeignet zu bezeichnen ist. Ein gewisses Quantil als Schwellenwert zu benutzen, ist gleichermaßen von Willkür geprägt und der Ausschluss eines Institutes abhängig von der insgesamt betrachteten Beobachtungsmenge.[84] Die Wahl der 60%-Grenze ist im Wesentlichen dadurch motiviert, die Stabilität der Ergebnisse bei einem deutlich niedrigeren Schwellenwert zu überprüfen und gleichzeitig genügend Institute im Datenset zu belassen. Tabelle 4-10 zeigt, dass sich die Ergebnisse für den Spezialisierungsgrad kaum verändern. Die größten Unterschiede ergeben sich für die Variablen *privat* und *kommunal* bei den Kreditgenossenschaften.

Während der negative Zusammenhang des Privatkundenanteils mit der *RATIO* sinkt, nimmt der des Kommunalanteils leicht zu. Dies ist ein Indiz dafür, dass Kreditgenossenschaften mit einem sehr hohen Privatkundenanteil sehr niedrige tatsächliche Verlustquoten, zumindest im Verhältnis zu denen im Firmenkundenschäft, aufweisen und/oder besonders vorsichtig bei der Kreditvergabe im Firmenkundengeschäft agieren und nur sehr sichere Kreditengagements eingehen. Für diese Banken – kann vermutet werden – ist dann auch die Höhe des Kommunalanteils eher unbedeutend, was die Höhe der tatsächlichen Verlustquote und damit der *RATIO* betrifft. Für Banken mit geringerem Privatkundenkreditanteil zeigt sich hingegen, dass der Anteil der Kommunalkredite statistisch signifikant negativ mit der *RATIO* verbunden ist; für Banken mit höherem Firmenkundenkreditanteil ist eine Beimischung mit sicheren Kommunalkrediten von größerem Einfluss.

[84] In diesem Fall würde es dazu führen, dass für Sparkassen und Kreditgenossenschaften ein unterschiedlicher Schwellenwert gelten würde.

Tabelle 4-10: Ergebnisse (Ausschnitt) der 0-1-normierten Regressionen mit $RATIO^{ausf}$ bzw. $RATIO^{notl}$ als erklärter Variable auf Basis von Bankmittelwerten unter Ausschluss von Banken mit einem Privatkundenkreditanteil von über 60%

	(1) HHI	(2) HHI^w	(3) D^{Bund}	(4) D^{Land}	(5) D^{Ort}	(6) D^{BWS}
$RATIO^{ausf}$ als erklärte Variable bei Kreditgenossenschaften						
SM	-0,245***	-0,201***	-0,310***	-0,259***	-0,169***	-0,296***
	(-4,67)	(-4,51)	(-5,91)	(-4,86)	(-4,15)	(-5,95)
privat	-0,097*	-0,069	-0,075*	-0,075*	-0,052	-0,090*
	(-2,48)	(-1,91)	(-2,12)	(-2,06)	(-1,51)	(-2,46)
kommunal	-0,082*	-0,079*	-0,084*	-0,090*	-0,100**	-0,090*
	(-2,19)	(-2,04)	(-2,31)	(-2,37)	(-2,62)	(-2,46)
Beobachtungen	1173	1173	1173	1173	1173	1173
R^2	0,320	0,308	0,323	0,310	0,297	0,321
$RATIO^{notl}$ als erklärte Variable bei Kreditgenossenschaften						
SM	-0,122*	-0,188***	-0,162**	-0,139*	-0,080	-0,140*
	(-2,29)	(-3,69)	(-2,79)	(-2,58)	(-1,89)	(-2,44)
privat	-0,048	-0,054	-0,038	-0,039	-0,025	-0,043
	(-1,22)	(-1,42)	(-1,04)	(-1,06)	(-0,69)	(-1,12)
kommunal	-0,102*	-0,077*	-0,102*	-0,105*	-0,112**	-0,108**
	(-2,57)	(-1,98)	(-2,51)	(-2,49)	(-2,69)	(-2,62)
Beobachtungen	1173	1173	1173	1173	1173	1173
R^2	0,114	0,128	0,115	0,112	0,108	0,113
$RATIO^{ausf}$ als erklärte Variable bei Sparkassen						
SM	-0,032	-0,196***	-0,216***	-0,140**	-0,058	-0,183**
	(-0,58)	(-3,53)	(-3,81)	(-2,78)	(-1,38)	(-3,23)
privat	-0,121**	-0,113*	-0,114**	-0,136**	-0,123**	-0,132**
	(-2,69)	(-2,55)	(-2,61)	(-3,02)	(-2,70)	(-2,95)
kommunal	-0,104*	-0,128**	-0,117*	-0,094*	-0,102*	-0,124**
	(-2,33)	(-2,89)	(-2,50)	(-2,08)	(-2,28)	(-2,66)
Beobachtungen	472	472	472	472	472	472
R^2	0,303	0,325	0,326	0,313	0,304	0,319
$RATIO^{notl}$ als erklärte Variable bei Sparkassen						
SM	0,002	-0,116*	-0,131*	-0,068	-0,047	-0,111
	(0,05)	(-2,18)	(-2,18)	(-1,17)	(-1,02)	(-1,71)
privat	-0,233***	-0,231***	-0,232***	-0,242***	-0,238***	-0,242***
	(-5,23)	(-5,20)	(-5,27)	(-5,40)	(-5,33)	(-5,48)
kommunal	-0,096*	-0,110*	-0,104*	-0,091	-0,094*	-0,108*
	(-2,02)	(-2,29)	(-2,09)	(-1,90)	(-1,98)	(-2,14)
Beobachtungen	472	472	472	472	472	472
R^2	0,207	0,215	0,216	0,210	0,208	0,213

*,**,*** zeigen jeweils statistische Signifikanz auf einem 5%-, 1%- bzw. 0,1%-Signifikanzniveau an.

In Abschnitt 3.2.3 wurde darauf hingewiesen, dass die Ermittlung der Insolvenzquote für die Branche der Land- und Forstwirtschaft mit Schwierigkeiten verbunden ist, da viele der Unternehmen dieser Branche nicht in der Umsatzsteuerstatistik erfasst sind. Für das Standard-Modell wurde die Annahme gemacht, dass die Hälfte der Unternehmen gemeldet ist. Um zu sehen, ob eine andere Quote die Ergebnisse stark verändert, wird hier eine erwartete Verlustquote von 0% unterstellt. Da spezialisierte Kreditgenossenschaften tendenziell sehr hohe Kreditengagements in dieser Branche aufweisen,[85] ist diese Annahme insofern extrem, als dass ein in diesem Fall ausgewiesener negativer Zusammenhang beim Spezialisierungsgrad auch in allen anderen Fällen Bestand hätte. Die Regressionsergebnisse sind in der Tabelle 4-11 notiert.

Es ist zu erkennen, dass der negative Zusammenhang für die Spezialisierungsgrade bei den Kreditgenossenschaften im Vergleich zu den Ergebnissen der Standard-Regressionen[86] statistisch und ökonomisch schwächer geworden und bei den Sparkassen[87] recht konstant geblieben ist. Die deutliche Abschwächung des negativen Zusammenhangs bei den Kreditgenossenschaften ist zu erwarten gewesen, da durch eine Reduzierung der Insolvenzrate der Land- und Forstwirtschafts-Branche auf 0% für spezialisierte Kreditgenossenschaften tendenziell eine niedrigere erwartete Verlustquote und damit eine höhere *RATIO* berechnet wird.[88] Der Zusammenhang ist aber auch unter dieser Extremannahme negativ und zumindest bei der $RATIO^{ausf}$ sind die Ergebnisse bei den Kreditgenossenschaften signifikant. Dies ist ein deutlicher Beleg dafür, dass die Monitoring-Vorteile für spezialisierte Banken stabil gegenüber Veränderungen der unsicheren Insolvenzrate sind.

---

85 Für das Viertel der Kreditgenossenschaften mit den höchsten *HHI*-Werten gilt über den Beobachtungszeitraum ein durchschnittlicher Anteil der Land- und Forstwirtschafts-Branche von 25%. Für das Viertel der Kreditgenossenschaften mit den geringsten *HHI*-Werten gilt ein Anteil von 6,8%. Bei Sortierung nach den anderen Spezialisierungsmaßen ergeben sich ähnliche Zahlen. Bei Pfingsten / Rudolph (2004) ist zu erkennen, dass per Ende 2000 der Anteil an der nationalen Kreditvergabe, den die Kreditgenossenschaften innerhalb der Branche Land- und Forstwirtschaft aufweisen, mehr als drei mal so groß ist wie der Anteil, den die Kreditgenossenschaften insgesamt an der nationalen Kreditvergabe haben.

86 Vgl. die Tabellen 4-3 und 4-4.

87 Vgl. die Tabellen 4-5 und 4-6.

88 Vgl. hierzu auch Fußnote 85.

Tabelle 4-11: Ergebnisse (Ausschnitt) der 0-1-normierten Regressionen mit $RATIO^{ausf}$ bzw. $RATIO^{notl}$ als erklärter Variable auf Basis von Bankmittelwerten bei Unterstellung einer Insolvenzrate von 0% für die Branche der Land- und Forstwirtschaft

	(1) HHI	(2) HHI^{w}	(3) D^{Bund}	(4) D^{Land}	(5) D^{Ort}	(6) D^{BWS}
$RATIO^{ausf}$ als erklärte Variable bei Kreditgenossenschaften						
SM	-0,151**	-0,186***	-0,224***	-0,185***	-0,126**	-0,218***
	(-2,94)	(-4,60)	(-4,40)	(-3,62)	(-3,19)	(-4,23)
Beobachtungen	1575	1575	1575	1575	1575	1575
R^2	0,234	0,245	0,240	0,233	0,228	0,237
$RATIO^{notl}$ als erklärte Variable bei Kreditgenossenschaften						
SM	-0,016	-0,161***	-0,078	-0,078	-0,035	-0,051
	(-0,28)	(-3,44)	(-1,41)	(-1,47)	(-0,83)	(-0,98)
Beobachtungen	1575	1575	1575	1575	1575	1575
R^2	0,109	0,128	0,111	0,111	0,109	0,110
$RATIO^{ausf}$ als erklärte Variable bei Sparkassen						
SM	-0,033	-0,190***	-0,207***	-0,134**	-0,040	-0,171**
	(-0,66)	(-3,96)	(-3,93)	(-2,86)	(-1,04)	(-3,30)
Beobachtungen	534	534	534	534	534	534
R^2	0,312	0,334	0,332	0,321	0,312	0,327
$RATIO^{notl}$ als erklärte Variable bei Sparkassen						
SM	-0,008	-0,117*	-0,120*	-0,037	-0,037	-0,111
	(-0,18)	(-2,45)	(-2,07)	(-0,69)	(-0,89)	(-1,86)
Beobachtungen	534	534	534	534	534	534
R^2	0,198	0,207	0,205	0,199	0,199	0,204

*,**,*** zeigen jeweils statistische Signifikanz auf einem 5%-, 1%- bzw. 0,1%-Signifikanzniveau an.

Eine weitere Einschränkung des Datenmaterials betraf die Begrenzung der betrachteten Banken auf die, die mindestens in sieben Jahren Beobachtungswerte aufzuweisen haben. Problematisch mag sein, dass durch diese Beschränkung überwiegend Banken von der Untersuchung ausgeschlossen werden, die im Beobachtungszeitraum übernommen worden sind, was zu Verzerrungen führen könnte. Des Weiteren wird eine unbalanced Panelstruktur verwendet, d.h. für die Banken liegen unterschiedliche Beobachtungszeiträume vor. Unter Umständen weisen einzelne Jahre Besonderheiten auf, die in den verwendeten Variablen nicht erfasst sind, so dass die unvollständige Datenlage ebenfalls zu Verzerrungen führen könnte. Aus diesen Gründen wird nun untersucht, ob und wie sich die Ergebnisse verändern, wenn zum einen alle Sparkassen und Kreditgenossenschaften[89] und zum anderen Sparkassen und Kre-

[89] Die Einschränkung auf Institute mit einem Privatkundenanteil von höchstens 90% bleibt bestehen. Hierdurch werden bei den Kreditgenossenschaften 405 (26%) und bei den Sparkassen 47 (9%) Institute zusätzlich im Vergleich zu den Standard-Regressionen berücksichtigt.

ditgenossenschaften mit mindestens zwölf Beobachtungsjahren in den Regressionen berücksichtigt werden.[90] In den Tabellen 4-12 und 4-13 sind die Ergebnisse für die Spezialisierungsmaße eingetragen. Es ist zu sehen, dass die Veränderungen marginal sind. Lediglich bei Zugrundelegen der balanced Panelstruktur (Tabelle 4-13) ergeben sich im Vergleich zu den Ergebnissen der Standard-Regressionen statistisch und ökonomisch etwas schwächere negative Zusammenhänge für den Spezialisierungsgrad.

Tabelle 4-12: Ergebnisse (Ausschnitt) der 0-1-normierten Regressionen mit $RATIO^{ausf}$ bzw. $RATIO^{notl}$ als erklärter Variable auf Basis von Bankmittelwerten bei Berücksichtigung aller Banken

	(1) HHI	(2) HHI^{w}	(3) D^{Bund}	(4) D^{Land}	(5) D^{Ort}	(6) D^{BWS}
$RATIO^{ausf}$ als erklärte Variable bei Kreditgenossenschaften						
SM	-0,213***	-0,189***	-0,298***	-0,269***	-0,178***	-0,273***
	(-5,61)	(-5,91)	(-7,31)	(-6,59)	(-5,47)	(-7,09)
Beobachtungen	1980	1980	1980	1980	1980	1980
R^2	0,268	0,263	0,274	0,268	0,253	0,270
$RATIO^{notl}$ als erklärte Variable bei Kreditgenossenschaften						
SM	-0,123**	-0,183***	-0,194***	-0,204***	-0,127***	-0,171***
	(-3,15)	(-5,31)	(-4,43)	(-4,97)	(-3,73)	(-4,02)
Beobachtungen	1980	1980	1980	1980	1980	1980
R^2	0,126	0,141	0,131	0,133	0,124	0,129
$RATIO^{ausf}$ als erklärte Variable bei Sparkassen						
SM	-0,033	-0,177***	-0,222***	-0,143**	-0,037	-0,184***
	(-0,67)	(-3,79)	(-4,32)	(-3,18)	(-0,99)	(-3,64)
Beobachtungen	581	581	581	581	581	581
R^2	0,305	0,324	0,329	0,316	0,305	0,322
$RATIO^{notl}$ als erklärte Variable bei Sparkassen						
SM	-0,013	-0,112*	-0,130*	-0,049	-0,029	-0,127*
	(-0,29)	(-2,41)	(-2,33)	(-0,95)	(-0,70)	(-2,17)
Beobachtungen	581	581	581	581	581	581
R^2	0,195	0,203	0,204	0,197	0,196	0,204

*,**,*** zeigen jeweils statistische Signifikanz auf einem 5%-, 1%- bzw. 0,1%-Signifikanzniveau an.

[90] Bei den Kreditgenossenschaften führt dies zum Ausschluss von 433 (27%) und bei den Sparkassen zum Ausschluss von 113 Banken (21%) im Vergleich zu den Standard-Regressionen.

Tabelle 4-13: Ergebnisse (Ausschnitt) der 0-1-normierten Regressionen mit $RATIO^{ausf}$ bzw. $RATIO^{notl}$ als erklärter Variable auf Basis von Bankmittelwerten bei Berücksichtigung der Banken mit zwölf Beobachtungen

	(1) HHI	(2) HHI^{w}	(3) D^{Bund}	(4) D^{Land}	(5) D^{Ort}	(6) D^{BWS}
$RATIO^{ausf}$ als erklärte Variable bei Kreditgenossenschaften						
SM	-0,191***	-0,176***	-0,285***	-0,241***	-0,164***	-0,271***
	(-4,58)	(-4,95)	(-6,36)	(-5,38)	(-4,49)	(-6,38)
Beobachtungen	1142	1142	1142	1142	1142	1142
R^2	0,270	0,268	0,280	0,270	0,260	0,279
$RATIO^{notl}$ als erklärte Variable bei Kreditgenossenschaften						
SM	-0,106*	-0,153***	-0,192***	-0,185***	-0,094*	-0,169***
	(-2,37)	(-3,33)	(-3,76)	(-3,81)	(-2,34)	(-3,36)
Beobachtungen	1142	1142	1142	1142	1142	1142
R^2	0,125	0,135	0,134	0,132	0,123	0,131
$RATIO^{ausf}$ als erklärte Variable bei Sparkassen						
SM	0,003	-0,161**	-0,188**	-0,086	-0,034	-0,164**
	(0,05)	(-2,92)	(-3,29)	(-1,64)	(-0,81)	(-2,92)
Beobachtungen	421	421	421	421	421	421
R^2	0,337	0,352	0,354	0,341	0,338	0,351
$RATIO^{notl}$ als erklärte Variable bei Sparkassen						
SM	0,007	-0,143*	-0,137*	-0,003	-0,033	-0,139*
	(0,13)	(-2,48)	(-2,10)	(-0,04)	(-0,71)	(-2,04)
Beobachtungen	421	421	421	421	421	421
R^2	0,180	0,192	0,190	0,180	0,181	0,191

*,**,*** zeigen jeweils statistische Signifikanz auf einem 5%-, 1%- bzw. 0,1%-Signifikanzniveau an.

Auch wenn die Einbeziehung von Dummy-Variablen, die zur Erfassung des Beobachtungszeitraums der jeweils betrachteten Bank eingesetzt werden, ein Hinzufügen zusätzlicher Variablen darstellt und damit besser zu Abschnitt 4.2.3.2.2 passen würde, werden die Ergebnisse auf Basis der um Dummys für die Beobachtungszeiträume ergänzten Regressionsgleichung hier vorgestellt. Der Grund dafür ist, dass, ähnlich wie bei der Einschränkung der Beobachtungsmenge auf die Banken mit zwölf Beobachtungsjahren, untersucht wird, ob zeitliche Besonderheiten vorliegen, die in den verwendeten Variablen nicht erfasst sind. Im Unterschied zur Untersuchung auf der Grundlage der vollständigen Panel-Struktur werden hier Banken mit kürzeren Beobachtungszeiträumen[91] zugelassen, wobei für die jeweiligen Beobachtungszeiträume kontrolliert wird. Die Ergebnisse für den Spezialisierungsgrad, die in der Tabelle 4-14 angegeben sind, zeigen, dass auch in diesem Fall im Vergleich zum

[91] Gemäß der Vorgaben für das Standard-Datenset werden Banken mit mindestens sieben Jahren an Beobachtungen betrachtet.

Standard-Modell kaum Veränderungen vorliegen. Es sei vermerkt, dass für keinen der Beobachtungszeitraum-Dummys ein statistisch signifikanter Zusammenhang mit der *RATIO* ausgewiesen wird.

Tabelle 4-14: Ergebnisse (Ausschnitt) der 0-1-normierten Regressionen mit $RATIO^{ausf}$ bzw. $RATIO^{notl}$ als erklärter Variable auf Basis von Bankmittelwerten bei Berücksichtigung von Dummys für Beobachtungszeiträume

	(1) HHI	(2) HHI^w	(3) D^{Bund}	(4) D^{Land}	(5) D^{Ort}	(6) D^{BWS}
$RATIO^{ausf}$ als erklärte Variable bei Kreditgenossenschaften						
SM	-0,229***	-0,204***	-0,303***	-0,259***	-0,183***	-0,282***
	(-5,53)	(-5,86)	(-6,85)	(-5,85)	(-5,21)	(-6,81)
Beobachtungen	1575	1575	1575	1575	1575	1575
R^2	0,279	0,275	0,282	0,272	0,261	0,280
$RATIO^{notl}$ als erklärte Variable bei Kreditgenossenschaften						
SM	-0,140***	-0,199***	-0,203***	-0,195***	-0,120**	-0,180***
	(-3,31)	(-5,32)	(-4,30)	(-4,41)	(-3,29)	(-3,96)
Beobachtungen	1575	1575	1575	1575	1575	1575
R^2	0,134	0,150	0,138	0,136	0,128	0,135
$RATIO^{ausf}$ als erklärte Variable bei Sparkassen						
SM	-0,034	-0,189***	-0,221***	-0,148**	-0,042	-0,189***
	(-0,65)	(-3,82)	(-4,16)	(-3,11)	(-1,08)	(-3,62)
Beobachtungen	534	534	534	534	534	534
R^2	0,317	0,337	0,340	0,328	0,317	0,335
$RATIO^{notl}$ als erklärte Variable bei Sparkassen						
SM	-0,009	-0,130**	-0,131*	-0,032	-0,033	-0,129*
	(-0,19)	(-2,65)	(-2,23)	(-0,58)	(-0,77)	(-2,12)
Beobachtungen	534	534	534	534	534	534
R^2	0,197	0,208	0,206	0,198	0,198	0,206

*,**,*** zeigen jeweils statistische Signifikanz auf einem 5%-, 1%- bzw. 0,1%-Signifikanzniveau an.

Insgesamt zeigt sich also, dass die Ergebnisse zu den Monitoring-Vorteilen kaum von der speziellen Wahl des Standard-Datensets abhängen. Die Resultate sind robust, insbesondere ist ein stabiler Zusammenhang zwischen Spezialisierung und Monitoring-Vorteilen zu konstatieren.

4.2.3.2 Variation der Variablenzusammenstellung

Die Wahl der Variablenzusammensetzung für das Standard-Modell wurde zwar ausführlich motiviert, allerdings hätten auch andere Variablenkonstellationen ausgewählt werden können. Im Folgenden werden bestimmte Variablen weggelassen, neue

Variablen hinzugefügt oder Variablen durch vergleichbare ersetzt. Diese Maßnahmen sind (zumeist) ökonomisch motiviert. Ziel dieses Abschnittes ist es, die Stabilität der Ergebnisse im Rahmen von – ökonomisch vertretbaren – Alternativmodellen zu überprüfen und weitergehende Erkenntnisse über die Zusammenhänge zwischen Parametern des Bankgeschäfts zu gewinnen. Es sei an dieser Stelle darauf hingewiesen, dass einer ökonomischen Fundierung des Modells der Vorrang gegenüber einem rein durch statistische Tests und Kennzahlen als optimal empfohlenen Modell gegeben wird. Dies impliziert, dass nicht alle möglichen Variablenkombinationen untersucht werden, sondern nur die, die auch ökonomisch sinnvoll erscheinen.

4.2.3.2.1 Weglassen von Variablen

In Abschnitt 4.2.1 wurde darüber diskutiert, ob die Variable *blanko* als Kontrollvariable in den Regressionen berücksichtigt werden sollte. In das Standard-Modell wurde sie letztendlich einbezogen. In Abschnitt 4.2.2 wurde mehrfach angesprochen, welche Konsequenz es haben könnte, wenn auf die Variable *blanko* in den Regressionen verzichtet wird. Insbesondere ist vorstellbar, dass ein höherer Spezialisierungsgrad zu einer höheren Besicherungsquote bei kritischen Kreditengagements und damit niedrigerem LGD führt. Dieser mögliche Zusammenhang wurde durch die Aufnahme der Variable *blanko* bei der Untersuchung der Beziehung zwischen dem Spezialisierungsgrad und der Monitoring-Qualität bislang nicht berücksichtigt. In Tabelle 4-15 sind die Ergebnisse für die Regressionen, die im Unterschied zu den Standard-Regressionen auf die Variable *blanko* als erklärende Variable verzichten, notiert.

Bei den Kreditgenossenschaften hat das Weglassen des Blankoanteils keine nennenswerten Auswirkungen auf die Ergebnisse. Bei den Sparkassen zeigen sich für die Spezialisierungsmaße etwas stärkere negative Zusammenhänge bei der $RATIO^{ausf}$ und etwas schwächere bei der $RATIO^{notl}$. Die höhere Beeinflussung der Resultate bei den Sparkassen ließ sich aufgrund der stärkeren (negativen) Korrelation zwischen Spezialisierungsgrad, insbesondere gemessen anhand der Distanzmaße, und dem Blankoanteil vermuten.[92] Bei Sparkassen liegt ein zumeist statistisch signifikant negativer Zusammenhang zwischen Spezialisierungsgrad und Blankoanteil bei einzelwertberichtigten Krediten vor. Ein niedriger Blankoanteil ist tendenziell mit einem niedrigen LGD und somit mit einer niedrigen $RATIO^{ausf}$ verbunden. Bei

[92] Vgl. hierzu Abschnitt 3.4.5.

Tabelle 4-15: Ergebnisse (Ausschnitt) der 0-1-normierten Regressionen mit $RATIO^{ausf}$ bzw. $RATIO^{notl}$ als erklärter Variable auf Basis von Bankmittelwerten ohne Verwendung der Variable *blanko*

	(1) HHI	(2) HHI^w	(3) D^{Bund}	(4) D^{Land}	(5) D^{Ort}	(6) D^{BWS}
$RATIO^{ausf}$ als erklärte Variable bei Kreditgenossenschaften						
SM	-0,217***	-0,207***	-0,293***	-0,240***	-0,175***	-0,281***
	(-5,34)	(-6,37)	(-6,60)	(-5,39)	(-4,97)	(-6,79)
Beobachtungen	1575	1575	1575	1575	1575	1575
R^2	0,242	0,241	0,245	0,234	0,226	0,246
$RATIO^{notl}$ als erklärte Variable bei Kreditgenossenschaften						
SM	-0,141**	-0,195***	-0,204***	-0,198***	-0,127***	-0,180***
	(-3,29)	(-5,18)	(-4,26)	(-4,37)	(-3,42)	(-3,91)
Beobachtungen	1575	1575	1575	1575	1575	1575
R^2	0,129	0,144	0,133	0,132	0,124	0,130
$RATIO^{ausf}$ als erklärte Variable bei Sparkassen						
SM	-0,037	-0,226***	-0,230***	-0,153**	-0,038	-0,185***
	(-0,67)	(-4,56)	(-3,95)	(-3,06)	(-0,93)	(-3,34)
kred_ant	-0,037	-0,065	-0,088	-0,068	-0,037	-0,076
	(-0,56)	(-1,01)	(-1,32)	(-1,02)	(-0,56)	(-1,15)
hyp	-0,148**	-0,126**	-0,166***	-0,158***	-0,150**	-0,141**
	(-3,18)	(-2,76)	(-3,68)	(-3,48)	(-3,25)	(-3,10)
markt_anl	-0,078	-0,068	-0,077	-0,081	-0,095*	-0,074
	(-1,76)	(-1,65)	(-1,84)	(-1,86)	(-2,05)	(-1,74)
Beobachtungen	534	534	534	534	534	534
R^2	0,230	0,262	0,255	0,243	0,230	0,247
$RATIO^{notl}$ als erklärte Variable bei Sparkassen						
SM	-0,011	-0,129**	-0,136*	-0,046	-0,036	-0,129*
	(-0,24)	(-2,69)	(-2,31)	(-0,84)	(-0,84)	(-2,16)
hyp	-0,278***	-0,265***	-0,288***	-0,281***	-0,277***	-0,272***
	(-5,44)	(-5,20)	(-5,75)	(-5,59)	(-5,47)	(-5,38)
personal_kredit	0,028	0,014	0,024	0,026	0,025	0,025
	(0,44)	(0,23)	(0,38)	(0,42)	(0,40)	(0,40)
Beobachtungen	534	534	534	534	534	534
R^2	0,188	0,198	0,197	0,189	0,188	0,196

*,**,*** zeigen jeweils statistische Signifikanz auf einem 5%-, 1%- bzw. 0,1%-Signifikanzniveau an.

Sparkassen scheint demnach ein höherer Spezialisierungsgrad auch über eine hohe (Nach-)Besicherungsquote[93] mit einer niedrigeren $RATIO^{ausf}$ zusammenzuhängen. Wird die Variable *blanko* in den Regressionen berücksichtigt, so wird der Zusammenhang der Besicherungspolitik mit der $RATIO^{ausf}$ separat erfasst. Wird auf die Variable *blanko* in den Regressionen verzichtet, so wird ein Teil der Auswirkungen der (Nach-)Besicherungspolitik auf die RATIO^{ausf} dem Spezialisierungsgrad zugerechnet. Ein denkbares Szenario ist also: Spezialisierte Sparkassen erkennen frühzeitig, wenn sich die wirtschaftliche Situation der Kreditnehmer verschlechert und fordern Sicherheiten nach, so dass bei tatsächlichem Kreditausfall die Verluste vergleichsweise gering sind. Des Weiteren nimmt – wie erwartet – der negative Zusammenhang zwischen der *RATIO* und der Quote der Hypothekendarlehn zu und die Beziehung zwischen Kreditanteil und $RATIO^{ausf}$ wird – wenn auch lediglich insignifikant – negativ. Der negative Zusammenhang des Marktanteils mit der $RATIO^{ausf}$ hat bei den Sparkassen etwas zugenommen, bleibt allerdings – mit Ausnahme des Spezialisierungsmaßes D^{Ort} – statistisch insignifikant. Auch die Berücksichtigung der Auswirkungen von hohen Marktanteilen auf die Besicherung gibt keinen Beleg dafür, dass ein höherer Marktanteil zu mehr Marktmacht und dadurch zu relativ geringeren tatsächlichen Verlustquoten führt.

Das Auslassen der Variable *markt_ant1* bleibt ohne berichtenswerte Konsequenzen für die empirischen Resultate bei den anderen Variablen, so dass die Ergebnisse lediglich im Anhang notiert werden.[94] Des Weiteren wird untersucht, inwieweit ein Verzicht auf die Variablen *kred_ant* und *bilanz* Auswirkungen auf die Ergebnisse hat. Wird der Kreditanteil nicht in die Regression miteinbezogen, so zeigt sich – wie in Tabelle 4-16 zu sehen – der Zusammenhang zwischen Spezialisierungsgrad und Monitoring-Qualität statistisch und ökonomisch noch etwas stärker als im Standard-Modell. Dies ist nicht verwunderlich, da spezialisierte Banken einen eher kleinen Kreditanteil aufweisen und Kreditgenossenschaften mit kleinem Kreditanteil im Durchschnitt geringere *RATIO*s haben.[95] Bei der $RATIO^{ausf}$ nehmen die Vorteile der Banken Westdeutschlands ab und bei der $RATIO^{notl}$ nehmen die Vorteile der Banken Ostdeutschlands zu, weil bei westdeutschen Banken im Durchschnitt höhere

[93] Wie in Abschnitt 4.2.1 beschrieben, kann dies als Zeichen für eine erfolgreiche Kreditüberwachung angesehen werden.

[94] Vgl. hierzu Tabelle A-9 in Anhang A.

[95] Vgl. hierzu Abschnitt 3.4.5 und 4.2.2.

Kreditanteile vorzufinden sind.[96]

Tabelle 4-16: Ergebnisse (Ausschnitt) der 0-1-normierten Regressionen mit $RATIO^{ausf}$ bzw. $RATIO^{notl}$ als erklärter Variable auf Basis von Bankmittelwerten ohne Verwendung der Variable *kred_ant*

	(1) HHI	(2) HHI^w	(3) D^{Bund}	(4) D^{Land}	(5) D^{Ort}	(6) D^{BWS}
$RATIO^{ausf}$ als erklärte Variable bei Kreditgenossenschaften						
SM	-0,254***	-0,222***	-0,335***	-0,296***	-0,213***	-0,313***
	(-6,17)	(-6,20)	(-7,88)	(-6,86)	(-6,09)	(-7,83)
ost	0,031	0,076***	0,050*	0,002	0,048*	0,058*
	(1,39)	(3,45)	(2,15)	(0,06)	(2,07)	(2,49)
Beobachtungen	1575	1575	1575	1575	1575	1575
R^2	0,268	0,260	0,274	0,262	0,248	0,271
$RATIO^{notl}$ als erklärte Variable bei Kreditgenossenschaften						
SM	-0,183***	-0,223***	-0,267***	-0,261***	-0,173***	-0,242***
	(-4,63)	(-6,24)	(-6,19)	(-6,19)	(-4,87)	(-5,83)
ost	-0,140***	-0,110***	-0,129***	-0,175***	-0,132***	-0,122***
	(-5,64)	(-4,59)	(-5,10)	(-6,52)	(-5,20)	(-4,77)
Beobachtungen	1575	1575	1575	1575	1575	1575
R^2	0,104	0,118	0,113	0,111	0,097	0,109
$RATIO^{ausf}$ als erklärte Variable bei Sparkassen						
SM	-0,034	-0,190***	-0,212***	-0,135**	-0,038	-0,184***
	(-0,68)	(-3,97)	(-4,19)	(-2,94)	(-1,00)	(-3,60)
ost	0,220***	0,279***	0,191**	0,161*	0,209***	0,214***
	(3,65)	(4,53)	(3,13)	(2,58)	(3,41)	(3,50)
Beobachtungen	534	534	534	534	534	534
R^2	0,316	0,337	0,338	0,325	0,316	0,333
$RATIO^{notl}$ als erklärte Variable bei Sparkassen						
SM	-0,010	-0,116*	-0,124*	-0,037	-0,035	-0,123*
	(-0,22)	(-2,39)	(-2,20)	(-0,68)	(-0,84)	(-2,07)
ost	-0,053	-0,015	-0,069	-0,069	-0,061	-0,055
	(-0,76)	(-0,22)	(-0,99)	(-0,98)	(-0,88)	(-0,79)
Beobachtungen	534	534	534	534	534	534
R^2	0,195	0,204	0,203	0,196	0,196	0,203

*,**,*** zeigen jeweils statistische Signifikanz auf einem 5%-, 1%- bzw. 0,1%-Signifikanzniveau an.

Wird die Bankgröße nicht in den Regressionen berücksichtigt, so zeigen sich für die $RATIO^{ausf}$ die in Tabelle 4-17 ausgewiesenen, im Vergleich zu den Ergebnissen der Standard-Regressionen statistisch und ökonomisch stärker negativen Zusammenhän-

[96] Die Korrelation zwischen *ost* und *kred_ant* beträgt bei den Kreditgenossenschaften -0,411 und bei den Sparkassen -0,765. In beiden Fällen sind die Werte signifikant von Null verschieden.

ge bei den Spezialisierungsmaßen.

Tabelle 4-17: Ergebnisse (Ausschnitt) der 0-1-normierten Regressionen mit $RATIO^{ausf}$ bzw. $RATIO^{notl}$ als erklärter Variable auf Basis von Bankmittelwerten ohne Verwendung der Variable *bilanz*

	(1) HHI	(2) HHI^{w}	(3) D^{Bund}	(4) D^{Land}	(5) D^{Ort}	(6) D^{BWS}
$RATIO^{ausf}$ als erklärte Variable bei Kreditgenossenschaften						
SM	-0,267***	-0,232***	-0,329***	-0,302***	-0,239***	-0,314***
	(-6,82)	(-6,98)	(-9,52)	(-8,73)	(-7,72)	(-9,43)
ost	0,071**	0,127***	0,087***	0,038	0,092***	0,094***
	(2,71)	(5,00)	(3,30)	(1,39)	(3,49)	(3,57)
fusion1	0,174***	0,184***	0,135***	0,140***	0,167***	0,146***
	(7,21)	(7,57)	(5,50)	(5,62)	(6,68)	(5,97)
fusion2	-0,075***	-0,060**	-0,064**	-0,061**	-0,067**	-0,063**
	(-3,40)	(-2,66)	(-2,88)	(-2,72)	(-2,98)	(-2,83)
Beobachtungen	1575	1575	1575	1575	1575	1575
R^2	0,265	0,254	0,279	0,267	0,250	0,275
$RATIO^{notl}$ als erklärte Variable bei Kreditgenossenschaften						
SM	-0,146***	-0,199***	-0,175***	-0,174***	-0,130***	-0,161***
	(-3,72)	(-5,51)	(-4,78)	(-4,91)	(-4,00)	(-4,49)
Beobachtungen	1575	1575	1575	1575	1575	1575
R^2	0,129	0,144	0,132	0,131	0,124	0,130
$RATIO^{ausf}$ als erklärte Variable bei Sparkassen						
SM	-0,076	-0,236***	-0,259***	-0,198***	-0,078*	-0,237***
	(-1,51)	(-5,17)	(-5,89)	(-4,62)	(-2,00)	(-5,33)
ost	0,108	0,204**	0,121	0,047	0,080	0,140*
	(1,53)	(2,89)	(1,78)	(0,68)	(1,17)	(2,00)
fusion1	0,048	0,048	0,015	0,019	0,050	0,028
	(1,23)	(1,26)	(0,39)	(0,48)	(1,30)	(0,75)
fusion2	-0,035	-0,002	-0,020	-0,018	-0,033	-0,019
	(-0,90)	(-0,05)	(-0,52)	(-0,47)	(-0,85)	(-0,51)
Beobachtungen	534	534	534	534	534	534
R^2	0,292	0,327	0,335	0,316	0,292	0,328
$RATIO^{notl}$ als erklärte Variable bei Sparkassen						
SM	0,018	-0,060	-0,022	0,025	-0,008	-0,032
	(0,41)	(-1,31)	(-0,44)	(0,51)	(-0,19)	(-0,63)
Beobachtungen	534	534	534	534	534	534
R^2	0,185	0,187	0,185	0,185	0,184	0,185

*,**,*** zeigen jeweils statistische Signifikanz auf einem 5%-, 1%- bzw. 0,1%-Signifikanzniveau an.

Größere Banken haben nämlich im Durchschnitt eine höhere $RATIO^{ausf}$ und diversifiziertere Kreditportfolios. Bei den Sparkassen und der $RATIO^{notl}$ wird hingegen der ausgewiesene Zusammenhang des Spezialisierungsgrades schwächer, da größere

Sparkassen eine eher geringere $RATIO^{notl}$ besitzen. Der Vorteil bei den westdeutschen Banken im Falle der $RATIO^{ausf}$ nimmt aus den gleichen Gründen wie beim Weglassen des Kreditanteils ab.[97] Der Fusionseffekt verstärkt sich (statistisch und ökonomisch) im Vergleich zu den Ergebnissen für die Standard-Regressionen bei dieser *RATIO*, da den eher größeren übernehmenden Banken ein Teil des hinsichtlich der Monitoring-Qualität negativen Größeneffektes zugeordnet und den eher kleineren übernommenen Banken ein positiver Effekt in Form höherer negativer Koeffizienten zugeteilt wird. Mit anderen Worten heißt dies: Übernehmende Banken sind tendenziell größer und größere Banken haben tendenziell eine höhere $RATIO^{ausf}$. Übernommene Banken sind im Durchschnitt kleiner und kleinere Banken weisen im Durchschnitt eine niedrigere $RATIO^{ausf}$ auf. Wird die Bankgröße nicht als eigene Variable in die Untersuchung mitaufgenommen, so wird auch das eigentlich mit der Größe der Bank in Verbindung stehende $RATIO^{ausf}$-Niveau (zumindest teilweise) in Beziehung zum Fusionsstatus der Bank gesetzt.

Insgesamt zeigt sich, dass auch das Weglassen von Variablen nicht zu grundlegenden anderen Ergebnissen führt. Durch das Weglassen der Variablen wird – stark vereinfacht gesagt – der Einfluss dieser Variablen auf die Variablen verteilt, die mit jener (stark) korreliert sind.[98]

Die Behandlung sämtlich möglicher Modelle, die aus dem Standard-Modell durch Verzicht auf in diesem verwendeter Kontrollvariablen hervorgehen, erscheint nicht zweckmäßig, da ein Weglassen von ökonomisch fundierten Variablen Einflüsse falsch zuordnet und erhöhte Korrelationen zwischen Störtermen und erklärenden Variablen heraufbeschwört. Untersuchungen, die das Regressionsmodell nach und nach auf den Spezialisierungsgrad als erklärende Variable reduziert haben, zeigen jedoch an, dass der negative Zusammenhang für den Spezialisierungsgrad stabil bleibt.

97 Bei der $RATIO^{notl}$ ist im Unterschied zu den Ergebnissen der Regressionen, die auf den Kreditanteil als erklärende Variable verzichten, keine wesentliche Veränderung der Ergebnisse für die Variable *ost* zu beobachten.

98 Diese Aussage vereinfacht sehr stark und ist in manchen Situationen sogar falsch. Das Argumentieren mit Korrelationen bei der Analyse von Zusammenhängen kann zu Fehlurteilen führen, wie später in dieser Arbeit noch zu sehen ist.

4.2.3.2.2 Hinzufügen von Variablen

Das Fehlen von relevanten Variablen kann ein Problem sein. Deren Einfluss wird denjenigen der in der Regression verwendeten Variablen zugewiesen, die eine hohe Korrelation mit ihnen aufweisen.[99] Auch wenn der Ramsey-Test eine Fehlspezifikation des Standard-Modells verwirft,[100] die auf fehlende Variablen zurückzuführen sein könnte, so wird im Folgenden überprüft, wie eine Aufnahme der Variable *kundeneinl* und eines quadratischen Größen-Terms die Ergebnisse beeinflusst. Entscheidend für die Berücksichtigung ist, dass ein Hinzufügen dieser Variablen ökonomisch motiviert werden kann. Die Integration von Interaktionstermen wird nicht in diesem Abschnitt vorgenommen, sondern erfolgt in Abschnitt 4.2.3.3. Die Einbeziehung von Interaktionstermen wird dort dazu verwendet, Aussagen über die Signifikanz der Unterschiede zwischen verschiedenen Gruppierungen zu treffen.

Würde die Annahme eines vollkommenen (und vollständigen) und ausfallrisikofreien Geld- und Kapitalmarktes gelten, so wäre die Einbeziehung des Anteils der Kundeneinlagen nicht zu erklären. Die (insbesondere) auf dieser Annahme beruhende Marktzinsmethode postuliert, dass beide Bilanzseiten getrennt betrachtet werden und insbesondere die Kreditvergabe und die damit verbundene Risikoübernahme unabhängig von der Refinanzierung und damit verbundenen Kosten zu betrachten sind.[101] Studien zur Marktdisziplinierung von Banken zeigen aber, dass bei Banken, die höhere Risiken, z.B. im Kreditgeschäft, eingehen, tendenziell höhere Fremdkapitalzinsen verlangt und Kundeneinlagen abgezogen werden.[102] Ferner ist die Annahme eines vollkommenen Geld- und Kapitalmarktes zu diskutieren.[103] Insbesondere die Annahme gleicher Soll- und Habenzinssätze ist bei Sparkassen und Kreditgenossenschaften mit relativ hohen Geld-Brief-Spannen verletzt.[104] Es liegt ein gespaltener Kapitalmarkt vor,[105] über Aktivgeschäft und Refinanzierung kann nicht

---

[99] Vgl. hierzu Fußnote 98.

[100] Vgl. hierzu Abschnitt 4.2.2.

[101] Vgl. hierzu Hartmann-Wendels et al. (2007), S. 694 f.

[102] In der empirischen Arbeit von Sträter / Wissing (2008) wird für Sparkassen ein positiver Zusammenhang zwischen durchschnittlicher Fremdkapitalverzinsung und Bankrisiko aufgezeigt. Ferner wird ermittelt, dass eine Erhöhung des Bankrisikos mit Abzug von Kundeneinlagen einhergeht. Trotz Einlagensicherung und Gewährträgerhaftung (die Untersuchung umfasst einen Zeitraum von 1998 bis 2005) fordern Fremdkapitalgeber bei Sparkassen mit (vermeintlich) höherem Ausfallrisiko höhere Zinssätze bzw. ziehen Einlagen ab.

[103] Auf vollkommenen Kapitalmärkten wäre die Existenz von Banken nicht zu erklären. Vgl. hierzu z.B. Hartmann-Wendels et al. (2007), S. 18 ff.

[104] Vgl. Hartmann-Wendels et al. (2007), S. 707.

[105] Zum sog. Hirshleifer-Fall vgl. Breuer (2002), S. 293ff.

mehr getrennt voneinander entschieden werden, die Marktzinsmethode ist – streng genommen – nicht mehr anwendbar. Neben der oben angegebenen möglichen Beeinflussung des Kundeneinlagen-Volumens durch die Risikopolitik der Bank (höheres Risiko geht mit geringerem Kundeneinlagen-Volumen einher), ist auch eine umgekehrte Beeinflussung vorstellbar. Ein hoher Anteil der Kundeneinlagen steht für eine günstige Refinanzierung. Dies könnte bewirken, dass die Bank geringere Zinssätze bei den Krediten akzeptiert, dafür riskante Engagements meidet und insgesamt eine zufriedenstellende Marge erwirtschaftet. Dies spricht insgesamt für einen negativen Koeffizienten bei der Variable *kundeneinl*.[106] In Tabelle 4-18 sind die entscheidenden Resultate angegeben.

Es zeigen sich negative Koeffizienten für den Anteil der Kundeneinlagen. Im Falle der $RATIO^{notl}$ sind die Beziehungen signifikant. Ein möglicher Grund für den Unterschied könnte sein, dass Fremdkapitalgeber stärker auf die Höhe der Einzelwertberichtigungen achten als auf die Höhe der Ausfallrate und demnach ein Einlagenabzug eher in Abhängigkeit von der Höhe der Einzelwertberichtigungen vorgenommen wird.[107] Dies ist allerdings nur eine Vermutung. Eine tiefergehende Analyse wird in diesem Fall nicht erfolgen, da diese Thematik außerhalb des Fokus dieser Arbeit liegt. Auffällig ist, dass sich die Resultate für den Spezialisierungsgrad im Vergleich zu den Ergebnissen für die Standard-Regressionen kaum verändert haben. Auch bei den anderen Variablen führt das Hinzufügen der Variable *kundeneinl* zu keinen großen Veränderungen.

[106] Der Ramsey-Test zeigt keine Fehlspezifikation an, die aufgrund der möglicherweise gegebenen Endogenität der Variable *kundeneinl* zu vermuten gewesen wäre.

[107] Es ist zu beachten, dass bei der $RATIO^{notl}$ ein Großteil der tatsächlichen Verluste über die Höhe der einzelwertberichtigten Kredite gemessen wird. Vgl. Abschnitt 3.4.3.

Tabelle 4-18: Ergebnisse (Ausschnitt) der 0-1-normierten Regressionen mit $RATIO^{ausf}$ bzw. $RATIO^{notl}$ als erklärter Variable auf Basis von Bankmittelwerten unter Aufnahme der Variable *kundeneinl*

	(1) HHI	(2) HHI^w	(3) D^{Bund}	(4) D^{Land}	(5) D^{Ort}	(6) D^{BWS}
$RATIO^{ausf}$ als erklärte Variable bei Kreditgenossenschaften						
SM	-0,236***	-0,205***	-0,306***	-0,261***	-0,184***	-0,285***
	(-5,57)	(-5,86)	(-6,77)	(-5,76)	(-5,19)	(-6,74)
kundeneinl	-0,058*	-0,040	-0,047	-0,039	-0,035	-0,050
	(-2,02)	(-1,37)	(-1,62)	(-1,30)	(-1,16)	(-1,73)
Beobachtungen	1575	1575	1575	1575	1575	1575
R^2	0,279	0,273	0,281	0,271	0,260	0,279
$RATIO^{notl}$ als erklärte Variable bei Kreditgenossenschaften						
SM	-0,154***	-0,201***	-0,214***	-0,204***	-0,130***	-0,191***
	(-3,56)	(-5,23)	(-4,44)	(-4,51)	(-3,54)	(-4,09)
kundeneinl	-0,118***	-0,110***	-0,112***	-0,107***	-0,103**	-0,113***
	(-3,79)	(-3,66)	(-3,61)	(-3,47)	(-3,30)	(-3,62)
Beobachtungen	1575	1575	1575	1575	1575	1575
R^2	0,138	0,152	0,141	0,139	0,131	0,138
$RATIO^{ausf}$ als erklärte Variable bei Sparkassen						
SM	-0,039	-0,191***	-0,216***	-0,135**	-0,041	-0,190***
	(-0,76)	(-3,93)	(-4,10)	(-2,87)	(-1,07)	(-3,66)
kundeneinl	-0,054	-0,052	-0,049	-0,043	-0,051	-0,061
	(-1,04)	(-1,06)	(-0,98)	(-0,86)	(-1,01)	(-1,22)
Beobachtungen	534	534	534	534	534	534
R^2	0,318	0,340	0,340	0,327	0,318	0,336
$RATIO^{notl}$ als erklärte Variable bei Sparkassen						
SM	-0,025	-0,122*	-0,134*	-0,034	-0,045	-0,143*
	(-0,54)	(-2,53)	(-2,33)	(-0,63)	(-1,06)	(-2,45)
kundeneinl	-0,175***	-0,174***	-0,172***	-0,170**	-0,174***	-0,181***
	(-3,35)	(-3,41)	(-3,35)	(-3,27)	(-3,36)	(-3,54)
Beobachtungen	534	534	534	534	534	534
R^2	0,213	0,221	0,221	0,213	0,214	0,223

*,**,*** zeigen jeweils statistische Signifikanz auf einem 5%-, 1%- bzw. 0,1%-Signifikanzniveau an.

Quadratische Terme bieten sich insbesondere für die Bankgröße an. Werden positive Größeneffekte für kleine Banken aufgrund von Fixkostendegressionseffekten und eher negative für große Banken aufgrund von organisatorischen Ineffizienzen vermutet, so spräche dies für einen negativen Koeffizienten der Variable *bilanz* und für einen positiven der quadrierten Variable.[108] Der Tabelle 4-19 sind die relevanten Ergebnisse zu entnehmen. In diesem Fall bilden Regressionen die Grundlage, bei denen die Variablen nicht 0-1-standardisiert sind. Dies ist – wie gleich noch zu sehen sein

[108] Vgl. hierzu etwa Lang / Welzel (1997).

wird – für anschließende Berechnungen empfehlenswert.

Tabelle 4-19: Ergebnisse (Ausschnitt) der unnormierten Regressionen mit $RATIO^{ausf}$ bzw. $RATIO^{notl}$ als erklärter Variable auf Basis von Bankmittelwerten unter Aufnahme der Variable (*bilanz_2*)

	(1) HHI	(2) HHI^w	(3) D^{Bund}	(4) D^{Land}	(5) D^{Ort}	(6) D^{BWS}
$RATIO^{ausf}$ als erklärte Variable bei Kreditgenossenschaften						
SM	-2,810***	-2,697***	-2,675***	-2,098***	-1,276***	-2,483***
	(-4,69)	(-5,10)	(-5,92)	(-4,89)	(-4,29)	(-5,97)
bilanz	1,174	1,503*	1,300*	1,422*	1,842**	1,446*
	(1,80)	(2,43)	(2,04)	(2,16)	(2,77)	(2,30)
bilanz_2	-0,026	-0,034*	-0,032*	-0,034*	-0,042*	-0,035*
	(-1,58)	(-2,16)	(-2,00)	(-2,07)	(-2,57)	(-2,23)
Beobachtungen	1575	1575	1575	1575	1575	1575
R^2	0,279	0,275	0,282	0,272	0,264	0,280
$RATIO^{notl}$ als erklärte Variable bei Kreditgenossenschaften						
SM	-1,053**	-1,725***	-1,124***	-1,023***	-0,542**	-0,985***
	(-2,92)	(-4,99)	(-4,02)	(-4,14)	(-2,89)	(-3,65)
bilanz	0,627	0,433	0,611	0,578	0,833	0,700
	(1,23)	(0,92)	(1,24)	(1,13)	(1,53)	(1,40)
bilanz_2	-0,016	-0,011	-0,016	-0,015	-0,021	-0,018
	(-1,21)	(-0,89)	(-1,31)	(-1,18)	(-1,52)	(-1,45)
Beobachtungen	1575	1575	1575	1575	1575	1575
R^2	0,130	0,145	0,134	0,133	0,127	0,132
$RATIO^{ausf}$ als erklärte Variable bei Sparkassen						
SM	-1,040	-4,791***	-2,080***	-1,272**	-0,247	-1,901***
	(-0,58)	(-3,91)	(-4,08)	(-2,85)	(-0,88)	(-3,55)
bilanz	0,557	0,503	0,225	0,192	0,541	0,339
	(0,64)	(0,59)	(0,27)	(0,22)	(0,62)	(0,40)
bilanz_2	-0,009	-0,009	-0,003	-0,002	-0,009	-0,006
	(-0,47)	(-0,47)	(-0,19)	(-0,10)	(-0,45)	(-0,30)
Beobachtungen	534	534	534	534	534	534
R^2	0,316	0,338	0,338	0,325	0,316	0,333
$RATIO^{notl}$ als erklärte Variable bei Sparkassen						
SM	-0,405	-2,501*	-1,104*	-0,375	-0,263	-1,138*
	(-0,29)	(-2,46)	(-2,39)	(-0,87)	(-1,01)	(-2,22)
bilanz	-0,488	-0,531	-0,680	-0,584	-0,583	-0,643
	(-0,66)	(-0,74)	(-0,95)	(-0,79)	(-0,79)	(-0,88)
bilanz_2	0,009	0,010	0,013	0,011	0,011	0,012
	(0,54)	(0,58)	(0,76)	(0,66)	(0,67)	(0,71)
Beobachtungen	534	534	534	534	534	534
R^2	0,196	0,205	0,205	0,197	0,197	0,205

*,**,*** zeigen jeweils statistische Signifikanz auf einem 5%-, 1%- bzw. 0,1%-Signifikanzniveau an.

Die Ergebnisse für den Spezialisierungsgrad haben sich im Vergleich zu den Ergebnissen der Standard-Regressionen kaum verändert. Die Vorzeichen der beiden Koeffizienten für die Variablen der Bankgröße entsprechen – mit Ausnahme der Ergebnisse für die $RATIO^{notl}$ bei den Sparkassen – nicht den Erwartungen. Interessant ist, für welchen Bereich der Bilanzgrößen ein positiver und für welchen ein negativer Zusammenhang der Bilanzgröße mit der $RATIO$ ausgewiesen wird. Es gilt z.B. für die $RATIO^{ausf}$ und das Spezialisierungsmaß HHI^{w} bei den Kreditgenossenschaften

$$\begin{aligned} & \text{Zusammenhang zwischen RATIO}^{ausf} \text{ und Bilanzsumme ist positiv} \\ \Leftrightarrow\ & 1,503 - 0,042 \cdot \ln(\text{Bilanzsumme}) > 0 \\ \Leftrightarrow\ & \text{Bilanzsumme} < 1,57 \cdot 10^{19}. \end{aligned}$$

Für die anderen Spezialisierungsmaße ergeben sich recht ähnliche Ungleichungen. Da es keine Banken mit einer Bilanzsumme von $1{,}57 \cdot 10^{19}$ € gibt, bedeutet es, dass der Zusammenhang zwischen der Bankgröße und der $RATIO^{ausf}$ für die Kreditgenossenschaften immer positiv ist und nur sehr leicht mit zunehmender Bankgröße abnimmt. Im Wesentlichen wird hierdurch das Ergebnis der Standard-Regressionen aus Abschnitt 4.2.2 bekräftigt. Die Resultate für die $RATIO^{notl}$ sind bei den Kreditgenossenschaften durch statistische Insignifikanz gekennzeichnet, so wie es auch bei den Standard-Regressionen der Fall war.[109] Bei den Sparkassen ist ein im Vergleich zu den Ergebnissen der Standard-Regressionen statistisch und ökonomisch schwächerer Zusammenhang der Größe mit der $RATIO$ festzustellen, der zudem für die $RATIO^{ausf}$ und die $RATIO^{notl}$ diametral verschieden ist. Beachtet man die Höhe der Koeffizienten, so zeigt sich für alle Sparkassen eine statistisch insignifikant positive Beziehung der Bankgröße mit der $RATIO^{ausf}$ und eine statistisch insignifikant negative Beziehung der Bankgröße mit der $RATIO^{notl}$. In beiden Fällen nimmt dieser Zusammenhang mit steigender Bankgröße ab. Die Berücksichtigung eines quadratischen *bilanz*-Terms liefert demnach keine Bestätigung der oben aufgestellten These von Größenvorteilen bei kleinen Instituten und Größennachteilen bei großen Instituten. Die Ergebnisse entsprechen – wenn sie auch statistisch und ökonomisch schwächer sind – in etwa den Ergebnissen der Standard-Regressionen. In Abschnitt 4.2.3.3.3 wird der Größeneffekt weiteren Untersuchungen unterzogen.

---

109 Der Zusammenhang zwischen Bilanzsumme und $RATIO^{notl}$ ist aber für alle Spezialisierungsmaße im Bereich realer Bankgrößen ausschließlich positiv, also nicht wie bei den Standard-Regressionen vom Vorzeichen her gemischt.

Die Kredithöhe ist ebenfalls eine Variable, die Einfluss auf die *RATIO* haben könnte. Höhere Kreditbeträge werden eher an sichere Kreditnehmer vergeben,[110] so dass von einer Bank mit durchschnittlich höheren Kreditbeträgen eine geringere *RATIO* zu erwarten wäre. Allerdings basiert die in dieser Arbeit verwendete Variable *hoehe* ausschließlich auf der Branchenzusammensetzung des Kreditportfolios. Die Variable *hoehe* liefert somit keine zusätzliche Information über die zu erwartende Verlusthöhe, da die durchschnittliche Insolvenzrate bzw. die erwartete Verlustquote ebenfalls auf Grundlage der Branchen berechnet wird. Ein zusätzlicher Input wäre nur gegeben, wenn einzelne Kredithöhen bekannt wären. Ein Hinzufügen der Variable *hoehe* ist damit nicht sinnvoll und würde womöglich zu Verzerrungen führen. Es stellt sich ferner die Frage, ob die Aufnahme der Kredithöhe, selbst bei Vorliegen einzelner Kredithöhen, überhaupt empfehlenswert ist. Entscheidend gegen eine Verwendung spricht, dass ein negativer Zusammenhang zwischen Kredithöhe und tatsächlicher Verlustquote von einer Bank im Wesentlichen selbst gesteuert und nicht als Gesetzmäßigkeit von Außen vorgegeben wird.[111] Aus diesen Gründen wird eine Berücksichtigung der Kredithöhe nicht vorgenommen.

4.2.3.2.3 Austauschen von Variablen

Für einige der Variablen, die im Standard-Modell eingesetzt werden, sind Alternativen denkbar. Insbesondere für den Marktanteil sind in Abschnitt 3.4.4.4 alternative Kennzahlen vorgestellt worden. Am Anfang dieses Abschnittes soll aber die Frage geklärt werden, ob der Spezialisierungsgrad einer Region schon Erklärungskraft für die Monitoring-Qualität besitzt, d.h. ob die Branchenstruktur einer Region Spezialisierungsvorteile der dort ansässigen Banken anzeigen kann. Für diese Untersuchung wird an die Stelle der üblichen Spezialisierungsmaße die Variable *SM_ Ort* treten.[112]

110 Vgl. hierzu etwa Machauer / Weber (1998) und Elsas / Krahnen (1998).

111 Im Unterschied dazu ist z.B. der Zusammenhang zwischen Kredithöhe und Zinssatz als Gesetzmäßigkeit von Außen zu verstehen. Es sind natürlich auch andere Argumentationen denkbar. Z.B. impliziert ein durchschnittlich höherer Kreditbetrag bei gegebenem Kreditvolumen (tendenziell) eine geringere Granularität und damit höhere unsystematische Risiken. Die Untersuchung des Zusammenhangs zwischen der Höhe der Single-Name-Konzentration und der Monitoring-Qualität mag durchaus sinnvoll sein. Auf eine weitergehende Diskussion wird aber verzichtet, insbesondere auch deshalb, weil genaue Daten über die Kredithöhe ohnehin nicht vorliegen.

112 SM_Ort_b gibt den Abstand der Branchenstruktur des Geschäftsgebietes, in dem sich die Bank *b* befindet, von der nationalen Branchenstruktur an. Vgl. hierzu Abschnitt 3.4.4.4.

Die empirischen Ergebnisse sind in der Tabelle 4-20 festgehalten.

Tabelle 4-20: Ergebnisse (Ausschnitt) der 0-1-normierten Regressionen mit $RATIO^{ausf}$ bzw. $RATIO^{notl}$ als erklärter Variable bei Verwendung der Variable *SM_ Ort* anstatt der Spezialisierungsmaße

	Kreditgenossenschaften		Sparkassen	
	$RATIO^{ausf}$	$RATIO^{notl}$	$RATIO^{ausf}$	$RATIO^{notl}$
SM_Ort	-0,008	-0,040	-0,019	0,022
	(-0,32)	(-1,27)	(-0,53)	(0,60)
Beobachtungen	1575	1575	534	534
R^2	0,242	0,117	0,316	0,196

*,**,*** zeigen jeweils statistische Signifikanz auf einem 5%-, 1%- bzw. 0,1%-Signifikanzniveau an.

Es ist zu erkennen, dass die Zusammenhänge sowohl für die Sparkassen als auch für die Kreditgenossenschaften statistisch und ökonomisch insignifikant sind. Deutlich von der nationalen Branchenstruktur abweichende Ort-Benchmarks führen im Allgemeinen nicht dazu, dass hiervon betroffene Banken Spezialisierungsvorteile generieren.

Die nächste Untersuchung, die in dieselbe Richtung zielt, berücksichtigt in einer Regression neben D^{Bund} regionale Spezialisierung in der Gestalt von D^{Ort} oder *SM_ Ort*.[113] Die empirischen Resultate sind in der Tabelle 4-21 angegeben.

Es zeigt sich, dass für D^{Bund} signifikant negative und für die regionalen Spezialisierungsmaße insignifikante Zusammenhänge ausgewiesen werden. Die Erklärungskraft der Distanz zur nationalen Benchmark für Monitoring-Vorteile ist demnach höher als die regionaler Spezialisierungsmaße.[114]

[113] Es wäre auch möglich gewesen, diese Regressionen unter Abschnitt 4.2.3.2.2 einzuordnen. Allerdings soll hier der Aspekt, dass Spezialisierung alternativ gemessen wird, im Vordergrund stehen.

[114] Hohe Korrelationen zwischen den Spezialisierungsmaßen lassen Multikollinearität vermuten. Die VIF-Werte (vgl. z.B. Fußnote 50) zeigen jedoch keine Verzerrungen hierdurch an.

Tabelle 4-21: Ergebnisse (Ausschnitt) der 0-1-normierten Regressionen mit $RATIO^{ausf}$ bzw. $RATIO^{notl}$ als erklärter Variable auf Basis von Bankmittelwerten bei gleichzeitiger Verwendung mehrerer Spezialisierungsmaße

	$RATIO^{ausf}$	$RATIO^{ausf}$	$RATIO^{notl}$	$RATIO^{notl}$
	Kreditgenossenschaften			
D^{Bund}	-0,294***	-0,301***	-0,195***	-0,202***
	(-5,85)	(-6,66)	(-3,51)	(-4,30)
D^{Ort}	-0,010		-0,011	
	(-0,29)		(-0,28)	
SM_Ort		-0,002		-0,035
		(-0,07)		(-1,15)
Beobachtungen	1575	1575	1575	1575
R^2	0,280	0,280	0,133	0,134
	Sparkassen			
D^{Bund}	-0,214***	-0,217***	-0,130*	-0,141*
	(-4,05)	(-4,09)	(-2,25)	(-2,41)
D^{Ort}	-0,009		-0,018	
	(-0,24)		(-0,42)	
SM_Ort		0,006		0,038
		(0,18)		(1,00)
Beobachtungen	534	534	534	534
R^2	0,338	0,338	0,204	0,205

*,**,*** zeigen jeweils statistische Signifikanz auf einem 5%-, 1%- bzw. 0,1%-Signifikanzniveau an.

Diese Aussage ist ein wenig enttäuschend vor dem Hintergrund, dass D^{Ort} als Maß für aktive Spezialisierung angekündigt worden ist.[115] Zu beachten ist, dass Mängel beim Maß D^{Ort} aufgrund der nicht exakten Berechenbarkeit der regionalen Benchmark-Portfolios bestehen.[116] Des Weiteren zeigt eine Analyse des Zusammenhangs zwischen der Anzahl der in die Berechnung der jeweiligen regionalen Benchmarks einbezogenen Banken und dem durchschnittlichen D^{Ort}-Wert der entsprechenden Region, dass eine größere Anzahl statistisch signifikant mit einem höheren D^{Ort}-Wert verbunden ist. Mit anderen Worten heißt dies: Je mehr Banken bei der Benchmark-Bildung beteiligt sind, desto stärker weichen die einzelnen Banken von der Benchmark ab. Stellt man nun die Hypothese auf, dass insbesondere in wirtschaftlich stabilen Regionen viele Banken tätig sind,[117] so würde sich der negative Zusammenhang zwischen der $RATIO$ und D^{Ort} auch dadurch erklären lassen, dass in Geschäftsgebieten

[115] Vgl. hierzu 3.4.2.2.
[116] Vgl. Abschnitt 3.4.2.2.
[117] Vgl. hierzu etwa Berndt (2004).

mit vielen Banken die Verluste für Banken tendenziell geringer sind und die einzelnen Banken stärker von der jeweiligen Benchmark abweichen. Allerdings ist die Korrelation zwischen der Anzahl der Banken in einem Geschäftsgebiet und der *RATIO* nur schwach positiv und durch die Einbeziehung des Agglomerationsgrades des Geschäftsgebietes wird zumindest für einen regionalen Aspekt bei der Regression kontrolliert. Aus diesen Ausführungen lassen sich u.a. die folgenden Schlüsse ziehen:

- Für die Messung aktiver Spezialisierung und zur Beurteilung des Maßes D^{Ort} sind genauere Informationen über die einzelnen Geschäftsgebiete notwendig.[118]
- Abweichungen von der nationalen Benchmark scheinen für die Messung von Spezialisierungsvorteilen geeignet zu sein. Die Befüchtung, dass bei den regional verbundenen Kreditgenossenschaften und Sparkassen die D^{Bund}-Werte im Wesentlichen durch die Abweichung der Branchenstruktur des Bank-Geschäftsgebietes von der nationalen Benchmark erklärt werden, hat sich als unbegründet erwiesen.

Die Variable *markt_ant1* gibt den durchschnittlichen Marktanteil bezogen auf die einzelnen Branchen an. Alternativ kann auch der Anteil an der gesamten Kreditvergabe in der Region betrachtet, d.h. die Variable *markt_ant2* herangezogen werden.[119] In der Tabelle 4-22 sind die empirischen Ergebnisse für diese Regressionen notiert.

Für die Spezialisierungsmaße ergeben sich keine nennenswerten Veränderungen im Vergleich zu den Ergebnissen der Standard-Regressionen. Die ausgewiesenen Resultate für *markt_ant2* entsprechen denen von *markt_ant1* in (statistisch und ökonomisch) leicht abgeschwächter Form. Die Zusammenhänge sind wie bei *markt_ant1* immer negativ, aber nur in einem Fall signfikant (bei *markt_ant1* gilt statistische Signifikanz in zwei Fällen). Es stellt demnach keinen (großen) Unterschied für die Untersuchung der Monitoring-Vorteile dar, ob die Marktanteile auf die Branchen oder die gesamte Kreditvergabe ausgerichtet berechnet werden.

118 Eine detailliertere regionale Analyse wird in der vorliegenden Arbeit nicht durchgeführt. Die hierfür notwendigen Daten liegen nicht vor.

119 Vgl. hierzu Abschnitt 3.4.4.1.

Tabelle 4-22: Ergebnisse (Ausschnitt) der 0-1-normierten Regressionen mit $RATIO^{ausf}$ bzw. $RATIO^{notl}$ als erklärter Variable auf Basis von Bankmittelwerten bei Verwendung von *markt_ ant2*

	(1) HHI	(2) HHI^w	(3) D^{Bund}	(4) D^{Land}	(5) D^{Ort}	(6) D^{BWS}
$RATIO^{ausf}$ als erklärte Variable bei Kreditgenossenschaften						
SM	-0,232***	-0,207***	-0,305***	-0,263***	-0,183***	-0,283***
	(-5,52)	(-5,83)	(-6,75)	(-5,75)	(-5,05)	(-6,68)
markt_ant2	-0,019	-0,021	-0,013	-0,018	-0,062**	-0,014
	(-0,96)	(-1,05)	(-0,66)	(-0,91)	(-2,86)	(-0,71)
Beobachtungen	1575	1575	1575	1575	1575	1575
R^2	0,277	0,272	0,279	0,269	0,257	0,277
$RATIO^{notl}$ als erklärte Variable bei Kreditgenossenschaften						
SM	-0,144***	-0,198***	-0,207***	-0,202***	-0,124***	-0,183***
	(-3,31)	(-5,18)	(-4,24)	(-4,38)	(-3,37)	(-3,87)
markt_ant2	-0,010	-0,012	-0,006	-0,010	-0,039	-0,007
	(-0,50)	(-0,59)	(-0,29)	(-0,46)	(-1,75)	(-0,34)
Beobachtungen	1575	1575	1575	1575	1575	1575
R^2	0,129	0,144	0,133	0,132	0,123	0,130
$RATIO^{ausf}$ als erklärte Variable bei Sparkassen						
SM	-0,038	-0,191***	-0,217***	-0,139**	-0,040	-0,187***
	(-0,75)	(-3,94)	(-4,09)	(-2,95)	(-1,00)	(-3,57)
markt_ant2	-0,049	-0,042	-0,048	-0,054	-0,068	-0,045
	(-1,20)	(-1,06)	(-1,22)	(-1,35)	(-1,51)	(-1,13)
Beobachtungen	534	534	534	534	534	534
R^2	0,315	0,337	0,337	0,325	0,315	0,333
$RATIO^{notl}$ als erklärte Variable bei Sparkassen						
SM	-0,012	-0,120*	-0,134*	-0,043	-0,039	-0,131*
	(-0,26)	(-2,48)	(-2,30)	(-0,78)	(-0,88)	(-2,17)
markt_ant2	-0,037	-0,032	-0,036	-0,038	-0,055	-0,034
	(-0,81)	(-0,72)	(-0,80)	(-0,85)	(-1,11)	(-0,74)
Beobachtungen	534	534	534	534	534	534
R^2	0,195	0,204	0,204	0,196	0,196	0,204

*,**,*** zeigen jeweils statistische Signifikanz auf einem 5%-, 1%- bzw. 0,1%-Signifikanzniveau an.

Eine weitere Möglichkeit, die Marktpositionierung der Banken in einer Region zu beschreiben, besteht darin, die Struktur der Kreditvergabe zu beleuchten. Die Variable *markt_ struktur* wird als *HHI* über die Kreditengagements unterschiedlicher Banken einer Region berechnet.[120] Im Unterschied zu *markt_ ant1* und *markt_ ant2* handelt es sich also nicht um bankspezifische Wertzuweisungen, sondern um regionenspezifische Determinanten. Tabelle 4-23 gibt die Ergebnisse für die Regression mit der Variable *markt_ struktur* wieder. Es ist ersichtlich, dass keine wesentlichen Unterschiede

[120] Vgl. hierzu Abschnitt 3.4.4.4.

gegenüber den Resultaten der Regressionen mit *markt_ant1* bzw. *markt_ant2* bestehen.

Tabelle 4-23: Ergebnisse (Ausschnitt) der 0-1-normierten Regressionen mit $RATIO^{ausf}$ bzw. $RATIO^{notl}$ als erklärter Variable auf Basis von Bankmittelwerten bei Verwendung von *markt_struktur*

	(1) HHI	(2) HHI^w	(3) D^{Bund}	(4) D^{Land}	(5) D^{Ort}	(6) D^{BWS}
$RATIO^{ausf}$ als erklärte Variable bei Kreditgenossenschaften						
SM	-0,232***	-0,207***	-0,304***	-0,266***	-0,184***	-0,282***
	(-5,52)	(-5,83)	(-6,74)	(-5,82)	(-5,16)	(-6,65)
markt_struktur	-0,026	-0,027	-0,021	-0,036	-0,068**	-0,019
	(-1,21)	(-1,23)	(-0,96)	(-1,64)	(-2,86)	(-0,86)
Beobachtungen	1575	1575	1575	1575	1575	1575
R^2	0,277	0,273	0,280	0,270	0,258	0,277
$RATIO^{notl}$ als erklärte Variable bei Kreditgenossenschaften						
SM	-0,144***	-0,198***	-0,206***	-0,205***	-0,134***	-0,181***
	(-3,31)	(-5,18)	(-4,20)	(-4,46)	(-3,73)	(-3,82)
markt_struktur	-0,038	-0,039	-0,034	-0,046*	-0,068**	-0,033
	(-1,75)	(-1,78)	(-1,58)	(-2,10)	(-2,88)	(-1,53)
Beobachtungen	1575	1575	1575	1575	1575	1575
R^2	0,130	0,146	0,134	0,134	0,125	0,131
$RATIO^{ausf}$ als erklärte Variable bei Sparkassen						
SM	-0,038	-0,192***	-0,217***	-0,138**	-0,036	-0,187***
	(-0,74)	(-3,96)	(-4,10)	(-2,95)	(-0,89)	(-3,57)
markt_struktur	-0,046	-0,039	-0,045	-0,050	-0,061	-0,041
	(-1,12)	(-1,00)	(-1,14)	(-1,24)	(-1,36)	(-1,04)
Beobachtungen	534	534	534	534	534	534
R^2	0,315	0,337	0,337	0,325	0,315	0,332
$RATIO^{notl}$ als erklärte Variable bei Sparkassen						
SM	-0,012	-0,119*	-0,134*	-0,044	-0,050	-0,130*
	(-0,25)	(-2,47)	(-2,30)	(-0,80)	(-1,13)	(-2,15)
markt_struktur	-0,059	-0,054	-0,058	-0,060	-0,079	-0,055
	(-1,33)	(-1,26)	(-1,34)	(-1,37)	(-1,67)	(-1,27)
Beobachtungen	534	534	534	534	534	534
R^2	0,197	0,206	0,206	0,198	0,198	0,206

*,**,*** zeigen jeweils statistische Signifikanz auf einem 5%-, 1%- bzw. 0,1%-Signifikanzniveau an.

Insgesamt zeigt sich, dass die Marktpositionierung der Banken – unabhängig von ihrer Berechnung – nur schwach mit der *RATIO* zusammenhängt. Allerdings ist zu beachten, dass bei allen drei Variablen die Berechnungsgrundlage dadurch verzerrt ist, dass die Kreditvergabe überregional tätiger Banken nicht berücksichtigt wird. Für Geschäftsgebiete, in denen überregionale Banken relativ aktiv sind, werden jeweils zu hohe Werte bei den drei Variablen ausgewiesen. Marktkonzentration und Marktanteile sind bei gleichen Variablenwerten eigentlich geringer als in Geschäftsgebieten, in den die Geschäftstätigkeit überregionaler Banken eine nicht so große Rolle spielt. Durch die Berücksichtigung des Agglomerationsgrades wird versucht, den möglichen Effekt dieser Ungenauigkeiten zu mindern.[121] Nach dem Agglomerationsgrad segmentierte Regressionen führen jedoch kaum zu Veränderungen der Ergebnisse für die drei Variablen.[122] Dies kann als Indiz dafür angesehen werden, dass die Ungenauigkeiten bei den Berechnungen keinen hohen Einfluss auf die Ergebnisse haben. Es sei an dieser Stelle aber darauf hingewiesen, dass insbesondere für die Messung der Wettbewerbsintensität zahlreiche andere Möglichkeiten bestehen, die unter Umständen zu anderen Ergebnissen führen.[123] Eine weitergehende Analyse wird nicht vorgenommen, da das Thema der Wettbewerbsintensität außerhalb des eigentlichen Fokus dieser Arbeit liegt.

Bei der Vorstellung der zentralen Variablen in Abschnitt 3.4.3 wurde unter anderem erläutert, dass für die Quote der geprüften notleidenden Kredite, die als Zähler in die $RATIO^{notl}$ eingeht, im Nenner besser das gesamte Kundenkreditvolumen anstatt des geprüften Kreditvolumens ($RATIO^{notl\_gepr}$) anzusetzen ist. Bei der Interpretation der Ergebnisse der Standard-Regressionen in Abschnitt 4.2.2 wurde die Frage aufgeworfen, ob der Anteil der geprüften Kredite z.B. in Abhängigkeit vom Spezialisierungsgrad oder der Größe der Bank variiert. Bei den Sparkassen wird ein statistisch und ökonomisch deutlich schwächerer Zusammenhang zwischen dem Spezialisierungsgrad und der $RATIO^{notl}$ als zwischen dem Spezialisierungsgrad und der $RATIO^{ausf}$ ausgewiesen. Ein möglicher Grund hierfür ist, dass bei spezialisierten bzw. konzentrierten Banken mehr Kredite geprüft werden und ein größerer Teil notleidender Kredite erfasst wird. Im Folgenden wird untersucht, inwieweit diese Bedenken gegenüber der $RATIO^{notl}$ stichhaltig sind. Die Untersuchung beschränkt sich auf die Sparkassen, da hier die Unterschiede zwischen den Ergebnissen der $RATIO^{ausf}$ und $RATIO^{notl}$ besonders deutlich sind. Die Verwendung der Variable $RATIO^{notl}$ ist sinnvoll, wenn bei der Prüfung sämtliche bzw. ein Großteil der einzelwertberichtigten Kredite und Kredite mit erhöhten latenten Risiken erfasst werden. Die Verwendung der Variable $RATIO^{notl\_gepr}$ hingegen ist sinnvoll, wenn ein hinsichtlich des Risikogehaltes des Kreditportfolios repräsentativer Ausschnitt geprüft wird. Um den Zusammenhang zwischen dem Anteil der geprüften Kredite an den

[121] Vgl. hierzu die Ausführungen in Abschnitt 4.2.1 und 4.2.2.
[122] Vgl. hierzu Abschnitt 4.2.3.3.2.
[123] Vgl. z.B. Breitmeyer et al. (2004).

Krediten ($gepr\_ant$) und dem Anteil der Einzelwertberichtigungen (ewb_ant)[124] sowie weiteren Variablen zu untersuchen, wird eine Regression auf Basis der Gleichung

$$\begin{aligned}\overline{gepr\_ant_b} &= \alpha + \beta_1 \cdot \overline{SM}_b + \beta_2 \cdot \overline{ewb\_ant}_b + \beta_3 \cdot \overline{kred\_ant}_b \\ &\quad + \beta_4 \cdot \overline{bilanz}_b + \beta_5 \cdot \overline{ost}_b + \epsilon_b.\end{aligned}$$

durchgeführt. Datenbasis ist das Standard-Datenset und es werden wiederum Mittelwerte über die Jahre herangezogen.[125] In der Tabelle 4-24 sind die Ergebnisse der Regressionen angegeben.

Es ist ersichtlich, dass der Anteil der geprüften Kredite an den Krediten und der Anteil der Einzelwertberichtigungen signifikant positiv miteinander zusammenhängen.[126] Ein höherer ewb_ant-Wert geht mit einem höheren Prüfungsanteil einher.[127] Dies ist ein deutliches Indiz dafür, dass die Prüfungen risikoorientiert vorgenommen werden. Einzelwertberichtigte Kredite sind somit vorrangig im Pool der geprüften Kredite vorhanden, so dass die Annahme eines repräsentativen Ausschnittes hinfällig und die Verwendung der $RATIO^{notl\_gepr}$ nicht zu empfehlen ist.

Hinsichtlich der Güte der $RATIO^{notl}$ stellt sich aber noch die Frage, ob der Prüfungsanteil in Abhängigkeit vom Spezialisierungsgrad und anderen Parametern des Kreditgeschäfts schwankt. Für den Spezialisierungsgrad sind unterschiedliche Koeffizienten-Vorzeichen in Abhängigkeit vom verwendeten Spezialisierungsmaß festzustellen. Lediglich für das naive Spezialisierungsmaß HHI und das Distanzmaße D^{Ort} liegt

[124] Zu beachten ist, dass die Variable ewb_ant alle und nicht nur geprüfte Kredite umfasst und im Zähler Einzelwertberichtigungen und nicht das Nominalvolumen einzelwertberichtigter Kredite angesetzt werden. Die Variablen ewb_ant und $gepr\_ant$ wurden in Abschnitt 3.4 nicht definiert, da sie nur in dieser recht spezifischen Untersuchung verwendet werden.

[125] Eine ausführlichere Motivation dieser Regression bleibt aus, da der Umfang der Darstellung für diese Nebenuntersuchung möglichst klein gehalten werden soll.

[126] Es sei vermerkt, dass dieser Zusammenhang auch bei den Kreditgenossenschaften festgestellt wird. Vgl. hierzu Tabelle A-10 in Anhang A.

[127] Falls die Einzelwertberichtigungen im Durchschnitt (100/ewb_ant-Koeffizienten-Wert)%, d.h. ca. 35%, des Nominalvolumens (einzelwertberichtigter Kredite) betragen, so würde sich der Prüfungsanteil genau mit dem Anteil der einzelwertberichtigten Kredite verändern. Falls die Einzelwertberichtigungen im Durchschnitt (deutlich) über 35% des Nominalvolumens liegen, so würde sich der Prüfungsanteil stärker als der Anteil der einzelwertberichtigten Kredite verändern.

Tabelle 4-24: Ergebnisse (Ausschnitt) der unnormierten Regressionen für die Sparkassen auf Basis von Bankmittelwerten zur Erklärung des Prüfungsanteils bei Krediten (*gepr_ ant*)

	(1) HHI	(2) HHI^w	(3) D^{Bund}	(4) D^{Land}	(5) D^{Ort}	(6) D^{BWS}
SM	0,974**	0,296	-0,178	0,016	0,148**	-0,001
	(2,92)	(1,17)	(-1,59)	(0,15)	(2,63)	(-0,01)
ewb_ant	2,749***	2,836***	2,722***	2,645***	2,823***	2,757***
	(4,78)	(4,84)	(4,73)	(4,35)	(4,92)	(4,77)
kred_ant	-0,186	-0,231	-0,259	-0,235	-0,223	-0,237
	(-1,27)	(-1,68)	(-1,59)	(-1,71)	(-1,63)	(-1,55)
bilanz	0,002	0,015	0,000	0,008	0,013	0,008
	(0,33)	(1,45)	(0,02)	(1,13)	(1,77)	(0,93)
ost	-0,075**	-0,081**	-0,081**	-0,072*	-0,069**	-0,073**
	(-2,88)	(-3,06)	(-3,03)	(-2,52)	(-2,71)	(-2,84)
Beobachtungen	534	534	534	534	534	534
R^2	0,240	0,241	0,254	0,248	0,249	0,647

*,**,*** zeigen jeweils statistische Signifikanz auf einem 5%-, 1%- bzw. 0,1%-Signifikanzniveau an.

statistische Signifikanz vor; in beiden Fällen ist eine positive Beziehung mit dem Prüfungsanteil zu konstatieren. Allerdings sind bei diesen beiden Maßen die Unterschiede zwischen den Regressionsergebnissen für $RATIO^{notl}$ und für $RATIO^{ausf}$ eher klein.[128] Die statistische Insignifikanz im Falle der anderen Spezialisierungsmaße lässt den Schluss ziehen, dass höhere Prüfungsanteile bei konzentrierteren Banken nicht der Grund für die Unterschiede zwischen den Ergebnissen für $RATIO^{notl}$ und $RATIO^{ausf}$ sind.[129]

Die Regressionsergebnisse zeigen ferner, dass die Bankgröße und der Kreditanteil nur insignifikant mit dem Prüfungsanteil zusammenhängen. Auffällig ist, dass der Prüfungsanteil bei ostdeutschen Sparkassen deutlich geringer als bei westdeutschen Sparkassen ist.[130] Dies könnte ein Grund dafür sein, dass bei der $RATIO^{notl}$ ein (statistisch insignifikant) negativer Zusammenhang mit der Variable *ost* ausgewiesen wird. Bei der $RATIO^{ausf}$ liegt ein statistisch signifikant positiver Zusammenhang vor. Wenn bei ostdeutschen Sparkassen der Prüfungsanteil kleiner ist als bei

[128] Vgl. die Tabellen 4-5 und 4-6.

[129] In Abschnitt 4.2.2 wurden weitere Möglichkeiten für die Unterschiede genannt, wie z.B. die unterschiedliche Behandlung der Verluste bei Ausfall.

[130] Die Ergebnisse zeigen einen um ca. $7,5\%$ geringeren Prüfungsanteil bei den ostdeutschen Sparkassen (korrigiert für die anderen erklärenden Variablen der Regression).

westdeutschen Sparkassen, wird womöglich ein geringerer Anteil der Kredite mit erhöhtem latenten Risiko überprüft bzw. im Verhältnis zum Kreditvolumen weniger Krediten der Status erhöhten latenten Risikos zugewiesen, was zu einer geringeren $RATIO^{notl}$ führen würde. Allerdings kann diese Vermutung auf Basis der vorliegenden Daten nicht weiter auf ihre Richtigkeit untersucht werden.[131] Das Problem hierbei ist, dass keine weiteren Angaben über Kredite mit erhöhtem latenten Risiko verfügbar sind.

4.2.3.3 Betrachtung unterschiedlicher Segmente

4.2.3.3.1 Spezialisierungsgrad

Bei den bisherigen Regressionen wurde ein linearer Zusammenhang zwischen dem Spezialisierungsgrad und der $RATIO$ unterstellt. Es ist aber durchaus vorstellbar, dass für unterschiedliche Niveaus an Spezialisierungsgraden der Zusammenhang mit der $RATIO$ differiert und im Extremfall für manche Niveaus eine positive Beziehung gelten könnte. Aus diesem Grund wird im Folgenden zunächst das Beobachtungsset für Sparkassen und Kreditgenossenschaften jeweils in drei gleich große Klassen in Abhängigkeit von der Höhe des Spezialisierungsgrades unterteilt, wobei die Klassifizierung für die unterschiedlichen Spezialisierungsmaße im Allgemeinen voneinander abweicht. Um die Darstellung der Ergebnisse übersichtlich zu halten, werden lediglich die Resultate für β_1 vorgestellt. Die vollständigen Ergebnistabellen befinden sich – wie bereits angemerkt – im Anhang. Der Tabelle 4-25 sind die Regressionsergebnisse für die Kreditgenossenschaften und der Tabelle 4-26 die für die Sparkassen zu entnehmen.

Insgesamt ist festzustellen, dass die negativen Zusammenhänge durch die Segmentierung ökonomisch und statistisch schwächer werden. Der Grund hierfür dürfte sein, dass deutliche Unterschiede zwischen den $RATIO$s der Banken mit niedrigem und denen der Banken mit hohem Spezialisierungsgrad nicht in die Regression eingehen. Bei den Kreditgenossenschaften und den Sparkassen zeigen sich die schwächsten Beziehungen für die mittelhohen Spezialisierungsgrade. Dies gilt sowohl für die $RATIO^{notl}$ als auch für die $RATIO^{ausf}$. Eine mögliche Ursache hierfür ist, dass die

[131] Gegen die Vermutung spricht, dass bei Kreditgenossenschaften kein signifikant negativer Zusammenhang zwischen ost und $gepr\_ant$ vorliegt und trotzdem die gleichen Vorzeichen für die Zusammenhänge zwischen $RATIO^{ausf}$ bzw. $RATIO^{notl}$ und ost wie bei den Sparkassen gelten.

Bandbreite der Spezialisierungsgrade in der mittleren Klasse am niedrigsten ist. So liegen bei den Kreditgenossenschaften die Werte für D^{Bund} in der mittleren Klasse zwischen 0,381 und 0,464, wohingegen in den beiden anderen Klassen ein Spektrum von 0,221 bis 0,381 bzw. von 0,464 bis 0,921 vorliegt. Bei den anderen Spezialisierungsmaßen zeigen sich ähnliche Unterschiede in den Bandbreiten.

Tabelle 4-25: Ergebnisse (Ausschnitt) der 0-1-normierten Regressionen mit $RATIO^{ausf}$ bzw. $RATIO^{notl}$ als erklärter Variable auf Basis von Bankmittelwerten bei Segmentierung nach Spezialisierungsgrad für Kreditgenossenschaften

	(1) HHI	(2) HHI^w	(3) D^{Bund}	(4) D^{Land}	(5) D^{Ort}	(6) D^{BWS}
Niedrige Spezialisierungsgrade und $RATIO^{ausf}$ als erklärte Variable						
SM	-0,082*	-0,148***	-0,226***	-0,159**	-0,075	-0,181**
	(-2,20)	(-3,50)	(-3,70)	(-3,05)	(-1,55)	(-3,23)
Beobachtungen	524	524	524	524	524	524,000
R^2	0,322	0,333	0,340	0,329	0,320	0,333
Niedrige Spezialisierungsgrade und $RATIO^{notl}$ als erklärte Variable						
SM	-0,131**	-0,143**	-0,126*	-0,219***	-0,097	-0,085
	(-3,13)	(-3,19)	(-2,14)	(-4,11)	(-1,94)	(-1,47)
Beobachtungen	524	524	524	524	524	524
R^2	0,172	0,173	0,164	0,183	0,163	0,161
Mittlere Spezialisierungsgrade und $RATIO^{ausf}$ als erklärte Variable						
SM	0,033	-0,017	-0,089	-0,005	-0,012	-0,143**
	(0,84)	(-0,41)	(-1,78)	(-0,10)	(-0,27)	(-3,30)
Beobachtungen	524	524	524	524	524	524
R^2	0,317	0,317	0,320	0,316	0,317	0,328
Mittlere Spezialisierungsgrade und $RATIO^{notl}$ als erklärte Variable						
SM	0,011	-0,069	-0,062	-0,014	-0,030	-0,079
	(0,25)	(-1,50)	(-1,01)	(-0,26)	(-0,59)	(-1,44)
Beobachtungen	524	524	524	524	524	524
R^2	0,142	0,146	0,144	0,142	0,143	0,146
Hohe Spezialisierungsgrade und $RATIO^{ausf}$ als erklärte Variable						
SM	-0,221***	-0,204***	-0,189**	-0,190**	-0,144**	-0,151*
	(-3,58)	(-4,03)	(-2,86)	(-2,81)	(-2,64)	(-2,44)
Beobachtungen	524	524	524	524	524	524
R^2	0,181	0,178	0,169	0,167	0,161	0,162
Hohe Spezialisierungsgrade und $RATIO^{notl}$ als erklärte Variable						
SM	-0,147*	-0,249***	-0,123*	-0,109	-0,055	-0,086
	(-2,43)	(-4,84)	(-1,99)	(-1,76)	(-1,01)	(-1,46)
Beobachtungen	525	525	525	525	525	525
R^2	0,173	0,203	0,167	0,164	0,160	0,163

*,**,*** zeigen jeweils statistische Signifikanz auf einem 5%-, 1%- bzw. 0,1%-Signifikanzniveau an.

Tabelle 4-26: Ergebnisse (Ausschnitt) der 0-1-normierten Regressionen mit $RATIO^{ausf}$ bzw. $RATIO^{notl}$ als erklärter Variable auf Basis von Bankmittelwerten bei Segmentierung nach dem Spezialisierungsgrad für Sparkassen

	(1) HHI	(2) HHI^w	(3) D^{Bund}	(4) D^{Land}	(5) D^{Ort}	(6) D^{BWS}
Niedrige Spezialisierungsgrade und $RATIO^{ausf}$ als erklärte Variable						
SM	-0,017	-0,194*	-0,234*	-0,140	-0,029	-0,231*
	(-0,23)	(-2,21)	(-2,40)	(-1,67)	(-0,47)	(-2,57)
Beobachtungen	177	177	177	177	177	177
R^2	0,337	0,364	0,360	0,348	0,338	0,362
Niedrige Spezialisierungsgrade und $RATIO^{notl}$ als erklärte Variable						
SM	-0,033	-0,248**	-0,263*	-0,081	-0,040	-0,324***
	(-0,45)	(-2,76)	(-2,52)	(-0,88)	(-0,55)	(-3,39)
Beobachtungen	177	177	177	177	177	177
R^2	0,254	0,297	0,283	0,257	0,255	0,303
Mittlere Spezialisierungsgrade und $RATIO^{ausf}$ als erklärte Variable						
SM	0,024	-0,223**	-0,199*	-0,046	-0,025	-0,177
	(0,35)	(-3,23)	(-2,26)	(-0,55)	(-0,37)	(-1,92)
Beobachtungen	177	177	177	177	177	177
R^2	0,386	0,419	0,404	0,387	0,386	0,401
Mittlere Spezialisierungsgrade und $RATIO^{notl}$ als erklärte Variable						
SM	0,016	-0,069	-0,038	0,016	-0,088	-0,006
	(0,20)	(-1,02)	(-0,41)	(0,15)	(-1,11)	(-0,05)
Beobachtungen	177	177	177	177	177	177
R^2	0,197	0,200	0,198	0,197	0,202	0,197
Hohe Spezialisierungsgrade und $RATIO^{ausf}$ als erklärte Variable						
SM	-0,050	-0,177	-0,214*	-0,213*	-0,057	-0,193*
	(-0,48)	(-1,69)	(-2,21)	(-2,37)	(-0,75)	(-2,07)
Beobachtungen	178	178	178	178	178	178
R^2	0,282	0,297	0,304	0,304	0,282	0,301
Hohe Spezialisierungsgrade und $RATIO^{notl}$ als erklärte Variable						
SM	-0,007	-0,120	-0,161	-0,089	-0,014	-0,149
	(-0,09)	(-1,29)	(-1,75)	(-1,01)	(-0,19)	(-1,64)
Beobachtungen	178	178	178	178	178	178
R^2	0,257	0,265	0,271	0,261	0,257	0,269

*,**,*** zeigen jeweils statistische Signifikanz auf einem 5%-, 1%- bzw. 0,1%-Signifikanzniveau an.

Auch wenn die Zusammenhänge bei Betrachtung von Teilbereichen des Spezialisierungsgrades schwächer ausfallen als bei einer Totalbetrachtung, so sind doch fast ausschließlich negative Koeffizienten zu konstatieren, die bei den Kreditgenossenschaften in vielen und bei den Sparkassen in manchen Fällen statistische und ökonomische Signifikanz aufweisen.

Um den funktionalen Zusammenhang zwischen Spezialisierungsgrad und *RATIO* noch genauer zu untersuchen, werden Regressionen durchgeführt, die anstelle des Spezialisierungsgrades neun Dummy-Variablen verwenden. Dabei nimmt die erste Dummy-Variable den Wert 1 an, wenn der Wert des entsprechenden Spezialisierungsmaßes im zweiten Dezil liegt, und den Wert 0 sonst. Die zweite Dummy-Variable erhält den Wert 1, falls der Wert des entsprechenden Spezialisierungsmaßes im dritten Dezil liegt, und den Wert 0 sonst. Die weiteren Dummy-Variablen werden analog definiert, wobei jeweils sechs Varianten für die verwendeten Spezialisierungsmaße zum Einsatz kommen. In diesem Fall werden nicht die Koeffizienten nach 0-1-Normierung der Variablen herangezogen, sondern die einer unnormiert durchgeführten Regression, damit die Koeffizienten der verschiedenen Dummy-Variablen miteinander vergleichbar sind.

Die Koeffizienten des i-ten Dummys geben an, um wieviel sich die *RATIO*s der Banken mit einem Spezialisierungsgrad im (i+1)-ten Dezil im Durchschnitt von denen der Banken mit einem Spezialisierungsgrad im ersten Dezil unterscheiden. Zur Bekräftigung der bisherigen Ergebnisse sollten die Koeffizienten negativ sein und betragsmäßig von der ersten zur neunten Dummy-Variablen zunehmen. Um leichter zu erkennen, ob dies der Fall ist, sind in den Abbildungen 4.1 bis 4.4 die Ergebnisse graphisch dargestellt. Hierbei werden die Koeffizienten jeweils dem Mittelwert der Spezialisierungsgrade des entsprechenden Dezils zugeordnet. Lediglich zur Veranschaulichung der Ergebnisse werden die Punkte durch Geraden miteinander verbunden.

Es ist in den meisten Fällen der erwartete Verlauf erkennbar. Insbesondere bei den Kreditgenossenschaften zeigen sich abfallende Graphen. Auch wenn diese – mit Ausnahme des Spezialisierungsmaßes D^{Bund} bei der $RATIO^{notl}$ – nicht streng monoton fallend verlaufen, sondern vor allem jeweils im mittleren Bereich auch Aufwärtsbewegungen aufweisen, so ist ein klarer, fortlaufend negativer Trend ersichtlich. Am schwächsten zeigt er sich beim Spezialisierungsmaß D^{Ort}. Während er bei der $RATIO^{ausf}$ insgesamt noch stabil erscheint, so ist bei der $RATIO^{notl}$ der mittlere Wertebereich von starken Schwankungen geprägt und Spezialisierungsvorteile sind nur beim Vergleich von extrem hohen mit extrem niedrigen Spezialisierungsgraden feststellbar. Bei den naiven Spezialisierungsmaßen zeigt sich für die $RATIO^{ausf}$ ein recht linearer Verlauf, wohingegen für die $RATIO^{notl}$ die absolute Steigung mit zunehmendem Spezialisierungsgrad abnimmt, d.h. die ökonomische Relevanz des Zu-

Abbildung 4.1: Koeffizienten-Werte für SM-Dummys im Rahmen von Regressionen mit $RATIO^{ausf}$ als erklärter Variable und 9 Dummys für das Spezialisierungsgrad-Niveau bei Kreditgenossenschaften

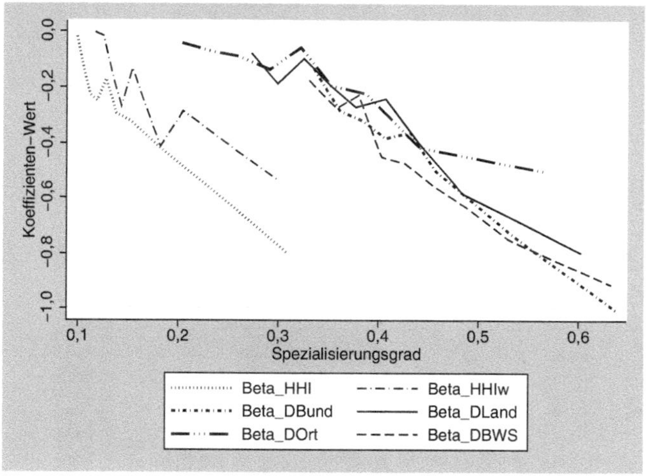

Abbildung 4.2: Koeffizienten-Werte für SM-Dummys im Rahmen von Regressionen mit $RATIO^{notl}$ als erklärter Variable und 9 Dummys für das Spezialisierungsgrad-Niveau bei Kreditgenossenschaften

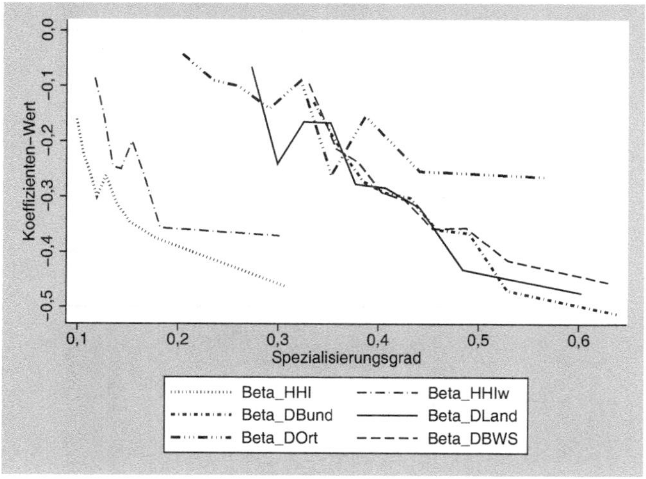

Abbildung 4.3: Koeffizienten-Werte für SM-Dummys im Rahmen von Regressionen mit $RATIO^{ausf}$ als erklärter Variable und 9 Dummys für das Spezialisierungsgrad-Niveau bei Sparkassen

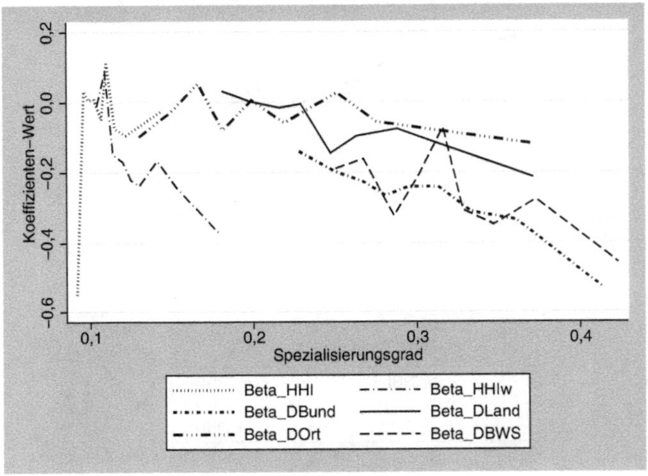

Abbildung 4.4: Koeffizienten-Werte für SM-Dummys im Rahmen von Regressionen mit $RATIO^{notl}$ als erklärter Variable und 9 Dummys für das Spezialisierungsgrad-Niveau bei Sparkassen

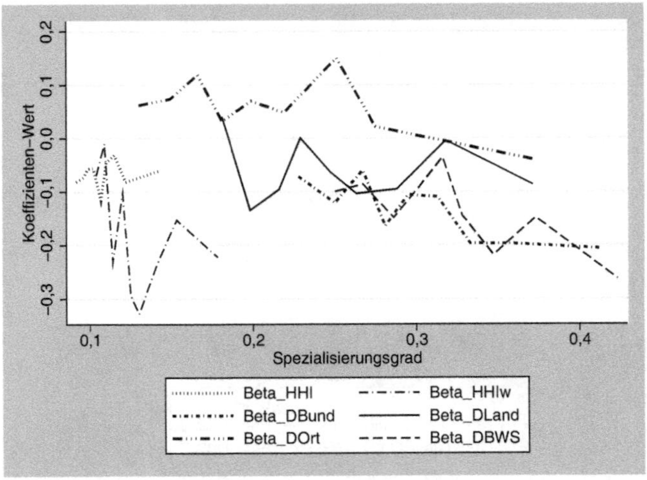

sammenhangs mit der $RATIO^{notl}$ sinkt mit höherem Spezialisierungsgrad. Für die Distanzmaße verhält es sich ähnlich, auch wenn sowohl der lineare als auch der nicht-linear konvexe Verlauf nicht so deutlich ausgeprägt sind. Zur abschließenden Beurteilung des Trends werden in der Tabelle 4-27 die Rangkorrelationen zwischen den Koeffizienten der Dummy-Variablen und dem jeweiligen Spezialisierungsgrad angegeben.

Tabelle 4-27: Rangkorrelationen zwischen den Koeffizienten der SM-Dummys und dem jeweiligen Spezialisierungsgrad-Niveau

	HHI	HHI^{w}	D^{Bund}	D^{Land}	D^{Ort}	D^{BWS}
	Kreditgenossenschaften					
$RATIO^{ausf}$	-0,937*	-0,887*	-0,983*	-0,966*	-0,900*	-0,983*
$RATIO^{notl}$	-0,983*	-0,950*	-1,000*	-0,950*	-0,878*	-0,983*
	Sparkassen					
$RATIO^{ausf}$	-0,100	-0,883*	-0,945*	-0,866*	-0,133	-0,616
$RATIO^{notl}$	-0,150	-0,483	-0,783	-0,033	-0,466	-0,644

* zeigt jeweils statistische Signifikanz auf einem 1%-Signifikanzniveau an.

Es ist ersichtlich, dass die Rangkorrelationen bei den Kreditgenossenschaften in allen Fällen signifikant negativ sind. Der insgesamt negative Trend wird hierdurch verifiziert. Die aus den bisherigen Regressionen gewonnene Erkenntnis, dass der negative Zusammenhang bei den Sparkassen schwächer ist, wird durch die Abbildungen 4.3 und 4.4 bestätigt. Die Graphen weisen starke Schwankungen auf. Der jeweils insgesamt vorliegende negative Trend[132] ist für enger gefasste Wertebereiche oft nicht gegeben, wobei am ehesten noch für hohe Spezialisierungsgrade ein fallender Verlauf zu beobachten ist. Aus diesem Grund ist für Sparkassen die Aussage, dass Spezialisierungsgraderhöhungen mit Monitoring-Verbesserungen einhergehen, nur mit der Einschränkung zu treffen, dass sehr extreme Erhöhungen betrachtet werden. Als Bestätigung der vorherigen Regressionsergebnisse zeigt sich insbesondere für den *HHI* ein sehr unbeständiger Verlauf. Für HHI^{w} und D^{Bund} sind hingegen bei der $RATIO^{ausf}$ recht stabile negative Trends zu konstatieren. Hiermit wird noch einmal bekräftigt, dass bei den Sparkassen die Wahl des Spezialisierungsmaßes und der *RATIO* von entscheidender Bedeutung ist.

[132] Vgl. hierzu Tabelle 4-27. Zu beachten ist, dass jeweils noch ein Punkt links von den Graphen mit dem Wert 0 als Ausgangsniveau für die Banken mit Spezialisierungsgraden des ersten Dezils gedanklich hinzugefügt werden muss. Für die $RATIO^{notl}$ sind jedoch alle Rangkorrelationen nicht signfikant von Null verschieden.

4.2.3.3.2 Regionen

In diesem Abschnitt wird untersucht, inwieweit regionale Unterschiede bestehen. Wurden diese bislang durch Integration von Dummy-Variablen berücksichtigt, wird nun analysiert, welche Ergebnisse sich für Regressionen eingeschränkt auf ost- bzw. westdeutsche Banken ergeben. Zusätzlich werden Regressionen mit Interaktionstermen zur Überprüfung der Spezialisierungsvorteile von Banken in Abhängigkeit vom Agglomerationsgrad des Geschäftsgebietes durchgeführt.

Zunächst wird der Datenpool in Banken aus Ost- und Westdeutschland aufgeteilt. Die empirischen Resultate für die ostdeutschen Banken sind in der Tabelle 4-28 angegeben. Die Ergebnisse für die eine klare Mehrheit darstellenden westdeutschen Banken ähneln sehr stark den Ergebnissen der Standard-Regressionen, so dass auf die Angabe der Resultate verzichtet wird.

Für die ostdeutschen Kreditgenossenschaften zeigen sich erhebliche Unterschiede im Vergleich zu den Ergebnissen für die west- bzw. gesamtdeutschen Banken. Bei den Distanzmaßen, insbesondere den Distanzen zu den beiden nationalen Benchmarks, sind positive, bei der $RATIO^{ausf}$ sogar hochsignifikante, Koeffizienten festzustellen. Starke Abweichungen von den nationalen Benchmarks gehen also in Ostdeutschland bei den Kreditgenossenschaften tendenziell mit einer Erhöhung der *RATIO* einher. Eine mögliche Ursache wäre, dass Banken, deren Kreditportfoliostruktur erheblich von der nationalen Benchmark abweicht, vor allem in wirtschaftsschwachen Gebieten ansässig sind. Für die Überprüfung dieser Vermutung wäre eine detailliertere Regionenanalyse notwendig. Für die naiven Spezialisierungsmaße bleibt der negative Zusammenhang, wenn auch statistisch schwächer, bestehen. Regressionen mit Interaktionstermen $ost \cdot SM$ zeigen passend dazu signifikante Unterschiede für die Koeffizienten der Distanzmaße zwischen Ost und West an und Insignifikanz der Unterschiede bei den naiven Spezialisierungsmaßen.[133]

[133] Die Standard-Regressionsgleichung 4-1 aus Abschnitt 4.2.1 wird um den Interaktionsterm $ost \cdot SM$ erweitert. Für ostdeutsche Institute nimmt die Variable *ost* den Wert 1 an, d.h. der Koeffizient für den Zusammenhang zwischen dem Spezialisierungsgrad und der *RATIO* ergibt sich für ostdeutsche Institute, indem der Koeffizient für den Spezialisierungsgrad mit dem für den Interaktionsterm addiert wird. Statistisch signifikant von Null verschiedene Koeffizienten für den Interaktionsterm würden anzeigen, dass sich der Zusammenhang zwischen Spezialisierungsgrad und *RATIO* bei den ostdeutschen Insituten von dem in Westdeutschland statistisch signifikant unterscheidet.

Tabelle 4-28: Ergebnisse (Ausschnitt) der 0-1-normierten Regressionen mit $RATIO^{ausf}$ bzw. $RATIO^{notl}$ als erklärter Variable auf Basis von Bankmittelwerten bei ostdeutschen Instituten

	(1) HHI	(2) HHI^w	(3) D^{Bund}	(4) D^{Land}	(5) D^{Ort}	(6) D^{BWS}
$RATIO^{ausf}$ als erklärte Variable bei Kreditgenossenschaften						
SM	-0,116	-0,225	0,345**	0,029	0,011	0,268**
	(-0,88)	(-1,54)	(3,25)	(0,28)	(0,09)	(2,64)
Beobachtungen	104	104	104	104	104	104
R^2	0,467	0,496	0,507	0,460	0,459	0,494
$RATIO^{notl}$ als erklärte Variable bei Kreditgenossenschaften						
SM	-0,057	-0,119	0,263*	0,052	-0,056	0,224
	(-0,50)	(-1,11)	(2,27)	(0,58)	(-0,46)	(1,98)
blanko	0,450***	0,439***	0,468***	0,456***	0,455***	0,465***
	(4,40)	(4,32)	(4,61)	(4,48)	(4,42)	(4,55)
Beobachtungen	104	104	104	104	104	104
R^2	0,434	0,442	0,460	0,433	0,433	0,456
$RATIO^{ausf}$ als erklärte Variable bei Sparkassen						
SM	-0,090	-0,216	-0,176	-0,291**	-0,094	-0,075
	(-1,02)	(-1,74)	(-1,67)	(-2,94)	(-0,79)	(-0,63)
Beobachtungen	90	90	90	90	90	90
R^2	0,399	0,425	0,411	0,448	0,399	0,396
$RATIO^{notl}$ als erklärte Variable bei Sparkassen						
SM	-0,059	-0,203	-0,212	-0,205	0,012	-0,164
	(-0,60)	(-1,75)	(-1,56)	(-1,86)	(0,11)	(-1,20)
blanko	0,281**	0,288**	0,278**	0,314**	0,281**	0,290**
	(2,64)	(2,76)	(2,68)	(2,91)	(2,64)	(2,71)
Beobachtungen	90	90	90	90	90	90
R^2	0,373	0,398	0,396	0,397	0,370	0,384

*,**,*** zeigen jeweils statistische Signifikanz auf einem 5%-, 1%- bzw. 0,1%-Signifikanzniveau an.

Für die in Ostdeutschland bei Kreditgenossenschaften nicht bzw. schwächer anzutreffenden Spezialisierungsvorteile mag auch entscheidend sein, dass in Ostdeutschland keine langjährigen Kunde-Bank-Beziehungen existieren.[134] Der Aufbau von Branchen-Expertise dürfte somit noch nicht abgeschlossen sein.[135] Bei den Sparkassen sind die Unterschiede zu den gesamtdeutschen Ergebnissen deutlich geringer, Regressionen mit Interaktionstermen weisen dementsprechend insignifikante Unterschiede aus.[136] Bei beiden Bankengruppen ist der Blankoanteil bei einzelwertberichtigten Krediten sehr stark positiv mit der $RATIO^{notl}$ verbunden. Dies heißt, dass in Ostdeutschland höhere Besicherungsquoten bei Kreditabschluss bzw. höhere Nach-

134 Vgl. hierzu Lehmann et al. (2004).

135 Es zeigt sich in zusätzlich durchgeführten Untersuchungen jedoch nicht, dass die Spezialisierungsvorteile im Laufe der Jahre zunehmen.

136 Die Ergebnisse der Regressionen mit Interaktionstermen befinden sich in Tabelle A-11 im Anhang A.

besicherungen ein Indiz für die bessere Qualität des Monitorings sind. Banken, die Kredite mit höheren Blankoanteilen in ihrem Portfolio haben, vergeben tendenziell an ausfallgefährdetere Unternehmen Kredite bzw. sind in der Überwachung der Kreditnehmer schwächer.

Da die Ergebnisse für die Dummys des Agglomerationsgrades keinen hohen Einfluss auf die *RATIO* ausgewiesen haben, wird die Untersuchung für den Agglomerationsgrad kurz gehalten und beschränkt sich auf die Vorstellung der Resultate der Regressionen, die auf der Standard-Gleichung 4-1 ergänzt um den Interaktionsterm $agglom1 \cdot SM$, basieren. Der Interaktionsterm nimmt den Wert 0 an, wenn das betreffende Institut nicht in einem Agglomerationsgebiet liegt, und den Wert des jeweiligen Spezialisierungsgrades, wenn es sich um ein Institut in einem Agglomerationsgebiet handelt. Signifikant von Null verschiedene Koeffizienten für den Interaktionsterm würden anzeigen, dass sich der Zusammenhang zwischen dem Spezialisierungsgrad und der Monitoring-Qualität in Agglomerationsgebieten signifikant von dem in Geschäftsgebieten anderen Agglomerationsgrades unterscheidet. In der Tabelle 4-29 sind die Resultate festgehalten.

Für die Kreditgenossenschaften in Agglomerationsräumen ist – wie man sieht – der Zusammenhang des Spezialisierungsgrades mit der *RATIO* stärker als für die in städtischen und ländlichen Geschäftsgebieten. Der Unterschied ist in sieben von zwölf Fällen statistisch signifikant auf einem 5%-Signifikanzniveau. Eine Spezialisierung nach Branchen scheint also für Kreditgenossenschaften insbesondere in Agglomerationsräumen und somit bei verstärktem Wettbewerb mit überregional aktiven Banken sehr erfolgsversprechend zu sein, zumindest ist der Zusammenhang mit der Monitoring-Qualität stärker als in den anderen Gebieten. Bei den Sparkassen sind die Koeffizienten der Interaktionsterme mit Ausnahme für den *HHI* und D^{Ort} ebenfalls negativ, bei D^{Bund} liegt statistische Signifikanz zum 5%-Niveau sowohl für die $RATIO^{ausf}$ als auch für die $RATIO^{notl}$ vor. Auch für Sparkassen zeigt sich damit in Agglomerationsräumen eine statistisch stärker negative Beziehung zwischen Spezialisierungsgrad und *RATIO*.[137]

[137] Es wird in dieser Arbeit darauf verzichtet, eine Vermutung über den Grund für diesen stärkeren Zusammenhang auszusprechen, da hierfür tiefer gehende Analysen notwendig wären, die außerhalb des Fokus dieser Arbeit liegen. Für anschließende Forschungsprojekte kann es aber durchaus von Interesse sein, die Spezifika der Spezialisierung in Agglomerationsgebieten genauer zu untersuchen.

Tabelle 4-29: Ergebnisse (Ausschnitt) der 0-1-normierten Regressionen mit $RATIO^{ausf}$ bzw. $RATIO^{notl}$ als erklärter Variable auf Basis von Bankmittelwerten bei Aufnahme des Interaktionsterms *agglom1·SM*

	(1) HHI	(2) HHI^w	(3) D^{Bund}	(4) D^{Land}	(5) D^{Ort}	(6) D^{BWS}
$RATIO^{ausf}$ als erklärte Variable bei Kreditgenossenschaften						
SM	-0,169***	-0,148***	-0,256***	-0,217***	-0,175***	-0,228***
	(-4,63)	(-4,34)	(-6,05)	(-5,26)	(-4,74)	(-5,73)
agglom1·SM	-0,199*	-0,180	-0,236	-0,202	-0,027	-0,281*
	(-2,21)	(-1,93)	(-1,71)	(-1,63)	(-0,30)	(-2,07)
Beobachtungen	1575	1575	1575	1575	1575	1575
R^2	0,285	0,277	0,283	0,273	0,260	0,282
$RATIO^{notl}$ als erklärte Variable bei Kreditgenossenschaften						
SM	-0,097*	-0,138**	-0,154**	-0,142**	-0,080	-0,125**
	(-2,31)	(-3,13)	(-3,25)	(-3,24)	(-1,89)	(-2,75)
agglom1·SM	-0,145	-0,187*	-0,264*	-0,273*	-0,171*	-0,296*
	(-1,69)	(-2,19)	(-1,99)	(-2,33)	(-2,01)	(-2,26)
Beobachtungen	1575	1575	1575	1575	1575	1575
R^2	0,133	0,149	0,137	0,138	0,127	0,135
$RATIO^{ausf}$ als erklärte Variable bei Sparkassen						
SM	-0,037	-0,139**	-0,153**	-0,077	-0,055	-0,128*
	(-0,79)	(-2,59)	(-2,80)	(-1,52)	(-0,90)	(-2,35)
agglom1·SM	0,027	-0,332	-0,411*	-0,369*	0,043	-0,387
	(0,08)	(-1,59)	(-2,30)	(-2,26)	(0,43)	(-1,89)
Beobachtungen	534	534	534	534	534	534
R^2	0,316	0,341	0,345	0,333	0,316	0,338
$RATIO^{notl}$ als erklärte Variable bei Sparkassen						
SM	-0,013	-0,067	-0,062	0,012	-0,074	-0,082
	(-0,27)	(-1,21)	(-1,00)	(0,21)	(-1,10)	(-1,31)
agglom1·SM	0,024	-0,339	-0,456*	-0,329	0,098	-0,324
	(0,08)	(-1,56)	(-2,31)	(-1,80)	(0,85)	(-1,40)
Beobachtungen	534	534	534	534	534	534
R^2	0,195	0,208	0,213	0,202	0,197	0,208

*,**,*** zeigen jeweils statistische Signifikanz auf einem 5%-, 1%- bzw. 0,1%-Signifikanzniveau an.

4.2.3.3.3 Größe

Um zu ermitteln, ob der Spezialisierungsvorteil abhängig von der Größe der Banken ist, werden zwei Dummys zur Identifikation von kleinen und großen und damit auch mittelgroßen Banken eingeführt. Der Dummy *bilanz_klein* (*bilanz_gross*) nimmt den Wert 1 an, falls die betrachtete Kreditgenossenschaft bzw. Sparkasse – gemessen an der Bilanzsumme – zum Drittel der kleinsten (größten) Kreditgenossenschaften bzw. Sparkassen zählt, und den Wert 0 sonst. In das Standard-Modell werden nun die zwei Interaktionsterme *bilanz_klein·SM* und *bilanz_gross·SM* integriert. Die Regressionsergebnisse sind in der Tabelle 4-30 angegeben.

Bei den Kreditgenossenschaften liegen im Rahmen von $RATIO^{ausf}$ für die Koeffizienten beider Interaktionsterme im Wesentlichen negative Vorzeichen vor, d.h. für die Banken mittlerer Größe ist der Spezialisierungsvorteil am geringsten. Die Unterschiede weisen allerdings keine statistische Signifikanz auf. Für die $RATIO^{notl}$ ist hingegen ein monotones Ansteigen des negativen Zusammenhangs zwischen Spezialisierungsgrad und $RATIO$ mit zunehmender Größe zu erkennen. Hierbei ist der Unterschied zwischen der Klasse der größten Kreditgenossenschaften und der der mittelgroßen bzw. kleinen Institute signifikant. Die Tatsache, dass der Spezialisierungsvorteil am ausgeprägtesten bei den großen Kreditgenossenschaften auftritt, ist erstaunlich. Es wäre zu erwarten gewesen, dass sich Spezialisierung gerade bei kleinen Instituten lohnt, da hier Diversifikation – zumindest gemessen auf Basis des *HHI* – mit durchschnittlich sehr kleinen Kreditvolumina in den jeweiligen Branchen und damit möglicherweise nur sehr geringen Branchen-Kenntnissen einhergeht. Über die Ursachen für dieses Ergebnis kann nur spekuliert werden. Es könnte sein, dass ein hoher Spezialisierungsgrad bei kleinen Kreditgenossenschaften eher die Folge von Kapazitätsgrenzen als das Resultat einer gezielten Strategie ist. Bei großen Kreditgenossenschaften mag ein hoher Spezialisierungsgrad eher der Ausdruck einer Geschäftsstrategie sein; große Kreditgenossenschaften sollten in der Lage sein, ihr Kreditportfolio zu diversifizieren, falls sie dies beabsichtigen. Ein Grund für die ausgeprägteren Spezialisierungsvorteile bei großen Kreditgenossenschaften könnte demnach sein, dass große Institute sich aktiv für eine Fokussierung auf bestimmte Branchen entschieden haben und gezielt Vorteile in Form besseren Monitorings hieraus generieren. Bei den Sparkassen ist allerdings eine Zunahme des Spezialisierungsvorteils für eine sinkende Bilanzsumme auszumachen. Sowohl für die $RATIO^{ausf}$ als auch für die $RATIO^{notl}$ sind die Koeffizienten des Interaktionsterms *bilanz_klein·SM* negativ und die des Interaktionsterms *bilanz_gross·SM* positiv.[138] Bei den Sparkassen spricht also nichts dafür, dass große spezialisierte Institute sich tendenziell aktiv für die Spezialisierung entscheiden und kleine nicht. Die Vermutung, dass insbesondere kleine Institute durch Spezialisierung einem „diversifizierten Laientum" entgegenwirken können, wird aber in Anbetracht der in allen Fällen gegebenen statistischen Insignifikanz der Unterschiede nicht unbedingt bekräftigt.

[138] Eine Ausnahme ist für den HHI^{w} bei der $RATIO^{notl}$ zu konstatieren.

Tabelle 4-30: Ergebnisse (Ausschnitt) der 0-1-normierten Regressionen mit $RATIO^{ausf}$ bzw. $RATIO^{notl}$ als erklärter Variable auf Basis von Bankmittelwerten bei Aufnahme der beiden Interaktionsterme *bilanz_klein·SM* und *bilanz_gross·SM*

	(1) HHI	(2) HHI^w	(3) D^{Bund}	(4) D^{Land}	(5) D^{Ort}	(6) D^{BWS}
$RATIO^{ausf}$ als erklärte Variable bei Kreditgenossenschaften						
SM	-0,303***	-0,270***	-0,289***	-0,225***	-0,132***	-0,267***
	(-4,94)	(-4,80)	(-6,39)	(-5,27)	(-4,24)	(-6,31)
bilanz_klein·SM	0,083	0,000	-0,025	-0,037	-0,061	-0,024
	(0,70)	(0,00)	(-0,64)	(-0,84)	(-1,22)	(-0,60)
bilanz_gross·SM	-0,185	-0,158	-0,027	-0,040	-0,046	-0,032
	(-1,81)	(-1,87)	(-0,85)	(-1,03)	(-1,03)	(-1,02)
Beobachtungen	1575	1575	1575	1575	1575	1575
R^2	0,280	0,274	0,280	0,271	0,261	0,278
$RATIO^{notl}$ als erklärte Variable bei Kreditgenossenschaften						
SM	-0,177**	-0,263***	-0,192***	-0,172***	-0,082*	-0,168***
	(-2,77)	(-4,34)	(-3,99)	(-4,01)	(-2,53)	(-3,62)
bilanz_klein·SM	0,245*	0,170	0,022	0,025	0,010	0,026
	(2,06)	(1,54)	(0,52)	(0,52)	(0,18)	(0,61)
bilanz_gross·SM	-0,426***	-0,289**	-0,085*	-0,118**	-0,140**	-0,092**
	(-4,08)	(-3,21)	(-2,43)	(-2,85)	(-2,85)	(-2,64)
Beobachtungen	1575	1575	1575	1575	1575	1575
R^2	0,143	0,152	0,136	0,136	0,129	0,134
$RATIO^{ausf}$ als erklärte Variable bei Sparkassen						
SM	-0,072	-0,441***	-0,192***	-0,116*	-0,022	-0,176***
	(-0,40)	(-3,55)	(-3,81)	(-2,58)	(-0,66)	(-3,38)
bilanz_klein·SM	-0,241	-0,167	-0,082	-0,119	-0,083	-0,074
	(-1,27)	(-1,16)	(-1,35)	(-1,55)	(-1,02)	(-1,27)
bilanz_gross·SM	0,064	0,026	0,035	0,068	0,052	0,019
	(0,41)	(0,21)	(0,64)	(1,01)	(0,70)	(0,36)
Beobachtungen	534	534	534	534	534	534
R^2	0,319	0,340	0,341	0,330	0,318	0,336
$RATIO^{notl}$ als erklärte Variable bei Sparkassen						
SM	0,011	-0,268*	-0,115*	-0,027	-0,015	-0,120*
	(0,06)	(-2,18)	(-2,10)	(-0,53)	(-0,42)	(-2,00)
bilanz_klein·SM	-0,229	-0,133	-0,080	-0,107	-0,143	-0,073
	(-1,17)	(-0,89)	(-1,23)	(-1,32)	(-1,71)	(-1,18)
bilanz_gross·SM	0,052	-0,025	0,036	0,041	0,087	0,021
	(0,30)	(-0,17)	(0,56)	(0,53)	(1,06)	(0,34)
Beobachtungen	534	534	534	534	534	534
R^2	0,197	0,205	0,206	0,199	0,202	0,206

*,**,*** zeigen jeweils statistische Signifikanz auf einem 5%-, 1%- bzw. 0,1%-Signifikanzniveau an.

4.2.3.4 Berücksichtigung zeitlicher Aspekte

4.2.3.4.1 Vergleich zweier Zeiträume

Zur Berechnung einer verlässlichen tatsächlichen Verlustquote, die bei der *RATIO* als Zähler eingeht, wurde der gesamte Zeitraum von 1995 bis 2006 herangezogen. Um herauszufinden, ob der Zusammenhang zwischen dem Spezialisierungsgrad und der *RATIO* über die Zeit stabil ist, eignet sich dieser Ansatz nicht. Aus diesem Grund wird für die nächste Untersuchung der Datenpool in zwei Hälften geteilt. Die erste umfasst die Jahre von 1995 bis 2000 und die zweite die Jahre von 2001 bis 2006. Basierend auf den Durchschnittswerten der jeweiligen Zeiträume werden die Regressionen analog zu den Standard-Regressionen durchgeführt.[139] Ziel dieses Vorgehens ist es zu analysieren, ob sich die Zusammenhänge zwischen den Variablen im zweiten von denen im ersten Zeitraum unterscheiden, sowohl was das Vorzeichen als auch was die Stärke des Zusammenhangs betrifft. Der verkürzte Berechnungszeitraum mag die Verlässlichkeit der *RATIO* einschränken, allerdings stellen sechs Jahre noch eine als akzeptabel einzustufende Periode für die Mittelwertbildung dar. Aus dem Datenpool wurden diejenigen Banken entfernt, die in dem entsprechenden Zeitraum weniger als vier Jahre an Daten aufweisen.[140] Die Ergebnisse für die Kreditgenossenschaften sind in der Tabelle 4-31 ($RATIO^{ausf}$) und der Tabelle 4-32 ($RATIO^{notl}$) notiert.

[139] Für die Variable *personal_kredit* wird ebenfalls eine Ermittlung eingeschränkt auf die Daten des entsprechenden Zeitraums vorgenommen.

[140] Regressionen auf Basis eines Datenpools, der alle Banken einschließt, und auf Basis eines Datenpools, der nur Banken mit sechs Datenpunkten in dem entsprechenden Zeitraum zulässt, haben allerdings gezeigt, dass die Resultate nur marginal von solch einer Einschränkung des Datenpools abhängen. Ferner wäre zur Gewährleistung der Vergleichbarkeit der Ergebnisse denkbar, bei beiden Zeiträumen auf das gleiche Set an Banken zurückzugreifen, was insbesondere dazu führen würde, dass Banken, die im ersten Zeitraum mehr als drei Datenpunkte haben, im zweiten – insbesondere aufgrund einer Übernahme – aber nicht, aus dem Datenpool entnommen werden. Um in beiden Zeiträumen jeweils das vollständige Set an Banken nutzen zu können, wird dieses Vorgehen nicht gewählt. Die Resultate der Regressionen basierend auf diesem Datenpool weichen aber nur unerheblich von den vorgestellten Resultaten ab.

Tabelle 4-31: Ergebnisse (Ausschnitt) der 0-1-normierten Regressionen mit $RATIO^{ausf}$ als erklärter Variable auf Basis von Bankmittelwerten des Zeitraums 1995 bis 2000 und des Zeitraums 2001 bis 2006 für Kreditgenossenschaften

	(1) HHI	(2) HHI^{w}	(3) D^{Bund}	(4) D^{Land}	(5) D^{Ort}	(6) D^{BWS}
Zeitraum 1995 bis 2000						
SM	-0,127***	-0,127***	-0,209***	-0,245***	-0,134***	-0,190***
	(-3,72)	(-4,39)	(-5,40)	(-6,59)	(-4,15)	(-5,21)
kred_ant	0,149***	0,165***	0,125***	0,122***	0,159***	0,123***
	(5,11)	(5,78)	(4,23)	(4,19)	(5,54)	(4,14)
privat	-0,155***	-0,130***	-0,139***	-0,143***	-0,124***	-0,151***
	(-5,45)	(-4,66)	(-5,05)	(-5,23)	(-4,50)	(-5,37)
markt_ant1	0,032	0,031	0,034	0,034	-0,012	0,032
	(1,41)	(1,38)	(1,52)	(1,47)	(-0,47)	(1,45)
agglom1	-0,010	0,006	-0,038	-0,050	-0,000	-0,039
	(-0,35)	(0,20)	(-1,32)	(-1,73)	(-0,01)	(-1,35)
agglom2	-0,005	0,001	-0,015	-0,036	-0,014	-0,017
	(-0,17)	(0,02)	(-0,53)	(-1,24)	(-0,49)	(-0,58)
ost	0,093***	0,125***	0,090***	0,037	0,097***	0,095***
	(3,80)	(5,23)	(3,69)	(1,43)	(3,99)	(3,89)
Beobachtungen	1967	1967	1967	1967	1967	1967
R^2	0,222	0,224	0,229	0,237	0,221	0,227
Zeitraum 2001 bis 2006						
SM	-0,236***	-0,232***	-0,310***	-0,229***	-0,224***	-0,278***
	(-4,71)	(-5,72)	(-6,39)	(-4,52)	(-5,30)	(-5,91)
kred_ant	0,033	0,038	0,010	0,027	0,037	0,019
	(0,90)	(1,08)	(0,28)	(0,71)	(1,00)	(0,52)
privat	-0,090*	-0,055	-0,058	-0,053	-0,059	-0,077
	(-2,12)	(-1,34)	(-1,44)	(-1,29)	(-1,45)	(-1,87)
markt_ant1	-0,047	-0,047	-0,041	-0,054*	-0,119***	-0,045
	(-1,81)	(-1,78)	(-1,58)	(-2,01)	(-3,97)	(-1,71)
agglom1	-0,067*	-0,049	-0,120***	-0,086*	-0,051	-0,127***
	(-2,04)	(-1,49)	(-3,45)	(-2,56)	(-1,60)	(-3,58)
agglom2	0,012	0,014	-0,011	0,002	-0,004	-0,013
	(0,36)	(0,40)	(-0,33)	(0,05)	(-0,13)	(-0,38)
ost	0,125***	0,153***	0,139***	0,120***	0,147***	0,149***
	(4,07)	(5,37)	(4,63)	(3,71)	(4,97)	(4,99)
Beobachtungen	1277	1277	1277	1277	1277	1277
R^2	0,255	0,256	0,260	0,239	0,243	0,254

*,**,*** zeigen jeweils statistische Signifikanz auf einem 5%-, 1%- bzw. 0,1%-Signifikanzniveau an.

Tabelle 4-32: Ergebnisse (Ausschnitt) der 0-1-normierten Regressionen mit $RATIO^{notl}$ als erklärter Variable auf Basis von Bankmittelwerten des Zeitraums 1995 bis 2000 und des Zeitraums 2001 bis 2006 für Kreditgenossenschaften

	(1) HHI	(2) HHI^{w}	(3) D^{Bund}	(4) D^{Land}	(5) D^{Ort}	(6) D^{BWS}
Zeitraum 1995 bis 2000						
SM	-0,067	-0,140***	-0,113**	-0,209***	-0,112***	-0,088*
	(-1,84)	(-4,92)	(-2,75)	(-5,51)	(-3,51)	(-2,29)
kred_ant	0,226***	0,220***	0,213***	0,189***	0,223***	0,217***
	(7,51)	(7,55)	(7,06)	(6,38)	(7,63)	(7,12)
privat	-0,227***	-0,220***	-0,220***	-0,228***	-0,213***	-0,224***
	(-7,28)	(-7,58)	(-7,35)	(-7,76)	(-7,25)	(-7,32)
markt_ant1	0,032	0,035	0,033	0,036	-0,002	0,031
	(1,38)	(1,56)	(1,44)	(1,57)	(-0,09)	(1,36)
agglom1	0,096**	0,111***	0,081**	0,060*	0,103***	0,083**
	(3,20)	(3,71)	(2,68)	(1,99)	(3,47)	(2,74)
agglom2	0,110***	0,115***	0,105***	0,083**	0,102***	0,105***
	(3,88)	(4,05)	(3,69)	(2,91)	(3,62)	(3,70)
ost	-0,022	-0,005	-0,024	-0,080**	-0,028	-0,019
	(-0,81)	(-0,18)	(-0,90)	(-2,81)	(-1,06)	(-0,72)
Beobachtungen	1967	1967	1967	1967	1967	1967
R^2	0,145	0,158	0,148	0,162	0,149	0,146
Zeitraum 2001 bis 2006						
SM	-0,145**	-0,206***	-0,228***	-0,141**	-0,136***	-0,196***
	(-3,16)	(-4,64)	(-4,47)	(-2,80)	(-3,34)	(-3,98)
kred_ant	0,058	0,052	0,037	0,054	0,060	0,044
	(1,45)	(1,33)	(0,90)	(1,36)	(1,54)	(1,09)
privat	-0,074	-0,060	-0,058	-0,051	-0,055	-0,071
	(-1,60)	(-1,38)	(-1,32)	(-1,18)	(-1,25)	(-1,56)
kommunal	-0,101*	-0,080*	-0,090*	-0,103*	-0,105*	-0,097*
	(-2,52)	(-2,05)	(-2,06)	(-2,33)	(-2,50)	(-2,25)
markt_ant1	-0,056*	-0,048	-0,048	-0,060*	-0,100**	-0,052
	(-1,99)	(-1,84)	(-1,75)	(-2,05)	(-3,01)	(-1,86)
agglom1	-0,163***	-0,145***	-0,201***	-0,174***	-0,153***	-0,205***
	(-4,32)	(-3,84)	(-5,29)	(-4,63)	(-4,04)	(-5,37)
agglom2	-0,027	-0,024	-0,043	-0,033	-0,037	-0,044
	(-0,79)	(-0,71)	(-1,29)	(-0,99)	(-1,10)	(-1,31)
ost	-0,061	-0,055	-0,059	-0,064	-0,047	-0,050
	(-1,68)	(-1,62)	(-1,64)	(-1,65)	(-1,30)	(-1,38)
Beobachtungen	1277	1277	1277	1277	1277	1277
R^2	0,091	0,109	0,101	0,086	0,086	0,096

*,**,*** zeigen jeweils statistische Signifikanz auf einem 5%-, 1%- bzw. 0,1%-Signifikanzniveau an.

Es ist ersichtlich, dass der negative Zusammenhang zwischen dem Spezialisierungsgrad und der $RATIO^{ausf}$ bzw. $RATIO^{notl}$ bei den Kreditgenossenschaften in beiden Zeiträumen Bestand hat, d.h. die Spezialisierungsvorteile in Form höherer Monitoring-Qualität sind über die Zeit stabil. Im zweiten Zeitraum, d.h. ab 2001, ist ein ökonomisch und zumeist auch statistisch stärkerer Zusammenhang des Spezialisierungsgrades – mit Ausnahme des Spezialisierungsmaßes D^{Land} – mit der $RATIO$ als im ersten Zeitraum zu konstatieren. Auch wenn die Unterschiede nicht sehr groß sind, so sind doch die Beträge der t-Werte und Koeffizienten deutlich höher, z.B. beträgt β_1 für den *HHI* im ersten Zeitraum -0,127 und im zweiten Zeitraum -0,236. Die Frage, ob die Unterschiede zwischen den ost-und westdeutschen Banken mit den Jahren abgenommen haben, muss mit Nein beantwortet werden. In beiden Zeiträumen zeigen sich – wie bei den Regressionen über den gesamten Zeitraum – positive Koeffizienten der Dummy-Variablen bei der $RATIO^{ausf}$ und negative bei der $RATIO^{notl}$, wobei im zweiten Zeitraum die beiden Zusammenhänge eher stärker geworden sind. Es werden ansonsten nur die Variablen diskutiert, für die deutliche Veränderungen vorliegen. Im ersten Zeitraum ist ein hoher Kreditanteil signifikant mit einer hohen $RATIO$ verbunden, im zweiten Zeitraum zeigen sich lediglich insignifikante Zusammenhänge. In Abschnitt 4.2.2 wurde angegeben, dass Banken mit einem hohen Kreditanteil ein relativ geringes Kreditwachstum im Beobachtungszeitraum aufweisen und der in den Standard-Regressionen ausgewiesene signifikant positive Zusammenhang zwischen *kred_ant* und der $RATIO$ möglicherweise dadurch zu erklären ist, dass Kreditgenossenschaften mit einem hohen Kreditanteil zur Aufrechterhaltung des hohen Kreditvolumens auch riskantere Kreditengagements eingehen. Die Ergebnisse hier lassen eher vermuten, dass Banken mit einem hohen Kreditanteil aus den Fehlern einer risikofreudigen expansiven Kreditvergabe gelernt haben und nach vollzogener Abschreibung der alten Problemkredite im Neugeschäft risikobewusster agieren.[141] Der negative Zusammenhang der Variable *privat* mit der $RATIO$ ist im zweiten Zeitraum statistisch und ökonomisch deutlich schwächer geworden. Dies könnte mit der Einführung der Restschuldbefreiung[142] (vgl. 286 ff. InsO) für Privatpersonen im Rahmen der neuen Insolvenzordnung im Januar 1999 zusammenhängen

[141] Um diese Vermutung zu überprüfen, wären Einzelbankdaten vor 1995 notwendig, anhand derer untersucht werden könnte, ob der hohe Kreditanteil im Beobachtungszeitraum das Resultat einer vorherigen expansiven Kreditvergabe ist. Gegen die Vermutung spricht, dass im Rahmen von zusätzlichen Untersuchungen im Beobachtungszeitraum kein Zusammenhang zwischen Kreditwachstum und $RATIO$ festgestellt wurde.

[142] Die Restschuldbefreiung ermöglicht verschuldeten natürlichen Personen, nach einer Wohlverhaltensperiode schuldenfrei zu werden. Vgl. hierzu z.B. Kohte et al. (2006).

und dem damit verbundenen Anstieg der Verbraucherinsolvenzen.[143] In der zweiten Beobachtungshälfte dürfte somit auch die Anzahl der Ausfälle bei Privatkundenkrediten zugenommen haben, so dass Institute mit einem hohen Privatkundenanteil im Vergleich zum ersten Beobachtungszeitraum (und relativ zu den Banken mit geringerem Privatkundenanteil) eine etwas höhere *RATIO* aufweisen. Die Koeffizienten des Marktanteils waren im ersten Zeitraum überwiegend positiv. Im zweiten Zeitraum hingegen ist ein größerer Marktanteil mit einer niedrigeren *RATIO* verbunden. Ähnlich wie beim Kreditanteil ist eine mögliche Ursache, dass das Risikobewusstsein der Banken zugenommen hat und höhere Marktanteile eher zum Eingehen sicherer Kontrakte als zur Durchsetzung von Expansionszielen genutzt werden. Bei der $RATIO^{notl}$ ist ferner ein Vorzeichenwechsel bei den Dummy-Variablen *agglom1* und *agglom2* festzustellen. Ging das Kreditgeschäft in Agglomerations- und städtisch geprägten Gebieten im Zeitraum 1995 bis 2001 mit einer höheren $RATIO^{notl}$ einher, so ist für die Jahre 2001 bis 2006 eine höhere $RATIO^{notl}$ in ländlichen Geschäftsgebieten zu erkennen. Möglicherweise haben sich die Insolvenzraten in Abhängigkeit vom Agglomerationsgrad zu Ungunsten der ländlichen Gebiete entwickelt. Dagegen spricht aber, dass der Vorzeichenwechsel bei der $RATIO^{ausf}$ nicht eintritt und auch bei den Sparkassen dieser Trend nur für die $RATIO^{notl}$ bei der Variable *agglom1* vorliegt.[144]

Die Ergebnisse für die Sparkassen sind in den Tabellen 4-33 für die $RATIO^{ausf}$ und 4-34 für die $RATIO^{notl}$ festgehalten. Der negative Zusammenhang zwischen Spezialisierungsgrad und *RATIO* ist auch bei den Sparkassen in beiden Zeiträumen gegeben, wenn auch – wie bereits in der Regression über den gesamten Zeitraum gesehen – in schwächerer Form als bei den Kreditgenossenschaften. Aussagen darüber, ob der Zusammenhang des Spezialisierungsgrades mit der *RATIO* (statistisch und ökonomisch) schwächer oder stärker geworden ist, sind in Abhängigkeit vom Spezialisierungsmaß und von der *RATIO* zu treffen, es liegt also keine eindeutige Entwicklung wie bei den Kreditgenossenschaften vor. Will man dennoch eine Tendenz angeben, so ist für die $RATIO^{ausf}$ eher eine Abnahme und für die $RATIO^{notl}$ eher eine Zunahme des negativen Zusammenhangs im Laufe der Jahre festzuhalten. Wie bei den Kreditgenossenschaften hat der Unterschied zwischen ost- und westdeutschen Banken hinsichtlich der RATIO nicht abgenommen, sondern sowohl bei

[143] Die Zahl der Verbraucherinsolvenzverfahren ist von 3.357 im Jahre 1999 auf 92.310 im Jahre 2006 angestiegen. Vgl. hierzu Statistisches Bundesamt (2007), S. 353.

[144] Vgl. hierzu die Tabellen 4-33 und 4-34.

der $RATIO^{ausf}$ als auch bei der $RATIO^{notl}$ eher zugenommen.

Tabelle 4-33: Ergebnisse (Ausschnitt) der 0-1-normierten Regressionen mit $RATIO^{ausf}$ als erklärter Variable auf Basis von Bankmittelwerten des Zeitraums 1995 bis 2000 und des Zeitraums 2001 bis 2006 für Sparkassen

	(1) HHI	(2) HHI^w	(3) D^{Bund}	(4) D^{Land}	(5) D^{Ort}	(6) D^{BWS}
Zeitraum 1995 bis 2000						
SM	-0,054	-0,188***	-0,212***	-0,167***	0,004	-0,189***
	(-1,25)	(-3,91)	(-4,29)	(-3,67)	(0,11)	(-3,59)
privat	-0,080	-0,067	-0,081	-0,094*	-0,078	-0,097*
	(-1,79)	(-1,49)	(-1,83)	(-2,09)	(-1,75)	(-2,18)
agglom1	-0,066	-0,061	-0,098	-0,079	-0,072	-0,120*
	(-1,19)	(-1,12)	(-1,75)	(-1,43)	(-1,27)	(-2,09)
agglom2	-0,029	-0,023	-0,024	-0,030	-0,026	-0,041
	(-0,56)	(-0,44)	(-0,46)	(-0,58)	(-0,51)	(-0,79)
ost	0,116	0,164*	0,070	0,032	0,111	0,102
	(1,45)	(2,05)	(0,90)	(0,40)	(1,39)	(1,28)
Beobachtungen	576	576	576	576	576	576
R^2	0,278	0,298	0,300	0,293	0,276	0,295
Zeitraum 2001 bis 2006						
SM	-0,016	-0,111*	-0,136*	-0,067	-0,064	-0,101
	(-0,30)	(-2,28)	(-2,29)	(-1,35)	(-1,47)	(-1,83)
privat	-0,180***	-0,179***	-0,171***	-0,180***	-0,185***	-0,187***
	(-3,73)	(-3,72)	(-3,56)	(-3,71)	(-3,78)	(-3,83)
agglom1	-0,072	-0,063	-0,102	-0,075	-0,069	-0,106
	(-1,12)	(-0,98)	(-1,62)	(-1,17)	(-1,09)	(-1,68)
agglom2	0,087	0,085	0,072	0,089	0,084	0,071
	(1,52)	(1,49)	(1,26)	(1,55)	(1,48)	(1,25)
ost_west	0,186*	0,206**	0,143	0,149	0,171*	0,161*
	(2,57)	(2,87)	(1,88)	(1,91)	(2,31)	(2,16)
Beobachtungen	468	468	468	468	468	468
R^2	0,277	0,285	0,286	0,279	0,279	0,282

*,**,*** zeigen jeweils statistische Signifikanz auf einem 5%-, 1%- bzw. 0,1%-Signifikanzniveau an.

Für die Quote der Privatkundenkredite zeigt sich ein uneinheitliches Bild. Eine stärkere negative Beziehung im ersten (als im zweiten) Zeitraum gilt bei der $RATIO^{notl}$. Bei der $RATIO^{ausf}$ hat der negative Zusammenhang der Variable *privat* im Laufe der Jahre zugenommen. Die Ergebnisse für den Privatkundenanteil bei der $RATIO^{notl}$ korrespondieren mit den Ergebnissen bei den Kreditgenossenschaften und können mit gestiegenen Verbraucherinsolvenzen in Verbindung gebracht werden.

Tabelle 4-34: Ergebnisse (Ausschnitt) der 0-1-normierten Regressionen mit $RATIO^{notl}$ als erklärter Variable auf Basis von Bankmittelwerten des Zeitraums 1995 bis 2000 und des Zeitraums 2001 bis 2006 für Sparkassen

	(1) HHI	(2) HHI^w	(3) D^{Bund}	(4) D^{Land}	(5) D^{Ort}	(6) D^{BWS}
Zeitraum 1995 bis 2000						
SM	-0,027	-0,114**	-0,028	-0,056	0,005	-0,079
	(-0,74)	(-2,70)	(-0,55)	(-1,15)	(0,12)	(-1,43)
privat	-0,272***	-0,264***	-0,272***	-0,276***	-0,271***	-0,279***
	(-6,05)	(-5,88)	(-6,06)	(-6,20)	(-6,06)	(-6,22)
agglom1	0,139*	0,142*	0,133*	0,134*	0,136*	0,116*
	(2,41)	(2,48)	(2,29)	(2,32)	(2,36)	(1,99)
agglom2	0,177**	0,180**	0,178**	0,177**	0,178**	0,172**
	(3,18)	(3,24)	(3,21)	(3,18)	(3,18)	(3,11)
ost	-0,024	0,005	-0,032	-0,053	-0,026	-0,030
	(-0,32)	(0,07)	(-0,43)	(-0,71)	(-0,35)	(-0,41)
Beobachtungen	576	576	576	576	576	576
R^2	0,217	0,225	0,217	0,218	0,216	0,220
Zeitraum 2001 bis 2006						
SM	-0,006	-0,125*	-0,168*	-0,007	-0,049	-0,139
	(-0,10)	(-2,19)	(-2,31)	(-0,11)	(-1,03)	(-1,88)
privat	-0,253***	-0,253***	-0,243***	-0,253***	-0,257***	-0,263***
	(-4,39)	(-4,45)	(-4,32)	(-4,41)	(-4,47)	(-4,58)
agglom1	-0,072	-0,059	-0,107	-0,073	-0,069	-0,116
	(-1,07)	(-0,89)	(-1,60)	(-1,12)	(-1,04)	(-1,71)
agglom2	0,143*	0,141*	0,124*	0,143*	0,141*	0,122*
	(2,48)	(2,44)	(2,17)	(2,46)	(2,46)	(2,14)
ost	-0,136	-0,113	-0,189*	-0,140	-0,148	-0,170*
	(-1,76)	(-1,44)	(-2,42)	(-1,75)	(-1,92)	(-2,21)
Beobachtungen	468	468	468	468	468	468
R^2	0,142	0,153	0,156	0,142	0,143	0,153

*,**,*** zeigen jeweils statistische Signifikanz auf einem 5%-, 1%- bzw. 0,1%-Signifikanzniveau an.

Der Grund für die gegensätzliche Entwicklung bei Betrachtung der $RATIO^{ausf}$ könnte mit der zeitlichen Inkongruenz von EWB-Bildung und EWB-Verbrauch bzw. Abschreibungen zusammenhängen. Involvenzverfahren bei Unternehmen dauern in der Regel viel länger als Insolvenzverfahren bei Privatpersonen bzw. eine endgültige Abschreibung des Kreditbetrages durch die Bank erfolgt bei Privatkundenkrediten in der Regel viel schneller als bei Unternehmenskrediten. Dies könnte dazu führen, dass sich die im ersten Beobachtungszeitraum vorgenommenen Einzelwertberichtigungen für Unternehmenskredite – anders als die EWBs für Privatkundenkredite – recht stark auf die Ausfallrate und damit die $RATIO^{ausf}$ im zweiten Zeitraum auswirken.[145]

4.2.3.4.2 Fixed-Effects-Schätzungen

Insbesondere um eine verlässliche tatsächliche Verlustquote zu berechnen, wurden in den vorangegangenen Untersuchungen Mittelwerte über den gesamten Zeitraum gebildet und die Paneldaten zu Querschnittsdaten reduziert. In diesem Abschnitt werden trotz der möglichen Problematik bei der tatsächlichen Verlustquote Regressionen basierend auf der Panelstruktur durchgeführt. Im Unterschied zu den bisherigen Between-Groups-Schätzungen wird bei den Fixed-Effects-Schätzungen auf die Zusammenhangsstruktur der Variablen innerhalb der Banken über die einzelnen Jahre eingegangen.[146] Fixed-Effects-Schätzungen stellen auf die Abweichungen der Variablen von den jeweiligen Bank-Mittelwerten ab. Sie untersuchen, wie Veränderungen der erklärenden Variablen mit denen der erklärten Variable bei den Banken tendenziell (im Zeitablauf) zusammenhängen. Bei den Between-Groups-Schätzungen

[145] Für Kreditgenossenschaften gilt dieser Zusammenhang möglicherweise nicht so stark, weil die Kreditnehmer tendenziell kleiner sind und damit das Insolvenzverfahren für Unternehmen schneller ablaufen sollte.

[146] Anstelle der Fixed-Effects-Schätzungen könnten auch Random-Effects-Schätzungen zum Einsatz kommen. Im Unterschied zu den Fixed-Effects-Schätzungen sind die bankindividuellen Effekte bei den Random-Effects-Schätzungen keine Konstanten, sondern Zufallsgrößen. Vgl. zu Fixed-Effects- versus Random-Effects-Schätzungen etwa Gujarati (2003), S. 636-652. Hausman-Tests zeigen jedoch an, dass die Random-Effects-Schätzungen nicht konsistent sind. Es wird eine Verletzung der für die Random-Effects-Schätzungen notwendigen Annahme, bankindividuelle Effekte und erklärende Variablen seien unkorreliert, angezeigt. Vgl. zum Hausman-Test Hausman (1978) oder Greene (2003), S. 301-302. Des Weiteren ist es möglich, dynamische Panel-Schätzungen, wie z.B. Arellano-Bond-Schätzungen, durchzuführen. In Anbetracht der Problematik bei der tatsächlichen Verlustquote werden diese aber in den Untersuchungen nicht herangezogen. Zu dynamischen Panel-Schätzungen vgl. z.B. Hsiao (2003), S. 69-112, oder Baltagi (2005), S. 135-164. In Anbetracht des relativ kurzen Zeitraums wird auf die Überprüfung der Stationaritätseigenschaft durch Paneldaten-Einheitwurzeltests verzichtet. Diese Tests basieren in der Regel auf dem Augmented-Dickey-Fuller Test und weisen damit ein ähnliches Problem bezüglich einer geringen Güte auf wie der Augmented-Dickey-Fuller-Test selbst, vgl. Baltagi (2005), S.237 f.: Es wird (besonders bei kurzen Zeitreihen) die Nullhypothese der Nicht-Stationarität nicht verworfen, obwohl die Nullhypothese in Wirklichkeit falsch ist. Vgl. Stock / Watson (2007), S. 564.

wurde die Zusammenhangsstruktur auf Basis der Unterschiede zwischen den Banken bzw. den jeweiligen Bank-Mittelwerten ermittelt, d.h. nicht die Veränderungen der Variablenwerte bei einer Bank, sondern die unterschiedlichen Niveaus bei den Variablenwerten waren ausschlaggebend.[147]

Die Durchführung der Fixed-Effects-Schätzungen soll überprüfen, ob die Ergebnisse hinsichtlich der Spezialisierungsvorteile stabil bleiben, wenn die gesamte Paneldaten-Struktur Verwendung findet. Die Reduzierung zu Querschnittsdaten war wohlbegründet, ist aber mit Informationsverlusten verbunden.[148] Da bei der Ausfallrate LQ^{ausf} der zeitpunktbezogene Wert stark von den Banken beeinflusst werden kann, ist die $RATIO^{ausf}$ für die Fixed-Effects-Schätzungen ungeeignet. In den Panel-Regressionen wird deshalb allein auf die RATIO^{notl}, deren Werte durch externe Prüfungsstandards zeitpunktbezogen verlässlicher sein sollten, zurückgegriffen. Hierbei sind allerdings die mit der LQ^{notl} verbundenen Probleme zu beachten (vgl. hierzu Abschnitt 3.4.3).

Da in Fixed-Effects-Schätzungen keine über den Zeitraum konstanten Variablen eingehen können, werden die Variablen *ost*, *agglom1*, *agglom2*, *fusion1*, *fusion2* und *kredit_personal* nicht als Kontrollvariablen zum Einsatz kommen. Deren Einfluss auf die $RATIO^{notl}$ wird in den bankindividuellen fixen Effekten gesammelt.[149] Statt *kredit_personal* wird die Personalaufwandsquote (*personal*) verwendet. Von Nachteil ist hierbei, dass nicht klar ist, inwieweit der Personalaufwand dem Kreditgeschäft zuzurechnen ist. Auf die Variable *blanko* wird ebenfalls verzichtet, da sie erst ab 1999 zur Verfügung steht und für die $RATIO^{notl}$ von nicht so großer Relevanz ist.[150]

---

[147] Man kann auch sagen, dass bei Fixed-Effects-Schätzungen nicht das absolute Niveau der Variablenwerte entscheidend ist, sondern jeweils das Niveau der jährlichen Variablenwerte relativ zum über den Beobachtungszeitraum gebildeten durchschnittlichen Variablenwert der jeweiligen Bank.

[148] Zu Vorteilen der Nutzung von Fixed-Effects-Schätzungen vgl. Stock / Watson (2007), S. 349-377.

[149] Natürlich können auch Einflüsse weiterer (zeitfixer) bankindividueller Eigenschaften, wie z.B. Größe des Filialnetzes oder durchschnittlicher Fluktuationsgrad bei den Mitarbeitern, in die fixen Effekte eingehen.

[150] Die $RATIO^{notl}$ berücksichtigt im Unterschied zur $RATIO^{ausf}$ nicht die Verlusthöhe bei Ausfall. Vgl. hierzu Abschnitt 3.4.3.

Die Regressionsgleichung lautet wie folgt:

$$\begin{aligned}\log(RATIO)^{notl}_{(b,t)} &= \alpha_b + \beta_1 \cdot SM_{(b,t)} + \beta_2 \cdot kred\_ant_{(b,t)} + \beta_3 \cdot privat_{(b,t)} \\ &+\beta_4 \cdot kommunal_{(b,t)} + \beta_5 \cdot hyp_{(b,t)} + \beta_6 \cdot personal_{(b,t)} \quad (4\text{-}3) \\ &+\beta_7 \cdot markt\_ant1_{(b,t)} + \beta_8 \cdot bilanz_{(b,t)} + \epsilon_{(b,t)}\end{aligned}$$

Hierbei steht α_b für die bankindividuellen fixen Effekte. Die Regressionen werden auf Basis des Standard-Datensets[151] durchgeführt, d.h. insbesondere dass nur Banken mit mehr als sechs Beobachtungsjahren Berücksichtigung finden. Es handelt sich um eine unbalanced Panelanalyse.[152] Um die bei Fixed-Effects-Schätzungen eventuell vorliegende Heteroskedastizität oder Autokorrelation zu berücksichtigen, werden HAC-Standardfehler geschätzt.[153] Die Regressionsergebnisse sind in der Tabelle 4-35 sowohl für Kreditgenossenschaften als auch für Sparkassen eingetragen.

Für die Kreditgenossenschaften ist ersichtlich, dass der negative Zusammenhang zwischen Spezialisierungsgrad und der $RATIO^{notl}$ bei Nutzung der Paneldatenstruktur bestehen bleibt. Die Fixed-Effects-Schätzungen untersuchen, ob Spezialisierungsgraderhöhungen bei einer Bank mit einer Verringerung der $RATIO^{notl}$ einhergehen. Die Ergebnisse gemäß Tabelle 4-35 lassen somit den Schluss zu, dass Spezialisierungsgraderhöhungen einer Bank Monitoring-Vorteile mit sich bringen. Mit Ausnahme des *HHI* werden für alle Spezialisierungsmaße statistisch signifikante Zusammenhänge ausgewiesen. Bei den Sparkassen ist die negative Beziehung wie bei den Between-Groups-Schätzungen schwächer ausgeprägt. Allein für die Spezialisierungsmaße HHI^w und D^{BWS} ist statistische Signifikanz gegeben. Bei D^{Ort} liegt sogar ein (insignifikant) positiver Koeffizient vor, d.h. ein zunehmendes Abweichen vom Ort-Portfolio führt zu höheren $RATIO$s. Bei der Between-Groups-Schätzung hingegen war der Zusammenhang insignifikant negativ.

Es ist davon auszugehen, dass eine Veränderung der Time-Lags für einzelne Variablen bei den Fixed-Effects-Schätzungen erheblich mehr Auswirkung auf die Er-

[151] Vgl. hierzu Abschnitt 3.6.

[152] Zur Thematik der unbalanced Panelanalyse vgl. Baltagi (2005), S. 165-186. Regressionen, die nur auf Banken, die zwölf Beobachtungsjahre aufweisen und somit auf eine balanced Panelstruktur zurückgreifen, führen zu Ergebnissen, die keine entscheidenden Unterschiede zeigen.

[153] Vgl. hierzu Stock / Watson (2007), S. 379 ff.

Tabelle 4-35: Ergebnisse der Fixed-Effects-Schätzungen mit $RATIO^{notl}$ als erklärter Variable (Zeitraum 1995 bis 2006)

	(1) HHI	(2) HHI^{w}	(3) D^{Bund}	(4) D^{Land}	(5) D^{Ort}	(6) D^{BWS}
Kreditgenossenschaften						
SM	-3,589	-11,55***	-12,13***	-15,04***	-8,854***	-5,181***
	(-1,80)	(-7,84)	(-9,06)	(-12,41)	(-7,76)	(-3,74)
kred_ant	-8,165***	-7,959***	-9,247***	-9,265***	-8,601***	-8,551***
	(-7,82)	(-7,69)	(-8,86)	(-8,94)	(-8,29)	(-8,16)
privat	-20,16***	-21,09***	-18,98***	-18,48***	-19,70***	-19,80***
	(-16,44)	(-17,18)	(-15,52)	(-15,13)	(-16,16)	(-16,21)
kommunal	-23,59***	-24,91***	-23,03***	-21,10***	-22,93***	-23,50***
	(-8,57)	(-9,05)	(-8,39)	(-7,69)	(-8,35)	(-8,54)
hyp	-2,371***	-2,807***	-2,220***	-2,344***	-2,412***	-2,372***
	(-7,38)	(-8,61)	(-6,91)	(-7,33)	(-7,52)	(-7,38)
personal	40,18***	38,09***	40,96***	40,40***	40,15***	40,26***
	(11,81)	(11,18)	(12,06)	(11,93)	(11,82)	(11,83)
markt_ant1	-0,712	-0,586	-0,371	-0,306	-2,932**	-0,635
	(-0,74)	(-0,61)	(-0,39)	(-0,32)	(-2,95)	(-0,66)
bilanz	1,408***	1,161***	1,210***	0,986***	1,151***	1,293***
	(6,65)	(5,47)	(5,75)	(4,66)	(5,41)	(6,04)
Beobachtungen	14360	14360	14360	17460	14360	14360
R^2 (within)	0,038	0,042	0,043	0,047	0,042	0,039
Sparkassen						
SM	-6,083	-10,59***	-2,250	-0,127	2,311	-6,244***
	(-1,32)	(-3,78)	(-1,44)	(-0,08)	(1,62)	(-3,62)
kred_ant	-8,844***	-9,250***	-8,870***	-8,693***	-8,617***	-9,324***
	(-6,57)	(-6,86)	(-6,59)	(-6,47)	(-6,42)	(-6,90)
privat	-21,82***	-22,23***	-21,50***	-21,76***	-21,94***	-21,91***
	(-13,55)	(-13,79)	(-13,27)	(-13,45)	(-13,61)	(-13,62)
kommunal	-6,956***	-7,254***	-7,092***	-7,013***	-7,225***	-7,187***
	(-4,09)	(-4,27)	(-4,17)	(-4,10)	(-4,24)	(-4,23)
hyp	-0,135	-0,670	-0,166	-0,0819	-0,0644	-0,249
	(-0,23)	(-1,13)	(-0,29)	(-0,14)	(-0,11)	(-0,43)
personal	36,11***	35,57***	36,65***	36,49***	36,81***	37,13***
	(6,96)	(6,87)	(7,08)	(7,03)	(7,10)	(7,17)
markt_ant1	6,262***	5,936***	6,206***	6,153***	6,401***	6,221***
	(4,35)	(4,13)	(4,32)	(4,27)	(4,43)	(4,33)
bilanz	-1,160***	-1,459***	-1,093***	-1,069***	-0,998***	-1,242***
	(-3,81)	(-4,66)	(-3,69)	(-3,59)	(-3,34)	(-4,15)
Beobachtungen	5067	5067	5067	5067	5067	5067
R^2 (within)	0,077	0,079	0,077	0,076	0,077	0,079

*,**,*** zeigen jeweils statistische Signifikanz auf einem 5%-, 1%- bzw. 0,1%-Signifikanzniveau an.

gebnisse hat als bei den Between-Groups-Schätzungen. Bei diesen verändern sich die Mittelwerte und damit die entscheidenden Input-Parameter für die Regression nur leicht. Bei der Fixed-Effects-Schätzung hingegen werden durch Veränderung der Time-Lags die Variablenwerte anderen Zeitpunkten zugeordnet und es ergeben sich neue Datenkonstellationen in den einzelnen Jahren. Ein einfaches Beispiel soll dies verdeutlichen. In der Tabelle 4-36 sind für sechs Jahre $RATIO^{notl}$- und *HHI*-Werte zweier Banken angegeben.

Tabelle 4-36: Beispiel-Tabelle zur Verdeutlichung der Bedeutung von Time-Lags bei Fixed-Effects-Schätzungen

	1997	1998	2000	2001	2002	2003
	Bank 1					
RATIO^{notl}	2	3	2	3	2	3
HHI	0,3	0,4	0,3	0,4	0,3	0,4
	Bank 2					
RATIO^{notl}	4	3	4	3	4	3
HHI	0,2	0,1	0,2	0,1	0,2	0,1

Werden keine Time-Lags berücksichtigt, so würde eine Fixed-Effects-Schätzung einen positiven Zusammenhang zwischen der $RATIO^{notl}$ und dem *HHI* ermitteln. Steigende (fallende) $RATIO^{notl}$-Werte gingen mit steigenden (fallenden) *HHI*-Werten einher. Würde ein Time-Lag von einem Jahr für die Variable $RATIO^{notl}$ angesetzt werden (und für die Variable *HHI* nicht), so ergäben sich in den einzelnen Jahren andere Datenkonstellationen. Es fielen nun (bezogen auf das Niveau der jeweiligen Bank) relativ niedrige *HHI*-Werte mit relativ hohen $RATIO^{notl}$-Werten zusammen. Fixed-Effects-Schätzungen würden einen negativen Zusammenhang ermitteln. Bei einem Time-Lag von zwei Jahren für die Variable $RATIO^{notl}$ würde sich das Ergebnis wieder umkehren. Bei Between-Groups-Schätzungen besäßen die Time-Lags keinen so großen Einfluss. Bank 1 mit höherem Spezialisierungsgrad hätte im Durchschnitt die niedrigeren $RATIO^{notl}$-Werte. Dieses Beispiel ist natürlich konstruiert, mag aber verdeutlichen, dass die Wahl der Time-Lags von großer Relevanz für die Ergebnisse von Fixed-Effects-Schätzungen sein kann. Die gemäß dem Standard-Datensatz verwendeten Time-Lags[154] implizieren eine Untersuchung der Beziehung zwischen Spezialisierungsgrad und *RATIO* gleicher Zeitpunkte bzw. Zeiträume. Ein anderer

154 Vgl. hierzu Abschnitt 3.6.

Ansatz wäre zu untersuchen, wie sich Spezialisierung auf die *RATIO* eines späteren Zeitpunktes auswirkt. In dieser Arbeit wird allerdings dieser Pfad nicht weiter verfolgt. Die Vorbehalte gegenüber der Fixed-Effects-Schätzung legen eine tiefere Auseinandersetzung damit nicht nahe. Die Bekräftigung der Between-Groups-Ergebnisse auf Basis der durchgeführten Panel-Regressionen mag in diesem Kontext genügen.

Da Fixed-Effects-Schätzungen lediglich als ergänzende Robustheitsuntersuchungen durchgeführt werden, wird relativ kurz auf die Resultate für die Kontrollvariablen eingegangen. Im Unterschied zu den Resultaten für die Between-Groups-Schätzungen zeigt sich für den Kreditanteil, insbesondere auch bei den Kreditgenossenschaften, ein negativer Koeffizient. Dies ist aber kein Widerspruch. Die Ergebnisse für die Fixed-Effects-Schätzungen besagen, dass eine Erhöhung des Kreditanteils bei einer Bank mit einer niedrigeren $RATIO^{notl}$ verbunden ist. Dabei spielt es keine Rolle, wie hoch das (durchschnittliche) Niveau des Kreditanteils bei einer Bank ist. Bei den Between-Groups-Schätzungen hingegen geht das Niveau der einzelnen Banken (in Form des Bank-Mittelwertes) in die Untersuchung ein und der Vergleich findet zwischen den Banken statt. Beachtet man, dass im Rahmen der Zeitraum-Segmentierung (vgl. Abschnitt 4.2.3.4.1) bei den Kreditgenossenschaften für den Zeitraum 2001 bis 2006 nur ein insignifikant positiver Zusammenhang zwischen *kred_ant* und $RATIO^{notl}$ – im Vergleich zum signifikant positiven Zusammenhang für den Zeitraum 1995 bis 2000 – ausgewiesen wird, so lässt sich folgendes Szenario vermuten:[155]

- Während des Beobachtungszeitraums erhöhen Banken ihren Kreditanteil, wenn sichere Engagements eingegangen werden können.
- Insbesondere Banken mit eher kleinem Kreditanteil erhöhen bei solchen Bedingungen ihren Kreditanteil.
- Banken, die während des Beobachtungszeitraums einen hohen durchschnittlichen Kreditanteil aufweisen, haben im Vorfeld des Beobachtungszeitraums eine expansive und risikoreiche Kreditvergabe praktiziert.

[155] Diese Vermutung lässt sich auf Basis der vorliegenden Daten nicht verifizieren. Wie bereits in Abschnitt 4.2.3.4.1 angemerkt, sind insbesondere für Behauptungen über die Kreditvergabe im Vorfeld des Beobachtungszeitraums, weiter in die Vergangenheit zurückgehende Einzelbankdaten notwendig.

- Am Anfang des Beobachtungszeitraums müssen solche Institute höhere Wertberichtigungen bzw. Abschreibungen vornehmen und reduzieren daraufhin ihre Risikobereitschaft und damit ihre Kreditneuvergabe.

Bei den Variablen *privat*, *kommunal* und *hyp* zeigen sich erwartungsgemäß negative Zusammenhänge; erhöht eine Bank ihren Privatkundenanteil, so geht dies tendenziell mit einer niedrigeren $RATIO^{notl}$ einher. Die positiven Koeffizienten für die Personalaufwandsquote mögen verwundern. Das Regressionsergebnis besagt, dass eine Erhöhung der Personalaufwandsquote bei einer Bank mit einer höheren $RATIO$ einhergeht. Ein Grund für das Ergebnis könnte sein, dass deutlich höhere Personalaufwendungen mit einem Personalumbruch verbunden sein könnten, der dazu führt, dass Monitoring-Fähigkeiten verloren gehen und erst wieder neu aufgebaut werden müssen. Ferner ist zu beachten, dass die Variable *personal* sich auf alle Personalaufwendungen bezieht und nicht nur auf die für das Kreditgeschäft. Für den Marktanteil unterscheiden sich die Resultate bei den Kreditgenossenschaften und Sparkassen. Einem signifikant positiven Zusammenhang bei den Sparkassen steht ein zumeist insignifikant negativer bei den Kreditgenossenschaften gegenüber. Erhöht eine Sparkasse ihren Marktanteil, so geht sie tendenziell riskantere Engagements ein. Auch bei der Bankgröße sind entgegengesetzte Vorzeichen zu konstatieren. Nimmt die Bilanzsumme eines Institutes zu, so verringert sich bei einer Kreditgenossenschaft im Durchschnitt die $RATIO$; bei einer Sparkasse steigt sie. Eine mögliche Ursache ist, dass Kreditgenossenschaften im Durchschnitt viel kleiner sind als Sparkassen und bei ihnen positive Größeneffekte voll zum Tragen kommen. Zu bemerken ist in diesem Kontext aber auch, dass Übernahmeeffekte insbesondere in die *bilanz*-Koeffizienten eingehen,[156] die Bilanzsumme mit der Zeit monoton zunimmt[157] und somit als Variable bei den Panel-Regressionen mit Vorsicht zu verwenden ist.

[156] Eine Möglichkeit, Übernahmeeffekte auszuklammern, besteht darin, nach einer Fusion die entsprechende Bank als neue Untersuchungseinheit zu behandeln. Im Rahmen dieser Untersuchung wird auf ein derartiges Vorgehen verzichtet. Aufgrund der vorgestellten Probleme bei den Fixed-Effects-Schätzungen im Rahmen dieser Untersuchung wird von zusätzlichen Analysen Abstand genommen. In Abschnitt 4.3.3.2 im Rahmen der Untersuchung der Branchenwahl wird dieses Vorgehen allerdings Anwendung finden.

[157] Zum Thema der Nichtstationarität bei Panel-Daten vgl. Baltagi (2005), S. 237-266.

4.2.4 Zwischenfazit

In diesem Abschnitt werden die wesentlichen Ergebnisse der letzten Abschnitte noch einmal zusammengefasst. Die durchgeführten Untersuchungen sollten klären, ob spezialisierte Kreditgenossenschaften und Sparkassen Monitoring-Vorteile aufweisen bzw. – exakt formuliert – ob ein höherer Spezialisierungsgrad bei Kreditgenossenschaften und Sparkassen mit höherer Monitoring-Qualität einhergeht.

Sowohl für Kreditgenossenschaften als auch für Sparkassen ist diese Frage positiv zu beantworten. Auf bestimmte Branchen spezialisierte Institute haben im Firmenkundenkreditgeschäft einen niedrigeren Quotienten aus tatsächlicher und erwarteter Verlustquote.

Bei den Kreditgenossenschaften fällt dieser Zusammenhang sowohl ökonomisch als auch statistisch stärker aus als bei den Sparkassen. Es liegt bei ersteren für alle sechs verwendeten Spezialisierungsmaße ein statistisch und ökonomisch signifikant negativer Zusammenhang mit den beiden $RATIO$s ($RATIO^{ausf}$ und $RATIO^{notl}$) vor. Die Unterschiede zwischen den Ergebnissen der einzelnen Spezialisierungsmaße sind gering, wie sich auf Basis der stark positiven Zusammenhänge zwischen den Spezialisierungsmaßen vermuten ließ. Bei der $RATIO^{ausf}$ sind die negativen Beziehungen statistisch und ökonomisch etwas stärker ausprägt als bei der $RATIO^{notl}$. Dies könnte dafür sprechen, dass ein höherer Spezialisierungsgrad auch mit einer effektiveren Kreditabwicklung und damit niedrigeren LGDs einhergeht. Im Unterschied zur $RATIO^{ausf}$, die auf die Verlusthöhe bei Ausfall im Rahmen der tatsächlichen Verlustquote abstellt, spielt nämlich bei der Berechnung der $RATIO^{notl}$ der LGD keine Rolle.

Auch bei den Sparkassen liegen bei den Standard-Regressionen ausschließlich negative Koeffizienten beim Spezialisierungsgrad vor. Allerdings sind nicht alle Zusammenhänge ökonomisch und statistisch signifikant. Es zeigt sich eine stärkere Abhängigkeit vom verwendeten Spezialisierungsmaß und auch die Unterschiede zwischen den Resultaten für die $RATIO^{ausf}$ und $RATIO^{notl}$ sind größer als bei den Kreditgenossenschaften. Es lässt sich – wie bei den Kreditgenossenschaften – eine (ökonomisch) positive Beziehung zwischen dem Spezialisierungsgrad und der Qualität der Kreditabwicklung vermuten. Die sowohl ökonomisch als auch statistisch stärksten negativen Zusammenhänge treten bei den Spezialisierungsmaßen HHI^w, D^{Bund} und D^{BWS} auf. Beim HHI und D^{Ort} liegen lediglich statistisch insignifikante negative Beziehungen vor.

Bei den Regressionen über beide Bankengruppen überwiegt aufgrund der zahlenmäßigen Überlegenheit der Einfluss der Kreditgenossenschaften, d.h. signifikant negative Zusammenhänge zwischen dem Spezialisierungsgrad und der $RATIO$ sind zu konstatieren. Des Weiteren bekräftigen Interaktionsterme den schon in den separiert durchgeführten Regressionen aufgezeigten Unterschied zwischen den beiden Bankengruppen: Mit Ausnahme der Spezialisierungsmaße HHI und HHI^w sind die Zusammenhänge zwischen Spezialisierungsgrad und Monitoring-Qualität bei Kreditgenossenschaften statistisch signifikant stärker als bei den Sparkassen.

Um zu überprüfen, ob die Ergebnisse stabil sind und nicht nur für das spezifische Design des Standard-Modells Gültigkeit haben, wurden Robustheitsuntersuchungen durchgeführt. Es zeigt sich im Wesentlichen die Robustheit des (ökonomisch) positiven Zusammenhangs zwischen Spezialisierungsgrad und Monitoring-Qualität.

Die vorgenommenen Modifikationen der Standard-Datenbasis, wie z.B. das Weglassen von Instituten mit extremen Variablenausprägungen und von Instituten mit einer Privatkundenquote von über 60%, führen zu keinen Abweichungen von den Standard-Ergebnissen. Das Auslassen des Blankoanteils bei einzelwertberichtigten Krediten als erklärende Variable hat keine Auswirkungen auf die Regressionsergebnisse bei den Kreditgenossenschaften. Bei den Sparkassen zeigen sich bei der $RATIO^{ausf}$ ökonomisch und statistisch stärker negative Zusammenhänge mit dem Spezialisierungsgrad. Spezialisierte Sparkassen haben tendenziell einen geringeren Blankoanteil, wobei dieser auch Nachbesicherungen inkludiert. Wird der Blankoanteil in die Regression als erklärende Variable einbezogen, so wird bei Ermittlung des Zusammenhangs zwischen der $RATIO^{ausf}$ und dem Spezialisierungsgrad die erhöhte Nachbesicherung von Seiten spezialisierter Institute nicht berücksichtigt und somit eine schwächere (negative) Beziehung zwischen dem Spezialisierungsgrad und der $RATIO^{ausf}$ angezeigt. Insgesamt werden also Indizien dafür geliefert, dass spezialisierte Sparkassen auch über eine forcierte Nachbesicherung geringere Verluste im Firmenkundenkreditgeschäft erzielen.

Das Hinzufügen von Variablen, wie z.B. dem Anteil der Kundeneinlagen, hat keinen Einfluss auf die Resultate der Spezialisierungsvorteile genauso wie das Ersetzen der Variablen *personal_kredit* durch *personal* oder das Verwenden der Variablen *markt_ant2* und *markt_struktur* anstelle der Variablen *markt_ant1*. Der Zusammenhang zwischen dem Spezialisierungsgrad des Geschäftsgebietes, gemessen als Abweichung der lokalen von der nationalen Branchenstruktur, und der Monitoring-Qualität ist statistisch insignifikant, d.h. dass trotz der regionalen Prägung der Kreditgenossenschaften und Sparkassen ein bankspezifischer Spezialisierungsgrad bei der Analyse herangezogen werden sollte. Ferner zeigt sich, dass in Geschäftsgebieten mit einer niedrigen Anzahl an Instituten die D^{Ort}-Werte tendenziell niedriger sind und die *SM_Ort*-Werte höher. Je weniger Institute in einem Geschäftsgebiet ansässig sind, desto weniger unterscheidet sich das einzelne Institut tendenziell vom Durchschnitt, da es jeweils ein höheres Gewicht bei der Durchschnittsbildung hat. Bei der positiven Korrelation zwischen D^{Ort}- und D^{Bund}-Werten spielt demnach auch eine Rolle, dass die Ort-Benchmark in Geschäftsgebieten mit vielen Banken der nationalen Benchmark ähnelt und hier somit die Abweichungen für die beiden Benchmarks ähnlich ausfallen. Ergebnisse der Regressionen, die beide Spezialisierungsmaße zur Messung des Spezialisierungsgrades einsetzen, lassen erkennen, dass Spezialisierungsvorteile eher durch Abweichungen von der nationalen als von der regionalen Benchmark angezeigt werden. Vor dem Hintergrund, dass D^{Ort} als Maß für aktive Spezialisierung konzipiert worden ist, ist dieses Ergebnis ein wenig enttäuschend. Es wäre zu erwarten gewesen, dass vor allem Banken, die sich (aktiv) für eine Spezialisierung auf bestimmte Branchen entscheiden, Monitoring-Vorteile generieren. Es ist jedoch zu beachten, dass bei der Berechnung der regionalen Benchmarks auf überregional tätige Banken verzichtet wurde, weil deren Geschäftstätigkeit einzelnen Regionen nicht zugeordnet werden kann. Möglicherweise sind die hierdurch hervorgerufenen Verzerrungen bei der Berechnung des „aktiven Spezialisierungsgrades" für die enttäuschenden Ergebnisse verantwortlich.

Eine Analyse der Quote der notleidenden Kredite ergibt, dass die Verwendung des Kreditvolumens im Nenner der des geprüften Kreditvolumens vorzuziehen ist. Untersuchungen zeigen nämlich, dass die Prüfungen risikoorientiert sind und damit der Pool der geprüften Kredite nicht als repräsentativer Ausschnitt aus dem Kreditportfolio einer Bank aufgefasst werden kann. Ökonomisch und statistisch schwächere Zusammenhänge bei der $RATIO^{notl}$ lassen sich ferner nicht darüber begründen, dass der Prüfungsanteil bei spezialisierten Instituten höher ist.

Segmentierungen des Datensets dienten der Analyse, ob die Spezialisierungsvorteile gleichermaßen für Untergruppen des Datensets, geknüpft an die Ausprägungen bei bestimmten Variablen, gelten. Insgesamt ist eine Bekräftigung der Monitoring-Vorteile für spezialisierte Institute festzuhalten. Bei der Segmentierung nach dem Spezialisierungsgrad zeigen sich zwar tendenziell ökonomisch und statistisch schwächere Zusammenhänge, aber der negative Zusammenhang bleibt auch in den Segmenten mit niedrigem, mittelhohem und hohem Spezialisierungsgrad bestehen. Ein Aufheben der linearen Beziehung zwischen Spezialisierungsgrad und $RATIO$ durch den Einsatz von Dummy-Variablen, die jeweils ein bestimmtes Spezialisierungsgrad-Niveau anzeigen, verdeutlicht noch einmal, dass die Spezialisierungsvorteile bei den Kreditgenossenschaften wesentlich stärker ausgeprägt sind als bei den Sparkassen und weniger von der Wahl des Spezialisierungsmaßes abhängen. Allein bei der Segmentierung nach ost- und westdeutschen Instituten offenbaren sich positive Beziehungen zwischen dem Spezialisierungsgrad und der $RATIO$. Sind die Ergebnisse in Westdeutschland aufgrund der deutlichen zahlenmäßigen Überlegenheit denen auf Basis des gesamten Datensets sehr ähnlich, so zeigen sich bei den ostdeutschen Kreditgenossenschaften keine eindeutigen Hinweise für Spezialisierungsvorteile. Möglicherweise ist im Laufe der Jahre nach der Wiedervereinigung noch keine Branchen-Expertise aufgebaut worden. In Agglomerationsgebieten ist die negative Beziehung zwischen Spezialisierungsgrad und $RATIO$ sowohl bei den Kreditgenossenschaften als auch bei den Sparkassen ökonomisch und statistisch am stärksten. Eine Segmentierung nach der Bilanzsumme liefert hingegen bei Kreditgenossenschaften und Sparkassen unterschiedliche Resultate. Ist bei den großen Kreditgenossenschaften der Spezialisierungsvorteil ökonomisch und statistisch am ausgeprägtesten, so ist bei den Sparkassen dies für das Segment der kleinen Institute der Fall.

Eine Aufteilung des Zeitraums in zwei Hälften diente der Überprüfung, ob die Spezialisierungsvorteile im Zeitverlauf Bestand haben. Bei den Kreditgenossenschaften zeigen sich sowohl für den Zeitraum 1995 bis 2000 als auch für den Zeitraum 2001 bis 2006 statistisch und ökonomisch signifikant negative Zusammenhänge des Spezialisierungsgrades mit der Monitoring-Qualität. Im zweiten Zeitraum ist mit Ausnahme des Distanzmaßes D^{Bund} eine etwas stärkere statistische und ökonomische Ausprägung zu verzeichnen. Bei den Sparkassen nimmt die negative Beziehung zur $RATIO^{ausf}$ mit der Zeit etwas ab. Eine eindeutige Entwicklung der statistischen und ökonomischen Stärke des Zusammenhangs lässt sich aber nicht angeben, da die Veränderungen abhängig von dem betrachteten Spezialisierungsmaß sind. Vor dem Hintergrund, dass insgesamt ein Trend zu höherer Diversifikation besteht, ist das Ergebnis für die Kreditgenossenschaften besonders interessant. Folgendes Szenario kann (!) vermutet werden: Bestrebungen, Diversifikationsvorteile zu generieren, führen – insbesondere durch das Eingehen von Engagements in bislang nicht betreuten Branchen – zu höheren tatsächlichen Verlustquoten, was gleichzeitig den Vorteil eines spezialisierten Portfolios in bezug auf die Monitoring-Qualität stärker hervortreten lässt.

Die bislang vorgestellten Ergebnisse basierten auf Between-Groups-Untersuchungen. Die Panel-Struktur der Daten wurde durch Mittelwertbildung je Bank über die Beobachtungsjahre zu einem Set an Querschnittsdaten reduziert. Einer der Hauptgründe für dieses Vorgehen war die Berechnung einer zuverlässigen tatsächlichen Verlustquote. Trotz weiterer Nachteile einer Panel-Analyse bei diesem Untersuchungsgegenstand wurden zur Ausnutzung der gesamten Datenstruktur zusätzlich Fixed-Effects-Schätzungen durchgeführt. Diese bekräftigen den negativen Zusammenhang zwischen Spezialisierungsgrad und Monitoring-Qualität, der mit Ausnahme für das Spezialisierungsmaß HHI auch statistische Signifikanz aufweist. Bei den Sparkassen ist wie bei den Between-Groups-Schätzungen eine schwächere Ausprägung der Spezialisierungsvorteile zu erkennen. Lediglich für die Spezialisierungsmaße HHI^{w} und D^{BWS} lassen sich statistisch signifikant negative Zusammenhänge mit der $RATIO$ angeben, für das Spezialisierungsmaß HHI ist ein insignifikant positiver Zusammenhang zu konstatieren. Zu beachten ist allerdings, dass wegen geringerer zeitlicher Beeinflussungsmöglichkeiten durch die Institute nur auf die $RATIO^{notl}$ als Proxy für die tatsächlichen Verluste zurückgegriffen wurde, die bei den Between-Groups-Schätzungen im Vergleich zu der $RATIO^{ausf}$ eine statistisch und ökonomisch schwächere Beziehung zum Spezialisierungsgrad zeigen. Die Ergebnisse der Between-Groups-Schätzungen besagen, dass Institute mit höherem Spezialisierungsgrad tendenziell höhere Monitoring-Qualität aufweisen. Die Ergebnisse der Fixed-Effects-Schätzungen sind der empirische Beleg dafür, dass eine Erhöhung des Spezialisierungsgrades bei einem Kreditinstitut tendenziell mit einer verbesserten Monitoring-Qualität einhergeht.

Für die in den Regressionen verwendeten Kontrollvariablen sind einige interessante Ergebnisse festzuhalten. Bei den Kreditgenossenschaften ist ein höherer Kundenkreditanteil signifikant mit höheren *RATIOs* verbunden. Bei zeitlicher Segmentierung zeigt sich im Zeitraum 2001 bis 2006 aber nur noch eine insignifikant positive Beziehung. Bei den Fixed-Effects-Schätzungen wird sogar ein statistisch signifikant negativer Zusammenhang ausgewiesen. Dies deutet insgesamt auf folgendes Szenario hin: Insbesondere Banken mit geringem Kreditanteil erhöhen im Beobachtungszeitraum ihren Kreditanteil, wobei überwiegend sichere Engagements eingegangen werden; Banken mit hohem Kreditanteil erleiden höhere Ausfälle – möglicherweise aufgrund einer vorangegangenen expansiven Kreditpolitik – und reduzieren anschließend ihre Kreditneuvergabe. Bei den Sparkassen liegt ein insignifikant positiver Zusammenhang vor, der sich bei Auslassen des Blankoanteils als Kontrollvariable in einen insignifikant negativen wandelt. Sparkassen mit einem höheren Kundenkreditanteil besichern nämlich ihre Kredite höher und verringern dadurch die Verlustquote bei Ausfall.

Die Quote der Privatkundenkredite hängt signifikant negativ mit dem Quotienten aus tatsächlicher und erwarteter Verlustquote zusammen. Hierfür sind im Wesentlichen zwei Gründe vorstellbar. Zum einen kann es daran liegen, dass im Privatkundenkreditgeschäft eine geringere tatsächliche Verlustquote als im Firmenkundenkreditgeschäft gegeben ist. Dagegen sprechen allerdings die Ergebnisse der Quantitative Impact Studies.[158] Zum anderen besteht die Möglichkeit, dass Banken mit einem hohen Privatkundenanteil besonders vorsichtig im Firmenkundenkreditgeschäft sind und lediglich sehr sichere Kredite abschließen. Im Rahmen der Untersuchung der Zinserträge wird dieser Aspekt noch einmal beleuchtet. Für eine Bekräftigung der ersten Variante sollte eine höhere Quote an Privatkundenkrediten mit höheren (risikobereinigten) Zinserträgen einhergehen. Die Zinssätze im Privatkundengeschäft sind tendenziell höher als im Firmenkundengeschäft, so dass bei geringeren tatsächlichen Verlustquoten im Privatkundengeschäft höhere (risikobereinigte) Zinserträge die Folge sein müssten. Eine Bekräftigung der zweiten Variante wäre es, wenn sich ein negativer Zusammenhang zwischen dem Privatkundenanteil und den Zinserträgen zeigt.

Bei der Quote der Kommunalkredite liegt zwar eine negative Beziehung zu den *RATIOs* vor; diese ist in den meisten Fällen jedoch insignifikant. Bei Beschränkung der Institute auf die mit einer Quote an Privatkundenkrediten unter 60% zeigt sich für

[158] Vgl. hierzu Basel Committee on Banking Supervision (2003) und Basel Committee on Banking Supervision (2006b).

fast alle Spezialisierungsmaße ein signifikant negativer Zusammenhang zwischen der Quote der Kommunalkredite und der $RATIO$; für Banken mit höherem Firmenkundenkreditanteil ist eine Beimischung mit sicheren Kommunalkrediten von größerem Einfluss.

Eine höhere Quote der (als recht sicher geltenden) Hypothekendarlehn geht wie erwartet mit einem niedrigeren Quotienten aus tatsächlicher und erwarteter Verlustquote einher. Die Ergebnisse sind statistisch signifikant. Bei den Sparkassen zeigt sich im Standard-Modell ein statistisch und ökonomisch etwas schwächerer Zusammenhang mit der $RATIO^{ausf}$. Geht der Blankoanteil nicht als Kontrollvariable in die Schätzung ein, so verstärkt sich dieser Zusammenhang. Dies ist ein Zeichen dafür, dass bei den Sparkassen eine hohe Quote der Hypothekendarlehn mit einem niedrigeren Blankoanteil und damit einer niedrigeren tatsächlichen Verlustquote einhergeht.

Der Blankoanteil hängt signifikant positiv mit der $RATIO^{ausf}$ zusammen. Ein höherer Blankoanteil ist ein wesentlicher Einflussfaktor für einen höheren LGD, was zu einer höheren tatsächlichen Ausfallrate führt, wenn diese die Verlusthöhe berücksichtigt, wie es bei LQ^{ausf} aber nicht bei LQ^{notl} der Fall ist. Bei den ostdeutschen Instituten zeigt sich auch für die $RATIO^{notl}$ eine signifikant positive Beziehung mit dem Blankoanteil, was ein Indiz dafür ist, dass eine hohe (Nach-)Besicherung auch für ein erfolgreiches Monitoring stehen kann, was sich durch geringere PDs auszeichnet.[159]

Bei der Personalaufwandsquote für das Kreditgeschäft sind unterschiedliche Ergebnisse für Kreditgenossenschaften und Sparkassen zu berichten. Bei den Kreditgenossenschaften geht ein höherer Personalaufwand mit einer höheren Monitoring-Qualität einher. Im Falle der $RATIO^{notl}$ ist der Zusammenhang statistisch signifikant, bei der $RATIO^{ausf}$ nicht. Ein höherer Personaleinsatz scheint sich bei den Kreditgenossenschaften insbesondere in einer besseren Kreditabwicklung widerzuspiegeln. Die ökonomische Bedeutung des Personalaufwandes ist insgesamt deutlich geringer als die des Spezialisierungsgrades. Bei den Sparkassen zeigt sich ein positiver Zusammenhang, der im Falle der $RATIO^{ausf}$ sogar statistisch signifikant ist. Es besteht die Möglichkeit, dass bei den Sparkassen ein höherer Personalaufwand im Kre-

159 In Abschnitt 4.2.1 wurde das Für und Wider einer Berücksichtigung des Blankoanteils als Kontrollvariable diskutiert.

ditgeschäft insbesondere in die Risikosteuerung fließt. Dies könnte zur Folge haben, dass sicherere Branchen ausgewählt werden. Im Bewusstsein einer übergeordneten risikomindernd wirkenden Kreditpolitik wird möglicherweise bei der Kreditvergabe weniger auf das Risiko geachtet und ein weniger sorgfältiges Monitoring durchgeführt. Es sei darauf hingewiesen, dass es sich hierbei nur um eine Vermutung handelt. Im Rahmen der Untersuchung der Branchenwahl wird zumindest dem Aspekt einer verstärkten Risikosteuerung bei höherem Personalaufwand nachgegangen.[160] Insgesamt ist festzuhalten, dass für deutsche Kreditgenossenschaften und Sparkassen der von Coleman et al. (2006) vorgeschlagene Proxy für die Monitoring-Qualität in Form einer Personalaufwandsquote für das Kreditgeschäft nicht überzeugen kann.

Der durchschnittliche Marktanteil in den betreuten Branchen hängt negativ mit der $RATIO$ zusammen. Allerdings ist die Beziehung nur für das Spezialisierungsmaß D^{Ort} und bei Betrachtung der Kreditgenossenschaften statistisch signifikant. Vergleichbare Ergebnisse zeigen sich für die Variablen *markt_ant2* und *markt_struktur*, die den Anteil an der Kreditvergabe bzw. den Konzentrationsgrad der Kreditvergabe im Geschäftsgebiet angeben. Diese Ergebnisse widerlegen die intuitive Vermutung, dass eine höhere Ausschöpfung des Kreditmarktes durch eine Bank mit höheren Risiken verbunden ist, weil die Bank auf schlechtere Kreditnehmer zurückgreifen muss. Es wird eher angedeutet, dass ein höherer Marktanteil bei der Auswahl der Kreditnehmer förderlich ist. Wird der Blankoanteil als Kontrollvariable weggelassen, so nehmen Koeffizienten- und t-Werte bei den Sparkassen zu, allerdings ohne statistische Signifikanz zu erreichen. Dies ist ein (schwaches) Indiz dafür, dass Sparkassen mit hohem Marktanteil höhere Sicherheitenforderungen durchsetzen können. Bei den Kreditgenossenschaften ist im Zeitraum von 1995 bis 2000 ein eher positiver Zusammenhang und im Zeitraum von 2001 bis 2006 ein negativer Zusammenhang zu erkennen. Insgesamt ist also als Fazit für den Marktanteil zu ziehen, dass dessen Effekt nicht eindeutig ist.

Bei der Bankgröße werden die Ergebnisse sehr stark von der betrachteten $RATIO$ beeinflusst. Bei der $RATIO^{ausf}$ zeigt sich ein positiver Zusammenhang, der die Hypothese des mit der Größe steigenden Risikos (möglicherweise Too-big-to-fail-Phänomen) bestätigt. Bei Verwendung der $RATIO^{notl}$ als Proxy für die Monitoring-Qualität werden allerdings bei den Sparkassen negative Zusammenhänge und bei den Kreditgenossenschaften in Abhängigkeit vom verwendeten Spezialisierungsmaß

[160] Vgl. Abschnitt 4.3.2.

sowohl positive als auch negative Zusammenhänge angezeigt. Dies ist ein Indiz dafür, dass bei großen Instituten die Kreditabwicklung nicht so erfolgreich ist wie bei kleinen Instituten und höhere LGDs bei den Krediten vorliegen. Die mit der Größe einhergehenden Skaleneffekte scheinen geringere lokale Kenntnisse in der Abwicklung nicht kompensieren zu können. Dies wäre zumindest ein Grund für die unterschiedlichen Ergebnisse bei $RATIO^{notl}$ und $RATIO^{ausf}$. Erklärungsansätze auf Basis mit der Größe sich verändernder Prüfungsintensität konnten nicht bestätigt werden.

In Agglomerationsgebieten zeigt sich ein niedrigerer Quotient aus tatsächlicher und erwarteter Verlustquote als in städtisch und ländlich geprägten Gebieten. Möglicherweise ist die in Agglomerationsgebieten gegebene höhere Wirtschaftskraft an niedrigere Insolvenzquoten gekoppelt. Es ist auch vorstellbar, dass sich hier Kreditgenossenschaften und Sparkassen durch Nischenstrategien so positionieren, dass verhältnismäßig geringe Risiken eingegangen werden. Möglicherweise sind in Agglomerationsgebieten aufgrund der Vielzahl an potenziellen Kreditnehmern die Einschränkungen durch das Regionalprinzip nicht so hoch, so dass für die Institute mehr Freiraum bei der Kreditvergabe besteht. Bei den Kreditgenossenschaften zeigt sich bei Verwendung der $RATIO^{notl}$ allerdings keine zeitliche Stabilität der Ergebnisse.

Bei den ostdeutschen Banken liegt tendenziell die $RATIO^{ausf}$ über der der westdeutschen Banken, bei der $RATIO^{notl}$ verhält es sich umgekehrt. Eine mögliche Begründung für diesen Unterschied zielt wiederum auf die Höhe des LGDs ab. Die Ergebnisse sprechen für einen höheren LGD in Ostdeutschland. Die geringere $RATIO^{notl}$ in Ostdeutschland lässt sich bei den Sparkassen möglicherweise auf einen geringeren Anteil der geprüften Kredite zurückführen. Allerdings kann die Vermutung nicht endgültig verifiziert werden. Neben der Möglichkeit unterschiedlicher Prüfungsmethoden und Wertberichtigungspraktiken in den alten und neuen Bundesländern könnte das Ergebnis für die $RATIO^{notl}$ auch ein Zeichen dafür sein, dass Kreditgenossenschaften und Sparkassen in Ostdeutschland relativ zu den anderen Banken geringere PDs aufweisen, als es in Westdeutschland der Fall ist. Möglicherweise zahlt sich in Ostdeutschland die regionale Präsenz besonders aus. Hiergegen spricht allerdings, dass die Kunde-Bank-Beziehungen in Ostdeutschland noch vergleichsweise kurz und nicht so eng sind. Im Rahmen der Aufteilung der Untersuchung in zwei Beobachtungszeiträume zeigt sich, dass die Unterschiede mit der Zeit nicht geringer werden, sondern bei der $RATIO^{notl}$ sogar zunehmen.

Die Ergebnisse zu den Fusions-Dummys, die anzeigen, ob ein Institut im Zeitablauf übernommen wurde bzw. ein anderes Institut übernommen hat, unterscheiden sich bei Kreditgenossenschaften und Sparkassen. Übernommene Kreditgenossenschaften weisen tendenziell eine niedrigere $RATIO^{ausf}$ und eine höhere $RATIO^{notl}$ auf. Bei übernehmenden Kreditgenossenschaften liegt ein signifikant positiver Zusammenhang mit der $RATIO^{ausf}$ vor und ein insignifikant positiver mit der $RATIO^{notl}$. Eine mögliche Begründung ist, dass übernommene Banken vor einer Übernahme geringere Abschreibungen vornehmen, um ihr Betriebsergebnis positiv zu gestalten. Dies würde auch erklären, warum die $RATIO^{notl}$ höher ist. Als Resultat einer externen Prüfung ist sie nicht (so) anfällig gegenüber bankpolitischen Beeinflussungen. Die übernehmende Bank muss im Anschluss an die Übernahme die hinausgezögerten Abschreibungen vornehmen, was zu einer höheren $RATIO^{ausf}$ führt. Eine Untersuchung, die den Zusammenhang zwischen der $RATIO^{ausf}$ des übernehmenden Institutes nach der Übernahme und der des jeweiligen übernommenen Institutes vor der Übernahme zum Gegenstand hat, konnte diese Vermutung nicht bekräftigen. Für eine endgültige Klärung wären tiefergehende Analysen notwendig, die für zahlreiche Einflussfaktoren kontrollieren. Da diese Untersuchungen für diese Arbeit nicht von zentraler Bedeutung sind, wurde auf eine Durchführung verzichtet. Bei den Sparkassen zeigen sich für die übernommenen Banken insignifikant positive Zusammenhänge mit den *RATIO*s und bei den übernehmenden insignifikant negative. Auf Basis dieser Ergebnisse scheint es so, dass bei den Sparkassen (zumindest im Monitoring) erfolgreiche Institute die nicht so erfolgreichen Institute übernehmen. Es ist allerdings Vorsicht bei solchen Aussagen geboten. Es könnte auch sein, dass der nach der Fusion ausgewiesene Spezialisierungsgrad den Grad der Spezialisierungsvorteile unterschätzt, weil die an der Fusion beteiligten Institute das bisherige Know-how im Kreditgeschäft aufrecht erhalten und der Spezialisierungsgrad nach einer Fusion im Durchschnitt stark abnimmt. Der negative Zusammenhang wäre demnach nur ein Ausgleich für den zu niedrig ausgewiesenen Spezialisierungsgrad. Bei der Behandlung von Fusionen gibt es noch zahlreiche andere Aspekte, die zur Beeinflussung des Ergebnisses beitragen können. Eine erschöpfende Diskussion und Untersuchung dieser Aspekte steht – wie schon bemerkt – allerdings nicht im Fokus dieser Arbeit.

Als wesentliches Fazit der vorangegangenen Abschnitte bleibt festzuhalten, dass sowohl bei Kreditgenossenschaften als auch (wenn auch in abgeschwächter Form) bei Sparkassen ein höherer Spezialisierungsgrad mit höherer Monitoring-Qualität einhergeht.[161] Dies ist ein Grund für die geringeren Risikovorsorgequoten bei spezialisierten Kreditgenossenschaften und Sparkassen. Ein weiterer möglicher Grund ist eine Branchenauswahl von Seiten der spezialisierten Institute, die auf Branchen mit geringeren Ausfallraten fokussiert sind. Die Untersuchung, inwieweit dies tatsächlich der Fall ist, wird Inhalt der nächsten Abschnitte sein.

[161] Diese Aussage basiert auf der Annahme, dass spezialisierte und diversifizierte Banken sich hinsichtlich der Risikoneigung nicht (systematisch) unterscheiden. Diesem Aspekt wird in Kapitel 5 bei der Untersuchung der Krediterträge Rechnung getragen.

4.3 Wählen spezialisierte Sparkassen und Kreditgenossenschaften risikoärmere Branchen aus?

4.3.1 Empirische Methodik

Im Abschnitt 4.2 wurde ermittelt, dass spezialisierte Kreditgenossenschaften und Sparkassen Monitoring-Vorteile im Firmenkundenkreditgeschäft aufweisen. Eine weitere mögliche Ursache für geringere tatsächliche Verlustquoten bei spezialisierten Banken sind – wie in Abschnitt 4.1 beschrieben wurde – niedrigere erwartete Verlustquoten. Um zu überprüfen, ob spezialisierte Banken geringere auf Basis der Branchenverteilung zu erwartende Verlustquoten aufweisen, wird ähnlich wie in den Regressionen gemäß Gleichung 4-1 vorgegangen. Der wesentliche Unterschied besteht darin, dass an die Stelle der *RATIO* die erwartete Verlustquote als erklärte Variable tritt. Ferner werden Fixed-Effects-Schätzungen durchgeführt, die die Panelstruktur der Daten ausnutzen. Die Vorstellung des diesbezüglichen empirischen Modells erfolgt weiter unten.[162] Neben der separaten Betrachtung der sechs Spezialisierungsmaße und der Trennung von Sparkassen und Kreditgenossenschaften[163] in den Untersuchungen, werden drei Regressionsgleichungen zum Einsatz kommen. Jede Variante wird zur Beantwortung einer leicht differierenden Fragestellung verwendet. Die drei Fragestellungen lauten:

1. Wählen spezialisierte Sparkassen und Kreditgenossenschaften sicherere Branchen aus als diversifizierte Institute bzw. zeigt sich bei Kontrolle für die erwartete Verlustquote des Geschäftsgebietes ein positiver Zusammenhang zwischen Spezialisierungsgrad und sicherer Branchenwahl?

[162] Insgesamt wird die Beschreibung des Untersuchungsdesigns und der empirischen Ergebnisse kürzer gehalten als bei den Untersuchungen zur Monitoring-Qualität. Zum einen erlaubt die methodische Nähe zu diesen Untersuchungen eine knappere Darstellung des Untersuchungsdesigns und zum anderen ist der Nachweis von Monitoring-Vorteilen von größerer Bedeutung, wie in Abschnitt 4.1 erläutert wurde.

[163] Es werden auch wieder Regressionen, die beide Bankengruppen als Datengrundlage verwenden, durchgeführt. Da deren Ergebnisse aber im Wesentlichen den Ergebnissen der Regressionen für die Kreditgenossenschaften entsprechen, wird im Text nicht weiter auf diese eingegangen. Lediglich zur Klärung der Signifikanz der Unterschiede zwischen den beiden Bankengruppen werden sie herangezogen. Die Ergebnistabellen befinden sich im Anhang B.

2. Sind spezialisierte Sparkassen und Kreditgenossenschaften in sichereren Branchen aktiv als diversifizierte Institute?

3. Haben spezialisierte Sparkassen und Kreditgenossenschaften geringere erwartete Verlustquoten als diversifizierte Institute?

Zur Beantwortung der ersten Fragestellung werden Regressionen gemäß der Gleichung 4-4 vorgenommen:

$$\begin{aligned}\overline{ELQ\_faktorlos_b} &= \alpha + \beta_1 \cdot \overline{SM}_b + \beta_2 \cdot \overline{kred\_ant}_b + \beta_3 \cdot \overline{privat}_b + \beta_4 \cdot \overline{bank\_kred}_b \\ &+\beta_5 \cdot \overline{hyp}_b + \beta_6 \cdot \overline{blanko}_b + \beta_7 \cdot \overline{kredit\_personal}_b \\ &+\beta_8 \cdot \overline{bilanz}_b + \beta_9 \cdot \overline{ELQ\_Ort}_b + \beta_{10} \cdot \overline{fusion1}_b \\ &+\beta_{11} \cdot \overline{fusion2}_b + \epsilon_b.\end{aligned} \quad (4\text{-}4)$$

Hierbei bezeichnet *ELQ_faktorlos* die erwartete Verlustquote, bei der keine Anpassung der Insolvenzraten für das jeweilige Bundesland vorgenommen wird.[164] *ELQ_Ort* steht für die (durchschnittliche) erwartete Verlustquote im jeweiligen Geschäftsgebiet und berechnet sich als erwartete Verlustquote (ohne Bundeslandanpassung) der jeweiligen Ort-Benchmark.[165] Für die empirische Untersuchung der zweiten Fragestellung wird die Variable *ELQ_Ort* weggelassen, d.h. die Analyse basiert auf der Gleichung

$$\begin{aligned}\overline{ELQ\_faktorlos_b} &= \alpha + \beta_1 \cdot \overline{SM}_b + \beta_2 \cdot \overline{kred\_ant}_b + \beta_3 \cdot \overline{privat}_b + \beta_4 \cdot \overline{bank\_kred}_b \\ &+\beta_5 \cdot \overline{hyp}_b + \beta_6 \cdot \overline{blanko}_b + \beta_7 \cdot \overline{kredit\_personal}_b \\ &+\beta_8 \cdot \overline{bilanz}_b + \beta_9 \cdot \overline{fusion1}_b + \beta_{10} \cdot \overline{fusion2}_b + \epsilon_b.\end{aligned} \quad (4\text{-}5)$$

Das Untersuchungsdesign der dritten Fragestellung verzichtet ebenfalls auf die Variable *ELQ_Ort* und verwendet anstatt der erwarteten Verlustquote ohne Bundeslandanpassung die mit bundeslandspezifischen Faktoren multiplizierten erwarteten Verlustquoten. Die Regressionsgleichung lautet demnach[166]

[164] Vgl. hierzu Abschnitt 3.4.3.

[165] Vgl. hierzu Abschnitt 3.4.3.

[166] Auf die Variante, bei der *ELQ* als erklärte Variable verwendet und *ELQ_Ort* als erklärende Variable einbezogen wird, wird verzichtet. Es würden in dem Fall keine zusätzlichen Erkenntnisse gewonnen, da bereits bei der ersten Regressionsgleichung um die durchschnittliche erwartete Verlustquote des Ortes bereinigt wird und bei der dritten Regressionsgleichung die wirtschaftliche Situation des Bundeslandes einfließt.

$$\begin{aligned}\overline{ELQ}_b &= \alpha + \beta_1 \cdot \overline{SM}_b + \beta_2 \cdot \overline{kred\_ant}_b + \beta_3 \cdot \overline{privat}_b + \beta_4 \cdot \overline{bank\_kred}_b \\ &\quad + \beta_5 \cdot \overline{hyp}_b + \beta_6 \cdot \overline{blanko}_b + \beta_7 \cdot \overline{kredit\_personal}_b \\ &\quad + \beta_8 \cdot \overline{bilanz}_b + \beta_9 \cdot \overline{fusion1}_b + \beta_{10} \cdot \overline{fusion2}_b + \epsilon_b.\end{aligned} \tag{4-6}$$

Die ersten beiden Regressionsgleichungen beziehen sich allein auf die Branchenwahl und die damit verbundene erwartete Verlustquote. Der Aspekt, dass spezialisierte Banken unter Umständen eher in Bundesländern mit niedrigeren Insolvenzraten aktiv sind, wird bewusst außer Acht gelassen. Die Branchenstruktur des Geschäftsgebietes hat Einfluss auf die Branchenzusammensetzung im Firmenkundenkreditportfolio der Banken in diesem Geschäftsgebiet. Bei der ersten Regressionsgleichung wird deshalb um die durchschnittliche erwartete Verlustquote des Ortes bereinigt. Es soll ermittelt werden, ob spezialisierte Sparkassen und Kreditgenossenschaften bewusst risikoarme Branchen auswählen bzw. ob im Firmenkundenkreditgeschäft stark diversifizierte Banken höhere Risiken eingehen, unter Umständen weil sie sich durch die Diversifikation gegen hohe unerwartete Verluste geschützt fühlen.[167] Im Unterschied dazu wird in der zweiten Regressionsgleichung die von Banken nicht beeinflussbare Auswirkung der Branchenstruktur des Geschäftsgebietes auf die erwartete Verlustquote nicht vom beeinflussbaren Teil separiert. Möglicherweise sind spezialisierte Banken eher in Geschäftsgebieten, in denen überwiegend sicherere Branchen angesiedelt sind, aktiv. Bei der dritten Regressionsgleichung bestimmt nicht nur die Branchenstruktur des jeweiligen Geschäftsgebietes, sondern auch die wirtschaftliche Situation im jeweiligen Bundesland die empirischen Resultate mit. Es könnte sein, dass gerade in Bundesländern, die wirtschaftlich stabil sind, viele Banken mit einem hohen Spezialisierungsgrad anzutreffen sind.

Die durchgeführten Regressionen basieren auf dem gleichen Datenpool wie die Standard-Regressionen zur Monitoring-Qualität in Abschnitt 4.2.[168] Um die Stabilität der Ergebnisse zu überprüfen, werden wiederum Robustheitsuntersuchungen vorgenommen, die u.a. auch auf die Sensitivität der Resultate hinsichtlich einer Modifikation der Datengrundlage eingehen.

---

[167] Auch wenn hier erwartete Verlustquoten betrachtet werden, so weisen diese doch – zumindest im relevanten Definitionsbereich – einen positiven Zusammenhang zu den unerwarteten Verlustquoten auf.

[168] Vgl. hierzu auch Abschnitt 3.6.

Die Kontrollvariablen ähneln denen der Regressionen aus Abschnitt 4.2. Da die Motivationen für die Verwendung der einzelnen Kontrollvariablen bei den drei Varianten einander im Wesentlichen entsprechen, wird bei der Vorstellung der Kontrollvariablen nicht zwischen den Varianten unterschieden. Für den Kreditanteil ist wie bei der Untersuchung zur Monitoring-Qualität Gegensätzliches vorstellbar. Zum einen sind Banken mit einem hohen Kreditanteil stark abhängig vom Erfolg und Risiko des Kreditgeschäfts. Dies spricht dafür, dass solche Banken eher in sichere Branchen investieren.[169] Zum anderen kann ein hoher Kreditanteil das Resultat einer auf Expansion des Kreditgeschäfts bedachten Geschäftspolitik sein. Eine solche Ausdehnung ist möglicherweise eher in ausfallgefährdeteren Branchen zu erreichen, was für einen positiven Koeffizienten spräche.[170] Banken mit einem hohen Privatkundenkreditanteil verhalten sich möglicherweise im Firmenkundengeschäft recht risikoavers, da sie in dem Bereich unter Umständen über weniger Kenntnisse verfügen, und vergeben tendenziell an sichere Branchen Kredite. Es könnte aber auch sein, dass Banken, die vorrangig Privatkunden betreuen, aber zugleich im Firmenkundengeschäft Fuß fassen wollen, dies leichter in risikoreicheren Branchen erreichen, d.h. auch bei der Variablen *privat* ist keine eindeutige Vermutung über das Vorzeichen des Zusammenhangs mit der erwarteten Verlustquote äußerbar. Ein hoher Anteil der Interbankenkredite mag ein Zeichen dafür sein, dass das Geschäft einer Bank passivlastig ist. Entweder ist die Nachfrage nach Krediten bei einer solchen Bank gering oder das Kreditgeschäft wird auf Basis bestimmter Kriterien beschränkt gehalten. Letzteres spräche tendenziell für ein risikoaverses Verhalten im Firmenkundenkreditgeschäft und einen negativen Zusammenhang zwischen *bank_ford* und der erwarteten Verlustquote. Da Interbankenkredite geringe Zinsen einbringen und relativ sicher sind, wäre es aber auch vorstellbar, dass Banken mit vielen Interbankenkrediten bereit sind, im Firmenkundengeschäft in riskantere Branchen zu investieren. Für die Koeffizienten der Variablen *hyp* lassen sich positive und für die der Variablen *blanko* negative Vorzeichen vermuten. Es wird dabei angenommen, dass Kredite mit höherem Risiko stärker durch Sicherheiten gedeckt sind. Es ist aber auch möglich, dass gerade gute Kreditnehmer durch höhere Sicherheiten ihre gute Bonität signalisieren

[169] Es ist möglich, dass sich Banken höhere erwartete Verluste in Form höherer Zinssätze bezahlen lassen. Solche Zusammenhänge werden in Kapitel 5 analysiert. Allerdings liegt – wie bereits in Fußnote 11 angesprochen – ein positiver Zusammenhang zwischen erwarteter und unerwarteter Verlustquote vor, so dass die Auswahl sicherer Branchen für Banken mit hohem Kreditanteil sinnvoll erscheint.

[170] Die Ergebnisse der Untersuchungen in Abschnitt 4.2 zeigen, dass Banken mit einem hohen Kreditanteil tendenziell riskante Kreditengagements eingehen, zumindest in Relation zu den auf Basis der Branchenzusammensetzung zu erwartenden Verlusten.

wollen.[171] Ferner können sich die branchenspezifischen Möglichkeiten, Sicherheiten zu stellen, unterscheiden.[172] Höhere Personalaufwendungen für das Kreditgeschäft dürften mit einer niedrigeren erwarteten Verlustquote bzw. risikobedachteren Branchenauswahl einhergehen, da ein personell besser ausgestattetes Kreditrisikomanagement eine risikoadjustierte Auslastung von Branchenlimiten überprüfen können sollte. Die Bankgröße hat möglicherweise einen Einfluss auf die Branchenwahl. Größere Banken neigen unter Umständen dazu, höhere Risiken einzugehen, was für einen positiven Koeffizienten spräche. Dies ist z.B. durch das Too-Big-to-Fail-Phänomen begründbar.[173] Allerdings ist auch vorstellbar, dass große Banken gerade mit den Branchen in Kontakt stehen, die wirtschaftlich stabil sind. Unternehmen solcher Branchen bevorzugen eventuell Banken, die breiter aufgestellt sind. Für die Variable *bilanz* ist damit keine eindeutige Hypothese formulierbar. Ferner kontrollieren die Variablen *fusion1* und *fusion2* für einen Fusionseffekt. Im Unterschied zu den Standard-Regressionen zur Monitoring-Qualität werden die Variablen *ost*, *agglom1* und *agglom2* nicht in die Regressionen mitaufgenommen, da Informationen über das Geschäftsgebiet allein durch die Variable *ELQ_ Ort* erfasst werden sollen. Auch auf die Variable *markt_ ant1* wird bei den Standard-Regressionen verzichtet. Die Beantwortung der Frage, ob höhere Marktanteile in riskanteren Branchen eher zu erreichen sind, wird aber in den Robustheitsuntersuchungen in Abschnitt 4.3.3 angestrebt.

Die Variablen werden wie in der Regressionsgleichung 4-1 als Mittelwerte über den Zeitraum von 1995 bis 2006 berechnet, d.h. es werden Between-Groups-Schätzungen durchgeführt.[174] Zum einen soll die Untersuchung der Branchenauswahl vergleichbar mit der Untersuchung der Monitoring-Qualität sein, da beide Untersuchungen Ursachen für ein und denselben Sachverhalt, nämlich niedrigere tatsächliche Verlustquoten bei spezialisierten Banken, aufspüren und demnach eng zusammenhängen. Zum anderen ist von Interesse, wie sich Banken unterschiedlichen Spezialisierungsgrades hinsichtlich der Branchenauswahl verhalten. Eine Rechtfertigung für dieses Interesse liefert wie in Abschnitt 4.2.1 die Tatsache, dass der Anteil der Varianz der Spezialisierungsgrad-Bankmittelwerte an der gesamten Spezialisierungsgrad-Varianz bedeutend höher ist als der Anteil von var_{within}.[175] Ferner ist die Berücksichtigung von zeitfixen Variablen, wie z.B. der Variablen *kredit_personal*, bei Fixed-Effects-

[171] Vgl. hierzu Lehmann et al. (2004).

[172] Vgl. hierzu Acharya et al. (2003).

[173] Vgl. hierzu etwa FDIC (2000), FDIC (2004) und Morgan / Stiroh (2005).

[174] Wie bei den Regressionen in Abschnitt 4.2 werden Gewichtungen mit den Beobachtungsjahren vorgenommen und robuste Varianz-Matrizen verwendet sowie die Tests zur Aufdeckung von Fehlspezifikationen durchgeführt.

[175] Vgl. hierzu Abschnitt 4.2.1.

Schätzungen nicht möglich.[176]

Zugleich besteht bei dieser Untersuchung aber nicht mehr die Problematik, dass zur Berechnung einer verlässlichen Variablen ein längerer Zeitraum als Grundlage gewählt werden muss. Die erwartete Verlustquote ist im Unterschied zur *RATIO* für die Anwendung einer Fixed-Effects-Schätzung geeigneter. Um den Informationsgehalt der gesamten Paneldatenstruktur zu nutzen, werden zur Ergänzung Fixed-Effects-Schätzungen durchgeführt.[177] Hierbei wird der Zusammenhang zwischen Spezialisierungsgradänderungen und Branchenwahl bei Banken (im Zeitverlauf) untersucht. Auch bei den Fixed-Effects-Schätzungen werden unterschiedliche Fragestellungen zugrunde gelegt. Die beiden Fragestellungen lauten:

1. Geht eine Erhöhung des Spezialisierungsgrades bei den einzelnen Banken tendenziell mit einer niedrigeren erwarteten Verlustquote einher?
2. Geht eine Erhöhung des Spezialisierungsgrades bei den einzelnen Banken tendenziell mit einer verstärkten Investition in sichere Branchen einher?

Für die erste Fragestellung wird folgende Regressionsgleichung verwendet:

$$\begin{aligned} ELQ_{(b,t)} &= \alpha + \beta_1 \cdot SM_{(b,t)} + \beta_2 \cdot kred\_ant_{(b,t)} + \beta_3 \cdot privat_{(b,t)} \\ &+\beta_4 \cdot bank\_kred_{(b,t)} + \beta_5 \cdot hyp_{(b,t)} + \beta_6 \cdot personal_{(b,t)} \\ &+\beta_7 \cdot bilanz_{(b,t)} + \epsilon_{(b,t)}. \end{aligned} \tag{4-7}$$

Im Rahmen der zweiten Fragestellung wird die erwartete Verlustquote ELQ durch die Variable $ELQ\_normiert$ ersetzt. Die normierte erwartete Verlustquote ist definiert durch

$$ELQ\_normiert_{(b,t)} = \frac{ELQ\_faktorlos_{(b,t)}}{ELQ\_national_t},$$

[176] Bei Random-Effects-Schätzungen wäre dies möglich. Allerdings empfehlen die Ergebnisse der Hausman-Tests eine Verwendung der Fixed-Effects-Schätzungen.

[177] Diese werden auch oft herangezogen, um das möglicherweise bestehende Problem von fehlenden relevanten (zeitfixen bankindividuellen) Variablen zu lösen. Vgl. hierzu etwa Stock / Watson (2007), S. 349-377.

wobei $ELQ\_national_t$ die auf Basis der nationalen (Kreditvergabe-) Branchenzusammensetzung ermittelte erwartete Verlustquote im Jahr t bezeichnet.[178] Die Regressionsgleichung lautet:[179]

$$\begin{aligned} ELQ\_normiert_{(b,t)} &= \alpha + \beta_1 \cdot SM_{(b,t)} + \beta_2 \cdot kred\_ant_{(b,t)} \\ &+ \beta_3 \cdot privat_{(b,t)} + \beta_4 \cdot bank\_kred_{(b,t)} \\ &+ \beta_5 \cdot hyp_{(b,t)} + \beta_6 \cdot personal_{(b,t)} \\ &+ \beta_7 \cdot bilanz_{(b,t)} + \epsilon_{(b,t)}. \end{aligned} \quad (4\text{-}8)$$

Die Veränderung der erwarteten Verlustquote bei der ersten Fragestellung wird neben einer Veränderung der Branchenstruktur durch Veränderung der wirtschaftlichen Rahmenbedingungen geprägt. Veränderungen des durchschnittlichen Niveaus der Insolvenzraten in Deutschland und Veränderungen im entsprechenden Bundesland haben Auswirkung auf die erwartete Verlustquote. Bei der zweiten Fragestellung werden diese Einflussfaktoren ausgeblendet. Es wird untersucht, wie – unabhängig von gesamtwirtschaftlichen Veränderungen – Spezialisierungsgradveränderung und Branchenwahl bei den einzelnen Banken tendenziell zusammenhängen.[180]

Neben den zeitfixen Variablen *fusion1* und *fusion2* entfällt im Vergleich zu den Between-Groups-Schätzungen die Variable *blanko*, da sie erst ab 1999 zur Verfügung steht.[181] Die zeitfixe Variable *kredit_personal* wird durch die Variable *personal* ersetzt. Als Datengrundlage wird das Standard-Datenset verwendet[182] und ebenfalls wie in Abschnitt 4.2.3.4.2 werden HAC-Standardfehler geschätzt.

[178] Vgl. hierzu Abschnitt 3.4.3.1.

[179] Eine Alternative wäre, anstatt *ELQ_normiert* die Variable *ELQ_faktorlos* als erklärte Variable zu verwenden und Jahresdummys als erklärende Variablen hinzuzuziehen (vgl. zu den so genannten Two-way-Fixed-Effects-Schätzungen Stock / Watson (2007), S. 362 ff.). Regressionen dieser Art führen zu Ergebnissen, die sich kaum von denen der Regressionen gemäß Gleichung 4-8 unterscheiden. Dies haben zusätzlich durchgeführte Untersuchungen gezeigt.

[180] Eine weitere Möglichkeit wäre, die erwartete Verlustquote auf der Basis über den Beobachtungszeitraum konstanter (Durchschnitts-) Insolvenzraten zu berechnen. In dem Fall wird nicht berücksichtigt, dass sich die Relationen zwischen den Insolvenzraten unterschiedlicher Branchen im Zeitverlauf verändern können. Aufgrund dieser Ungenauigkeiten wird dieses Vorgehen nicht weiter verfolgt.

[181] Anstatt zeitpunktabhängige Fusions-Dummys in die Regressionsgleichung einzubeziehen, werden in Abschnitt 4.3.3 zur Ausblendung von Fusionseffekten die fusionierten Institute als eigene Beobachtungseinheiten in die Untersuchung eingehen.

[182] Vgl. hierzu Abschnitt 3.6.

4.3.2 Empirische Resultate

4.3.2.1 Resultate der Between-Groups-Schätzungen für den Spezialisierungsgrad

Zunächst werden die Ergebnisse der Regressionen auf Basis der Mittelwerte und zur Beantwortung der ersten Fragestellung vorgestellt. In der Tabelle 4-37 sind die Resultate für die Kreditgenossenschaften und in der Tabelle 4-38 für die Sparkassen notiert. Die Angabe der Koeffizienten erfolgt, nachdem die Regressionsvariablen so standardisiert wurden, dass sie jeweils den Mittelwert 0 und die Standardabweichung 1 besitzen. Die Resultate für die Kontrollvariablen werden für alle drei Fragestellungen in Abschnitt 4.3.2.2 gebündelt besprochen, d.h. es wird zunächst nur auf die Ergebnisse für die Spezialisierungsmaße eingegangen.[183]

Bei den Kreditgenossenschaften liegt mit Ausnahme für das Spezialisierungsmaß HHI^w ein statistisch und ökonomisch signifikant negativer Zusammenhang zwischen Spezialisierungsgrad und *ELQ_faktorlos* vor. Dies bedeutet, dass Kreditgenossenschaften mit einem hohen Spezialisierungsgrad im Firmenkundenkreditgeschäft „bewusst" in Branchen investieren, die geringere Insolvenzraten aufweisen. Für den HHI^w ist hingegen eine signifikant positive Beziehung zur *ELQ_faktorlos* festzustellen. Dieser Umstand lässt sich folgendermaßen erklären: Banken mit einem hohen HHI^w-Wert haben hohe erwartete Verlustbeträge in einer geringen Anzahl von Branchen. Da hohe erwartete Verlustbeträge neben einem hohem Kreditvolumen auch hohe erwartete Verlustquoten als Ursache haben, haben Banken mit hohen HHI^w-Werten tendenziell eher als andere Banken große Kreditvolumina in Branchen mit hohen Insolvenzraten. Dies führt insgesamt dazu, dass gemäß HHI^w als spezialisierter geltende Banken im Durchschnitt auch höhere *ELQ_faktorlos*-Werte aufweisen. Auch bei den Sparkassen ist für dieses Spezialisierungsmaß der Zusammenhang mit *ELQ_faktorlos* sehr stark positiv. Aber auch für die Distanzmaße liegt bei den Sparkassen ein positiver Zusammenhang vor. Mit Ausnahme des Spezialisierungsmaßes D^{Ort} ist dieser auch statistisch und ökonomisch signifikant, d.h. ein hohes Abweichen von den Benchmarks wird insbesondere durch Kreditvergabe in risikoreicheren Branchen erreicht. Lediglich beim *HHI* ist ein statistisch und ökonomisch signifikant negativer Zusammenhang zu konstatieren. Der für Kreditgenossenschaften und

[183] Die Ergebnisse für die gemeinsame Schätzung bei Kreditgenossenschaften und Sparkassen sind in der Tabelle B-1 in Anhang B angegeben.

Tabelle 4-37: Ergebnisse der 0-1-normierten Standard-Regressionen auf Basis der Gleichung 4-4 für die Kreditgenossenschaften

	(1) HHI	(2) HHI^w	(3) D^{Bund}	(4) D^{Land}	(5) D^{Ort}	(6) D^{BWS}
SM	-0,420***	0,255***	-0,370***	-0,362***	-0,204***	-0,433***
	(-5,78)	(3,30)	(-7,17)	(-7,24)	(-4,06)	(-8,85)
kred_ant	0,048	0,143**	0,007	0,035	0,079	-0,019
	(0,78)	(2,79)	(0,13)	(0,62)	(1,47)	(-0,33)
privat	0,053	0,156***	0,109**	0,123***	0,144***	0,066
	(1,73)	(4,03)	(3,03)	(3,38)	(3,66)	(1,92)
bank_ford	0,093	0,030	0,046	0,049	0,074	0,042
	(1,77)	(0,68)	(0,93)	(0,97)	(1,57)	(0,84)
hyp	0,053*	0,039	0,050	0,061*	0,067*	0,053*
	(1,97)	(1,36)	(1,89)	(2,29)	(2,36)	(2,05)
blanko	-0,036	-0,052	-0,050	-0,038	-0,047	-0,060*
	(-1,40)	(-1,89)	(-1,93)	(-1,44)	(-1,75)	(-2,38)
personal_kredit	-0,106***	0,008	-0,077**	-0,068*	-0,078*	-0,078**
	(-3,75)	(0,19)	(-2,59)	(-2,34)	(-2,47)	(-2,70)
bilanz	0,097*	0,222***	-0,025	-0,005	0,111***	-0,061
	(2,35)	(5,08)	(-0,66)	(-0,15)	(3,51)	(-1,56)
ELQ_Ort	0,210***	0,315***	0,243***	0,220***	0,196***	0,231***
	(9,28)	(11,38)	(9,37)	(8,34)	(5,90)	(9,19)
fusion1	-0,088***	-0,011	-0,059*	-0,076**	-0,057*	-0,052*
	(-3,45)	(-0,40)	(-2,30)	(-2,97)	(-2,21)	(-2,05)
fusion2	-0,024	-0,008	-0,018	-0,017	-0,030	-0,020
	(-1,01)	(-0,33)	(-0,74)	(-0,70)	(-1,26)	(-0,84)
Beobachtungen	1575	1575	1575	1575	1575	1575
R^2	0,283	0,201	0,216	0,219	0,171	0,247

*,**,*** zeigen jeweils statistische Signifikanz auf einem 5%-, 1%- bzw. 0,1%-Signifikanzniveau an.

Tabelle 4-38: Ergebnisse der 0-1-normierten Standard-Regressionen auf Basis der Gleichung 4-4 für die Sparkassen

	(1) HHI	(2) HHI^w	(3) D^{Bund}	(4) D^{Land}	(5) D^{Ort}	(6) D^{BWS}
SM	-0,293***	0,283***	0,304***	0,119*	0,036	0,199***
	(-7,83)	(6,48)	(5,81)	(2,43)	(0,76)	(3,74)
kred_ant	-0,113	-0,009	-0,058	-0,077	-0,072	-0,059
	(-1,65)	(-0,14)	(-0,85)	(-1,10)	(-1,01)	(-0,85)
privat	0,069	0,076	0,080*	0,082	0,081	0,110**
	(1,75)	(1,89)	(1,99)	(1,95)	(1,92)	(2,64)
bank_ford	-0,008	-0,018	-0,016	-0,023	-0,018	-0,017
	(-0,13)	(-0,30)	(-0,25)	(-0,35)	(-0,28)	(-0,27)
hyp	0,038	0,001	0,051	0,045	0,030	0,017
	(1,12)	(0,02)	(1,47)	(1,25)	(0,85)	(0,48)
blanko	-0,056	-0,026	-0,038	-0,041	-0,051	-0,051
	(-1,38)	(-0,64)	(-0,93)	(-0,98)	(-1,19)	(-1,22)
personal_kredit	-0,025	0,075	-0,003	-0,000	0,019	0,014
	(-0,52)	(1,58)	(-0,06)	(-0,00)	(0,39)	(0,28)
bilanz	-0,291***	-0,055	0,011	-0,130**	-0,172***	-0,054
	(-6,71)	(-1,16)	(0,20)	(-2,65)	(-3,55)	(-1,00)
ELQ_Ort	0,397***	0,487***	0,455***	0,481***	0,489***	0,471***
	(9,95)	(11,84)	(11,08)	(11,93)	(10,48)	(11,37)
fusion1	0,055	0,058	0,090*	0,096**	0,083*	0,074*
	(1,64)	(1,62)	(2,50)	(2,59)	(2,28)	(2,03)
fusion2	-0,130***	-0,146***	-0,112**	-0,118**	-0,114**	-0,115**
	(-3,57)	(-3,92)	(-3,05)	(-3,11)	(-2,88)	(-3,06)
Beobachtungen	534	534	534	534	534	534
R^2	0,436	0,417	0,413	0,374	0,366	0,388

*,**,*** zeigen jeweils statistische Signifikanz auf einem 5%-, 1%- bzw. 0,1%-Signifikanzniveau an.

Sparkassen in beiden Fällen negative Koeffizient beim *HHI* deutet darauf hin, dass das Eingehen sehr hoher Kreditvolumina – relativ zum gesamten Kreditportfolio gesehen – eher in risikoarmen als in risikoreichen Branchen geschieht. Insgesamt ist also zu erkennen, dass die Art und Weise der Spezialisierungsgradmessung einen erheblichen Einfluss auf die Beantwortung der ersten Fragestellung, insbesondere bei den Sparkassen, hat. Lässt man die Ergebnisse für den HHI^w außen vor, so lässt sich die Frage für die Kreditgenossenschaften mit Ja beantworten; spezialisierte Kreditgenossenschaften wählen sicherere Branchen aus.

In den Tabellen 4-39 und 4-40 finden sich die Antworten zur zweiten Fragestellung für die Kreditgenossenschaften bzw. Sparkassen.[184] Diese Regressionen unterscheiden sich von den vorangegangenen dadurch, dass die Variable *ELQ_ Ort* weggefallen ist. Bei den Kreditgenossenschaften hat der negative Zusammenhang (statistisch und ökonomisch) zugenommen bzw. für das Spezialisierungsmaß HHI^w ist ein (statistisch und ökonomisch) etwas schwächerer positiver Zusammenhang zu erkennen. Ursächlich hierfür ist, dass der Spezialisierungsgrad (auf der Basis sämtlicher Spezialisierungsmaße) und die Variable *ELQ_ Ort* (signifikant) negativ miteinander korreliert sind.[185] Spezialisierte Kreditgenossenschaften sind also vorrangig in sicheren Branchen aktiv, mitgeprägt dadurch, dass spezialisierte Kreditgenossenschaften eher in Gebieten liegen, die eine Branchenstruktur mit durchschnittlich geringerer Insolvenzquote aufweisen. Wie bei den vorherigen Regressionen gilt dieser Zusammenhang aber nicht für das Maß HHI^w. Bei den Sparkassen ist eine deutliche Veränderung für das Spezialisierungsmaß D^{Ort} zu konstatieren. Aus der insignifikant positiven Beziehung im Rahmen der ersten Fragestellung ist eine signifikant negative geworden. Dies lässt sich durch die (signifikant) negative Korrelation zwischen D^{Ort} und *ELQ_ Ort* begründen.[186] Banken weichen in der Zusammensetzung ihres Firmenkundenkreditportfolios insbesondere in solchen Gebieten von der Ort-Benchmark ab, in denen Branchen mit niedrigen Insolvenzraten dominieren. Dies könnte damit zusammenhängen, dass in wirtschaftlich stabilen Gebieten tendenziell mehr Banken ansässig sind und in Gebieten mit vielen Banken die Kreditvergabe der einzelnen Banken tendenziell stärker von der jeweiligen Ort-Benchmark abweicht.[187] Bei den anderen Spezialisierungsmaßen bleibt das Vorzeichen des jeweiligen Koef-

[184] Die Ergebnisse für die gemeinsame Schätzung bei Kreditgenossenschaften und Sparkassen sind in der Tabelle B-2 in Anhang B angegeben und die Ergebnisse der nicht normierten Regressionen finden sich in Tabelle B-4.

[185] Vgl. hierzu Tabelle 3-19 in Abschnitt 3.4.5.

[186] Vgl. hierzu Tabelle 3-20 in Abschnitt 3.4.5.

[187] Vgl. hierzu auch Abschnitt 4.2.3.2.3.

Tabelle 4-39: Ergebnisse der 0-1-normierten Standard-Regressionen auf Basis der Gleichung 4-5 für die Kreditgenossenschaften

	(1) HHI	(2) HHI^w	(3) D^{Bund}	(4) D^{Land}	(5) D^{Ort}	(6) D^{BWS}
SM	-0,460***	0,214**	-0,415***	-0,420***	-0,310***	-0,477***
	(-6,31)	(2,88)	(-8,08)	(-8,45)	(-7,36)	(-9,77)
kred_ant	0,042	0,139**	-0,005	0,023	0,062	-0,032
	(0,68)	(2,64)	(-0,08)	(0,41)	(1,15)	(-0,54)
privat	0,074*	0,196***	0,138***	0,150***	0,169***	0,090*
	(2,30)	(5,15)	(3,80)	(4,10)	(4,44)	(2,57)
bank_ford	0,107*	0,052	0,058	0,058	0,089	0,053
	(2,01)	(1,14)	(1,15)	(1,15)	(1,85)	(1,04)
hyp	0,072**	0,071*	0,072**	0,083**	0,088**	0,075**
	(2,59)	(2,32)	(2,61)	(2,97)	(3,09)	(2,75)
blanko	-0,035	-0,054	-0,051	-0,037	-0,044	-0,062*
	(-1,36)	(-1,92)	(-1,93)	(-1,37)	(-1,64)	(-2,41)
personal_kredit	-0,163***	-0,080*	-0,141***	-0,124***	-0,130***	-0,139***
	(-5,81)	(-2,19)	(-4,95)	(-4,47)	(-4,60)	(-4,98)
bilanz	0,104*	0,244***	-0,033	-0,020	0,079*	-0,068
	(2,45)	(5,54)	(-0,82)	(-0,55)	(2,42)	(-1,69)
fusion1	-0,072**	0,014	-0,037	-0,060*	-0,049	-0,031
	(-2,79)	(0,48)	(-1,42)	(-2,30)	(-1,88)	(-1,18)
fusion2	-0,079***	-0,088**	-0,082***	-0,075**	-0,086***	-0,082***
	(-3,43)	(-3,29)	(-3,48)	(-3,13)	(-3,56)	(-3,47)
Beobachtungen	1575	1575	1575	1575	1575	1575
R^2	0,248	0,120	0,168	0,180	0,146	0,203

*,**,*** zeigen jeweils statistische Signifikanz auf einem 5%-, 1%- bzw. 0,1%-Signifikanzniveau an.

Tabelle 4-40: Ergebnisse der 0-1-normierten Standard-Regressionen auf Basis der Gleichung 4-5 für die Sparkassen

	(1) HHI	(2) HHI^w	(3) D^{Bund}	(4) D^{Land}	(5) D^{Ort}	(6) D^{BWS}
SM	-0,374***	0,255***	0,339***	0,082	-0,149***	0,204**
	(-9,97)	(5,02)	(5,61)	(1,44)	(-3,38)	(3,29)
kred_ant	-0,211**	-0,130	-0,162*	-0,190**	-0,192**	-0,170*
	(-3,13)	(-1,83)	(-2,26)	(-2,61)	(-2,59)	(-2,31)
privat	0,105*	0,128**	0,127**	0,131**	0,122**	0,159***
	(2,46)	(2,80)	(2,83)	(2,79)	(2,66)	(3,43)
bank_ford	0,014	0,006	0,007	0,002	-0,012	0,006
	(0,22)	(0,08)	(0,11)	(0,02)	(-0,16)	(0,08)
hyp	-0,067	-0,135***	-0,075*	-0,096*	-0,090*	-0,117**
	(-1,81)	(-3,54)	(-2,01)	(-2,48)	(-2,30)	(-3,04)
blanko	-0,047	-0,016	-0,025	-0,032	-0,040	-0,039
	(-1,11)	(-0,35)	(-0,56)	(-0,69)	(-0,87)	(-0,85)
personal_kredit	-0,084	0,009	-0,061	-0,054	-0,043	-0,045
	(-1,62)	(0,17)	(-1,18)	(-0,96)	(-0,77)	(-0,84)
bilanz	-0,426***	-0,205***	-0,095	-0,283***	-0,363***	-0,184**
	(-9,42)	(-4,01)	(-1,57)	(-5,30)	(-7,41)	(-3,15)
fusion1	0,092*	0,117**	0,144***	0,146***	0,114**	0,129**
	(2,47)	(2,85)	(3,54)	(3,50)	(2,80)	(3,12)
fusion2	-0,250***	-0,295***	-0,252***	-0,267***	-0,271***	-0,262***
	(-6,37)	(-7,28)	(-6,36)	(-6,56)	(-6,48)	(-6,48)
Beobachtungen	534	534	534	534	534	534
R^2	0,332	0,252	0,270	0,214	0,229	0,234

*,**,*** zeigen jeweils statistische Signifikanz auf einem 5%-, 1%- bzw. 0,1%-Signifikanzniveau an.

fizienten erhalten. Für das Spezialisierungsmaß D^{Land} ist allerdings die statistische Signifikanz der positiven Beziehung nicht mehr gegeben. Insgesamt ist also die zweite Fragestellung zwar ähnlich wie die erste zu beantworten, jedoch mit einer bestärkten positiven Antwort im Falle der Kreditgenossenschaften und im Falle der Sparkassen mehr Spezialisierungsmaßen, die eine positive Antwort nahelegen.

Den Tabellen 4-41 und 4-42 sind nunmehr die Ergebnisse zur dritten Fragestellung für Kreditgenossenschaften bzw. Sparkassen zu entnehmen.[188] Die Vorzeichen der Spezialisierungsgrad-Koeffizienten zeigen bei den Kreditgenossenschaften keine Veränderung. Obwohl die Korrelation zwischen HHI^w und Bundeslandanpassungsfaktor mit 0,1564 (signifikant) positiv ist, nimmt der positive Zusammenhang zwischen HHI^w und ELQ ab und wird statistisch insignifikant. Ein vorgezogener Blick auf die Koeffizienten der Kontrollvariablen liefert eine mögliche Begründung für diesen Sachverhalt. Galt bei den Regressionen zu den ersten beiden Fragestellungen ein positiver Zusammenhang für die Variable *kred_ ant*, so ist er bei der Regression zur dritten Fragestelllung signifikant negativ. Gegeben die negative Korrelation zwischen Kreditanteil und Bundeslandanpassungsfaktor sowie die negative Korrelation zwischen Kreditanteil und HHI^w,[189] lässt sich das Ergebnis für den *kred_ ant*-Koeffizienten und den HHI^w-Koeffizienten so interpretieren, dass der bivariat positive Zusammenhang zwischen HHI^w und Bundeslandanpassungsfaktor allein durch den negativen Zusammenhang zwischen Kreditanteil und Bundeslandanpassungsfaktor getrieben wird. In der multiplen Regression gemäß Gleichung 4-6 wird dieses Zusammenwirken aufgedeckt. Es zeigt sich hieran, dass Korrelationen die Zusammenhangsstrukturen vereinfachen und vorsichtig zu interpretieren sind.

Bei den Sparkassen haben sich die Ergebnisse erheblich gewandelt. Für die Distanzmaße werden jetzt ausschließlich negative Koeffizienten ausgewiesen, wobei die Zusammenhänge mit Ausnahme von D^{BWS} statistisch signifikant sind. In diesem Fall deuten die Korrelationen zwischen den Distanzmaßen und den Bundeslandanpassungsfaktoren mit negativen Werten auf dieses Ergebnis hin.[190] Gemäß den Distanzmaßen als spezialisiert geltende Sparkassen sind nämlich eher in Bundesländern mit niedrigen Insolvenzraten vertreten, was dazu führt, dass diese Institute

[188] Die Ergebnisse für die gemeinsame Schätzung bei Kreditgenossenschaften und Sparkassen sind in der Tabelle B-3 in Anhang B angegeben.

[189] Die Korrelation beträgt -0,328 und ist signifikant von Null verschieden.

[190] Die Korrelationen sind aber nur bei D^{Land} signifikant von Null verschieden und betragen: -0,028 (D^{Bund}), -0,200 (D^{Land}), -0,067 (D^{Ort}) und -0,090 (D^{BWS}).

Tabelle 4-41: Ergebnisse der 0-1-normierten Standard-Regressionen auf Basis der Gleichung 4-6 für die Kreditgenossenschaften

	(1) HHI	(2) HHI^w	(3) D^{Bund}	(4) D^{Land}	(5) D^{Ort}	(6) D^{BWS}
SM	-0,264***	0,045	-0,269***	-0,425***	-0,256***	-0,242***
	(-8,85)	(1,04)	(-7,66)	(-11,90)	(-8,88)	(-7,20)
kred_ant	-0,355***	-0,309***	-0,390***	-0,405***	-0,356***	-0,388***
	(-9,03)	(-7,43)	(-9,62)	(-10,91)	(-9,33)	(-9,49)
privat	-0,311***	-0,248***	-0,276***	-0,278***	-0,257***	-0,296***
	(-10,77)	(-8,24)	(-9,57)	(-10,12)	(-9,13)	(-9,92)
bank_ford	0,085*	0,063	0,055	0,048	0,077*	0,055
	(2,16)	(1,39)	(1,37)	(1,33)	(1,96)	(1,36)
hyp	0,060*	0,063*	0,060*	0,068**	0,072**	0,063*
	(2,49)	(2,39)	(2,41)	(2,90)	(2,94)	(2,49)
blanko	-0,073**	-0,085***	-0,082***	-0,065**	-0,075***	-0,088***
	(-3,24)	(-3,55)	(-3,55)	(-3,03)	(-3,32)	(-3,81)
personal_kredit	-0,233***	-0,200***	-0,221***	-0,212***	-0,216***	-0,218***
	(-9,54)	(-7,27)	(-8,95)	(-9,31)	(-8,91)	(-8,68)
bilanz	0,007	0,079*	-0,091*	-0,171***	-0,044	-0,073
	(0,22)	(2,22)	(-2,37)	(-4,56)	(-1,36)	(-1,92)
fusion1	0,036	0,075**	0,055*	0,024	0,041	0,061*
	(1,46)	(2,85)	(2,19)	(1,00)	(1,66)	(2,44)
fusion2	-0,038*	-0,038	-0,041*	-0,037*	-0,046*	-0,040
	(-1,97)	(-1,81)	(-2,06)	(-1,98)	(-2,26)	(-1,96)
Beobachtungen	1575	1575	1575	1575	1575	1575
R^2	0,353	0,301	0,334	0,399	0,342	0,330

*,**,*** zeigen jeweils statistische Signifikanz auf einem 5%-, 1%- bzw. 0,1%-Signifikanzniveau an.

Tabelle 4-42: Ergebnisse der 0-1-normierten Standard-Regressionen auf Basis der Gleichung 4-6 für die Sparkassen

	(1) HHI	(2) HHI^w	(3) D^{Bund}	(4) D^{Land}	(5) D^{Ort}	(6) D^{BWS}
SM	0,022	0,177***	-0,079*	-0,170***	-0,086**	-0,067
	(0,71)	(4,77)	(-2,00)	(-4,71)	(-2,88)	(-1,85)
kred_ant	-0,417***	-0,378***	-0,425***	-0,416***	-0,421***	-0,425***
	(-8,41)	(-7,91)	(-8,65)	(-8,73)	(-8,40)	(-8,57)
privat	-0,077*	-0,080**	-0,078**	-0,082**	-0,083**	-0,088**
	(-2,54)	(-2,73)	(-2,62)	(-2,85)	(-2,81)	(-2,94)
bank_ford	-0,010	-0,007	-0,010	-0,007	-0,018	-0,010
	(-0,22)	(-0,16)	(-0,23)	(-0,15)	(-0,38)	(-0,23)
hyp	0,112***	0,093**	0,107**	0,095**	0,123***	0,118***
	(3,47)	(2,99)	(3,26)	(2,97)	(3,77)	(3,64)
blanko	0,017	0,033	0,014	0,003	0,016	0,017
	(0,54)	(1,02)	(0,43)	(0,11)	(0,50)	(0,53)
personal_kredit	-0,338***	-0,305***	-0,336***	-0,314***	-0,341***	-0,339***
	(-8,35)	(-7,51)	(-8,61)	(-8,32)	(-8,61)	(-8,61)
bilanz	-0,315***	-0,241***	-0,374***	-0,399***	-0,346***	-0,366***
	(-8,92)	(-6,52)	(-8,79)	(-10,76)	(-9,88)	(-8,80)
fusion1	0,122***	0,107**	0,118***	0,096**	0,108**	0,122***
	(3,49)	(3,24)	(3,41)	(2,76)	(3,11)	(3,52)
fusion2	-0,060*	-0,078**	-0,062*	-0,058*	-0,061*	-0,061*
	(-2,27)	(-3,04)	(-2,33)	(-2,17)	(-2,28)	(-2,25)
Beobachtungen	534	534	534	534	534	534
R^2	0,558	0,578	0,561	0,576	0,564	0,560

*,**,*** zeigen jeweils statistische Signifikanz auf einem 5%-, 1%- bzw. 0,1%-Signifikanzniveau an.

tendenziell geringere erwartete Verlustquoten aufweisen. Beim *HHI* ist es diametral entgegengesetzt. Sparkassen mit hohen *HHI*-Werten wählen insgesamt risikoärmere Branchen für ihr Kreditportfolio aus, sind aber in wirtschaftlich schwächeren Bundesländern niedergelassen[191] und haben insgesamt höhere erwartete Verlustquoten. Die dritte Fragestellung lässt sich zusammenfassend für Kreditgenossenschaften mit Ja beantworten: Spezialisierte Kreditgenossenschaften haben tendenziell geringere erwartete Verlustquoten als diversifizierte Institute. Bei den Sparkassen offenbaren sich neben einer starken Abhängigkeit der Resultate vom betrachteten Spezialisierungsmaß zum Teil erhebliche Veränderungen der Ergebnisse gegenüber denen der vorherigen Fragestellungen. Die in Anhang B angegebenen Resultate für die gemeinsamen Schätzungen zeigen zudem für die drei Fragestellungen in fast allen Fällen an, dass der Spezialisierungsgrad-Koeffizient bei den Sparkassen signifikant höher ist als bei den Kreditgenossenschaften. Bei den Kreditgenossenschaften ist demnach der negative Zusammenhang zwischen Spezialisierungsgrad und erwarteter Verlustquote signifikant stärker bzw. im Falle des HHI^w ist der positive Zusammenhang signifikant schwächer als bei den Sparkassen.[192]

4.3.2.2 Resultate der Between-Groups-Schätzungen für die Kontrollvariablen

Wie in Abschnitt 4.1 erläutert wurde, wird der Untersuchung des Zusammenhangs zwischen der erwarteten Verlustquote und dem Spezialisierungsgrad ein geringerer Stellenwert zugeordnet als der Untersuchung des Zusammenhangs zwischen der Monitoring-Qualität und dem Spezialisierungsgrad. Letztgenannte Untersuchung liefert Resultate, die für das Bankmanagement und die Bankenaufsicht von größerer Bedeutung (als die Resultate erstgenannter) sind.[193] Aus diesem Grund werden bei der Untersuchung der erwarteten Verlustquote die Ergebnisse zu den Kontrollvariablen nur kurz besprochen.

Bei der ersten Fragestellung ist der Zusammenhang für den Kreditanteil (*kred_ant*) mit Ausnahme für das Maß HHI^w insignifikant, bei der zweiten gilt ein zumeist signi-

[191] Die Korrelation zwischen dem *HHI* und dem Bundeslandanpassungsfaktor ist signifikant positiv für die Sparkassen und beträgt 0,227.

[192] Ausnahmen zeigen sich nur bei den ersten beiden Fragestellungen für den *HHI*. Vgl. hierzu die Tabellen B-1 bis B-3 in Anhang B.

[193] Vgl. hierzu Abschnitt 2.3 und 4.1.

fikant negativer Zusammenhang für die Sparkassen und weiterhin Insignifikanz für die Kreditgenossenschaften und bei der dritten Fragestellung ergibt sich ein signifikant negativer Zusammenhang für beide Bankengruppen. Sparkassen und Kreditgenossenschaften mit einem hohen Kreditanteil sind überwiegend in wirtschaftlich soliden Bundesländern vertreten.[194] Es klingt intuitiv, dass Banken bei einem wirtschaftlich stabilen Umfeld bereit sind, mehr Kredite zu vergeben. Des Weiteren sind Sparkassen mit einem hohen Kreditanteil vorrangig in Geschäftsgebieten aktiv, in denen risikoärmere Branchen dominieren.[195] Darüber hinaus lässt sich kein Zusammenhang zwischen Kreditanteil und Branchenauswahl feststellen.

Banken mit einer hohen Quote der Privatkundenkredite (*privat*) wählen und haben in ihrem Firmenkundenkreditgeschäft tendenziell Branchen mit höheren Insolvenzquoten. Allerdings sind im Kundenkreditgeschäft stärker auf Privatkunden fixierte Banken überwiegend in wirtschaftlich soliden Bundesländern tätig,[196] so dass solche Banken im Durchschnitt geringere erwartete Verlustquoten aufweisen. Die Vermutung, dass Banken mit einem hohen Privatkundenanteil überwiegend in sichere Branchen investieren, weil sie außerhalb ihres Kerngeschäftes ein hohes Sicherheitsbedürfnis haben könnten, wird damit nicht bestätigt. Vielmehr scheinen sie bei der Auswahl der einzelnen Kreditnehmer vorsichtig zu sein.[197]

Für die Quote der Interbankenkredite (*bank_ford*) ergibt sich in den meisten Fällen ein insignifikanter Zusammenhang; sie hat keinen entscheidenden Einfluss auf die erwartete Verlustquote. Es zeigen sich somit keine Indizien dafür, dass passivlastige Banken die Kreditvergabe an besonders riskante Branchen beschränken oder dass Banken mit einem hohen Anteil an sicheren Interbankenkrediten im Firmenkundengeschäft risikofreudiger agieren.

[194] Die Korrelationen zwischen dem Kreditanteil und dem Bundeslandanpassungsfaktor sind jeweils signifikant negativ. Bei den Sparkassen beträgt die Korrelation -0,644 und bei den Kreditgenossenschaften -0,369.

[195] Die Korrelation zwischen dem Kreditanteil und *ELQ_ Ort* ist signifikant negativ für die Sparkassen und beträgt -0,318.

[196] Die Korrelationen zwischen dem *privat* und *faktor* sind jeweils signifikant negativ. Bei den Sparkassen beträgt die Korrelation -0,136 und bei den Kreditgenossenschaften -0,367.

[197] Dies ist zumindest eine der möglichen Interpretationen für den negativen Zusammenhang zwischen Privatkundenanteil und *RATIO*. Vgl. hierzu Abschnitt 4.2.2. Eine Überprüfung dieser Interpretation findet in Kapitel 5 statt.

Die Koeffizienten der Variablen *hyp* sind positiv, ausgenommen die für die Sparkassen im Rahmen der zweiten Fragestellung. Ebenfalls wie erwartet sind überwiegend negative Zusammenhänge beim Blankoanteil (*blanko*) zu konstatieren. Werden Kredite an Branchen mit höheren Insolvenzraten vergeben, so verlangen die Banken tendenziell mehr Sicherheiten. Allerdings ist dieser Zusammenhang in vielen Fällen statistisch insignifikant. Bei Sparkassen liegt sogar ein (insignifikant) positiver Zusammenhang zwischen Blankoanteil und erwarteter Verlustquote vor.

Für die Variable *personal_kredit* lässt sich zumeist ein negativer Koeffizient ablesen. Während die Beziehung für die Kreditgenossenschaften bei allen Fragestellungen statistisch signifikant ist, ist dies für die Sparkassen nur bei der dritten der Fall. Höhere Personalaufwendungen für das Kreditgeschäft führen bei Kreditgenossenschaften zu einer Auswahl risikoärmerer Branchen, bei Sparkassen liegen Institute mit personalintensivem Kreditgeschäft überwiegend in wirtschaftlich soliden Bundesländern.[198] In Abschnitt 4.2.2 war vermutet worden, dass höhere Personalaufwendungen bei Sparkassen eine bessere Risikosteuerung und damit eine vorsichtigere Branchenwahl implizieren. Diese Vermutung kann hier nicht bekräftigt werden. Für das Ergebnis, dass Sparkassen mit hohen *personal_kredit*-Werten höhere tatsächliche Verluste im Verhältnis zu den erwarteten Verlusten aufweisen, steht also noch eine Interpretation aus. Möglichkeiten wären: Es werden höhere Gehälter in wirtschaftlich stabilen Bundesländern gezahlt, so dass höhere *personal_kredit*-Werte nicht unbedingt ein Zeichen für qualifizierteres Personal sind.[199] Es könnte ferner sein, dass höhere durchschnittliche Personalaufwendungen ein Zeichen für eine höhere Personalfluktuation sind. Zusätzlich durchgeführte Untersuchungen zeigen jedoch keinen signifikant positiven Zusammenhang zwischen *personal_kredit* und der (relativen) Standardabweichung des Personalbestandes (über den Beobachtungszeitraum) an. Letztendlich besteht auch die Möglichkeit, dass ein komplexeres Personalgefüge im Kreditgeschäft mit Informationsverlusten einhergehen könnte.[200]

Der Zusammenhang der Größe (*bilanz*) mit der erklärten Variable variiert bei den Kreditgenossenschaften sehr stark in Abhängigkeit vom betrachteten Spezialisie-

[198] Die Korrelation zwischen *personal_kredit* und *faktor* ist signifikant negativ bei den Sparkassen und beträgt -0,545.

[199] Dieser Argumentation liegt die Annahme zugrunde, dass die Angestellten bei Sparkassen überwiegend aus dem regionalen Umland kommen. Eine Überprüfung dieser Annahme ist allerdings schwierig bzw. bedarf zusätzlicher Daten.

[200] Vgl. hierzu z.B. Chen et al. (2004).

rungsmaß und der Fragestellung. Bei den Sparkassen ist hingegen ein stabiler – in den meisten Fällen statistisch signifikant – negativer Zusammenhang zwischen den erklärten Variablen und der Bilanzgröße festzustellen. Große Sparkassen vergeben Kredite überwiegend an risikoarme Branchen und haben insgesamt eine niedrigere erwartete Verlustquote. Sowohl für die Kreditgenossenschaften als auch für die Sparkassen zeigen sich in diesem Fall keine Anzeichen für das Too-Big-to-Fail-Phänomen.

Von der Tendenz her haben übernommene Banken (*fusion2*) eher niedrigere und übernehmende Banken (*fusion1*) höhere erwartete Verlustquoten, auch wenn bei den Kreditgenossenschaften diese Institute Branchen mit geringeren Insolvenzquoten bevorzugen. Die Behauptung, dass viele Übernahmen bei den Kreditgenossenschaften zur Rettung in wirtschaftliche Schieflage geratener Institute erfolgt sein sollen, kann hierdurch nicht bekräftigt werden.

4.3.2.3 Resultate der Fixed-Effects-Schätzungen

Die oben vorgestellten Regressionen basierten auf Querschnittsdaten und dem Vergleich zwischen den Banken. Sie gaben Antwort auf die Frage, wie sich die Branchenwahl bzw. die erwartete Verlustquote bei unterschiedlichen Spezialisierungsgrad-Niveaus verhält. Fixed-Effects-Schätzungen, die auf Änderungen der Variablenwerte bei den einzelnen Banken über die Jahre abstellen, beschäftigen sich damit, welcher Zusammenhang zwischen einer Spezialisierungsgradänderung bei einer Bank und einer Veränderung der erwarteten Verlustquote besteht. Zunächst werden die Resultate zur Beantwortung der Fragestellung, ob eine Spezialisierungsgraderhöhung mit einer niedrigeren erwarteten Verlustquote einhergeht, vorgestellt. In Tabelle 4-43 sind die Regressionsergebnisse sowohl für die Kreditgenossenschaften als auch für die Sparkassen dargestellt.

Sowohl bei den Kreditgenossenschaften als auch bei den Sparkassen haben die Koeffizienten überwiegend positive Vorzeichen. Mit Ausnahme für den *HHI* und im Falle der Kreditgenossenschaften auch für D^{Ort} steigt die erwartete Verlustquote bei Spezialisierungsgraderhöhungen. Bei den Kreditgenossenschaften sind die Zusammenhänge für die Distanzmaße – mit Ausnahme für D^{Bund} – insignifikant, in allen anderen Fällen liegt Signifikanz auf einem Signifikanzniveau von zumindest 5% vor. Die Zusammenhänge für D^{Bund} sind insgesamt am stärksten. Eine Erhöhung der Abweichung von der nationalen Kreditportfolio-Benchmark geht einher mit einer hö-

Tabelle 4-43: Ergebnisse der Fixed-Effects-Schätzungen auf Basis der Gleichung 4-7

	(1) HHI	(2) HHI^{w}	(3) D^{Bund}	(4) D^{Land}	(5) D^{Ort}	(6) D^{BWS}
Kreditgenossenschaften						
SM	-0,0049***	0,0063***	0,0055***	0,0002	-0,0004	0,0008
	(-7,73)	(13,35)	(12,93)	(0,71)	(-1,15)	(1,85)
kred_ant	0,0092***	0,0095***	0,0101***	0,0090***	0,0094***	0,0096***
	(23,29)	(24,32)	(25,48)	(24,07)	(23,90)	(24,18)
privat	0,0000	0,0009*	-0,0001	0,0002	0,0003	0,0003
	(0,07)	(2,49)	(-0,30)	(0,76)	(0,87)	(0,77)
bank_ford	0,0016***	0,0016***	0,0015***	0,0016***	0,0016***	0,0016***
	(5,23)	(5,36)	(5,03)	(5,27)	(5,20)	(5,21)
hyp	0,0007***	0,0009***	0,0006***	0,0007***	0,0007***	0,0007***
	(7,08)	(9,41)	(6,53)	(7,16)	(7,12)	(7,18)
personal	0,0300**	0,0418***	0,0272*	0,0305**	0,0305**	0,0305**
	(2,73)	(3,81)	(2,49)	(2,78)	(2,77)	(2,77)
bilanz	0,0026***	0,0028***	0,0028***	0,0027***	0,0026***	0,0027***
	(38,78)	(42,29)	(41,87)	(39,83)	(39,07)	(39,79)
Beobachtungen	17460	17460	17460	17460	17460	17460
R^2	0,176	0,183	0,182	0,173	0,173	0,174
Sparkassen						
SM	-0,0074*	0,0038*	0,0099***	0,0024*	0,0019*	0,0090***
	(-2,37)	(2,02)	(9,38)	(2,23)	(1,97)	(7,67)
kred_ant	0,0144***	0,0148***	0,0155***	0,0146***	0,0146***	0,0155***
	(14,07)	(14,37)	(15,20)	(14,30)	(14,26)	(15,11)
privat	0,0105***	0,0107***	0,00945***	0,0104***	0,0104***	0,0108***
	(9,71)	(9,91)	(8,74)	(9,58)	(9,59)	(10,03)
bank_ford	-0,0002	-0,0002	-0,0000	-0,0003	-0,0003	-0,0002
	(-0,32)	(-0,35)	(-0,11)	(-0,45)	(-0,46)	(-0,40)
hyp	-0,0041***	-0,0039***	-0,0037***	-0,0041***	-0,0041***	-0,0038***
	(-10,76)	(-9,68)	(-9,64)	(-10,59)	(-10,61)	(-9,98)
personal	-0,1277***	-0,1194***	-0,1295***	-0,1190***	-0,1201***	-0,1310***
	(-3,59)	(-3,35)	(-3,66)	(-3,34)	(-3,39)	(-3,73)
bilanz	0,0058***	0,0061***	0,0060***	0,0060***	0,0060***	0,0062***
	(29,20)	(29,34)	(31,23)	(30,63)	(30,41)	(31,55)
Beobachtungen	6061	6061	6061	6061	6061	6061
R^2	0,261	0,261	0,272	0,261	0,261	0,268

*,**,*** zeigen jeweils statistische Signifikanz auf einem 5%-, 1%- bzw. 0,1%-Signifikanzniveau an.

heren erwarteten Verlustquote. Die signifikant negative Beziehung im Falle des *HHI* besagt, dass das Eingehen großer Volumenpositionen in einzelnen Branchen bzw. das Ausweiten bereits großer Positionen eher dann erfolgt, wenn dadurch insgesamt eine geringere erwartete Verlustquote erzielt wird.[201] Ein Erhöhen des HHI^w-Wertes ist insbesondere durch das Eingehen großer Risikopositionen in einzelnen Branchen bzw. das Ausweiten bereits großer Risikopositionen möglich. Der positive Koeffizient deutet darauf hin, dass eine erhöhte Spezialisierung im Sinne des HHI^w durch tendenziell stärkere Fokussierung auf Branchen mit höheren Insolvenzraten erreicht wird. Bei den Kreditgenossenschaften ist eine höhere statistische Signifikanz bei beiden naiven Spezialisierungsmaßen ersichtlich, d.h. die Unterschiede hinsichtlich der Veränderung der erwarteten Verlustquote sind besonders gravierend, je nachdem ob der Spezialisierungsgrad auf Basis von Kreditvolumina oder Risikopositionen ermittelt wird.

Eine veränderte erwartete Verlustquote kann zum einen durch die Veränderung der Branchenstruktur oder durch die Veränderung der wirtschaftlichen Rahmenbedingungen hervorgerufen werden. Die Ergebnisse zur (zweiten) Fragestellung, ob eine Erhöhung des Spezialisierungsgrades bei den einzelnen Banken tendenziell mit einer verstärkten Investition in sichere Branchen einhergeht, mögen über die Ursachen zusätzliche Anhaltspunkte liefern. In Tabelle 4-44 sind die Ergebnisse für die Kreditgenossenschaften und Sparkassen dargestellt.[202]

Es ist zu erkennen, dass die Ergebnisse für den Spezialisierungsgrad – was die Koeffizienten-Vorzeichen betrifft – denen zur ersten Fragestellung ähneln. Lediglich für D^{Ort} gilt nun bei den Sparkassen ein (statistisch signifikant) negativer und bei den Kreditgenossenschaften ein (insignifikant) positiver Zusammenhang. Außerdem hat in den anderen Fällen die statistische Signifikanz der Zusammenhänge für den

201 Natürlich kann der *HHI* auch durch den Abbau von Positionen steigen. Im Durchschnitt steigende Kreditvolumina deuten aber darauf hin, dass überdurchschnittliches Kreditwachstum in einzelnen Branchen die häufigere Ursache für einen *HHI*-Anstieg ist.

202 In Fußnote 179 wurde darauf hingewiesen, dass anstatt *ELQ_normiert* die Variable *ELQ_faktorlos* als erklärte Variable verwendet sowie Jahresdummys als erklärende Variablen hinzugezogen werden könnten und dass Regressionen dieser Art zu vergleichbaren Ergebnissen führen. Es sei an dieser Stelle vermerkt, dass die R^2-Werte für diese alternativen Regressionen deutlich über den sehr geringen R^2-Werten, angegeben in Tabelle 4-44, liegen. Der Grund für diese Diskrepanz ist, dass einmal der Einfluss der Jahresdummys auf die erklärende Variable in die Höhe des Bestimmtheitsmaßes eingeht und beim anderen Mal nicht.

Tabelle 4-44: Ergebnisse der Fixed-Effects-Schätzungen auf Basis der Gleichung 4-8

	(1) HHI	(2) HHI^{w}	(3) D^{Bund}	(4) D^{Land}	(5) D^{Ort}	(6) D^{BWS}
Kreditgenossenschaften						
SM	-0,2734***	0,9831***	0,2521***	0,0892***	0,0141	0,1217***
	(-12,93)	(72,25)	(17,79)	(6,90)	(1,20)	(8,23)
kred_ant	0,0628***	0,0834***	0,1044***	0,0892***	0,0810***	0,0924***
	(4,83)	(7,39)	(8,01)	(6,83)	(6,20)	(7,07)
privat	-0,1497***	-0,0307**	-0,1535***	-0,1425***	-0,1336***	-0,1369***
	(-11,47)	(-2,71)	(-11,90)	(-10,89)	(-10,27)	(-10,53)
bank_ford	0,0286**	0,0324***	0,0250*	0,0320**	0,0293**	0,0270*
	(2,73)	(3,56)	(2,40)	(3,05)	(2,79)	(2,57)
hyp	0,0265***	0,0649***	0,0241***	0,0269***	0,0272***	0,0273***
	(7,78)	(21,50)	(7,08)	(7,87)	(7,94)	(7,98)
personal	-0,1971	1,5801***	-0,3371	-0,1791	-0,1664	-0,1845
	(-0,55)	(5,00)	(-0,94)	(-0,49)	(-0,46)	(-0,51)
bilanz	-0,0114***	0,0184***	-0,0019	-0,0044*	-0,0064**	-0,0030
	(-5,13)	(9,39)	(-0,90)	(-1,97)	(-2,84)	(-1,37)
Beobachtungen	17460	17460	17460	17460	17460	17460
R^2	0,022	0,256	0,031	0,014	0,012	0,016
Sparkassen						
SM	-0,4480***	1,1024***	0,2611***	0,0480*	-0,0403*	0,3151***
	(-7,59)	(32,99)	(13,01)	(2,31)	(-2,19)	(14,15)
kred_ant	-0,0167	0,0625***	0,0177	-0,0058	-0,0082	0,0254
	(-0,86)	(3,47)	(0,92)	(-0,30)	(-0,42)	(1,31)
privat	-0,0572**	-0,0168	-0,0863***	-0,0587**	-0,0508*	-0,0489*
	(-2,79)	(-0,89)	(-4,23)	(-2,84)	(-2,46)	(-2,42)
bank_ford	-0,0110	-0,0045	-0,0086	-0,0147	-0,0132	-0,0138
	(-0,85)	(-0,38)	(-0,67)	(-1,13)	(-1,01)	(-1,08)
hyp	0,0358***	0,1040***	0,0505***	0,0404***	0,0398***	0,0494***
	(4,84)	(14,75)	(6,88)	(5,44)	(5,36)	(6,74)
personal	1,5131*	2,8047***	1,6336*	1,8664**	1,7421*	1,4627*
	(2,23)	(4,51)	(2,44)	(2,74)	(2,56)	(2,19)
bilanz	-0,0023	0,0456***	0,0067	0,0050	0,0028	0,0128***
	(-0,62)	(12,63)	(1,85)	(1,35)	(0,76)	(3,46)
Beobachtungen	6061	6061	6061	6061	6061	6059
R^2	0,018	0,171	0,037	0,008	0,008	0,043

*,**,*** zeigen jeweils statistische Signifikanz auf einem 5%-, 1%- bzw. 0,1%-Signifikanzniveau an.

Spezialisierungsgrad zugenommen. Eine Veränderung des Spezialisierungsgrades ist stark mit einer Veränderung des Risikos auf Basis der Branchenauswahl verbunden. Erhöht eine Kreditgenossenschaft den Abstand der Branchenzusammensetzung ihres Kreditportfolios von einer Kreditportfolio-Benchmark, insbesondere von einer der beiden nationalen Benchmarks, so geschieht dies tendenziell in Branchen, die höhere Insolvenzraten aufweisen. Die Ergebnisse der Between-Groups-Schätzungen haben gezeigt, dass Kreditgenossenschaften mit hohen Abweichungen von Benchmarks eher in sichere Branchen investieren. Dies stellt keinen Widerspruch dar,[203] zeigt aber, dass es wichtig ist, festzulegen, welcher Zusammenhang („zwischen den Banken" versus "innerhalb der Banken") analysiert werden soll.[204] Bei den Sparkassen ist im Fall der beiden nationalen Benchmarks und der Bundesland-Benchmark(s) wie bei den Kreditgenossenschaften ein positiver Zusammenhang mit *ELQ_normiert* zu erkennen. Der jeweils stärkste positive Zusammenhang zeigt sich für den HHI^w. Dies ist nicht erstaunlich vor dem Hintergrund, dass ein Erhöhen des HHI^w-Wertes insbesondere durch das Eingehen großer Risikopositionen in einzelnen Branchen bzw. das Ausweiten bereits großer Risikopositionen möglich ist, was eher in Branchen mit hohen Insolvenzraten geschieht. Die Ergebnisse für den *HHI* lassen den Schluss zu, dass extreme volumenmäßige Ausweitungen in einzelnen Branchen eher in Branchen mit geringeren Insolvenzraten erfolgen und zugleich solide wirtschaftliche Phasen dafür genutzt werden. Ein einfaches stilisiertes Beispiel mag verdeutlichen, wie sich unterschiedliche Zusammenhänge für *HHI* und HHI^w ergeben können.[205]

---

[203] Ein Grund für die Ergebnisse ist, dass Kreditgenossenschaften mit relativ hohen (über den Beobachtungszeitraum berechnet) durchschnittlichen D^{Bund}-Werten und Kreditengagements in überwiegend sicheren Branchen sich während des Beobachtungszeitraums tendenziell der Benchmark annähern und dabei ihr Engagement in sicheren Branchen ausweiten.

[204] Wie in Abschnitt 4.3.1 beschrieben, werden die Fixed-Effects-Schätzungen lediglich als Ergänzung durchgeführt. Eine genauere Analyse des Zusammenhangs zwischen den Ergebnissen der Between-Groups-Schätzungen und denen der Fixed-Effects-Schätzungen bleibt deshalb aus.

[205] Da in diesem Beispiel die PD für $t = 0$ und $t = 1$ konstant gehalten wird, kann durch die Betrachtung von *ELQ_faktorlos* im Sinne der zweiten Fragestellung argumentiert werden.

Tabelle 4-45: Beispiel zur Verdeutlichung der Zusammenhänge bei den Spezialisierungsmaßen *HHI* und *HHI*^{w}

	Branche 1	Branche 2	HHI	HHI^w	ELQ_faktorlos
PD	1%	2%			
	Anteil des Kreditvolumens				
Kreditportfolio in $t = 1$	50%	50%	0,5	0,556	1,5%
Kreditportfolio in $t = 2$	75%	25%	0,625	0,52	1,33%

Es ist zu sehen, dass sich der *HHI* des Kreditportfolios von $t = 1$ nach $t = 2$ deutlich erhöht, der *HHI*^{w} aber abnimmt. Dadurch dass der Anteil der Branche mit der geringeren Insolvenzrate zunimmt, wird zugleich die Insolvenzrate gesenkt. Betrachtet man die Entwicklung von $t = 2$ nach $t = 1$, so würde die Aufstockung der riskanteren Branche 2 bzw. der Abbau der Positionen in der Branche 1 zu einer Zunahme des *HHI*^{w} und zu einem Rückgang des *HHI* bei gleichzeitiger Erhöhung der erwarteten Verlustquote führen.

In Anbetracht der Tatsache, dass in der vorliegenden Arbeit die Fixed-Effects-Schätzungen nur als Ergänzung durchgeführt werden[206] und die Untersuchung der erwarteten Verlustquote nicht den gleichen Stellenwert wie die Untersuchung der Monitoring-Qualität besitzt,[207] werden die Resultate für die Kontrollvariablen trotz deutlicher Unterschiede zwischen den Ergebnissen für die erste und zweite Fragestellung, nur kurz angesprochen.[208] Die deutlichen Unterschiede sind darauf zurückzuführen, dass der Zusammenhang der Veränderungen der Kontrollvariablen mit den gesamtwirtschaftlichen Veränderungen (Veränderungen von *ELQ_national*) erheblich von dem mit den Veränderungen des Risikogehaltes auf Basis der Branchenwahl (Veränderungen von *ELQ_normiert*) abweicht. Irritierend ist das Ergebnis für die Variable *kred_ant*. Sowohl bei den Kreditgenossenschaften als auch bei den Sparkassen geht eine Erhöhung des Kreditanteils mit einer (statistisch signifikanten) Erhöhung von *ELQ* einher. Die Zunahme des Kreditanteils bei gleichzeitiger Zunahme der erwarteten Verlustquote ist erstaunlich, da in wirtschaftlich schwächeren Zeiten eine restriktivere Kreditvergabe zu erwarten gewesen wäre. Bei den Sparkassen zeigt sich für den Privatkundenanteil ein signifikant positiver Zusammenhang mit *ELQ* und ein signifikant negativer mit *ELQ_normiert*. Sparkassen setzen also in wirtschaftlich schlechten Jahren mehr auf das Privatkunden- als auf das Firmenkundengeschäft.

206 Vgl. die Anmerkungen in Abschnitt 4.3.1.
207 Vgl. die Anmerkungen in Abschnitt 4.1.
208 Die Unterschiede zu den Ergebnissen der Between-Groups-Schätzungen bleiben unkommentiert. Vgl. Fußnote 204.

Ferner wird eine Verschiebung der Geschäftsanteile zulasten des Firmenkundenkreditgeschäfts von einer stärkeren Ausrichtung auf sichere Branchen begleitet. Bei den Kreditgenossenschaften sind die Zusammenhänge im Falle von *ELQ* hauptsächlich statistisch insignifikant und bei *ELQ_normiert* wie bei den Sparkassen signifikant negativ. Bei den Kreditgenossenschaften ist also in wirtschaftlich schwierigeren Jahren kein Trend hin zum Privatkundengeschäft zu erkennen. Liegt bei den Sparkassen kein statistisch signifikanter Zusammenhang zwischen *bank_ford* und *ELQ* bzw. *ELQ_normiert* vor, so ist bei den Kreditgenossenschaften ein durchgängig statistisch signifikant positiver Zusammenhang zu konstatieren. Eine Erhöhung der Kreditvergabe an andere Banken mag insbesondere in Jahren, in denen die erwartete Verlustquote im Firmenkundenkreditgeschäft ansteigt, als sichere und damit vernünftige Vorgehensweise angesehen werden. Für die Variable *hyp* zeigt sich bei den Kreditgenossenschaften und den Sparkassen ein positiver Zusammenhang mit *ELQ_normiert*. Banken vergeben also insbesondere an risikoreiche Branchen gerne Hypothekarkredite, möglicherweise weil diese verhältnismäßig sicher sind und damit das (erhöhte) Risiko-Exposure reduzieren. Zeigt sich bei den Kreditgenossenschaften ein positiver Zusammenhang auch mit *ELQ*, so ist bei den Sparkassen die Beziehung negativ. Dies ist erstaunlich. Es wäre zu erwarten gewesen, dass in Jahren, in denen die durchschnittliche PD relativ hoch ist, Hypothekarkredite von den Banken besonders gern vergeben werden, um durch Reduzierung des LGD die erwarteten Verluste zu senken. Die Ergebnisse für die Variable *personal* sind sehr unterschiedlich. Bei den Sparkassen bzw. Kreditgenossenschaften im Falle von *ELQ* signifikant negativ bzw. signifikant positiv und im Falle von *ELQ_normiert* signifikant positiv bzw. überwiegend insignifikant (mit einer Ausnahme für HHI^w). Dies deutet u.a. auf Unterschiede bei der Personalpolitik zwischen Kreditgenossenschaften und Sparkassen hin. Für die Variable *bilanz* gelten sowohl bei den Kreditgenossenschaften als auch bei den Sparkassen signifikant positive Zusammenhänge mit *ELQ*. Eine Erhöhung der Bilanzsumme geht tendenziell mit einer erhöhten erwarteten Verlustquote einher. Die Verwendung der Bankgröße bei der Panel-Regression ist allerdings mit Vorsicht zu betrachten. Zum einen hat die Bilanzsumme der meisten Banken mit den Jahren monoton zugenommen und ist daher in ihrer zeitlichen Entwicklung wenig aussagekräftig, zum anderen führen Übernahmen zu starken Größeneffekten. In Abschnitt 4.3.3 wird untersucht, ob diese stark positiven Zusammenhänge bestehen bleiben, wenn die Fusionseffekte ausgeblendet werden. Es sei noch bemerkt, dass sich die Ergebnisse für die Kontrollvariablen bei Verwendung des Spezialisierungsmaßes HHI^w zum Teil deutlich von den anderen Ergebnissen unterscheiden. Der sehr starke Zusammenhang von *ELQ* bzw. *ELQ_normiert* mit den HHI^w-Werten hat Auswirkung auf die Zusammenhänge mit den Kontrollvariablen.

4.3.3 Robustheitsuntersuchungen

Wie bei den Analysen zur Monitoring-Qualität wird überprüft, ob die Resultate zur Branchenwahl robust sind. Da – wie bereits angemerkt – die Untersuchungen zur Branchenwahl nicht den gleichen Stellenwert wie die zur Monitoring-Qualität besitzen, werden die Ausführungen relativ kurz gehalten und es erfolgt – bis auf die Einteilung in Between-Groups- und Fixed-Effects-Schätzungen – keine Untergliederung in einzelne Abschnitte. Des Weiteren beschränkt sich die Kommentierung auf die Ergebnisse für die Spezialisierungsmaße, d.h. die Ergebnisse für die Kontrollvariablen werden nicht diskutiert. Falls die Spezialisierungsmaß-Koeffizienten annähernd gleich bleiben, werden die Ergebnisse lediglich in Anhang B angegeben.

4.3.3.1 Between-Groups-Schätzungen

Zunächst wird die Robustheit der Ergebnisse bei Modifikation der Datenbasis überprüft. Eine Bereinigung der Daten um Banken, die in einer der verwendeten Variablen Ausprägungen aufweisen, die unterhalb des 1%- oder oberhalb des 99%-Quantils liegen, führt zu keinen Veränderungen der Vorzeichen bei den Spezialisierungsmaß-Koeffizienten. Insbesondere bei den Kreditgenossenschaften erhöht sich im Vergleich zu den Ergebnissen der Standard-Regressionen in fast allen Fällen die statistische und ökonomische Signifikanz der Zusammenhänge.[209] Ein nahezu unverändertes Bild zeigt sich für die Koeffizienten- und t-Werte der Spezialisierungsmaße, wenn anstatt der Banken mit mehr als sechs Beobachtungsjahren alle Banken als Datengrundlage verwendet werden. Auch für den Fall, in dem nur Banken mit zwölf Beobachtungsjahren in den Regressionen berücksichtigt werden, lassen sich keine nennenswerten Abweichungen von den Resultaten der Standard-Regressionen feststellen. Von der Tendenz her sind die negativen Zusammenhänge etwas stärker und die positiven etwas schwächer. Allein bei den Sparkassen im Rahmen der ersten Fragestellung wandelt sich der statistisch insignifikant positive Zusammenhang für D^{Ort} in einen statistisch insignifikant negativen. Ferner zeigt sich, dass sich die Ergebnisse der Standard-Regressionen durch die Einbeziehung von Dummys für den Beobach-

[209] Die Ergebnisse sind in Tabelle B-5 in Anhang B angegeben.

tungszeitraum der einzelnen Banken kaum ändern, auch wenn die Dummys teilweise statistisch signifikante Beziehungen zu den erwarteten Verlustquoten aufweisen und damit für unterschiedliche Insolvenzraten-Niveaus in den einzelnen Zeitabschnitten korrigieren. Diese Ergebnisse sind ein starker Hinweis dafür, dass die Resultate der Standard-Regressionen, insbesondere auch die hierbei auftretenden Unterschiede zwischen den Spezialisierungsmaßen, nicht „zufällig" sind.[210]

Die Bestimmmung der Insolvenzrate für die Branche der Land- und Forstwirtschaft war mit Schwierigkeiten verbunden, da viele der Unternehmen dieser Branche nicht in der Umsatzsteuerstatistik erfasst sind. Für das Standard-Modell wurde die Annahme getroffen, dass die Hälfte der Unternehmen gemeldet ist. Um zu sehen, ob eine andere Quote die Ergebnisse stark verändert, wird hier zum einen eine erwartete Verlustquote von 0% und zum anderen die erwartete Verlustquote, die sich auf Basis der gemeldeten Anzahl an Unternehmen ergibt, verwendet. Wie erwartet, erhöht sich für die Kreditgenossenschaften die statistische Signifikanz der negativen Zusammenhänge zwischen Spezialisierungsgrad und erwarteter Verlustquote bei Verwendung einer Insolvenzrate von 0%, da spezialisierte Kreditgenossenschaften einen großen Anteil der Kredite an die Branche der Land- und Forstwirtschaft vergeben. Die positive Beziehung für das Spezialisierungsmaß HHI^{w} schwächt sich zwar ab, das positive Vorzeichen bleibt aber bestehen. Bei den Sparkassen hat die Unterstellung einer Insolvenzrate von 0% eine deutlichere Auswirkung auf die Resultate. Im Vergleich zu den Ergebnissen der Standard-Regressionen zeigen sich für den *HHI* genau entgegengesetzte Vorzeichen. Bei den ersten beiden Fragestellungen ergibt sich jeweils ein statistisch insignifikant positiver Zusammenhang und bei der dritten ein signifikant negativer. Für die Distanzmaße wird bei den ersten beiden Fragestellungen jeweils ein (zumeist signifikant) negativer Koeffizient ausgewiesen. Die Standard-Regressionen hatten hier überwiegend positive Zusammenhänge angezeigt. Bei der dritten Fragestellung ergibt sich lediglich für D^{Ort} noch ein (signifikant) negativer Koeffizient, bei den restlichen Distanzmaßen wandelt sich der negative Zusammenhang aus den Standard-Regressionen in einen positiven, der im Falle von D^{Bund} statistisch signifikant ist. Auffällig ist außerdem, dass die R^2-Werte und damit die Erklärungskraft bei der dritten Fragestellung im Vergleich zu den Standard-Regressionen erheblich abgenommen haben. In der Tabelle 4-46 sind die

[210] Die Ergebnisse der Regressionen gemäß Gleichung 4-6 sind in Tabelle B-6 in Anhang B angegeben.

diesbezüglichen Ergebnisse dargestellt.

Tabelle 4-46: Ergebnisse (Ausschnitt) der 0-1-normierten Regressionen gemäß den Gleichungen 4-4 bis 4-6 auf Basis von Bankmittelwerten bei Unterstellung einer Insolvenzrate von 0% für die Branche der Land- und Forstwirtschaft

	(1) HHI	(2) HHI^w	(3) D^{Bund}	(4) D^{Land}	(5) D^{Ort}	(6) D^{BWS}
Kreditgenossenschaften (Regressionsgleichung 4-4)						
SM	-0,297***	0,058	-0,321***	-0,453***	-0,237***	-0,301***
	(-9,10)	(1,30)	(-9,23)	(-12,62)	(-6,94)	(-9,14)
Beobachtungen	1575	1575	1575	1575	1575	1575
R^2	0,383	0,319	0,366	0,424	0,345	0,363
Kreditgenossenschaften (Regressionsgleichung 4-5)						
SM	-0,328***	0,029	-0,354***	-0,488***	-0,298***	-0,335***
	(-9,82)	(0,68)	(-9,98)	(-13,34)	(-10,05)	(-9,98)
Beobachtungen	1575	1575	1575	1575	1575	1575
R^2	0,362	0,279	0,340	0,410	0,336	0,337
Kreditgenossenschaften (Regressionsgleichung 4-6)						
SM	-0,518***	0,130*	-0,533***	-0,500***	-0,353***	-0,596***
	(-7,12)	(2,01)	(-10,42)	(-10,52)	(-8,80)	(-12,29)
Beobachtungen	1575	1575	1575	1575	1575	1575
R^2	0,342	0,147	0,273	0,272	0,216	0,322
Sparkassen (Regressionsgleichung 4-4)						
SM	0,060	0,184***	-0,108**	-0,161***	-0,022	-0,090*
	(1,86)	(4,99)	(-2,77)	(-4,52)	(-0,70)	(-2,53)
Beobachtungen	534	534	534	534	534	534
R^2	0,580	0,599	0,583	0,593	0,577	0,582
Sparkassen (Regressionsgleichung 4-5)						
SM	0,021	0,173***	-0,094*	-0,174***	-0,085**	-0,088*
	(0,66)	(4,59)	(-2,38)	(-4,77)	(-2,80)	(-2,42)
Beobachtungen	534	534	534	534	534	534
R^2	0,556	0,575	0,560	0,575	0,562	0,560
Sparkassen (Regressionsgleichung 4-6)						
SM	-0,360***	0,229***	0,236***	0,053	-0,135**	0,078
	(-8,23)	(4,01)	(3,49)	(0,87)	(-2,93)	(1,14)
Beobachtungen	534	534	534	534	534	534
R^2	0,301	0,222	0,217	0,190	0,203	0,191

*,**,*** zeigen jeweils statistische Signifikanz auf einem 5%-, 1%- bzw. 0,1%-Signifikanzniveau an.

Für den Fall, dass die Insolvenzrate basierend auf der Anzahl der gemeldeten Unternehmen berechnet, d.h. die Obergrenze der Insolvenzrate angenommen wird, ergeben sich keine so gravierenden Änderungen. Die Vorzeichen der Koeffizienten bleiben erhalten. Bei den Kreditgenossenschaften schwächen sich die negativen Beziehungen erwartungsgemäß etwas ab und für die Sparkassen ist kein klarer Trend der Änderungen auszumachen. Bei den Sparkassen zeigt sich somit insgesamt eine stärkere Abhängigkeit von der Berechnungsweise der Insolvenzrate für die Branche der Land- und Forstwirtschaft, zumindest was das Vorzeichen des Zusammenhangs zwischen Spezialisierungsgrad und erwarteter Verlustquote betrifft. Dies ist etwas erstaunlich vor dem Hintergrund, dass diese Branche bei den Sparkassen weniger von Bedeutung ist als bei den Kreditgenossenschaften. Die höheren R^2-Werte bei den Regressionen der Sparkassen im Vergleich zu denen der Kreditgenossenschaften im Rahmen der ersten beiden Fragestellungen konterkarieren aber Interpretationen, die eine stärkere Beeinflussbarkeit der Ergebnisse für den Spezialisierungsgrad bei den Sparkassen auf eine geringere Erklärungskraft der Regressionsmodelle (bei den Sparkassen) zurückführen.

Um zu untersuchen, inwieweit eine im Vergleich zu den Standard-Regressionen veränderte Variablenzusammenstellung Auswirkung auf die Ergebnisse für den Zusammenhang zwischen Spezialisierungsgrad und erwarteter Verlustquote hat, werden Regressionen durchgeführt, bei denen *markt_ant1* als zusätzliche Variable verwendet wird. Der Tabelle 4-47 sind Korrelationen zwischen den Marktanteilsvariablen und den erwarteten Verlustquoten zu entnehmen.

Tabelle 4-47: Korrelationen zwischen erwarteten Verlustquoten und Marktanteilsvariablen bzw. Marktstrukturvariablen (auf der Basis von Bankmittelwerten über den Zeitraum 1995-2006)

	ELQ	ELQ_faktorlos
Kreditgenossenschaften		
markt_ant1	0,0259	-0,0447
markt_ant2	-0,0154	-0,0322
markt_struktur	0,0508	-0,0640
Sparkassen		
markt_ant1	-0,0011	-0,2370*
markt_ant2	-0,0099	-0,1219*
markt_struktur	-0,0092	-0,1730*

* zeigt jeweils statistische Signifikanz auf einem 1%-Signifikanzniveau an.

Zu erkennen ist, dass für Kreditgenossenschaften kein signifikanter (bivariater) Zusammenhang zwischen den Marktanteilsvariablen und den erwarteten Verlustquoten besteht; bei den Sparkassen zeigen sich signifikant negative Korrelationen bei der Variablen *ELQ_faktorlos*, d.h. Sparkassen mit einem hohen Marktanteil sind tendenziell in Branchen mit niedrigeren Insolvenzraten investiert. Dabei ist der negative Zusammenhang für die Variable *markt_ant1* stärker als für die Variable *markt_ant2*. Hohe Marktanteile in den Branchen gehen demnach stärker mit risikoarmer Branchenwahl einher als ein hoher Marktanteil insgesamt. Es bestätigt sich also nicht die Vermutung, dass in Branchen mit hohen Insolvenzraten hohe Marktanteile eingegangen werden, da sie hier besonders leicht zu erreichen sind, sondern es gibt Hinweise darauf, dass Sparkassen in riskanten Branchen die Kreditvergabe beschränken und somit das Risiko mit anderen Banken der Region teilen. Die Regressionen mit *markt_ant1* als zusätzlicher Variable liefern für Kreditgenossenschaften und Sparkassen keine entscheidenden Änderungen bei den Spezialisierungsgrad-Koeffizienten. Die Zusammenhänge der *markt_ant1*-Variablen sind – wie die Korrelationen haben vermuten lassen – bei den Kreditgenossenschaften in den meisten Fällen insignifikant. Lediglich beim Spezialisierungsmaß D^{Ort} ergeben sich bei allen drei Fragestellungen signifikant negative Beziehungen. Für die Sparkassen zeigen sich signifikant negative Zusammenhänge bei den ersten beiden Fragestellungen und signifikant positive bei der dritten Fragestellung, wie in Tabelle 4-48 zu sehen ist.[211]

[211] Die Ergebnisse für die Kreditgenossenschaften sind in Tabelle B-7 in Anhang B angegeben.

Tabelle 4-48: Ergebnisse (Ausschnitt) der 0-1-normierten Regressionen gemäß den Gleichungen 4-4 bis 4-6 auf Basis von Bankmittelwerten bei zusätzlicher Aufnahme der Variablen *markt_ ant1* für die Sparkassen

	(1) HHI	(2) HHI^w	(3) D^{Bund}	(4) D^{Land}	(5) D^{Ort}	(6) D^{BWS}
Regressionsgleichung 4-4						
markt_ant1	-0,129***	-0,179***	-0,155***	-0,155***	-0,170***	-0,164***
	(-4,64)	(-6,01)	(-5,51)	(-5,35)	(-5,03)	(-5,76)
Beobachtungen	534	534	534	534	534	534
R^2	0,449	0,441	0,432	0,392	0,385	0,408
Regressionsgleichung 4-5						
markt_ant1	-0,077*	-0,121**	-0,103**	-0,102*	-0,195***	-0,110**
	(-2,14)	(-3,02)	(-2,73)	(-2,57)	(-4,68)	(-2,84)
Beobachtungen	534	534	534	534	534	534
R^2	0,337	0,264	0,278	0,222	0,254	0,243
Regressionsgleichung 4-6						
markt_ant1	0,109***	0,099***	0,109***	0,103***	0,088**	0,112***
	(3,83)	(3,71)	(3,78)	(3,47)	(2,83)	(3,84)
Beobachtungen	534	534	534	534	534	534
R^2	0,567	0,585	0,570	0,584	0,569	0,570

*,**,*** zeigen jeweils statistische Signifikanz auf einem 5%-, 1%- bzw. 0,1%-Signifikanzniveau an.

Die Ergebnisse zu den ersten beiden Fragestellungen bekräftigen die auf Basis der Korrelationen abgeleiteten Aussagen. In riskanten Branchen scheinen Sparkassen sich das Risiko mit anderen Banken aus der Region zu teilen. Der positive Zusammenhang im Rahmen der dritten Fragestellung zeigt an, dass Sparkassen mit hohen Marktanteilen eher in Bundesländern mit hohen Insolvenzraten zu finden sind.

Wird statt der Variablen *markt_ ant1* die Variable *markt_ ant2* oder *markt_ struktur* hinzugefügt, so ähneln die Regressionsergebnisse denen der Regressionen bei Einbeziehung der Variablen *markt_ ant1*. Werden die Standard-Regressionsgleichungen um *kommunal* als erklärende Variable erweitert, so ergeben sich keine nennenswerten Veränderungen für die Regressionsergebnisse im Vergleich zu den Ergebnissen der Standard-Regressionen. Auch ein Weglassen von Variablen führt zu keinen entscheidenden Änderungen.[212]

[212] Mit Ausnahme der Ergebnisse für die Sparkassen im Falle der dritten Fragestellung bleiben auch bei den Regressionen ohne Kontrollvariablen (im Falle der ersten Fragestellung allerdings mit der Variable *ELQ_ Ort*) die Vorzeichen der Koeffizienten für die Spezialisierungsmaße gleich.

Möglicherweise gelten in Ostdeutschland andere Zusammenhänge als in Westdeutschland. Da die westdeutschen Banken aufgrund ihrer zahlenmäßigen Überlegenheit das Gesamtergebnis prägen, werden in dieser Arbeit lediglich die Resultate für die Regressionen beschränkt auf die ostdeutschen Institute angegeben. Bei den Kreditgenossenschaften sind keine Veränderungen bei den Vorzeichen der Spezialisierungsgrad-Koeffizienten festzustellen. Allerdings sind die meisten der negativen Zusammenhänge insignifikant. Bei den Sparkassen liegen für die erste und zweite Fragestellung negative Zusammenhänge zwischen D^{Land} bzw. D^{Ort} und *ELQ_faktorlos* vor. Ostdeutsche Banken, deren Kreditportfolio-Struktur erheblich von den regionalen Benchmarks abweicht, suchen sich tendenziell risikoärmere Branchen aus. Der im Rahmen der Standard-Regressionen insignifikant positive Zusammenhang für den *HHI* bei der dritten Fragestellung hat sich zu einem insignifikant negativen gewandelt. Insgesamt zeigt sich so bei den ostdeutschen Sparkassen eher die Tendenz, dass Spezialisierung mit einer geringeren erwarteten Verlustquote bzw. risikoärmeren Branchenwahl einhergeht. Die Resultate sind im Detail in der Tabelle 4-49 notiert.

Um festzustellen, ob sich die Zusammenhänge im Zeitablauf geändert haben, wird, wie bei den Untersuchungen zur Monitoring-Qualität, der Datensatz in die Zeiträume 1995 bis 2000 und 2001 bis 2006 unterteilt. Es werden jeweils Regressionen basierend auf den Mittelwerten dieser verkürzten Zeiträume durchgeführt. Da bei diesen Untersuchungen die erklärten Variablen im Unterschied zur Monitoring-Qualität durch die Verkürzung der betrachteten Zeitdauer nicht an Verlässlichkeit verlieren, sind die Einschränkungen hinsichtlich der Aussagekräftigkeit der Ergebnisse gemäß Abschnitt 4.2.3.4.1 in diesem Fall nicht zu berücksichtigen. Bei den Kreditgenossenschaften zeigen sich für beide Zeiträume und für den Gesamtzeitraum vergleichbare Ergebnisse. Die Vorzeichen der Spezialisierungsgrad-Koeffizienten sind identisch und die Stärke der Zusammenhänge ist ähnlich. Bei den Sparkassen zeigen sich für den Zeitraum von 1995 bis 2000 mit dem Gesamtzeitraum übereinstimmende Ergebnisse. Die Resultate der Regressionen basierend auf den Daten von 2001 bis 2006 zeigen von der Tendenz her stärker negative und schwächer positive Zusammenhänge, wie in der Tabelle 4-50 zu sehen ist.[213]

[213] Die Ergebnisse für die Kreditgenossenschaften sind in Tabelle B-8 in Anhang B angegeben. Die Ergebnisse für den Zeitraum 2001 bis 2006 für die Sparkassen sind in Tabelle B-9 in Anhang B notiert.

Tabelle 4-49: Ergebnisse (Ausschnitt) der 0-1-normierten Regressionen gemäß den Gleichungen 4-4 bis 4-6 auf Basis von Bankmittelwerten bei ostdeutschen Instituten

	(1) HHI	(2) HHI^w	(3) D^{Bund}	(4) D^{Land}	(5) D^{Ort}	(6) D^{BWS}
Kreditgenossenschaften (Regressionsgleichung 4-4)						
SM	-0,190	0,663***	-0,148	-0,111	-0,212	-0,238
	(-1,31)	(7,42)	(-0,99)	(-0,86)	(-1,21)	(-1,61)
Beobachtungen	104	104	104	104	104	104
R^2	0,205	0,535	0,191	0,187	0,202	0,216
Kreditgenossenschaften (Regressionsgleichung 4-5)						
SM	-0,196	0,662***	-0,105	-0,127	-0,263	-0,210
	(-1,27)	(7,77)	(-0,63)	(-0,89)	(-1,46)	(-1,29)
Beobachtungen	104	104	104	104	104	104
R^2	0,167	0,493	0,145	0,150	0,176	0,168
Kreditgenossenschaften (Regressionsgleichung 4-6)						
SM	-0,206	0,401***	-0,359*	-0,063	-0,206	-0,352**
	(-1,68)	(5,70)	(-2,43)	(-0,66)	(-1,70)	(-2,68)
Beobachtungen	104	104	104	104	104	104
R^2	0,226	0,326	0,266	0,198	0,219	0,277
Sparkassen (Regressionsgleichung 4-4)						
SM	-0,267**	0,486***	0,184	-0,179	-0,334**	0,239*
	(-2,68)	(5,43)	(1,85)	(-1,49)	(-2,90)	(2,06)
Beobachtungen	90	90	90	90	90	90
R^2	0,544	0,639	0,518	0,520	0,560	0,527
Sparkassen (Regressionsgleichung 4-5)						
SM	-0,382***	0,266*	0,175	-0,226	-0,438***	0,150
	(-4,80)	(2,56)	(1,34)	(-1,77)	(-4,03)	(0,98)
Beobachtungen	90	90	90	90	90	90
R^2	0,496	0,431	0,400	0,418	0,501	0,394
Sparkassen (Regressionsgleichung 4-6)						
SM	-0,211	0,223	-0,007	-0,058	-0,139	-0,076
	(-1,71)	(1,73)	(-0,05)	(-0,44)	(-0,97)	(-0,49)
Beobachtungen	90	90	90	90	90	90
R^2	0,228	0,228	0,193	0,196	0,205	0,196

*,**,*** zeigen jeweils statistische Signifikanz auf einem 5%-, 1%- bzw. 0,1%-Signifikanzniveau an.

Tabelle 4-50: Ergebnisse (Ausschnitt) der 0-1-normierten Regressionen gemäß den Gleichungen 4-4 bis 4-6 auf Basis von Bankmittelwerten des Zeitraums von 2001 bis 2006 für die Sparkassen

	(1) HHI	(2) HHI^w	(3) D^{Bund}	(4) D^{Land}	(5) D^{Ort}	(6) D^{BWS}
Regressionsgleichung 4-4						
SM	-0,315***	0,239***	0,199**	0,030	-0,074	0,151**
	(-9,38)	(4,64)	(3,31)	(0,57)	(-1,47)	(2,71)
Beobachtungen	468	468	468	468	468	468
R^2	0,405	0,360	0,340	0,319	0,322	0,333
Regressionsgleichung 4-5						
SM	-0,368***	0,229***	0,189**	-0,029	-0,203***	0,145*
	(-10,66)	(4,20)	(2,77)	(-0,50)	(-4,59)	(2,34)
Beobachtungen	468	468	468	468	468	468
R^2	0,355	0,269	0,251	0,232	0,266	0,244
Regressionsgleichung 4-6						
SM	0,022	0,177***	-0,175***	-0,274***	-0,152***	-0,086*
	(0,71)	(4,37)	(-4,12)	(-6,68)	(-4,86)	(-2,29)
Beobachtungen	468	468	468	468	468	468
R^2	0,534	0,556	0,550	0,585	0,553	0,538

*,**,*** zeigen jeweils statistische Signifikanz auf einem 5%-, 1%- bzw. 0,1%-Signifikanzniveau an.

Die Ursachen hierfür können zum einen Veränderungen der erklärten Variablen zum anderen Veränderungen der Spezialisierungsgrade sein. Zwischen Spezialisierungsgrad im ersten Zeitraum und der Veränderung der erwarteten Verlustquote vom ersten zum zweiten Zeitraum zeigt sich mit Ausnahme für die Spezialisierungsmaße D^{Ort} und D^{Land} eine positive Korrelation,[214] d.h. die erwartete Verlustquote der Banken, die im ersten Zeitraum einen relativ hohen Spezialisierungsgrad aufweisen, nimmt stärker zu als die der diversifizierten Banken. Auch wenn man den Spezialisierungsgrad im zweiten Zeitraum verwendet, ergeben sich – wenn auch etwas geringere – positive Korrelationen,[215] d.h. die Veränderung der erklärten Variablen würde – mit Ausnahme für die Spezialisierungsmaße D^{Ort} und D^{Land} – stärker positive anstatt stärker negative Zusammenhänge zwischen Spezialisierungsgrad und erwarteter Verlustquote im zweiten Zeitraum nahelegen. Untersucht man, ob die Sparkassen, die im ersten Zeitraum spezialisiert sind, auch im zweiten Zeitraum einen hohen Spezialisierungsgrad aufweisen, so zeigt eine durchschnittliche Rangkorrelation von 0,81

214 Die Werte liegen zwischen 0,0576 und 0,1929 bzw. sind -0,0742 und -0,0025 für D^{Land} bzw. D^{Ort}.

215 Die Werte liegen zwischen 0,0095 und 0,3014 bzw. sind -0,0507 und -0,0193 für D^{Land} bzw. D^{Ort}.

zwischen dem Spezialisierungsgrad des ersten und dem des zweiten Zeitraums an,[216] dass durchaus Veränderungen eingetreten sind.[217] Eine genauere Analyse ergibt, dass Banken mit relativ geringen erwarteten Verlustquoten im ersten Zeitraum ihren Spezialisierungsgrad erhöhen, was den negativen Zusammenhang zwischen Spezialisierungsgrad und erwarteter Verlustquote im zweiten Zeitraum im Vergleich zum ersten verstärkt. Dies wird durch negative Korrelationen zwischen Spezialisierungsgradänderungen und erwarteter Verlustquote im ersten Zeitraum belegt.[218]

4.3.3.2 Fixed-Effects-Schätzungen

Um Fusionseffekte bei den Fixed-Effects-Schätzungen auszublenden, wird abschließend ein alternatives Vorgehen im Umgang mit fusionierten Instituten angewandt. Bislang wurde das fusionierte Institut als Fortsetzung des übernehmenden Institutes behandelt. Nun geht das fusionierte Institut als neue Bank in die Datenbasis ein. Die Zeitreihe der übernehmenden und die der übernommenen Bank enden mit der Übernahme. Hierdurch werden die Variablenveränderungen, die auf Übernahmen zurückzuführen sind, und deren möglicherweise großer Einfluss auf die Resultate ausgeblendet.[219] Die Restriktion, dass eine Bank mindestens sieben Beobachtungsjahre aufweisen muss, wird aufgehoben, da ansonsten sehr viele Banken aus dem Datenset fallen. Die Regressionen basieren ansonsten wie die Fixed-Effects-Standard-Regressionen auf den Gleichungen 4-7 und 4-8. Die Regressionsergebnisse sind in der Tabelle 4-51 angegeben.

[216] Zur Berechnung der Rangkorrelation wurde zunächst der durchschnittliche Spezialisierungsgrad je Spezialisierungsmaß und Bank für beide Zeiträume ermittelt. Für jedes Spezialisierungsmaß wurde dann die Korrelation zwischen den Rängen, die die Banken bezüglich des jeweiligen Spezialisierungsgrades im ersten Zeitraum einnehmen, und denen des zweiten Zeitraums berechnet. Anschließend wurde der Mittelwert über die Spezialisierungsmaße gebildet.

[217] Bei den Kreditgenossenschaften ist die Rangkorrelation mit 0,85 leicht höher.

[218] Für die vier relevanten Spezialisierungsmaße – D^{Ort} und D^{Land} sind ausgenommen – liegen die Korrelationswerte zwischen -0,4119 und -0,0714.

[219] Vgl. hierzu auch Abschnitt 3.5.

Tabelle 4-51: Ergebnisse (Ausschnitt) der Fixed-Effects-Schätzungen gemäß den Gleichungen 4-7 bis 4-8 auf Basis einer Datengrundlage, die fusionierte Institute als neues Institut ansetzt

	(1) HHI	(2) HHI^w	(3) D^{Bund}	(4) D^{Land}	(5) D^{Ort}	(6) D^{BWS}
Kreditgenossenschaften (Regressionsgleichung 4-7)						
SM	-0,0083***	0,0044***	0,0047***	-0,0003	-0,0013***	-0,0007
	(-12,12)	(9,25)	(10,65)	(-0,97)	(-3,60)	(-1,74)
Beobachtungen	15386	15386	15386	15386	15386	15386
R^2	0,089	0,086	0,087	0,081	0,082	0,081
Kreditgenossenschaften(Regressionsgleichung 4-8)						
SM	-0,3690***	0,9876***	0,2615***	0,0868***	0,0080	0,1415***
	(-16,71)	(74,68)	(18,36)	(6,60)	(0,69)	(9,69)
Beobachtungen	15386	15386	15386	15386	15386	15386
R^2	0,029	0,26	0,033	0,015	0,013	0,018
Sparkassen (Regressionsgleichung 4-7)						
SM	-0,0238***	-0,0010***	0,0092***	0,0004	-0,0016	0,0047***
	(-7,50)	(-1,31)	(8,44)	(0,39)	(-1,58)	(3,91)
Beobachtungen	5232	5232	5232	5232	5232	5232
R^2	0,176	0,172	0,178	0,168	0,168	0,170
Sparkassen (Regressionsgleichung 4-8)						
SM	-0,4081***	1,0505***	0,2691***	0,0582**	-0,0204	0,3302***
	(-7,00)	(32,94)	(13,45)	(2,79)	(-1,10)	(14,92)
Beobachtungen	5232	5232	5232	5232	5232	5232
R^2	0,015	0,168	0,037	0,007	0,006	0,044

*,**,*** zeigen jeweils statistische Signifikanz auf einem 5%-, 1%- bzw. 0,1%-Signifikanzniveau an.

Es ist zu erkennen, dass sich bei der zweiten Fragestellung sowohl für die Kreditgenossenschaften als auch für die Sparkassen die Ergebnisse kaum von den Ergebnissen der Standard-Regressionen unterscheiden.[220] Lediglich bei den Sparkassen ist im Rahmen der zweiten Fragestellung die statistische Signifikanz des negativen Zusammenhangs zwischen D^{Ort} und *ELQ_normiert* nicht mehr gegeben. Für den Fall, dass *ELQ* als erklärte Variable verwendet wird, sind die Veränderungen gegenüber den Ergebnissen der Standard-Regressionen höher.[221] Bei den Kreditgenossenschaften findet ein Vorzeichenwechsel für die Spezialisierungsgrad-Koeffizienten im Falle von D^{Land} und D^{BWS} statt; aus insignifikant positiven Zusammenhängen werden insignifikant negative. Tendenziell werden bei den Kreditgenossenschaften durch die Verwendung der fusionierten Institute als eigene Beobachtungseinheiten die negativen Zusammenhänge stärker bzw. die positiven Zusammenhänge schwächer. Dies kann damit zusammenhängen, dass Fusionen insbesondere mit einer Senkung des

[220] Vgl. hierzu die Tabelle 4-44.
[221] Vgl. hierzu die Tabelle 4-43.

Spezialisierungsgrades einhergehen.[222] Wenn nach einer Fusion die erwartete Verlustquote bei dem fusionierten Institut tendenziell geringer ist als vorher bei der übernehmenden Bank, so würde nämlich bei Verwendung des Standard-Datensets die Standard-Regression einen positiven Zusammenhang zwischen Spezialisierungsgradänderung und Veränderung der erwarteten Verlustquote ermitteln. Wird das fusionierte Institut als neue Beobachtungseinheit geführt, so wird dieser Gleichlauf von erwarteter Verlustquote und Spezialisierungsgrad nicht berücksichtigt. Diese mögliche Begründung für den oben angegebenen Vorzeichenwechsel erweist sich aber als nicht stichhaltig, da Untersuchungen eine Zunahme der erwarteten Verlustquote im Falle einer Fusion anzeigen. Die positiven Koeffizienten für die Variable *fusion1* im Rahmen der Regression gemäß Gleichung 4-6 ließen dies vermuten[223] und der Vergleich zwischen erwarteter Verlustquote vor der Fusion (beim übernehmenden Institut) und nach der Fusion (beim fusionierten Institut) liefert die Bestätigung dafür. Eine einfache Erklärung für die Zunahme des negativen Zusammenhangs aufgrund der veränderten Fusionsberücksichtigung kann also nicht gegeben werden.[224] Bei den Sparkassen sind wie bei den Kreditgenossenschaften der Tabelle 4-51 stärker negative und schwächer positive Zusammenhänge als den Tabellen zu den Standard-Regressionen zu entnehmen. Bei den Spezialisierungsmaßen HHI^{w} und D^{Ort} wandelt sich der statistisch insignifikant positive in einen insignifikant negativen Zusammenhang. Auch bei den Sparkassen kann keine einfache Erklärung für die Veränderungen gegeben werden. Wie bei den Kreditgenossenschaften geht eine Fusion tendenziell mit einem niedrigeren Spezialisierungsgrad und einer höheren erwarteten Verlustquote einher. Durch die Ausblendung der Fusions-Effekte wäre demnach eher ein stärker positiver Zusammenhang zwischen Spezialisierungsgradänderung und Veränderung von ELQ zu erwarten gewesen. Ein Hinweis zur Variable *bilanz* sei angefügt. Der stark positive Zusammenhang von *bilanz* mit der erwarteten Verlustquote (Regressionsgleichung 4-7) ist erhalten geblieben,[225] d.h. nicht die Übernahmeeffekte haben – zumindest allein – dieses Ergebnis geprägt. Ausschlaggebend für den positiven Zusammenhang könnte sein, dass in späteren Jahren des Beobachtungs-

[222] Vgl. hierzu Abschnitt 3.5.

[223] Vgl. hierzu die Tabelle 4-40.

[224] Eine genauere Analyse wird aufgrund der Tatsache, dass die Fixed-Effects-Schätzungen lediglich eine Ergänzung darstellen, nicht vorgenommen. Es könnte z.B. überprüft werden, ob sich die erwartete Verlustquote nach einer Fusion im Laufe der Jahre tendenziell wieder verringert und unter das durchschnittliche Niveau der übernehmenden Bank (bei Verwendung des Standard-Datensets) fällt und gleichzeitig der Spezialisierungsgrad tendenziell zunimmt.

[225] Der Median der t-Werte liegt sowohl bei den Kreditgenossenschaften als auch bei den Sparkassen bei ungefähr 11.

zeitraums tendenziell höhere Insolvenzraten zu konstatieren sind und zugleich ein stetiges Wachstum der Bilanzsummen festzustellen ist.[226]

4.3.4 Zwischenfazit

In diesem Abschnitt werden die wesentlichen Ergebnisse der Untersuchungen des Zusammenhangs zwischen dem Spezialisierungsgrad und der mit der Branchenwahl einhergehenden erwarteten Verlustquote noch einmal zusammengefasst. Die Untersuchungen lassen sich in Between-Groups-Schätzungen und Fixed-Effects-Schätzungen unterteilen. Zunächst werden die Ergebnisse der Untersuchungen auf Basis der Bankmittelwerte besprochen.

Anhand von Korrelationen zeigt sich, dass spezialisierte Kreditgenossenschaften tendenziell eine geringere erwartete Verlustquote als diversifizierte Kreditgenossenschaften aufweisen. Lediglich für das Maß HHI^w ergibt sich ein positiver Zusammenhang.[227] Bei den Sparkassen hingegen sind die Korrelationen zwischen Spezialisierungsgrad und erwarteter Verlustquote überwiegend positiv. Spezialisierte Sparkassen haben tendenziell eine höhere erwartete Verlustquote als diversifizierte Sparkassen. Allein für die Distanzmaße D^{Land} und D^{Ort} liegen negative Korrelationen vor.[228] Die erwartete Verlustquote wird zum einen durch die Branchenstruktur des Firmenkundenkreditportfolios und zum anderen durch die wirtschaftliche Situation des Geschäftsgebietes bzw. des Bundeslandes, in dem die jeweilige Bank tätig ist, beeinflusst. Um einen genaueren Einblick in die Zusammenhänge zwischen erwarteter Verlustquote und Spezialisierungsgrad zu erhalten, wurden im Rahmen von Between-Groups-Schätzungen auf diese Aspekte eingegangen und folgende drei leicht differierende Fragestellungen behandelt:

---

226 Die Korrelation der national durchschnittlichen erwarteten Verlustquote mit der Zeit beträgt 0,77, die durchschnittliche Korrelation der Bilanzsummen bei den Kreditgenosssenschaften (Sparkassen) mit der Zeit beträgt 0,97 (0,98) und mit der national durchschnittlichen erwarteten Verlustquote 0,81 (0,83).

227 Die Korrelationen bei den Kreditgenossenschaften für die einzelnen Spezialisierungsmaße sind: -0,073⋆ (HHI), 0,171⋆ (HHI^w), -0,071⋆ (D^{Bund}), -0,224⋆ (D^{Land}), -0,139⋆ (D^{Ort}), -0,033 (D^{BWS}). ⋆ zeigt jeweils statistische Signifikanz auf einem 1%-Signifikanzniveau an.

228 Die Korrelationen bei den Sparkassen für die einzelnen Spezialisierungsmaße sind: 0,162⋆ (HHI), 0,433⋆ (HHI^w), 0,028⋆ (D^{Bund}), -0,200⋆ (D^{Land}), -0,067 (D^{Ort}), 0,127 (D^{BWS}). ⋆ zeigt jeweils statistische Signifikanz auf einem 1%-Signifikanzniveau an.

1. Wählen spezialisierte Sparkassen und Kreditgenossenschaften sicherere Branchen aus als diversifizierte Institute bzw. zeigt sich bei Kontrolle für die erwartete Verlustquote des Geschäftsgebietes ein positiver Zusammenhang zwischen Spezialisierungsgrad und sicherer Branchenwahl?

2. Sind spezialisierte Sparkassen und Kreditgenossenschaften und Sparkassen in sichereren Branchen aktiv als diversifizierte Institute?

3. Haben spezialisierte Sparkassen und Kreditinstitute geringere erwartete Verlustquoten als diversifizierte Institute?

Die entsprechenden Regressionsmodelle unterscheiden sich dadurch, ob bei der erwarteten Verlustquote eine Anpassung auf Basis des Bundeslandes, in dem sich das Geschäftsgebiet befindet, erfolgt und ob eine Bereinigung um die durchschnittliche erwartete Verlustquote in einem Geschäftsgebiet durchgeführt wird. Das dritte Regressionsmodell untersucht, ob die durch die Korrelationen angezeigten Zusammenhänge auch bei Kontrolle für andere Einflussfaktoren noch Bestand haben.

Bei den Kreditgenossenschaften werden die Ergebnisse der Korrelationsuntersuchung bestätigt. Ein höherer Spezialisierungsgrad hängt – mit Ausnahme für das Spezialisierungsmaß HHI^w – statistisch und ökonomisch signifikant mit einer niedrigeren erwarteten Verlustquote zusammen, unabhängig davon, ob eine Bundeslandanpassung der erwarteten Verlustquote vorgenommen und ob die erwartete Verlustquote des Geschäftsgebietes als Kontrollvariable berücksichtigt wird. D.h., spezialisierte Kreditgenossenschaften wählen sicherere Branchen aus und haben niedrigere erwartete Verlustquoten als diversifizierte Institute. Neben dem Umstand, dass spezialisierte Banken eher in Geschäftsgebieten aktiv sind, die eine Branchenstruktur mit geringerer durchschnittlicher Insolvenzquote aufweisen, führt auch die Branchenauswahl selbst zu insgesamt geringeren erwarteten Verlustquoten bei spezialisierten Instituten. Eine mögliche Interpretation dieser Resultate ist, dass diversifizierte Institute sich gegen hohe unerwartete Verluste geschützt fühlen und daher eher bereit sind als spezialisierte Institute, verstärkt Kredite an risikoreiche Branchen zu vergeben. Beim Spezialisierungsmaß HHI^w ist ein positiver Zusammenhang zur erwarteten Verlustquote zu konstatieren, der bei den ersten beiden Fragestellung signifikant und bei der dritten insignifikant ist. Dies lässt sich dadurch erklären, dass ein hoher HHI^w-Wert insbesondere dann vorliegt, wenn in eine Branche mit hoher Insolvenzquote ein großer Anteil des Kreditvolumens fließt.

Bei den Sparkassen weichen die in den Mehrfachregressionen im Rahmen der dritten Fragestellung ermittelten Zusammenhänge leicht von den durch die Korrelationen angezeigten Zusammenhängen ab. Es zeigen sich nicht nur für die Maße D^{Land} und D^{Ort} negative Beziehungen zwischen Spezialisierungsgrad und erwarteter Verlustquote, sondern für alle Distanzmaße, wobei – mit Ausnahme des Maßes D^{BWS} – statistische Signifikanz gilt. Sparkassen, deren Kreditportfoliostruktur relativ stark von einer regionalen oder nationalen Benchmark abweicht, haben tendenziell eine niedrigere erwartete Verlustquote. Die Untersuchungen der anderen Fragestellungen haben gezeigt, dass dieser negative Zusammenhang sich erst bei Berücksichtigung des Bundeslandes in der erwarteten Verlustquote einstellt. Sparkassen mit hohen Distanzmaß-Werten sind eher in Geschäftsgebieten mit wirtschaftlich schwächerer Branchenstruktur tätig und suchen sich tendenziell risikoreichere Branchen aus, haben aber im Durchschnitt geringere erwartete Verlustquoten, da sie überwiegend in wirtschaftlich erfolgreichen Bundesländern liegen. Eine mögliche Interpretation für dieses Ergebnis ist, dass Sparkassen in Bundesländern mit niedrigen Insolvenzraten eher bereit sind, von einer Benchmark, die bei einer Schieflage als Rechtfertigung für die Kreditpolitik dienen könnte, abzuweichen, weil sie die Risiken insgesamt für gering halten. Aus demselben Grund scheuen sie sich auch nicht davor, Branchen, die als risikoreich gelten, einen relativ hohen Stellenwert in ihrem Portfolio einzuräumen. Die Ergebnisse für die naiven Spezialisierungsmaße unterscheiden sich deutlich von denen der Distanzmaße. Es liegen im Rahmen der dritten Fragestellung positive Zusammenhänge mit der erwarteten Verlustquote vor, was die Ergebnisse der Korrelationsuntersuchung bestätigt. Im Falle des HHI^{w} ist statistische Signifikanz gegeben. Dieses Resultat erstaunt nicht und lässt sich wie bei den Kreditgenossenschaften durch die Eigenschaft des Maßes begründen. Beim *HHI* ist der (statistisch insignifikant) positive Zusammenhang mit der erwarteten Verlustquote darauf zurückzuführen, dass Sparkassen mit hohen *HHI*-Werten überwiegend in wirtschaftlich schwachen Bundesländern liegen. Die Ergebnisse zu den ersten beiden Fragestellungen zeigen, dass gemäß dem *HHI* spezialisierte Sparkassen eher in Geschäftsgebieten mit wirtschaftlich stabilerer Branchenstruktur tätig sind und verstärkt risikoarme Branchen bei der Kreditvergabe wählen. Das letztgenannte Resultat stützt die These, dass diversifizierte Banken eher bereit sind, risikoreiche Branchen in ihr Kreditportfolio aufzunehmen,

Die Robustheitsuntersuchungen bestätigen im Wesentlichen die Ergebnisse und zeigen ihre Stabilität an. Das heißt insbesondere, dass die Unterschiede zwischen den Spezialisierungsmaßen bei den Sparkassen ebenfalls robust sind. Allein die Variation der Insolvenzquote für die Branche der Land- und Forstwirtschaft führt zu einigen deutlichen Änderungen der Ergebnisse der Standard-Regressionen. Bei Unterstellung einer Insolvenzquote von 0% für diese Branche haben die Ergebniss für die Kreditgenossenschaften Bestand, bei den Sparkassen zeigen sich hingegen Veränderungen. So ergibt sich im Rahmen der dritten Fragestellung für den *HHI* und das Distanzmaß D^{Land} ein signifikant negativer Zusammenhang mit der erwarteten Verlustquote, für alle anderen Spezialisierungsmaße liegen positive Zusammenhänge vor. Bei Unterstellung einer Insolvenzquote, die die in der Umsatzsteuerstatistik gemeldeten Unternehmen als Basis nimmt und die damit eine Obergrenze darstellt, zeigt sich ein ähnliches Bild. Die Zusammenhänge für die Kreditgenossenschaften bleiben im Wesentlichen bestehen, bei den Sparkassen sind wiederum Veränderungen zu beobachten. Bei den ostdeutschen Kreditgenossenschaften sind die gleichen Vorzeichen für die Koeffizienten des Spezialisierungsgrades wie bei der gesamtdeutschen Regression festzustellen, allerdings sind die Zusammenhänge statistisch und ökonomisch schwächer. Für die ostdeutschen Sparkassen sind bei der dritten Fragestellung mit Ausnahme für das Spezialisierungsmaß HHI^{w} ausschließlich negative Beziehungen erkennbar, die jedoch keine statistische Signifikanz aufweisen. Auch im Zeitverlauf sind die Ergebnisse bei den Kreditgenossenschaften stabil. Bei den Sparkassen zeigen sich im Zeitraum 2001 bis 2006 stärker negative und schwächer positive Zusammenhänge.

Als Fazit für die Between-Groups-Schätzungen lässt sich somit ziehen, dass bei den Kreditgenossenschaften Institute mit höherem Spezialisierungsgrad tendenziell eine niedrigere erwartete Verlustquote haben. Eine Ausnahme stellt hierbei die Messung des Spezialisierungsgrades auf Basis des Maßes HHI^{w} dar. Bei den Sparkassen hängen die Ergebnisse sehr stark vom betrachteten Spezialisierungsmaß ab. Außerdem ist bei den Sparkassen eine genaue Kenntnis der Insolvenzquote für die Branche der Forst- und Landwirtschaft notwendig, obwohl die Kreditvergabe an diese Branche klar von den Kreditgenossenschaften dominiert wird.[229] Bei den Sparkassen lässt sich somit keine pauschale Aussage über den Zusammenhang zwischen Spezialisierungsgrad und erwarteter Verlustquote machen.

Neben den Between-Groups-Schätzungen wurden auch Fixed-Effects-Schätzungen durchgeführt. Es ergeben sich sowohl für die zwei betrachteten Fragestellungen als auch für Kreditgenossenschaften und Sparkassen sehr ähnliche Ergebnisse. Mit Aus-

[229] Vgl. hierzu Fußnote 85.

nahme für die Spezialisierungsmaße *HHI* und D^{Ort} zeigen sich ausschließlich positive Zusammenhänge, die in den meisten Fällen statistisch signifikant sind. Beim Spezialisierungsmaß HHI^w zeigen sich erwartungsgemäß die höchsten t- und Koeffizientenwerte. Im Rahmen der ersten Fragestellung heißt dies, dass eine Erhöhung des Spezialisierungsgrades bei einem Institut, gemessen auf Basis des HHI^w, D^{Bund}, D^{Land} oder D^{BWS}, tendenziell mit einer Erhöhung der erwarteten Verlustquote einhergeht. Dies kann zum einen aus einer Veränderung der Branchenstruktur und zum anderen aus einer Veränderung der Insolvenzquoten resultieren. Den stärkeren Einfluss auf eine Veränderung der erwarteten Verlustquote hat eine Veränderung der Insolvenzquoten. Wird der Spezialisierungsgrad anhand des *HHI* gemessen, so ist eine Spezialisierungsgrad-Erhöhung mit einer niedrigeren erwarteten Verlustquote verbunden. Für das Spezialisierungsmaß D^{Ort} liegt bei Kreditgenossenschaften ein insignifikant negativer und bei den Sparkassen ein auf einem 5%-Signifikanzniveau signifikant positiver Zusammenhang vor.

Im Rahmen des zweiten Regressionsmodells wird die erwartete Verlustquote so normiert, dass die Veränderung der durchschnittlichen Insolvenzquote ausgeblendet wird. Eine Erhöhung des Spezialisierungsgrades geht mit Ausnahme für den *HHI* bei Kreditgenossenschaften und Sparkassen und für D^{Ort} bei den Sparkassen tendenziell mit einer Branchenwahl einher, die stärker auf ausfallgefährdetere Branchen fokussiert ist. Neben den Ergebnissen für den HHI^w sind auch die Ergebnisse für D^{Bund} und D^{BWS} statistisch und ökonomisch hochgradig signifikant. Ein stärkeres Abweichen von nationalen Benchmarks ist mit einer stärkeren Konzentration auf ausfallgefährdetere Branchen verbunden. Dies kann damit zusammenhängen, dass der Anteil an der gesamten Kreditvergabe bzw. an der Brutto-Wertschöpfung auch etwas über die Insolvenzquote der Branche widerspiegelt. Es zeigt sich allerdings, dass die Korrelation zwischen der Insolvenzquote und dem jeweiligen Anteil der Branche zwar negativ, aber nicht signifikant von Null verschieden ist.[230] Die Ergebnisse für den *HHI* zeigen, dass Institute, die ihre naive Diversifikation erhöhen, verstärkt in Branchen mit höheren Insolvenzquoten investieren. Die Ergebnisse erweisen sich als recht stabil, wenn ein alternatives Vorgehen im Umgang mit fusionierten Instituten angewendet wird und fusionierte Institute als neue Bank in die Datenbasis eingehen.

[230] Die Korrelation zwischen der Insolvenzquote und dem Anteil an der nationalen Kreditvergabe bzw. an der Brutto-Wertschöpfung beträgt -0,125 bzw. -0,085.

Die Ergebnisse der Between-Groups- und Fixed-Effects-Schätzungen unterscheiden sich deutlich voneinander, wie auch in der Übersichtstabelle 4-52 zu erkennen ist. Es ist bei der Untersuchung des Zusammenhangs zwischen Spezialisierungrad und der erwarteten Verlustquote also zu unterscheiden, ob das Spezialisierungsgrad-Niveau mit dem Niveau der erwarteten Verlustquote unterschiedlicher Banken verglichen wird oder ob unterschiedliche Spezialisierungsgrade bzw. erwartete Verlustquoten einer Bank miteinander verglichen werden.

Tabelle 4-52: Übersicht über die Spezialisierungsmaß-Ergebnisse der Regressionen gemäß den Gleichungen 4-4 bis 4-8

	(1) HHI	(2) HHI^{w}	(3) D^{Bund}	(4) D^{Land}	(5) D^{Ort}	(6) D^{BWS}
Kreditgenossenschaften						
Regressionsgleichung 4-4	-0,420***	0,255***	-0,370***	-0,362***	-0,204***	-0,433***
Regressionsgleichung 4-5	-0,460***	0,214**	-0,415***	-0,420***	-0,310***	-0,477***
Regressionsgleichung 4-6	-0,264***	0,045	-0,269***	-0,425***	-0,256***	-0,242***
Regressionsgleichung 4-7	-0,005***	0,006***	0,006***	0,000	0,000	0,001
Regressionsgleichung 4-8	-0,273***	0,983***	0,252***	0,089***	0,014	0,122***
Sparkassen						
Regressionsgleichung 4-4	-0,293***	0,283***	0,304***	0,119*	0,036	0,199***
Regressionsgleichung 4-5	-0,374***	0,255***	0,339***	0,082	-0,149***	0,204**
Regressionsgleichung 4-6	0,022	0,177***	-0,079*	-0,170***	-0,086**	-0,067
Regressionsgleichung 4-7	-0,007*	0,004*	0,010***	0,002*	0,002*	0,009***
Regressionsgleichung 4-8	-0,448***	1,102***	0,261***	0,048*	-0,040*	0,315***

*,**,*** zeigen jeweils statistische Signifikanz auf einem 5%-, 1%- bzw. 0,1%-Signifikanzniveau an.

Da den Between-Groups-Schätzungen – wie vorher ausführlich dargelegt wurde – ein stärkeres Gewicht als den Fixed-Effect-Schätzungen zugesprochen wird, beschränkt sich die Vorstellung der wesentlichen Resultate für die Kontrollvariablen auf die der Between-Groups-Schätzungen.

Kreditgenossenschaften mit hohem Kreditanteil sind hauptsächlich in Bundesländern mit niedrigen Insolvenzquoten aktiv. Das Geschäftsgebiet von Sparkassen mit hohem Kreditanteil ist überwiegend durch sichere Branchen geprägt. Insgesamt zeigt sich bei beiden Bankengruppen im Rahmen des dritten Regressionsmodells, dass ein höherer Kreditanteil statistisch signifikant mit einer niedrigeren erwarteten Verlustquote einhergeht. Es ist festzustellen, dass Kreditgenossenschaften und Sparkassen mit einer hohen Quote an Privatkundenkrediten eher an Branchen mit hoher Insolvenzquote Kredite vergeben, dafür aber das Geschäftsgebiet solcher Institute eher in wirtschaftlich stabilen Bundesländern liegt, so dass im Rahmen des dritten Regressionsmodells ein negativer Zusammenhang mit der erwarteten Verlustquote angezeigt wird. Beim Blankoanteil ergeben sich überwiegend negative Zusammenhänge, d.h. eine geringe Besicherung der Kredite wird eher in sicheren Branchen akzeptiert. Allerdings sind die Zusammenhänge oft statistisch insignifikant. Bei der Personalaufwandsquote für das Kreditgeschäft gelten ebenfalls in den meisten Fällen negative Zusammenhänge, die bei den Kreditgenossenschaften bei allen Fragestellungen statistisch signifikant sind, bei den Sparkassen allerdings nur im Rahmen der dritten Fragestellung. Ein möglicher Grund für die negative Beziehung zur erwarteten Verlustquote ist, dass eine hohe Personalaufwandsquote für das Kreditgeschäft eine professionellere Kreditportfoliosteuerung implizieren kann, die das Eingehen großer Positionen in unsicheren Branchen verhindert. Übernommene Institute weisen tendenziell niedrigere erwartete Verlustquoten auf, übernehmende Institute hingegen eher höhere. Wie bei der Untersuchung der Monitoring-Qualität lassen sich zumindest nicht über die Fusions-Dummys Indizien dafür finden, dass Übernahmen überwiegend zur Rettung in Schieflage geratener Institute erfolgt sind. Für den Marktanteil zeigt sich bei den Kreditgenossenschaften kein (signifikanter) Zusammenhang mit der erwarteten Verlustquote. Bei Sparkassen sind im Rahmen der ersten beiden Fragestellungen signifikant negative Beziehungen zur erwarteten Verlustquote festzustellen. Dies ist möglicherweise ein Zeichen dafür, dass unter den Banken Risikoteilung betrieben wird. In Branchen mit hohen Insolvenzquoten gehen einzelne Banken geringere Marktanteile ein und teilen sich demnach das relativ hohe Risiko mit anderen Banken. Im Rahmen des dritten Regressionsmodells werden allerdings positive Zusammenhänge ausgewiesen; insgesamt geht ein höherer Marktanteil mit einer höheren erwarteten Verlustquote einher, da Sparkassen mit einem hohen Marktanteil eher in Bundesländern mit höheren Insolvenzquoten vertreten sind.

4.4 Fazit des Kapitels

Das Ziel dieses Kapitels bestand darin, zu untersuchen, wie sich die geringeren Risikovorsogequoten bei spezialisierten Kreditgenossenschaften und Sparkassen im Vergleich zu denen diversifizierter Institute erklären lassen. Die Analysen dieses Kapitels haben gezeigt, dass spezialisierte Kreditgenossenschaften eine bessere Monitoring-Qualität aufweisen. Im Verhältnis zu den auf Basis der Branchenstruktur des Firmenkundenkreditportfolios ermittelten erwarteten Verlustquoten haben sie tendenziell eine geringere tatsächliche Verlustquote als diversifizierte Kreditgenossenschaften. Dieses Ergebnis gilt für alle verwendeten Spezialisierungsmaße und ist robust gegenüber Veränderungen der Datenbasis und des Regressionsmodells; auch zeitliche Stabilität ist gegeben. Des Weiteren ist festzustellen, dass spezialisierte Kreditgenossenschaften geringere erwartete Verlustquoten aufweisen. Zwischen der auf Basis der Branchenstruktur des Firmenkundenkreditportfolios sowie der Bundeslandzugehörigkeit ermittelten erwarteten Verlustquote und dem Spezialisierungrad liegt – mit Ausnahme für das Spezialisierungsmaß HHI^w – ein signifikant negativer Zusammenhang vor. Insgesamt heißt dies, falls das Spezialisierungsmaß HHI^w aus der Betrachtung ausgeschlossen wird, dass die geringeren Risikovorsorgequoten für spezialisierte Kreditgenossenschaften daraus resultieren, dass sie

- vorrangig in wirtschaftlich stabilen Geschäftsgebieten aktiv sind,
- überwiegend an sichere Branchen Kredite vergeben und
- innerhalb der Branchen sichere Kreditnehmer auswählen bzw. die Kreditnehmer besser überwachen.

Bei Verwendung des Spezialisierungsmaßes HHI^w zur Messung des Spezialisierungsgrades zeigt sich ein positiver Zusammenhang zwischen Spezialisierungsgrad und erwarteter Verlustquote. Da insgesamt ein negativer Zusammenhang zwischen Spezialisierungsgrad und den Risikovorsorgequoten vorliegt, heißt dies, dass gemäß HHI^w als spezialisiert geltende Kreditgenossenschaften durch bessere Monitoring-Qualität trotz auf Basis der Branchenstruktur höher zu erwartender Verlustquoten geringere tatsächliche Verlustquoten aufweisen als diversifizierte Institute.

Bei den Sparkassen zeigen sich ebenfalls Monitoring-Vorteile für spezialisierte Institute. Allerdings sind die Zusammenhänge zwischen dem Spezialisierungsgrad und der Monitoring-Qualität ökonomisch und statistisch schwächer. Zugleich liegt eine stärkere Abhängigkeit der Ergebnisse von der Wahl des Spezialisierungsmaßes vor. Nimmt man die Ergebnisse für die Untersuchung der erwarteten Verlustquote (drittes Regressionsmodell) hinzu, bei der für die naiven Spezialisierungsmaße positive und für die Distanzmaße negative Zusammenhänge zwischen dem Spezialisierungsgrad und der erwarteten Verlustquote ersichtlich sind, so lässt sich Folgendes festhalten:

- Die geringeren Risikovorgequoten der gemäß den naiven Spezialisierungsmaßen als spezialisiert geltenden Sparkassen beruhen auf Monitoring-Vorteilen, die höhere erwartete Verlustquoten überkompensieren. Dabei werden für das Spezialisierungsmaß HHI^{w} jeweils deutlich (statistisch und ökonomisch) stärkere Zusammenhänge zwischen Spezialisierungsgrad und Monitoring-Qualität bzw. erwarteter Verlustquote ausgewiesen.

- Die geringeren Risikovorsorgequoten der gemäß den Distanzmaßen als spezialisiert geltenden Sparkassen beruhen auf Monitoring-Vorteilen und auf – aufgrund wirtschaftlich stabilerer Geschäftsgebiete – geringeren erwarteten Verlustquoten.

Es sei noch bemerkt, dass die Ergebnisse für die Regressionen über beide Bankengruppen den Ergebnissen für Regressionen der Kreditgenossenschaften sehr stark ähneln, so dass eine zusätzliche Diskussion dieser Ergebnisse ausbleibt.

Kapitel 5

Erzielen spezialisierte Sparkassen und Kreditgenossenschaften höhere Kreditertäge?

5.1 Überblick

In diesem Kapitel wird empirisch überprüft, ob spezialisierte Kreditgenossenschaften und Sparkassen höhere risikobereinigte Konditionsmargen im Firmenkundenkreditgeschäft erzielen als diversifizierte Institute, d.h. ob die ermittelten Monitoring-Vorteile für spezialisierte Institute sich (auch) in den Krediterträgen niederschlagen. Nach der Vorstellung der empirischen Methodik (Abschnitt 5.2) werden in Abschnitt 5.3 die Ergebnisse präsentiert. Es folgen weitergehende Untersuchungen (Abschnitt 5.4). Zunächst wird überprüft, ob die Resultate robust sind. Anschließend werden auf der Basis der EWU-Zinsstatistik die Ergebnisse genauer analysiert. Das Kapitel endet mit einem Fazit (Abschnitt 5.5).

5.2 Empirische Methodik

In den bisherigen empirischen Untersuchungen wurde festgestellt, dass spezialisierte Kreditgenossenschaften und Sparkassen relativ zu den erwarteten Verlusten geringere tatsächliche Verluste im Firmenkundenkreditgeschäft als diversifizierte Institute aufweisen. Bei den Kreditgenossenschaften wurde ferner ein negativer Zusammenhang zwischen Spezialisierungsgrad und erwarteter Verlustquote aufgedeckt. Die Auswahl risikoärmerer Branchen und die Auswahl risikoärmerer Kreditnehmer in den jeweiligen betreuten Branchen bzw. das bessere Monitoring dieser Kreditnehmer durch spezialisierte Kreditgenossenschaften erklären die niedrigeren Risikovorsorgequoten spezialisierter Institute.

Um zu beurteilen, ob das Firmenkundenkreditgeschäft spezialisierter Sparkassen und Kreditgenossenschaften erfolgreicher ist und höhere Renditen erwirtschaftet werden, ist neben Aufwandsgrößen auch die Ertragskomponente, d.h. die Zinserträge, einzubeziehen. Es ist dabei nicht eindeutig, welche Größe geeignet ist, die Rendite aus dem Kreditgeschäft widerzuspiegeln. Es wird im Folgenden die um Standardrisikokosten bereinigte Konditionsmarge ZEQ^{ausf} zugrunde gelegt.[1] Diese zeichnet sich durch eine hohe positive Korrelation zur Gesamtkapitalrentabilität aus.[2] Zur Berechnung der risikobereinigten Konditionsmarge wird der im Kreditgeschäft erzielte Zinssatz um laufzeitkongruente[3] Refinanzierungssätze am Geld- und Kapitalmarkt und die tatsächliche Verlustquote vermindert. Die Konditionsmarge wird im Rahmen der Marktzinsmethode als die originäre Erfolgsgröße des Kreditgeschäfts verstanden und ist insbesondere vom Strukturbeitrag abzugrenzen, der Erträge aus der Fristentransformation angibt.[4] Die Bereinigung um Risikokosten trägt dem Aspekt Rechnung, dass Banken unterschiedliche durchschnittliche Rückzahlungsquoten an Zins- und Tilgungsleistungen aufweisen. Die Verwendung von ZEQ^{ausf} birgt Probleme sowohl grundsätzlich methodischer Natur als auch aufgrund der in diesem Fall gegebenen Datenlage. Auf diese Probleme wird im Rahmen der Interpretation der Ergebnisse eingegangen.[5] Neben dieser Netto-Zinsgröße wird im Rahmen weiterführender Analysen auch die Bruttogröße ZEQ, als Zielgröße zum Einsatz kommen.[6]

[1] Vgl. hierzu Abschnitt 3.4.3.
[2] Die Korrelationswerte sind sowohl bei den Kreditgenossenschaften als auch bei den Sparkassen größer als $0,5$.
[3] Anmerkungen zu Problemen bei Bestimmung der Laufzeiten folgen an späterer Stelle.
[4] Vgl. hierzu z.B. Hartmann-Wendels et al. (2007), S. 695 ff.
[5] Vgl. hierzu Abschnitt 5.3.
[6] Vgl. hierzu Abschnitt 5.4.1.

Als Ausgangspunkt für die empirischen Untersuchungen wird folgende Regressionsgleichung verwendet:

$$\begin{aligned}
\overline{ZEQ^{ausf}}_b \; = \; & \alpha + \beta_1 \cdot \overline{SM}_b + \beta_2 \cdot \overline{kred_ant}_b + \beta_3 \cdot \overline{privat}_b \\
& + \beta_4 \cdot \overline{blanko}_b + \beta_5 \cdot \overline{markt_ant1}_b + \beta_6 \cdot \overline{markt_struktur}_b \\
& + \beta_7 \cdot \overline{hoehe}_b + \beta_8 \cdot \overline{ZAQ}_b \qquad (5\text{-}1) \\
& + \beta_9 \cdot \overline{verwaltung}_b + \beta_{10} \cdot \overline{bilanz}_b + \beta_{11} \cdot \overline{agglom1}_b \\
& + \beta_{12} \cdot \overline{agglom2}_b + \beta_{13} \cdot \overline{ost}_b + \beta_{14} \cdot \overline{fusion2}_b + \epsilon_b.
\end{aligned}$$

Wie bei den Untersuchungen zur Monitoring-Qualität und zur Branchenwahl stellen auch in diesem Fall die Mittelwerte der Variablen, ermittelt je Bank über den jeweiligen Beobachtungszeitraum, die Input-Größen für die Regressionen dar. Es wird untersucht, inwiefern Unterschiede bei den erklärenden Variablen unterschiedliche risikobereinigte Konditionsmargen zwischen den Banken erklären können. Die Verdichtung der Daten zu reinen Querschnittsdaten erfolgt aus ähnlichen Gründen wie in den vorangegangenen Untersuchungen. Die Varianz der Spezialisierungsgradmittelwerte zwischen den Banken ist deutlich höher als die durchschnittliche Varianz der Spezialisierungsgrade innerhalb der Banken. Dies spricht für eine Querschnittsanalyse des Zusammenhangs zwischen ZEQ^{ausf} und Spezialisierungsgrad, für eine Analyse, die den Zusammenhang zwischen unterschiedlichen Spezialisierungsgrad- und ZEQ^{ausf}-Niveaus untersucht. Die Daten über die Laufzeiten der Kredite sind nicht genau genug, um bestimmen zu können, in welcher Höhe Kreditverträge in den einzelnen Jahren abgeschlossen wurden.[7] Für eine Fixed-Effects-Schätzung oder eine dynamische Panel-Schätzung wäre diese Information notwendig, da zum Zeitpunkt des Kreditabschlusses vorliegende Ausprägungen der erklärenden Variablen für die erklärte Variable relevant und diese Schätzungen auf eine zeitlich präzise Zuordnung angewiesen sind.[8] Des Weiteren ist – wie bereits bei der Vorstellung des Untersuchungsdesigns für die Monitoring-Qualität erläutert – eine verlässliche tatsächliche Verlustquote nur als durchschnittliche tatsächliche Verlustquote eines vergleichsweise langen Beobachtungszeitraums ermittelbar. Konsequenterweise werden Durchschnittswerte über den gesamten Beobachtungszeitraum von zwölf Jahren ermittelt und als Grundlage für die Regressionen verwendet. Zum einen verlieren somit Zeitpunktungenauigkeiten bei den Kreditabschlüssen an Bedeutung und zum anderen gewinnt die tatsächliche Verlustquote an Verlässlichkeit.

[7] Des Weiteren sind auch die genauen Tilgungsstrukturen unklar.

[8] Vgl. hierzu das Beispiel in Abschnitt 4.2.3.4.2.

Die Schätzungen werden wiederum mit dem Standardset an Daten durchgeführt, d.h. u.a. dass Banken mit weniger als sieben Beobachtungspunkten und einem Privatkundenkreditanteil von über 90% von der Untersuchung ausgeschlossen sind.[9] Die Schätzungen werden für Kreditgenossenschaften und Sparkassen separat und zusammen durchgeführt. Bei der gemeinsamen Regression wird ein Dummy integriert, der den Wert Eins annimmt, falls es sich bei der betrachteten Bank um eine Sparkasse handelt. Es erfolgt eine Gewichtung mit der Anzahl der Beobachtungen und es werden robuste Varianz-Matrizen verwendet. Aussagen über die statistische Signifikanz der Zusammenhänge tragen also möglicher Heteroskedastizität Rechnung. Ferner werden Ramsey-Tests zur Aufdeckung von Korrelationen zwischen Störtermen und Variablen bzw. zur Aufdeckung von Endogenitäten und fehlenden Variablen durchgeführt. Die Berechnung von Variance Inflation Indizes dient dem Aufspüren von Multikollinearitäten.[10]

Ein positives β_1 würde bedeuten, dass Kreditgenossenschaften bzw. Sparkassen mit höherem Spezialisierungsgrad eine höhere risikobereinigte Konditionsmarge im Kreditgeschäft erzielen. Die hohe positive Korrelation zwischen risikobereinigter Konditionsmarge und Gesamtkapitalrentabilität wäre dann ein starkes Indiz dafür, dass höhere risikoadjustierte Kreditertäge einer der Gründe für die höheren Renditen spezialisierter Banken sind. Die Vermutung eines positiven β_1 lässt sich folgendermaßen motivieren:

- Spezialisierte Kreditgenossenschaften und Sparkassen sind besser im Screening[11] und können dadurch das Problem adverser Selektion vermeiden bzw. verringern. Adverse Selektion heißt in diesem Zusammenhang vereinfacht gesagt, dass der für eine bestimmte Bonität angemessene Zinssatz von Kreditnehmern besserer Bonität abgelehnt wird und kein Kreditvertrag zustande kommt, während Kreditnehmer mit schlechterer Bonität den Zinssatz akzeptieren und den Kreditvertrag eingehen. Falls ein Kreditinstitut die Bonität potenzieller Kreditnehmer nicht genau beurteilen kann, wird dies dazu führen, dass sie in vielen Fällen zum einen zu hohe Zinssätze und zum anderen zu niedrige Zinssätze fordert. Die adverse Selektion führt dann dazu, dass die Bank überwiegend Kreditverträge mit Kreditnehmern abschließt, die gemes-

[9] Vgl. hierzu Abschnitt 3.6.

[10] Vgl. hierzu auch die Ausführungen in Abschnitt 4.2.1.

[11] Dies wurde in Abschnitt 4.2 im Rahmen der Untersuchung des Zusammenhangs zwischen Monitoring-Qualität und Spezialisierungsgrad empirisch ermittelt.

sen an ihrer Bonität einen zu geringen Zinssatz zahlen.[12] Die Fähigkeit der spezialisierten Institute, besser zwischen guten und schlechten Kreditnehmern zu diskriminieren, versetzt diese in die Lage zu verhindern, dass Kreditverträge mit – gemessen an der Bonität des Kreditnehmers – zu geringen Zinssätzen abgeschlossen werden.

- Spezialisierte Kreditgenossenschaften und Sparkassen sind besser in der Überwachung und Abwicklung der Kredite,[13] so dass sie bei Zinskonditionen und Kreditnehmerbonitäten, die denen der diversifizierten Insitute vergleichbar sind, aufgrund niedrigerer PDs und LGDs höhere risiko- bzw. ausfallbereinigte Erträge aus den Krediten erzielen.[14]

- Spezialisierte Kreditgenossenschaften und Sparkassen sind zu besserer Beratung der Kreditnehmer in der Lage, weil sie über mehr Branchenexpertise als diversifizierte Institute verfügen. Spezialisierte Banken können mit Erfahrungen, die sie im Laufe der Kreditbeziehungen mit ähnlichen Unternehmen gesammelt haben, dem Kreditnehmer beratend zur Seite stehen und sich dies in Form höherer Zinsen bezahlen lassen.

- Falls Kreditgenossenschaften und Sparkassen nicht oder nur partiell die Bonität des Kreditnehmers in die Zinssatzhöhe einfließen lassen, d.h. keine oder nur eine schwach ausgeprägte Risikoadjustierung der Zinskonditionen stattfindet, ist ein positives β_1 zu vermuten, da spezialisierte Institute geringere Ausfallraten im Kreditgeschäft aufweisen. Falls sich die Zinssätze an der Branchenzugehörigkeit der Kreditnehmer orientieren, d.h. Unternehmen aus Branchen mit höheren Insolvenzraten, höhere Zinssätze zu zahlen haben, so sollte die Auswahl risikoärmerer Unternehmen innerhalb der jeweiligen Branchen seitens der spezialisierten Institute – wie in der Untersuchung zur Monitoring-Qualität ermittelt[15] – dazu führen, dass die risikobereinigten Konditionsmargen bei den spezialisierten Kreditgenossenschaften und Sparkassen höher sind.

[12] Für eine ausführliche Analyse des Problems adverser Selektion vgl. z.B. Jankowitsch et al. (2007) und die Ausführungen in Abschnitt 2.3.1.1.

[13] Vgl. Fußnote 11.

[14] Besseres Screening bei gleichzeitiger Kenntnis und Berücksichtigung der eigenen überlegenen Fähigkeiten bei Überwachung und Kreditabwicklung und die daraus resultierende Zinspolitik sowie Konsequenzen für die adverse Selektion lassen sich nicht anhand des Modells von Jankowitsch et al. (2007) oder Kühn (2008) beurteilen. Hierfür wäre eine Erweiterung notwendig, die eine Beeinflussung der Ausfallwahrscheinlichkeiten und LGDs der Kredite durch die Kreditgeber zulässt.

[15] Vgl. hierzu Abschnitt 4.2.

Um die Ausführungen zur Förderung der Verständlichkeit einfach zu halten, werden an dieser Stelle mögliche Gründe für ein negatives bzw. nicht-positives β_1 im Rahmen dieses Untersuchungsdesigns nicht angeführt. An späterer Stelle im Rahmen einer detaillierten Analyse erscheint deren Behandlung sinnvoller.[16]

Die Auswahl der Kontrollvariablen für diese Untersuchung stellt – wie bei den anderen Untersuchungen – den Versuch dar, die wesentlichen Einflussfaktoren einzubringen. Allerdings ist dies insbesondere im Rahmen der Untersuchung der Zinssatzhöhe bei der Vielzahl an relevanten Determinanten besonders schwierig.[17] Zum einen liegen nicht die entsprechenden Informationen vor, wie z.B. eine genaue Aufschlüsselung nach Kreditarten, und zum anderen ist eine Begrenzung der Kontrollvariablenanzahl vorzunehmen, um Pseudo-Genauigkeit und Unübersichtlichkeit des Untersuchungsdesigns zu vermeiden. Die Auswahl der Kontrollvariablen ist auf der einen Seite ökonomisch motiviert, auf der anderen Seite wurde aber auf Basis von Untersuchungen mit erweiterter bzw. modifizierter Variablenauswahl dafür Sorge getragen, dass die Ergebnisse für das gewählte Untersuchungsdesign robust sind.[18]

Der Kreditanteil (*kred_ant*) gibt an, wie aktiv die Bank im Kundenkreditgeschäft ist. Für ein positives β_2 spricht, dass Banken ihr Engagement im Kundenkreditgeschäft möglicherweise dann forcieren, wenn sie dort entprechend hohe Renditen erzielen können. Dagegen ist allerdings anzuführen, dass eine Ausweitung des Kundenkreditgeschäftes bzw. das Aufrechterhalten eines hohen Kreditanteils besonders leicht über Zugeständnisse bei Zinskonditionen erreicht werden kann. Außerdem ist nicht klar, was als Messlatte für die Beurteilung der Zinssatzhöhe angesetzt wird. Banken könnten es als ausreichend erachten, wenn die Opportunitätskosten, z.B. abgebildet durch laufzeitkongruente Anlagen am Geld- und Kapitalmarkt, gedeckt sind. Insgesamt ist also eher ein negativer Zusammenhang zwischen Kreditanteil und ZEQ^{ausf} zu erwarten.

16 Vgl. hierzu Abschnitt 5.3.

17 Die in der vorliegenden Arbeit verwendeten Einflussfaktoren orientieren sich an Arbeiten zur Untersuchung der Zinsmarge. Vgl. hierzu etwa Ho / Saunders (1981), Demirgüç / Huizinga (1999), Saunders / Schumacher (2000) und Claeys / Vennet (2008).

18 Fehlende Variablen, die einen Zusammenhang mit anderen erklärenden Variablen und der erklärten Variable aufweisen, können ein Problem darstellen. Der Ramsey-Test zeigt bei den meisten der Regressionen keine diesbezügliche Fehlspezifikation an.

Bei den Untersuchungen zur Monitoring-Qualität wurde ein signifikant negativer Zusammenhang zwischen Privatkundenanteil (*privat*) und *RATIO* sowohl für die Kreditgenossenschaften als auch für die Sparkassen ermittelt.[19] Es könnte sein, dass Sparkassen und Kreditgenossenschaften im Privatkundenkreditgeschäft tendenziell geringere tatsächliche Verlustquoten zu verzeichnen haben als im Firmenkundenkreditgeschäft oder dass Institute mit einem hohen Privatkundenanteil im Firmenkundengeschäft besonders vorsichtig bei der Kreditvergabe sind. Da die Zinssätze bei Krediten an unselbstständige Privatpersonen tendenziell höher als an Unternehmen sind,[20] wäre es als Bestätigung für die erste Hypothese anzusehen, wenn eine positive Beziehung zwischen *privat* und ZEQ^{ausf} ermittelt wird. Dies wäre aber auch ein Beleg dafür, dass Banken Kredite nicht risikoadäquat bepreisen. Wenn bei den betrachteten Banken tendenziell die tatsächlichen Verlustquoten im Privatkundengeschäft niedriger als im Firmenkundengeschäft sind, so sollten auch die Zinssätze im Privatkundengeschäft niedriger sein.[21] Ein negativer bzw. nicht-positiver Zusammenhang zwischen *privat* und ZEQ^{ausf} würde dafür sprechen, dass Banken mit einem hohen Privatkundenanteil riskante Kreditengagements im Firmenkundengeschäft vermeiden und Zinsabschläge in Kauf nehmen. Banken, deren Kernkompetenz nicht im Firmenkundengeschäft liegt, ziehen möglicherweise eine relativ sichere niedrige Rendite einer relativ unsicheren höheren Rendite im Firmenkundengeschäft vor, auch wenn dadurch die um Standardrisikokosten bereinigte Konditionsmarge niedriger ausfällt. Das Eingehen von höheren Risiken in einem Geschäftsgebiet mag eher für diejenigen sinnvoll sein, die sich besonders gut in diesem Geschäftsgebiet auskennen und in der Lage sind, Unsicherheiten zu reduzieren und die Risiken zu steuern.

Ein höherer Blankoanteil (*blanko*) führt c.p. zu einem höheren LGD und einer höheren tatsächlichen Verlustquote. Bei risikoadjustierter Bepreisung von Krediten sollte dies in den Zinskonditionen berücksichtigt sein, d.h. ein höherer Blankoanteil sollte mit einem höherem Zinssatz verbunden sein. Ein negatives β_4 würde somit anzeigen, dass Banken nicht risikoadäquat die Besicherung der Kredite und damit den Verlust bei Ausfall des Kredites in die Zinsgebung einfließen lassen und zu niedrige Zinssätze bei geringer Besicherung fordern. Zu beachten ist, dass *blanko* in diesem Fall den

19 Vgl. hierzu Abschnitt 4.2.2.

20 Dies ist z.B. der EWU-Zinsstatistik zu entnehmen. Vgl. hierzu Deutsche Bundesbank (2008). Eine ausführliche Behandlung der Daten der EWU-Zinsstatistik findet in Abschnitt 5.4.2 statt.

21 Hierbei ist allerdings zu beachten, dass im Privatkundengeschäft die Kreditbeträge kleiner sind und dies zu höheren Zinssätzen führt. Vgl. hierzu auch die Ausführungen zur Variable *hoehe* in diesem Abschnitt.

Blankoanteil bei einzelwertberichtigten Krediten bezeichnet und damit möglicherweise ein stärker positiver Zusammenhang zwischen LQ^{ausf} und *blanko* besteht als zwischen LQ^{ausf} und der Zinssatzhöhe, da Nachbesicherungen, die bei Festlegung des Zinssatzes noch nicht feststanden, nicht in die Zinskonditionen eingeflossen sind.

Für den Marktanteil (*markt_ant1*) gibt es sowohl Argumente für einen positiven als auch Argumente für einen negativen Zusammenhang mit ZEQ^{ausf}. Ein hoher Marktanteil kann Marktmacht bedeuten, die dazu eingesetzt werden kann, höhere Zinsforderungen bei den Kreditnehmern durchzusetzen.[22] Andererseits kann ein hoher Marktanteil auch gerade dafür stehen, dass eine Bank durch günstige Zinskonditionen einen großen Kundenkreis für sich gewonnen hat.

Die Variable *markt_struktur* gibt an, wie stark konzentriert das Kreditgeschäft in der jeweiligen Region ist, d.h. wie stark der Wettbewerb unter den Banken in der jeweiligen Region ist.[23] Ein höherer Wert für *markt_struktur*, d.h. ein schwächerer Wettbewerb, sollte damit einhergehen, dass Banken eher in die Lage versetzt werden, höhere Zinssätze bei ihren Kreditnehmern durchzusetzen. Es wird also ein negativer Zusammenhang zwischen *markt_struktur* und ZEQ^{ausf} vermutet.[24] Zu beachten ist jedoch, dass bei der Berechnung der Variablen *markt_struktur* die überregionalen Banken nicht einbezogen worden sind. Insbesondere in städtischen Gebieten, Gebieten in denen überregional tätige Banken verstärkt aktiv sind, dürfte somit der Wettbewerb durch die Variable *markt_struktur* unterschätzt werden.

Für die Kredithöhe (*hoehe*) wird ein negativer Zusammenhang mit der risikobereinigten Konditionsmarge erwartet.[25] Die EWU-Zinsstatistik weist bei Neukrediten mit Beträgen über 1 Mio. € im Durchschnitt geringere Zinssätze als bei den Neukrediten mit Beträgen unter 1 Mio. € aus.[26] Es ist allerdings zu berücksichtigen, dass Banken hohe Beträge eher an Kreditnehmer mit guter Bonität vergeben als an

22 Vgl. hierzu z.B. Weth (2002) und Claeys / Vennet (2008).

23 Vgl. hierzu Abschnitt 3.4.4.4.

24 Ewert et al. (2000) ermitteln einen entsprechenden Zusammenhang zwischen lokaler Bankenkonzentration und Zinssatzhöhe in ihren empirischen Untersuchungen. In der empirischen Arbeit von Elsas / Krahnen (1998) wird hingegen kein Zusammenhang zwischen der lokalen Bankenkonzentration und der Zinssatzhöhe festgestellt.

25 In den empirischen Untersuchungen von Machauer / Weber (1998), Elsas / Krahnen (1998) und D'Auria et al. (1999) wird jeweils ein negativer Zusammenhang zwischen Zinssätzen im Kreditgeschäft und der Kredithöhe ermittelt.

26 Vgl. hierzu Deutsche Bundesbank (2008).

Kreditnehmer schwacher Bonität. Die höheren Zinssätze für kleinvolumige Kredite dürften somit zum Teil auf höhere Risikoprämien zurückzuführen sein, was bei der Variable ZEQ^{ausf} bereits herausgerechnet ist. Das entscheidende Argument für eine negative Beziehung lässt sich auf den Fixkostendegressionseffekt zurückführen. Der administrative Aufwand für kleine und große Kredite wird im Regelfall keine große Diskrepanz aufweisen, so dass der anteilige Aufwand bei höheren Kreditbeträgen kleiner sein sollte.[27] Die Variable *hoehe* stellt – wie bereits in Abschnitt 3.4.4.1 besprochen – lediglich einen Proxy dar, der allein auf der Banchenzusammensetzung basiert. Inwieweit damit die tatsächliche durchschnittliche Kredithöhe der Institute identifiziert werden kann, bleibt offen.

Es ist nicht klar, ob für die Banken der laufzeitkongruente Refinanzierungssatz am Geld- und Kapitalmarkt der Ausgangspunkt bei der Festlegung der Zinssätze für das Kreditgeschäft ist. Es ist gut vorstellbar, dass für Banken der tatsächliche Refinanzierungssatz einen entscheidenden Einfluss auf die Zinsforderungen im Kreditgeschäft hat. Die Variable ZAQ gibt den Zinsaufwand im Verhältnis zur Bilanzsumme an und drückt aus, was die Bank im Durchschnitt für das ihr zur Verfügung gestellte Kapital an Zinsen zahlen muss.[28] Banken mit günstiger Refinanzierung würden ihren Kreditnehmern niedrigere Zinssätze anbieten, falls sie sich nicht gemäß der Marktzinsmethode an den Geld- und Kapitalmarktsätzen orientieren, sondern ihre Kreditkonditionen aus der Zinsaufwandsquote ableiten. Es wird daher ein positiver Zusammenhang zwischen ZAQ und ZEQ^{ausf} erwartet. Erwähnt sei an dieser Stelle nochmals, dass Erfolge aus der Fristentransformation bei diesen Überlegungen nicht einbezogen sind. Die Betrachtung der Konditionsmarge verhindert, dass dieser Erfolgsgröße, die zumindest nicht unmittelbar von der Qualität des Kreditgeschäfts bestimmt wird, Einfluss eingeräumt wird.[29]

Die Verwaltungsaufwandsquote (*verwaltung*) als Quotient aus Verwaltungskosten und Bilanzsumme wird möglicherweise von den Banken bei der Berechnung der Mindestkreditverzinsung einbezogen. Ein Kredit sollte dazu beitragen, einen Teil

[27] Vgl. hierzu Schmeisser / Mauksch (2005).

[28] Vgl. Memmel (2008). Damit wird für Eigenkapitalpositionen ein Zinssatz in Höhe von 0% angenommen. Eine Alternative wäre, den Zinsaufwand in Relation zum Fremdkapital zu setzen.

[29] Im Unterschied zur Konditionsmarge ist die Zinsmarge (Differenz aus ZEQ und ZAQ) von der Höhe des Strukturbeitrages abhängig.

der Verwaltungskosten zu verdienen.[30] In wettbewerbsintensiven Geschäftsgebieten mag es schwierig sein, sehr hohe Verwaltungskosten an die Kreditnehmer weiterzuleiten. In konzentrierteren Regionen dürfte jedoch der Versuch, höhere Zinssätze zu fordern, eher von Erfolg geprägt sein. Die Variable *verwaltung* sollte damit positiv mit ZEQ^{ausf} zusammenhängen.

Für die logarithmierte Bilanzsumme (*bilanz*) als Proxy für die Bankgröße ist eine negative Beziehung zur ZEQ^{ausf} zu erwarten. Größere Banken haben tendenziell größere Unternehmen als Kreditnehmer.[31] Diesen stehen bei der Wahl der Finanzierung oft mehrere Alternativen zur Verfügung. Insbesondere stellt die Finanzierung über den Kapitalmarkt eine Konkurrenz zur Kreditfinanzierung dar. Banken mit größeren Kreditnehmern dürften somit bei den Zinsforderungen wenig Spielraum nach oben haben. Des Weiteren ist davon auszugehen, dass die Kreditbeträge bei größeren Kreditnehmern und damit bei größeren Banken höher sind. Da die Variable *hoehe* nur auf der Branchenzusammensetzung des Kreditportfolios basiert, ist es gut vorstellbar, dass die Bankgröße einen zusätzlichen Erklärungsbeitrag für die Kredithöhe stiftet. Ähnlich wie beim Kreditanteil ist es ferner möglich, dass große Banken zur Aufrechterhaltung des hohen Bestands an Krediten Zugeständnisse bei den Kreditkonditionen machen müssen.

Die Variablen *agglom1* und *agglom2* kontrollieren für den Agglomerationsgrad des Geschäftsgebietes. Dass die Variable *markt_struktur* in städtischen Regionen bzw. Agglomerationsgebieten womöglich die Intensität des Wettbewerbs zwischen den Banken unterschätzt, spricht für positive β_{11} und β_{12}. Die Ergebnisse zur Untersuchung der Monitoring-Qualität haben jedoch gezeigt, dass die tatsächliche Verlustquote im Verhältnis zur erwarteten Verlustquote in Agglomerationsgebieten niedriger ist. Dies spricht für einen negativen Zusammenhang.[32] Unterschiedliche Kunde-Bank-Beziehungen in eher ländlichen, eher städtischen bzw. Agglomerationsgebieten können mit unterschiedlichen risikobereinigten Konditionsmargen einhergehen. Eine eindeutige Hypothese über das Vorzeichen von β_{11} und β_{12} wird somit nicht aufgestellt.

[30] Vgl. hierzu z.B. Schmeisser / Mauksch (2005).

[31] Vgl. hierzu Weth (2002).

[32] Bei Unterstellung der Annahme, dass die Zinssatzhöhe nicht oder nur unvollständig risikoadjustiert ist.

Strukturelle Unterschiede zwischen Ost- und Westdeutschland im Zeitraum 1995 bis 2006 können unterschiedliche Kreditkonditionen ost- und westdeutscher Banken mit sich bringen. Es ist möglich, dass Banken in Ostdeutschland höhere Kreditzinsen verlangen, weil ostdeutsche Unternehmen tendenziell jünger als westdeutsche sind,[33] die Kunde-Bank-Beziehung noch nicht so entwickelt ist und daher ostdeutsche Banken eine höhere Risikoprämie verlangen. Die Untersuchungen von Lehmann et al. (2004) auf Basis einer Bankumfrage im Jahre 1997 liefern einen Nachweis für höhere Zinsmargen in Ostdeutschland. Es bleibt abzuwarten, ob dieser Zusammenhang auch für die risikobereinigte Konditionsmarge und für den in der vorliegenden Arbeit gewählten Beobachtungszeitraum gilt.

Institute, die übernommen worden sind, haben möglicherweise im Vorfeld einer Fusion ihre Kreditvergabepolitik geändert. Z.B. ist denkbar, dass sie mit Hilfe geringer Zinsforderungen verstärkt Kredite abgeschlossen haben, um kurzfristig ihre Ertragslage zu verbessern. Ferner ist für Institute, die übernommen worden sind, der Beobachtungszeitraum kürzer und auf weiter zurück liegende Jahre begrenzt. Mögliche strukturelle Änderungen von ZEQ^{ausf} bzw. des Zusammenhangs zwischen den erklärenden Variablen und der erklärten Variable im Zeitablauf könnten dazu führen, dass für übernommene Institute eine tendenziell andere Beziehung zu ZEQ^{ausf} besteht, die dann Niederschlag im Dummy-Koeffizienten findet.

5.3 Empirische Resultate

In den Tabellen 5-1 bis 5-3 sind die Ergebnisse der Regressionen zur risikobereinigten Konditionsmarge eingetragen. Tabelle 5-1 gibt die Resultate für die Kreditgenossenschaften, Tabelle 5-2 für die Sparkassen und Tabelle 5-3 für die bankengruppenübergreifenden Regressionen an.[34]

[33] Gemäß einer Studie von Brüderl / Preisendörfer (1998) weisen Unternehmen mit einem Alter zwischen zwei und sechs Jahren das höchste Ausfallrisiko auf.

[34] Die Ergebnisse der nicht normierten Regressionen sind für die Kreditgenossenschaften in Tabelle C-1 und für die Sparkassen in Tabelle C-2 in Anhang C notiert. Die Ergebnisse für die gemeinsamen Regressionen mit einem zusätzlichen Dummy für die Bankengruppe werden nicht ausgewiesen, da erhöhte VIF-Werte (vgl. Fußnote 50) angezeigt werden.

Tabelle 5-1: Ergebnisse der 0-1-normierten Standard-Regressionen mit ZEQ^{ausf} als erklärter Variable auf Basis von Bankmittelwerten für die Kreditgenossenschaften

	(1) HHI	(2) HHI^w	(3) D^{Bund}	(4) D^{Land}	(5) D^{Ort}	(6) D^{BWS}
SM	0,011	-0,012	-0,025	-0,121*	-0,028	-0,001
	(0,23)	(-0,37)	(-0,52)	(-2,34)	(-0,79)	(-0,01)
kred_ant	-0,172***	-0,179***	-0,183***	-0,213***	-0,183***	-0,176***
	(-4,76)	(-5,17)	(-5,12)	(-5,87)	(-5,32)	(-4,92)
privat	-0,089**	-0,094**	-0,095**	-0,108***	-0,095**	-0,092**
	(-2,63)	(-2,91)	(-2,94)	(-3,34)	(-2,98)	(-2,78)
blanko	-0,208***	-0,208***	-0,208***	-0,204***	-0,208***	-0,208***
	(-5,83)	(-5,89)	(-5,86)	(-5,83)	(-5,85)	(-5,85)
markt_ant	-0,034	-0,030	-0,029	-0,015	-0,035	-0,032
	(-1,29)	(-1,15)	(-1,09)	(-0,54)	(-1,26)	(-1,22)
markt_struktur	0,083**	0,081**	0,081**	0,068*	0,078**	0,082**
	(2,98)	(2,89)	(2,86)	(2,35)	(2,75)	(2,92)
hoehe	-0,062	-0,057	-0,052	-0,032	-0,052	-0,058
	(-1,69)	(-1,92)	(-1,54)	(-0,94)	(-1,62)	(-1,73)
ZAQ	-0,030	-0,027	-0,028	-0,019	-0,027	-0,029
	(-0,46)	(-0,42)	(-0,43)	(-0,30)	(-0,41)	(-0,44)
verwaltung	0,202***	0,201***	0,201***	0,192***	0,200***	0,202***
	(5,17)	(5,17)	(5,22)	(5,21)	(5,20)	(5,20)
bilanz	-0,155***	-0,165***	-0,177***	-0,247***	-0,177***	-0,161***
	(-5,01)	(-5,82)	(-4,68)	(-6,01)	(-5,90)	(-4,51)
agglom1	0,122***	0,126***	0,121***	0,116***	0,127***	0,123***
	(3,81)	(3,85)	(3,67)	(3,54)	(4,03)	(3,74)
agglom2	0,079**	0,080**	0,079**	0,073**	0,078**	0,079**
	(2,78)	(2,85)	(2,80)	(2,59)	(2,79)	(2,83)
ost	-0,351***	-0,351***	-0,353***	-0,380***	-0,355***	-0,352***
	(-9,07)	(-8,85)	(-9,01)	(-9,30)	(-9,09)	(-8,98)
fusion2	-0,086**	-0,087**	-0,088**	-0,093***	-0,088**	-0,087**
	(-3,10)	(-3,21)	(-3,21)	(-3,39)	(-3,23)	(-3,17)
Beobachtungen	1575	1575	1575	1575	1575	1575
R^2	0,209	0,209	0,209	0,215	0,209	0,209

*,**,*** zeigen jeweils statistische Signifikanz auf einem 5%-, 1%- bzw. 0,1%-Signifikanzniveau an.

Tabelle 5-2: Ergebnisse der 0-1-normierten Standard-Regressionen mit ZEQ^{ausf} als erklärter Variable auf Basis von Bankmittelwerten für die Sparkassen

	(1) HHI	(2) HHI^{w}	(3) D^{Bund}	(4) D^{Land}	(5) D^{Ort}	(6) D^{BWS}
SM	-0,017	0,093*	0,147**	-0,008	-0,054	0,099*
	(-0,43)	(2,31)	(3,28)	(-0,18)	(-1,63)	(2,32)
kred_ant	-0,010	-0,002	0,017	-0,011	-0,012	0,006
	(-0,13)	(-0,03)	(0,22)	(-0,14)	(-0,15)	(0,08)
privat	0,174***	0,170***	0,173***	0,174***	0,172***	0,183***
	(4,72)	(4,66)	(4,83)	(4,70)	(4,66)	(4,93)
blanko	-0,193***	-0,186***	-0,194***	-0,193***	-0,192***	-0,195***
	(-5,00)	(-4,79)	(-5,08)	(-5,01)	(-5,00)	(-5,06)
markt_ant1	0,174*	0,158*	0,148	0,170*	0,170*	0,162*
	(2,19)	(2,05)	(1,91)	(2,17)	(2,17)	(2,12)
markt_struktur	-0,097	-0,086	-0,078	-0,095	-0,116	-0,090
	(-1,36)	(-1,24)	(-1,13)	(-1,34)	(-1,59)	(-1,31)
hoehe	-0,029	-0,005	0,004	-0,028	-0,032	-0,015
	(-0,89)	(-0,14)	(0,13)	(-0,83)	(-0,96)	(-0,47)
ZAQ	0,035	0,034	0,039	0,034	0,035	0,034
	(0,40)	(0,38)	(0,45)	(0,39)	(0,41)	(0,39)
verwaltung	0,098*	0,104*	0,111*	0,098*	0,095*	0,106*
	(2,27)	(2,39)	(2,55)	(2,24)	(2,20)	(2,43)
bilanz	-0,181***	-0,136**	-0,067	-0,179**	-0,197***	-0,109*
	(-3,69)	(-2,76)	(-1,16)	(-3,17)	(-4,07)	(-1,98)
agglom1	0,046	0,041	0,075	0,043	0,047	0,077
	(0,91)	(0,83)	(1,53)	(0,86)	(0,94)	(1,52)
agglom2	-0,049	-0,044	-0,034	-0,047	-0,053	-0,031
	(-0,95)	(-0,87)	(-0,70)	(-0,93)	(-1,03)	(-0,63)
ost	-0,470***	-0,499***	-0,421***	-0,477***	-0,482***	-0,457***
	(-6,63)	(-6,99)	(-5,91)	(-6,52)	(-6,79)	(-6,45)
fusion2	-0,103**	-0,112**	-0,101**	-0,103**	-0,102**	-0,102**
	(-2,71)	(-2,93)	(-2,64)	(-2,71)	(-2,67)	(-2,66)
Beobachtungen	534	534	534	534	534	534
R^2	0,474	0,479	0,484	0,474	0,476	0,479

*,**,*** zeigen jeweils statistische Signifikanz auf einem 5%-, 1%- bzw. 0,1%-Signifikanzniveau an.

Tabelle 5-3: Ergebnisse der 0-1-normierten Standard-Regressionen mit ZEQ^{ausf} als erklärter Variable auf Basis von Bankmittelwerten für Kreditgenossenschaften und Sparkassen

	(1) HHI	(2) HHI^w	(3) D^{Bund}	(4) D^{Land}	(5) D^{Ort}	(6) D^{BWS}
SM	0,018	0,005	0,023	-0,096*	-0,026	0,031
	(0,50)	(0,20)	(0,56)	(-2,21)	(-0,88)	(0,82)
kred_ant	-0,136***	-0,140***	-0,136***	-0,170***	-0,148***	-0,133***
	(-4,25)	(-4,55)	(-4,32)	(-5,33)	(-4,86)	(-4,23)
privat	-0,049	-0,053*	-0,051*	-0,066**	-0,056*	-0,048
	(-1,90)	(-2,15)	(-2,07)	(-2,70)	(-2,31)	(-1,91)
blanko	-0,206***	-0,206***	-0,206***	-0,204***	-0,206***	-0,205***
	(-7,66)	(-7,72)	(-7,68)	(-7,68)	(-7,67)	(-7,66)
markt_ant1	-0,020	-0,018	-0,019	-0,003	-0,018	-0,020
	(-0,81)	(-0,73)	(-0,77)	(-0,13)	(-0,72)	(-0,80)
markt_struktur	0,072**	0,071**	0,071**	0,059*	0,065*	0,071**
	(2,85)	(2,80)	(2,82)	(2,30)	(2,55)	(2,81)
hoehe	-0,047	-0,041	-0,044	-0,026	-0,036	-0,047
	(-1,64)	(-1,73)	(-1,72)	(-1,02)	(-1,45)	(-1,79)
ZAQ	-0,020	-0,019	-0,019	-0,013	-0,017	-0,019
	(-0,37)	(-0,36)	(-0,36)	(-0,24)	(-0,32)	(-0,36)
verwaltung	0,214***	0,214***	0,214***	0,207***	0,212***	0,213***
	(5,88)	(5,91)	(5,90)	(5,96)	(5,94)	(5,88)
bilanz	-0,196***	-0,204***	-0,188***	-0,289***	-0,225***	-0,182***
	(-6,25)	(-7,14)	(-4,78)	(-7,07)	(-7,66)	(-4,98)
agglom1	0,113***	0,114***	0,116***	0,112***	0,118***	0,118***
	(4,24)	(4,23)	(4,33)	(4,19)	(4,51)	(4,37)
agglom2	0,056*	0,057*	0,057*	0,053*	0,056*	0,058*
	(2,35)	(2,38)	(2,43)	(2,25)	(2,36)	(2,46)
ost	-0,400***	-0,403***	-0,399***	-0,431***	-0,406***	-0,399***
	(-12,88)	(-12,63)	(-12,61)	(-12,94)	(-12,86)	(-12,74)
fusion2	-0,087***	-0,088***	-0,087***	-0,092***	-0,089***	-0,087***
	(-4,01)	(-4,13)	(-4,04)	(-4,28)	(-4,16)	(-4,04)
Beobachtungen	2108	2108	2108	2108	2108	2108
R^2	0,317	0,317	0,317	0,320	0,317	0,317

*,**,*** zeigen jeweils statistische Signifikanz auf einem 5%-, 1%- bzw. 0,1%-Signifikanzniveau an.

5.3.1 Resultate für den Spezialisierungsgrad

Die Ergebnisse für den Spezialisierungsgrad fallen, insbesondere für die Kreditgenossenschaften, nicht wie erwartet aus. Die Zusammenhänge zwischen Spezialisierungsgrad und ZEQ^{ausf} sind zumeist insignifikant negativ bei den Kreditgenossenschaften. Für das Spezialisierungsmaß D^{Land} zeigt sich sogar ein auf einem 5%-Signifikanzniveau signifikant negativer Zusammenhang. Ein Koeffizientenwert in Höhe von -0,121, der besagt, dass eine Erhöhung des Spezialisierungsgrades um ihre Standardabweichung im Durchschnitt zu einer Reduzierung von ZEQ^{ausf} um 12,1% der Standardabweichung (von ZEQ^{ausf}) führt, zeigt an, dass durchaus ökonomische Relevanz gegeben ist. Für das Spezialisierungsmaß HHI ist ein insignifikant positiver Zusammenhang zu konstatieren. Bei den Sparkassen sind zumindest in drei der sechs Fälle signifikant positive Zusammenhänge ersichtlich. Für die Maße HHI^{w} und D^{BWS} liegt statistische Signifikanz auf einem 5%-Signifikanzniveau, für das Maß D^{Bund} auf einem 1%-Signifikanzniveau vor. Dem gegenüber stehen statistisch insignifikante negative Zusammenhänge für die Spezialisierungsmaße HHI, D^{Land} und D^{Ort}. Bei den gemeinsamen Regressionen überwiegen statistisch insignifikante positive Zusammenhänge. Die statistisch signifikant negative Beziehung für D^{Land} zeigt sich wie bei den Regressionen der Kreditgenossenschaften auch für die gemeinsamen Regressionen von Sparkassen und Kreditgenossenschaften. Auch bei D^{Ort} ist ein negatives Vorzeichen, allerdings bei statistischer Insignifikanz, feststellbar. Insbesondere die Ergebnisse für die Kreditgenossenschaften, aber auch – wenn auch in abgeschwächter Form – die für die Sparkassen geben der Hypothese, dass spezialisierte Banken höhere risikobereinigte Konditionsmargen aus dem Kreditgeschäft erzielen, keinen Rückhalt.

Folgende Problempunkte lassen sich bei der durchgeführten Untersuchung anführen:

- Ungenaue Berechnung der Konditionsmarge: Die Berechnung des laufzeitkongruenten Geld- und Kapitalmarktzinssatzes ist ungenau. Es werden nur recht grobe Laufzeitklassen angegeben, die eine präzise Zuweisung von Laufzeiten nicht möglich machen. Je steiler die Zinsstrukturkurve ist, desto größer ist der Fehler, der durch eine ungenaue Laufzeitzuordnung hervorgerufen wird.[35] Es fehlen genaue Angaben darüber, wann die Kredite abgeschlossen wurden. Auf Basis der angegebenen Einteilung in Ursprungslaufzeitklassen lassen sich ledig-

[35] Gemäß Deutsche Bundesbank (2006a), S. 64, liegen sowohl steile als auch flache Zinsstrukturkurven im Beobachtungszeitraum vor.

lich grobe Zuordnungen vornehmen. Unterschiedliche Zinsniveaus im Verlauf der Jahre führen dazu, dass es für die korrekte Berechnung des anzusetzenden Geld- und Kapitalmarktzinssatzes von Bedeutung wäre, Informationen über die Neukreditvergabe zu besitzen.

- Fehlende Angaben zum Kreditartenmix: Der Kreditartenmix wird bei der Untersuchung nicht berücksichtigt. Dieser dürfte großen Einfluss auf die bereinigte Konditionsmarge haben. Insbesondere der Anteil der Überziehungskredite an den Krediten ist in seiner Bedeutung nicht zu unterschätzen. Die EWU-Zinsstatistik zeigt z.B., dass die Zinssätze für Überziehungskredite sowohl bei Privat- als auch bei Firmenkunden deutlich über den Zinssätzen für andere Kreditprodukte liegen.[36] Den Krediten mit Ursprungslaufzeiten unter einem Jahr zugeordnet, werden allerdings für diese Kredite eher niedrige Geldmarktsätze als Opportunitätszinssätze angesetzt. Die höheren Zinssätze für Überziehungskredite resultieren daher, dass den Kreditnehmern sehr hohe Flexibilität hinsichtlich des Kreditbetrags eingeräumt wird.[37] Die Option, jederzeit tilgen oder den Kreditbetrag (innerhalb eines gewissen Rahmens) erhöhen zu können, wird bei den Untersuchungen außer Acht gelassen. Dies kann die Ergebnisse verzerren.

- Keine Steuerung nach der Marktzinsmethode: Es ist zu bezweifeln, dass alle Kreditgenossenschaften und Sparkassen im Beobachtungszeitraum tatsächlich nach der Marktzinsmethode gesteuert haben. Das heißt zugleich, dass der laufzeitkongruente Geld- und Kapitalmarktzinssatz nicht unbedingt den Orientierungspunkt für die Zinssatzgestaltung darstellt. Untersuchungen zu Anpassungen der Kredit- und Einlagenzinssätze an Veränderungen der Geld- und Kapitalmarktzinssätze zeigen ferner, dass diese Anpassung mit erheblicher Zeitverzögerung geschieht, deren Höhe außerdem noch von Bankspezifika, wie z.B. Größe oder Anteil der Kundeneinlagen, abhängt.[38] Wenn sich die Kreditkonditionen der Banken im Wesentlichen an internen Mindestzinsvorgaben orientieren, die nicht als Summe aus laufzeitkongruentem Geld- und Kapitalmarktzinssatz, Risikokosten und Verwaltungskostenanteilen darstellbar sind, dann ist es schwierig, auf Basis der risikobereinigten Konditionsmarge zu beurteilen, wie gut das operative Kreditgeschäft einer Bank ist. Erschwerend kommt bei Kreditgenossenschaften und Sparkassen hinzu, dass deren oberstes

36 Vgl. hierzu Deutsche Bundesbank (2008).
37 Vgl. hierzu z.B. Lehmann et al. (2004).
38 Vgl. hierzu Weth (2002).

Ziel nicht die Maximierung des Gewinns oder der Rendite ist. [39] Damit können z.B. gewisse Kreditkonditionen der Funktion unterworfen sein, die regionale Wirtschaftstätigkeit oder die der Mitglieder zu fördern. Auch wenn regionale Aspekte in den Regressionen berücksichtigt sind, so ist es doch vorstellbar, dass noch genauere Daten hierzu eingepflegt werden müssten.

- Weitere fehlende Variablen: Unterschiedliche Kunde-Bank-Beziehungen in den Regionen, die Zuordnung von Bearbeitungsgebühren zu Zinserträgen oder Provisionen und die Bedeutung der Fristentransformation innerhalb des Geschäftsmodells sind Aspekte,[40] die zu weiteren Unterschieden zwischen den risikobereinigten Konditionsmargen der Banken führen können. Außerdem sind für manche der verwendeten erklärenden Variablen, wie z.B. *markt_struktur* oder *hoehe*,[41] Einschränkungen hinsichtlich der Güte zu vermerken.

Aufbauend auf diesen Überlegungen, zeigt sich, wie vielschichtig und schwierig die Untersuchung der Zinserträge aus dem Kreditgeschäft ist. Nach der Präsentation der Ergebnisse für die Kontrollvariablen wird versucht, durch modifizierte Regressionen ein genaueres Bild von den Zusammenhängen zwischen Spezialisierungsgrad und Zinserträgen zu erhalten. Insbesondere soll überprüft werden, wie robust die Ergebnisse der Standard-Regressionen sind.[42] Durch Untersuchungen auf Basis der Daten der EWU-Zinsstatistik, die Zinssätze von einzelnen Kreditkategorien für Banken vorhält, wird versucht, auf die ersten beiden Problempunkte einzugehen.[43] Regressionen mit der Zinsertragsquote als erklärter Variable geben Aufschluss über den Zusammenhang zwischen Bruttozinssätzen und Spezialisierungsgrad. Segmentierte Regressionen berücksichtigen möglicherweise vorhandene Unterschiede zwischen Gruppen mit jeweils spezifischen Variablenausprägungen. Unterstellt man, dass keine systematischen Verzerrungen durch die im ersten Problempunkt beschriebene

---

[39] Vgl. hierzu Abschnitt 3.3.

[40] Die Handhabung von Sonderkonditionen wird auch Auswirkung auf die Zinssatzhöhe im Kreditgeschäft haben. Allerdings dürfte der Umgang mit Sonderkonditionen zum Teil durch die Marktmacht der Bank und die regionale Wettbewerbssituation geprägt sein, so dass zumindest teilweise für diesen Effekt kontrolliert wird. Des Weiteren ist nicht ersichtlich, weshalb direkt für den Umgang mit Sonderkonditionen kontrolliert werden sollte. Falls der Zusammenhang zwischen dem Spezialisierungsgrad und der risikobereinigten Zinskonditionsmarge auch durch einen Zusammenhang zwischen Branchenexpertise und dem Umgang mit Sonderkonditionen mitgeprägt ist, so sollte dieser Effekt auch dem Spezialisierungsgrad zugewiesen werden.

[41] Vgl. hierzu die Ausführungen in Abschnitt 3.4.4.4 und 3.4.4.1.

[42] Vgl. hierzu Abschnitt 5.4.1.

[43] Vgl. hierzu Abschnitt 5.4.2.

ungenaue Datenlage bei der Konditionsmarge vorliegen und keine wesentlichen Variablen fehlen, so ist allerdings an dieser Stelle bereits zu konstatieren, dass sich die Spezialisierungsvorteile nicht in höheren risikobereinigten Konditionsmargen niederschlagen. Der zweite und dritte Problempunkt können dies möglicherweise erklären, ändern aber nichts an der Tatsache, dass ein hoher Spezialisierungsgrad keinen positiven Zusammenhang mit einer wichtigen Erfolgsgröße im Kreditgeschäft hat.

5.3.2 Resultate für die Kontrollvariablen

Für den Kreditanteil (*kred_ant*) zeigen sich bei den Kreditgenossenschaften signifikant negative Zusammenhänge. Dies spricht dafür, dass Kreditgenossenschaften einen hohen Kreditanteil über Zugeständnisse bei den Zinskonditionen erzielen bzw. aufrecht erhalten. Bei den Sparkassen liegen statistisch insignifikante Zusammenhänge vor, d.h. Sparkassen mit hohem Kreditanteil zeigen ähnlich hohe risikobereinigte Konditionsmargen wie Sparkassen mit geringem Kreditanteil.

Beim Privatkundenkreditanteil (*privat*) lassen sich wiederum unterschiedliche Resultate für Sparkassen und Kreditgenossenschaften feststellen. Bei den Kreditgenossenschaften liegen signifikant negative und bei den Sparkassen signifikant positive Beziehungen vor. Wie in Abschnitt 5.2 erläutert wurde, sind diese Ergebnisse ein Indiz dafür, dass

- Kreditgenossenschaften mit einem hohen Privatkundenanteil vorsichtig bei der Kreditvergabe im Firmenkundengeschäft sind und Zinsabschläge akzeptieren,
- bei Sparkassen die tatsächliche Verlustquote im Privatkundenkreditgeschäft niedriger als im Firmenkundenkreditgeschäft ist.

Es sind durchaus noch andere Erklärungen für die (unterschiedlichen) Ergebnisse zum Privatkundenanteil vorstellbar. Bei den Kreditgenossenschaften könnte sich in den Ergebnissen auch eine gewisse Mitgliederförderung zeigen. Für eine genauere Analyse wären aber detailliertere Informationen zu Privatkunden- bzw. Firmenkundenkreditportfolios bzw. Auskünfte einzelner Banken zu ihrer Kreditvergabe notwendig.

Dem Blankoanteil (*blanko*) wird sowohl bei den Kreditgenossenschaften als auch bei den Sparkassen ein signifikant negativer Zusammenhang mit der risikobereinigten

Konditionsmarge zugewiesen. Dies ist ein starkes Indiz dafür, dass sich Institute, die Kredite mit im Durchschnitt niedrigeren Besicherungsquoten vergeben, höhere Ausfallraten nicht ausreichend in Form höherer Zinssätze bezahlen lassen.

Für den Marktanteil (*markt_ant1*) zeigen sich bei den Kreditgenossenschaften insignifikant negative Beziehungen zu ZEQ^{ausf}. Dieses Resultat deutet an, dass Kreditgenossenschaften eher hohe Marktanteile über Zugeständnisse bei Zinskonditionen erzielen bzw. aufrecht erhalten, als dass sie hohe Marktanteile dazu nutzen, höhere Zinssätze von den Kreditnehmern zu fordern. Letzteres lässt sich auf Basis der empirischen Resultate den Sparkassen zuschreiben. Die Zusammenhänge zwischen Marktanteil und ZEQ^{ausf} sind – mit Ausnahme für das Spezialisierungsmaß D^{Bund} – signifikant positiv auf einem Signifikanzniveau von 5%.

Bei der Variablen *markt_struktur* zeigen sich nur für die Kreditgenossenschaften statistisch signifikante Zusammenhänge mit ZEQ^{ausf}. Die positiven Koeffizienten-Werte für die Kreditgenossenschaften stützen die Hypothese, dass bei höherer Konzentration im Geschäftsgebiet, d.h. geringerem Wettbewerb, höhere Zinssätze von Seiten der Kreditgenossenschaften im Kreditgeschäft durchgesetzt werden.

Die Variable *hoehe* als Proxy für die durchschnittliche Kredithöhe im Firmenkundenkreditportfolio ist sowohl für die Kreditgenossenschaften als auch für die Sparkassen durch statistisch insignifikant negative Zusammenhänge mit ZEQ^{ausf} gekennzeichnet. Die Koeffizienten der 0-1-standardisierten Regressionen liegen bei den Sparkassen unter 3,5% und bei den Kreditgenossenschaften unter 7%, was eine lediglich sehr schwache ökonomische Relevanz anzeigt.

Für die Zinsaufwandsquote (*ZAQ*) sind die Koeffizienten- und t-Werte betragsmäßig sehr klein, so dass lediglich festzuhalten bleibt, dass die Zinsaufwandsquote bei dem gewählten Untersuchungsdesign nicht bedeutend mit der risikobereinigten Konditionsmarge des Kreditgeschäfts zusammenhängt.

Eine höhere Verwaltungsaufwandsquote (*verwaltung*) geht bei den Kreditgenossenschaften und bei den Sparkassen mit einer höheren risikobereinigten Konditionsmarge einher. Bei den Kreditgenossenschaften zeigen sich Zusammenhänge, die statistisch signifikant auf einem 0,1%-Signifikanzniveau sind und mit Koeffizienten-Werten um 20% ökonomische Signifikanz aufweisen. Kreditgenossenschaften scheinen somit die Höhe ihrer Verwaltungsaufwendungen bei der Bepreisung von Krediten zu berücksichtigen bzw. in gewissem Umfang berücksichtigen zu können.[44] Bei den Sparkassen lassen sich etwas schwächere positive Zusammenhänge erkennen. Statistische Signifikanz auf einem 5%-Signifikanzniveau ist gegeben und die Koeffizienten-Werte liegen bei 10%. Auch Sparkassen sind demnach in der Lage, Verwaltungsaufwendungen bei den Kreditkonditionen einzubeziehen.[45]

Bei der Bankgröße (*bilanz*), gemessen durch die logarithmierte Bilanzsumme, zeigt sich ein ähnliches Bild wie bei der Verwaltungsaufwandsquote, allerdings mit umgekehrtem Vorzeichen. Bei den Kreditgenossenschaften sind die Zusammenhänge statistisch signifikant negativ auf einem 0,1%-Signifikanzniveau und haben mit Koeffizienten-Werten, die betragsmäßig alle über 15% liegen, starke ökonomische Relevanz. Auch bei den Sparkassen sind sämtliche Vorzeichen negativ, unterscheiden sich jedoch, was die ökonomische und statistische Signifikanz betrifft, in Abhängigkeit vom in die Regression einbezogenen Spezialisierungsmaß. Einem statistisch insignifikanten Zusammenhang bei D^{Bund} stehen Zusammenhänge bei *HHI* und D^{Ort} gegenüber, die statistisch auf einem 0,1%-Signifikanzniveau signifikant sind. Insgesamt ist zu konstatieren, dass sowohl größere Kreditgenossenschaften als auch größere Sparkassen geringere risikobereinigte Konditionsmargen erwirtschaften. Dies kann, wie in Abschnitt 5.2 beschrieben, damit zusammenhängen, dass größere Banken tendenziell an größere Unternehmen Kredite vergeben und die Kreditbeträge höher sind.

Der Agglomerationsgrad (*agglom1* bzw. *agglom2*) des Geschäftsgebietes scheint bei den Kreditgenossenschaften für die Höhe von ZEQ^{ausf} von Bedeutung zu sein. Die Zusammenhänge zwischen *agglom1* bzw. *agglom2* und ZEQ^{ausf} sind statistisch signifikant positiv, d.h. in Agglomerationsgebieten bzw. städtischen Gebieten sind die risikobereinigten Konditionsmargen im Durchschnitt höher als in ländlichen Geschäftsgebieten. Ein vermuteter höherer Wettbewerb in städtischen Gebieten, der nicht durch die Variable *markt_struktur* erfasst wird, hätte auch negative Vorzeichen plausibel gemacht. Hier zeigt sich jedoch, dass Kreditgenossenschaften auf dem

[44] Die Korrelation zwischen *verwaltung* und ZEQ^{ausf} beträgt 0,216 und ist signifikant von Null verschieden.

[45] Die Korrelation zwischen *verwaltung* und ZEQ^{ausf} beträgt allerdings nur 0,094 und ist nicht signifikant von Null verschieden.

Lande geringere risikobereinigte Konditionsmargen erwirtschaften. Dieses Ergebnis stimmt mit den Resultaten der Studie von Harhoff / Körting (1998) überein, in der nachgewiesen wird, dass die Zinsen für Firmen in städtischen Regionen (es existiert lediglich die Einteilung städtisch/ländlich) höher sind als für Firmen in ländlichen Regionen. Ein möglicher Grund für dieses Ergebnis ist, dass die Kunde-Bank- bzw. Mitglieder-Bank-Beziehung auf dem Land enger ist und die Kreditgenossenschaften den Kunden bei den Kreditkonditionen dort stärker entgegenkommen als in der Stadt.[46] Bei den Sparkassen sind die Zusammenhänge jeweils insignifikant, bei *agglom1* positiv und bei *agglom2* negativ. Bei den Sparkassen lässt sich demnach keine klare Beziehung zwischen Agglomerationsgrad des Geschäftsgebietes und ZEQ^{ausf} feststellen.

Negative Koeffizienten-Werte für die Variable *ost*, die sowohl bei den Kreditgenossenschaften als auch bei den Sparkassen statistisch signifikant zum 0,1%-Signifikanzniveau sind, belegen, dass in Ostdeutschland die risikobereinigten Konditionsmargen geringer als in Westdeutschland sind. Um durchschnittlich -0,83% bei den Kreditgenossenschaften und -0,63% bei den Sparkassen[47] liegen die ZEQ^{ausf}-Werte bei den ostdeutschen Instituten unter denen der westdeutschen. Auch wenn in Ostdeutschland höhere Zinsmargen von Seiten der Banken verdient werden,[48] die risikobereinigten Konditionsmargen sind in Westdeutschland höher.[49] Es zeigt sich also, dass strukturelle Unterschiede zwischen den alten und neuen Bundesländern bestehen, die durch die anderen erklärenden Variablen nicht erfasst werden.

Übernommene Sparkassen und Kreditgenossenschaften (*fusion2*) zeichnen sich durch geringere risikobereinigte Konditionsmargen im Kreditgeschäft aus. Um durchschnittlich 0,14%[50] liegen die ZEQ^{ausf}-Werte bei den übernommenen Instituten unter denen der Institute, die nicht übernommen worden sind. Eine mögliche Ursache für dieses

[46] Vgl. hierzu z.B. Neuberger (1999).

[47] Die Werte stammen aus den Standard-Regressionen, wobei keine 0-1-Standardisierung der Variablen erfolgt.

[48] In ergänzenden Untersuchungen wurde eine in Ostdeutschland signifikant höhere Zinsmarge als in Westdeutschland festgestellt. Vgl. hierzu auch Lehmann et al. (2004).

[49] Eine genaue Analyse der Gründe für die Unterschiede zwischen den Ergebnissen für Zinsmarge und ZEQ^{ausf} bleibt aus, da diese Thematik außerhalb des Fokus' dieser Arbeit liegt. Geringere Refinanzierungssätze und höhere LQ^{ausf}-Werte jeweils in Ostdeutschland liefern jedoch Anhaltspunkte für die Ursachen der unterschiedlichen Resultate.

[50] Der Wert stammt aus den Standard-Regressionen, wobei keine 0-1-Standardisierung der Variablen erfolgt.

Ergebnis ist, dass übernommene Institute im Vorfeld einer Fusion durch vermehrtes Eingehen von Kreditverträgen[51] und damit Ausweitung ihrer Bilanzsumme ihre Position gestärkt haben wollten, was sie insbesondere durch Zugeständnisse bei den Kreditkonditionen erreicht haben könnten.

Zum Abschluss dieses Abschnittes sei noch auf die Unterschiede zwischen den R^2-Werten bei den Regressionen für die Sparkassen und bei denen für die Kreditgenossenschaften eingegangen. Das Bestimmtheitsmaß R^2 liegt bei den Regressionen für die Kreditgenossenschaften bei etwa 0,21, bei denen für die Sparkassen bei etwa 0,48 und bei den gemeinsamen Regressionen bei etwa 0,32.[52] Dies bedeutet, dass die erklärenden Variablen bei den Sparkassen mehr als das Doppelte der Varianz von ZEQ^{ausf} erklären, als es bei den Kreditgenossenschaften der Fall ist. Dies ist ein Indiz dafür, dass bei den Kreditgenossenschaften die Erklärung der risikobereinigten Konditionsmargen mit Hilfe der verwendeten Variablen nicht so gut gelingt wie bei den Sparkassen. Auch bei den vorherigen Regressionen war dies zumeist der Fall. Dies kann darauf zurückzuführen sein, dass Variablen, die einen ökonomisch klar begründbaren Zusammenhang zu der risikobereinigten Konditionsmarge aufweisen sollten, wie z.B. der Kreditartenmix, aber aufgrund fehlender Daten nicht in der Regression Berücksichtigung finden, bei Kreditgenossenschaften besonders relevant sind.

5.4 Weitergehende empirische Analysen

Wie bereits angekündigt, lassen die insbesondere bei den Kreditgenossenschaften angezeigten (zumeist) insignifikant negativen Zusammenhänge zwischen Spezialisierungsgrad und ZEQ^{ausf} eine Analyse ihrer Ursachen als sinnvoll erachten. Um die Zusammenhänge zwischen Spezialisierungsgrad und Zinserträgen aus dem Kreditgeschäft genauer zu analysieren und auf in Abschnitt 5.3.1 genannte Probleme einzugehen, werden folgende Untersuchungen vorgenommen:

- Robustheitsuntersuchungen, die sich an den Robustheitsuntersuchungen der vorherigen Untersuchungen orientieren und z.B. eine veränderte Datenbasis,

[51] In den Jahren vor einer Übernahme ist ein verstärkter Anstieg des Kreditvolumens zu erkennen.

[52] Die adjustierten R^2-Werte unterscheiden sich von den R^2-Werten bei der relativ hohen Beobachtungszahl nur geringfügig.

veränderte Variablenzusammenstellungen und Segmentierungen beinhalten sowie anstatt ZEQ^{ausf} die Zinsertragsquote als erklärte Variable verwenden.

- Untersuchungen auf Basis der EWU-Zinsstatistik.

5.4.1 Robustheitsuntersuchungen

5.4.1.1 Variation der Datenbasis

Zunächst wird überprüft, ob die Ergebnisse, insbesondere die Ergebnisse für den Spezialisierungsgrad, robust sind, wenn bei der Datenbasis Änderungen vorgenommen werden. Das heißt im Fall der Kreditgenossenschaften zu untersuchen, ob die zumeist insignifikant negativen Zusammenhänge zwischen Spezialisierungsgrad und risikobereinigter Konditionsmarge bestehen bleiben. Da das vorrangige Interesse dem Zusammenspiel zwischen Spezialisierungsgrad und ZEQ^{ausf} gilt, wird die Vorstellung der Resultate auf die Koeffizienten des Spezialisierungsgrades begrenzt, es sei denn, es sind Resultate bei den Kontrollvariablen festzustellen, die für die Interpretation der Gesamtzusammenhänge von großer Bedeutung sind.[53] Der Tabelle 5-4 sind die Resultate für die sechs unterschiedlichen Spezialisierungsmaße zu entnehmen, wobei die Datenbasis um die Institute reduziert wurde, die Variablenausprägungen unter dem jeweiligen 1%-Quantil und über dem jeweiligen 99%-Quantil haben.[54] Diese Einschränkung dient dem Zweck festzustellen, ob die nicht erwartungsgemäßen Ergebnisse womöglich durch Ausreißerwerte hervorgerufen worden sind.

[53] Die Tabellen mit den ausführlichen Regressionsergebnissen können auf Anfrage vom Autor zur Verfügung gestellt werden.

[54] Bei den Kreditgenossenschaften führt dies zum Ausschluss von 297 (19%) und bei den Sparkassen zum Ausschluss von 125 Banken (23%) im Vergleich zu den Standard-Regressionen.

Tabelle 5-4: Ergebnisse der 0-1-normierten Regressionen mit ZEQ^{ausf} als erklärter Variable auf Basis von Bankmittelwerten unter Ausschluss von Banken mit extremen Variablenausprägungen

	(1) HHI	(2) HHI^w	(3) D^{Bund}	(4) D^{Land}	(5) D^{Ort}	(6) D^{BWS}
Kreditgenossenschaften						
SM	0,036	0,032	0,035	-0,101*	-0,023	0,048
	(1,27)	(1,09)	(0,88)	(-2,52)	(-0,71)	(1,32)
Beobachtungen	1278	1278	1278	1278	1278	1278
R^2	0,281	0,281	0,281	0,284	0,281	0,281
Sparkassen						
SM	-0,028	0,110*	0,138**	-0,012	-0,035	0,059
	(-0,71)	(2,54)	(2,71)	(-0,25)	(-0,77)	(1,23)
Beobachtungen	409	409	409	409	409	409
R^2	0,428	0,435	0,437	0,427	0,428	0,429

*,**,*** zeigen jeweils statistische Signifikanz auf einem 5%-, 1%- bzw. 0,1%-Signifikanzniveau an.

Tabelle 5-4 zeigt für die Kreditgenossenschaften im Falle der Spezialisierungsmaße *HHI*, HHI^w, D^{Bund} und D^{BWS} bei Weglassen von extremen Variablenausprägungen einen positiven Zusammenhang zwischen Spezialisierungsgrad und ZEQ^{ausf} an. Die Aufnahme von Banken mit extremen Variablenausprägungen in das Datenset führt also tendenziell dazu, dass spezialisierten Banken eine niedrigerere risikobereinigte Konditionsmarge zugeordnet wird. Allerdings ist auch bei Beschränkung auf Kreditgenossenschaften ohne extreme Variablenausprägungen kein statistisch (und ökonomisch) signifikant positiver Zusammenhang zwischen Spezialisierungsgrad und ZEQ^{ausf} feststellbar. Für das Spezialisierungsmaß D^{Land} bleibt sogar der statistisch signifikant negative Zusammenhang bestehen. Bei den Sparkassen ist kein klareres Bild erkennbar. Drei positiven Vorzeichen stehen drei negative Vorzeichen gegenüber und die statistische Signifikanz im Falle des Maßes D^{BWS} bei der Standard-Regression ist nicht mehr gegeben. Zusammenfassend kann man sagen, dass auch eine Bereinigung der Datenbasis um Institute mit extremen Variablenausprägungen nicht dazu führt, dass sich die erwarteten Ergebnisse, d.h. signifikant positive Zusammenhänge für den Spezialisierungsgrad, einstellen. Ausreißer-Werte sind nicht die Ursache für die überraschenden Resultate.

Beim Standard-Datenset werden Kreditgenossenschaften und Sparkassen berücksichtigt, die mindestens sieben Jahre an Beobachtungen aufweisen. Um zu überprüfen, ob das Weglassen von Instituten mit wenigen Beobachtungspunkten oder das

Zulassen unterschiedlicher Beobachtungszeiträume die Ergebnisse maßgeblich prägt, werden drei Varianten gewählt:

- Auch Institute mit weniger als sieben Jahren an Beobachtungen werden in die Regression einbezogen.
- Nur Institute mit zwölf Jahren an Beobachtungen werden berücksichtigt.
- Institute mit mindestens sieben Jahren an Beobachtungen werden zugelassen und bei der Regression werden zusätzlich Dummys für die Beobachtungszeiträume integriert.

Die Ergebnisse dieser Regressionen werden lediglich im Anhang angegeben, da sie nicht wesentlich von den bisherigen Resultaten abweichen.[55] Es zeigt sich insbesondere, dass der Beobachtungszeitraum keinen signifikanten Zusammenhang zum ZEQ^{ausf} aufweist.[56] Auch das Hinzufügen von Instituten, die vor 2002 übernommen wurden, führt zu keinen bedeutenden Veränderungen der Ergebnisse.

Ebenfalls ohne wesentlichen Einfluss ist eine Variation der Datenbasis im Hinblick auf das Zulassen von Instituten mit hohem Privatkundenanteil. Im Anhang sind die Ergebnisse für Regressionen basierend auf einer Datenbasis angegeben, die Kreditgenossenschaften und Sparkassen mit einem Privatkundenanteil von maximal 60% zulässt.

Bei Regressionen, die auf einen quadratischen Zusammenhang zwischen Spezialisierungsgrad und ZEQ^{ausf} untersuchen, indem ein quadratischer Term für den Spezialisierungsgrad eingefügt wird, ergeben sich keine Hinweise in die Richtung, dass von einem signifikant positiven Trend zwischen Spezialisierungsgrad und ZEQ^{ausf} – sei es auch nur für einen Teilbereich – gesprochen werden kann. Die Ergebnisse hierzu befinden sich ebenfalls im Anhang.

5.4.1.2 Variation der Kontrollvariablen

Um besser zu verstehen, wie die Variablen zusammenhängen, wird die Variablenzusammenstellung variiert. In Tabelle 5-5 sind als Startpunkt die Ergebnisse der

[55] Vgl. hierzu die Tabelle C-3 in Anhang C.

[56] Eine Ausnahme stellt der Beobachtungszeitraum von 1995 bis 2000 bei den Sparkassen dar.

Einfach-Regressionen mit lediglich dem Spezialisierungsgrad als erklärender Variable für Kreditgenossenschaften bzw. Sparkassen notiert.

Tabelle 5-5: Ergebnisse der 0-1-normierten Einfachregressionen mit ZEQ^{ausf} als erklärter Variable auf Basis von Bankmittelwerten

	(1) HHI	(2) HHI^{w}	(3) D^{Bund}	(4) D^{Land}	(5) D^{Ort}	(6) D^{BWS}
Kreditgenossenschaften						
SM	0,067	0,011	0,112***	0,087**	0,093**	0,117***
	(1,78)	(0,37)	(3,64)	(2,83)	(3,28)	(3,84)
Beobachtungen	1575	1575	1575	1575	1575	1575
R^2	0,004	0,000	0,012	0,007	0,009	0,014
Sparkassen						
SM	-0,023	-0,035	0,263***	0,283***	0,096**	0,110**
	(-0,47)	(-0,78)	(6,58)	(7,25)	(2,64)	(2,67)
Beobachtungen	534	534	534	534	534	534
R^2	0,001	0,001	0,069	0,080	0,009	0,012

*,**,*** zeigen jeweils statistische Signifikanz auf einem 5%-, 1%- bzw. 0,1%-Signifikanzniveau an.

Für die Kreditgenossenschaften zeigen sich durchweg positive Zusammenhänge zwischen Spezialisierungsgrad und risikobereinigter Konditionsmarge. Für die Distanzmaße sind die Zusammenhänge statistisch und ökonomisch signifikant. Bei den Sparkassen sind die Beziehungen ebenfalls bei den Distanzmaßen von statistischer und ökonomischer Signifikanz. Zu beachten ist allerdings, dass durch das Fehlen von Variablen, die sowohl mit dem Spezialisierungsgrad als auch mit ZEQ^{ausf} korreliert sind, die Signifikanzaussagen verzerrt sind. Die Aussage, dass auf Basis der Distanzmaße als spezialisiert geltende Kreditgenossenschaften und Sparkassen höhere risikobereinigte Konditionsmargen aufweisen, ist zulässig, jedoch wird hierbei nicht unterstellt, dass die Werte anderer Variablen konstant bleiben. Bislang wurde diese begriffliche Trennung nicht beachtet,[57] da es keine wesentlichen Unterschiede zwischen den Koeffizienten-Vorzeichen bei Einfach- und Mehrfach-Regressionen gab. Es stellt sich in diesem Fall die Frage, durch Hinzufügen welcher Variablen sich bei den Kreditgenossenschaften der positive Zusammenhang in einen negativen wandelt. In den folgenden Tabellen sind die Ergebnisse für die Regressionen dargestellt, die im Unterschied zur Standard-Regression[58] auf die Variablen *bilanz* und *ost* bzw. nur

[57] In Abschnitt 2.2 wurde darauf hingewiesen, dass, falls nicht anders erwähnt, bei Aussagen wie „Spezialisierte Banken haben niedrigere Zinserträge“ das ceteris paribus gedanklich zu ergänzen ist.

[58] Vgl. hierzu die Gleichung 5-1.

auf die Variable *bilanz* verzichten.[59]

Den Tabellen 5-6 und 5-7 ist ein positiver Zusammenhang zwischen Spezialisierungsgrad und bereinigter Konditionsmarge zu entnehmen. Bei den Regressionen ohne die Variablen *bilanz* und *ost* liegt statistische Signifikanz in fünf von sechs Fällen und bei den Regressionen ohne die Variable *bilanz* statistische Signifikanz in zwei von sechs Fällen vor. Die Standard-Regressionen haben allerdings ganz andere Ergebnisse zum Vorschein gebracht. Diese Unterschiede lassen sich dadurch erklären, dass spezialisierte Banken tendenziell eher klein sind[60] und eine geringere Bilanzsumme mit höheren risikobereinigten Konditionsmargen verbunden ist. Wird die Größe einer Kreditgenossenschaft bei einer Regression außen vor gelassen, so werden die höheren ZEQ^{ausf}-Werte der kleinen Institute in großem Umfang den spezialisierten Instituten bzw. genauer gesagt dem höheren Spezialisierungsgrad zugeordnet. Ein Weglassen der Variablen *ost* bringt noch höhere positive Koeffizienten- und t-Werte beim Spezialisierungsgrad mit sich.[61] Hier ist eine einfache Begründung über Korrelationen nicht möglich. Durch das Weglassen der Variablen *ost* werden aus signifikant negativen Zusammenhängen beim Kreditanteil insignifikante und aus insignifikant negativen Zusammenhängen bei der Variablen *privat* insignifikant positive. Ostdeutsche Kreditgenossenschaften haben tendenziell geringere Kreditanteile und geringere Anteile an Privatkundenkrediten.[62] Ohne *ost* als Kontrollvariable wird die im Durchschnitt geringere risikobereinigte Konditionsmarge der ostdeutschen Kreditgenossenschaften in gewissem Umfang einem niedrigen Kreditanteil und einem niedrigen Privatkundenkreditanteil zugeordnet. Das Weglassen anderer Variablen und das Hinzufügen von Variablen, wie z.B. *kommunal* oder *hyp*, führen zu keiner wesentlichen Veränderung der Ergebnisse für den Spezialisierungsgrad. Die Berücksichtigung der Variablen *ost* und *bilanz* im Standard-Modell sorgt maßgeblich dafür, dass die Resultate nicht erwartungsgemäß ausfallen. Das soll aber nicht heißen, dass auf diese Variablen verzichtet werden sollte. Es ist im Gegenteil von besonderer Wichtigkeit, diese Variablen zu integrieren, da durch sie ein positiver

[59] Die Ergebnisse für die Sparkassen sind in den Tabellen C-4 und C-5 in Anhang C vermerkt. Da bei den Sparkassen eine nicht so starke Abweichung zwischen den Ergebnissen der Einfach- und Mehrfach-Regressionen besteht, wird auf eine Diskussion der Resultate für die Sparkassen an dieser Stelle verzichtet.

[60] Die Korrelationen zwischen Spezialisierungsgrad und Größe liegen in Abhängigkeit vom gewählten Spezialisierungsmaß zwischen -0,486 und -0,726.

[61] Eine Ausnahme ist beim HHI^{w} festzuhalten.

[62] Die Korrelation zwischen *ost* und dem Kreditanteil liegt bei -0,4783 und die zwischen *ost* und *privat* bei -0,2879.

Tabelle 5-6: Ergebnisse (Ausschnitt) der 0-1-normierten Regressionen mit ZEQ^{ausf} als erklärter Variable auf Basis von Bankmittelwerten für Kreditgenossenschaften unter Ausschluss der Variablen *bilanz* und *ost*

	(1) HHI	(2) HHI^{w}	(3) D^{Bund}	(4) D^{Land}	(5) D^{Ort}	(6) D^{BWS}
SM	0,101*	0,026	0,112**	0,107**	0,099**	0,114***
	(2,42)	(0,90)	(3,12)	(2,94)	(3,02)	(3,33)
kred_ant	-0,018	-0,036	-0,013	-0,019	-0,021	-0,012
	(-0,47)	(-0,97)	(-0,36)	(-0,53)	(-0,57)	(-0,32)
privat	0,067*	0,058*	0,038	0,035	0,041	0,048
	(2,25)	(1,99)	(1,24)	(1,15)	(1,37)	(1,62)
Beobachtungen	1575	1575	1575	1575	1575	1575
R^2	0,124	0,117	0,125	0,125	0,124	0,126

*,**,*** zeigen jeweils statistische Signifikanz auf einem 5%-, 1%- bzw. 0,1%-Signifikanzniveau an.

Tabelle 5-7: Ergebnisse (Ausschnitt) der 0-1-normierten Regressionen mit ZEQ^{ausf} als erklärter Variable auf Basis von Bankmittelwerten für Kreditgenossenschaften unter Ausschluss der Variablen *bilanz*

	(1) HHI	(2) HHI^{w}	(3) D^{Bund}	(4) D^{Land}	(5) D^{Ort}	(6) D^{BWS}
SM	0,071	0,034	0,084*	0,031	0,060	0,093**
	(1,75)	(1,14)	(2,43)	(0,87)	(1,92)	(2,78)
kred_ant	-0,159***	-0,170***	-0,154***	-0,170***	-0,163***	-0,151***
	(-4,48)	(-4,96)	(-4,48)	(-4,93)	(-4,82)	(-4,39)
privat	-0,023	-0,031	-0,044	-0,036	-0,039	-0,037
	(-0,81)	(-1,08)	(-1,49)	(-1,21)	(-1,32)	(-1,30)
ost	-0,352***	-0,361***	-0,352***	-0,351***	-0,351***	-0,353***
	(-9,16)	(-9,13)	(-9,02)	(-8,84)	(-9,09)	(-9,04)
Beobachtungen	1575	1575	1575	1575	1575	1575
R^2	0,197	0,194	0,198	0,194	0,196	0,199

*,**,*** zeigen jeweils statistische Signifikanz auf einem 5%-, 1%- bzw. 0,1%-Signifikanzniveau an.

Pseudo-Zusammenhang zwischen Spezialisierungsgrad und bereinigter Konditionsmarge enttarnt wird.[63] Allerdings bleibt die Frage offen, wie sich das Ergebnis erklären lässt. Bei den Untersuchungen zur Monitoring-Qualität wurden die Variablen *bilanz* und *ost* als Variablen in den Regressionen berücksichtigt. Damit ist ausgeschlossen, dass es sich bei den Monitoring-Vorteilen für die spezialisierten Institute ebenfalls nur um einen Pseudo-Zusammenhang handelt.

5.4.1.3 Betrachtung unterschiedlicher Segmente

Die vorangegangenen Untersuchungen basierten auf einem Datenpool, der innerhalb der beiden Bankengruppen der Kreditgenossenschaften und Sparkassen nicht weiter unterteilt war. Hierbei werden z.B. Banken, die sich überwiegend auf das Privatkundengeschäft konzentrieren, mit Banken, deren Geschäft stärker auf Firmenkunden ausgerichtet ist, zusammengeführt. Große und kleine Banken sowie Banken mit ländlichem und Banken mit städtischem Geschäftsgebiet sind im selben Datenpool vertreten. Genauso wie die Regressionen zum Teil unterschiedliche Ergebnisse für die Sparkassen und Kreditgenossenschaften zum Vorschein gebracht haben, ist es vorstellbar, dass die Zusammenhänge zwischen den Variablen sich bei Banken derselben Bankengruppe, aber unterschiedlicher Geschäftsausrichtung, Größe oder auch Art des Geschäftsgebietes voneinander unterscheiden. Um zu sehen, ob die Resultate der Standard-Regressionen aus Abschnitt 5.3 auch für unterschiedliche Segmente Bestand haben und inwieweit die Ergebnisse in den Segmenten voneinander bzw. von den Ergebnissen der Standard-Regressionen abweichen, werden Regressionen auf der Basis segmentierter Datenpools durchgeführt. Es werden Segmentierungen

[63] Die R^2-Werte nehmen sehr stark zu, wenn die Variable *ost* hinzugefügt wird, die Hinzunahme der Variablen *bilanz* führt nur noch zu einer leichten Erhöhung. Berechnet man die adjustierten Bestimmtheitsmaße, so zeigt sich ein Anstieg von 0,117 auf 0,190 und dann auf 0,201. Natürlich ist es möglich, dass sich durch Berücksichtigung weiterer Variablen (vgl. hierzu die Ausführungen in Abschnitt 5.3.1), die im Standard-Modell insbesondere aufgrund nicht vorhandener Daten fehlen, der negative Zusammenhang wieder in einen positiven wandelt. Allerdings deuten die Ergebnisse des Ramsey-Tests nicht darauf hin, dass eine Verzerrung der Ergebnisse wegen fehlender Variablen vorliegt.

jeweils gemäß der folgenden Variablen (die Motivation folgt im Anschluss) vorgenommen:[64]

- Bankgröße
- Anteil der Kundeneinlagen
- Provisionsanteil
- Agglomerationsgrad des Geschäftsgebietes
- Anteil der Privatkundenkredite
- Fristentransformation

Es ist vorstellbar, dass sich kleine Institute grundlegend von großen unterscheiden und auch in Bezug auf die Zinssatzhöhe andere Zusammenhänge gelten. Institute mit einer Refinanzierung überwiegend durch Kundeneinlagen betreiben womöglich eine andere Zins- und Kreditvergabepolitik als Institute mit stärkerer Refinanzierung über den Geld- und Kapitalmarkt; eine stärkere Kundenbasis bei der Refinanzierung kann eine andere Geschäftspolitik auch im Kreditgeschäft nach sich ziehen.[65] Eine Zusammenfassung von Banken mit ähnlich hohem Anteil an Provisionserträgen geschieht vor dem Hintergrund, dass bei manchen Banken Kreditbearbeitungsgebühren unter Provisionen verschlüsselt werden und bei anderen unter Zinserträgen. Eine Segmentierung in Abhängigkeit der Provisionserträge versucht die hierdurch entstehenden Verzerrungen zu reduzieren,[66] indem sie Banken mit ähnlichen Praktiken

---

[64] Zusätzlich durchgeführte Clusteruntersuchungen, die sich an den Arbeiten von Amel / Rhoades (1988), Hackethal (2001) und Halaj / Zochowski (2006) orientieren, haben ergeben, dass Cluster bei Sparkassen und Kreditgenossenschaften zeitlich sehr instabil sind. Aus diesem Grund werden keine Segmente, die aus den Daten selbst entwickelt worden sind, verwendet und keine Segmentierungen, die die Ausprägungen mehrerer Variablen heranziehen, durchgeführt.

[65] Alternativ zur Variablen *kundeneinl* wäre auch die Zinsaufwandsquote als Segmentierungskriterium vorstellbar gewesen. Eine niedrige Zinsaufwandsquote steht für einen günstigen Refinanzierungssatz, was die Kreditvergabepolitik der Bank beeinflussen kann. Allerdings haben diesbezügliche Untersuchungen keine wesentlichen Abweichungen bei den Ergebnissen der einzelnen Gruppen-Regressionen ergeben.

[66] Es ist klar, dass dies nur ein sehr grober Ansatz der Bereinigung darstellt, da sich hohe Provisionserträge nicht nur durch die Verschlüsselung von Kreditbearbeitungsgebühren als Provisionen ergeben, sondern sich insbesondere auch aus (hohen) Provisionserträgen aus anderen Geschäften zusammensetzen.

zusammenführt.[67] Die Kreditvergabe- und Zinspolitik der Kreditgenossenschaften bzw. Sparkassen kann auch vom Geschäftsgebiet geprägt sein. In eher ländlichen Gebieten mit häufig enger Kunde-Bank-Beziehung sind unter Umständen die Zusammenhänge zwischen Kennzahlen des Kredit- und sonstigen Bankgeschäfts von denen in städtisch geprägten Gebieten bzw. Agglomerationsgebieten verschieden. Es werden Klassen mit Banken gebildet, die dem Privatkundengeschäft ein ähnlich hohes Gewicht am Kundenkreditgeschäft zuordnen. Es gibt Banken, die einen Großteil ihrer Erträge aus der Fristentransformation schöpfen und für die diese das Geschäftsmodell stark prägt. Die Segmentierungen gemäß dem Privatkundenkreditanteil und der Höhe der Fristentransformation zielen also darauf ab, Institute zusammenzufassen, die ähnliche Geschäftsmodelle verfolgen.

Kreditgenossenschaften bzw. Sparkassen werden in Abhängigkeit von der Höhe der jeweiligen Variablen – mit Ausnahme der Variablen des Agglomerationsgrades – in drei gleich große Klassen eingeteilt.[68] Bei der Segmentierung auf Basis des Agglomerationsgrades umfasst ein Segment Kreditgenossenschaften bzw. Sparkassen mit ländlichem Geschäftsgebiet, ein zweites die mit städtischem Geschäftsgebiet und ein drittes die, die in einem Agglomerationsgebiet liegen. Die Regressionen werden jeweils für alle drei Klassen separat durchgeführt.

Die Vorstellung der Ergebnisse wird auf die begrenzt, bei denen wesentliche Abweichungen zu den Ergebnissen der Standard-Regressionen, insbesondere beim Koeffizienten für den Spezialisierungsgrad, zu erkennen sind. Um die Übersichtlichkeit zu wahren, wird ein Großteil der Resultate somit lediglich im Anhang angegeben.

Die Regressionen im Rahmen der Segmentierung nach der Bankgröße (*bilanz*) führen zu keinen entscheidenden Veränderungen im Vergleich zu den Standard-Regressionen. Bei den kleinen Kreditgenossenschaften sind die Zusammenhänge für alle Spezialisierungsmaße insignifikant negativ. Der einzige (auf einem 5% Signifikanzniveau) signifikant positive Zusammenhang zeigt sich bei den mittelgroßen Kreditgenossen-

[67] Zusätzlich durchgeführte Regressionen mit den Provisionserträgen als weiterer erklärender Variable zeigten lediglich marginale Änderungen der Resultate bei den anderen Variablen an. Der Zusammenhang der Provisionserträge zu ZEQ^{ausf} ist in den meisten Fällen insignifikant. Aus diesen Gründen ist auf die Provisionserträge im Rahmen der unsegmentierten Regressionen auch nicht eingegangen worden.

[68] Die Segmentierung der Kreditgenossenschaften in jeweils mehr als drei Klassen führt zu keinen entscheidend anderen Resultaten.

schaften für das Spezialisierungsmaß *HHI*. Ansonsten liegen insignifikant positive und negative Beziehungen vor. Quintessenz hieraus ist, dass insbesondere kleine spezialisierte Kreditgenossenschaften im Vergleich zu kleinen diversifizierteren Kreditgenossenschaften niedrigere risikobereinigte Konditionsmargen erwirtschaften. Bei den Sparkassen sind die Unterschiede zwischen den Ergebnissen der drei Regressionsgruppen gering. Die Mixtur aus positiven sowie negativen Koffizienten der Standard-Regressionen bleibt im Wesentlichen jeweils erhalten.[69]

Die Segmentierung nach dem Anteil der Kundeneinlagen (*kundeneinl*) ergibt etwas stärkere Differenzen zwischen den Resultaten der Regressionen innerhalb der einzelnen Gruppen. In der Tabelle 5-8 sind die Ergebnisse für den Spezialisierungsgrad und die Verwaltungsaufwandsquote bei den Kreditgenossenschaften angegeben.

Tabelle 5-8: Ergebnisse (Ausschnitt) der 0-1-normierten Regressionen mit ZEQ^{ausf} als erklärter Variable auf Basis von Bankmittelwerten bei Segmentierung nach Kundeneinlagen für Kreditgenossenschaften

	(1) HHI	(2) HHI^w	(3) D^{Bund}	(4) D^{Land}	(5) D^{Ort}	(6) D^{BWS}
Institute mit niedrigem Kundeneinlagenanteil						
SM	-0,047	-0,060	0,034	-0,036	-0,072	0,036
	(-0,77)	(-1,06)	(0,51)	(-0,59)	(-1,32)	(0,57)
verwaltung	0,198**	0,189*	0,189*	0,193*	0,194**	0,188*
	(2,65)	(2,56)	(2,48)	(2,58)	(2,60)	(2,46)
Beobachtungen	525	525	525	525	525	525
R^2	0,220	0,221	0,219	0,219	0,221	0,219
Institute mit mittelhohem Kundeneinlagenanteil						
SM	0,124	0,072	0,032	-0,069	0,021	0,082
	(1,72)	(1,46)	(0,38)	(-0,79)	(0,34)	(1,09)
verwaltung	0,084	0,076	0,080	0,072	0,080	0,080
	(1,55)	(1,37)	(1,45)	(1,32)	(1,45)	(1,45)
Beobachtungen	525	525	525	525	525	525
R^2	0,259	0,253	0,250	0,251	0,250	0,252
Institute mit hohem Kundeneinlagenanteil						
SM	-0,058	-0,009	-0,137*	-0,234**	-0,034	-0,127*
	(-1,22)	(-0,21)	(-2,42)	(-2,83)	(-0,79)	(-2,33)
verwaltung	0,334***	0,342***	0,323***	0,298***	0,340***	0,328***
	(5,80)	(5,84)	(5,89)	(5,73)	(6,00)	(5,98)
Beobachtungen	525	525	525	525	525	525
R^2	0,259	0,257	0,265	0,278	0,258	0,264

*,**,*** zeigen jeweils statistische Signifikanz auf einem 5%-, 1%- bzw. 0,1%-Signifikanzniveau an.

[69] Die Ergebnisse der Schätzungen sind in Tabelle C-6 in Anhang C angegeben.

Die Spezialisierungsgrad-Koeffizienten bei Kreditgenossenschaften mit niedrigen *kundeneinl*-Werten sind insignifikant positiv und negativ. Bei den Instituten mit einem mittelhohen Anteil sind überwiegend statistisch insignifikant positive Zusammenhänge zu konstatieren. Zumindest beim Spezialisierungsmaß *HHI* lässt sich bei einem Koeffizienten von 0,124 nach 0-1-Normierung der Regression eine gewisse ökonomische Relevanz nicht absprechen. Im Unterschied dazu sind die Vorzeichen bei den Regressionen für Kreditgenossenschaften mit hohem Kundeneinlagenanteil durchgehend negativ, und für die Spezialisierungsmaße D^{Bund}, D^{Land} und D^{BWS} sind die Zusammenhänge sogar statistisch signifikant. Das heißt, bei Kreditgenossenschaften, die sich durch eine vergleichsweise starke Kundenbasis bei der Refinanzierung auszeichnen, ist ein hoher Spezialisierungsgrad tendenziell mit einer niedrigen risikobereinigten Konditionsmarge verbunden. Ferner ist zu sehen, dass die Zusammenhänge für die Verwaltungsaufwandsquote statistisch und ökonomisch signifikant positiv sind und stärker, als dies in den zwei anderen Gruppen der Fall ist. In der Gruppe der Kreditgenossenschaften mit hohem Kundeneinlagenanteil lassen sich Unterschiede zwischen den Zinssätzen besonders gut durch unterschiedliche Verwaltungsaufwandsquoten erklären. Dies spricht für eine kostenorientierte Preis-(Margen-)politik bei den Kreditgenossenschaften.

Bei den Sparkassen zeigen sich für Institute mit niedrigem Kundeneinlagenanteil ausschließlich positive Vorzeichen, wie in Tabelle 5-9 zu sehen ist. In der Gruppe der Sparkassen, die bei der Refinanzierung auf eine nicht so starke Kundenbasis zurückgreifen, schlagen sich bei der Kreditvergabe die Monitoring-Vorteile bei höherem Spezialisierungsgrad tendenziell in höheren risikobereinigten Konditionsmargen nieder.[70] Möglicherweise lehnen Sparkassen mit stärkerer Refinanzierung über den Geld- und Kapitalmarkt die Kalkulation der Kreditkonditionen stärker an die Marktzinsmethode an, so dass sich die Monitoring-Vorteile der spezialisierten Institute direkt auf ZEQ^{ausf} auswirken. Bei Sparkassen mit einem hohen Anteil an Kundeneinlagen zeigen sich – ähnlich wie bei den Kreditgenossenschaften – keine signifikant positiven Zusammenhänge mehr. Beim Spezialisierungsmaß D^{Ort} ist sogar ein statistisch signifikant negativer Zusammenhang festzuhalten. Sparkassen, die stark vom Ort-Portfolio abweichen, haben vergleichsweise niedrige risikobereinigte Konditionsmargen. Im Segment der Sparkassen, deren Refinanzierung auf einer relativ großen Kundenbasis fußt, ist ferner zu erkennen, dass eine höhere Verwal-

70 Auffällig sind die im Vergleich zu den anderen Gruppen niedrigen R^2-Werte, was eine geringere Erklärungskraft der erklärenden Variablen für die Varianz von ZEQ^{ausf} in dieser Gruppe impliziert.

tungsaufwandsquote nicht in den Zinssätzen eingepreist ist. Hierin unterscheiden sich diese Sparkassen von den Kreditgenossenschaften mit ähnlichem Refinanzierungshintergrund. Dies kann auf unterschiedliche Steuerungskonzepte oder auf unterschiedliche Umsetzungsmöglichkeiten gleicher Konzepte bei Sparkassen und Kreditgenossenschaften zurückzuführen sein.

Tabelle 5-9: Ergebnisse (Ausschnitt) der 0-1-normierten Regressionen mit ZEQ^{ausf} als erklärter Variable auf Basis von Bankmittelwerten bei Segmentierung nach Kundeneinlagen für Sparkassen

	(1) HHI	(2) HHI^w	(3) D^{Bund}	(4) D^{Land}	(5) D^{Ort}	(6) D^{BWS}
Institute mit niedrigem Kundeneinlagenanteil						
SM	0,047	0,233**	0,250*	0,150	0,038	0,279**
	(0,71)	(3,20)	(2,30)	(1,45)	(0,49)	(3,10)
verwaltung	0,189*	0,190*	0,218**	0,217**	0,195*	0,205**
	(2,39)	(2,50)	(2,84)	(2,66)	(2,44)	(2,76)
Beobachtungen	178	178	178	178	178	178
R^2	0,288	0,321	0,317	0,298	0,287	0,329
Institute mit mittelhohem Kundeneinlagenanteil						
SM	-0,012	0,045	0,151*	-0,074	-0,002	0,103
	(-0,15)	(0,64)	(2,09)	(-1,08)	(-0,02)	(1,35)
verwaltung	0,060	0,065	0,063	0,058	0,061	0,066
	(1,01)	(1,09)	(1,06)	(1,00)	(1,03)	(1,10)
Beobachtungen	178	178	178	178	178	178
R^2	0,501	0,502	0,512	0,504	0,501	0,506
Institute mit hohem Kundeneinlagenanteil						
SM	-0,045	0,070	0,108	-0,036	-0,115*	0,014
	(-0,72)	(0,99)	(1,31)	(-0,52)	(-2,48)	(0,18)
verwaltung	0,013	0,016	0,023	0,008	0,019	0,016
	(0,18)	(0,22)	(0,32)	(0,11)	(0,27)	(0,22)
Beobachtungen	178	178	178	178	178	178
R^2	0,557	0,558	0,560	0,556	0,564	0,556

*,**,*** zeigen jeweils statistische Signifikanz auf einem 5%-, 1%- bzw. 0,1%-Signifikanzniveau an.

Die Ergebnisse mit dem Provisionsanteil als Segmentierungskriterium sind in der Tabelle 5-10 für Kreditgenossenschaften dargestellt.

Tabelle 5-10: Ergebnisse (Ausschnitt) der 0-1-normierten Regressionen mit ZEQ^{ausf} als erklärter Variable auf Basis von Bankmittelwerten bei Segmentierung nach Provisionsanteil für Kreditgenossenschaften

	(1) HHI	(2) HHI^w	(3) D^{Bund}	(4) D^{Land}	(5) D^{Ort}	(6) D^{BWS}
Institute mit niedrigem Provisionsanteil						
SM	-0,024	-0,054	-0,049	-0,083	-0,111	-0,029
	(-0,24)	(-0,85)	(-0,53)	(-0,86)	(-1,47)	(-0,33)
hoehe	-0,104	-0,101	-0,100	-0,090	-0,081	-0,105
	(-1,23)	(-1,66)	(-1,37)	(-1,20)	(-1,15)	(-1,48)
Beobachtungen	525	525	525	525	525	525
R^2	0,137	0,139	0,138	0,140	0,143	0,138
Institute mit mittelhohem Provisionsanteil						
SM	0,174**	0,032	0,154	0,057	0,074	0,168*
	(2,61)	(0,61)	(1,96)	(0,71)	(1,30)	(2,33)
hoehe	-0,124**	-0,081*	-0,099*	-0,089*	-0,090*	-0,105*
	(-3,08)	(-2,06)	(-2,45)	(-2,20)	(-2,25)	(-2,57)
Beobachtungen	525	525	525	525	525	525
R^2	0,336	0,321	0,327	0,321	0,322	0,329
Institute mit hohem Provisionsanteil						
SM	0,042	0,047	-0,061	-0,164*	0,028	-0,028
	(0,90)	(0,76)	(-0,99)	(-2,23)	(0,72)	(-0,51)
hoehe	0,030	0,047	0,045	0,053	0,033	0,041
	(0,70)	(1,07)	(1,04)	(1,26)	(0,78)	(0,96)
Beobachtungen	525	525	525	525	525	525
R^2	0,310	0,310	0,310	0,322	0,309	0,309

*,**,*** zeigen jeweils statistische Signifikanz auf einem 5%-, 1%- bzw. 0,1%-Signifikanzniveau an.

Bei den Kreditgenossenschaften fällt auf, dass im Segment der Institute mit mittelhohem Provisionsanteil nur positive Vorzeichen beim Spezialisierungsgrad-Koeffizienten gegeben sind. Bei *HHI* und D^{BWS} sind die Zusammenhänge sogar statistisch signifikant. Bei Kreditgenossenschaften mit niedrigem Provisionsanteil liegen nur statistisch insignifikant negative Beziehungen vor, bei einem hohen Provisionsanteil ist neben statistisch insignifikant positiven und negativen Zusammenhängen ein signifikant negativer für das Spezialisierungsmaß D^{Land} zu konstatieren. Innerhalb der Gruppe der Institute mit hohem Provisionsanteil zeigt sich ein insignifikant positiver Zusammenhang zwischen Kredithöhe und bereinigter Konditionsmarge. Dies lässt sich möglicherweise darauf zurückführen, dass sich bei Banken mit hohem Provisionsanteil prozentual höhere Kreditbearbeitungsgebühren bei kleineren Kreditbeträgen nicht im Zinsertrag niederschlagen, da diese Banken Kreditbearbeitungsgebühren als Provisions- und nicht als Zinserträge verbuchen. Auffällig ist, dass das R^2 bei den Regressionen im Rahmen der Kreditgenossenschaften mit kleinem Provisionsanteil bedeutend geringer ist als das bei den Regressionen innerhalb der beiden anderen Segmente, was anzeigt, dass in dieser Gruppe nur ein schwacher Erklärungsgehalt für die bereinigte Konditionsmarge auf Basis der verwendeten Variablen gegeben ist. Auch bei den Sparkassen zeigen sich die kleinsten R^2-Werte für das Segment der Institute mit niedrigem Provisionsanteil.[71] Möglicherweise sind in diesem Segment die Verzerrungen bei den Zinserträgen durch Hinzurechnung von Gebühren besonders hoch.

Die Unterteilung der Banken nach dem Agglomerationsgrad (*agglom1* bzw. *agglom2*) des Geschäftsgebietes ist die Basis der Regressionsergebnisse, die in der Tabelle 5-11 für Kreditgenossenschaften vorgestellt werden. Es ist zu sehen, dass in ländlichen Geschäftsgebieten ein eher positiver Zusammenhang zwischen Spezialisierungsgrad und ZEQ^{ausf} vorliegt. Für die Spezialisierungsmaße *HHI* und D^{Ort} sind statistisch signifikant positive Beziehungen zu konstatieren. Erwähnenswert ist ferner, dass die Bankgröße – bis auf eine Ausnahme für das Spezialisierungsmaß D^{Land} – insignifikant positiv mit der bereinigten Konditionsmarge zusammenhängt und höhere Verwaltungsaufwandsquoten nur statistisch insignifikant mit höheren Zinssätzen einhergehen. In städtischen Geschäftsgebieten sind durchgängig negative Spezialisierungsgrad-Koeffizienten zu verzeichnen, wobei statistische Signifikanz bei D^{Land} und D^{Ort} gegeben ist. In Agglomerationsgebieten zeigen sich nur insignifikant positive und negative Zusammenhänge. Auffällig ist, dass der positive Zusammenhang zwischen der Variable *markt_struktur* und der Variable ZEQ^{ausf} vom ländlichen Geschäftsgebiet hin zum Agglomerationsgebiet abnimmt, sowohl was die statistische als auch was die ökonomische Signifikanz betrifft. Das Fehlen der überregionalen Banken zur Messung der Wettbewerbsintensität macht sich also – wie vermutet – insbesondere in den Agglomerationsgebieten bemerkbar.[72]

---

[71] Da die Resultate bei den Sparkassen ansonsten keine neuen Erkenntnisse liefern, sind die Ergebnisse in Tabelle C-7 in Anhang C zu finden.

[72] Ein ähnliches Bild zeigt sich auch bei den Sparkassen, wie in Tabelle C-8 in Anhang C zu sehen ist.

Tabelle 5-11: Ergebnisse (Ausschnitt) der 0-1-normierten Regressionen mit ZEQ^{ausf} als erklärter Variable auf Basis von Bankmittelwerten bei Segmentierung nach dem Agglomerationsgrad des Geschäftsgebietes für Kreditgenossenschaften

	(1) HHI	(2) HHI^w	(3) D^{Bund}	(4) D^{Land}	(5) D^{Ort}	(6) D^{BWS}
Institute mit ländlichem Geschäftsgebiet						
SM	0,217*	0,154	0,147	-0,040	0,155*	0,155
	(1,98)	(1,95)	(1,30)	(-0,33)	(2,02)	(1,56)
verwaltung	0,077	0,089	0,092	0,113	0,102	0,088
	(0,87)	(1,04)	(1,06)	(1,34)	(1,22)	(1,02)
markt_struktur	0,196*	0,221**	0,208*	0,230**	0,219*	0,207*
	(2,42)	(2,65)	(2,49)	(2,67)	(2,53)	(2,51)
bilanz	0,062	0,029	0,051	-0,072	0,040	0,050
	(0,72)	(0,37)	(0,50)	(-0,69)	(0,53)	(0,55)
Beobachtungen	316	316	316	316	316	316
R^2	0,173	0,166	0,158	0,151	0,162	0,160
Institute mit städtischem Geschäftsgebiet						
SM	-0,067	-0,055	-0,092	-0,164**	-0,116*	-0,072
	(-1,48)	(-1,26)	(-1,76)	(-3,05)	(-2,28)	(-1,50)
verwaltung	0,245***	0,242***	0,242***	0,231***	0,240***	0,244***
	(3,68)	(3,53)	(3,59)	(3,53)	(3,60)	(3,60)
markt_struktur	0,086	0,086	0,084	0,070	0,072	0,087
	(1,54)	(1,54)	(1,50)	(1,25)	(1,27)	(1,54)
bilanz	-0,222***	-0,212***	-0,257***	-0,306***	-0,263***	-0,241***
	(-5,52)	(-5,63)	(-5,37)	(-6,26)	(-5,77)	(-5,32)
Beobachtungen	732	732	732	732	732	732
R^2	0,253	0,253	0,254	0,260	0,256	0,253
Institute in Agglomerationsgebieten						
SM	0,024	-0,005	-0,000	-0,027	-0,030	0,025
	(0,27)	(-0,10)	(-0,01)	(-0,33)	(-0,54)	(0,33)
verwaltung	0,192***	0,187***	0,188***	0,184***	0,185***	0,190***
	(4,94)	(4,68)	(4,71)	(4,62)	(4,59)	(4,72)
markt_struktur	0,028	0,023	0,024	0,020	0,017	0,026
	(0,84)	(0,70)	(0,73)	(0,60)	(0,50)	(0,78)
bilanz	-0,185**	-0,198***	-0,196**	-0,216**	-0,213***	-0,178*
	(-3,16)	(-3,84)	(-2,81)	(-2,95)	(-4,16)	(-2,58)
Beobachtungen	526	526	526	526	526	526
R^2	0,279	0,279	0,279	0,279	0,279	0,279

*,**,*** zeigen jeweils statistische Signifikanz auf einem 5%-, 1%- bzw. 0,1%-Signifikanzniveau an.

Die R^2-Werte nehmen allerdings vom ländlichen Geschäftsgebiet hin zum Agglomerationsgebiet stark zu.[73] Die Erklärungskraft der erklärenden Variablen für die Varianz der risikobereinigten Konditionsmarge ist also bei der Gruppe der ländlichen Kreditgenossenschaften deutlich geringer. ZEQ^{ausf} scheint insbesondere bei diesen Banken mit Faktoren zusammenzuhängen, die nicht in den Regressionen verwendet werden.[74] Es scheint schwieriger zu sein, eine Systematik bei den Kreditkonditionen ländlicher Kreditgenossenschaften zu erkennen. Auf die Darstellung der Ergebnisse für die Sparkassen wird wiederum verzichtet, da sich für die Zusammenhänge des Spezialisierungsgrades bei allen Agglomerationsgraden das gewohnte Bild aus sowohl positiven als auch negativen Vorzeichen zeigt.

Die Segmentierungen nach der Höhe des Privatkundenanteils und der Höhe der Fristentransformation sind lediglich im Anhang angegeben.[75] Der Grund hierfür ist, dass sich für keine der Gruppen Regressionsergebnisse berichten lassen, die einen signifikant positiven Zusammenhang zwischen Spezialisierungsgrad und bereinigter Konditionsmarge bei Kreditgenossenschaften offenbaren und ein eindeutiges Resultat bei den Sparkassen, abweichend von dem uneinheitlichen für die Standard-Regressionen, anzeigen. Insgesamt deutet dies auch das Fazit an, das aus den Regressionen auf Basis der segmentierten Untersuchungseinheiten zu ziehen ist. Wie zu sehen war, führt auch eine Zusammenfassung der Banken zu homogeneren Einheiten nicht zu einer wesentlichen Veränderung der Ergebnisse hinsichtlich des Zusammenhangs zwischen Spezialisierungsgrad und bereinigten Konditionsmargen. Die erwarteten signifikant positiven Zusammenhänge stellen sich auch dann nicht ein, wenn die Betrachtung auf Banken ähnlicher Struktur eingegrenzt wird.

5.4.1.4 Vergleich zweier Zeiträume

Wie bei den Untersuchungen in Kapitel 4, wird nun untersucht, ob die Zusammenhänge im Beobachtungszeitraum stabil sind. Ein Ausschnitt der Regressionsergeb-

[73] Besonders hoch ist der Anstieg des Bestimmtheitsmaßes vom ländlichen zum städtischen Geschäftsgebiet. Das adjustierte R^2 steigt von 0,137 auf 0,239.

[74] Gerade in ländlichen Geschäftsgebieten bei damit verbundener (vermuteter) engerer Kunde-Bank-Beziehung (vgl. Neuberger (1999)) mögen die Zinskonditionen besonders stark von den spezifischen regionalen Gegebenheiten abhängen.

[75] Die Ergebnisse der Regressionen befinden sich in Tabelle C-9 (Segmentierung nach *privat*) bzw. C-10 (Segmentierung nach der Höhe der Fristentransformation) in Anhang C. Die Höhe der Fristentransformation wird dabei als Differenz aus durchschnittlicher Laufzeit der Aktiva und durchschnittlicher Laufzeit der Passiva berechnet.

nisse, basierend auf der Zweiteilung der Daten in die Zeiträume 1995 bis 2000 und 2001 bis 2006, ist in der Tabelle 5-12 angegeben.

Tabelle 5-12: Ergebnisse (Ausschnitt) der 0-1-normierten Regressionen auf Basis von Bankmittelwerten des Zeitraums 1995 bis 2000 und des Zeitraums 2001 bis 2006

	(1) HHI	(2) HHI^w	(3) D^{Bund}	(4) D^{Land}	(5) D^{Ort}	(6) D^{BWS}
Kreditgenossenschaften im Zeitraum 1995 bis 2000						
SM	-0,031	-0,043	-0,065	-0,150***	-0,094**	-0,034
	(-0,68)	(-1,20)	(-1,48)	(-3,48)	(-2,78)	(-0,84)
Beobachtungen	1967	1967	1967	1967	1967	1967
R^2	0,210	0,211	0,211	0,219	0,215	0,210
Kreditgenossenschaften im Zeitraum 2001 bis 2006						
SM	0,045	0,034	0,041	-0,050	0,075*	0,041
	(1,09)	(1,01)	(0,92)	(-0,94)	(2,09)	(0,97)
Beobachtungen	1277	1277	1277	1277	1277	1277
R^2	0,188	0,188	0,188	0,188	0,190	0,188
Sparkassen im Zeitraum 1995 bis 2000						
SM	0,010	0,060	0,091*	-0,009	-0,053	0,049
	(0,26)	(1,32)	(2,02)	(-0,20)	(-1,49)	(1,04)
Beobachtungen	576	576	576	576	576	576
R^2	0,310	0,312	0,315	0,310	0,312	0,312
Sparkassen im Zeitraum 2001 bis 2006						
SM	-0,063	0,044	0,084	-0,024	-0,057	0,060
	(-1,51)	(1,03)	(1,52)	(-0,51)	(-1,55)	(1,23)
Beobachtungen	468	468	468	468	468	468
R^2	0,428	0,426	0,428	0,425	0,427	0,427

*,**,*** zeigen jeweils statistische Signifikanz auf einem 5%-, 1%- bzw. 0,1%-Signifikanzniveau an.

Es ist erkennbar, dass bei den Kreditgenossenschaften im ersten Zeitraum ein negativer Zusammenhang zwischen Spezialisierungsgrad und bereinigter Konditionsmarge vorherrscht. Statistisch signifikant ist dieser für die Spezialisierungsmaße D^{Land} und D^{Ort}. Im zweiten Zeitraum sind mit Ausnahme für das Spezialisierungsmaß D^{Land} ausschließlich positive Koeffizienten festzustellen. Statistische Signifikanz auf einem 5%-Signifikanzniveau liegt für das Spezialisierungsmaß D^{Ort} vor. Diese Resultate zeigen, dass bei den Kreditgenossenschaften der Zusammenhang zwischen Spezialisierungsgrad und bereinigter Konditionsmarge im Zeitablauf recht instabil ist. Bei den Sparkassen hingegen sind die Unterschiede zwischen den Resultaten für den Spezialisierungsgrad im ersten und zweiten Beobachtungszeitraum sehr gering. Lediglich für das Spezialisierungsmaß *HHI* ist ein Vorzeichenwechsel zu konstatieren. Mit Ausnahme für das Spezialisierungsmaß D^{BWS} werden die Koeffizienten kleiner. Insgesamt sind in beiden Zeiträumen die Zusammenhänge von statistischer Insignifikanz geprägt – mit Ausnahme für D^{Bund} im ersten Zeitraum – und jeweils sowohl positive als auch negative zu notieren, wobei die Vorzeichen denen aus der Standard-Regression ähneln. Bei den Sparkassen verstärkt also die Betrachtung über den gesamten Zeitraum tendenziell die ökonomische und statistische Signifikanz der Koffizienten für den Spezialisierungsgrad. Genauso wie sich die Koeffizienten bei Sparkassen und Kreditgenossenschaften gegenläufig entwickeln, ist auch eine entgegengesetzte Veränderung des Bestimmtheitsmaßes zu konstatieren.[76] Bei den Kreditgenossenschaften ist das R^2 im ersten Zeitraum (leicht) höher als im zweiten, bei den Sparkassen nimmt das R^2 im zweiten Zeitraum deutlich zu.[77]

5.4.1.5 Verwendung der Zinsertragsquote als erklärte Variable

Um zu sehen, inwieweit bei der Bepreisung der Kredite tatsächlich das jeweilige Risiko und der laufzeitkongruente Geld- und Kapitalmarktsatz Berücksichtigung finden, wird anstatt der risikobereinigten Konditionsmarge die Zinsertragsquote als erklärte Variable verwendet. Als erklärende Variablen werden zusätzlich der laufzeitkongruente Geld- und Kapitalmarktsatz und die Ausfallquote bzw. alternativ die erwartete Verlustquote verwendet. Die Regressionen werden also gemäß der folgenden Gleichung durchgeführt:[78]

$$\begin{aligned}
\overline{ZEQ}_b \quad = \quad & \alpha + \beta_1 \cdot \overline{gkm_satz}_b + \beta_2 \cdot \overline{LQ^{ausf}}_b \text{ bzw. } \overline{ELQ}_b \\
& + \beta_3 \cdot \overline{SM}_b + \beta_4 \cdot \overline{kred_ant}_b + \beta_5 \cdot \overline{privat}_b \\
& + \beta_6 \cdot \overline{blanko}_b + \beta_7 \cdot \overline{markt_ant1}_b + \beta_8 \cdot \overline{markt_struktur}_b \\
& + \beta_9 \cdot \overline{hoehe}_b + \beta_{10} \cdot \overline{ZAQ}_b \qquad (5\text{-}2) \\
& + \beta_{11} \cdot \overline{verwaltung}_b + \beta_{12} \cdot \overline{bilanz}_b + \beta_{13} \cdot \overline{agglom1}_b \\
& + \beta_{14} \cdot \overline{agglom2}_b + \beta_{15} \cdot \overline{ost}_b + \beta_{16} \cdot \overline{fusion2}_b + \epsilon_b.
\end{aligned}$$

[76] Wie in den vorangegangenen Regressionen sind die R^2-Werte bei Sparkassen erheblich höher als bei den Kreditgenossenschaften.

[77] Über die Ursachen hierfür kann wiederum nur spekuliert werden. Möglicherweise haben sich die Sparkassen im Verlauf des Beobachtungszeitraums stärker positioniert, so dass der Erklärungsgehalt von Variablenkombinationen steigt.

[78] Weitere mögliche erklärende Variablen wären z.B. der Anteil der Hypothekarkredite und der Anteil der Kommunalkredite. Regressionen, die diese beiden Variablen berücksichtigen, zeigen negative Zusammenhänge für diese und im Wesentlichen unveränderte Resultate für die anderen Variablen an.

Bei der Vorstellung der Resultate wird auf die Variablen verzichtet, deren Ergebnisse sich von den Ergebnissen der Standard-Regressionen gemäß Gleichung 5-1 nur geringfügig unterscheiden. Die Koeffizienten-Werte sind dieses Mal auf Basis unnormierter Regressionen angegeben, um den Einfluss der Risikogrößen und des laufzeitkongruenten Geld-und Kapitalmarktsatzes auf die Zinssatzhöhe direkt ablesen zu können. In Tabelle 5-13 finden sich die Ergebnisse für die Kreditgenossenschaften und in Tabelle 5-14 die für die Sparkassen.

Wie zu sehen ist, sind die Zusammenhänge bei den Kreditgenossenschaften mit der Zinssatzhöhe für den Spezialisierungsgrad – mit Ausnahme des Spezialisierungsmaßes *HHI*, bei dem Insignifikanz vorliegt – statistisch signifikant negativ. Ein höherer Spezialisierungsgrad geht also tendenziell mit einem geringeren Quotienten aus Zinserträgen des Kreditgeschäfts und Kreditvolumen einher. Vermutungen, die höhere Zinssätze bei einem höheren Spezialisierungsgrad aufgrund umfassenderer Beratung oder besserer Auswahl risikoarmer Kreditnehmer für wahrscheinlich gehalten haben, werden auf Basis dieser Untersuchung widerlegt.[79] Die durchschnittlich niedrigeren Zinssätze im Kreditgeschäft bei höherem Spezialisierungsgrad können zum einen mit einem andersartigen Kreditartenmix und zum anderen mit geringeren Zinssätzen bei den jeweiligen Kreditarten verbunden sein. Auf Basis der EWU-Zinsstatistik-Daten wird später dieser Aspekt ein wenig genauer beleuchtet.

Bei den Sparkassen überwiegen statistisch insignifikante Zusammenhänge zwischen Spezialisierungsgrad und Zinsertragsquote. Für das Spezialisierungsmaß D^{Ort} und bei Verwendung der erwarteten Verlustquote als eine der erklärenden Variablen für das Maß D^{Land} liegt eine statistisch signifikant negative Beziehung vor. Auch bei den Sparkassen wird somit die Vermutung nicht bestätigt, dass ein hoher Spezialisierungsgrad mit der Durchsetzung hoher Zinsforderungen aufgrund von Branchen-Know-how verbunden ist.

Bei den Kreditgenossenschaften zeigt sich erstaunlicher Weise ein negativer Zusammenhang zwischen *gkm_satz* und *ZEQ*. Auch wenn bei der Berechnung des laufzeitkongruenten Geld- und Kapitalmarktsatzes Ungenauigkeiten in Kauf genommen

[79] Die Resultate sind jedoch vor dem Hintergrund der bereits bekannten Resultate für die Untersuchungen der Monitoring-Qualität und der bereinigten Konditionsmargen durchaus nicht überraschend.

Tabelle 5-13: Ergebnisse der nicht normierten Regressionen mit *ZEQ* als erklärter Variable auf Basis von Bankmittelwerten für die Kreditgenossenschaften

	(1) HHI	(2) HHI^w	(3) D^{Bund}	(4) D^{Land}	(5) D^{Ort}	(6) D^{BWS}
LQ^{ausf} als zusätzliche Kontrollvariable						
SM	-0,0037	-0,0048*	-0,0053*	-0,0093***	-0,0049**	-0,0039
	(-1,02)	(-2,09)	(-2,19)	(-4,14)	(-3,27)	(-1,70)
gkm_satz	-0,3191*	-0,3193*	-0,3124*	-0,3341**	-0,3446**	-0,3131*
	(-2,48)	(-2,49)	(-2,46)	(-2,72)	(-2,75)	(-2,45)
LQ^{ausf}	0,1501*	0,1496*	0,1471*	0,1462*	0,1458*	0,1498*
	(2,26)	(2,24)	(2,25)	(2,30)	(2,22)	(2,25)
blanko	-0,0028**	-0,0029**	-0,0028**	-0,0026*	-0,0028**	-0,0029**
	(-2,60)	(-2,76)	(-2,64)	(-2,41)	(-2,64)	(-2,75)
ZAQ	0,2266**	0,2347***	0,2264**	0,2452***	0,2353***	0,2233**
	(3,24)	(3,39)	(3,27)	(3,57)	(3,42)	(3,23)
fusion2	0,0026***	0,0026***	0,0025***	0,0025***	0,0026***	0,0025***
	(4,83)	(5,00)	(4,84)	(4,99)	(5,10)	(4,89)
Beobachtungen	1575	1575	1575	1575	1575	1575
R^2	0,410	0,412	0,413	0,425	0,416	0,411
ELQ als zusätzliche Kontrollvariable						
SM	-0,0039	-0,0091***	-0,0062*	-0,0096***	-0,0049**	-0,00467*
	(-1,07)	(-3,61)	(-2,54)	(-4,30)	(-3,23)	(-2,03)
gkm_satz	-0,3621**	-0,3351*	-0,3492**	-0,3752**	-0,3862**	-0,3512**
	(-2,69)	(-2,51)	(-2,63)	(-2,92)	(-2,93)	(-2,63)
ELQ	0,4127***	0,4958***	0,4219***	0,4141***	0,4001***	0,4191***
	(6,56)	(6,80)	(6,50)	(6,50)	(6,36)	(6,48)
blanko	-0,0005	-0,0005	-0,0005	-0,0003	-0,0006	-0,0006
	(-0,49)	(-0,51)	(-0,50)	(-0,31)	(-0,56)	(-0,61)
ZAQ	0,2865***	0,3111***	0,2851***	0,3047***	0,2927***	0,2831***
	(4,31)	(4,72)	(4,37)	(4,65)	(4,51)	(4,33)
fusion2	0,0028***	0,0028***	0,0027***	0,0028***	0,0029***	0,0028***
	(5,14)	(5,20)	(5,13)	(5,32)	(5,41)	(5,19)
Beobachtungen	1575	1575	1575	1575	1575	1575
R^2	0,418	0,427	0,422	0,433	0,423	0,419

*,**,*** zeigen jeweils statistische Signifikanz auf einem 5%-, 1%- bzw. 0,1%-Signifikanzniveau an.

Tabelle 5-14: Ergebnisse der nicht normierten Regressionen mit *ZEQ* als erklärter Variable auf Basis von Bankmittelwerten für die Sparkassen

	(1) HHI	(2) HHI^w	(3) D^{Bund}	(4) D^{Land}	(5) D^{Ort}	(6) D^{BWS}
LQ^{ausf} als zusätzliche Kontrollvariable						
SM	-0,0144	0,0049	0,0052	-0,0045	-0,0053**	0,0031
	(-1,51)	(0,73)	(1,78)	(-1,59)	(-2,87)	(1,03)
gkm_satz	0,5921***	0,5544***	0,5791***	0,5516***	0,5721***	0,5674***
	(4,02)	(3,77)	(3,93)	(3,78)	(3,94)	(3,85)
LQ^{ausf}	0,1961**	0,2036***	0,2101***	0,1931***	0,1931**	0,2054***
	(3,29)	(3,45)	(3,59)	(3,31)	(3,27)	(3,49)
blanko	-0,0024	-0,0025	-0,0026	-0,0025	-0,0024	-0,0026
	(-1,35)	(-1,39)	(-1,50)	(-1,39)	(-1,35)	(-1,47)
ZAQ	0,2560*	0,2541*	0,2534*	0,2581*	0,2571*	0,2521*
	(2,40)	(2,38)	(2,38)	(2,43)	(2,45)	(2,37)
fusion2	-0,0008	-0,0007	-0,0007	-0,0006	-0,0007	-0,0007
	(-1,51)	(-1,32)	(-1,36)	(-1,26)	(-1,33)	(-1,31)
Beobachtungen	534	534	534	534	534	534
R^2	0,325	0,321	0,325	0,324	0,331	0,322
ELQ als zusätzliche Kontrollvariable						
SM	-0,0084	-0,0062	-0,0001	-0,0071**	-0,0054***	-0,0003
	(-0,97)	(-0,95)	(-0,02)	(-2,61)	(-3,33)	(-0,10)
gkm_satz	0,5191***	0,5203***	0,5026***	0,4924***	0,5153***	0,5021***
	(4,11)	(4,15)	(3,97)	(3,94)	(4,13)	(3,97)
ELQ	0,6661***	0,6846***	0,6756***	0,6904***	0,6711***	0,6756***
	(8,72)	(8,93)	(8,75)	(9,04)	(9,00)	(8,91)
blanko	0,0011	0,0010	0,0011	0,0011	0,0012	0,0011
	(0,75)	(0,69)	(0,75)	(0,75)	(0,77)	(0,75)
ZAQ	0,3751***	0,3754***	0,3761***	0,3818***	0,3776***	0,3766***
	(3,79)	(3,79)	(3,79)	(3,88)	(3,87)	(3,79)
fusion2	-0,0000	0,0000	0,0000	0,0001	0,0000	0,0000
	(-0,05)	(0,06)	(0,07)	(0,18)	(0,05)	(0,07)
Beobachtungen	534	534	534	534	534	534
R^2	0,395	0,394	0,393	0,402	0,404	0,393

*,**,*** zeigen jeweils statistische Signifikanz auf einem 5%-, 1%- bzw. 0,1%-Signifikanzniveau an.

werden mussten,[80] so ist bei der Durchschnittsbildung über einen Zeitraum von zwölf Jahren davon auszugehen, dass Institute mit einem höheren *gkm_satz*-Wert im Beobachtungszeitraum auch tatsächlich höhere laufzeitkongruente Refinanzierungssätze am Geld- und Kapitalmarkt hatten. In diesem Kontext ist auch ein Blick auf die Dummy-Variable *fusion2* sinnvoll. Die signifikant positiven Koeffizienten ergeben sich im Wesentlichen daher, dass die durchschnittlichen Geld- und Kapitalmarktsätze im Verlaufe des Beobachtungszeitraums abgenommen haben. Dies lässt sich aus folgenden Tatsachen schließen: Bei Banken, die von anderen Banken übernommen worden sind, wird der Mittelwert der Variablen, also auch der für *gkm_satz*, über einen Zeitraum gebildet, der auf Jahre am Ende des gesamten Beobachtungszeitraums verzichtet. Banken, die übernommen worden sind, weisen bei abnehmenden Marktzinssätzen im Beobachtungszeitraum[81] somit höhere *gkm_satz*-Werte auf, was durch die positive Korrelation zwischen *fusion2* und *gkm_satz* untermauert wird.[82] Regressionen, die die Variable *fusion2* außen vor lassen, kommen zu signifikant positiven Zusammenhängen für die Variable *gkm_satz* und Regressionen, die sich jeweils auf Banken beschränken, die im Beobachtungszeitraum übernommen bzw. nicht übernommen worden sind, zeigen signifikant negative Zusammenhänge für *gkm_satz* an.[83] Damit zeigt sich zum einen, dass das Niveau der Geld- und Kapitalmarktsätze im Zeitablauf von Bedeutung für das Zinsniveau der Banken im Kreditgeschäft ist. Höhere Geld- und Kapitalmarktsätze sind mit höheren Kundenzinssätzen verbunden, was nicht erstaunt, da höhere Geld- und Kapitalmarktsätze höhere Refinanzierungskosten für die Banken bedeuten und diese über höhere Zinssätze im Kreditgeschäft verdient werden müssen.[84] Zum anderen zeigt sich, dass Kreditgenossenschaften mit hohen *gkm_satz*-Werten tendenziell niedrigere Zinssätze im Kreditgeschäft einfordern als Banken mit niedrigen *gkm_satz*-Werten.[85] Da im gesamten Beobachtungszeitraum eine normale Zinsstrukturkurve vorgelegen hat,[86] ist dies gleichbedeutend damit, dass Kreditgenossenschaften mit durchschnittlich längeren Kreditlaufzeiten tendenziell eine geringere *ZEQ* aufweisen. Möglicherweise

---

[80] Vgl. hierzu Abschnitt 5.3.1.

[81] Vgl. z.B. Deutsche Bundesbank (2007c).

[82] Die Korrelation beträgt 0,687 bei den Kreditgenossenschaften und 0,648 bei den Sparkassen. Beide Werte sind signifikant von Null verschieden.

[83] Die Ergebnisse der beiden letztgenannten Untersuchungen finden sich in Tabelle C-11 in Anhang C.

[84] Vgl. Weth (2002).

[85] Alternativ bzw. ergänzend zu *fusion2* könnten Dummys für unterschiedliche Beobachtungszeiträume in die Regressionsgleichung mitaufgenommen werden. In diesem Fall werden die negativen Zusammenhänge zwischen *gkm_satz* und *ZEQ* bekräftigt.

[86] Vgl. hierzu Deutsche Bundesbank (2006a), S. 64.

kann dies damit zusammenhängen, dass für Überziehungskredite, die in der Kreditnehmerstatistik nicht separat aufgeschlüsselt sind und zu den Krediten mit Laufzeit unter einem Jahr gezählt werden, sehr hohe Zinssätze gelten.[87] Im Rahmen der EWU-Zinsstatistik-Daten wird später hierauf erneut eingegangen.

Bei den Sparkassen zeigt sich ein anderes Bild. Hier liegt ein statistisch signifikant positiver Zusammenhang zwischen dem laufzeitkongruenten Geld- und Kapitalmarktsatz und *ZEQ* vor. Allerdings sind die Koeffizienten-Werte mit Werten zwischen 0,49 und 0,59 bedeutend kleiner als 1, dem Wert, der auf der Grundlage der Marktzinsmethode (ungefähr) zu erwarten gewesen wäre.[88] Vor dem Hintergrund der bereits geschilderten Probleme mit der Variablen *gkm_satz* ist dieses Ergebnis aber nicht unbedingt erstaunlich.

Sowohl bei den Kreditgenossenschaften als auch bei den Sparkassen zeigt sich ein positiver Zusammenhang zwischen der Zinsaufwandsquote und *ZEQ*. Höhere Zinsaufwendungen bei der Refinanzierung gehen mit höheren Zinsforderungen im Kreditgeschäft einher. Die Koeffizienten liegen zwischen 0,26 und 0,38. Dies zeigt an, dass Banken mit höheren Refinanzierungskosten diese nicht in voller Höhe bei den Kreditkonditionen einpreisen. Für diesen Fall hätte ein Koeffizient in Höhe von (ungefähr) 1 gelten müssen.[89]

Zwischen der Ausfallrate bzw. der erwarteten Verlustquote und der Zinsertragsquote bestehen statistisch signifikant positive Zusammenhänge bei Sparkassen und Kreditgenossenschaften. Höhere erwartete Verlustquoten bzw. höhere tatsächliche Verlustquoten sind demnach mit höheren Zinssätzen im Kreditgeschäft verbunden. Eine adäquate Berücksichtigung der Standardrisikokosten bei den Kreditkonditionen würde einen Koeffizienten nahe 1 bei LQ^{ausf} und Koeffizienten nahe des durchschnittlichen LGD-Wertes für (die Kreditportfolios der) Kreditgenossenschaften bzw. Sparkas-

87 Vgl. hierzu Deutsche Bundesbank (2008).

88 Genau genommen entspricht der zu erwartende Wert $\frac{1}{1-PD \cdot LGD}$. Dieser Wert liegt aber (bei realistischen LGD- und PD-Werten) sehr nahe bei 1.

89 Vgl. Fußnote 88.

sen implizieren.[90] Da keine Informationen über den durchschnittlichen LGD-Wert bei Kreditgenossenschaften bzw. Sparkassen vorliegen, wird als Orientierungspunkt der in Basel II innerhalb des IRB-Basisansatzes für vorrangige unbesicherte Forderungen angesetzte LGD-Wert in Höhe von 45% verwendet.[91] Für die erwartete Verlustquote liegen die Koeffizienten-Werte im Durchschnitt bei 0,43 bei den Kreditgenossenschaften und bei 0,68 bei den Sparkassen.[92] Eine Kreditgenossenschaft, deren durchschnittliche Insolvenzquote der Branchen im Firmenkundenkreditportfolio um 1%-Punkt höher ist als die einer anderen Kreditgenossenschaft, weist im Durchschnitt also einen um 0,43%-Punkte höheren *ZEQ*-Wert auf. Bei den Sparkassen ist in dem Fall eine (durchschnittliche) Steigerung um 0,68%-Punkte zu vermerken. Vergleicht man dies mit der zu erwartenden Steigerung von 0,45%-Punkten, so ist festzuhalten:

- Kreditgenossenschaften lassen das Ausfallrisiko der von ihnen im Kreditgeschäft betreuten Branchen in entsprechender Höhe in die Kreditkonditionen einfließen.
- Bei den Sparkassen liegen die Zuschläge auf die Kreditzinssätze bei Branchenzusammensetzungen mit hohen Insolvenzraten über den Standardrisikokosten. Mit anderen Worten heißt dies, dass Zinssatzdifferenzen zwischen Sparkassen stärker durch unterschiedliche Branchenzusammensetzungen geprägt sind als erwartet.

---

90 Die jeweiligen Koeffizienten-Werte leiten sich aus den Risikoprämien ab, die in Abschnitt 3.4.3 bei der Definition der risikobereinigten Konditionsmargen vorgestellt worden sind. Genau genommen entspricht der zu erwartende Wert des Koeffizienten bei adäquater Berücksichtigung der Standardrisikokosten $\frac{1}{1-PD\cdot LGD}$ für LQ^{ausf} und $\frac{LGD}{1-PD\cdot LGD}$ für *ELQ*. Dieser Werte liegt aber (bei realistischen LGD- und PD-Werten) sehr nahe bei 1 bzw. beim LGD-Wert. Eine wesentliche Annahme, die hierbei gemacht wird, ist die der stochastischen Unabhängigkeit von PD und LGD. Falls Banken mit höheren PD-Werten tendenziell höhere LGD-Werte haben, so wäre ein höherer Koeffizient zu erwarten. Allerdings wird die Variable *blanko* als Proxy für den LGD als Kontrollvariable verwendet, so dass hierfür (ggf.) korrigiert wird. Für Arbeiten, die sich mit der Einbeziehung von Interaktionen (allerdings eher im Zeitablauf) zwischen LGD und PD zur Ermittlung von Risikogrößen beschäftigen, vgl. z.B. Frye (2000b).

91 Vgl. hierzu Basel Committee on Banking Supervision (2006a), S. 67. Die Vorgaben von Basel II orientieren sich an tatsächlich beobachteten LGD-Werten. Es ist allerdings davon auszugehen, dass der vorgegebene Wert von 45% relativ hoch angesetzt ist, da die Bankenaufsicht vermeiden will, dass Risiken zu niedrig ausgewiesen werden und dadurch eine Bestandsgefährdung durch zu hohe Risiken nicht erkannt wird.

92 Die Median-Werte sind vergleichbar hoch.

Im Unterschied zur hohen Sensitivität der Zinsertragsquoten in Bezug auf die erwartete Verlustquote ist bei der Ausfallrate der Zusammenhang mit der Zinsertragsquote deutlich schwächer, als es für eine adäquate Berücksichtigung als Standardrisikokosten angemessen wäre. Bei den Kreditgenossenschaften liegt der Durchschnitt (und auch der Median) der Koeffizientenwerte für LQ^{ausf} bei 0,15 und bei den Sparkassen bei 0,2. Wie oben angegeben, würde ein Koeffizientenwert von 1 eine risikoadäquate Bepreisung der Kredite anzeigen. Sowohl bei Kreditgenossenschaften als auch bei Sparkassen finden demnach die tatsächlichen Verlustquoten einen nicht genügend hohen Niederschlag in den Kreditkonditionen. Banken, deren Engagement riskanteren Kreditnehmern gilt bzw. die höhere Ausfallraten im Kreditgeschäft erleiden, lassen sich den höheren Aufwand nicht entsprechend vergüten. Eine risikoadjustierte Bepreisung im Kreditgeschäft der Kreditgenossenschaften und Sparkassen lässt sich somit nur in Ansätzen feststellen. Dieses Ergebnis entkräftet zugleich im Wesentlichen den Einwand, der im Rahmen des Abschnittes 4.2 gegen die Verwendung der Variablen *RATIO* als Proxy für die Monitoring-Qualität vorgebracht worden ist. Der Einwand lautete, dass diversifiziertere Banken sich bewusst riskantere Kreditnehmer innerhalb der von ihnen betreuten Branchen aussuchen, sich die höheren Ausfallraten entsprechend vergüten lassen und damit eine höhere *RATIO* nicht für schlechtere Monitoring-Qualität stehen muss. Dieser Einwand hätte Bestand gehabt, wenn nachgewiesen worden wäre, dass Banken eine risikoadäquate Bepreisung der Kredite vornehmen. Wie gesehen, ist dies aber nicht der Fall. Die Resultate für die Variable *ELQ* implizieren, dass eine risikoärmere Branchenwahl mit geringeren Zinsertragsquoten einhergeht. Ein Grund für die nicht-positiven Zusammenhänge zwischen Spezialisierungsgrad und bereinigter Konditionsmarge bei den Kreditgenossenschaften könnte damit sein, dass spezialisierte Kreditgenossenschaften – wie in Abschnitt 4.3 gesehen – tendenziell geringere erwartete Verlustquoten aufweisen und hiermit auch geringere Zinssätze im Kreditgeschäft. Berücksichtigt man allerdings die Variable *ELQ* als Kontrollvariable[93] in den Regressionen der bereinigten Konditionsmarge, so ändern sich die Ergebnisse für den Spezialisierungsgrad nicht

[93] Möglicherweise vorhandene Endogenitätsprobleme werden durch den Ramsey-Test nicht bestätigt. Die Robustheit der Ergebnisse für die anderen erklärenden Variablen ist ein weiteres Indiz dafür, dass die Einbeziehung der erwarteten Verlustquote nicht zu einer erheblichen Verzerrung der Regressionsergebnisse führt.

entscheidend.[94]

Zum Abschluss dieses Abschnittes sei noch auf die R^2-Werte der Regressionen zur Erklärung der Zinsertragsquote eingegangen. Anders als in den meisten anderen Fällen übertrifft das R^2 der Regressionen für die Kreditgenossenschaften das der für die Sparkassen. Die Erklärung der Streuung der Variablen *ZEQ* durch die Veränderungen der erklärenden Variablen gelingt bei den Kreditgenossenschaften besser als bei den Sparkassen. Dies veranschaulicht noch einmal, dass Ergebnisse für die einzelnen Variablen nicht mit R^2-Werten in Verbindung gebracht werden dürfen: Stärker ausgewiesene Zusammenhänge zwischen *ZEQ* und *gkm_satz*, LQ^{ausf} bzw. *ELQ* als bei den Kreditgenossenschaften implizieren keine höheren R^2-Werte bei den Sparkassen.

5.4.1.6 Fixed-Effects-Schätzungen

Bevor auf die Daten der EWU-Zinsstatistik eingegangen wird, werden wie bei den Untersuchungen aus Kapitel 4 Fixed-Effects-Schätzungen durchgeführt.[95] Dadurch wird die Analyse darauf ausgerichtet, wie eine Veränderung der Werte der erklärenden Variablen im Zeitablauf mit einer Veränderung der erklärten Variable zusammenhängt, d.h. nicht mehr der Vergleich zwischen Bankmittelwerten, sondern die Entwicklungen bei den einzelnen Banken sind Kern der Untersuchung. Die Regressionsgleichungen für die Panel-Schätzungen orientieren sich dabei an den bisherigen Gleichungen. Zum einen wird die bereinigte Konditionsmarge als erklärte Variable verwendet, d.h.

[94] Zusätzlich könnte auch noch die Zinsmarge als erklärte Variable in den Regressionen eingesetzt werden. Diesbezügliche Untersuchungen ergaben aber keine neuen Erkenntnisse hinsichtlich des Zusammenhangs zwischen Kreditertragen und Spezialisierungsgrad und werden deshalb in dieser Arbeit nicht vorgestellt. Zu empirischen Untersuchungen über die Erklärung der Zinsmarge, wobei der Spezialisierungsgrad keine Berücksichtigung findet, vgl. z.B. Demirgüç / Huizinga (1999) und Saunders / Schumacher (2000).

[95] Hausman-Tests haben gezeigt, dass Random-Effects-Schätzungen nicht angebracht sind. Des Weiteren werden wiederum HAC-Standardfehler verwendet. Vgl. hierzu Abschnitt 4.2.3.4.2.

$$ZEQ^{ausf}_{(b,t)} = \alpha_b + \beta_1 \cdot SM_{(b,t)} + \beta_2 \cdot kred\_ant_{(b,t)} + \beta_3 \cdot privat_{(b,t)} \\ +\beta_4 \cdot blanko_{(b,t)} + \beta_5 \cdot markt\_ant1_{(b,t)} + \beta_6 \cdot markt\_struktur_{(b,t)} \\ +\beta_7 \cdot hoehe_{(b,t)} + \beta_8 \cdot ZAQ_{(b,t)} \\ +\beta_9 \cdot verwaltung_{(b,t)} + \beta_{10} \cdot bilanz_{(b,t)} + \epsilon_{(b,t)}. \tag{5-3}$$

Zum anderen werden auch die Zusammenhänge für die Zinsertragsquote untersucht und zwar auf der Basis der folgenden Regressionsgleichung:

$$ZEQ_{(b,t)} = \alpha_b + \beta_1 \cdot gkm\_satz_{(b,t)} + \beta_2 \cdot LQ^{notl}_{(b,t)} \text{ bzw. } ELQ_{(b,t)} \\ \beta_3 \cdot SM_{(b,t)} + \beta_4 \cdot kred\_ant_{(b,t)} + \beta_5 \cdot privat_{(b,t)} \\ +\beta_6 \cdot blanko_{(b,t)} + \beta_7 \cdot markt\_ant1_{(b,t)} + \beta_8 \cdot markt\_struktur_{(b,t)} \\ +\beta_9 \cdot hoehe_{(b,t)} + \beta_{10} \cdot ZAQ_{(b,t)} \\ +\beta_{11} \cdot verwaltung_{(b,t)} + \beta_{12} \cdot bilanz_{(b,t)} + \epsilon_{(b,t)}. \tag{5-4}$$

Wie schon in Abschnitt 4.2.3.4.2 dargelegt, sind Panel-Regressionen insbesondere mit dem Problem behaftet, dass Zeitpunktzuordnungen von besonderer Wichtigkeit sind, da ansonsten Zusammenhänge falsch erfasst werden, und dies vor allem für die tatsächliche Verlustquote nicht in zufriedenstellender Weise geschehen kann. Die tatsächliche Verlustquote geht bei der Berechnung der risikobereinigten Konditionsmarge ein und wird als erklärende Variable für die Zinsertragsquote eingesetzt.[96]

Zugleich ist bei der Betrachtung der Zinssätze im Kreditgeschäft zu beachten, dass es sich immer um eine Mischung der Zinssätze aus Alt- und Neugeschäft handelt. Die erklärenden Variablen können in den meisten Fällen nicht so berechnet werden, dass sie dem Zeitpunkt der Zinsvereinbarung zugeordnet sind. Es besteht zwar die Möglichkeit, wie bei der Variablen *gkm_satz*, gewichtete Mittelwerte aus aktuellen Werten und Werten der Vorjahre gemäß der Kreditlaufzeitinformationen zu berechnen, allerdings sind die Laufzeitinformationen – wie bereits erwähnt – nicht präzise, die Gewichtung in gewissem Umfang willkürlich und die Anzahl der in der Regression verwendbaren Zeitpunkte würde sich reduzieren. Insbesondere um Transparenz zu

[96] Dies klingt verdächtig nach einem Endogenitätsproblem. Eine alternative Beschreibung für das obige Vorgehen ist: Im ersten Fall wird der Koeffizient für LQ^{ausf} konstant gleich 1 gesetzt, im zweiten Fall wird der Koeffizient erst durch die Regression ermittelt. Dieses Vorgehen sollte kein Endogenitätsproblem mit sich bringen.

wahren, wird auf solche Mittelwertbildungen verzichtet. Diese Ausführungen machen aber noch einmal den Vorteil der Between-Groups-Schätzungen in diesem Kontext deutlich: Bei Betrachtung von Variablen, die als Mittelwerte über den gesamten Beobachtungszeitraum gebildet worden sind, ist eine genaue Zuordnung des Variablenwertes zu einem Zeitpunkt nicht relevant. In den Tabellen 5-15 und 5-16 sind Ausschnitte aus den Ergebnissen der Panel-Regressionen für Kreditgenossenschaften bzw. Sparkassen angegeben.

Es ist zu sehen, dass bei den Kreditgenossenschaften fast ausschließlich statistisch insignifikante Zusammenhänge sowohl positiver als auch negativer Ausprägung für den Spezialisierungsgrad zu konstatieren sind. Allein für das Spezialisierungsmaß HHI^{w} zeigt sich bei den beiden Regressionen mit ZEQ als erklärter Variable eine signifikant negative Beziehung. Bei den Sparkassen überwiegen die positiven Vorzeichen bei den Spezialisierungsgrad-Koeffizienten. Lediglich für D^{Bund} bei der Regression mit der risikobereinigten Konditionsmarge als erklärter Variable und für D^{Ort} bei der Regression mit ZEQ als erklärter Variable sind (insignifikant) negative Zusammenhänge feststellbar. Statistisch signifikant positive Zusammenhänge lassen sich allerdings auch nur in zwei Fällen beobachten. Im Rahmen der Regression mit der bereinigten Konditionsmarge ist für die Spezialisierungsmaße D^{Land} und D^{Ort} statistische Signifikanz gegeben. Insgesamt ist also festzuhalten, dass bei Kreditgenossenschaften wiederum kein ausgeprägt positiver Zusammenhang zwischen Spezialisierungsgrad und bereinigter Konditionsmarge bzw. Zinsertragsquote erkennbar ist. Eine Erhöhung des Spezialisierungsgrades bei einer Kreditgenossenschaft im Zeitablauf geht im Allgemeinen nicht mit einer Erhöhung von ZEQ^{ausf} bzw. ZEQ einher. Bei den Sparkassen geht ein höherer bzw. niedriger ZEQ^{ausf}- bzw. ZEQ-Wert mit einem höheren bzw. niedrigeren Spezialisierungsgrad einher, jedoch zumeist in statistisch insignifikanter Weise. Auch für die Panel-Regressionen lässt sich somit nicht der erwartet signifikant positive Zusammenhang zwischen Spezialisierungsgrad und Zinserträgen aus dem Kreditgeschäft empirisch feststellen. Die Betrachtung der Zusammenhänge innerhalb der einzelnen Banken führt nicht zu deutlich von den Ergebnissen der Querschnittsbetrachtung abweichenden Resultaten.

Die in den Tabellen 5-15 und 5-16 angegebenen Ergebnisse für die Kontrollvariablen seien kurz beschrieben. Der laufzeitangepasste Geld- und Kapitalmarktsatz (*gkm_satz*) hängt sowohl bei Kreditgenossenschaften als auch bei Sparkassen positiv mit der Zinsertragsquote zusammen. Bei den Sparkassen ist dieser Zusammenhang allerdings nicht statistisch signifikant und die Koeffizienten mit Werten

Tabelle 5-15: Ergebnisse (Ausschnitt) der Fixed-Effects-Schätzungen mit ZEQ^{ausf} bzw. ZEQ als erklärter Variable für Kreditgenossenschaften

	(1) HHI	(2) HHI^{w}	(3) D^{Bund}	(4) D^{Land}	(5) D^{Ort}	(6) D^{BWS}
ZEQ^{ausf} als erklärte Variable						
SM	0,0002	-0,0043	0,0006	0,0056	0,0047	0,0028
	(0,03)	(-0,89)	(0,18)	(1,63)	(1,54)	(0,76)
ZAQ	-0,1822***	-0,1691***	-0,1823***	-0,1787***	-0,1801***	-0,1827***
	(-5,54)	(-5,03)	(-5,51)	(-5,41)	(-5,45)	(-5,51)
Beobachtungen	14341	14341	14341	14341	14341	14341
R^2	0,040	0,040	0,040	0,040	0,040	0,040
ZEQ als erklärte Variable und LQ^{ausf} als zusätzliche Kontrollvariable						
SM	-0,0083	-0,0060*	0,0009	0,0022	-0,0014	0,0021
	(-1,94)	(-2,18)	(0,42)	(1,09)	(-0,75)	(0,90)
gkm_satz	0,1887***	0,1957***	0,1901***	0,1923***	0,1885***	0,1903***
	(5,44)	(5,71)	(5,48)	(5,53)	(5,40)	(5,47)
LQ^{ausf}	0,0186	0,0186	0,0190	0,0190	0,0189	0,0190
	(0,99)	(1,00)	(1,02)	(1,02)	(1,01)	(1,02)
ZAQ	0,4221***	0,4336***	0,4203***	0,4197sym***	0,4214***	0,4207***
	(9,65)	(9,54)	(9,62)	(9,59)	(9,61)	(9,61)
Beobachtungen	14341	14341	14341	14341	14341	14341
R^2	0,247	0,247	0,246	0,246	0,246	0,246
ZEQ als erklärte Variable und ELQ als zusätzliche Kontrollvariable						
SM	-0,0064	-0,0089**	0,0001	0,0025	-0,0015	0,0028
	(-1,47)	(-3,28)	(0,03)	(1,23)	(-0,80)	(0,93)
gkm_satz	0,1932***	0,2022***	0,1945***	0,1963***	0,1925***	0,1943***
	(5,29)	(5,62)	(5,34)	(5,38)	(5,25)	(5,32)
ELQ	0,3124***	0,3412***	0,3194***	0,3201***	0,3197***	0,3197***
	(5,72)	(6,40)	(5,86)	(5,93)	(5,87)	(5,88)
ZAQ	0,4725***	0,4952***	0,4717***	0,4717***	0,4734***	0,4721***
	(10,19)	(10,23)	(10,17)	(10,16)	(10,17)	(10,17)
Beobachtungen	14341	14341	14341	14341	14341	14341
R^2	0,252	0,254	0,252	0,252	0,252	0,252

*,**,*** zeigen jeweils statistische Signifikanz auf einem 5%-, 1%- bzw. 0,1%-Signifikanzniveau an.

Tabelle 5-16: Ergebnisse (Ausschnitt) der Fixed-Effects-Schätzungen mit ZEQ^{ausf} bzw. ZEQ als erklärter Variable für Sparkassen

	(1) HHI	(2) HHI^{w}	(3) D^{Bund}	(4) D^{Land}	(5) D^{Ort}	(6) D^{BWS}
ZEQ^{ausf} als erklärte Variable						
SM	0,0241	0,0061	-0,0064	0,0149*	0,0093*	0,0019
	(1,35)	(0,42)	(-1,20)	(2,29)	(2,18)	(0,31)
ZAQ	-0,1096*	-0,1172*	-0,1025*	-0,0988	-0,0980	-0,1078*
	(-2,14)	(-2,05)	(-2,02)	(-1,94)	(-1,92)	(-2,11)
Beobachtungen	5064	5064	5064	5064	5064	5064
R^2	0,028	0,028	0,028	0,030	0,029	0,027
ZEQ als erklärte Variable und LQ^{ausf} als zusätzliche Kontrollvariable						
SM	0,0073	0,0064	0,0034	0,0049	0,0002	0,0079
	(0,80)	(0,82)	(1,03)	(1,74)	(0,10)	(1,96)
gkm_satz	0,1213	0,1149	0,1156	0,1216	0,1213	0,1133
	(1,84)	(1,80)	(1,74)	(1,85)	(1,85)	(1,73)
LQ^{ausf}	0,0097	0,0101	0,0093	0,0105	0,0094	0,0093
	(0,45)	(0,47)	(0,43)	(0,49)	(0,44)	(0,44)
ZAQ	0,5283***	0,5241***	0,5327***	0,5315***	0,5281***	0,5348***
	(6,55)	(6,37)	(6,57)	(6,59)	(6,55)	(6,63)
Beobachtungen	5064	5064	5064	5064	5064	5064
R^2	0,354	0,354	0,354	0,354	0,354	0,355
ZEQ als erklärte Variable und ELQ als zusätzliche Kontrollvariable						
SM	0,0061	0,0043	0,0026	0,0046	-0,0001	0,0066
	(0,67)	(0,56)	(0,80)	(1,58)	(-0,07)	(1,69)
gkm_satz	0,1202	0,1154	0,1159	0,1202	0,1203	0,1146
	(1,84)	(1,84)	(1,75)	(1,85)	(1,85)	(1,74)
ELQ	0,1010	0,0974	0,0981	0,0999	0,1025	0,0865
	(1,63)	(1,59)	(1,58)	(1,61)	(1,65)	(1,42)
ZAQ	0,5456***	0,5421***	0,5487***	0,5471***	0,5458***	0,5478***
	(6,72)	(6,52)	(6,74)	(6,77)	(6,74)	(6,77)
Beobachtungen	5064	5064	5064	5064	5064	5064
R^2	0,355	0,355	0,355	0,355	0,355	0,356

*,**,*** zeigen jeweils statistische Signifikanz auf einem 5%-, 1%- bzw. 0,1%-Signifikanzniveau an.

bei 0,12 zeigen an, dass Änderungen der Variablen *gkm_satz* nicht eins zu eins an die Zinssätze im Kreditgeschäft weitergegeben werden. Für diesen Fall müssten die Koeffizienten-Werte bei 1 liegen. Änderungen der Variablen *gkm_satz* sind ferner weniger durch Veränderungen der Laufzeitstruktur der Kredite, sondern mehr durch Veränderungen der Marktzinssätze geprägt.[97] Bei den Kreditgenossenschaften ist statistische Signifikanz für den Zusammenhang zwischen *gkm_satz* und *ZEQ* gegeben. Die Koeffizienten-Werte, die bei 0, 19 rangieren, deuten aber gleichsam darauf hin, dass wie bei den Sparkassen Marktzinssatzänderungen nicht mit entsprechenden Änderungen des Kreditzinssatzes einhergehen.[98] An dieser Stelle sei auch darauf hingewiesen, dass sich eine Integration von Jahres-Dummys in diesem Fall nicht eignet. Da die Veränderung der Variablen *gkm_satz* im Zeitablauf bei den einzelnen Banken vergleichbar hoch ist – getrieben durch die institutsübergreifend wirksamen Marktzinssatzänderungen –, würde durch die Verwendung von Jahres-Dummys die Zurechnung des Zusammenhangs zur Variablen *gkm_satz* nicht mehr unverzerrt erfolgen können.

Ähnlich stellen sich die Ergebnisse auch für die Variable *ZAQ* dar. Für die Zinsaufwandsquote sind sowohl bei den Kreditgenossenschaften als auch bei den Sparkassen negative Koeffizienten im Rahmen der Regressionen mit der bereinigten Konditionsmarge zu konstatieren. Bei den Regressionen mit der Zinsertragsquote als erklärter Variable werden hingegen jeweils signifikant positive Zusammenhänge für die Zinsaufwandsquote ausgewiesen. Höhere Refinanzierungskosten gehen also bei den einzelnen Banken tendenziell mit höheren Zinssätzen im Kreditgeschäft einher, zugleich aber mit einer niedrigeren risikobereinigten Konditionsmarge. Letzteres kann dadurch begründet werden, dass z.B. im Falle eines Marktzinssatzanstiegs die Refinanzierungskosten tendenziell zunehmen, ZEQ^{ausf} aber tendenziell abnimmt, da die Kreditzinssätze nicht so stark steigen wie die Geld- und Kapitalmarktsätze. Ein Blick auf die Koeffizientenwerte im Rahmen der Regressionen mit *ZEQ* als erklärter

97 So ist die (über alle Banken berechnete) durchschnittliche Standardabweichung der Veränderung von *gkm_satz* über die Jahre, bei der die Laufzeiten konstant gehalten werden, ca. 17 mal so groß wie die Standardabweichung für den Fall, dass die Marktzinssätze konstant gehalten werden. Als konstante Laufzeitverteilung bzw. als konstante Marktzinssätze werden jeweils die Mittelwerte über alle Banken und Jahre verwendet.

98 Dieses Ergebnis deckt sich mit den Ergebnissen empirischer Pass-Through-Studien, die zeigen, dass Geld- und Kapitalmarktzinssatzänderungen sich nicht sofort in den Kundenzinssätzen niederschlagen, sondern die Anpassung Zeit in Anspruch nimmt. Vgl. hierzu z.B. Weth (2002).

Variable zeigt, dass eine Veränderung der ZAQ im Durchschnitt mit einer erheblich höheren Veränderung des durchschnittlichen Kreditzinssatzes verbunden ist, als dies bei einer Veränderung des laufzeitangepassten Geld- und Kapitalmarktsatzes der Fall ist.

Für die Ausfallrate (LQ^{ausf}) ergeben sich bei Kreditgenossenschaften und Sparkassen jeweils nur insignifikant positive Zusammenhänge mit der Zinsertragsquote. Eine Begründung für das Ergebnis der schwachen Anpassung der Zinssätze im Kreditgeschäft an das Risiko der vergebenen Kredite dürfte sein, dass die Ausfallrate – wie bereits häufiger erwähnt – als Proxy für die tatsächliche Verlustquote für ein bestimmtes Jahr nicht recht geeignet ist. Ferner zeigte sich auch bei der Querschnittsbetrachtung eine nur rudimentär ausgestaltete Risikoadjustierung der Kreditzinsen.

Für die erwartete Verlustquote (ELQ) sind bei den Kreditgenossenschaften statistisch signifikant positive Zusammenhänge mit der Zinsertragsquote festzustellen. Höhere erwartete Verlustquoten gehen bei den Instituten im Zeitablauf mit höheren Zinssätzen im Kreditgeschäft einher. Eine Veränderung der erwarteten Verlustquote kann zum einen durch eine Veränderung der Branchenstruktur und zum anderen durch eine Veränderung der Insolvenzraten verursacht sein. Letzteres wirkt dabei stärker.[99] Koeffizientenwerte um 0,32 zeigen an, dass bei den Kreditgenossenschaften die Kreditkonditionen erheblich von der wirtschaftlichen Situation der Branchen in ihrem Portfolio geprägt sind. Bei den Sparkassen lässt sich im Unterschied dazu nur von insignifikant positiven Zusammenhängen berichten mit Koeffizienten-Werten von maximal 0,102. Bei Sparkassen scheinen somit die Kreditkonditionen im Zeitablauf weniger an die wirtschaftliche Situation der von ihnen betreuten Branchen gekoppelt zu sein als bei Kreditgenossenschaften.

Es sei noch auf die stark schwankenden R^2-Werte hingewiesen. Für die Regressionen mit der bereinigten Konditionsmarge als erklärter Variable sind (deutlich) geringere R^2-Werte zu notieren als für die mit der Zinsertragsquote. Dies erstaunt nicht, da

[99] Die (über alle Banken berechnete) durchschnittliche Standardabweichung der Veränderung der durchschnittlichen PDs im Verlauf der Jahre, bei der die Branchenzusammensetzung konstant gehalten wird, ist ca. 4 mal so groß wie die Standardabweichung für den Fall, dass die Insolvenzraten konstant gehalten werden. Als konstante Branchenzusammensetzung bzw. als konstante Insolvenzraten werden jeweils die Mittelwerte über alle Banken und Jahre verwendet.

im ersten Fall die erklärte Variable Komponenten enthält, die im zweiten Fall als erklärende Variablen auftauchen. Im zweiten Fall kann damit jeweils ein Koeffizient für diese Variablen so gewählt werden, dass die Fehlerterme möglichst klein werden. Der Verlust an Freiheitsgraden ist bei der relativ großen Anzahl an Beobachtungen nicht so bedeutend. Die Höhe der Differenz der R^2 mag jedoch erstaunen. R^2-Werte unter 0,05 bei den Regressionen mit ZEQ^{ausf} als erklärter Variable zeigen an, dass die Erklärungskraft für die Veränderung der bereinigten Konditionsmarge im Zeitablauf auf Basis der hier verwendeten Faktoren stark limitiert ist.[100]

5.4.2 Analysen auf Basis von EWU-Zinsstatistik-Daten

Im Folgenden werden Bundesbank-interne bankindividuelle Daten der EWU-Zinsstatistik[101] herangezogen, um zusätzliche Erkenntnisse über die Kreditertäge der Kreditgenossenschaften und Sparkassen zu gewinnen. Informationen über die Zinssatzhöhe und das Volumen verschiedener Kreditkategorien können insbesondere dabei behilflich sein zu klären, inwieweit unterschiedliche Zinssätze in den Kreditkategorien oder unterschiedliche Anteile an den Kreditkategorien für Differenzen zwischen den durchschnittlichen Zinssätzen im Kreditgeschäft gesorgt haben. Dazu werden im Einzelnen die folgenden Daten verwendet:[102]

---

100 Eine tiefergehende Analyse, die alternative Untersuchungsdesigns für die Panel-Regression ansetzt, wird aufgrund der grundsätzlichen Mängel der Panel-Regressionen in diesem Kontext nicht durchgeführt.

101 Seit Januar 2003 wird die EWU-Zinsstatistik im Euroraum erhoben. In Deutschland gehen die Angaben von 200 Banken (davon sind 30 Kreditgenossenschaften und 70 Sparkassen im Standard-Datenset der vorliegenden Untersuchung enthalten) in die Ergebnisse der Zinsstatistik ein. Die Erhebung umfasst die von den inländischen Banken in Deutschland angewandten Zinssätze für auf Euro lautende Einlagen und Kredite gegenüber Privat- und Firmenkunden, die in der EWU ansässig sind. Dabei werden gewisse Produktkategorien, z.B. nach Laufzeit, unterschieden. Vgl. hierzu Deutsche Bundesbank (2007b). Von der Deutschen Bundesbank werden die Daten über die Banken aggregiert und als volumengewichtete Durchschnittssätze veröffentlicht. Vgl. hierzu Deutsche Bundesbank (2008). In der vorliegenden Arbeit werden hingegen Bundesbank-interne bankindividuelle Daten verwendet, d.h. es liegen für alle 30 Kreditgenossenschaften und 70 Sparkassen jeweils Informationen über Zinssatzhöhe (und auch Volumina) vor. Aufgrund des eingeschränkten Anwendungsbereiches in dieser Arbeit wurde auf eine Darstellung der EWU-Zinsstatistik und der mit ihr verbundenen Variablen in Kapitel 2 verzichtet und erfolgt hier parallel zur Anwendung.

102 Die Daten liegen monatlich vor. Die verwendeten Variablenwerte stellen Mittelwerte je Bank über den Zeitraum Januar 2003 bis Dezember 2006 dar.

- Bestände: Zinssätze[103] für
  - Firmenkundenkredite,[104] unterteilt nach Ursprungslaufzeitklassen,[105]
  - Privatkundenkredite, unterteilt in Wohnungsbaukredite und Konsumenten- sowie sonstige Kredite jeweils nach Ursprungslaufzeitklassen.
- Neugeschäft: Zinssätze und Volumina[106] für
  - Firmenkundenkredite von bis zu 1 Mio. €, unterteilt in Zinsbindungsfristenklassen,
  - Firmenkundenkredite von über 1 Mio. €, unterteilt in Zinsbindungsfristenklassen,
  - Überziehungskredite im Firmenkundengeschäft,
  - Privatkundenkredite, unterteilt in Konsumenten-, Wohnungsbau- und sonstige Kredite jeweils nach Zinsbindungsfristenklassen, sowie Überziehungskredite.

Bei der Verwendung der EWU-Zinsstatistik sind zwei wesentliche Problempunkte anzusprechen. Zum einen liegt die EWU-Zinsstatistik erst seit dem Jahr 2003 vor, d.h. von dem Beobachtungszeitraum der bisherigen Untersuchungen sind lediglich vier Jahre abgedeckt. Zum anderen werden von den 1575 Kreditgenossenschaften des Standard-Datensets nur 30 Institute und von den 534 Sparkassen des Standard-Datensets 70 Institute in der EWU-Zinsstatistik erfasst. Diese Einschränkungen im-

[103] Die berichtspflichtigen Banken melden volumengewichtete Durchschnittszinssätze für den letzten Tag des jeweiligen Monats. Hierbei werden neben marktüblichen Konditionen auch Sonder- bzw. Vorzugskonditionen berücksichtigt, die z.B. für Mitarbeiter oder Großkunden gelten. Bei den Beständen werden keine Volumina erfasst. Die Formblätter, die einen Überblick über sämtliche in der EWU-Zinsstatistik angegebenen Positionen liefern, werden in Deutsche Bundesbank (2007b) angegeben.

[104] Im Unterschied zur Kreditnehmerstatistik beinhalten die Firmenkundenkredite (Kredite an nichtfinanzielle Kapitalgesellschaften) bei der EWU-Zinsstatistik keine Kredite an Finanzierungsinstitutionen und Versicherungsunternehmen sowie wirtschaftlich selbstständige Privatpersonen.

[105] Die Laufzeitklassen sind hier und im Folgenden: Kredite mit Laufzeiten bis zu 1 Jahr, Kredite mit Laufzeiten von über 1 Jahr und bis zu 5 Jahren, Kredite mit Laufzeiten von über 5 Jahren. Bei den Bestandskrediten werden bei der Berechnung der Zinssätze für die Laufzeitklasse der Kredite bis zu 1 Jahr auch die Überziehungskredite einbezogen.

[106] Bei Überziehungskrediten wird nicht das Neugeschäft im eigentlichen Sinne ausgewiesen, sondern der Bestand zum Monatsende erfasst. Die Zinssätze der (gleichen) Überziehungskredite werden somit sowohl bei den Bestands- als auch bei den Neukrediten einbezogen. Bei den Neukrediten werden Überziehungskredite separat ausgewiesen und nicht bei Konsumenten-, Wohnungsbau- und sonstigen Krediten berücksichtigt.

plizieren, dass Erkenntnisse auf Basis der EWU-Zinsstatistik hinsichtlich der Übertragbarkeit auf das gesamte Datenset mit Vorsicht zu verwenden sind. Die geringe Anzahl der in der EWU-Zinsstatistik vertretenen Institute, insbesondere bei den Kreditgenossenschaften – bezogen auf das Standard-Datenset –, verhindert, dass bei einer bankengruppenbezogenen Analyse von einer repräsentativen Stichprobe gesprochen werden kann. Auch wenn die insgesamt 200 in der EWU-Zinsstatistik erfassten Kreditinstitute eine repräsentative Stichprobe für den deutschen Bankenmarkt darstellen,[107] so sind bei der in dieser Arbeit vorgenommenen Fokussierung auf Sparkassen und Kreditgenossenschaften Abweichungen bei den Variablenwerten zwischen Stichprobe und Standard-Datenset festzustellen. In der Tabelle 5-17 sind die Mittelwerte einiger wichtiger Variablen festgehalten.

In der Stichprobe sind die Kreditinstitute im Durchschnitt – auf Basis der Distanzmaße – weniger spezialisiert und größer; sie haben einen größeren Marktanteil, einen kleineren Privatkundenkreditanteil, die Geschäftsgebiete sind städtischer, und die Eigenkapitalquote ist kleiner, als es im Standard-Datenset der Fall ist. Diese Unterschiede sind statistisch signifikant. Die Mittelwerte für Gesamtkapital- und Eigenkapitalrentabilität sowie Zinsertragsquote sind hingegen recht ähnlich und unterscheiden sich jeweils nicht signifikant. Auch der Zusammenhang zwischen Spezialisierungsgrad und *ZEQ* bei Kreditgenossenschaften und Sparkassen der Stichprobe ist vergleichbar mit dem beim Standard-Datenset.[108] Dies lässt eine Untersuchung auf Basis der EWU-Zinsstatistik-Daten als sinnvolle Ergänzung erscheinen, auch wenn Vorsicht bei der Übertragung der Ergebnisse auf das gesamte Datenset geboten ist.[109]

Mit Hilfe der EWU-Zinsstatistik werden folgende Fragestellungen behandelt:

- Wie hängt der Spezialisierungsgrad mit der Zinssatzhöhe in den jeweiligen Kreditkategorien zusammen bzw. sind die Zinssätze der spezialisierten Banken in den jeweiligen Kreditkategorien niedriger oder höher?

---

107 Vgl. hierzu Deutsche Bundesbank (2004b).

108 Die Korrelationswerte sowohl bei den Kreditgenossenschaften als auch bei den Sparkassen entsprechen in etwa denen des Standard-Datensets. Auch für ZEQ^{ausf} liegt Übereinstimmung vor.

109 Untersuchungen zur Klärung des Zusammenhangs zwischen Privatkundenkreditanteil und *ZEQ* sind auf Basis der EWU-Zinsstatistik nicht vernünftig, da sich der Zusammenhang zwischen Privatkundenanteil und *ZEQ* bei den Kreditgenossenschaften der Stichprobe deutlich von dem des Standard-Datensets unterscheidet.

Tabelle 5-17: Vergleich der Mittelwerte wichtiger Variablen auf Basis des EWU-Zinsstatistik-Datensets (EWU) und des Standard-Datensets (Standard), wobei die Mittelwerte des Standard-Datensets – wie die des EWU-Zinsstatistik-Datensets – über den Zeitraum 2003 bis 2006 berechnet werden

	Kreditgenossenschaften				
	HHI	HHI^w	D^{Bund}	D^{Land}	D^{Ort}
EWU	0,192	0,210	0,350	0,335	0,303
Standard	0,136	0,138	0,430	0,384	0,334
t-Test		⋆	⋆	⋆	
	D^{BWS}	kred_ant	privat	markt_ant1	bilanz
EWU	0,365	0,573	0,425	0,144	2,9 Mrd. €
Standard	0,428	0,595	0,547	0,045	370 Mio. €
t-Test	⋆		⋆⋆⋆	⋆⋆⋆	⋆⋆⋆
	agglom	ZEQ	ekq	gkr	ekr
EWU	1,433	0,069	0,044	0,002	0,053
Standard	1,873	0,070	0,059	0,002	0,051
t-Test	⋆⋆⋆		⋆⋆⋆		
	Sparkassen				
	HHI	HHI^w	D^{Bund}	D^{Land}	D^{Ort}
EWU	0,103	0,110	0,226	0,205	0,173
Standard	0,103	0,108	0,290	0,246	0,201
t-Test			⋆⋆⋆	⋆⋆⋆	⋆
	D^{BWS}	kred_ant	privat	markt_ant1	bilanz
EWU	0,247	0,595	0,484	0,279	5,5 Mrd. €
Standard	0,301	0,609	0,535	0,138	2 Mrd. €
t-Test	⋆⋆⋆		⋆⋆⋆	⋆⋆⋆	⋆⋆⋆
	agglom	ZEQ	ekq	gkr	ekr
EWU	1,357	0,062	0,043	0,002	0,049
Standard	1,810	0,060	0,047	0,002	0,047
t-Test	⋆⋆⋆		⋆⋆⋆		

⋆, ⋆⋆, ⋆⋆⋆ zeigen jeweils statistische Signifikanz der Unterschiede zwischen den entsprechenden (Mittel-)Werten der EWU-Daten und des Standard-Datensets auf einem 95%-, 99%- bzw. 0,1%-Signifikanzniveau an. Die zugrunde liegende t-Statistik wird unter Berücksichtigung der Welch-Korrektur (vgl. hierzu Welch (1938) bzw. Welch (1947)) berechnet.

- Wie hängt der Spezialisierungsgrad mit den Anteilen der jeweiligen Kreditkategorien an der gesamten Kredit-Neuvergabe zusammen?

Aufgrund der geringen Anzahl an verfügbaren Instituten beschränkt sich die Untersuchung auf die Ermittlung der Korrelationskoeffizienten zwischen den jeweils relevanten Variablen.[110] Die Zinssätze werden nicht um die tatsächliche Verlustquote bereinigt, da eine Zurechnung zu den einzelnen Kreditkategorien nicht durchführbar ist und möglicherweise eher zu einer Verzerrung der Daten führen würde. Ferner ist der Zeitraum für die Berechnung einer verlässlichen tatsächlichen Verlustquote relativ kurz. Zur Beantwortung der ersten Fragestellung werden die Korrelationen zwischen dem Spezialisierungsgrad und den Zinssätzen der einzelnen Kreditkategorien berechnet. Dabei beschränken sich die Untersuchungen in diesem Fall auf die Firmenkundenkredite, da die Spezialisierungsgradmessung lediglich auf Firmenkundenkredite abstellt. Die Privatkundenkredite werden im Rahmen der dritten Fragestellung miteinbezogen. Die Korrelationen werden in der Tabelle 5-18 für die Bestandspositionen und in der Tabelle 5-19 für die Neugeschäftspositionen angegeben.

Tabelle 5-18: Korrelationen zwischen Spezialisierungsgrad und den Zinssätzen der Bestands-Firmenkundenkredite gemäß der EWU-Zinsstatistik (auf der Basis von Bankmittelwerten über den Zeitraum 2003-2006)

	HHI	HHI^w	D^{Bund}	D^{Land}	D^{Ort}	D^{BWS}
	Kreditgenossenschaften					
Z_kurz	-0,443	-0,413	-0,461	-0,537*	-0,357	-0,485*
Z_mittel	-0,385	-0,335	-0,382	-0,400	-0,266	-0,409
Z_lang	-0,185	-0,172	-0,307	-0,298	-0,216	-0,311
	Sparkassen					
Z_kurz	-0,134	0,072	0,062	0,068	-0,204	-0,086
Z_mittel	0,180	0,205	0,147	0,205	-0,129	0,011
Z_lang	0,107	-0,025	-0,004	0,093	0,091	-0,120

* zeigt jeweils statistische Signifikanz auf einem 1%-Signifikanzniveau an. Z_kurz, Z_mittel bzw. Z_lang stehen für die Zinssätze der Firmenkundenkredite mit Laufzeiten bis zu 1 Jahr, von über 1 Jahr bis zu 5 Jahren bzw. von über 5 Jahren.

110 Es soll lediglich ermittelt werden, ob positive oder negative Tendenzen vorliegen. Die Berechnung von Rangkorrelationen führt zu ähnlichen Ergebnissen.

Tabelle 5-19: Korrelationen zwischen Spezialisierungsgrad und den Zinssätzen der Neugeschäfts-Firmenkundenkredite gemäß der EWU-Zinsstatistik (auf der Basis von Bankmittelwerten über den Zeitraum 2003-2006)

	HHI	HHI^w	D^{Bund}	D^{Land}	D^{Ort}	D^{BWS}
	Kreditgenossenschaften					
Z_klein_kurz	-0,264	-0,230	-0,261	-0,293	-0,148	-0,259
Z_klein_mittel	-0,464*	-0,433	-0,517*	-0,512*	-0,165*	-0,524*
Z_klein_lang	-0,114	-0,087	-0,194	-0,138	-0,227	-0,176
Z_groß_kurz	-0,165	-0,139	-0,156	-0,205	-0,052	-0,184
Z_groß_mittel	-0,129	-0,103	0,070	-0,041	-0,091	-0,098
Z_groß_lang	0,097	0,107	0,142	0,188	0,095	0,143
Z_Überziehung	-0,618*	-0,612*	-0,686*	-0,734*	-0,495*	-0,684*
	Sparkassen					
Z_klein_kurz	0,034	-0,125	0,126	0,219	0,123	-0,123
Z_klein_mittel	0,093	-0,105	-0,093	0,103	0,140	-0,266
Z_klein_lang	0,178	0,163	-0,082	-0,073	-0,076	-0,020
Z_groß_kurz	-0,078	-0,048	-0,123	-0,089	0,007	-0,141
Z_groß_mittel	-0,001	0,072	0,088	0,094	-0,055	-0,001
Z_groß_lang	0,068	0,111	-0,022	-0,086	-0,161	-0,098
Z_Überziehung	-0,04	0,123	0,113	0,06	0,013	0,092

* zeigt jeweils statistische Signifikanz auf einem 1%-Signifikanzniveau an. Z_klein_kurz, Z_klein_mittel bzw. Z_klein_lang stehen für die Zinssätze der Firmenkundenkredite mit Nominalbeträgen von bis zu 1 Mio. € und Zinsbindungsfristen bis zu 1 Jahr, von über 1 Jahr bis zu 5 Jahren bzw. von über 5 Jahren. Z_groß_kurz, Z_groß_mittel bzw. Z_groß_lang stehen für die Zinssätze der Firmenkundenkredite mit Nominalbeträgen von über 1 Mio. € und Zinsbindungsfristen bis zu 1 Jahr, von über 1 Jahr bis zu 5 Jahren bzw. von über 5 Jahren. Z_Überziehung bezeichnet die Zinssätze für die Firmenkundenkredite, die als Überziehungskredite vergeben werden.

Es ist zu erkennen, dass bei den Kreditgenossenschaften überwiegend negative Korrelationen zwischen dem Spezialisierungsgrad und den Zinssätzen der einzelnen Kreditkategorien ausgewiesen werden, d.h. spezialisierte Kreditgenossenschaften verlangen im Durchschnitt geringere Zinssätze in den einzelnen Kreditkategorien als diversifizierte. Bei den Bestandskrediten sind die betragsmäßig höchsten negativen Korrelationen für die kurzfristigen Zinssätze festzustellen. Für die Spezialisierungsmaße D^{Land} und D^{BWS} liegt statistische Signifikanz auf einem 1%-Signifikanzniveau vor. Zu beachten ist, dass bei den Bestandskrediten die Überziehungskredite zu den Krediten mit einer Laufzeit bis zu 1 Jahr gezählt werden. Bei den Neugeschäften werden Überziehungskredite separat ausgewiesen. Bei diesen zeigt sich für alle Spezialisierungsmaße eine signifikant negative Korrelation zwischen Zinshöhe und Spezialisierungsgrad. Somit dürfte auch bei den kurzfristigen Bestandskrediten die negative Korrelation insbesondere durch den negativen Zusammenhang mit den Überziehungskrediten geprägt sein. Die betragsmäßig niedrigsten negativen Korrelationen werden bei den Bestandskrediten für den langfristen Laufzeitbereich ausgewiesen. Bei den Neugeschäften gibt es zusätzlich die Unterteilung in Kredite mit Beträgen von bis zu 1 Mio € und von über 1 Mio. €. Es ist zu erkennen, dass die negativen Korrelationen für die kleinen Kredite betragsmäßig größer sind. Bei den mittelfristigen Krediten zeigt sich dies am deutlichsten. Hier werden bei den kleinen Krediten – mit einer Ausnahme für das Spezialisierungsmaß HHI^w – ausschließlich signifikant negative Korrelationen angegeben und bei den großen Krediten liegen die Korrelationswerte nahe bei Null mit sogar einem positiven Vorzeichen. Bei den großen Krediten zeigen sich ansteigende Korrelationswerte mit Zunahme der Laufzeit für alle Spezialisierungsmaße. Bei den langfristigen Krediten liegen ausschließlich positive Korrelationen vor. Allerdings sind keine signifikant von Null verschiedenen Korrelationen festzustellen.

Bei den Sparkassen zeigen sich für alle Kreditkategorien sowohl positive als auch negative Korrelationswerte. Es sind keine signifikant von Null verschiedenen Korrelationen vorhanden. Insgesamt scheint also bei den Sparkassen der Spezialisierungsgrad nicht mit der Zinssatzhöhe der einzelnen Kreditkategorien in Beziehung zu stehen.

Bei den Neugeschäften sind neben den Zinssätzen auch Daten über die Volumina verfügbar. Hieraus werden für die verschiedenen Kategorien[111] die Anteile an der Neukreditvergabe berechnet. Dabei werden zunächst die Überziehungskredite nicht berücksichtigt, da bei ihnen der Gesamtbestand als Volumen der Neukredite ausgewiesen wird. Der Anteil der Überziehungskredite wird konsequenter Weise als Quotient aus Überziehungskreditvolumen und Firmenkundenkreditvolumen berechnet. In der Tabelle 5-20 sind die Korrelationen zwischen Spezialisierungsgrad und den Anteilen der Kreditkategorien des Firmenkundengeschäfts angegeben.

Es fällt auf, dass spezialisierte Kreditgenossenschaften verstärkt langfristige Kredite vergeben. Sowohl bei den Krediten mit Nominalbeträgen von bis zu 1 Mio. € also auch bei denen mit Nominalbeträgen von über 1 Mio. € sind positive Korrelationen zwischen dem Spezialisierungsgrad und dem Anteil der langfristigen Kredite zu erkennen, wobei in den meisten Fällen Signifikanz gegeben ist. Bei den Überziehungskrediten, kurz- und mittelfristigen Krediten sind, mit einer Ausnahme, insignifikant negative Korrelationen festzuhalten. Bei den Kreditgenossenschaften scheint ein höherer Spezialisierungsgrad mit der Bereitschaft einher zu gehen, vermehrt langfristige Kontrakte einzugehen, was auf einer genaueren Kenntnis der Kreditnehmer und der damit verbundenen Fähigkeit, Risiken besser beurteilen und frühzeitig erkennen zu können, beruhen könnte. Keine signifikant von Null verschiedenen Korrelationen sind zwischen dem Spezialisierungsgrad und dem Anteil der großen Firmenkundenkredite zu konstatieren.

Bei den Sparkassen zeigen sich wiederum keine klaren Ergebnisse. Es gibt keine signifikant von Null abweichenden Korrelationen und je Anteilsvariable sind mit Ausnahme der Überziehungskredite sowohl positive als auch negative Vorzeichen bei den Spezialisierungsmaßen zu konstatieren. Wie bei den Kreditgenossenschaften zeigen sich insignifikant negative Korrelationen zwischen dem Anteil der Überziehungskredite und dem Spezialisierungsgrad. Spezialisierte Kreditgenossenschaften und Sparkassen sind tendenziell eher weniger aktiv in der Firmenkundenkreditkategorie mit den durchschnittlich höchsten Zinssätzen. Außerdem sind bei beiden Bankengruppen die Korrelationen zwischen dem Spezialisierungsgrad und dem An-

111 Es wird auch eine Kategorie der Kredite mit Nominalbeträgen von über 1 Mio. € betrachtet.

Tabelle 5-20: Korrelationen zwischen Spezialisierungsgrad und den Anteilen an den einzelnen Firmenkundenkreditkategorien bei den Neugeschäften gemäß der EWU-Zinsstatistik (auf der Basis von Bankmittelwerten über den Zeitraum 2003-2006)

	HHI	HHI^{w}	D^{Bund}	D^{Land}	D^{Ort}	D^{BWS}
	Kreditgenossenschaften					
A_klein_kurz	-0,217	-0,241	-0,353	-0,348	-0,391	-0,370
A_klein_mittel	-0,134	-0,086	-0,080	-0,133	0,058	-0,087
A_klein_lang	0,443	0,493*	0,501*	0,431	0,522*	0,492*
A_groß_kurz	-0,224	-0,238	-0,256	-0,093	-0,097	-0,220
A_groß_mittel	-0,116	-0,102	-0,063	-0,125	-0,027	-0,045
A_groß_lang	0,592*	0,607*	0,658*	0,613*	0,740*	0,652*
A_groß	-0,010	-0,025	0,063	0,126	0,258	0,0892
A_Überziehung	-0,216	-0,222	-0,323	-0,313	-0,426	-0,316
	Sparkassen					
A_klein_kurz	0,002	-0,062	0,244	-0,136	0,141	0,126
A_klein_mittel	-0,405	-0,125	0,020	-0,212	-0,138	-0,058
A_klein_lang	-0,255	0,075	0,120	-0,216	-0,297	0,2794
A_groß_kurz	0,181	-0,115	-0,156	-0,009	0,404	-0,217
A_groß_mittel	0,037	0,182	-0,084	0,117	-0,077	0,046
A_groß_lang	0,046	0,195	-0,126	0,164	0,028	0,048
A_groß	0,210	0,109	-0,248	0,247	0,308	-0,178
A_Überziehung	-0,250	-0,161	-0,130	-0,108	-0,210	-0,121

* zeigt jeweils statistische Signifikanz auf einem 1%-Signifikanzniveau an. A_klein_kurz, A_klein_mittel bzw. A_klein_lang gibt den Anteil der kurz-, mittel- bzw. langfristigen Neukredite mit Nominalbeträgen bis zu 1 Mio. € an der Kreditneuvergabe im Firmenkundengeschäft an. A_groß_kurz, A_groß_mittel bzw. A_groß_lang gibt Entsprechendes für die Kredite mit Nominalbeträgen von über 1 Mio. € an. A_groß gibt den (aggregierten) Anteil der Kredite mit Nominalbeträgen von über 1 Mio. € an. A_Überziehung steht für den Anteil der Überziehungskredite an den gesamten Kundenkrediten.

teil der großen Firmenkundenkredite nicht signifikant von Null verschieden.[112]

Um abschließend beurteilen zu können, inwieweit unterschiedliche Zinssätze in den einzelnen Kreditkategorien oder eine unterschiedliche Zusammensetzung des Kreditportfolios hinsichtlich der hier betrachteten Kategorien ausschlaggebend für Differenzen zwischen den durchschnittlichen Kreditzinssätzen bei spezialisierten und diversifizierten Banken sind, werden folgende Berechnungen vorgenommen:

- Es wird für die Kreditgenossenschaften bzw. Sparkassen jeweils der volumengewichtete Durchschnitt der Zinssätze über alle Institute in den einzelnen Kreditkategorien berechnet.[113] Für jede Bank wird dann auf Basis dieser Zinssätze und der individuellen Anteile[114] der Kreditkategorien der durchschnittliche Zinssatz im Firmen- bzw. Privatkundenkreditgeschäft, bezeichnet mit *ZEQ_ U_ Satz_fest* bzw. *ZEQ_ P_ Satz_ fest*, ermittelt. Die Werte der beiden Variablen werden somit nur durch den Anteil, den die jeweiligen Kreditkategorien bei einer Bank haben, beeinflusst. Höhere Variablenwerte bei einer Bank stehen dafür, dass eine Bank verstärkt in Kreditkategorien investiert, für die im Durchschnitt höhere Zinssätze gelten. Es wird nicht berücksichtigt, welchen Zinssatz die jeweilige Bank tatsächlich in den einzelnen Kreditkategorien ver-

---

112 Es wäre zu vermuten gewesen, dass spezialisierte Institute tendenziell kleinere Kredite vergeben als diversifizierte Institute, da spezialisierte Institute tendenziell kleiner sind als diversifizierte Institute (vgl. hierzu Abschnitt 3.4.5). Beim Datenset der EWU-Zinsstastik ist die Korrelation zwischen Spezialisierungsgrad und Bilanzsumme der Bank sowohl für Kreditgenossenschaften als auch für Sparkassen zwar negativ, aber nicht signifikant von Null verschieden.

113 Zu beachten ist jedoch, dass diese volumengewichteten Durchschnittszinssätze pro Kreditkategorie nach Bankengruppen nicht repräsentativ sind, weil die EWU-Zinsstatistik nicht für bankengruppenspezifische Analysen konzipiert wurde.

114 Unter der Annahme, dass die Struktur des Neugeschäfts über die Zeit konstant bleibt, wird die Struktur des Bestands nachgebildet. Dafür werden die Volumina in den Klassen mit der jeweiligen Zinsbindungsfristen (0,5 (Jahre) für die Kredite mit einer Zinsbindungsfrist von bis zu einem Jahr, 3 (Jahre) für die Kredite mit einer Zinsbindungsfrist von über einem und bis zu fünf Jahren und 7 (Jahre) für die Kredite mit einer Zinsbindungsfrist von über fünf Jahren) multipliziert. Auf Basis dieser gewichteten Volumina werden die Anteile berechnet. Kredite mit längerer Zinsbindungsfrist bleiben (grundsätzlich) länger im Bestand, so dass der Bestandsanteil der langfristigen Kredite größer ist als deren Anteil an der Neukreditvergabe. Der Anteil der Überziehungskredite wird – wie oben angegeben – als Quotient aus Überziehungskreditvolumen und Firmenkunden- bzw. Privatkundenkreditvolumen berechnet. Es sei angemerkt, dass ohne Gewichtung mit der Zinsbindungsfrist, also bei Zugrundelegen der Anteilsstruktur der Neukreditvergabe, die wesentlichen Ergebnisse (vgl. Tabelle 5-21) der Untersuchung bestehen bleiben.

langt. Anschließend werden die Korrelationen zwischen Spezialisierungsgrad und *ZEQ_ U_Satz_fest* bzw. *ZEQ_P_Satz_fest* berechnet. Ein jeweils positiver (negativer) Zusammenhang zeigt an, dass spezialisierte Banken Kredite solcher Kategorien vergeben, die eine durchschnittlich höhere (niedrigere) Verzinsung aufweisen.

- Es werden für die Kreditgenossenschaften bzw. Sparkassen jeweils die durchschnittlichen Anteile[115] der einzelnen Kreditkategorien getrennt nach Firmen- und Privatkundengeschäft berechnet. Für jede Bank wird dann auf Basis dieser Anteile und der individuellen Zinssätze in den Kreditkategorien der durchschnittliche Zinssatz im Firmen- bzw. Privatkundengeschäft, bezeichnet mit *ZEQ_ U_ Volumen_fest* bzw. *ZEQ_P_ Volumen_fest*, ermittelt. Die Werte der beiden Variablen werden somit nur durch die Zinssätze, die eine Bank in den jeweiligen Kreditkategorien verlangt, beeinflusst. Höhere Variablenwerte bei einer Bank stehen dafür, dass eine Bank höhere Zinssätze in den Kreditkategorien verlangt. Legt man eine durchschnittliche Anteilsstruktur der Kreditkategorien zugrunde, so würde eine Bank mit relativ hohen Variablenwerten einen relativ hohen durchschnittlichen Zinssatz im Firmen- bzw. Privatkundenkreditgeschäft erzielen. Anschließend werden die Korrelationen zwischen Spezialisierungsgrad und *ZEQ_ U_ Volumen_fest* bzw. *ZEQ_P_ Volumen_fest* berechnet. Ein jeweils positiver (negativer) Zusammenhang würde anzeigen, dass spezialisierte Banken höhere (geringere) Zinssätze in den Kreditkategorien verlangen als diversifizierte Banken.

In der Tabelle 5-21 werden die Korrelationen zwischen Spezialisierungsgrad und den soeben vorgestellten Variablen angegeben. Im Rahmen der Regressionen mit dem Standard-Datenset wurde ermittelt, dass bei den Kreditgenossenschaften geringere Zinsertragsquoten mit einem höheren Spezialisierungsgrad einhergehen. Es zeigt sich hier, dass bei den Kreditgenossenschaften sowohl im Firmen- als auch im Privatkundenkreditgeschäft ein niedrigerer durchschnittlicher Zinssatz für spezialisierte Institute durch niedrigere Zinssätze in den einzelnen Kreditkategorien und nicht durch die Struktur des Portfolios begründet wird. Zumeist signifikant negative Korrelationen zwischen dem Spezialisierungsgrad und *ZEQ_ U_ Volumen_fest* und für alle Spezialisierungsmaße signifikant negative Korrelationen bei der Variablen *ZEQ_P_ Volumen_fest* stehen signifikant positiven Korrelationen zwischen Spezialisierungsgrad und *ZEQ_ U_Satz_fest* sowie zumeist positiven Korrelationen bei

[115] Vgl. zur Berechnung der Anteile die Fußnote 114.

der Variablen *ZEQ_P_Satz_fest* gegenüber. Gemäß der EWU-Zinsstatistik vergeben spezialisierte Kreditgenossenschaften somit tendenziell verstärkt Kredite solcher Kategorien, die eine hohe durchschnittliche Verzinsung aufweisen.

Tabelle 5-21: Korrelationen zwischen Spezialisierungsgrad und durchschnittlichen Zinssätzen im Firmen- bzw. Privatkundengeschäft bei Annahme bankenübergreifender durchschnittlicher Zinssätze in den Kreditkategorien bzw. bankenübergreifender durchschnittlicher Anteile der Kreditkategorien gemäß der EWU-Zinsstatistik (auf der Basis von Bankmittelwerten über den Zeitraum 2003-2006)

	Kreditgenossenschaften					
	HHI	HHI^w	D^{Bund}	D^{Land}	D^{Ort}	D^{BWS}
ZEQ_U_Satz_fest	0,505*	0,508*	0,553*	0,539*	0,553*	0,571*
ZEQ_P_Satz_fest	0,461	0,444	0,393	0,356	-0,077	0,395
ZEQ_U_Volumen_fest	-0,449	-0,419	-0,467	-0,510*	-0,313	-0,486*
ZEQ_P_Volumen_fest	-0,609*	-0,604*	-0,699*	-0,723*	-0,657*	-0,696*
	Sparkassen					
ZEQ_U_Satz_fest	-0,308	0,162	-0,020	-0,100	-0,202	0,094
ZEQ_P_Satz_fest	-0,078	0,129	-0,059	-0,028	-0,140	0,046
ZEQ_U_Volumen_fest	-0,012	0,085	0,063	0,052	0,007	-0,004
ZEQ_P_Volumen_fest	0,212	0,023	-0,057	0,119	0,062	-0,050

* zeigt jeweils statistische Signifikanz auf einem 1%-Signifikanzniveau an.

Bei den Sparkassen sind keine klaren Tendenzen zu erkennen. Wechselnde Vorzeichen bei den Spezialisierungsmaßen und keine von Null signifikant verschiedenen Korrelationen ließen sich auf Basis der vorhergehenden Ergebnisse bereits vermuten.

Wie bereits erwähnt, sind die auf der Grundlage der EWU-Zinsstatistik-Daten erzielten Ergebnisse mit Vorsicht zu verwenden. Neben der fehlenden Repräsentativität der Stichprobe bei einer bankengruppenbezogenen Analyse und dem eingeschränkten Zeitfenster, ist wiederum auf die Problematik der Korrelation bei der Ermittlung von Zusammenhängen zwischen Variablen hinzuweisen. Um die Zusammenhänge zwischen dem Spezialisierungsgrad und den hier betrachteten Variablen zu untersuchen, sind eigentlich Regressionen notwendig, die für den Einfluss anderer Variablen kontrollieren. Trotz dieser Einwände ist festzuhalten, dass die Resultate auf Basis der EWU-Zinsstatistik sich konsistent mit den Ergebnissen auf Basis des Standard-Datensets zeigen und Indizien zur Klärung des Zusammenhangs zwischen Spezialisierungsgrad und Krediterträgen gesammelt werden konnten. Sie stellen ferner Anknüpfungspunkte für weitere Untersuchungen dar, z.B. ob geringere Zinssätze in den einzelnen Kreditkategorien bei spezialisierten Kreditgenossenschaften mehr durch das Gewähren von Sonderkonditionen oder durch ein prinzipiell geringeres Zinsniveau begründet sind.[116]

5.5 Fazit des Kapitels

Das Ziel dieses Kapitels war es zu untersuchen, ob die Monitoring-Vorteile der spezialisierten Kreditgenossenschaften und Sparkassen ihren Niederschlag auch in höheren risikobereinigten Konditionsmargen im Kreditgeschäft finden. Wäre dies der Fall, so würde das eine Begründung für die tendenziell höheren Bankrenditen spezialisierter Institute liefern.

Die Ergebnisse lassen diesen Schluss für die Kreditgenossenschaften aber nicht zu. Bei den Kreditgenossenschaften wird zumeist ein insignifikant negativer Zusammenhang zwischen Spezialisierungsgrad und risikobereinigter Konditionsmarge ausgewiesen. Für das Spezialisierungsmaß D^{Bund} ist der negative Zusammenhang sogar auf einem 5%-Signifikanzniveau signifikant; nur für das Spezialisierungsmaß *HHI* liegt eine statistisch insignifikant positive Beziehung vor. Die Ergebnisse zeigen, dass bei den Kreditgenossenschaften ein höherer Spezialisierungsgrad nicht mit einer höheren risikobereinigten Konditionsmarge einhergeht. Die Robustheitsuntersuchungen bekräftigen dieses Resultat. In den meisten Fällen sind insignifikante Zusammenhänge

[116] Dies ist evtl. durch Verwendung der Bundesbank-Zinsstatistik und Vergleich mit den Ergebnissen auf Basis der EWU-Zinsstatistik eruierbar. Die Bundesbank-Zinsstatistik war der Vorläufer der EWU-Zinsstatistik und wurde bis Mitte 2003 geführt. Da bei der EWU-Zinsstatistik Sonderkonditionen Berücksichtigung finden und bei der Bundesbank-Zinsstatistik nicht, lassen sich möglicherweise Anhaltspunkte zur Beantwortung der oben genannten Fragestellung finden. Allerdings unterscheidet sich die Bundesbank-Zinsstatistik auch in anderen Punkten erheblich von der EWU-Zinsstatistik, insbesondere werden hier nicht Durchschnittszinssätze, sondern die am häufigsten vereinbarten Zinssätze in den Kreditkategorien gemeldet, wobei die Kreditkategorien leicht abweichen. Der Bundesbank-Zinsstatistik liegt ferner eine andere Auswahl an Kreditinstituten zugrunde. Diese Unterschiede erschweren einen Vergleich der beiden Zinsstatistiken zur Klärung der oben genannten Fragestellung und stellen den Grund dar, weswegen auf diese Untersuchung verzichtet wird.

vorzufinden. Unabhängig davon, ob z.B. Institute mit extremen Variablenausprägungen weggelassen werden, für den Beobachtungszeitraum kontrolliert wird oder Segmentierungen z.B. nach der Bankgröße, dem Anteil der Kundeneinlagen oder der Zeit durchgeführt werden, lässt sich kein klarer positiver Zusammenhang zwischen Spezialisierungsgrad und risikobereinigter Konditionsmarge erkennen. Auch wenn bei einigen Regressionen für bestimmte Segmente, wie z.B. für Institute in ländlichen Geschäftsgebieten, statistisch signifikant positive Beziehungen vorzufinden sind, so gilt dies nur für ein bis zwei Spezialisierungsmaße und in den anderen Gruppen, die auf Basis desselben Segmentierungskriteriums gebildet werden, sind keine signifikant positiven Beziehungen erkennbar.

Im Rahmen dieser Untersuchung manifestiert sich die Bedeutung des Einsatzes von Kontrollvariablen. In Einfachregressionen zeigt sich noch ein signifikant positiver Zusammenhang zwischen Spezialisierungsgrad und risikobereinigter Konditionsmarge. Insbesondere durch die Berücksichtigung der Bankgröße und einer Dummy-Variablen für ostdeutsche Kreditgenossenschaften wandelt sich der Zusammenhang in einen überwiegend insignifikant negativen. Die Behauptung, dass spezialisierte Kreditgenossenschaften tendenziell höhere risikobereinigte Konditionsmargen aufweisen, wird somit durchaus empirisch bestätigt. Am Anfang dieser Arbeit wurde allerdings darauf hingewiesen, dass mit dem Begriff der spezialisierten Bank die Eigenschaft des Spezialisierungsgrades gemeint ist und Aussagen über die Beziehung des Spezialisierungsgrades zur erklärten Variablen die Konstanz anderer Variablen unterstellen. In diesem Fall wird bei den Einfachregressionen insbesondere ein positiver Zusammenhang ausgewiesen, weil spezialisierte Banken kleiner sind und kleinere Banken höhere risikobereinigte Konditionsmargen haben. Bei spezialisierten Kreditgenossenschaften sind also höhere risikobereinigte Konditionsmargen nicht mit einem höheren Spezialisierungsgrad, sondern mit einer kleineren Bilanzsumme verbunden.

Wird der Zusammenhang zwischen Spezialisierungsgrad und Zinsertragsquote analysiert, so zeigen sich statistisch signifikant negative Beziehungen bei den Kreditgenossenschaften. Die Ergebnisse der Untersuchungen auf Basis der EWU-Zinsstatistik-Daten liefern Indizien dafür, dass spezialisierte Kreditgenossenschaften niedrigere Zinssätze in den einzelnen Kreditkategorien erhalten als diversifizierte Institute und hierdurch insgesamt eine geringere Zinsertragsquote erzielt wird. Die Zusammensetzung des Kreditportfolios nach Kreditkategorien liefert hingegen keinen Erklärungsansatz für die niedrigeren Zinserträge bei spezialisierten Kreditgenossenschaften. Es mag sich hier nun der Verdacht aufdrängen, dass die in Abschnitt 4.2 ermittelten Monitoring-Vorteile für spezialisierte Kreditgenossenschaften gar nicht existieren, sondern der negative Zusammenhang zwischen Spezialisierungsgrad und $RATIO$s darauf zurückzuführen ist, dass diversifizierte Institute bewusst risikantere Kreditnehmer annehmen und sich dies in Form höherer Zinssätze bezahlen lassen. Die Ergebnisse für die tatsächliche Verlustquote zeigen jedoch an, dass bei den Kreditgenossenschaften von einer risikoadjustierten Bepreisung der Kredite nicht die Rede sein kann. Es findet lediglich eine Orientierung der Zinssätze an der auf Basis der Branchenzugehörigkeit erwarteten Verlustquote statt. Damit wird der Einwand gegen das Vorliegen von Monitoring-Vorteilen entkräftet, allerdings bleibt die Frage bestehen, weshalb ein höherer Spezialisierungsgrad nicht mit höheren risikobereinigten Konditionsmargen einhergeht. Datenungenauigkeiten, z.B. bei der Berechnung der laufzeitangepassten Geld- und Kapitalmarktsätze, mögen die Ergebnisse beeinflussen. Die grundlegenden Ergebnisse werden jedoch durch Robustheitsuntersuchungen und bei Verwendung der EWU-Zinsstatistik-Daten bekräftigt. Damit erscheint ein Datenproblem nicht die Ursache für die überraschenden Resultate zu sein. Es lassen sich letztendlich nur Vermutungen hinsichtlich des negativen Zusammenhangs zwischen Spezialisierungsgrad und risikobereinigter Konditionsmarge äußern. Es mag sein, dass spezialisierte Kreditgenossenschaften ein engeres Verhältnis zu ihren Kreditnehmern haben. Das Vorliegen eines ausgeprägten Relationship Banking wird auch durch die Bevorzugung einer langfristigen Kreditvergabe angezeigt. Das Kunde-Bank-Verhältnis kann Einfluss auf die vereinbarten Zinssätze haben. In diesem Fall scheint eine engere Kunde-Bank-Beziehung mit niedrigeren Zinssätzen verbunden zu sein. Eine auf Langfristigkeit angelegte Kunde-Bank-Beziehung und eine genaue Kenntnis ihrer Kunden mögen die spezialisierten Kreditgenossenschaften dazu veranlassen, eher niedrige Zinssätze zu verlangen. Niedrige Zinssätze haben einen positiven Einfluss auf den Jahresüberschuss der Kreditnehmer und sind somit für einen langen Bestand des Unternehmens an sich und als Kreditnehmer förderlich. Des Weiteren bleibt offen, was dazu führt, dass spezialisierte Kreditgenossenschaften eine höhere Rendite aufweisen. Die Untersuchungen zeigen, dass diese Frage nicht lediglich über die Ertragsseite im Kreditgeschäft zu beantworten ist. Auch ein höherer Strukturbeitrag bei den spezialisierten Kreditgenossenschaften kann keine Antwort auf diese Frage sein, da bei der Untersuchung der Zinsertragsquoten zu sehen war, dass trotz der Vergabe längerfristiger Kredite spezialisierte Kreditgenossenschaften einen geringeren durchschnittlichen Zinssatz verlangen. Dies lässt vermuten, dass auf der Kostenseite Vorteile bei den spezialisierten Banken zu finden sind. Effizienzuntersuchungen, die den Zusammenhang zwischen In- und Outputfaktoren bei Banken analysieren, sind möglicherweise in der Lage, die Lücke zu schließen.

Die Untersuchungsergebnisse bei den Sparkassen liefern im Vergleich zu denen der Kreditgenossenschaften schon eher Anhaltspunkte dafür, dass ein hoher Spezialisierungsgrad mit einer hohen risikobereinigten Konditionsmarge einhergeht. Für das Spezialisierungsmaß D^{Bund} wird ein auf einem 1%-Signifikanzniveau und für die Maße HHI^{w} und D^{BWS} ein auf einem 5%-Signifikanzniveau statistisch signifikant positiver Zusammenhang ausgewiesen. Bei den restlichen Maßen liegt jedoch ein statistisch insignifikant negativer Zusammenhang vor. Bei den Robustheitsuntersuchungen werden diese Ergebnisse im Wesentlichen bestätigt.[117] Vergleicht man diese Resultate mit denen der Regressionen zur Untersuchung der Monitoring-Qualität, so stellt man fest, dass gerade bei den Spezialisierungsmaßen, für die ein statistisch und ökonomisch sehr starker Spezialisierungsvorteil ermittelt wurde, auch die statistisch signifikant positiven Zusammenhänge des Spezialisierungsgrades mit der risikobereinigten Konditionsmarge vorliegen. Bei den Sparkassen ist also festzustellen, dass Monitoring-Vorteile sich auch in höheren risikobereinigten Konditionsmargen niederschlagen. Im Vergleich zu den Kreditgenossenschaften zeigt sich bei den Sparkassen eine etwas stärkere Orientierung der Zinssätze an den tatsächlichen Verlustquoten. Allerdings ist bei den Sparkassen auch eine viel stärkere Kopplung der Zinssätze an der erwarteten Verlustquote auf Basis der Branchenzugehörigkeit zu erkennen. Bei den drei Spezialisierungsmaßen D^{Bund}, HHI^{w} und D^{BWS} sind ferner statistisch insignifikante Zusammenhänge mit der Zinsertragsquote festzustellen. Die Ergebnisse der Untersuchungen auf Basis der EWU-Zinsstatistik-Daten bekräftigen dieses Resultat: Es besteht keine Beziehung zwischen dem Spezialisierungsgrad und der Zinssatzhöhe in den einzelnen Kreditkategorien. Dies lässt darauf schließen, dass die Monitoring-Vorteile in Form geringerer Risikovorsorgequoten bzw. tatsächlicher Verlustquoten relativ zu den auf Basis der Branchenzugehörigkeit zu erwartenden Verlustquoten zu höheren risikobereinigten Konditionsmargen führen, wobei sich das Niveau der Zinssätze in Abhängigkeit von der Branche unterscheidet. Die nur ansatzweise gegebene Orientierung der Zinssätze an der tatsächlichen Verlustquote bewirkt, dass ein besseres Monitoring der Kreditnehmer direkt Niederschlag in höheren risikobereinigten Konditionsmargen findet. Bei den Spezialisierungsmaßen *HHI*, D^{Land} und D^{Ort} sind für hohe Spezialisierungsgrade nur schwache Monitoring-

[117] Allerdings sind im Rahmen der Fixed-Effects-Schätzungen deutliche Abweichungen zu erkennen. Die Mängel der Fixed-Effects-Schätzungen bei dieser Untersuchung lassen es jedoch vertretbar erscheinen, auf diesen Aspekt im Fazit dieses Kapitels nicht genauer einzugehen.

Vorteile ausgewiesen worden, die letztendlich nicht in den risikobereinigten Konditionsmargen zu erkennen sind. Bei den Sparkassen zeigt sich damit wiederum ganz deutlich, dass die Ergebnisse sehr stark davon abhängen, wie der Spezialisierungsgrad gemessen wird.

Für die Kontrollvariablen lassen sich noch einige wichtige Ergebnisse notieren. Die Quote der Privatkundenkredite hängt bei den Kreditgenossenschaften signifikant negativ und bei den Sparkassen signifikant positiv mit der bereinigten Konditionsmarge zusammen. Für die Kreditgenossenschaften ist dies ein Zeichen dafür, dass das Privatkundengeschäft nicht über geringere tatsächliche Verlustquoten als das Firmenkundengeschäft verfügt und dass Institute mit einem hohen Privatkundenanteil sehr vorsichtig im Firmenkundenkreditgeschäft agieren und geringe Zinssätze verlangen. Bei den Sparkassen hingegen lassen die Ergebnisse nicht darauf schließen, dass sich Institute mit einem hohen Privatkundenkreditanteil im Firmenkundenkreditgeschäft stark von anderen Instituten unterscheiden. Es wird vielmehr angezeigt, dass sich die im Privatkundenkreditgeschäft geltenden höheren Zinssätze unmittelbar in einer höheren risikobereinigten Konditionsmarge widerspiegeln. Erstaunlich sind die Resultate für den Blankoanteil. Der signifikant negative Zusammenhang mit der bereinigten Konditionsmarge impliziert, dass Institute sich einen hohen Blankoanteil bei den Krediten nicht genügend bezahlen lassen. Die Ergebnisse für die Variablen *markt_ant1* und *markt_struktur*, die für den Marktanteil der jeweiligen Bank bzw. die Konzentration bei der Kreditvergabe im jeweiligen Geschäftsgebiet stehen, unterscheiden sich bei den Kreditgenossenschaften und den Sparkassen. Bei den Kreditgenossenschaften zeigt sich ein signifikant positiver Zusammenhang zwischen *markt_struktur* und ZEQ^{ausf} und ein insignifikant negativer zwischen *markt_ant1* und ZEQ^{ausf}. Eine höhere Konzentration bei der Kreditvergabe im Geschäftsgebiet, demnach ein geringerer Wettbewerb, geht bei den Kreditgenossenschaften mit einer höheren risikobereinigten Konditionsmarge einher, ein höherer Marktanteil ist allerdings nicht mit der Durchsetzung höherer Zinssätze verbunden. Bei den Sparkassen sind die Vorzeichen umgekehrt, wobei in beiden Fällen statistische Insignifikanz vorliegt. Die Zinspolitik der Sparkassen scheint nicht so stark durch die jeweilige Wettbewerbssituation geprägt zu sein. Für die Verwaltungsaufwandsquote zeigt sich sowohl bei den Kreditgenossenschaften als auch bei den Sparkassen ein signifikant positiver Zusammenhang mit der risikobereinigten Konditionsmarge. Dies ist ein klares Indiz dafür, dass die Institute ihre Zinssätze unter Berücksichtigung der Höhe der Verwaltungskosten kalkulieren (können). Die Bankgröße hängt negativ mit der risikobereinigten Konditionsmarge zusammen. Bei den Kreditgenossenschaften liegt statistische Signifikanz auf einem 0,1%-Signifikanzniveau vor. Bei den Sparkassen ist der Zusammenhang etwas schwächer, aber in den meisten Fällen statistisch signifikant. Größere Institute weisen demnach eine niedrigere risikobereinigte Konditionsmarge auf. Möglicherweise vergeben große Institute eher an große Unternehmen Kredite und bei diesen Unternehmen können unter Umständen hohe Zinsforderungen nicht so leicht durchgesetzt werden, da sie leichter auf alternative Finanzierungskanäle zurückgreifen können. Kreditgenossenschaften, die in Agglomerationsgebieten oder städtischen Gebieten aktiv sind, erzielen eine höhere risikobereinigte Konditionsmarge als Kreditgenossenschaften in ländlichen Geschäftsgebieten. Bei Sparkassen zeigt sich kein signifikanter Zusammenhang. Zuletzt sei auf das Ergebnis für die übernommenen Institute verwiesen: In diesem Fall ist mit signifikant negativen Zusammenhängen das erste Mal in der vorliegenden Arbeit ein Indiz dafür geliefert, dass es sich bei den übernommenen Banken nicht eben um die erfolgreichsten Institute handelt.

Kapitel 6

Haben spezialisierte Sparkassen und Kreditgenossenschaften höhere Risiken?

6.1 Grundlagen und Überblick

In den bisherigen Untersuchungen wurde – was das Risiko des Kreditportfolios betrifft – lediglich auf erwartete Verluste und nicht auf das Risiko i.e.S. bzw. unerwartete Verluste[1] eingegangen. Erwartete Verluste geben an, welche Verluste im Durchschnitt zu erwarten sind. Sie geben jedoch keine Auskunft darüber, wie wahrscheinlich extreme Verluste sind bzw. welche Verluste mit einer gegebenen Wahrscheinlichkeit nicht überschritten werden. Gerade solche Informationen sind aber für die Sicherung des Bestandes einer Bank von hoher Relevanz und beschreiben das eigentliche, den Geschäften inhärente Risiko. Um eine Überschuldung mit einer hohen Wahrscheinlichkeit zu vermeiden, ist eine Bank im Rahmen ihrer internen Risikosteuerung verpflichtet, genügend Deckungsmittel, die sich in erster Linie aus Eigenkapitalpositionen zusammensetzen,[2] zur Deckung der unerwarteten Verluste aus der Geschäftstätigkeit vorzuhalten und die Risikotragfähigkeit zu gewährleis-

[1] Abgrenzungen des Risikobegriffs finden sich z.B. bei Haun / Kaltofen (2008), S. 64 ff.
[2] Vgl. hierzu Schierenbeck et al. (2008), S. 23 ff.

ten.[3] Die aufsichtsrechtliche Verankerung dieses Bestandsschutzes findet sich in den Eigenmittelanforderungen der Säule I von Basel II und in der Solvabilitätsverordnung,[4] gemäß denen Banken Risiken nur in der Höhe eingehen dürfen, wie sie durch Eigenmittel gedeckt sind.[5]

Zur Quantifizierung des Risikos wird typischerweise das Risikomaß Value-at-Risk (VaR) verwendet.[6] Der VaR auf einem Konfidenzniveau von $\alpha\%$ bei einer Haltedauer von t Tagen gibt den kleinsten Verlust bzw. die kleinste negative Abweichung von einem bestimmten Zielwert an, der bzw. die mit einer Wahrscheinlichkeit von $\alpha\%$ im Verlaufe von t Tagen nicht überschritten wird.[7] Auch in den Eigenmittelanforderungen wird auf das Konzept des VaR gesetzt.[8] Das Kreditgeschäft stellt bei den Kreditgenossenschaften und Sparkassen einen erheblichen Teil der Risiken.[9] Damit kommt der Berechnung des VaR für das Kreditportfolio im Rahmen der Bestands-

---

[3] Das mindestens vorzuhaltende Kapital wird als Risikokapital bezeichnet. Um eine optimale Nutzung knapper Ressourcen zu gewährleisten, bieten sich risikoadjustierte Performancemaße zur Beurteilung von Geschäften an. Dabei wird der (risikoadjustierte) Ertrag in Relation zu dem Beitrag des Geschäftes zum Risikokapital gesetzt. Damit sind die unerwarteten Verluste auch für die Ertragssteuerung von erheblicher Bedeutung. Vgl. hierzu z.B. Hartmann-Wendels et al. (2007), S. 340 ff., und Völker (2000).

[4] Vgl. Basel Committee on Banking Supervision (2006a) und SolvV (2006).

[5] Eine übersichtliche Darstellung der Eigenmittelunterlegung gemäß Basel II bzw. der Solvabilitätsverordnung findet sich in Hartmann-Wendels et al. (2007), S. 537 ff. Eine Gegenüberstellung von regulatorischem und ökonomischem Eigenkapital liefert Schulte-Mattler / Gaumert (2008).

[6] Vgl. zum VaR etwa Jorion (2001) und für Anwendungen im Kreditrisikomanagement Crouhy et al. (2000). Das Risikomaß VaR wird in der Literatur rigoros kritisiert. Insbesondere die fehlende Subadditivität (vgl. z.B. Frey / McNeil (2002) und Artzner et al. (1999)), die mangelnde (eingeschränkte) Kompatibilität mit der Erwartungsnutzentheorie (vgl. z.B. Pfingsten et al. (1997)), das ausgeprägte Tail Risk (vgl. Yamai / Yoshiba (2004)) und die auf der Basis von VaR einhergehenden Fehlsteuerungsimpulse (vgl. z.B. Wu / Xiao (2002)) gehören zu den Hauptkritikpunkten. Aus diesem Grund werden andere Risikomaße, wie z.B. der Conditional VaR, als Alternative vorgeschlagen (vgl. hierzu z.B. Rockafellar / Uryasev (2002), Artzner et al. (1999) und Acerbi / Tasche (2002)). Allerdings hat sich der VaR – zu einem nicht unerheblichen Teil wohl aufgrund der einfachen Kommunizierbarkeit – in der Bankpraxis durchgesetzt.

[7] Eine genaue Spezifikation des VaR für diese Arbeit erfolgt in Abschnitt 6.2.

[8] Vgl. hierzu Gordy (2000).

[9] Der durchschnittliche Anteil der Kundenkredite an der Bilanzsumme beträgt gemäß Tabelle 3-9 in Abschnitt 3.4.4.1 72,3% bei den Kreditgenossenschaften und 66,3% bei den Sparkassen. Gemäß Hartmann-Wendels et al. (2007), S. 398 f., wird der größte Teil der Eigenmittel für die Unterlegung von Ausfallrisiken benötigt. Neben den Ausfallrisiken sind Marktpreisrisiken und operationelle Risiken unterlegungspflichtig. Vgl. hierzu etwa Hartmann-Wendels et al. (2007), S. 391 ff.

sicherung eine hohe Bedeutung zu.

Branchenkonzentration im Firmenkundenkreditgeschäft, gilt i.Allg. als VaR-erhöhend,[10] da sie höhere Ausfallkorrelationen zwischen den Krediten impliziert, was einen gemeinsamen Ausfall von Krediten wahrscheinlicher macht. Im folgenden Abschnitt wird dieser Zusammenhang bei der Vorstellung des verwendeten Kreditmodells ersichtlich. Dem Aspekt der Branchenkonzentration wird von Seiten der Bankenaufsicht, des Bankmanagements und der betriebswirtschaftlichen Forschung verstärkte Aufmerksamkeit entgegengebracht. So wird aufsichtsrechtlich gefordert, die Zusammensetzung des Kreditportfolios nach Branchen offen zu legen sowie Branchenrisiken zu steuern und zu überwachen,[11] und viele Banken nutzen Limite für die Kreditvergabe an einzelne Branchen.[12] Arbeiten von Heitfield et al. (2005) und Düllmann / Masschelein (2006) zeigen u.a., wie sich durch eine Zunahme der Branchenkonzentration das systematische Risiko und damit der Kreditportfolio-VaR erhöhen. Eine wesentliche, bei den Arbeiten unterstellte Annahme ist, dass das Risiko eines einzelnen Kreditkontraktes nicht durch die Branchenkonzentration beeinflusst wird, d.h. das Kreditrisiko wird als exogen gegeben angenommen. Die Untersuchungen in Abschnitt 4.2 haben jedoch gezeigt, dass Kreditgenossenschaften bzw. Sparkassen, die sich im Firmenkundenkreditgeschäft auf bestimmte Branchen spezialisieren, Spezialisierungsvorteile in Form verbesserter Monitoring-Qualität und geringerer tatsächlicher Verlustquoten (im Verhältnis zu den erwarteten Verlustquoten) generieren. In diesem Kapitel wird ermittelt, wie sich der VaR des Firmenkundenkreditportfolios in Abhängigkeit vom Spezialisierungsgrad verhält, wenn neben höheren Ausfallkorrelationen auch geringere Ausfallraten für die einzelnen Kredite bei spezialisierten Kreditgenossenschaften und Sparkassen berücksichtigt werden; d.h., dem Trade-off zwischen Konzentrationsnachteilen und Spezialisierungsvorteilen wird Rechnung getragen.

Zunächst werden das zugrunde liegende Kreditmodell und die Berechnung des VaR bzw. der unerwarteten Verluste vorgestellt (Abschnitt 6.2). In Abschnitt 6.3 erfolgt die Festlegung der Parameter für das Kreditmodell und die Vorstellung der Untersuchungsfragen. Nach der Präsentation der Ergebnisse (Abschnitt 6.4) werden

[10] Neben der Branchenkonzentration können auch andere Konzentrationen betrachtet werden, wie z.B. die geographische Konzentration oder die Single-Name-Konzentration. Vgl. hierzu z.B. Deutsche Bundesbank (2006b).

[11] Vgl. hierzu Basel Committee on Banking Supervision (2006a) und Bundesanstalt für Finanzdienstleistungsaufsicht (2005), BTR 1.1.

[12] Vgl. etwa Norddeutsche Landesbank (2008) und Sparkasse Hannover (2008).

einige Robustheitsuntersuchungen durchgeführt (Abschnitt 6.5), bevor das Kapitel in Abschnitt 6.6 mit einem Zwischenfazit schließt.

6.2 Kreditmodell und VaR-Berechnung

Das Kreditmodell und die VaR-Berechnung orientieren sich im Wesentlichen an der Arbeit von Cespedes et al. (2006).[13] Innerhalb einer Branche i wird der Kreditausfall für einen Kredit bzw. Kreditnehmer[14] j am Ende eines Jahres bzw. nach einem Jahr durch ein Ein-Faktor-Default-Mode-Merton-Modell[15] beschrieben. Der Kredit j fällt aus, wenn die standard-normalverteile Zufallsvariable Y_j, die die Kreditwürdigkeit bzw. die Unternehmenswertrendite repräsentiert, am Ende des Jahres unter eine bestimmte Schranke fällt. Diese Insolvenzschranke leitet sich aus der Ausfallwahrscheinlichkeit PD_j des Kredites ab und zwar zu $N^{-1}(PD_j)$. Bei Ausfall des Kredites ergibt sich die Verlusthöhe durch das ausstehende Kreditvolumen (EAD_j) und den Loss Given Default (LGD_j), die beide Konstanten seien,[16] zu $EAD_j \cdot LGD$. Die Kreditwürdigkeit des Kreditnehmers j wird durch einen systematischen Faktor getrieben und es gilt

$$Y_j = \rho_i \cdot Z_i + \sqrt{1 - \rho_i^2}\epsilon_j, \qquad (6\text{-}1)$$

wobei Z_i eine standard-normalverteilte Zufallsvariable ist und den systematischen Faktor der Branche i repräsentiert. ϵ_j ist ebenfalls eine standard-normalverteilte Zufallsvariable, unabhängig von Z_i und steht für die kreditnehmerspezifische Komponente der Kreditwürdigkeit des Kreditnehmers j. Wie stark die Beeinflussung der Unternehmenswertrendite durch den systematischen Faktor ist, wird durch ρ_i

[13] Wie noch zu sehen ist, bieten sich das in Cespedes et al. (2006) vorgestellte Kreditmodell und die VaR-Berechnung aufgrund der Datenerfordernisse und der analytischen Lösbarkeit des VaR besonders gut an.

[14] Zur Vereinfachung der Notation wird ein Kreditnehmer mit einem Kredit gleichgesetzt.

[15] Zum Basis-Merton-Modell vgl. Merton (1974). Einen Überblick über Erweiterungen des Merton-Modells bzw. Asset-Value- oder Unternehmenswertmodells bieten Uhrig-Homburg (2002), Schönbucher (2003) und Giesecke (2004). In dieser Arbeit unterscheidet das Kreditmodell lediglich Ausfall und Nichtausfall eines Kredites (Default Mode) und berücksichtigt keine Bonitätsänderungen. Vgl. hierzu Altman / Saunders (1998). Die in der vorliegenden Arbeit schon erwähnten Modelle KMV und CreditMetrics sind Praxisvarianten des Merton-Modells. Vgl. Bluhm et al. (2003). Neben Asset-Value-Modellen sind Reduktions- bzw. Intensitätsmodelle weit verbreitet. Vgl. hierzu Yu (2003). Eine Übersicht über die gängigen Kreditmodelle findet sich in Albrecht / Maurer (2005).

[16] Zu Modellen mit stochastischem LGD vgl. z.B. Frye (2000b), Frye (2000a) und Pykthin (2003).

festgelegt. Ein höherer Wert impliziert, dass gemeinsame Ausfälle in einer Branche wahrscheinlicher werden. Außerdem wird die Annahme getroffen, dass es sich um vollständig granulare Branchenportfolios handelt, was zur Folge hat, dass das unsystematische bzw. unternehmensspezifische Risiko wegdiversifiziert ist und bei der Berechnung des VaR nicht berücksichtigt werden muss.[17] Das Weglassen dieser Risikokomponente ist aus folgenden Gründen sinnvoll:

- Diese Arbeit ist der Betrachtung von Branchenkonzentrationen bzw. Branchenspezialisierung und nicht der von Single-Name-Konzentrationen gewidmet. Im Rahmen der Analyse der unerwarteten Verluste sollten somit die systematischen Risiken im Fokus stehen, was insbesondere durch ein Aussparen der unsystematischen Risiken erreicht werden kann.

- Es ist als Zusatzinformation durchaus von Interesse, ob spezialisierte Banken durch geringere Single-Name-Konzentrationen versuchen, ihre unerwarteten Verluste zu reduzieren. Es liegen allerdings keine Einzelkreditnehmer-Daten vor und somit insbesondere keine EADs und PDs für einzelne Kredite. Lediglich auf Basis der durchschnittlichen Kredithöhe je Branche, auf der auch die Variable *hoehe* basiert, könnten durchschnittliche EADs je Branche approximiert werden. Dies ist jedoch – wie in Abschnitt 3.4.4.1 beschrieben – mit Ungenauigkeiten verbunden. Ferner wären weitere Annahmen über die einzelnen EADs und PDs zu treffen, so dass die Beeinflussung der Resultate durch Berücksichtigung der unsystematischen Risiken einer gewissen Willkür unterläge. Genauso gut bzw. schlecht lassen sich Informationen über den Zusammenhang zwischen Branchenkonzentration und Single-Name-Konzentration demnach über die Betrachtung der Korrelationen zwischen Spezialisierungsgrad und der Variablen *hoehe* gewinnen. Für die Kreditgenossenschaften sind signifikant positive und für die Sparkassen (zumeist signifikant) negative Zusammenhänge zu erkennen.[18] Dies ist ein Indiz dafür, dass spezialisierte Kreditgenossenschaften nicht durch höhere Granularität ihr Portfolio-Risiko reduzieren, sondern tendenziell höhere Single-Name-Konzentrationen aufweisen. Bei den spezialisierten Sparkassen deutet sich eine Minderung der unerwarteten Verluste durch höhere Granularität an.

---

[17] Vollständig granular heißt, dass die Branchenportfolios aus sehr vielen Krediten bestehen, wobei der Anteil jedes einzelnen Kredites verschwindend gering ist. Vgl. hierzu Gordy (2000).

[18] Vgl. hierzu Abschnitt 3.4.5.

- Die ausschließliche Fokussierung auf das systematische Risiko ermöglicht die Anwendung einer recht genauen analytischen Formel und den Verzicht auf Monte-Carlo-Simulationen, wie noch zu sehen sein wird.

Die gemeinsame Verteilung der branchensystematischen Zufallsvariablen Z_i ist eine multivariate Normalverteilung mit Erwartungswert-Vektor 0 und Korrelations- bzw. Kovarianzmatrix $Q = (Q_{lm})$.[19] Je niedriger die Korrelation zwischen zwei Branchen ist, desto schwächer hängt die Entwicklung der beiden systematischen Branchenfaktoren zusammen, was Branchendiversifikation attraktiv macht und grundsätzlich zu einer Reduzierung des VaR beiträgt.

Der Portfolio-VaR auf einem Konfidenzniveau α (mit Haltedauer von 1 Jahr) mit erwartetem Verlust als Zielwert entspricht der Differenz aus dem α-Quantil der Portfolio-Verlustverteilung und dem erwarteten Portfolio-Verlust. Durch Verwendung der erwarteten Verluste als Zielwert, werden durch den VaR nur die unerwarteten Verluste erfasst.[20] Zur Berechnung des VaR muss bei dem verwendeten Multi-Faktor-Modell grundsätzlich eine Monte-Carlo-Simulation durchgeführt werden.[21] Cespedes et al. (2006) wenden zunächst Monte-Carlo-Simulationen an, ermitteln jedoch auf der Basis der Simulations-Resultate eine analytische (approximative) Lösung für den VaR. Das analytische Lösungsverfahren ist wesentlich schneller von der Rechenzeit und liefert (nahezu) identische Ergebnisse.[22] Der hauptsächliche Vorteil ist, dass Monitoring-Vorteile und Konzentrationsnachteile in einer Formel erfasst und in ihrer Wirkung auf den VaR analytisch untersucht werden können. Aus diesem Grund wird auf das analytische Lösungsverfahren zurückgegriffen, das im Folgenden

19 Bei Cespedes et al. (2006) wird eine Einschränkung der Korrelationsstruktur vorgenommen. Die Korrelationsmatrix hat dort die Einträge

$$Q_{lm} = \sqrt{Q_l Q_m}, \ l \neq m.$$

20 Es sei darauf hingewiesen, dass in der Literatur sowohl für den Begriff des VaR als auch für den Begriff der unerwarteten Verluste im Vergleich zur vorliegenden Arbeit abweichende Verwendungen im Bereich des Kreditrisikos zu finden sind. Der VaR wird zum Teil mit Null als Zielwert definiert und die unerwarteten Verluste (Unexpected Loss) als Standardabweichung der Verlustverteilung.

21 Ein Überblick über Monte-Carlo-Verfahren im Finance-Bereich findet sich bei Jackel (2002).

22 Um sicher zu gehen, dass die analytische Approximation auch bei den Untersuchungen der vorliegenden Arbeit zu richtigen Ergebnissen führt, wurden diese mit den Ergebnissen probehalber durchgeführter Monte-Carlo-Simulationen verglichen. Die dabei auftretenden Unterschiede waren marginal.

kurz vorgestellt wird.

Die grundlegende Idee bei diesem Verfahren zur Ermittlung des Portfolio-VaR ist die Anpassung eines Portfolio-VaR, der keine Diversifikationseffekte zwischen den Branchen berücksichtigt, durch einen sogenannten Diversifikationsfaktor (DF). Der Stand-alone-VaR ($VaR_i(\alpha)$) für eine Branche i entspricht für ein vollständig granulares Portfolio gemäß Gordy (2003) dem Wert

$$VaR_i(\alpha) = \sum_{k \in Branche\ i} LGD_k \cdot EAD_k \cdot (N(\frac{N^{-1}(PD_k) - \rho_i \cdot z^{\alpha}}{\sqrt{1-\rho_i^2}}) - PD_k) \qquad (6\text{-}2)$$

mit z^{α} als α-Quantil der Standard-Normalverteilung. $VaR_i(\alpha)$ wird also durch die Differenz aus der Summe der individuellen Kreditverluste in der Branche i, wenn sich eine α-Perzentil-Veränderung im branchensystematischen Faktor Z_k vollzieht, und dem erwarteten Verlust der Branche i gegeben. Der Portfolio-VaR, der keine Diversifikation berücksichtigt, perfekte Korrelation zwischen den Branchen unterstellt bzw. nur einen systematischen Faktor für alle Branchen verwendet, ergibt sich als[23]

$$VaR^{EF} = \sum_i VaR_i, \qquad (6\text{-}3)$$

wobei die Abkürzung VaR^{EF} auf das zugrunde liegende nur einen systematischen Faktor beinhaltende Ein-Faktor-Modell anspielt. VaR^{EF} soll durch einen sogenannten Diversifikationsfaktor (DF) so angepasst werden, dass gilt

$$VaR^{MF} = VaR^{EF} \cdot DF, \qquad (6\text{-}4)$$

wobei VaR^{MF} den VaR des Portfolios unter Berücksichtigung der Diversifikationseffekte zwischen den Branchen bzw. bei Verwendung verschiedener systematischer Branchenfaktoren bezeichnet. Der Diversifikationsfaktor wird in Abhängigkeit von zwei Variablen ausgedrückt, wobei der Zusammenhang für ein gegebenes Konfidenzniveau auf Basis von Ergebnissen aus Simulationsberechnungen geschätzt werden wird. Die eine Variable repräsentiert die durchschnittliche Korrelation ($\overline{\beta}$) zwischen den Branchen in einem Portfolio und die zweite beschreibt die Höhe der Branchenkonzentration (CDI). Der CDI[24] berechnet sich als

$$CDI := \frac{\sum_i VaR_i^2}{(VaR^{EF})^2} = \sum_i w_i^2 \qquad (6\text{-}5)$$

[23] Zur Vereinfachung der Schreibweise wird in der Folge auf das Notieren des Parameters α verzichtet.

[24] CDI stellt eine Abkürzung für Capital Diversification Index dar.

mit $w_k = \frac{VaR_i}{VaR^{EF}}$ als Beitrag der Branche i zum Risikobeitrag auf Basis des Ein-Faktor-Modells. Der *CDI* ist somit nichts anderes als ein Hirschman-Herfindahl-Index, der jedoch nicht wie in Abschnitt 3.4.2.1 auf Nominalbetragsanteile oder Anteile an erwarteten Verlusten der Branchen abstellt, sondern auf den Risikobeitrag der Branchen gemessen durch den VaR. Die durchschnittliche Korrelation wird ebenfalls risikogewichtet berechnet und definiert durch

$$\overline{\beta} := \frac{\sum_l \sum_{m \neq l} Q_{lm} VaR_l VaR_m}{\sum_l \sum_{m \neq l} VaR_l VaR_m}, \tag{6-6}$$

wobei daran erinnert sei, dass $Q = (Q_{lm})$ die Korrelationsmatrix der gemeinsamen Verteilung der branchensystematischen Zufallsvariablen bezeichnet. Der Diversifikationsfaktor wird nun als Polynomfunktion der beiden Variablen berechnet, wobei die Parameter auf folgende vereinfacht beschriebene Weise bestimmt werden:

- Eine große Anzahl von verschiedenartigen Portfolios wird simuliert.
- Für jedes Portfolio werden VaR^{EF}, *CDI* sowie $\overline{\beta}$ berechnet und der VaR^{MF} per Monte-Carlo-Simulation ermittelt.
- Die Polynomfunktion $DF(\cdot,\cdot)$ wird durch $\frac{VaR^{MF}}{VaR^{EF}}$ in Abhängigkeit vom jeweiligen *CDI* und $\overline{\beta}$ geschätzt.

In der Arbeit wird die von Cespedes et al. (2006) geschätzte Polynomfunktion zur Berechnung eines VaR^{MF} mit einem Konfidenzniveau von 99,9% verwendet. Für den Diversifikationsfaktor gilt in dem Fall

$$\begin{aligned} DF(CDI, \overline{\beta}) &= 1 - 0,852(1-\overline{\beta})(1-CDI) + 0,426(1-\overline{\beta})^2(1-CDI) \\ &\quad -0,481(1-\overline{\beta})^2(1-CDI)^2. \end{aligned} \tag{6-7}$$

Auf Basis der Gleichungen 6-4 und 6-7 wird im Folgenden der VaR zum Konfidenzniveau von 99,9% für die Firmenkundenkreditportfolios der Kreditgenossenschaften und Sparkassen berechnet.[25] Da ein Vergleich absoluter VaR-Werte aufgrund unterschiedlich hoher Kreditvolumina nicht aussagekräftig ist, wird im Folgenden der Quotient aus VaR und Firmenkundenkreditvolumen betrachtet. Dieser relative VaR wird mit rVaR abgekürzt. Als Synomym hierfür wird im Folgenden die unerwartete Verlustquote verwendet.

[25] Eine Berechnung der Ableitung zeigt, dass der VaR für relevante Parameterwerte monoton wachsend in *CDI* ist, wie es zu erwarten war.

6.3 Untersuchungsdesign

6.3.1 Parameterfestlegung

Um die im vorangegangenen Abschnitt beschriebenen Formeln auf die Firmenkundenkreditportfolios der Kreditgenossenschaften und Sparkassen anwenden zu können, sind folgende Parameter zu bestimmen bzw. festzulegen:

- Parameter der Einzelkredite: PD_j, LGD_j, EAD_j und Branchenzugehörigkeit
- Korrelationen zwischen den systematischen Branchenfaktoren und Intra-Branchenkorrelationen

Da keine Einzelkreditnehmer-Daten vorliegen und somit insbesondere keine PDs und EADs für einzelne Kredite, wird auf Branchendaten zurückgegriffen. Es werden (für jedes einzelne Jahr) homogene Ausfallwahrscheinlichkeiten für die Kreditnehmer einer Branche unterstellt. Die Aufteilung des EAD innerhalb der Branchen ist im Falle homogener PDs innerhalb der Branchen für die Höhe des rVaR bedeutungslos, weil das unsystematische Risiko – wie im vorherigen Abschnitt beschrieben – ausgeblendet wird. Der LGD wird für alle Branchen mit 45% angesetzt.[26] In die PDs wird zusätzlich die Monitoring-Qualität der jeweils betrachteten Bank einfließen. Wie in Abschnitt 6.1 angekündigt wurde, werden die in Abschnitt 4.2 ermittelten Monitoring-Vorteile für spezialisierte Banken bei der Berechnung der einzelnen rVaRs Berücksichtigung finden. Wie die Monitoring-Vorteile bei der Ermittlung der PDs einbezogen werden, wird im Anschluss an die Einführung der anderen, zu großen Teilen fixen Parameter beschrieben.

Die Bestimmung der Korrelationen zwischen den systematischen Branchenfaktoren gemäß der Brancheneinteilung der Kreditnehmerstatistik ist mangels geeigneter Daten nicht möglich, so dass für die rVaR-Untersuchung eine andere Brancheneinteilung gewählt wird. Es bietet sich hierbei die Einteilung in die sogenannten Supersektoren gemäß der Industry Classification Benchmark (ICB) an,[27] da für sie zum einen Daten zur Korrelationsberechnung vorliegen und zum anderen die Kreditbeträge und

[26] Dieser Wert entspricht dem im IRB-Basisansatz zu verwendeten LGD für vorrangige, unbesicherte Forderungen. Vgl. hierzu Basel Committee on Banking Supervision (2006a), S. 67.

[27] Vgl. hierzu Dow Jones Indexes (2008).

PDs auf Basis der Kreditnehmerstatistikklassifikation in die Klassifikation der Supersektoren übertragen werden können. In der Tabelle 6-1 ist die Überführung der Branchen gemäß Kreditnehmerstatistik in die gemäß ICB dargestellt.

Die Korrelationen zwischen den systematischen Branchenfaktoren werden durch Berechnung der Korrelationen zwischen den Aktienindizes der Supersektoren, den Dow Jones EURO STOXX Indizes, ermittelt. Die Verwendung von Aktienkursen bzw. Aktienrenditen zur Bestimmung der Korrelationsmatrix ist bei Asset-Value-Modellen verbreitet. Die Unternehmenswertrenditen, deren Entwicklung über den Status Ausfall bzw. Nichtausfall entscheiden, aber nicht beobachtbar sind, werden durch die Aktienkursrenditen approximiert.[28] Die Aktienindizes spiegeln analog dazu die Entwicklung der einzelnen Branchen wider und repräsentieren die systematischen Branchenfaktoren.[29] Als Problempunkte bei der Korrelationsberechnung auf Basis der Aktienindizes sind zu nennen:

- Sparkassen und Kreditnehmer haben viele kleine und mittelgroße Unternehmen als Kreditnehmer. Es ist fraglich, ob Zusammenhänge zwischen diesen Unternehmen mit denen vergleichbar sind, die für große, börsennotierte Unternehmen gelten.
- Die Aktienkursindizes ergeben sich aus Aktienkursen von Unternehmen aus der EU-Zone des Euroraums. Es ist nicht auszuschließen, dass die Zusammenhänge zwischen den Branchenentwicklungen in Deutschland von denen in Europa abweichen. Für den deutschen Markt sind allerdings keine passenden Daten verfügbar.

Trotz dieser Einwände werden die auf Basis der Aktienindizes ermittelten Korrelationen mangels besserer Alternativen eingesetzt. Die Korrelationsmatrizen werden aus wöchentlichen logarithmierten Renditen jeweils über einen Zeitraum von zwei

[28] Vgl. hierzu z.B. Wahrenburg / Niethen (2000). Die Schätzung der Ausfallkorrelationen auf der Basis von Aktienrenditen wird häufig kritisiert, weil sie den Leverage in der Kapitalstruktur nicht berücksichtigt (vgl. z.B. Mashal et al. (2003)). Düllmann et al. (2008) kommen jedoch zu dem Ergebnis, dass dieses Verfahren gegenüber der Schätzung der Ausfallkorrelation auf der Basis von Ausfallraten überlegen ist.

[29] Eine große Anzahl an Aktien garantiert, dass idiosynkratische Einflüsse wegfallen. Eine Alternative wäre, die Korrelationen zwischen den Aktienkursrenditen einzelner Unternehmen aus den Branchen zu berechnen und darüber Durchschnitte zu bilden. Hierbei würden aber unternehmensspezifische Renditekomponenten berücksichtigt und dadurch zu geringe Korrelationen zwischen den systematischen Branchenfaktoren ausgewiesen werden.

Tabelle 6-1: Überleitung von der Brancheneinteilung auf Basis der Kreditnehmerstatistik zur Brancheneinteilung auf Basis der ICB

Branchen gemäß Kreditnehmerstatistik	Branchen gemäß ICB
Land- und Forstwirtschaft	Nahrungsmittel, Getränke
Energie- u. Wasserversorgung, Bergbau	Energieversorgung
Chemische Industrie, Mineralölverarb.	Chemie
Gummi u. Kunststoff	Industriegüter, Dienstleistungen
Glasgewerbe, Keramik	Konsumgüter, Haushaltswaren
Metallerzeugung u. -bearbeitung	Rohstoffe
Maschinenbau u. Fahrzeugbau	Automobilhersteller, Zulieferer
Herstellung von Büromaschinen, Elektrotechnik	Industriegüter, Dienstleistungen
Holzgewerbe, Papier, Druck, Möbel	Konsumgüter, Haushaltswaren
Textil- u. Bekleidungsgewerbe	Konsumgüter, Haushaltswaren
Ernährung und Tabak	Nahrungsmittel, Getränke
Baugewerbe	Bauwesen, Baumaterial
Handel und Reparaturen	Einzelhandel
Verkehr und Nachrichtenübermittlung	Telekommunikation
Finanzierungsinst. (ohne MFIs)* und Versicherung	$\frac{2}{3}$ -Anteil: Versicherungen; $\frac{1}{3}$ -Anteil: Finanzdienstleistungen
Wohnungsunternehmen	Finanzdienstleistungen
Beteiligungsgesellschaften	Finanzdienstleistungen
Sonstiges Grundstückswesen	Finanzdienstleistungen
Gastgewerbe	Reisen, Freizeit
Datenverarb. u. Datenbanken, F&E, Dienstl. für Unternehmen	Technologie
Gesundheits-, Veterinär- und Sozialwesen	Gesundheit
Vermietung beweglicher Sachen	Industriegüter, Dienstleistungen
Sonstige Dienstleistungen	Reisen, Freizeit

* MFI: Monetary Financial Institution. Interbankenkredite sind somit nicht im Datensatz enthalten.

Jahren berechnet. Hierbei zeigen sich zum Teil erhebliche Unterschiede zwischen den jeweiligen Werten zeitlich aufeinander folgender Korrelationsmatrizen.[30] Neben diesen jeweils für einen 2-Jahres-Zeitraum verwendeten Korrelationsmatrizen wird auch eine Korrelationsmatrix eingesetzt, deren Werte Durchschnitte über die Korrelationen aller betrachteten Jahre darstellen.

Neben den Zusammenhängen zwischen den systematischen Branchenfaktoren ist der branchenspezifische Anteil der Unternehmenswertentwicklung ρ_i^2, der auch als Intra-Branchen-Korrelation bezeichnet wird,[31] zu fixieren. Werte nahe 1 stehen für ein hohes (branchen-)systematisches Risiko, Werte nahe 0 zeigen ein sehr geringes (branchen-)systematisches Risiko an, die Unternehmenswertentwicklung wird überwiegend durch idiosynkratische Faktoren geprägt und gemeinsame Ausfälle von Unternehmen in einer Branche sind weniger wahrscheinlich. Für die Basisuntersuchung wird eine branchenunabhängige Größe ρ^2 gemäß dem Vorgehen bei Düllmann / Erdelmeier (2008) bestimmt. Die Asset-Korrelation zwischen zwei Kreditnehmern l und m beträgt

$$\rho_{l,m} := cor(Y_l, Y_m) = \rho^2 Q_{l,m}, \tag{6-8}$$

d.h. ρ^2 kann ermittelt werden, wenn die Asset-Korrelation zwischen zwei Kreditnehmern ($\rho_{l,m}$) und die Korrelationen zwischen den systematischen Branchenfaktoren ($Q_{l,m}$) bekannt sind. Legt man die durchschnittliche empirische Asset-Korrelation $\overline{\rho}$ für kleine und mittel-große deutsche Unternehmen in Höhe von 0,09 zugrunde[32] und berechnet den Durchschnittswert $\overline{Q}$ der jeweiligen Korrelationsmatrizen, so ergibt sich ρ^2 jeweils als $\frac{\overline{\rho}}{\overline{Q}}$. Als Mittelwert über die Jahre wird ein Wert in Höhe von 0,1507135494 verwendet. Im Rahmen der Robustheitsuntersuchungen wird eine Variante mit branchenabhängigen Intra-Branchen-Korrelationen zum Einsatz kommen.[33]

Neben der (bereits mehrfach angekündigten) Verwendung von PDs, die die Monitoring-Vorteile spezialisierter Banken berücksichtigen, werden PDs eingesetzt, die auf die Einbeziehung der Spezialisierungsvorteile verzichten. In dem Fall wird für die Branchen-PD die Insolvenzrate je Branche, multipliziert mit dem jeweiligen Bundeslandanpassungsfaktor, auf Basis der Brancheneinteilung gemäß der Kreditneh-

---

[30] Die Korrelationen sind in den Tabellen D-1 bis D-6 im Anhang D angegeben.
[31] ρ_i^2 gibt nämlich die Asset-Korrelation zwischen Unternehmen der Branche i an.
[32] Vgl. hierzu Hahnenstein (2004).
[33] Vgl. hierzu Abschnitt 6.5.1.

merstatistik verwendet. Dabei werden sowohl jährliche Daten als auch Mittelwerte, gebildet über den Beobachtungszeitraum, herangezogen. Die Überführung in die PDs für die ICB-Branchen erfolgt anhand der Tabelle 6-1 und entsprechender Gewichtung der PDs mit den Kreditvolumina, falls eine Branche der ICB-Einteilung sich aus mehreren Branchen auf Basis der Einteilung der Kreditnehmerstatistik zusammensetzt. Durch Zugrundelegen dieser PDs wird unterstellt, dass die Kreditinstitute Ausfallwahrscheinlichkeiten im Kreditgeschäft in Höhe der Branchendurchschnitte haben, d.h. Spezialisierungsvorteile werden ausgeklammert.

Im Folgenden wird nun die Ermittlung der Branchen-PDs beschrieben, die die Monitoring-Vorteile spezialisierter Banken berücksichtigen. Dabei wird auf die Ergebnisse der Standard-Regressionen mit $RATIO^{ausf}$ als erklärter Variable in Abschnitt 4.2 zurückgegriffen, die den Zusammenhang zwischen Spezialisierungsgrad und Monitoring-Qualität untersucht haben. Die Untersuchungen mit $RATIO^{notl}$ als erklärter Variable werden aufgrund der in Abschnitt 3.4.3 beschriebenen Mängel der Variable LQ^{notl} zur Messung der tatsächlichen Verlustquote, z.B. der Mehrfachanrechnung von einzelwertberichtigten Kredite, nicht zugrunde gelegt.[34] Der entscheidende Parameter für die Monitoring-Anpassung ist der Koeffizient β_1 des jeweiligen Spezialisierungsgrades als Resultat der unnormierten Monitoring-Qualität-Regressionen.[35] $|\beta_1|$ gibt an, wie stark die Spezialisierungsvorteile sind. Bei einem hohen $|\beta_1|$ wird einem hohen Spezialisierungsgrad ein stärkerer Monitoring-Vorteil zugewiesen als bei einem niedrigen $|\beta_1|$. Zu beachten ist, dass die für Kreditgenossenschaften und Sparkassen separat durchgeführten Regressionen herangezogen werden, d.h. β_1 unterscheidet sich für Kreditgenossenschaften und Sparkassen.[36] Der unterschiedlich hohe Zusammenhang zwischen dem Spezialisierungsgrad und der Monitoring-Qualität bei den beiden Bankengruppen wird demnach berücksichtigt. Die Anpassung wird für alle Spezialisierungsmaße durchgeführt. In Abhängigkeit vom betrachteten Spezialisierungsmaß und dem jeweiligen Spezialisierungsgrad[37] ($\overline{SM}_b$) der Bank b sollen die Branchen-PDs ohne Monitoring-Anpassung ($PD_b^{ohne\ Monitoring}$) in Branchen-PDs ($PD_b^{Monitoring}$), die die Monitoring-Qualität ein-

[34] Vgl. hierzu Abschnitt 3.4.3. Dies hat auch zur Folge, dass Zusammenhänge zwischen dem Spezialisierungsgrad und dem LGD berücksichtigt werden. Vgl. hierzu 4.2.2.

[35] Die Ergebnisse der unnormierten Monitoring-Qualität-Regressionen sind in den Tabellen A-1 und A-3 im Anhang A notiert.

[36] Zur Vereinfachung der Notation wird bei β_1 auf die Indexierung für die Bankengruppe und das betrachtete Spezialisierungsmaß verzichtet.

[37] Hierbei wird wie in den Regressionen aus Abschnitt 4.2 auf Mittelwerte über den Beobachtungszeitraum abgestellt.

beziehen, gemäß der Formel[38]

$$PD_b^{Monitoring} := a\_monitoring_b^{\overline{SM}} \cdot PD_b^{ohne\ Monitoring} \tag{6-9}$$

überführt werden. Den Monitoring-Anpassungsfaktor $a\_monitoring_b^{\overline{SM}}$ gilt es im Folgenden zu bestimmen.

Die Anpassung soll so erfolgen, dass die mit den Kreditvolumina gewichtete durchschnittliche PD über alle Kreditgenossenschaften und Sparkassen nach der Anpassung derjenigen vor der Anpassung entspricht. Auf der Grundlage dieser Bedingung wird der Anpassungsfaktor folgendermaßen ermittelt:

$$a\_monitoring_b^{\overline{SM}} := a\_monitoring^{\overline{SM}} \cdot \exp\{\beta_1 \cdot (\overline{SM}_b - \overline{SM}_1)\} \tag{6-10}$$

mit

$$a\_monitoring^{\overline{SM}} := \frac{\sum_b \overline{X}_b}{\sum_b \exp\{\beta_1 \cdot (\overline{SM}_b - \overline{SM}_1)\} \cdot \overline{X}_b}. \tag{6-11}$$

Hierbei bezeichnet $\overline{X}_b$ das durchschnittliche Kreditvolumen im Firmenkundengeschäft der Bank b über die beobachteten Jahre. $\sum_b \overline{X}_b$ steht demnach für das durchschnittliche Firmenkundenkreditvolumen aller betrachteten Kreditgenossenschaften und Sparkassen über die Jahre 1995 bis 2006. In diesem Fall sind die Banken nach aufsteigendem Spezialisierungsgrad sortiert, d.h. für ein gegebenes Spezialisierungsmaß gilt $\overline{SM}_{b+1} > \overline{SM}_b$ für alle b. $a\_monitoring^{\overline{SM}}$ gibt den Anpassungsfaktor für die Bank mit dem niedrigsten Spezialisierungsgrad an. Der Kern der Anpassung wird durch den Term $\exp\{\beta_1 \cdot (\overline{SM}_b - \overline{SM}_1)\}$ beschrieben. Die Differenz des Spezialisierungsgrades einer Bank b zum Spezialisierungsgrad der Bank mit dem niedrigsten Spezialisierungsgrad und die Bankengruppen-Zugehörigkeit sind ausschlaggebend für die Höhe der PD-Anpassung bei der Bank b.[39] Relativ hohe Differenzen implizieren eine Reduzierung der PD,[40] was zu dem Ergebnis, dass ein höherer Spezialisierungsgrad mit einer besseren Monitoring-Qualität einhergeht, passt. Die Multiplikation mit dem Faktor $a\_monitoring^{\overline{SM}}$ dient ausschließlich dem Zweck, die über alle

38 Um die Notation einfach zu halten, wird auf die Indexierung für Branchen verzichtet. Alle Branchen-PDs einer Bank sind gleichermaßen von der Anpassung betroffen. Auf die zeitliche Indexierung der PDs wird ebenfalls verzichtet. An späterer Stelle wird hierauf genauer eingegangen.

39 Die Bankengruppen-Zugehörigkeit äußert sich in der Höhe des Koeffizienten β_1. Die Exponentialfunktion wird angewendet, da in der Regression die Variable $RATIO^{ausf}$ logarithmiert wurde. Vgl. Abschnitt 4.2.1.

40 β_1 ist negativ. Vgl. Abschnitt 4.2.2.

Kreditgenossenschaften und Sparkassen durchschnittliche PD konstant zu halten. Zum besseren Verständnis ist es sinnvoll, sich die Berechnung des über alle betrachteten Banken mit den Kreditvolumina gewichteten durchschnittlichen Monitoring-Anpassungsfaktor vor Augen zu führen. Der entsprechende Durchschnittswert wird durch den Term

$$\frac{\sum_b a\_monitoring_b^{\overline{SM}} \cdot \overline{X}_b}{\sum_b \overline{X}_b}$$

gegeben. Beachtet man, dass dieser Term den Wert 1 annehmen muss, damit die durchschnittliche PD nach der Anpassung konstant bleibt,[41] und löst entsprechende Gleichung unter Verwendung von Gleichung 6-10 nach $a\_monitoring^{\overline{SM}}$ auf, so erhält man Gleichung 6-11.

Die wesentlichen Charakteristika der Anpassung sind:

- Die Normierung des Anpassungsfaktors erfolgt in der Form, dass bei den PD-Modifikationen auf Basis des Spezialisierungsgrades die durchschnittliche Insolvenzrate des Firmenkundenkreditgeschäfts aller betrachteten Kreditgenossenschaften und Sparkassen erhalten bleibt. Aus diesem Grund wird in Gleichung 6-11 auch eine Gewichtung mit den Kreditvolumina vorgenommen.
- Da die für die Anpassung relevanten Regressionen auf der Grundlage von Mittelwerten über den Beobachtungszeitraum durchgeführt worden sind, wird zur Ermittlung der Anpassungsfaktoren ebenfalls auf Mittelwerte, nämlich die des Spezialisierungsgrades und die des Kreditvolumens, zurückgegriffen.
- Da die Koeffizienten für alle Spezialisierungsmaße sowohl für Kreditgenossenschaften als auch für Sparkassen jeweils negativ sind, wird der Anpassungsfaktor mit steigendem Spezialisierungsgrad kleiner.
- Der Anpassungsfaktor wird auf alle Branchen, in die eine Bank investiert hat, in gleicher Weise angewendet. Im Rahmen der Robustheitsuntersuchungen wird analysiert, inwieweit eine branchenspezifische PD-Anpassung Auswirkungen auf die Ergebnisse hätte.[42]
- Die Anpassung stellt allein auf den Spezialisierungsgrad bzw. den Zusammenhang zwischen Spezialisierungsgrad und Monitoring-Qualität ab, d.h. es wird von der eigentlichen Bank und deren tatsächlicher Monitoring-Qualität, die

[41] Vgl. hierzu Formel 6-9.
[42] Vgl. hierzu Abschnitt 6.5.1.

auch von anderen Faktoren abhängt,[43] abstrahiert. Dieses Vorgehen wurde gewählt, da im Folgenden der Zusammenhang zwischen Spezialisierungsgrad und rVaR nicht durch andere Faktoren, wie z.B. Bankgröße, beeinflusst werden soll.

- Wie in der Tabelle 6-2 zu sehen ist, ist die maximale PD-Erhöhung deutlich geringer als die maximale PD-Reduktion. Dies hängt damit zusammen, dass höhere Spezialisierungsgrade mit geringeren Kreditvolumina einhergehen und die Verteilung der Spezialisierungsgrade tendenziell rechtsschief ist. Bei Kreditgenossenschaften, insbesondere bei Verwendung der Distanzmaße, liegen die Monitoring-Anpassungsfaktoren im Mittel deutlich unter denen der Sparkassen. Dies resultiert daher, dass Kreditgenossenschaften im Durchschnitt einen höheren Spezialisierungsgrad, insbesondere bei Messung durch die Distanzmaße, aufweisen.

Alle Parameter, die im Rahmen des verwendeten Kreditmodells zur Ermittlung der Portfolio-rVaRs notwendig sind, sind nun festgelegt. Die Parameterfestlegungen werden zum Abschluss dieses Abschnittes noch einmal kurz zusammengefasst.

- PDs
  - PDs ohne Monitoring-Anpassung: Jährliche Branchen-PDs mit Bundeslandanpassung
  - PDs mit Monitoring-Anpassung: Gemäß Formel 6-9 angepasste PDs ohne Monitoring-Anpassung für alle sechs Spezialisierungsmaße
- LGD:[44] 45%
- EAD: Jährliche Kreditengagements in den einzelnen Branchen (gemäß ICB-Einteilung)
- Inter-Branchen-Korrelationen (Q_{lm}): 2-Jahres-Korrelationsmatrizen bzw. durchschnittliche Korrelationsmatrix (Grundlage sind Korrelationen zwischen Aktienindizes)
- Intra-Branchen-Korrelation (ρ^2): 0,1507135494

[43] Vgl. 4.2.2 und die dort beschriebenen Resultate für die Kontrollvariablen im Rahmen der Regressionen.

[44] Siehe auch Fußnote 34.

Tabelle 6-2: Mittelwert, Minimum und Maximum der Monitoring-Anpassungsfaktoren

	Kreditgenossenschaften		
	$\text{a\_monitoring}_b^{\overline{HHI}}$	$\text{a\_monitoring}_b^{\overline{HHI^w}}$	$\text{a\_monitoring}_b^{\overline{D^{Bund}}}$
Mittelwert	0,907	0,657	0,645
Minimum	0,094	0,096	0,152
Maximum	1,095	1,176	1,140
	$\text{a\_monitoring}_b^{\overline{D^{Land}}}$	$\text{a\_monitoring}_b^{\overline{D^{Ort}}}$	$\text{a\_monitoring}_b^{\overline{D^{BWS}}}$
Mittelwert	0,714	0,738	0,706
Minimum	0,207	0,334	0,180
Maximum	1,125	1,154	1,181
	Sparkassen		
	$\text{a\_monitoring}_b^{\overline{HHI}}$	$\text{a\_monitoring}_b^{\overline{HHI^w}}$	$\text{a\_monitoring}_b^{\overline{D^{Bund}}}$
Mittelwert	1,061	0,980	1,053
Minimum	0,945	0,632	0,663
Maximum	1,107	1,180	1,446
	$\text{a\_monitoring}_b^{\overline{D^{Land}}}$	$\text{a\_monitoring}_b^{\overline{D^{Ort}}}$	$\text{a\_monitoring}_b^{\overline{D^{BWS}}}$
Mittelwert	1,087	1,105	1,043
Minimum	0,824	0,983	0,690
Maximum	1,282	1,169	1,344

6.3.2 Vorstellung der Untersuchungsfragen

Auf Basis der im vorherigen Abschnitt festgelegten Parameter kann nun die Berechnung der rVaRs und die Untersuchung des Zusammenhangs zwischen Spezialisierungsgrad und rVaR erfolgen. Folgende rVaRs werden auf Basis der Gleichungen 6-2, 6-3, 6-4 und 6-7 ermittelt:[45]

- $rVaR_t^j$ und $rVaR_t^d$ bezeichnen den rVaR für das Jahr t ohne PD-Anpassung auf Basis der 2-Jahres-Korrelationsmatrizen bzw. der durchschnittlichen Korrelationsmatrix.
- $\overline{rVaR}^j$ und $\overline{rVaR}^d$ bezeichnen den durchschnittlichen rVaR über den Beobachtungszeitraum ohne PD-Anpassung auf Basis der 2-Jahres-Korrelationsmatrizen bzw. der durchschnittlichen Korrelationsmatrix.
- $rVaR_t^{(j,SM)}$ und $rVaR_t^{(d,SM)}$ bezeichnen den rVaR für das Jahr t auf Basis der 2-Jahres-Korrelationsmatrizen bzw. der durchschnittlichen Korrelationsmatrix. SM steht für das Spezialisierungsmaß, das der PD-Anpassung gemäß Gleichung 6-11 und Gleichung 6-10 zugrunde gelegt wird.
- $\overline{rVaR}^{(j,SM)}$ und $\overline{rVaR}^{(d,SM)}$ bezeichnen den durchschnittlichen rVaR über den Beobachtungszeitraum auf Basis der 2-Jahres Korrelationsmatrizen bzw. der durchschnittlichen Korrelationsmatrix. SM steht für das Spezialisierungsmaß, das der PD-Anpassung gemäß Gleichung 6-9 zugrunde gelegt wird.

Der Zusammenhang zwischen Spezialisierungsgrad und rVaR wird anhand der linearen Korrelation gemessen.[46] Allein die Unterteilung in negative, positive und nicht signifikant von Null abweichende Zusammenhänge soll von Bedeutung sein, um die Komplexität der Resultate in Grenzen zu halten und um auf die entscheidenden Resultate zu fokussieren. Im Einzelnen werden folgende Fragestellungen untersucht:

- Geht ein höherer Spezialisierungsgrad mit einem höheren Portfolio-rVaR einher, wenn keine Monitoring-Vorteile berücksichtigt werden, bzw. liegen positive Korrelationen zwischen Spezialisierungsgrad und $rVaR_t^{(\cdot)}$ bzw. $\overline{rVaR}^{(\cdot)}$ vor?

[45] Bei der Notation wird auf den Index für die Bank verzichtet, um die Darstellung übersichtlicher zu halten.

[46] Die Verwendung des Rangkorrelationskoeffizienten führt zu im Wesentlichen übereinstimmenden Resultaten.

- Geht ein höherer Spezialisierungsgrad mit einem höheren Portfolio-rVaR einher, wenn Monitoring-Vorteile berücksichtigt werden, bzw. liegen positive Korrelationen zwischen Spezialisierungsgrad und $rVaR_t^{(\cdot,SM)}$ bzw. $\overline{rVaR}^{(\cdot,SM)}$ vor?[47]

Die erste Fragestellung erscheint auf den ersten Blick redundant, da ein höherer Spezialisierungsgrad vermeintlich höhere Portfolio-Konzentration und damit einen höheren Portfolio-rVaR impliziert. Es besteht aber die Möglichkeit, dass der Spezialisierungsgrad einen Zusammenhang mit $\overline{\beta}$ aufweist, z.B. spezialisierte Banken eher in Branchen investieren, die untereinander einen geringeren Zusammenhang aufweisen, und dadurch die Beziehung zwischen Spezialisierungsgrad und rVaR mitgeprägt wird. Zu beachten ist auch, dass Zusammenhänge zwischen Spezialisierungsgrad und durchschnittlicher Branchen-PD, die – wie in Abschnitt 4.3 gezeigt wurde – existieren, ebenfalls Einfluss auf die Beziehung zum Portfolio-rVaR haben. Ferner wird zur Messung des Konzentrationsgrades auf den *CDI* zurückgegriffen, dessen Zusammenhang mit den verwendeten Spezialisierungsmaßen mehr oder weniger hoch ist; d.h. z.B., dass ein höherer D^{Ort}-Wert nicht unbedingt mit einem höheren *CDI*-Wert einher geht. In Tabelle 6-3 sind die entsprechenden Korrelationen zu finden.

Tabelle 6-3: Korrelationen zwischen dem Spezialisierungsgrad auf Basis der bisher verwendeten Spezialisierungsmaße und dem auf Basis des *CDI* (auf der Basis von Bankmittelwerten über den Zeitraum 1995-2006)

	HHI	HHI^w	D^{Bund}	D^{Land}	D^{Ort}	D^{BWS}
	Kreditgenossenschaften					
CDI	0,959*	0,863*	0,758*	0,728*	0,641*	0,780*
	Sparkassen					
CDI	0,806*	0,663*	0,167*	0,230*	0,263*	0,272*

* zeigt jeweils statistische Signifikanz auf einem 1%-Signifikanzniveau an.

Auffällig ist, dass bei den Sparkassen die Korrelationen zwischen den Spezialisierungsmaßen und dem *CDI* deutlich geringer sind als bei den Kreditgenossenschaften. Dies gilt insbesondere für die Distanzmaße. Sowohl bei den Kreditgenossenschaften als auch bei den Sparkassen sind die linearen Zusammenhänge zwischen den naiven Spezialisierungsmaßen und dem *CDI* stärker als die zwischen den Distanzmaßen und dem *CDI*. Bei beiden Bankengruppen zeigen sich für den *HHI* die höchsten Kor-

[47] Zu beachten ist, dass die Monitoring-Anpassung jeweils auf Basis des Spezialisierungsmaßes vorgenommen wird, für das die jeweilige Korrelation ermittelt wird.

relationswerte. Diese Ergebnisse erstaunen nicht, wenn man beachtet, dass bei den Sparkassen zwischen den Spezialisierungsmaßen bereits geringere Korrelationswerte als bei den Kreditgenossenschaften festgestellt worden sind,[48] und berücksichtigt, dass der *CDI* ein naives Spezialisierungsmaß darstellt.[49]

6.4 Empirische Resultate

In der Tabelle 6-4 sind die Korrelationen zwischen $\overline{rVaR}^j$ bzw. $\overline{rVaR}^d$ und dem Spezialisierungsgrad angegeben, d.h. der Zusammenhang zwischen durchschnittlichen Portfolio-rVaRs über den Beobachtungszeitraum ohne PD-Anpassung und dem Spezialisierungsgrad wird analysiert.

Tabelle 6-4: Korrelationen zwischen dem Spezialisierungsgrad und $\overline{rVaR}^j$ bzw. $\overline{rVaR}^d$

	HHI	HHI^w	D^{Bund}	D^{Land}	D^{Ort}	D^{BWS}
	Kreditgenossenschaften					
$\overline{rVaR}^j$	0,126*	0,320*	0,097*	-0,057	-0,004	0,146*
$\overline{rVaR}^d$	0,134*	0,331*	0,109*	-0,048	-0,001	0,160*
	Sparkassen					
$\overline{rVaR}^j$	0,200*	0,455*	0,063	-0,159*	-0,045	0,158*
$\overline{rVaR}^d$	0,202*	0,462*	0,063	-0,159*	-0,050	0,163*

* zeigt jeweils statistische Signifikanz auf einem 1%-Signifikanzniveau an.

Es ist auffällig, dass die Korrelationswerte im Falle der rVaRs, die auf der Grundlage der 2-Jahres-Korrelationsmatrizen berechnet wurden, nur marginal von denen abweichen, bei denen sich die rVaR-Berechnung auf die durchschnittliche Korrelationsmatrix über den Beobachtungszeitraum stützt. Deshalb wird im Folgenden nicht zwischen den Ergebnissen dieser beiden Berechnungsmethoden unterschieden.

Für die Kreditgenossenschaften lassen sich mit Ausnahme der Spezialisierungsmaße D^{Land} und D^{Ort} signifikant positive Korrelationen zwischen dem Portfolio-rVaR ohne

[48] Vgl. hierzu Abschnitt 3.4.2.2.
[49] Vgl. Formel 6-5.

Monitoring-Anpassung der PDs und dem Spezialisierungsgrad feststellen. Je höher der Spezialisierungsgrad im Portfolio, desto höher ist die Branchenkonzentration, das branchensystematische Risiko und damit der rVaR. Dies lässt sich folgendermaßen erklären: Die hohen positiven Korrelationen zwischen HHI, HHI^w bzw. D^{Bund} und dem CDI[50] zeigen, dass eine Erhöhung des Spezialisierungsgrades gemessen mit diesen Spezialisierungsmaßen mit einer Erhöhung des CDIs einhergeht; ein höherer CDI-Wert führt gemäß den Gleichungen 6-4 und 6-7 zu einem höheren rVaR. Die für die Spezialisierungsmaße D^{Land} und D^{Ort} vorliegenden insignifikant negativen Korrelationen mit $\overline{rVaR}^j$ bzw. $\overline{rVaR}^d$ sind auf den ersten Blick überraschend. Auch für diese Spezialisierungsmaße liegt eine hoher positiver Zusammenhang mit dem CDI vor[51], was höhere unerwartete Verluste für einen höheren Spezialisierungsgrad erwarten lässt. Die in Tabelle 6-5 notierten Korrelationen zwischen dem Spezialisierungsgrad und den Einflussfaktoren des rVaRs geben Aufschluss über das vorgefundene Resultat.

Tabelle 6-5: Korrelationen zwischen dem Spezialisierungsgrad und DF, $rVaR^{EF}$ bzw. $\overline{\beta}$ (auf der Basis von Bankmittelwerten über den Zeitraum 1995-2006)

	HHI	HHI^w	D^{Bund}	D^{Land}	D^{Ort}	D^{BWS}
	Kreditgenossenschaften					
DF	0,742*	0,791*	0,522*	0,490*	0,481*	0,546*
$rVaR^{EF}$	0,011	0,200*	0,019	-0,138*	-0,081*	0,067*
$\overline{\beta}$	-0,545*	-0,291*	-0,515*	-0,512*	-0,373*	-0,514*
	Sparkassen					
DF	0,409*	0,445*	0,029	0,015	0,085	0,130*
$rVaR^{EF}$	0,176*	0,437*	0,059	-0,168*	-0,057	0,155*
$\overline{\beta}$	-0,075	0,069	-0,093	-0,151*	-0,025	-0,087

* zeigt jeweils statistische Signifikanz auf einem 1%-Signifikanzniveau an.

Es zeigt sich, dass ein signifikant negativer Zusammenhang zwischen dem Spezialisierungsgrad und $\overline{\beta}$ besteht, d.h. im Firmenkundenkreditportfolio spezialisierter Kreditgenossenschaften befinden sich überwiegend Branchen, die untereinander geringe (positive) Korrelationen aufweisen. Damit allein lassen sich die negativen Korrelationen für die beiden Spezialisierungsmaße D^{Land} und D^{Ort} aber nicht erklären.

50 Vgl. hierzu Tabelle 6-3.
51 Vgl. hierzu Tabelle 6-3.

Einer Erhöhung des rVaRs durch eine höhere Branchenkonzentration des Portfolios wird durch einen geringeren Zusammenhang zwischen den Branchen zwar entgegengewirkt, allerdings ist der Zusammenhang zwischen Spezialisierungsgrad und dem Diversifikationsfaktor (DF) signifikant positiv. Entscheidend ist letztendlich, dass sich für diese beiden Spezialisierungsmaße eine negative Korrelation zum $rVaR^{EF}$ zeigt, d.h. ein negativer Zusammenhang zum rVaR, der ohne Berücksichtigung von Diversifikationseffekten berechnet wird.[52] Das bedeutet: Kreditgenossenschaften, deren Kreditportfoliostruktur relativ stark von der Ort- bzw. Bundesland-Benchmark abweicht, haben verhältnismäßig geringe erwartete Verlustquoten im Firmenkundenkreditgeschäft und deshalb trotz höherer Branchenkonzentration und Nichtberücksichtigung von Spezialisierungsvorteilen einen relativ geringen Portfolio-rVaR.

Für die Sparkassen sind ähnliche Ergebnisse wie bei den Kreditgenossenschaften zu konstatieren, d.h. insbesondere, dass ebenfalls nicht durchgängig positive Korrelationen zwischen Spezialisierungsgrad und dem rVaR, der auf nicht angepassten PDs beruht, vorliegen. Für die naiven Spezialisierungsmaße und D^{BWS} zeigen sich – wie bei den Kreditgenossenschaften – signifikant positive Korrelationen, für das Maß D^{Bund} ist die (positive) Korrelation nicht signifikant von Null verschieden. Bei der Analyse der negativen Zusammenhänge zwischen $\overline{rVaR}^{(\cdot)}$ und D^{Land} bzw. D^{Ort} lohnt ein Blick zurück auf die Tabelle 6-3. Wie bereits kommentiert, sind die Korrelationen zwischen den Spezialisierungsmaßen und dem CDI bei den Sparkassen deutlich niedriger als bei den Kreditgenossenschaften und insbesondere der lineare Zusammenhang zwischen den Distanzmaßen und dem CDI ist nicht stark. Bei tendenziell eher negativen Korrelationen zu $\overline{\beta}$ wirkt sich eine Spezialisierungsgraderhöhung bei den Sparkassen nur bei den naiven Spezialisierungsmaßen und D^{BWS} signifikant positiv auf den Diversifikationsfaktor aus.[53] Die Tatsache, dass gemäß D^{Bund} bzw. D^{Land} als spezialisiert geltende Sparkassen tendenziell geringere $rVaR^{EF}$-Beträge aufweisen,[54] führt dann beim Spezialisierungsmaß D^{Land} insgesamt zu signifikant negativen und

[52] Diskrepanzen zu den Untersuchungsergebnissen in Abschnitt 4.3, die für die 3. Fragestellung fast ausschließlich negative Zusammenhänge zwischen Spezialisierungsgrad und erwarteter Verlustquote aufwiesen, lassen sich dadurch erklären, dass hier keine multiple Regression durchgeführt wurde, sondern lediglich Korrelationen berechnet wurden. Des Weiteren sind trotz Korrelationskoeffizienten nahe 1 Unterschiede durch Verwendung von $rVaR^{EF}$ anstatt von ELQ möglich.

[53] Vgl. hierzu Tabelle 6-5.

[54] Die Korrelationen zwischen D^{Bund} bzw. D^{Land} und $rVaR^{EF}$ sind negativ. Vgl. hierzu Tabelle 6-5.

beim Spezialisierungsmaß D^{Ort} insgesamt zu insignifikant negativen Korrelationen.

Im Folgenden wird nun der Zusammenhang zwischen dem Spezialisierungsgrad und $\overline{rVaR}^{(j,SM)}$ bzw. $\overline{rVaR}^{(d,SM)}$ untersucht, d.h. die Monitoring-Vorteile spezialisierter Banken werden in die Berechnung des rVaRs einbezogen. Bei den rVaR-Werten handelt es sich wiederum um Durchschnittswerte über den Beobachtungszeitraum. In der Tabelle 6-6 sind die entsprechenden Korrelationen für Kreditgenossenschaften und Sparkassen notiert.

Tabelle 6-6: Korrelationen zwischen dem Spezialisierungsgrad und $\overline{rVaR}^{(j,SM)}$ bzw. $\overline{rVaR}^{(d,SM)}$

	HHI	HHI^w	D^{Bund}	D^{Land}	D^{Ort}	D^{BWS}
	Kreditgenossenschaften					
$\overline{rVaR}^{(j,SM)}$	-0,386*	-0,215*	-0,561*	-0,573*	-0,433*	-0,508*
$\overline{rVaR}^{(d,SM)}$	-0,380*	-0,206	-0,555	-0,568	-0,431	-0,501
	Sparkassen					
$\overline{rVaR}^{(j,SM)}$	0,147*	0,163*	-0,255*	-0,348*	-0,102	-0,124*
$\overline{rVaR}^{(d,SM)}$	0,150*	0,174*	-0,252*	-0,348*	-0,106	-0,118*

* zeigt jeweils statistische Signifikanz auf einem 1%-Signifikanzniveau an.

Zunächst sei wiederum darauf verwiesen, dass sich die Korrelationen zwischen Spezialisierungsgrad und $\overline{rVaR}^{(\cdot,SM)}$ kaum verändern, wenn anstatt der 2-Jahres-Korrelationsmatrizen die durchschnittliche Korrelationsmatrix zur rVaR-Berechnung herangezogen wird.

Die Berücksichtigung der Monitoring-Vorteile durch einen höheren Spezialisierungsgrad führt bei den Kreditgenossenschaften in allen Fällen zu signifikant negativen Korrelationen zwischen Spezialisierungsgrad und Portfolio-rVaR. Die hohen Monitoring-Anpassungen[55] bei Kreditgenossenschaften sind hierfür verantwortlich.[56] Ein höherer Spezialisierungsgrad geht – unabhängig davon, ob er auf Basis von naiven Spezialisierungsmaßen oder Distanzmaßen gemessen wird – mit geringeren unerwarteten Verlustquoten einher. Bei den Kreditgenossenschaften wirken dem-

[55] Vgl. hierzu Abschnitt 4.2.2.

[56] Im Falle von D^{Land} und D^{Ort} liegen allerdings – wie gesehen – auch ohne Monitoring-Anpassung negative Korrelationen vor.

nach die Spezialisierungsvorteile stärker als die Konzentrationsnachteile. Bei den Distanzmaßen sind die Korrelationsbeträge höher als bei den naiven Spezialisierungsmaßen.[57] Als Grund dafür sind u.a. die geringeren Korrelationen der Distanzmaße mit dem *CDI* anzuführen.[58] Auf Basis der Distanzmaße als spezialisiert geltende Kreditgenossenschaften sind also auf der einen Seite relativ schwach betroffen von Konzentrationsnachteilen und auf der anderen Seite zeigen sich bei ihnen erhebliche Monitoring-Vorteile.

Bei den Sparkassen sind die Ergebnisse etwas heterogener. Es zeigen sich signifikant positive Korrelationen zwischen Spezialisierungsgrad und dem angepassten rVaR für die naiven Spezialisierungsmaße und (überwiegend signifikant) negative Korrelationen bei den Distanzmaßen. Bei den naiven Spezialisierungsmaßen führt also die Berücksichtigung der Monitoring-Vorteile für spezialisierte Sparkassen nicht dazu, dass der Portfolio-rVaR mit steigendem Spezialisierungsgrad tendenziell sinkt. Die Ursachen für dieses Resultat unterscheiden sich aber beim *HHI* und HHI^w. Während beim *HHI* insbesondere die relativ schwach ausgeprägten Spezialisierungsvorteile[59] als Begründung heranzuziehen sind, ist beim HHI^w auf die stark positive Beziehung zur erwarteten Verlustquote bzw. zum $rVaR^{EF}$ zu verweisen.[60] Bei beiden naiven Spezialisierungsmaßen spielt zusätzlich hinein, dass sie einen recht starken Zusammenhang zum *CDI* aufweisen[61] und damit ein hoher Spezialisierungsgrad mit hohen Konzentrationsnachteilen einhergeht. Dies ist bei den Distanzmaßen nicht der Fall. Alle Distanzmaße weisen recht geringe Korrelationen mit dem *CDI* auf, mit ein Grund für die negative Beziehung zum $\overline{rVaR}^{(\cdot,SM)}$. Mit Ausnahme des Maßes D^{Ort} sind die (negativen) Korrelationen mit der unerwarteten Verlustquote signifikant von Null verschieden. Wie gesehen, geht bei den Maßen D^{Ort} und D^{Land} ein höherer Spezialisierungsgrad selbst bei fehlender Monitoring-Anpassung mit einer niedrigeren unerwarteten Verlustquote einher. Relativ geringe Monitoring-Vorteile bei hohen D^{Ort}-Werten[62] führen dazu, dass der negative Zusammenhang zwischen D^{Ort} und $\overline{rVaR}^{(\cdot,SM)}$ nicht signifikant negativ ist. Bei den anderen Distanzmaßen

[57] An dieser Stelle sei noch einmal darauf hingewiesen, dass die Korrelationswerte nichts über die Steigung des Zusammenhangs zwischen rVaR und Spezialisierungsgrad aussagen. Der lineare Korrelationskoeffizient gibt lediglich die Stärke und das Vorzeichen des linearen Zusammenhangs an, was – wie bereits beschrieben – für diese Analyse als ausreichende Information erachtet wird.

[58] Vgl. hierzu Tabelle 6-3.

[59] Vgl. hierzu die Resultate der Monitoring-Qualität-Regressionen in Abschnitt 4.2.2.

[60] Vgl. hierzu insbesondere die Ausführungen in Abschnitt 4.3.2 und Tabelle 6-5.

[61] Vgl. Tabelle 6-3.

[62] Vgl. hierzu die Resultate der Monitoring-Qualität-Regressionen in Abschnitt 4.2.2.

zeigt sich eine klare Überkompensation der Konzentrationsnachteile durch relativ stark ausgeprägte Spezialisierungsvorteile.

Die bislang vorgestellten Korrelationen basierten auf durchschnittlichen rVaRs über den Zeitraum. Es ist durchaus vorstellbar, dass sich in den einzelnen Jahren aufgrund veränderter Exposures der Banken in den Branchen und veränderter Insolvenzraten der Branchen, deutlich unterschiedliche Zusammenhänge zwischen Spezialisierungsgrad und unerwarteten Verlusten ergeben. Die jährliche Betrachtung der Korrelationen lässt sich als die erste Robustheitsuntersuchung interpretieren und dient dem Zweck, die Stabilität der Zusammenhänge im Verlauf der Jahre zu überprüfen. In den Tabellen 6-7 und 6-8 sind zunächst die Ergebnisse für die Zusammenhänge zwischen dem Spezialisierungsgrad und dem $rVaR_t^{(\cdot)}$, d.h. dem rVaR ohne vorherige PD-Anpassung, angegeben. Um die Darstellung übersichtlich zu gestalten und auf die relevanten Informationen zu fokussieren, werden für jedes Spezialisierungsmaß nur der niedrigste, höchste und der Median-Wert der Korrelationen über die Beobachtungsjahre angegeben.[63] Es werden weiterhin sowohl die 2-Jahres-Korrelationsmatrizen als auch die durchschnittliche Korrelationsmatrix zur Ermittlung des rVaR herangezogen. Da sich die Korrelationsmatrizen im Zeitverlauf recht stark unterscheiden, ist es von Interesse, wie sich dies bei der jahresweisen Betrachtung der rVaR-Werte niederschlägt. In der Tabelle 6-7 sind die Resultate für die Kreditgenossenschaften und in der Tabelle 6-8 die für die Sparkassen angegeben.

Tabelle 6-7: Korrelationen zwischen dem Spezialisierungsgrad und $rVaR_t^j$ bzw. $rVaR_t^d$ bei den Kreditgenossenschaften

	HHI	HHI^w	D^{Bund}	D^{Land}	D^{Ort}	D^{BWS}
			$rVaR_t^j$			
Median	0,113*	0,304*	0,099*	-0,049	-0,015	0,147*
Minimum	0,024	0,229*	0,051	-0,097*	-0,056	0,087*
Maximum	0,253*	0,414*	0,239*	0,097*	0,094*	0,291*
			$rVaR_t^d$			
Median	0,137*	0,314*	0,114*	-0,040	0,003	0,160*
Minimum	0,028	0,263*	0,030	-0,111*	-0,055	0,069*
Maximum	0,229*	0,347*	0,195*	0,058	0,063	0,239*

* zeigt jeweils statistische Signifikanz auf einem 1%-Signifikanzniveau an.

[63] Als Median wird in diesem Fall der 6. höchste Wert verwendet.

Tabelle 6-8: Korrelationen zwischen dem Spezialisierungsgrad und $rVaR_t^j$ bzw. $rVaR_t^d$ bei den Sparkassen

	HHI	HHI^w	D^{Bund}	D^{Land}	D^{Ort}	D^{BWS}
			rVaR$_t^j$			
Median	0,190*	0,430*	0,078	-0,165*	-0,065	0,144*
Minimum	0,139*	0,166*	-0,015	-0,235*	-0,092	0,125*
Maximum	0,245*	0,494*	0,149*	-0,036	0,020	0,215*
			rVaR$_t^d$			
Median	0,194*	0,439*	0,040	-0,172*	-0,067	0,152*
Minimum	0,135*	0,393*	0,016	-0,218*	-0,092	0,134*
Maximum	0,251*	0,485*	0,153*	-0,022	0,024	0,199*

* zeigt jeweils statistische Signifikanz auf einem 1%-Signifikanzniveau an.

Sowohl bei den Kreditgenossenschaften als auch bei den Sparkassen zeigt sich, dass die Ergebnisse über die Jahre relativ stabil sind. In den meisten Fällen ist dabei die Bandbreite der Korrelationswerte für die rVaRs auf Basis der 2-Jahres-Korrelationsmatrizen ($rVaR_t^j$) – wie zu erwarten – höher als die für die rVaRs auf Basis der durchschnittlichen Korrelationsmatrix ($rVaR_t^d$), d.h. veränderte Korrelationsstrukturen zwischen den Branchen erhöhen tendenziell die Unterschiede im Verlauf der Jahre. Die Unterschiede sind insgesamt jedoch recht gering, so dass der Einfluss unterschiedlicher Korrelationsstrukturen auf den Zusammenhang zwischen Spezialisierungsgrad und rVaR ohne PD-Anpassung als relativ gering anzusehen ist.[64] Bei den Kreditgenossenschaften werden die Resultate aus der Tabelle 6-4 bekräftigt. Mit Ausnahme der Spezialisierungsmaße D^{Land} und D^{Ort} zeigen sich demnach positive Korrelationen, die im Falle des HHI^w und D^{BWS} in allen Jahren signifikant von Null verschieden sind. Bei den regionalen Distanzmaßen sind die Mediane negativ, in einzelnen Jahren sind jedoch auch positive, im Falle von rVaR$_t^j$ sogar signifikant positive Korrelationen zu beobachten. In diesen Jahren wird der Einfluss der höheren Branchenkonzentration auf den rVaR nicht durch einen geringeren $rVaR^{EF}$ kompensiert.

Auch bei den Sparkassen werden im Wesentlichen die Resultate aus Tabelle 6-4 bestätigt. Die Korrelationen für die Spezialisierungsmaße HHI, HHI^w und D^{BWS} sind

[64] Bei der Besprechung der Resultate wird deshalb grundsätzlich auch nicht zwischen $rVaR_t^j$ und $rVaR_t^d$ unterschieden, um die Darstellung einfach zu halten. Auf abweichende Resultate wird allerdings hingewiesen.

in allen Jahren signifikant positiv und für D^{Land} negativ. Für D^{Bund} sind bei Verwendung der durchschnittlichen Korrelationsmatrix ausschließlich positive Korrelationen festzustellen. Die Verwendung der 2-Jahres Korrelationsmatrizen führt zumindest in einem Jahr zu einer (insignifikant) negativen Beziehung zwischen D^{Bund}-Werten und der unerwarteten Verlustquote. Ein positiver Median und ein signifikant positiver Wert im Falle des Maximums deuten auf einen tendenziell positiven Zusammenhang mit den unerwarteten Verlusten hin. Bei D^{Ort} sind sowohl positive als auch negative Korrelationen festzustellen, wobei keiner der Korrelationswerte signifikant von Null verschieden ist.

In den Tabellen 6-9 und 6-10 sind die Resultate für die Zusammenhänge zwischen dem Spezialisierungsgrad und $rVaR_t^{(\cdot,SM)}$, d.h. dem rVaR bei Berücksichtigung von Monitoring-Vorteilen, dargestellt. Um die Übersichtlichkeit zu wahren, werden wiederum nur der minimale, maximale und der Median-Wert der Korrelationen über den Beobachtungszeitraum je Spezialisierungsmaß angegeben. In der Tabelle 6-9 sind die Ergebnisse für die Kreditgenossenschaften und in der Tabelle 6-10 die für die Sparkassen angegeben.

Tabelle 6-9: Korrelationen zwischen dem Spezialisierungsgrad und $rVaR_t^{(j,SM)}$ bzw. $rVaR_t^{(d,SM)}$ bei den Kreditgenossenschaften

	Median	Minimum	Maximum
$\mathrm{rVaR}_t^{(j,HHI)}$	-0,365*	-0,408*	-0,241*
$\mathrm{rVaR}_t^{(d,HHI)}$	-0,343*	-0,399*	-0,283*
$\mathrm{rVaR}_t^{(j,HHI^w)}$	-0,191*	-0,264*	-0,030
$\mathrm{rVaR}_t^{(d,HHI^w)}$	-0,182*	-0,273*	-0,108*
$\mathrm{rVaR}_t^{(j,D^{Bund})}$	-0,530*	-0,565*	-0,416*
$\mathrm{rVaR}_t^{(d,D^{Bund})}$	-0,508*	-0,577*	-0,440*
$\mathrm{rVaR}_t^{(j,D^{Land})}$	-0,539*	-0,580*	-0,450*
$\mathrm{rVaR}_t^{(d,D^{Land})}$	-0,529*	-0,574*	-0,473*
$\mathrm{rVaR}_t^{(j,D^{Ort})}$	-0,413*	-0,455*	-0,304*
$\mathrm{rVaR}_t^{(d,D^{Ort})}$	-0,397*	-0,447*	-0,336*
$\mathrm{rVaR}_t^{(j,D^{BWS})}$	-0,479*	-0,520*	-0,353*
$\mathrm{rVaR}_t^{(d,D^{BWS})}$	-0,454*	-0,526*	-0,377*

* zeigt jeweils statistische Signifikanz auf einem 99%-Signifikanzniveau an.

Tabelle 6-10: Korrelationen zwischen dem Spezialisierungsgrad und $rVaR_t^{(j,SM)}$ bzw. $rVaR_t^{(d,SM)}$ bei den Sparkassen

	Median	Minimum	Maximum
$\text{rVaR}_t^{(j,HHI)}$	0,137*	0,093	0,208*
$\text{rVaR}_t^{(d,HHI)}$	0,148*	0,088	0,179*
$\text{rVaR}_t^{(j,HHI^w)}$	0,164*	0,041	0,298*
$\text{rVaR}_t^{(d,HHI^w)}$	0,178*	0,031	0,265*
$\text{rVaR}_t^{(j,D^{Bund})}$	-0,229*	-0,317*	-0,171*
$\text{rVaR}_t^{(d,D^{Bund})}$	-0,229*	-0,327*	-0,174*
$\text{rVaR}_t^{(j,D^{Land})}$	-0,342*	-0,367*	-0,241*
$\text{rVaR}_t^{(d,D^{Land})}$	-0,340*	-0,367*	-0,227*
$\text{rVaR}_t^{(j,D^{Ort})}$	-0,107	-0,141*	-0,041
$\text{rVaR}_t^{(d,D^{Ort})}$	-0,115*	-0,143*	-0,035
$\text{rVaR}_t^{(j,D^{BWS})}$	-0,105	-0,176*	-0,032
$\text{rVaR}_t^{(d,D^{BWS})}$	-0,102	-0,192*	-0,043

* zeigt jeweils statistische Signifikanz auf einem 99%-Signifikanzniveau an.

Die Ergebnisse zeigen, dass die Zusammenhänge über die Jahre sehr stabil sind, unabhängig davon, ob bei der rVaR-Berechnung auf die 2-Jahres-Korrelationsmatrizen oder die durchschnittliche Korrelationsmatrix zurückgegriffen wird. Die Unterschiede zwischen den Ergebnissen für $rVaR_t^{(j,SM)}$ und $rVaR_t^{(d,SM)}$ sind insgesamt recht gering, so dass der Einfluss unterschiedlicher Korrelationsstrukturen auf den Zusammenhang zwischen Spezialisierungsgrad und rVaR mit PD-Anpassung als relativ gering anzusehen ist. Bei den Kreditgenossenschaften zeigen sich für die Spezialisierungsmaße in allen bzw. fast allen Jahren signifikant negative Zusammenhänge zwischen Spezialisierungsgrad und $rVaR_t^{(d,SM)}$ bzw. $rVaR_t^{(j,SM)}$. Lediglich im Falle des HHI^w und bei Zugrundelegen der 2-Jahres-Korrelationsmatrizen weicht die maximale Korrelation nicht signifikant von Null ab. Auch bei den Sparkassen wird die Stabilität der Resultate für die Durchschnittsbetrachtung aus der Tabelle 6-6 angezeigt. Bei den naiven Spezialisierungsmaßen sind in allen Jahren positive Zusammenhänge zwischen Spezialisierungsgrad und $rVaR$, der Monitoring-Vorteile berücksichtigt, zu notieren. Die Median-Werte sind dabei signifikant von Null verschieden. Bei Sparkassen geht eine höhere naive Diversifikation demnach mit niedrigeren unerwarteten Verlusten einher. Bei den Distanzmaßen werden hingegen ausschließlich negative Korrelationen ausgewiesen. Bei D^{Bund} und D^{Land} sind alle Werte signifikant von Null verschieden. Sparkassen, die bei der Vergabe von Firmenkundenkrediten von nationalen oder regionalen Benchmarks abweichen, gehen zwar tendenziell höhere Branchenkonzentrationen ein, können aber daraus resultierende rVaR-Erhöhungen durch eine Senkung der PDs aufgrund besseren Monitorings (über-)kompensieren.

Insgesamt zeigt sich also, dass die Berücksichtigung von Monitoring-Vorteilen durch stärkere Spezialisierung in fast allen Fällen dazu führt, dass die mit stärkerer Spezialisierung einhergehende höhere Branchenkonzentration und damit Erhöhung des systematischen Risikos mehr als ausgeglichen werden kann. Ein höherer Spezialisierungsgrad ist tendenziell mit niedrigeren unerwarteten Verlustquoten verbunden.

6.5 Robustheitsuntersuchungen

Die Robustheitsuntersuchungen lassen sich in zwei Teile gliedern. Zum einen werden Parameter des Kreditmodells variiert. Es wird untersucht, ob die Ergebnisse sich stabil verhalten, wenn

- branchenabhängige PD-Anpassungen sowie
- branchenabhängige Intra-Branchen-Korrelationen

verwendet werden. Zum anderen wird anhand des analytischen Modells untersucht, wie hoch Monitoring-Verbesserungen durch einen erhöhten Spezialisierungsgrad theoretisch sein müssten, um den Effekt höherer Branchenkonzentration auf den rVaR zu kompensieren. In dieser Untersuchung werden im Unterschied zu den anderen Untersuchungen Diskrepanzen zwischen diversifizierten und spezialisierten Banken, die hinsichtlich des $rVaR^{EF}$ oder $\overline{\beta}$ bestehen, ausgeblendet. Den analytisch ermittelten notwendigen Monitoring-Verbesserungen werden dann die empirisch ermittelten gegenübergestellt.

6.5.1 Parameter-Variation

Bei der Anpassung der PDs auf Basis des Spezialisierungsgrades wurden alle Branchen je Bank mit dem gleichen Faktor multipliziert, d.h. z.B. für eine Bank, die mit 95% in einer Branche A und mit 5% in einer Branche B investiert ist, dass der Branche A und B die gleiche Monitoring-Qualität zugewiesen wird. Ein alternatives Verfahren wäre es, Branchen mit einem höheren Anteil eine höhere Monitoring-Qualität zuzuordnen. Wie in Kapitel 2.3.1 beschrieben, kann der Aufbau von Branchenexpertise nämlich ein Weg zu besserem Monitoring sein und Expertise in einer Branche kann insbesondere dann aufgebaut werden, wenn ein verstärktes Engagement in dieser Branche erfolgt. Eine konsequente Anwendung dieser Überlegung würde also der Bank eine höhere Monitoring-Qualität in der Branche A als in der Branche B zuordnen.

In dieser Arbeit wird eine solche branchenabhängige PD-Anpassung für alle Spezialisierungsmaße durchgeführt, um zu sehen, inwieweit dies Einfluss auf die Resultate hat. Die Anpassung basiert auf den folgenden Regeln:

- Die in Abschnitt 6.3.1 ermittelte durchschnittliche PD-Anpassung je Bank und Jahr aufgrund des jeweiligen Spezialisierungsgrades bleibt erhalten.
- PDs der Branchen, deren Anteil am Firmenkundenkreditportfolio höher als der *HHI*-Wert des Portfolios ist, werden mit einem unterdurchschnittlich hohen Faktor, und PDs der Branchen, deren Anteil am Firmenkundenkreditportfolio niedriger als der *HHI*-Wert des Portfolios ist, werden mit einem überdurchschnittlich hohen Faktor multipliziert.[65]
- Die Höhe der branchenabhängigen Anpassung orientiert sich an den Regressionsresultaten für die Monitoring-Qualität in Abhängigkeit des *HHI*-Wertes.

Um zu gewährleisten, dass die Monitoring-Anpassung ingesamt dem alten Wert entspricht, wird zunächst ein Normierungsfaktor (*NF*) je Bank und Jahr berechnet:[66]

$$NF_{(b,t)} := \frac{\sum_i PD_{(i,t)} \cdot x_{(b,i,t)}}{\sum_i PD_{(i,t)} \cdot x_{(b,i,t)} \cdot \exp\{\beta_1 \cdot (x_{(b,i,t)} - HHI_b)\}}. \qquad (6\text{-}12)$$

Hierbei bezeichnen β_1 den Koeffizienten aus der nicht 0-1-normierten Standard-Regression mit $RATIO^{ausf}$ als erklärter Variable für das Spezialisierungsmaß *HHI*[67]

[65] Dieses Vorgehen kann dahingehend kritisiert werden, dass bei dieser Anpassung Größen- bzw. Bedeutungsunterschiede (z.B. hinsichtlich der nationalen Kreditvergabe) zwischen den Branchen ausgeblendet werden. Vgl. hierzu die kritischen Ausführungen zur Verwendung der naiven Spezialisierungsmaße in Abschnitt 2.4 und 3.4.2. Das angewendete Vorgehen erfüllt jedoch den Zweck, einen ersten Eindruck über die Stabilität der Ergebnisse bei Verwendung branchenabhängiger PD-Anpassungen zu gewinnen. Eine vertiefende Untersuchung der Auswirkung branchenabhängiger PD-Anpassungen wird hier nicht angestrebt.

[66] Auf die Indexierung des Jahres sei im Folgenden verzichtet, um die Darstellung übersichtlicher zu halten.

[67] Dabei wird auf die nach der Bankengruppe separierten Resultate zurückgegriffen. Vgl. Tabelle A-1 im Anhang A.

und $x_{(b,i)}$ den Anteil der Branche i am gesamten Kreditvolumen im Firmenkundengeschäft bei der Bank b zum Zeitpunkt t. Anschließend wird der Anpassungsfaktor $a\_monitoring^{SM}_{(b,i,t)}$ der Bank b für die Branche i zum Zeitpunkt t durch die folgende Formel bestimmt:

$$a\_monitoring^{\overline{SM}}_{(b,i,t)} := NF_{(b,t)} \cdot a\_monitoring^{\overline{SM}}_{(b,t)} \cdot \exp\left\{\beta_1 \cdot (x_{(b,i,t)} - HHI_{(b,t)})\right\}.$$

Eine auf diese Art durchgeführte PD-Anpassung führt zu einer höheren Spreizung der PDs über die Branchen bei einer Bank. Da die $rVaR_i$-Werte ein konkave Funktion in Abhängigkeit von den PD-Werten darstellen, geht dies mit einem geringeren $rVaR^{EF}$-Wert im Vergleich zur branchenunabhängigen PD-Anpassung einher.[68]

In der Tabelle 6-11 werden die Korrelationen zwischen dem Spezialisierungsgrad und den jeweiligen rVaR-Werten angegeben, wobei für die Zusammenhänge mit dem $rVaR_t^{(\cdot,SM)}$ wiederum nur Median, Minimum und Maximum der Korrelationen über die Jahre notiert sind.[69]

Es ist deutlich zu erkennen, dass die Ergebnisse denen der Untersuchung ohne branchenspezifische PD-Anpassungen entsprechen.[70] Bei den Kreditgenossenschaften bleiben die negativen Zusammenhänge zwischen Spezialisierungsgrad und unerwarteter Verlustquote bestehen, wobei die Korrelationen – mit Ausnahme des Maßes HHI^w – in allen Jahren signifikant von Null verschieden sind. Aber auch für das Maß HHI^w zeigt sich im Median eine signifikant negative Korrelation. Bei den Sparkassen ist wiederum der Unterschied zwischen den Ergebnissen für die naiven Spezialisierungsmaße und die Distanzmaße hervorzuheben. Bei den naiven Spezialisierungsmaßen geht ein höherer Spezialisierungsgrad mit einer höheren unerwarteten Verlustquote einher, bei den Distanzmaßen ist ein höherer Spezialisierungsgrad tendenziell mit einer niedrigeren unerwarteten Verlustquote verknüpft. Festzuhalten bleibt, dass die in Abschnitt 6.4 erzielten Ergebnisse sich robust gegenüber einer branchenabhängigen PD-Anpassung verhalten.

---

[68] Vgl. hierzu z.B. Kühn (2008), Abschnitt 3.2.1.

[69] Auf die Darstellung der Ergebnisse für $\overline{rVaR}^{(d,SM)}$ bzw. $rVaR_t^{(d,SM)}$ wird verzichtet. Wie in Abschnitt 6.4 gesehen, sind die Unterschiede zwischen den Ergebnissen gering, wenn anstatt der 2-Jahres-Korrelationsmatrizen eine durchschnittliche Korrelationsmatrix zugrunde gelegt wird.

[70] Vgl. hierzu die Tabellen 6-6, 6-9 und 6-10.

Tabelle 6-11: Korrelationen zwischen dem Spezialisierungsgrad und $\overline{rVaR}^{(j,SM)}$ bzw. $rVaR_t^{(j,SM)}$ bei branchenabhängiger PD-Anpassung

	$\overline{rVaR}^{(t,SM)}$	$\mathrm{rVaR}_t^{(t,SM)}$ (Median)	$\mathrm{rVaR}_t^{(t,SM)}$ (Min)	$\mathrm{rVaR}_t^{(t,SM)}$ (Max)
	Kreditgenossenschaften			
HHI	-0,378*	-0,283*	-0,377*	-0,234*
HHI^w	-0,154*	-0,090	-0,213*	-0,041
D^{Bund}	-0,593*	-0,558*	-0,600*	-0,470*
D^{Land}	-0,577*	-0,520*	-0,579*	-0,478*
D^{Ort}	-0,444*	-0,415*	-0,466*	-0,342*
D^{BWS}	-0,499*	-0,404*	-0,494*	-0,352*
	Sparkassen			
HHI	0,136*	0,127*	0,082	0,197*
HHI^w	0,166*	0,168*	0,041	0,300*
D^{Bund}	-0,253*	-0,226*	-0,311*	-0,168*
D^{Land}	-0,349*	-0,342*	-0,370*	-0,242*
D^{Ort}	-0,115*	-0,118*	-0,143*	-0,045
D^{BWS}	-0,121*	-0,115*	-0,170*	-0,027

* zeigt jeweils statistische Signifikanz auf einem 1%-Signifikanzniveau an.

In den bisherigen Untersuchungen wurde die Intra-Branchen-Korrelation über alle Branchen konstant gehalten. Es ist jedoch eigentlich anzunehmen, dass diese von Branche zu Branche variiert, so z.B. dass in zyklischen Branchen eine höhere Intra-Branchen-Korrelation vorliegt. Im Folgenden werden branchenabhängige Intra-Branchen-Korrelationen verwendet, um zu überprüfen, ob dies wesentlichen Einfluss auf die Ergebnisse hat. Zur Bestimmung des branchenspezifischen Anteils der Unternehmenswertentwicklung werden jeweils Korrelationen zwischen den Renditen der einzelnen Aktien aus einer Branche[71] und der Rendite des Indexportfolios der entsprechenden Branche berechnet und anschließend der Durchschnitt über alle Korrelationswerte je Branche ermittelt.[72] Je höher die durchschnittliche Korrelation für eine Branche ist, desto stärker ist tendenziell die wirtschaftliche Entwicklung eines Unternehmens dieser Branche mit der Branchenentwicklung verbunden. Trotz mit dem Verfahren verbundener Probleme[73] mögen hierdurch relative Un-

[71] Es handelt sich hierbei um die Aktien, die im DJ Euro Stoxx Index vertreten sind.

[72] Dieses Verfahren entspricht dem von Düllmann / Erdelmeier (2008).

[73] Vgl. hierzu Düllmann / Erdelmeier (2008). Genannt sei hier die mangelnde Repräsentativität der Ergebnisse für Branchen, in denen der Anteil der börsennotierten Unternehmen gering ist.

terschiede zwischen den Intra-Branchen-Korrelationen der einzelnen Branchen erfasst werden. Um eine durchschnittliche Intra-Branchen-Korrelation zu erhalten, die der bisher verwendeten entspricht, werden die durchschnittlichen Korrelationswerte durch Multiplikation mit einem Faktor entsprechend normiert. Die Werte für die Intra-Branchen-Korrelationen liegen zwischen 0,0361298 (Gesundheit) und 0,2007419 (Bauwesen, Baumaterial). In der Tabelle 6-12 sind die Korrelationen zwischen den rVaRs, berechnet auf den durchschnittlichen Werten für PDs und Branchenanteilen, und den entsprechenden Spezialisierungsmaßen angegeben.[74]

Tabelle 6-12: Korrelationen zwischen dem Spezialisierungsgrad und $\overline{rVaR}^j$ bzw. $\overline{rVaR}^{(j,SM)}$ bei branchenabhängigen Intra-Branchen-Korrelationen

	HHI	HHI^w	D^{Bund}	D^{Land}	D^{Ort}	D^{BWS}
	Kreditgenossenschaften					
$\overline{rVaR}^j$	-0,127*	0,183*	-0,053	-0,191*	-0,122*	-0,021
$\overline{rVaR}^{(j,SM)}$	-0,441*	-0,197*	-0,563*	-0,585*	-0,453*	-0,521*
	Sparkassen					
$\overline{rVaR}^j$	0,167*	0,475*	-0,098	-0,128*	-0,047	0,171*
$\overline{rVaR}^{(j,SM)}$	0,125*	0,219*	-0,208*	-0,319*	-0,099	-0,089

* zeigt jeweils statistische Signifikanz auf einem 1%-Signifikanzniveau an.

Es zeigen sich im Wesentlichen ähnliche Ergebnisse wie die bei den Untersuchungen, die auf eine einheitliche Intra-Branchen-Korrelation zurückgegriffen haben.[75] Unterschiede sind bei den Kreditgenossenschaften für den $\overline{rVaR}^j$ festzustellen. Hier liegen nun für alle Distanzmaße negative Korrelationen vor, die im Falle von D^{Ort} und D^{Land} signifikant von Null verschieden sind. Auch für den *HHI* wird im Unterschied zu den Untersuchungen aus Abschnitt 6.4 ein (signifikant) negativer Zusammenhang mit $\overline{rVaR}^j$ ausgewiesen. Dies hängt damit zusammen, dass Kreditgenossenschaften mit einem höheren Spezialisierungsgrad Kredite verstärkt in Branchen vergeben,[76] in denen niedrige Intra-Branchen-Korrelationen vorherrschen,[77] was zu niedrigeren Stand-alone-rVaRs auf der Branchenebene führt. Bei den Sparkassen

[74] Auf die Angabe der jährlichen Korrelationen wird verzichtet, da die vorangegangenen Untersuchungen gezeigt haben, dass die Ergebnisse recht stabil über die Jahre sind.
[75] Vgl. hierzu die Tabellen 6-4 und 6-6.
[76] Insbesondere die Branche „Nahrungsmittel, Getränke" ist hierbei zu nennen.
[77] Die Korrelationen zwischen Spezialisierungsgrad auf Basis der Distanzmaße und dem $rVaR^{EF}$ sind alle signifikant negativ.

ist dieser Zusammenhang nicht vorzufinden.[78] Allein der insignifikant positive Zusammenhang zwischen D^{Bund}-Werten und $\overline{rVaR}^{j}$-Werten wandelt sich im Vergleich zu den Untersuchungen mit einheitlicher Intra-Branchen-Korrelation in einen insignifikant negativen und beim (negativen) Zusammenhang zwischen D^{BWS}-Werten und $\overline{rVaR}^{(j,SM)}$-Werten ist keine Signifikanz mehr gegeben. Insgesamt werden aber die Ergebnisse aus Abschnitt 6.4 bestätigt. Bei Berücksichtigung von Spezialisierungsvorteilen gilt bei den Kreditgenossenschaften für alle Spezialisierungsmaße ein negativer Zusammenhang zwischen Spezialisierungsgrad und unerwarteter Verlustquote und bei den Sparkassen gilt für die Distanzmaße ein negativer und für die naiven Spezialisierungsmaße ein positiver Zusammenhang.

In den Abbildungen 6.1 und 6.2 sind abschließend die durchschnittlichen rVaR-Werte für die Standard-Untersuchung, die Untersuchung mit branchenabhängiger PD-Anpassung und die Untersuchung mit branchenabhängigen Intra-Branchen-Korrelationen abgebildet. Hierbei werden die Kreditgenossenschaften und Sparkassen jeweils in drei Gruppen in Abhängigkeit der Höhe des Spezialisierungsgrades eingeteilt, d.h. es sind die durchschnittlichen rVaR-Werte für Institute mit niedrigem, mittelhohem und hohem Spezialisierungsgrad visualisiert. Die Ergebnisse dienen dazu, die durch Berechnung der Korrelationen erzielten Ergebnisse zu veranschaulichen.

Die bislang in diesem Kapitel ermittelten Ergebnisse werden durch die Abbildungen im Wesentlichen bestätigt. Bei den Kreditgenossenschaften zeigen sich im Falle der Berücksichtigung von Spezialisierungsvorteilen zumeist sinkende rVaR-Mittelwerte bei steigendem Spezialisierungsgrad, was im Einklang mit den ermittelten negativen Korrelationen zwischen Spezialisierungsgrad und unerwarteter Verlustquote bei PD-Anpassung steht.[79] Bei den naiven Spezialisierungsmaßen liegen allerdings die höchsten durchschnittlichen rVaR-Werte für die Gruppe mit mittelhohem Spezialisierungsgrad vor. Bei den Distanzmaßen schlagen sich die Spezialisierungsvorteile insbesondere in deutlichen Unterschieden zwischen der Gruppe mit mittelhohen und der mit hohen Spezialisierungsgraden nieder. Insgesamt ist zu erkennen, dass eine Erhöhung der Distanzmaß-Werte tendenziell mit einer stärkeren Abnahme der $\overline{rVaR}^{(j,SM)}$-Werte verbunden ist, als dies bei einer Erhöhung des naiven Spezialisie-

[78] Die Korrelationen zwischen Spezialisierungsgrad und $rVaR^{EF}$ entsprechen in etwa denen der Untersuchung mit einheitlicher Intra-Branchen-Korrelation.

[79] Vgl. hierzu etwa Tabelle 6-6.

Abbildung 6.1: Übersicht über rVaR-Ergebnisse bei den Kreditgenossenschaften

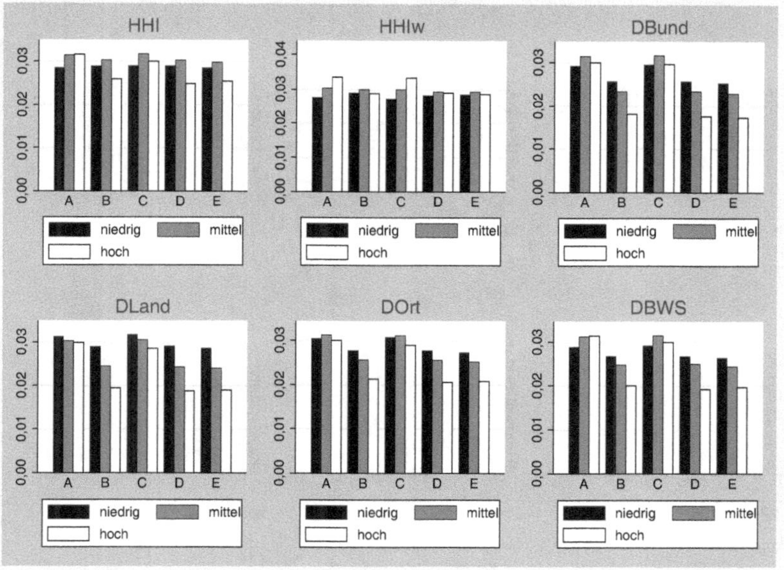

Die jeweilige Diagrammüberschrift gibt das Spezialisierungsmaß an, anhand dessen die Einteilung in Institute mit niedrigem (niedrig), mittelhohem (mittel) und hohem (hoch) Spezialisierungsgrad vorgenommen wird und das zur Berechnung der PD-Anpassung verwendet wird. Die abgebildeten Werte stellen jeweils Mittelwerte der Gruppen dar. A: $\overline{rVaR^j}$ der Standard-Untersuchung, B: $\overline{rVaR^{(j,SM)}}$ der Standard-Untersuchung, C: $\overline{rVaR^j}$ der Untersuchung mit branchenabhängiger Intra-Branchen-Korrelation, D: $\overline{rVaR^{(j,SM)}}$ der Untersuchung mit branchenabhängiger Intra-Branchen-Korrelation, E: $\overline{rVaR^{(j,SM)}}$ der Untersuchung mit branchenabhängiger PD-Anpassung.

Abbildung 6.2: Übersicht über rVaR-Ergebnisse bei den Sparkassen

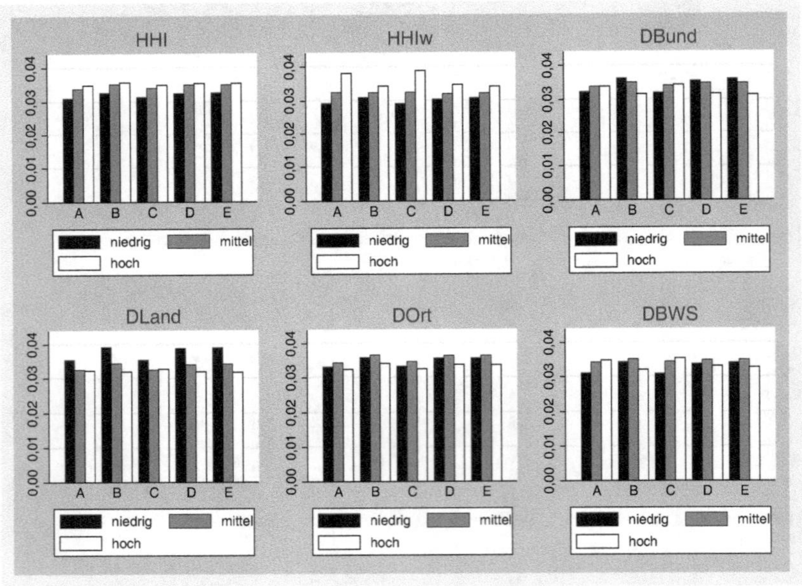

Die jeweilige Diagrammüberschrift gibt das Spezialisierungsmaß an, anhand dessen die Einteilung in Institute mit niedrigem (niedrig), mittel-hohem (mittel) und hohem (hoch) Spezialisierungsgrad vorgenommen wird und das zur Berechnung der PD-Anpassung verwendet wird. Die abgebildeten Werte stellen jeweils Mittelwerte der Gruppen dar. A: $\overline{rVaR}^{j}$ der Standard-Untersuchung, B: $\overline{rVaR}^{(j,SM)}$ der Standard-Untersuchung, C: $\overline{rVaR}^{j}$ der Untersuchung mit branchenabhängiger Intra-Branchen-Korrelation, D: $\overline{rVaR}^{(j,SM)}$ der Untersuchung mit branchenabhängiger Intra-Branchen-Korrelation, E: $\overline{rVaR}^{(j,SM)}$ der Untersuchung mit branchenabhängiger PD-Anpassung.

rungsgrades der Fall ist.

Bei den Sparkassen zeigen sich bei Berücksichtigung von Spezialisierungsvorteilen steigende rVaR-Mittelwerte für die naiven Spezialisierungsmaße und tendenziell sinkende rVaR-Mittelwerte für die Distanzmaße. Bei D^{Ort} und D^{BWS} liegen allerdings die höchsten rVaR-Werte für die Gruppe mit mittelhohen Spezialisierungsgraden vor. Diese Resultate stehen im Einklang mit den Ergebnissen der Korrelationsuntersuchungen.[80] Insgesamt sind die Unterschiede zwischen den Gruppen unterschiedlicher Spezialisierungsgrade bei den Sparkassen geringer als bei den Kreditgenossenschaften. Große Unterschiede sind lediglich zwischen den durchschnittlichen rVaRs der Gruppen für die Spezialisierungsmaße HHI^w und D^{Land} zu erkennen. Der Abbildung 6.2 ist zu entnehmen, dass in der Gruppe mit hohen HHI^w-Werten erheblich höhere rVaR-Werte (ohne Berücksichtigung von Spezialisierungsvorteilen) als in der mit niedrigen HHI^w-Werten vorliegen. Im Unterschied dazu sind in der Gruppe mit hohen D^{Land}-Werten deutlich niedrigere rVaR-Werte (bei Berücksichtigung von Spezialisierungsvorteilen) als in der mit niedrigen D^{Land}-Werten festzuhalten.

Bei den Kreditgenossenschaften liegen die rVaR-Werte, die auf Basis angepasster PDs berechnet werden, erkennbar unter denen, bei deren Berechnung keine Monitoring-Vorteile einbezogen werden. Bei den Sparkassen ist die Tendenz eher umgekehrt. Dies hängt damit zusammen, dass der Spezialisierungsgrad bei den Kreditgenossenschaften im Durchschnitt über denen der Sparkassen liegt und im Rahmen der gemeinsamen Berechnung der Monitoring-Anpassungsfaktoren den Kreditgenossenschaften stärkere PD-Reduktionen zugeordnet werden. Es ist damit zu beachten, dass die Ergebnisse bei Berücksichtigung der Monitoring-Effekte nicht zwischen den beiden Bankengruppen verglichen werden sollten. Ferner sei darauf hingewiesen, dass die insgesamt in der Abbildung ersichtlichen rVaR-Erhöhungen durch PD-Anpassungen kleiner sind als die rVaR-Reduktionen. Der Grund hierfür ist, dass in den Gruppen mit hohen Spezialisierungsmaß-Werten die Kreditvolumina tendenziell kleiner sind und die Normierung der Monitoring-Anpassungsfaktoren auf Basis der Kreditvolumina erfolgt.[81] Auswirkungen der Verwendung branchenspezifischer Intra-Branchen-Korrelationen sind in den Abbildungen kaum zu erkennen. Am stärksten zeigt sich noch ein Rückgang der rVaR-Werte ohne PD-Anpassung in den Gruppen mit den höchsten Spezialisierungsmaß-Werten. Die Auswirkungen

[80] Vgl. hierzu etwa Tabelle 6-6.
[81] Vgl. hierzu Abschnitt 6.3.1.

der Verwendung branchenspezifischer PD-Anpassungen sind noch geringer. Die insgesamt leicht geringeren rVaR-Werte lassen sich in den Abbildungen jedoch nur erahnen. Auch diese Resultate stehen im Einklang mit den Korrelationsuntersuchungen, bei denen die Verwendung branchenspezifischer Intra-Branchen-Korrelationen und branchenspezifischer PD-Anpassungen zu keinen nennenswerten Änderungen im Vergleich zu den Ergebnissen der Standard-Untersuchung geführt hat.

6.5.2 Analytisches Verfahren

Die bisherigen Untersuchungen haben die Eigenschaften der spezialisierten und diversifizierten Banken hinsichtlich durchschnittlicher PD und $\overline{\beta}$ mit einbezogen. Ein negativer Zusammenhang zwischen Spezialisierungsgrad und PD sorgt so z.B. dafür, dass die VaR^{EF}-Werte (und damit c.p. die VaR-Werte) für spezialisierte Banken tendenziell niedriger ausfallen. Um solche Effekte auszuschließen und die Untersuchung allein auf den Effekt der Branchenkonzentration und der Monitoring-Vorteile zu beschränken, wird im Folgenden auf Basis der analytischen Lösung für den VaR berechnet, wie hoch die PD-Verbesserung durch Spezialisierung sein müsste, um die Auswirkungen der erhöhten Branchenkonzentration zu kompensieren. Die notwendige PD-Verbesserung wird dann mit den empirisch ermittelten Monitoring-Vorteilen verglichen. Grundlage für dieses Vorgehen bilden das in Abschnitt 6.2 vorgestellte Kreditmodell und das analytische Lösungsverfahren für den VaR.

Die Auswirkung der Erhöhung der Branchenkonzentration, gemessen durch den *CDI*, wird in den Gleichungen 6-4 und 6-7 angegeben. $\overline{\beta}$ wird im Rahmen dieser Untersuchung jeweils konstant gehalten. Um die Auswirkung verschieden hoher $\overline{\beta}$-Werte zu untersuchen, werden die folgenden vier verschiedenen $\overline{\beta}$-Werte eingesetzt:

- 0,5974566 (Mittelwert)
- 0,2669544 (1%-Quantil)
- 0,5253069 (25%-Quantil)
- 0,7265195 (75%-Quantil)

Für unterschiedlich hohe *CDI*-Ausgangswerte zwischen 0,09 und 0,3 und unterschiedlich hohe relative *CDI*-Erhöhungen zwischen 1% und 50%, insgesamt 1.100

Konstellationen, wurde jeweils gemäß Gleichung 6-7 die relative Erhöhung des DF-Wertes berechnet. In der Abbildung 6.3 sind die *DF*-Werte in Abhängigkeit vom CDI-Wert bei den verwendeten $\overline{\beta}$-Werten dargestellt.

Abbildung 6.3: *DF*-Wert in Abhängigkeit vom *CDI*-Wert bei unterschiedlichen $\overline{\beta}$-Werten (DF1: $\overline{\beta} = 0,2669544$, DF2: $\overline{\beta} = 0,5253069$, DF3: $\overline{\beta} = 0,5974566$, DF4: $\overline{\beta} = 0,7265195$)

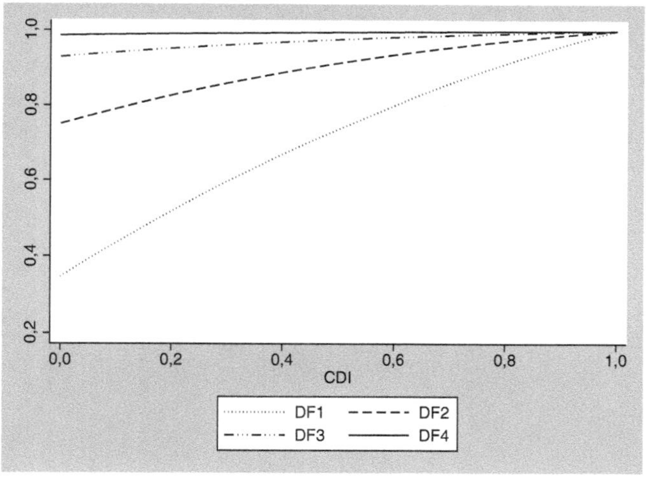

Um zu berechnen, in welchem Verhältnis die PD bei erhöhtem Spezialisierungsgrad zur PD beim Ursprungs-*CDI*-Wert stehen muss, um die *DF*-Erhöhung zu kompensieren, wird zunächst durch eine Regression der (funktionale) Zusammenhang zwischen einer (relativen) PD-Veränderung und einer (relativen) VaR^{EF}-Veränderung bestimmt, der unabhängig vom PD-Niveau und der Branchenstruktur gilt. Es ergibt sich der Zusammenhang[82]

$$\frac{VaR_{neu}^{EF}}{VaR_{alt}^{EF}} = 0,2585536 + 0,7414464 \cdot \frac{ELQ_{neu}}{ELQ_{alt}}. \tag{6-13}$$

[82] In die Regression gehen 5.000 Beobachtungen auf der Grundlage des Standard-Datensets ein. Jede Beobachtung basiert auf einer zufälligen Ziehung zweier Banken aus dem Standard-Datenpool (2.108 Banken). Es werden jeweils die Werte der Bank, die den höheren *ELQ*-Wert aufweist, als Nenner der erklärenden bzw. erklärten Variablen verwendet. Zugrunde gelegt werden Bankmittelwerte über den Beobachtungszeitraum. Das R^2 der Regression liegt bei 0,997.

Zur Kompensation der Erhöhung des DF-Wertes darf nach den Gleichungen 6-4 und 6-13 der Quotient $\frac{ELQ_{neu}}{ELQ_{alt}}$ somit höchstens

$$M := \frac{\frac{DF_{alt}}{DF_{neu}} - 0,2585536}{0,7414464} \tag{6-14}$$

betragen. M wird auf Basis dieser Gleichung jeweils für die 1.100 Datenkonstellationen berechnet. Anschließend wird eine Regression gemäß der Gleichung[83]

$$\ln M = \alpha + \beta \cdot (CDI_{neu} - CDI_{alt}) + \epsilon \tag{6-15}$$

durchgeführt,[84] um zu ermitteln, wie hoch die PD-Reduktion durch eine Spezialisierungsgraderhöhung sein muss, um die Konzentrationsnachteile in Form höherer DF-Werte zu kompensieren. Ausgedrückt wird dies durch den Koeffizienten β. Für β ergeben sich die in der Tabelle 6-13 angegebenen Resultate.

Tabelle 6-13: $\overline{\beta}$- und zugehörige β-Werte.

$\overline{\beta}$	β
0,2669544	-1,658
0,5253069	-0,833
0,5974566	-0,660
0,7265195	-0,398

Das Ansteigen des Betrags von β mit sinkendem $\overline{\beta}$ erklärt sich dadurch, dass im Falle niedrigerer $\overline{\beta}$-Werte CDI-Erhöhungen zu einer relativ stärkeren Erhöhung der DF-Werte führen.[85] Eine intuitive Formulierung für dieses Resultat ist, dass sich Branchendiversifikation besonders dann lohnt, wenn die Zusammenhänge zwischen den Branchenentwicklungen schwach sind. Bei niedrigen durchschnittlichen Zusammenhängen zwischen den Branchenfaktoren müssen die Spezialisierungsvorteile also höher sein als bei hohen durchschnittlichen Zusammenhängen, um die Konzentrationsnachteile zu kompensieren. Wie hoch die Spezialisierungsvorteile sind, wurde in Abschnitt 4.2 ermittelt. In der Tabelle 6-14 sind die Ergebnisse für die

[83] Auf den Beobachtungsindex wird aus Vereinfachungsgründen verzichtet. α steht wie üblich für die Konstante und ϵ für den Störterm.

[84] Die R^2 sind jeweils größer als 0,99, und F- sowie t-Statistiken zeigen hochsignifikante Ergebnisse an.

[85] Die erste Ableitung von DF nach CDI ist im relevanten Definitionsbereich monoton wachsend in $\overline{\beta}$, wie auch in der Abbildung 6.3 zu erkennen ist.

Spezialisierungsgrad-Koeffizienten der unnormierten $RATIO^{ausf}$-Regressionen notiert.[86]

Tabelle 6-14: Koeffizientenwerte für die Spezialisierungsgrade bei unnormierten Monitoring-Qualität-Regressionen

HHI	HHI^w	D^{Bund}	D^{Land}	D^{Ort}	D^{BWS}
Kreditgenossenschaften					
-3,020379	-2,948988	-2,873253	-2,317102	-1,473798	-2,675832
Sparkassen					
-1,206714	-4,810225	-2,086507	-1,272185	-0,2799663	-1,911011

Die tatsächlichen Spezialisierungsvorteile (Tabelle 6-14) werden nun mit den zum Ausgleich der Konzentrationsnachteile notwendigen Spezialisierungsvorteilen (Tabelle 6-13) verglichen. Sind die Betragswerte der Koeffizienten aus der Tabelle 6-14 größer als die Betragswerte der Koeffizienten aus der Tabelle 6-13, so heißt das, dass die Spezialisierungsvorteile die Konzentrationsnachteile tendenziell übertreffen.

Es ist zu erkennen, dass bei den Kreditgenossenschaften die Auswirkung der Monitoring-Vorteile für höhere Spezialisierungsgrade auf den VaR im Falle $\overline{\beta} \geq 0{,}5253069$ immer die Auswirkungen der höheren Branchenkonzentration übertrifft. Für $\overline{\beta} = 0{,}2669544$ zeigt sich nur bei dem Spezialisierungsmaß D^{Ort} ein (leicht) positiver VaR-Effekt bei Zunahme der Konzentration bzw. Spezialisierung. Es lässt sich also insgesamt für die Kreditgenossenschaften schließen, dass Institute mit einem höheren Spezialisierungsgrad bei Berücksichtigung von Monitoring-Vorteilen einen geringeren VaR im Kreditgeschäft aufweisen. Bei den Sparkassen sind – wie in fast allen bisherigen Untersuchungen – größere Unterschiede zwischen den Spezialisierungsmaßen festzustellen. Für die Spezialisierungsmaße HHI^w, D^{Bund} und D^{BWS} sind die Koeffizienten des Spezialisierungsgrades aus der Tabelle 6-14 betragsmäßig größer als die Koeffizienten aus der Tabelle 6-13, unabhängig davon, wie hoch $\overline{\beta}$ ist, d.h. die Spezialisierungsvorteile überkompensieren die Nachteile der Branchenkonzentration hinsichtlich des VaR. Für das Spezialisierungsmaß D^{Ort} hingegen ist in allen Fällen der negative Effekt der Branchenkonzentration größer. Für *HHI* und D^{Land} überwie-

[86] Auf die Präsentation der Resultate für Monitoring-Qualität-Regressionen mit dem *CDI* als Spezialisierungsmaß wird in dieser Arbeit verzichtet, um die Anzahl der behandelten Spezialisierungsmaße überschaubar zu halten. Es sei aber angemerkt, dass die Resultate mit denen des HHI^w sehr stark vergleichbar sind.

gen die Spezialisierungvorteile mit Ausnahme für das 1%-Quantil-$\overline{\beta}$. Es ist jedoch zu beachten, dass die Branchenkonzentration, die zur Berechnung des VaR herangezogen wird, durch den *CDI* gemessen wird. Insbesondere bei den Sparkassen liegt für die Distanzmaße nur ein schwach positiver Zusammenhang mit dem *CDI* vor; eine Erhöhung des Distanzmaß-Wertes geht nicht mit einer entsprechenden Erhöhung des *CDI*-Wertes einher.[87] Dies impliziert, dass ein Übertreffen der Beträge aus Tabelle 6-13 eine hinreichende, aber keine notwendige Bedingung für das Vorliegen von Spezialisierungsvorteilen ist, die Konzentrationsnachteile überkompensieren. Auch für die Sparkassen lässt sich sich bei fünf von sechs Spezialisierungsmaßen mit einem – bei konservativer Schätzung ermittelten – insgesamt negativen VaR-Effekt davon sprechen, dass ein höherer Spezialisierungsgrad mit einem niedrigeren VaR zusammenhängt. Die Unterschiede der Ergebnisse für die naiven Spezialisierungsmaße im Vergleich zu den Ergebnissen der vorherigen Untersuchungen[88] lassen sich darauf zurückführen, dass bei den Untersuchungen in diesem Abschnitt der Zusammenhang zwischen Spezialisierungsgrad und erwarteter Verlustquote bzw. $rVaR^{EF}$ (vor Monitoring-Anpassung) ausgeblendet wird und bei den Untersuchungen der vorangegangenen Abschnitte nicht. Bei letztgenannten Untersuchungen macht sich im Ergebnis bemerkbar, dass Sparkassen mit hohen *HHI*- bzw. HHI^w-Werten verstärkt in riskante Branchen investieren. Wird ausschließlich auf die Spezialisierungsvorteile und Konzentrationsnachteile fokussiert, so ist auch für die naiven Spezialisierungsmaße ein negativer Zusammenhang zwischen Spezialisierungsgrad und unerwarteter Verlustquote zu konstatieren.

6.6 Fazit des Kapitels

In diesem Kapitel wurde der Zusammenhang zwischen Spezialisierungsgrad und unerwarteten Verlustquoten bzw. rVaR im Firmenkundenkreditgeschäft untersucht. Hierbei wurden auch die in Abschnitt 4.2 ermittelten Monitoring-Vorteile spezialisierter Kreditgenossenschaften und Sparkassen bei der Berechnung des VaR berücksichtigt.

[87] Streng genommen, sind für eine solche Aussage Regressionen mit *CDI* als erklärter und einem Distanzmaß als erklärender Variable notwendig. Probehalber durchgeführte Regressionen bestätigen aber die Aussage.

[88] Auch bei Berücksichtigung von Monitoring-Vorteilen für spezialisierte Sparkassen wurde ein positiver Zusammenhang zwischen *HHI* bzw. HHI^w und unerwarteter Verlustquote ermittelt. Vgl. hierzu z.B. die Tabelle 6-6.

Insgesamt lässt sich bei den Kreditgenossenschaften für alle Spezialisierungsmaße ein negativer Zusammenhang zwischen Spezialisierungsgrad und unerwarteter Verlustquote feststellen, falls Spezialisierungsvorteile Berücksichtigung finden. Das heißt, dass bei spezialisierten Kreditgenossenschaften die Nachteile einer höheren Branchenkonzentration tendenziell durch Monitoring-Vorteile überkompensiert werden. Bei den Sparkassen gilt diese negative Beziehung für die Distanzmaße. Im Folgenden werden die wesentlichen Ergebnisse dieses Kapitels zunächst für die Kreditgenossenschaften und anschließend für die Sparkassen noch einmal zusammengefasst.

Werden keine Spezialisierungsvorteile beachtet, so ist bei den Kreditgenossenschaften ein höherer Spezialisierungsgrad – mit Ausnahme für die Maße D^{Land} und D^{Ort} – signifikant mit einem höheren rVaR verbunden. Eine stärkere Spezialisierung auf bestimmte Branchen geht mit höheren unerwarteten Verlustquoten einher, da die Korrelationen der Unternehmenswertentwicklungen zwischen den Branchen niedriger sind als die innerhalb einer Branche. Die insignifikant negativen Zusammenhänge für die beiden regionalen Distanzmaße erstaunen zunächst, lassen sich jedoch darüber begründen, dass gemäß dieser Maße als spezialisiert geltende Kreditgenossenschaften niedrigere $rVaR^{EF}$-Werte haben, d.h. tendenziell risikoärmere Branchen auswählen, und überwiegend in Branchen investieren, die untereinander geringe Korrelationen aufweisen. Bei Verwendung von branchenspezifischen Intra-Branchen-Korrelationen liegen für alle Distanzmaße und den *HHI* negative Beziehungen zu den unerwarteten Verlustquoten vor, wobei bei den beiden regionalen Distanzmaßen und dem *HHI* die Korrelationen sogar signifikant von Null verschieden sind. Dies hängt damit zusammen, dass spezialisierte Kreditgenossenschaften Kredite überwiegend an Branchen vergeben, die eine niedrige Intra-Branchen-Korrelation haben.

Bei Berücksichtigung von Spezialisierungsvorteilen, d.h. Anpassung der Branchen-PDs in Abhängigkeit vom Spezialisierungsgrad, zeigt sich bei den Kreditgenossenschaften ein durchgängig negativer Zusammenhang zwischen Spezialisierunsgrad und rVaR. Die negativen Zusammenhänge zwischen Spezialisierungsgrad und rVaR sind über die Jahre bei sich verändernden PDs, Branchenzusammensetzungen und schwankenden Korrelationen zwischen den Branchenfaktoren stabil. Auch bei Verwendung branchenspezifischer Intra-Branchen-Korrelationen und bei branchenspezifischer PD-Anpassung bleiben die negativen Beziehungen bestehen. Unterstellt man für alle Institute eine gleiche durchschnittliche Korrelation zwischen den Branchen und einen gleich hohen $rVaR^{EF}$ vor Monitoring-Anpassung, d.h. beschränkt man die Untersuchung auf die Auswirkungen von Monitoring-Vorteilen und Konzentrationsnachteilen, so zeigt sich, dass die Monitoring-Vorteile die Konzentrationsnachteile grundsätzlich übertreffen. Nur beim Spezialisierungsmaß D^{Ort} für einen sehr kleinen $\overline{\beta}$-Wert (1%-Quantil über alle Kreditgenossenschaften und Sparkassen) ist dies nicht der Fall. Für die Kreditgenossenschaften lässt sich also das Fazit ziehen, dass – anders als auf Basis bestehender empirischer Studien[89] durchaus erwartet werden konnte – ein höherer Spezialisierungsgrad nicht mit höheren unerwarteten Verlustquoten einhergeht, sondern im Gegenteil mit niedrigeren rVaR-Werten verbunden ist.

Dieses Ergebnis ist durchaus auch für die Beurteilung des Zusammenhangs zwischen risikobereinigter Konditionsmarge und Spezialisierungsgrad von Interesse. Wie in Abschnitt 5.5 erwähnt wurde, sind neben den Standardrisikokosten auch Risikoprämien für unerwartete Verluste in die Kreditkonditionen einzubeziehen. Die Ergebnisse dieses Kapitels zeigen, dass spezialisierte Kreditgenossenschaften einen geringeren Aufschlag verlangen müssten als diversifizierte Institute. Die Berücksichtigung der unerwarteten Verluste bei der Risikobereinigung der Konditionsmarge sollte also dazu führen, dass der Zusammenhang zwischen Spezialisierungsgrad und risikobereinigter Konditionsmarge (mathematisch) kleiner wird.[90] Dies liefert zwar keine Erklärung für die durchschnittlich höheren Renditen spezialisierter Institute,[91] dafür aber möglicherweise für die geringeren Zinssätze. Allerdings ist zu bezweifeln, dass Kreditgenossenschaften im Beobachtungszeitraum bei der Konditionengestaltung tatsächlich unerwartete Verluste eingerechnet haben.

Bei den Sparkassen zeigt sich für die naiven Spezialisierungsmaße und D^{BWS} ein signifikant positiver Zusammenhang zwischen dem Spezialisierungsgrad und den unerwarteten Verlustquoten, falls keine Spezialisierungsvorteile beachtet werden. Für D^{Bund} liegt ein insignifikant positiver Zusammenhang vor und bei den regionalen Distanzmaßen D^{Land} und D^{Ort} ein negativer, der im Falle von D^{Land} sogar statistisch signifikant ist. Entscheidend hierfür ist zum einen, dass die Distanzmaße nur schwach positiv mit dem *CDI*, der die Branchenkonzentration in dem verwendeten Modell anzeigt, korreliert sind. Zum anderen gehen höhere D^{Land}- bzw. D^{Ort}-Werte

[89] Vgl. hierzu Heitfield et al. (2005) und Düllmann / Masschelein (2006).

[90] Eine genaue Berechnung wird in dieser Arbeit nicht vorgenommen, insbesondere auch deshalb, weil in diesem Zusammenhang die insgesamt gegebene Ausschöpfung der Deckungsmittel durch das ökonomische Kapital einbezogen werden müsste.

[91] Die unerwarteten Verluste spiegeln sich nicht wie die tatsächlichen Verluste im Gewinn eines Institutes wider.

mit niedrigeren $rVaR^{EF}$-Werten einher. Die Verwendung branchenspezifischer Intra-Branchen-Korrelationen hat keine Auswirkungen auf diese Ergebnisse. Über die Jahre zeigen sich bei den Distanzmaßen D^{Bund} und D^{Ort} sowohl (insignifikant) negative als auch positive Zusammenhänge. Für die restlichen Spezialisierungsmaße sind die Resultate dem Vorzeichen nach stabil.

Auch bei Berücksichtigung der Spezialisierungsvorteile bleiben die signifikant positiven Zusammenhänge zwischen dem Spezialisierungsgrad und dem rVaR für die naiven Spezialisierungsmaße bestehen. Beim Maß *HHI* ist vor allem der relativ geringe Monitoring-Effekt ausschlaggebend, beim Maß HHI^w die stark positive Korrelation mit dem $rVaR^{EF}$ vor PD-Anpassung. Letzteres ist wie der positive Zusammenhang mit der erwarteten Verlustquote in Abschnitt 4.3 darauf zurückzuführen, dass ein höherer HHI^w-Wert insbesondere durch ein verstärktes Engagement in ausfallgefährdeteren Branchen erreicht wird. Ferner ist bei beiden naiven Spezialisierungsmaßen auch die hohe positive Korrelation mit dem *CDI* zu beachten. Bei den Distanzmaßen zeigen sich negative Zusammenhänge mit den unerwarteten Verlustquoten, die mit Ausnahme des Maßes D^{Ort} signifikant sind. Die relativ geringen Korrelationen zwischen den Distanzmaß-Werten und dem *CDI* und die abgesehen von D^{Ort} relativ hohen Monitoring-Vorteile für gemäß den Distanzmaßen als spezialisiert geltende Institute stehen dafür, dass höhere Distanzmaß-Werte tendenziell mit relativ geringen Konzentrationsnachteilen und relativ hohen Spezialisierungsvorteilen einhergehen. Die Ergebnisse sind stabil über die Jahre bei sich verändernden Branchen-PDs, Korrelationsmatrizen, die die Zusammenhänge zwischen den Branchenfaktoren angeben, und Exposures in den Branchen. Ebenso führen branchenspezifische PD-Anpassungen und die Verwendung branchenspezifischer Intra-Branchen-Korrelationen zu keinen nennenswerten Veränderungen. Wird die Untersuchung auf die Auswirkungen von Monitoring-Vorteilen und Konzentrationsnachteilen beschränkt, so zeigt sich – mit Ausnahme des Distanzmaßes D^{Ort} –, dass die Spezialisierungsvorteile die Konzentrationsnachteile grundsätzlich übertreffen. Lediglich bei sehr kleinen $\overline{\beta}$-Werten, d.h. bei sehr schwachen Zusammenhängen zwischen den Branchenfaktoren, ist dies für die Spezialisierungsmaße *HHI* und D^{Land} nicht der Fall. Als Fazit für die Sparkassen ist festzuhalten, dass bei den Distanzmaßen ein höherer Spezialisierungsgrad tendenziell mit niedrigeren unerwarteten Verlustquoten einhergeht. Gemäß D^{Ort} spezialisierte Sparkassen weisen zwar nur geringe Monitoring-Vorteile auf, aber zugleich auch relativ geringe Konzentrationsnachteile und relativ geringe PDs (vor Berücksichtigung von Monitoring-Vorteilen).

Sparkassen, die auf Basis der naiven Spezialisierungsmaße als spezialisiert gelten, haben tendenziell höhere rVaR-Werte im Firmenkundenkreditportfolio als diversifizierte Institute. Zwar übertreffen die Spezialisierungsvorteile grundsätzlich die Konzentrationsnachteile, die Investition in stärker ausfallgefährdete Branchen bzw. höhere PDs (vor Berücksichtigung von Monitoring-Vorteilen) bewirken aber, dass Sparkassen mit höheren *HHI*- bzw. HHI^w-Werten höhere unerwartete Verlustquoten haben.

Kapitel 7

Fazit und Ausblick

Im Grundlagenteil der vorliegenden Arbeit (Kapitel 2) wurde die ambivalente Natur der Spezialisierung im Firmenkundenkreditgeschäft beschrieben. Einerseits kann vermutet werden, dass die Spezialisierung auf bestimmte Branchen Vorteile beim Monitoring und höhere Kreditertäge mit sich bringt. Auch eine risikoärmere Branchenwahl von Seiten spezialisierter Banken kann argumentativ gestützt werden. Andererseits wird ein höherer Spezialisierungsgrad mit einem höheren Portfolio-Risiko in Verbindung gebracht. Die vorliegende Arbeit widmete sich der empirischen Überprüfung dieser Zusammenhänge. Zu den erstgenannten Aspekten gibt es bislang keine – zumindest dem Autor bekannten – empirischen Untersuchungen, so dass in dieser Arbeit zum ersten Mal empirische Ergebnisse hierzu präsentiert werden. Auf Basis dieser Resultate können bei der Analyse des Zusammenhangs zwischen Spezialisierungsgrad und Portfolio-Risiko erstmalig Spezialisierungsvorteile berücksichtigt werden. Nach der Vorstellung der Datenbasis (Kapitel 3), u.a. der sechs verwendeten Spezialisierungsmaße, wurden in den Kapiteln 4 bis 6 die Untersuchungen zur Klärung der oben angegebenen Sachverhalte durchgeführt. Im Folgenden werden die zentralen Ergebnisse dieser Arbeit zusammengefasst. Auf die Vorstellung der Ergebnisse für die Kontrollvariablen wird verzichtet, um den Fokus auf die zentralen Fragestellungen zu legen.

Die den empirischen Untersuchungen zugrunde liegenden Daten entstammen im Wesentlichen der Kreditnehmerstatistik und dem Bankaufsichtlichen Informationssystem (BAKIS), die beide von der Deutschen Bundesbank zur Verfügung gestellt wurden. Die Kreditnehmerstatistik umfasst die Kreditvergabe der deutschen Banken im Firmenkundengeschäft, unterteilt in 23 Branchen. Diese Daten werden in der vorliegenden Arbeit insbesondere dazu verwendet, den Spezialisierungsgrad der Banken zu ermitteln. Das Bankaufsichtliche Informationssystem beinhaltet u.a. Bilanz- und GuV-Daten der einzelnen Banken und liefert z.B. Informationen zu den tatsächlichen Verlusten im Kreditgeschäft. Die empirischen Untersuchungen beschränken sich auf die in sich homogenen und dem traditionellen Kreditgeschäft verbundenen Bankengruppen der Sparkassen und Kreditgenossenschaften. Dabei werden jährliche Daten verwendet und ein Zeitraum von 1995 bis 2006 betrachtet.

Als Spezialisierungsmaße wurden zwei naive Spezialisierungsmaße und vier Distanzmaße verwendet. Die beiden naiven Spezialisierungsmaße sind Hirschman-Herfindahl-Indizes auf Basis der Kreditvolumina, die eine Bank an die einzelnen Branchen vergibt (HHI), bzw. auf Basis der entsprechenden risikogewichteten Kreditvolumina (HHI^w). HHI und HHI^w nehmen ihren minimalen Wert an, wenn die Kreditvergabe, gemessen anhand des Kreditvolumens bzw. des risikogewichteten Kreditvolumens, gleichmäßig auf alle Branchen verteilt ist, und ihren maximalen, wenn ausschließlich an eine Branche Kredite vergeben werden. Die Distanzmaße geben den Abstand des Kreditportfolios zu einer Benchmark an. In der vorliegenden Arbeit wurden Abweichungen zur Branchenzusammensetzung des gesamtdeutschen Kreditmarktes (D^{Bund}), des Kreditmarktes auf Ebene der Bundesländer (D^{Land}) und des Kreditmarktes auf Ebene der Ortskennzahlen (D^{Ort}) sowie zur Branchenzusammensetzung der Bruttowertschöpfung (D^{BWS}) betrachtet. Größere Abweichungen von einer Benchmark zeigen dabei einen höheren Spezialisierungsgrad an. Die empirischen Untersuchungen in dieser Arbeit wurden jeweils für alle sechs Spezialisierungsmaße durchgeführt.

In Kapitel 4 wurden die zwei folgenden Fragen beantwortet:

1. Geht ein höherer Spezialisierungsgrad mit einer höheren Monitoring-Qualität einher?
2. Geht ein höherer Spezialisierungsgrad mit einer niedrigeren erwarteten Verlustquote einher?

Antworten auf diese beiden Fragen sind zugleich Antworten auf die Frage, weshalb spezialisierte Banken niedrigere Risikovorsorgequoten im Kreditgeschäft haben. Die erste Frage lässt sich sowohl für Kreditgenossenschaften als auch für Sparkassen mit einem Ja beantworten. Spezialisierte Kreditgenossenschaften und (in etwas schwächerem Maße) Sparkassen besitzen Monitoring-Vorteile. Die Antwort auf die zweite Frage ist nicht so eindeutig. Während bei den Kreditgenossenschaften für fast alle Spezialisierungsmaße ein höherer Spezialisierungsgrad mit einer geringeren erwarteten Verlustquote verbunden ist, wird bei den Sparkassen nur für die Distanzmaße ein negativer Zusammenhang ermittelt. Bei beiden Bankengruppen lassen sich somit die niedrigeren Risikovorsorgequoten spezialisierter Institute insbesondere auf Monitoring-Vorteile spezialisierter Institute zurückführen.

Zur Messung der Monitoring-Qualität wurden die beiden beide Proxys $RATIO^{ausf}$ und $RATIO^{notl}$ eingesetzt. Diese $RATIO$s stellen Quotienten aus tatsächlicher und erwarteter Verlustquote dar. Höhere $RATIO$-Werte zeigen eine geringere Monitoring-Qualität an. Bei der Untersuchung der Monitoring-Qualität gelten bei den Kreditgenossenschaften für alle Spezialisierungsmaße und für beide Proxys der Monitoring-Qualität signifikant negative Zusammenhänge zwischen dem Spezialisierungsgrad und den $RATIO$s. Diese negative Beziehung erweist sich im Rahmen von umfangreichen Robustheitsuntersuchungen als stabil. Ein höherer Spezialisierungsgrad geht tendenziell stets mit einer höherer Monitoring-Qualität einher. Die Unterschiede zwischen den Ergebnissen für die einzelnen Spezialisierungsmaße sind gering. Auffällig ist jedoch, dass sich für D^{Bund} ökonomisch und statistisch stärkere Zusammenhänge als für D^{Ort} zeigen, d.h. ein Abweichen von der nationalen Benchmark ist stärker mit Monitoring-Vorteilen verbunden als ein Abweichen von der regionalen Benchmark. In dieser Arbeit konnte also kein Beleg dafür gefunden werden, dass eine aktiv gewählte Spezialisierung (in Form höherer D^{Ort}-Werte) mit größeren Erfolgen beim Monitoring einhergeht als eine passive Spezialisierung (in Form höherer D^{Bund}-Werte). Ein Grund hierfür mögen die Mängel bei der Ermittlung der D^{Ort}-Werte sein. Die Ort-Benchmark kann nur ungenau bestimmt werden und das Maß D^{Ort} hängt sehr stark von der Anzahl der Banken in einer Region ab. Die Unterschiede zwischen den Ergebnissen für die $RATIO^{ausf}$ und die $RATIO^{notl}$ sind gering. Leicht ökonomisch und statistisch stärkere Zusammenhänge zwischen dem Spezialisierungsgrad und der Monitoring-Qualität für die $RATIO^{ausf}$ sind ein Indiz dafür, dass ein höherer Spezialisierungsgrad auch mit niedrigeren LGDs und nicht nur mit niedrigeren PDs verbunden ist. Der $RATIO^{ausf}$ liegt nämlich als tatsächliche Verlustquote die Ausfallrate zugrunde, die die Verlusthöhe bei Ausfall mitberücksichtigt, wohingegen die $RATIO^{notl}$ auf die Quote der notleidenden Kredite zurückgreift, bei der der LGD keine Rolle spielt.

Im Vergleich zu den Kreditgenossenschaften sind die negativen Zusammenhänge zwischen dem Spezialisierungsgrad und der *RATIO* bei den Sparkassen statistisch und ökonomisch signifikant schwächer. Hier hängen die Ergebnisse stärker vom betrachteten Spezialisierungsmaß und dem verwendeten Proxy für die Monitoring-Qualität ab. Für die drei Spezialisierungsmaße HHI^{w}, D^{Bund} und D^{BWS} gelten sowohl bei der $RATIO^{ausf}$ als auch bei der $RATIO^{notl}$ signifikant negative Zusammenhänge. Auf Basis dieser Spezialisierungsmaße als spezialisiert geltende Sparkassen zeichnen sich durch ein besseres Monitoring aus. Bei den beiden Maßen *HHI* und D^{Ort} werden nur insignifikant negative Zusammenhänge mit der *RATIO* ausgewiesen und für das Maß D^{Land} ist die Beziehung nur im Fall der $RATIO^{ausf}$ signifikant negativ. Wie bei den Kreditgenossenschaften erweisen sich die Ergebnisse im Rahmen von Robustheitsuntersuchungen als stabil. Es zeigt sich also, dass bei den Sparkassen die Wahl des Spezialisierungsmaßes von größerer Bedeutung ist als bei den Kreditgenossenschaften. Folgende Schlüsse lassen sich ziehen:

- Sparkassen scheinen ihre Monitoring-Anstrengungen eher an dem mit den Krediten verbundenen Risiko als an dem Nominalbetrag zu orientieren, so dass ein hoher HHI^{w}-Wert eher ein Indikator für spezifische Branchenkenntnisse ist als ein hoher *HHI*-Wert.
- Die Abweichung von einer nationalen Benchmark scheint geeigneter als die von einer regionalen Benchmark zu sein, wenn es darum geht, Spezialisierungsvorteile zu ermitteln.

Die negativen Zusammenhänge bei der $RATIO^{ausf}$ sind deutlich stärker als bei der $RATIO^{notl}$. Dies ist ein Indiz dafür, dass spezialisierte Sparkassen, wie die Kreditgenossenschaften, zusätzlich auch Vorteile bei der Kreditabwicklung aufweisen und/oder rechtzeitig Nachbesicherungen bei Problemkrediten vornehmen und damit geringere LGDs haben als diversifizierte Banken.

Bei der Untersuchung der Beziehung zwischen Spezialisierungsgrad und gemäß Branchenverteilung erwarteter Verlustquote wird bei den Kreditgenossenschaften für alle Maße – mit Ausnahme des HHI^{w} – ein signifikant negativer Zusammenhang festgestellt. Diese Resultate erweisen sich auch im Rahmen der durchgeführten Robustheitsuntersuchungen als stabil. Spezialisierte Kreditgenossenschaften haben tendenziell überwiegend risikoarme Branchen in ihrem Kreditportfolio. Mitgeprägt wird dieser Umstand dadurch, dass spezialisierte Institute verstärkt in wirtschaftlich stabilen Geschäftsgebieten aktiv sind. Diversifizierte Kreditgenossenschaften fühlen sich womöglich gegen hohe unerwartete Verluste geschützt und sind deshalb eher bereit, in risikoreiche Branchen zu investieren. Dass Banken zur Erhöhung des Diversifikationsgrades auch an risikoreiche Branchen Kredite vergeben, wird im Rahmen zusätzlich durchgeführter Fixed-Effects-Schätzungen nur für das Spezialisierungsmaß *HHI* bestätigt. Für die anderen Spezialisierungsmaße geht ein höherer Spezialisierungsgrad bei den einzelnen Banken tendenziell nicht mit einer niedrigeren erwarteten Verlustquote einher. Der positive Zusammenhang für das Maß HHI^w erklärt sich dadurch, dass ein höherer HHI^w-Wert insbesondere dann vorliegt, wenn ein großer Anteil des Kreditportfolios sich auf wenige risikoreiche Branchen verteilt.

Dieser signifikant positive Zusammenhang für das Maß HHI^w zeigt sich auch bei den Sparkassen. Ein insignifikant positiver Zusammenhang liegt für den *HHI* vor, d.h. Sparkassen, die auf Basis der naiven Spezialisierungsmaße als spezialisiert gelten, haben tendenziell höhere erwartete Verlustquoten. Während für das Maß HHI^w die gleiche Erklärung wie bei den Kreditgenossenschaften Gültigkeit hat, ist für den positiven Zusammenhang des Maßes *HHI* insbesondere maßgeblich, dass Banken mit hohen *HHI*-Werten tendenziell in wirtschaftlich schwächeren Bundesländern tätig sind. Damit wird die Vermutung, dass Banken in wirtschaftlich schwachen Bundesländern zur Vermeidung von hohen unerwarteten Verlusten eine erhöhte Branchendiversifikation anstreben, nicht bestätigt. Es zeigt sich aber auch bei den Sparkassen, dass Institute mit höheren *HHI*-Werten tendenziell weniger in riskante Branchen investieren. Dies bekräftigt die Vermutung, dass diversifizierte Institute eher bereit sind, an risikoreiche Branchen Kredite zu vergeben. Bei den Distanzmaßen stellt sich das Ergebnis umgekehrt dar. Höhere Distanzmaß-Werte gehen mit einer riskanteren Branchenwahl einher, zugleich sind Banken mit höheren Distanzmaß-Werten aber eher in wirtschaftlich stabilen Bundesländern anzutreffen. Insgesamt liegt bei den Distanzmaßen ein negativer Zusammenhang zwischen Spezialisierungsgrad und erwarteter Verlustquote vor, der mit Ausnahme des Maßes D^{BWS} statistisch signifikant ist. Sparkassen weichen insbesondere in Bundesländern mit geringen Insolvenzhäufigkeiten von den Kreditportfolio-Benchmarks ab, wobei hohe Abweichungen vor allem durch Investitionen in risikoreiche Branchen erzielt werden. Die Resultate erweisen sich im Rahmen der durchgeführten Robustheitsuntersuchungen als relativ stabil. Bei Unterstellung veränderter Insolvenzquoten für die Branche der Land- und Forstwirtschaft sind jedoch erhebliche Veränderungen zu erkennen. Somit sind die vorgestellten Resultate immer noch mit Vorsicht zu betrachten.

In Kapitel 5 wurde untersucht, ob sich die Monitoring-Vorteile auch in höheren Erträgen aus dem Kreditgeschäft für die spezialisierten Banken niederschlagen. Für die Kreditgenossenschaften ist die Frage mit Nein zu beantworten. Es zeigen sich keine höheren risikobereinigten Konditionsmargen für spezialisierte Kreditgenossenschaften. Höhere Gesamtkapitalrenditen spezialisierter Kreditgenossenschaften können somit nicht über die Ertragsseite erklärt werden, was eine Untersuchung der Kostenseite, z.B. in Form von Effizienzuntersuchungen, empfehlenswert macht. Bei den Sparkassen lassen sich hingegen Anzeichen dafür finden, dass Monitoring-Vorteile auch zu höheren Kreditertragen führen.

Die Zusammenhänge zwischen Spezialisierungsgrad und risikobereinigter Konditionsmarge sind bei den Kreditgenossenschaften zumeist insignifikant negativ. Beim Maß D^{Bund} ist die negative Beziehung auf einem 5%-Signifikanzniveau signifikant. Beim Maß *HHI* liegt eine statistisch insignifikant positive Beziehung vor. Festzuhalten ist demnach, dass für kein Spezialisierungsmaß ein signifikant positiver Zusammenhang mit der risikobereinigten Konditionsmarge gilt. Es zeigt sich auch bei den durchgeführten Robustheitsuntersuchungen kein Indiz dafür, dass ein höherer Spezialisierungsgrad mit höheren Krediterträgen einhergeht, zumindest dann, wenn für andere Einflussgrößen kontrolliert wird. Werden keine Kontrollvariablen berücksichtigt, so wird ein signifikant positiver Zusammenhang zwischen Spezialisierungsgrad und risikobereinigter Konditionsmarge ausgewiesen. Die Ursache hierfür ist, dass spezialisierte Banken kleiner sind und kleinere Banken höhere Krediterträge erzielen. Damit sind höhere risikobereinigte Konditionsmargen nicht mit einem höheren Spezialisierungsgrad, sondern mit einer geringeren Bilanzsumme verbunden. Weitergehende Untersuchungen zeigen, dass nicht der Kreditartenmix, z.B. ein bestimmter Anteil der Überziehungskredite, für die niedrigeren Krediterträge spezialisierter Institute verantwortlich ist, sondern dass spezialisierte Kreditgenossenschaften tendenziell geringere Zinssätze in den einzelnen Kreditkategorien, z.B bei den Überziehungskrediten, erzielen als diversifizierte Institute. Eine mögliche Ursache hierfür ist, dass ein höherer Spezialisierungsgrad mit einer engeren Kunde-Bank-Beziehung einhergeht und diese die spezialisierten Kreditgenossenschaften dazu veranlasst, geringere Zinsätze zu verlangen, was dem Argument informationsbedingter Kostenvorteile gemäß Boot / Thakor (1994) entspräche. Allerdings sind für den Nachweis des Zusammenhangs zwischen Spezialisierung und Relationship-Lending Einzelkreditnehmerdaten notwendig; durchschnittlich längere Kreditlaufzeiten bei spezialisierten Instituten sind lediglich ein Indiz und kein Nachweis. Des Weiteren haben empirische Arbeiten in Deutschland bislang keinen Zusammenhang zwischen Relationship-Lending und Zinssätzen ermitteln können. Als Ursache für den negativen Zusammenhang zwischen Spezialisierungsgrad und Zinssätzen kann ausgeschlossen werden, dass diversifizierte Kreditgenossenschaften sich die höheren tatsächlichen Verlustquoten in Form höherer Zinssätze bezahlen lassen. Die Untersuchungen haben gezeigt, dass eine risikoadjustierte Bepreisung bei den Kreditgenossenschaften nur sehr schwach vorhanden ist.

Bei den Sparkassen wird für das Spezialisierungsmaß D^{Bund} ein zum 1%-Signifikanzniveau und bei den Spezialisierungsmaßen D^{BWS} und HHI^{w} jeweils ein zum 5%-Signifikanzniveau signifikant positiver Zusammenhang mit der risikobereinigten Konditionsmarge ausgewiesen. Gerade für diese Spezialisierungsmaße wurden auch die stärksten Monitoring-Vorteile spezialisierter Institute ermittelt. Auf Basis dieser Spezialisierungsmaße als spezialisiert geltende Sparkassen sind demnach in der Lage, Monitoring-Vorteile in höhere risikobereinigte Konditionsmargen umzusetzen. Weitergehende Untersuchungen zeigen, dass kein Zusammenhang zwischen Spezialisierungsgrad und Zinssatzhöhe in den einzelnen Kreditkategorien besteht. Auch der Kreditartenmix spezialisierter Institute unterscheidet sich nicht wesentlich von dem diversifizierter Institute. Die Kreditkonditionen orientieren sich sehr stark an dem Risikogehalt der Branche und weniger – wenn auch stärker als bei den Kreditgenossenschaften – an den tatsächlichen Verlustquoten. Dies deutet darauf hin, dass Sparkassen mit hohen D^{Bund}-, D^{BWS}- oder HHI^{w}-Werten hohe risikobereinigte Konditionsmargen erzielen, weil sie in der Lage sind, risikoarme Kreditnehmer zu identifizieren, Kreditnehmer gut zu überwachen und/oder erfolgreich bei der Kreditabwicklung sind und damit relativ zu den auf Basis der Branchenzusammensetzung zu erwartenden Verlusten geringere tatsächliche Verluste erleiden. Für die anderen drei Spezialisierungsmaße sind statistisch insignifikant negative Zusammenhänge mit der risikobereinigten Konditionsmarge festzuhalten. Die für HHI, D^{Land} und D^{Ort} nur schwach ausgeprägten Spezialisierungsvorteile schlagen sich nicht in höheren Krediterträgen nieder.

In Kapitel 6 wurde der Zusammenhang zwischen Spezialisierungsgrad und Portfoliorisiko untersucht. Werden keine Monitoring-Vorteile spezialisierter Banken berücksichtigt, so zeigt sich das erwartete Bild: Für die meisten Spezialisierungsmaße geht ein höherer Spezialisierungsgrad sowohl bei den Kreditgenossenschaften als auch bei den Sparkassen mit einer höheren unerwarteten Verlustquote einher. Bei Berücksichtigung von Spezialisierungsvorteilen ergeben sich allerdings erheblich veränderte Resultate. Spezialisierte Kreditgenossenschaften und Sparkassen, die auf Basis der Distanzmaße als spezialisiert gelten, weisen tendenziell kleinere unerwartete Verlustquoten auf als diversifizierte Institute.

Die unerwartete Verlustquote bezeichnet in dieser Arbeit den relativen VaR (rVaR), der als Quotient aus dem VaR des Firmenkundenkreditportfolios zum Konfidenzniveau von 99,9% und dem Firmenkundenkreditvolumen berechnet wird. Bei den Kreditgenossenschaften sind die Zusammenhänge zwischen Spezialisierungsgrad und unerwarteter Verlustquote bzw. rVaR mit Ausnahme der Maße D^{Ort} und D^{Land} positiv, falls keine Spezialisierungsvorteile in die Untersuchung einbezogen werden. Eine höhere Branchenkonzentration bedeutet, dass Unternehmen ausgewählt werden, die untereinander einen stärkeren Zusammenhang bei den Unternehmenswertentwicklungen aufweisen, was ein höheres Portfoliorisiko impliziert. Allerdings zeigt sich bei den Maßen D^{Ort} und D^{Land}, dass niedrigere erwartete Verlustquoten spezialisierter Institute diesen Effekt überkompensieren können. Werden anstatt einheitlicher Intra-Branchen-Korrelationen branchenspezifische Intra-Branchen-Korrelationen verwendet, so ist nur noch für das Maß HHI^{w} ein positiver Zusammenhang zu konstatieren. In den anderen Fällen liegen negative Beziehungen des Spezialisierungsgrades zum rVaR vor. Die spezialisierten Institute sind nämlich verstärkt in Branchen investiert, die geringe Intra-Branchen-Korrelationen aufweisen. Unter Berücksichtigung der Spezialisierungsvorteile, die in Abschnitt 4.2 ermittelt wurden, zeigt sich für alle Spezialisierungsmaße ein signifikant negativer Zusammenhang mit der unerwarteten Verlustquote. Diese Ergebnisse erweisen sich im Rahmen von Robustheitsuntersuchungen als stabil. Wird die Untersuchung auf den Vergleich zwischen Konzentrationsnachteilen und Spezialisierungsvorteilen beschränkt, d.h. werden gleiche durchschnittliche Korrelationen zwischen den Branchen und innerhalb der Branchen sowie gleiche PDs (vor Monitoring-Berücksichtigung) für alle Institute unterstellt, so zeigt sich, dass die Monitoring-Vorteile die Konzentrationsnachteile fast immer übertreffen.

Die Ergebnisse bei den Sparkassen im Falle der Nichtberücksichtigung von Spezialisierungsvorteilen ähneln denen der Kreditgenossenschaften. Mit Ausnahme der Maße D^{Ort} und D^{Land} sind die Beziehungen positiv und zumeist statistisch signifikant. Die negativen Zusammenhänge für die Maße D^{Ort} und D^{Land} sind auf die geringeren erwarteten Verlustquoten spezialisierter Institute zurückzuführen und darauf, dass der

Zusammenhang zwischen den Distanzmaßen und den Konzentrationsnachteilen bei den Sparkassen nicht so stark ausgeprägt ist. Diese Resultate haben auch Bestand, wenn branchenspezifische Intra-Branchenkorrelationen verwendet werden. Im Unterschied zu den Kreditgenossenschaften ist hier kein Zusammenhang zwischen Spezialisierungsgrad und durchschnittlicher Intra-Branchenkorrelation auszumachen. Bei Berücksichtigung von Spezialisierungsvorteilen werden für die naiven Spezialisierungsmaße weiterhin signifikant positive Zusammenhänge mit dem Portfoliorisiko ausgewiesen. Beim *HHI* liegt dies an den geringen Monitoring-Vorteilen und relativ hohen erwarteten Verlustquoten für Banken mit hohen *HHI*-Werten. Beim HHI^w ist vorrangig der stark positive Zusammenhang mit der erwarteten Verlustquote ausschlaggebend. Wird die Untersuchung auf den Vergleich zwischen Konzentrationsnachteilen und Spezialisierungsvorteilen beschränkt, so zeigt sich insbesondere für das Maß HHI^w, dass die Monitoring-Vorteile die Konzentrationsnachteile übertreffen. Für die Distanzmaße sind die Zusammenhänge mit der unerwarteten Verlustquote bei Berücksichtigung von Spezialisierungsvorteilen negativ und mit Ausnahme des Maßes D^{Ort} statistisch signifikant. Für D^{Ort} wurden in Abschnitt 4.2 nur sehr schwache Spezialisierungsvorteile ermittelt, die insbesondere beim direkten Vergleich mit den Konzentrationsnachteilen unterliegen. Bei den anderen Distanzmaßen, insbesondere D^{Bund} und D^{BWS}, werden die Nachteile höherer Zusammenhänge zwischen den Unternehmenswertentwicklungen und damit zwischen den Ausfällen durch die Monitoring-Vorteile eindeutig überkompensiert.

Die Ergebnisse der vorliegenden Arbeit dürften für das Bankmanagement bzw. die Bankeigentümer und die Bankenaufsicht von Interesse sein. Für das Bankmanagement bzw. die Bankeigentümer lassen sich folgende Aspekte nennen: Spezialisierung auf bestimmte Branchen ging im Beobachtungszeitraum mit einer besseren Monitoring-Qualität einher. Dies ist ein starkes Indiz dafür, dass der Aufbau von Branchenexpertise lohnend ist. Auch wenn in der Arbeit keine Anzeichen dafür gefunden wurden, dass eine aktive Spezialisierung bzw. eine Spezialisierungsstrategie von Seiten der Banken einer passiven Spezialisierung gegenüber überlegen ist, so mag allein der Nachweis, dass Spezialisierung mit Monitoring-Vorteilen verbunden ist, das Bankmanagement dazu ermutigen, die Vorteile einer Spezialisierung aktiv zu nutzen. Gleichermaßen werden Bankeigentümer dazu angeregt, Branchenkonzentrationen nicht prinzipiell zu verurteilen, sondern als strategische Option wahrzunehmen. Zusammen mit Ergebnissen aus anderen Studien, in denen die Nachteile einer Kreditvergabe an für eine Bank neue Branchen offenbar werden, lassen die Resultate der vorliegenden Arbeit eine stärkere Konzentration auf bereits im Portfolio vorhandene Branchen eher empfehlen als eine Ausweitung auf neue Branchen. Dass Monitoring-Vorteile zu höheren risikobereinigten Konditionsmargen führen können, aber nicht müssen, konnte am Beispiel der Sparkassen bzw. am Beispiel der Kreditgenossenschaften gelernt werden. Das heißt für das Bankmanagement, dass höhere Monitoring-Qualität nicht per se höhere Kreditertäge mit sich bringt, sondern im Rahmen einer integrativen Banksteuerung durch eine geeignete Konditionengestaltung ergänzt werden muss.

Gleichermaßen für das Bankmanagement bzw. die Bankeigentümer und die Bankenaufsicht dürfte von Interesse sein, dass die gängige These „Spezialisierte Banken haben höhere Portfoliorisiken" in dieser Arbeit nicht bestätigt wird. Es zeigt sich im Gegenteil, dass die Spezialisierungsvorteile die Konzentrationsnachteile übertreffen. Für das Bankmanagement dürfte dies ein weiterer Grund sein, eine Spezialisierungsstrategie einzugehen bzw. von einer verstärkten Diversifizierung des Portfolios abzusehen. Für die Bankenaufsicht ist dies ein Hinweis dafür, dass Branchenkonzentration nicht zwingend zu verurteilen ist und dass eine jeweils individuelle Auseinandersetzung mit dem Geschäft der Banken, wie es gemäß der 2. Säule von Basel II vorgesehen ist, notwendig ist. Standardisierte quantitative Modelle, die eine einheitliche Monitoring-Qualität bzw. exogen gegebene Risiko-Parameter der Kreditengagements unterstellen, können ein verzerrtes Bild des Portfoliorisikos zeichnen. Natürlich ist ein hoher Spezialisierungsgrad kein Beleg für eine hohe Monitoring-Qualität, aber die Bankenaufsicht sollte die Möglichkeit in Betracht ziehen, dass eine spezialisierte Bank bessere Monitoring-Fähigkeiten besitzt. Im Rahmen des aufsichtsrechtlichen Prüfungsprozesses sollte versucht werden zu eruieren, inwieweit dies tatsächlich der Fall ist.

Wie schon an manchen Stellen angeklungen ist, bietet die vorliegende Arbeit Anknüpfungspunkte für weitere Forschungsarbeiten. Zum Abschluss dieser Arbeit seien einige Möglichkeiten vorgestellt:

- Die Ergebnisse bei den Kreditgenossenschaften lassen darauf schließen, dass ein höherer Spezialisierungsgrad mit Kostenvorteilen verbunden ist. Dies empfiehlt eine Berücksichtigung des Spezialisierungsgrades bei Schätzungen der Produktionsfunktion zur Untersuchung der Effizienz von Banken.

- Genauere Kenntnisse über den Ablauf des Monitoring-Prozesses und den Aufbau des Kreditrisikomanagements bei einzelnen Banken sind für eine tiefergehende Analyse des Know-how-Transfers beim Monitoring notwendig. Um Informationen hierüber zu gewinnen, bieten sich u.a. Bankbefragungen an.

- Die Mortgage-Krise in den USA zeigt u.a., wie wichtig es ist, die Auswirkungen extremer Szenarien in Betracht zu ziehen. Übertragen auf die Branchenkonzentration heißt dies, dass Stress-Tests, denen extreme Branchenentwicklungen zugrunde liegen, als Ergänzung zur VaR-Berechnung durchgeführt werden sollten. Die Schwierigkeit dieser Analyse liegt in der Entwicklung geeigneter Szenarien. Eine solche Analyse kann klären, inwieweit Obergrenzen für den Spezialisierungsgrad, z.B. in Abhängigkeit von der Struktur der Bank und der Auswahl der Branchen, zu fordern sind.

Anhang A

Ergänzende Tabellen zum Abschnitt 4.2

Tabelle A-1: Ergebnisse der nicht normierten Standard-Regressionen mit $RATIO^{ausf}$ als erklärter Variable auf Basis von Bankmittelwerten für die Kreditgenossenschaften

	(1) HHI	(2) HHI^w	(3) D^{Bund}	(4) D^{Land}	(5) D^{Ort}	(6) D^{BWS}
SM	-3,020***	-2,949***	-2,873***	-2,317***	-1,474***	-2,676***
	(-5,43)	(-5,76)	(-6,65)	(-5,69)	(-5,13)	(-6,60)
kred_ant	1,126***	1,321***	0,936**	1,038***	1,280***	0,951**
	(3,98)	(4,74)	(3,18)	(3,55)	(4,51)	(3,24)
privat	-1,435***	-1,097***	-1,151***	-1,138***	-1,016***	-1,336***
	(-5,31)	(-4,33)	(-4,63)	(-4,53)	(-4,13)	(-5,18)
kommunal	-1,771	-1,821	-1,589	-1,708	-2,095*	-1,784
	(-1,76)	(-1,92)	(-1,49)	(-1,52)	(-1,97)	(-1,65)
hyp	-0,750***	-0,669***	-0,737***	-0,701***	-0,701***	-0,715***
	(-3,90)	(-3,38)	(-3,82)	(-3,57)	(-3,52)	(-3,69)
blanko	1,686***	1,575***	1,645***	1,694***	1,632***	1,586***
	(4,88)	(4,50)	(4,80)	(4,89)	(4,66)	(4,61)
personal_kredit	-1,320	-1,468	-1,193	-1,126	-0,979	-1,100
	(-1,78)	(-1,93)	(-1,57)	(-1,46)	(-1,25)	(-1,45)
markt_ant1	-0,244	-0,273	-0,195	-0,287	-0,822**	-0,223
	(-1,14)	(-1,28)	(-0,92)	(-1,31)	(-3,20)	(-1,04)
bilanz	0,158***	0,188***	0,0542	0,0853*	0,149***	0,0709
	(4,81)	(5,94)	(1,33)	(2,07)	(4,14)	(1,79)
agglom1	-0,0543	-0,0151	-0,145*	-0,120	-0,0306	-0,152*
	(-0,90)	(-0,25)	(-2,30)	(-1,93)	(-0,51)	(-2,41)
agglom2	0,00883	0,0193	-0,0274	-0,0351	-0,0194	-0,0298
	(0,16)	(0,34)	(-0,48)	(-0,62)	(-0,34)	(-0,52)
ost	0,318**	0,503***	0,353***	0,211	0,406***	0,384***
	(3,23)	(5,28)	(3,54)	(1,96)	(4,11)	(3,85)
fusion1	0,215***	0,203***	0,228***	0,220***	0,221***	0,237***
	(4,50)	(4,24)	(4,78)	(4,58)	(4,47)	(4,91)
fusion2	-0,133*	-0,0908	-0,140*	-0,126*	-0,121*	-0,134*
	(-2,45)	(-1,65)	(-2,56)	(-2,29)	(-2,19)	(-2,44)
Beobachtungen	1575	1575	1575	1575	1575	1575
R^2	0,277	0,273	0,280	0,270	0,260	0,277

*, **, *** zeigen jeweils statistische Signifikanz auf einem 5%-, 1%- bzw. 0,1%-Signifikanzniveau an.

Tabelle A-2: Ergebnisse der nicht normierten Standard-Regressionen mit $RATIO^{notl}$ als erklärter Variable auf Basis von Bankmittelwerten für die Kreditgenossenschaften

	(1) HHI	(2) HHI^{w}	(3) D^{Bund}	(4) D^{Land}	(5) D^{Ort}	(6) D^{BWS}
SM	-1,189***	-1,802***	-1,241***	-1,129***	-0,648***	-1,092***
	(-3,32)	(-5,21)	(-4,30)	(-4,44)	(-3,45)	(-3,92)
kred_ant	1,206***	1,218***	1,104***	1,116***	1,250***	1,125***
	(5,18)	(5,43)	(4,70)	(4,88)	(5,54)	(4,72)
privat	-0,836***	-0,750***	-0,735***	-0,744***	-0,677***	-0,804***
	(-4,36)	(-4,20)	(-4,09)	(-4,18)	(-3,81)	(-4,30)
kommunal	-1,320*	-0,999	-1,178	-1,136	-1,386*	-1,296
	(-2,07)	(-1,71)	(-1,75)	(-1,62)	(-2,07)	(-1,91)
hyp	-0,426***	-0,388***	-0,423***	-0,407***	-0,407***	-0,413***
	(-3,58)	(-3,30)	(-3,55)	(-3,40)	(-3,39)	(-3,46)
blanko	-0,0211	-0,0704	-0,0352	-0,00858	-0,0406	-0,0607
	(-0,10)	(-0,33)	(-0,17)	(-0,04)	(-0,19)	(-0,29)
personal_kredit	-1,318**	-1,540***	-1,287**	-1,280**	-1,196**	-1,239**
	(-2,92)	(-3,45)	(-2,81)	(-2,79)	(-2,60)	(-2,69)
markt_ant1	-0,145	-0,111	-0,114	-0,143	-0,389*	-0,132
	(-0,91)	(-0,74)	(-0,73)	(-0,89)	(-2,00)	(-0,83)
bilanz	0,0131	0,0152	-0,0348	-0,0295	0,00575	-0,0241
	(0,54)	(0,68)	(-1,19)	(-1,05)	(0,23)	(-0,83)
agglom1	-0,0597	-0,0345	-0,0987*	-0,0916*	-0,0489	-0,0998*
	(-1,44)	(-0,82)	(-2,35)	(-2,19)	(-1,17)	(-2,38)
agglom2	0,0456	0,0528	0,0300	0,0245	0,0333	0,0298
	(1,27)	(1,47)	(0,83)	(0,68)	(0,93)	(0,83)
ost	-0,128	-0,0708	-0,123	-0,205*	-0,102	-0,106
	(-1,67)	(-0,99)	(-1,63)	(-2,57)	(-1,37)	(-1,39)
fusion1	0,0626	0,0504	0,0675	0,0627	0,0640	0,0713
	(1,68)	(1,37)	(1,82)	(1,69)	(1,68)	(1,90)
fusion2	0,0249	0,0465	0,0212	0,0265	0,0291	0,0244
	(0,68)	(1,28)	(0,58)	(0,73)	(0,79)	(0,67)
Beobachtungen	1575	1575	1575	1575	1575	1575
R^2	0,129	0,144	0,133	0,132	0,124	0,130

*,**,*** zeigen jeweils statistische Signifikanz auf einem 5%-, 1%- bzw. 0,1%-Signifikanzniveau an.

Tabelle A-3: Ergebnisse der nicht normierten Standard-Regressionen mit $RATIO^{ausf}$ als erklärter Variable auf Basis von Bankmittelwerten für die Sparkassen

	(1) HHI	(2) HHI^w	(3) D^{Bund}	(4) D^{Land}	(5) D^{Ort}	(6) D^{BWS}
SM	-1,207	-4,810***	-2,087***	-1,272**	-0,280	-1,911***
	(-0,68)	(-3,93)	(-4,08)	(-2,89)	(-1,00)	(-3,56)
kred_ant	0,114	-0,0231	-0,140	-0,0301	0,114	-0,0870
	(0,35)	(-0,07)	(-0,42)	(-0,09)	(0,35)	(-0,27)
privat	-1,192**	-1,158**	-1,160**	-1,254**	-1,195**	-1,338***
	(-2,98)	(-2,94)	(-2,97)	(-3,13)	(-2,97)	(-3,35)
kommunal	-0,686	-0,855*	-0,809	-0,568	-0,678	-0,885
	(-1,58)	(-2,00)	(-1,81)	(-1,30)	(-1,56)	(-1,96)
hyp	-0,951**	-0,817*	-1,083**	-1,025**	-0,961**	-0,891**
	(-2,76)	(-2,41)	(-3,23)	(-3,03)	(-2,79)	(-2,65)
blanko	2,198***	2,082***	2,161***	2,165***	2,200***	2,203***
	(6,82)	(6,42)	(6,69)	(6,72)	(6,82)	(6,76)
personal_kredit	1,768**	1,557*	1,710**	1,714**	1,749**	1,742**
	(2,75)	(2,41)	(2,67)	(2,67)	(2,69)	(2,69)
markt_ant1	-0,215	-0,192	-0,214	-0,225	-0,273	-0,202
	(-1,46)	(-1,36)	(-1,52)	(-1,56)	(-1,78)	(-1,43)
bilanz	0,153***	0,105**	0,0625	0,108**	0,154***	0,0823
	(4,03)	(2,68)	(1,43)	(2,65)	(4,06)	(1,91)
agglom1	-0,104	-0,0838	-0,156*	-0,115	-0,107	-0,177*
	(-1,42)	(-1,17)	(-2,18)	(-1,59)	(-1,47)	(-2,47)
agglom2	0,0499	0,0553	0,0347	0,0502	0,0481	0,0225
	(0,79)	(0,88)	(0,55)	(0,80)	(0,76)	(0,36)
ostt	0,375**	0,442***	0,275*	0,251	0,357**	0,324**
	(3,02)	(3,60)	(2,18)	(1,93)	(2,85)	(2,60)
fusion1	-0,00570	0,0110	-0,00276	-0,0131	-0,00555	0,00398
	(-0,11)	(0,22)	(-0,06)	(-0,27)	(-0,11)	(0,08)
fusion2	0,00187	0,0288	-0,0118	0,00449	0,00412	-0,00508
	(0,03)	(0,44)	(-0,18)	(0,07)	(0,06)	(-0,08)
Beobachtungen	534	534	534	534	534	534
R^2	0,316	0,337	0,338	0,325	0,316	0,333

*,**,*** zeigen jeweils statistische Signifikanz auf einem 5%-, 1%- bzw. 0,1%-Signifikanzniveau an.

Tabelle A-4: Ergebnisse der nicht normierten Standard-Regressionen mit $RATIO^{notl}$ als erklärter Variable auf Basis von Bankmittelwerten für die Sparkassen

	(1) HHI	(2) HHI^{w}	(3) D^{Bund}	(4) D^{Land}	(5) D^{Ort}	(6) D^{BWS}
SM	-0,298	-2,486*	-1,052*	-0,31[illegible]	-0,216	-1,102*
	(-0,22)	(-2,46)	(-2,27)	(-0,7[illegible])	(-0,84)	(-2,16)
kred_ant	-0,105	-0,177	-0,234	-0,14[illegible]	-0,107	-0,222
	(-0,36)	(-0,61)	(-0,78)	(-0,48)	(-0,36)	(-0,76)
privat	-1,818***	-1,807***	-1,808***	-1,834***	-1,834***	-1,911***
	(-5,42)	(-5,45)	(-5,47)	(-5,47)	(-5,52)	(-5,70)
kommunal	-0,391	-0,476	-0,451	-0,36[illegible]	-0,380	-0,503
	(-1,02)	(-1,24)	(-1,14)	(-0,94)	(-0,99)	(-1,25)
hyp	-1,756***	-1,678***	-1,815***	-1,774***	-1,748***	-1,712***
	(-5,22)	(-5,02)	(-5,50)	(-5,35)	(-5,23)	(-5,15)
blanko	0,545	0,485	0,526	0,537	0,546	0,547
	(1,90)	(1,68)	(1,82)	(1,86)	(1,90)	(1,90)
personal_kredit	0,231	0,112	0,192	0,217	0,197	0,204
	(0,37)	(0,18)	(0,31)	(0,35)	(0,32)	(0,33)
markt_ant1	-0,133	-0,119	-0,131	-0,136	-0,174	-0,123
	(-0,97)	(-0,89)	(-0,97)	(-1,00)	(-1,23)	(-0,91)
bilanz	-0,0853*	-0,112**	-0,133***	-0,0964*	-0,0884*	-0,129**
	(-2,41)	(-3,09)	(-3,38)	(-2,54)	(-2,58)	(-3,14)
agglom1	-0,00656	0,00594	-0,0308	-0,00915	-0,00492	-0,0463
	(-0,10)	(0,10)	(-0,50)	(-0,15)	(-0,08)	(-0,75)
agglom2	0,162**	0,165**	0,154**	0,163**	0,161**	0,146**
	(2,94)	(2,98)	(2,82)	(2,95)	(2,91)	(2,67)
ost	-0,0906	-0,0545	-0,139	-0,121	-0,102	-0,118
	(-0,85)	(-0,51)	(-1,31)	(-1,12)	(-0,96)	(-1,12)
fusion1	-0,0512	-0,0438	-0,0509	-0,0530	-0,0534	-0,0471
	(-1,08)	(-0,93)	(-1,09)	(-1,12)	(-1,13)	(-1,01)
fusion2	0,0200	0,0343	0,0134	0,0207	0,0223	0,0164
	(0,38)	(0,64)	(0,25)	(0,39)	(0,42)	(0,31)
Beobachtungen	534	534	534	534	534	534
R^2	0,195	0,204	0,204	0,196	0,196	0,204

*,**,*** zeigen jeweils statistische Signifikanz auf einem 5%-, 1%- bzw. 0,1%-Signifikanzniveau an.

Tabelle A-5: Ergebnisse der nicht normierten Standard-Regressionen mit $RATIO^{ausf}$ als erklärter Variable auf Basis von Bankmittelwerten für Kreditgenossenschaften und Sparkassen

	(1) HHI	(2) HHI^w	(3) D^{Bund}	(4) D^{Land}	(5) D^{Ort}	(6) D^{BWS}
SM	-3,217***	-3,146***	-3,036***	-2,486***	-1,550***	-2,828***
	(-6,23)	(-6,56)	(-8,11)	(-6,98)	(-6,11)	(-7,98)
SM·sparkasse	2,701	-0,371	1,345**	1,458**	1,031**	1,200*
	(1,53)	(-0,33)	(2,89)	(3,21)	(3,02)	(2,45)
kred_ant	0,989***	1,168***	0,759**	0,857***	1,140***	0,783**
	(4,19)	(5,03)	(3,10)	(3,53)	(4,85)	(3,21)
privat	-1,492***	-1,213***	-1,214***	-1,184***	-1,065***	-1,406***
	(-6,53)	(-5,53)	(-5,70)	(-5,50)	(-5,01)	(-6,38)
kommunal	-0,917	-0,984*	-0,982	-0,815	-1,074*	-1,094*
	(-1,88)	(-2,10)	(-1,93)	(-1,54)	(-2,08)	(-2,12)
hyp	-0,744***	-0,634***	-0,783***	-0,719***	-0,703***	-0,742***
	(-4,37)	(-3,62)	(-4,59)	(-4,16)	(-4,00)	(-4,30)
blanko	1,767***	1,635***	1,724***	1,802***	1,748***	1,678***
	(6,08)	(5,54)	(5,96)	(6,15)	(5,93)	(5,79)
personal_kredit	-0,695	-0,836	-0,568	-0,571	-0,401	-0,488
	(-1,17)	(-1,37)	(-0,93)	(-0,92)	(-0,64)	(-0,80)
markt_ant1	-0,251*	-0,294*	-0,202	-0,237	-0,572***	-0,218
	(-2,00)	(-2,36)	(-1,61)	(-1,84)	(-3,81)	(-1,73)
bilanz	0,147***	0,165***	0,0493	0,0792**	0,141***	0,0647*
	(5,94)	(6,67)	(1,63)	(2,62)	(5,28)	(2,19)
agglom1	-0,0581	-0,0208	-0,140**	-0,117*	-0,0414	-0,153**
	(-1,21)	(-0,43)	(-2,79)	(-2,36)	(-0,87)	(-3,01)
agglom2	0,0314	0,0442	-0,000591	-0,00835	0,00623	-0,00635
	(0,69)	(0,96)	(-0,01)	(-0,18)	(0,14)	(-0,14)
ost	0,327***	0,496***	0,312***	0,208*	0,404***	0,354***
	(3,97)	(6,17)	(3,77)	(2,37)	(4,85)	(4,29)
fusion1	0,163***	0,158***	0,166***	0,163***	0,167***	0,176***
	(4,41)	(4,27)	(4,50)	(4,38)	(4,38)	(4,74)
fusion2	-0,110*	-0,0686	-0,122**	-0,105*	-0,103*	-0,115**
	(-2,48)	(-1,52)	(-2,73)	(-2,34)	(-2,27)	(-2,58)
sparkasse	-0,360	-0,0699	-0,575***	-0,509***	-0,307**	-0,494**
	(-1,82)	(-0,43)	(-3,41)	(-3,63)	(-3,00)	(-2,76)
Beobachtungen	2108	2108	2108	2108	2108	2108
R^2	0,278	0,274	0,284	0,273	0,260	0,281

*,**,*** zeigen jeweils statistische Signifikanz auf einem 5%-, 1%- bzw. 0,1%-Signifikanzniveau an.

Tabelle A-6: Ergebnisse der nicht normierten Standard-Regressionen mit $RATIO^{notl}$ als erklärter Variable auf Basis von Bankmittelwerten für Kreditgenossenschaften und Sparkassen

	(1) HHI	(2) HHI^{w}	(3) D^{Bund}	(4) D^{Land}	(5) D^{Ort}	(6) D^{BWS}
SM	-1,524***	-2,088***	-1,543***	-1,311***	-0,793***	-1,413***
	(-4,40)	(-6,29)	(-5,84)	(-5,53)	(-4,63)	(-5,52)
SM·sparkasse	1,859	0,626	0,879*	1,029**	0,393	0,731
	(1.44)	(0.66)	(2.19)	(2.70)	(1.39)	(1.71)
kred_ant	0,971***	0,995***	0,837***	0,874***	1,031***	0,855***
	(4,98)	(5,30)	(4,23)	(4,56)	(5,49)	(4,27)
privat	-1,001***	-0,913***	-0,874***	-0,858***	-0,808***	-0,968***
	(-6,01)	(-5,77)	(-5,52)	(-5,44)	(-5,13)	(-5,90)
kommunal	-0,413	-0,310	-0,410	-0,321	-0,457	-0,474
	(-1,20)	(-0,95)	(-1,15)	(-0,87)	(-1,26)	(-1,31)
hyp	-0,484***	-0,432***	-0,506***	-0,472***	-0,462***	-0,486***
	(-4,47)	(-4,02)	(-4,65)	(-4,33)	(-4,22)	(-4,43)
blanko	0,136	0,0677	0,120	0,165	0,125	0,0932
	(0,76)	(0,37)	(0,67)	(0,9[illegible])	(0,69)	(0,52)
personal_kredit	-1,265***	-1,454***	-1,223**	-1,24[illegible]**	-1,141**	-1,178**
	(-3,38)	(-3,92)	(-3,21)	(-3,23)	(-2,96)	(-3,07)
markt_ant1	-0,116	-0,113	-0,0804	-0,0935	-0,290*	-0,0928
	(-1,11)	(-1,10)	(-0,76)	(-0,87)	(-2,38)	(-0,88)
bilanz	-0,00482	-0,00331	-0,0556*	-0,0426	-0,0118	-0,0472*
	(-0,25)	(-0,18)	(-2,35)	(-1,83)	(-0,59)	(-2,00)
agglom1	-0,0433	-0,0183	-0,0835*	-0,07[illegible]4*	-0,0333	-0,0887*
	(-1,25)	(-0,53)	(-2,39)	(-2,12)	(-0,96)	(-2,53)
agglom2	0,0855**	0,0935**	0,0687*	0,0633*	0,0720*	0,0667*
	(2,77)	(3,03)	(2,23)	(2,0[illegible])	(2,33)	(2,15)
ost	-0,114	-0,0541	-0,127*	-0,18[illegible]**	-0,0834	-0,106
	(-1,82)	(-0,92)	(-2,04)	(-2,77)	(-1,34)	(-1,67)
fusion1	0,0445	0,0341	0,0446	0,0434	0,0450	0,0497
	(1,50)	(1,16)	(1,51)	(1,46)	(1,49)	(1,68)
fusion2	0,0263	0,0491	0,0201	0,0230	0,0305	0,0236
	(0,84)	(1,57)	(0,64)	(0,90)	(0,97)	(0,75)
sparkasse	-0,503***	-0,423**	-0,623***	-0,605***	-0,396***	-0,559***
	(-3,41)	(-3,10)	(-4,43)	(-5,24)	(-4,81)	(-3,64)
Beobachtungen	2109	2109	2109	2109	2109	2109
R^2	0,188	0,201	0,194	0,190	0,181	0,191

*,**,*** zeigen jeweils statistische Signifikanz auf einem 5%-, 1%- bzw. 0,1%-Signifikanzniveau an.

Tabelle A-7: Ergebnisse der 0-1-normierten Standard-Regressionen mit $RATIO^{ausf}$ als erklärter Variable auf Basis von Bankmittelwerten für Kreditgenossenschaften und Sparkassen ohne Dummy für die Bankengruppe

	(1) HHI	(2) HHI^{w}	(3) D^{Bund}	(4) D^{Land}	(5) D^{Ort}	(6) D^{BWS}
SM	-0,232***	-0,212***	-0,349***	-0,292***	-0,193***	-0,320***
	(-6,28)	(-6,80)	(-8,07)	(-6,84)	(-6,01)	(-7,98)
kred_ant	0,121***	0,141***	0,097**	0,109***	0,143***	0,098**
	(4,21)	(4,97)	(3,23)	(3,70)	(5,00)	(3,29)
privat	-0,179***	-0,150***	-0,154***	-0,150***	-0,133***	-0,173***
	(-6,78)	(-5,95)	(-6,27)	(-6,05)	(-5,40)	(-6,83)
kommunal	-0,058*	-0,069**	-0,076**	-0,062*	-0,071**	-0,075**
	(-2,38)	(-2,96)	(-3,00)	(-2,37)	(-2,75)	(-2,92)
hyp	-0,115***	-0,103***	-0,122***	-0,114***	-0,110***	-0,113***
	(-4,45)	(-3,90)	(-4,70)	(-4,35)	(-4,10)	(-4,33)
blanko	0,210***	0,197***	0,204***	0,210***	0,207***	0,200***
	(6,07)	(5,60)	(5,89)	(6,04)	(5,87)	(5,77)
personal_kredit	-0,038	-0,045	-0,032	-0,029	-0,022	-0,028
	(-1,24)	(-1,45)	(-1,02)	(-0,91)	(-0,67)	(-0,89)
markt_ant1	-0,039*	-0,046*	-0,040*	-0,045*	-0,099***	-0,039*
	(-2,13)	(-2,52)	(-2,20)	(-2,39)	(-4,67)	(-2,14)
bilanz	0,196***	0,214***	0,031	0,084	0,193***	0,063
	(5,88)	(6,57)	(0,72)	(1,93)	(5,54)	(1,53)
agglom1	-0,026	-0,005	-0,067*	-0,053*	-0,017	-0,081**
	(-1,00)	(-0,20)	(-2,48)	(-1,97)	(-0,66)	(-2,95)
agglom2	0,019	0,028	0,005	0,002	0,006	-0,002
	(0,73)	(1,06)	(0,19)	(0,09)	(0,24)	(-0,07)
ost	0,109***	0,157***	0,100***	0,064*	0,133***	0,117***
	(4,05)	(6,05)	(3,69)	(2,18)	(4,82)	(4,34)
fusion1	0,103***	0,108***	0,119***	0,111***	0,107***	0,118***
	(5,36)	(5,65)	(6,17)	(5,70)	(5,38)	(6,08)
fusion2	-0,050*	-0,034	-0,056**	-0,048*	-0,045*	-0,052**
	(-2,55)	(-1,72)	(-2,85)	(-2,45)	(-2,27)	(-2,66)
Beobachtungen	2109	2109	2109	2109	2109	2109
R^2	0,277	0,273	0,280	0,270	0,258	0,279

*,**,*** zeigen jeweils statistische Signifikanz auf einem 5%-, 1%- bzw. 0,1%-Signifikanzniveau an.

Tabelle A-8: Ergebnisse der 0-1-normierten Standard-Regressionen mit $RATIO^{notl}$ als erklärter Variable auf Basis von Bankmittelwerten für Kreditgenossenschaften und Sparkassen ohne Dummy für die Bankengruppe

	(1) HHI	(2) HHI^{w}	(3) D^{Bund}	(4) D^{Land}	(5) D^{Ort}	(6) D^{BWS}
SM	-0,152***	-0,184***	-0,221***	-0,191***	-0,132***	-0,212***
	(-4,49)	(-6,09)	(-5,01)	(-4,66)	(-4,22)	(-5,11)
kred_ant	0,165***	0,169***	0,151***	0,157***	0,178***	0,149***
	(4,75)	(5,03)	(4,26)	(4,57)	(5,30)	(4,17)
privat	-0,201***	-0,188***	-0,183***	-0,182***	-0,171***	-0,197***
	(-7,36)	(-7,26)	(-7,02)	(-7,0[illegible])	(-6,58)	(-7,28)
kommunal	-0,091***	-0,092***	-0,103***	-0,093***	-0,098***	-0,102***
	(-3,43)	(-3,60)	(-3,68)	(-3,3[illegible])	(-3,56)	(-3,63)
hyp	-0,121***	-0,112***	-0,125***	-0,120***	-0,117***	-0,119***
	(-5,13)	(-4,81)	(-5,27)	(-5,06)	(-4,92)	(-5,04)
blanko	0,028	0,018	0,023	0,023	0,026	0,021
	(0,90)	(0,58)	(0,75)	(0,90)	(0,81)	(0,67)
personal_kredit	-0,106***	-0,119***	-0,102***	-0,100***	-0,096***	-0,100***
	(-3,86)	(-4,38)	(-3,64)	(-3,5[illegible])	(-3,40)	(-3,54)
markt_ant1	-0,035	-0,036	-0,036	-0,039	-0,075**	-0,035
	(-1,60)	(-1,70)	(-1,66)	(-1,7[illegible])	(-3,07)	(-1,60)
bilanz	-0,144***	-0,151***	-0,246***	-0,217***	-0,150***	-0,234***
	(-4,23)	(-4,56)	(-5,38)	(-5,06)	(-4,24)	(-5,35)
agglom1	-0,010	0,009	-0,036	-0,028	-0,004	-0,046
	(-0,37)	(0,31)	(-1,29)	(-0,93)	(-0,14)	(-1,66)
agglom2	0,077**	0,084**	0,068**	0,066*	0,068**	0,063*
	(3,00)	(3,28)	(2,65)	(2,55)	(2,65)	(2,45)
ost	-0,075*	-0,050	-0,079**	-0,104***	-0,061*	-0,070*
	(-2,55)	(-1,81)	(-2,67)	(-3,34)	(-2,09)	(-2,38)
fusion1	0,105***	0,107***	0,116***	0,111***	0,107***	0,115***
	(4,78)	(4,94)	(5,26)	(4,99)	(4,80)	(5,23)
fusion2	0,007	0,019	0,003	0,008	0,010	0,005
	(0,33)	(0,95)	(0,14)	(0,38)	(0,48)	(0,26)
Beobachtungen	2109	2109	2109	2109	2109	2109
R^2	0,170	0,180	0,171	0,167	0,163	0,172

*,**,*** zeigen jeweils statistische Signifikanz auf einem
5%-, 1%- bzw. 0,1%-Signifikanzniveau an.

Tabelle A-9: Ergebnisse (Ausschnitt) der 0-1-normierten Regressionen mit $RATIO^{ausf}$ bzw. $RATIO^{notl}$ als erklärter Variable auf Basis von Bankmittelwerten ohne Verwendung der Variablen *markt_ant1*

	(1) HHI	(2) HHI^w	(3) D^{Bund}	(4) D^{Land}	(5) D^{Ort}	(6) D^{BWS}
$RATIO^{ausf}$ als erklärte Variable bei Kreditgenossenschaften						
SM	-0,232***	-0,207***	-0,305***	-0,263***	-0,159***	-0,283***
	(-5,51)	(-5,82)	(-6,76)	(-5,75)	(-4,69)	(-6,68)
Beobachtungen	1575	1575	1575	1575	1575	1575
R^2	0,277	0,272	0,279	0,269	0,254	0,277
$RATIO^{notl}$ als erklärte Variable bei Kreditgenossenschaften						
SM	-0,144***	-0,198***	-0,207***	-0,201***	-0,109**	-0,183***
	(-3,31)	(-5,17)	(-4,25)	(-4,37)	(-3,22)	(-3,88)
Beobachtungen	1575	1575	1575	1575	1575	1575
R^2	0,129	0,144	0,133	0,132	0,121	0,130
$RATIO^{ausf}$ als erklärte Variable bei Sparkassen						
SM	-0,038	-0,194***	-0,218***	-0,136**	-0,008	-0,189***
	(-0,76)	(-4,01)	(-4,11)	(-2,88)	(-0,21)	(-3,61)
Beobachtungen	534	534	534	534	534	534
R^2	0,313	0,335	0,335	0,322	0,312	0,330
$RATIO^{notl}$ als erklärte Variable bei Sparkassen						
SM	-0,013	-0,121*	-0,133*	-0,041	-0,012	-0,132*
	(-0,29)	(-2,52)	(-2,29)	(-0,74)	(-0,29)	(-2,19)
Beobachtungen	534	534	534	534	534	534
R^2	0,194	0,203	0,202	0,194	0,194	0,203

*,**,*** zeigen jeweils statistische Signifikanz auf einem 5%-, 1%- bzw. 0,1%-Signifikanzniveau an.

Tabelle A-10: Ergebnisse (Ausschnitt) der unnormierten Regressionen für die Kreditgenossenschaften auf Basis von Bankmittelwerten zur Erklärung des Prüfungsanteils bei Krediten (*gepr_ant*)

	(1) HHI	(2) HHI^w	(3) D^{Bund}	(4) D^{Land}	(5) D^{Ort}	(6) D^{BWS}
SM	0,256	0,323*	0,0991	0,11[illegible]	0,0218	0,0735
	(1,67)	(1,98)	(0,93)	(1,20)	(0,31)	(0,77)
ewb_ant	4,206***	4,203***	4,049***	4,059***	3,977***	4,025***
	(12,24)	(12,15)	(11,46)	(11,5[illegible])	(11,01)	(11,23)
bilanz	-0,0220**	-0,0238***	-0,0214*	-0,0205*	-0,0258**	-0,0230*
	(-2,73)	(-3,39)	(-1,98)	(-2,0[illegible])	(-2,82)	(-2,25)
ost	0,0501*	0,0345	0,0415	0,051[illegible]*	0,0389	0,0401
	(2,07)	(1,41)	(1,70)	(1,97)	(1,58)	(1,64)
Beobachtungen	1575	1575	1575	1575	1575	1575
R^2	0,407	0,411	0,400	0,40[illegible]	0,398	0,399

*,**,*** zeigen jeweils statistische Signifikanz auf einem 5%-, 1%- bzw. 0,1%-Signifikanzniveau an.

Tabelle A-11: Ergebnisse (Ausschnitt) der 0-1-normierten Regressionen mit $RATIO^{ausf}$ bzw. $RATIO^{notl}$ als erklärter Variable auf Basis von Bankmittelwerten bei Aufnahme des Interaktionsterms *ost·SM*

	(1) HHI	(2) HHI^{w}	(3) D^{Bund}	(4) D^{Land}	(5) D^{Ort}	(6) D^{BWS}
$RATIO^{ausf}$ als erklärte Variable bei Kreditgenossenschaften						
SM	-0,230***	-0,202***	-0,314***	-0,278***	-0,189***	-0,293***
	(-5,44)	(-5,71)	(-6,89)	(-5,99)	(-5,25)	(-6,86)
ost·SM	0,065	-0,054	0,473***	0,277***	0,166*	0,496***
	(0,48)	(-0,36)	(3,96)	(3,51)	(2,23)	(3,98)
Beobachtungen	1575	1575	1575	1575	1575	1575
R^2	0,278	0,273	0,285	0,274	0,261	0,282
$RATIO^{notl}$ als erklärte Variable bei Kreditgenossenschaften						
SM	-0,142***	-0,196***	-0,214***	-0,221***	-0,133***	-0,190***
	(-3,34)	(-5,16)	(-4,47)	(-4,84)	(-3,58)	(-4,09)
ost·SM	0,075	0,023	0,372**	0,322***	0,168*	0,382*
	(0,70)	(0,24)	(2,65)	(3,86)	(2,30)	(2,55)
Beobachtungen	1575	1575	1575	1575	1575	1575
R^2	0,129	0,144	0,136	0,138	0,126	0,133
$RATIO^{ausf}$ als erklärte Variable bei Sparkassen						
SM	-0,032	-0,205***	-0,222***	-0,132*	-0,035	-0,190***
	(-0,50)	(-3,70)	(-3,83)	(-2,40)	(-0,88)	(-3,45)
ost·SM	-0,031	0,163	0,061	-0,027	-0,034	0,072
	(-0,14)	(0,73)	(0,38)	(-0,25)	(-0,33)	(0,35)
Beobachtungen	534	534	534	534	534	534
R^2	0,316	0,338	0,338	0,325	0,316	0,333
$RATIO^{notl}$ als erklärte Variable bei Sparkassen						
SM	-0,014	-0,132*	-0,139*	-0,032	-0,037	-0,142*
	(-0,25)	(-2,31)	(-2,21)	(-0,49)	(-0,82)	(-2,22)
ost·SM	0,046	0,146	0,085	-0,058	0,013	0,205
	(0,22)	(0,67)	(0,46)	(-0,49)	(0,14)	(0,91)
Beobachtungen	534	534	534	534	534	534
R^2	0,195	0,205	0,204	0,196	0,196	0,205

*,**,*** zeigen jeweils statistische Signifikanz auf einem 5%-, 1%- bzw. 0,1%-Signifikanzniveau an.

Anhang B

Ergänzende Tabellen zum Abschnitt 4.3

Tabelle B-1: Ergebnisse der 0-1-normierten Standard-Regressionen auf Basis der Gleichung 4-4 für Kreditgenossenschaften und Sparkassen

	(1) HHI	(2) HHI^w	(3) D^{Bund}	(4) D^{Land}	(5) D^{Ort}	(6) D^{BWS}
SM	-0,409***	0,240***	-0,360***	-0,413***	-0,231***	-0,468***
	(-5,73)	(3,32)	(-6,85)	(-7,75)	(-4,45)	(-9,26)
sparkasse·SM	-0,192*	0,463***	0,642***	0,530***	0,216***	0,887***
	(-2,24)	(5,80)	(12,62)	(7,34)	(4,38)	(9,83)
kred_ant	0,013	0,109**	-0,174***	0,006	0,038	-0,021
	(0,26)	(2,61)	(-5,68)	(0,13)	(0,86)	(-0,45)
privat	0,033	0,130***	-0,036	0,110***	0,118***	0,070*
	(1,25)	(4,01)	(-1,70)	(3,43)	(3,48)	(2,32)
bank_ford	0,058	-0,001	0,014	0,030	0,039	0,038
	(1,25)	(-0,02)	(0,41)	(0,70)	(0,94)	(0,88)
hyp	0,072**	0,057*	-0,053**	0,069**	0,082**	0,046*
	(2,92)	(2,16)	(-2,75)	(2,88)	(3,22)	(1,96)
blanko	-0,045*	-0,048	0,008	-0,035	-0,048*	-0,057*
	(-2,02)	(-1,96)	(0,50)	(-1,47)	(-2,01)	(-2,57)
personal_kredit	-0,094***	0,011	-0,025	-0,061*	-0,069**	-0,061*
	(-3,90)	(0,33)	(-1,02)	(-2,42)	(-2,60)	(-2,42)
bilanz	0,009	0,220***	-0,597***	-0,057	0,049	-0,087*
	(0,19)	(5,06)	(-13,24)	(-1,48)	(1,44)	(-2,03)
ELQ_Ort	0,255***	0,357***	-0,090***	0,268***	0,256***	0,274***
	(12,86)	(15,32)	(-5,88)	(11,91)	(9,13)	(12,68)
fusion1	-0,052*	0,010	-0,061**	-0,039	-0,020	-0,033
	(-2,36)	(0,44)	(-2,79)	(-1,83)	(-0,94)	(-1,58)
fusion2	-0,034	-0,025	-0,050***	-0,029	-0,037	-0,035
	(-1,69)	(-1,15)	(-3,52)	(-1,39)	(-1,77)	(-1,70)
sparkasse	0,145	-0,486***	-0,780***	-0,628***	-0,267***	-0,979***
	(1,50)	(-5,15)	(-10,07)	(-6,66)	(-3,87)	(-9,13)
Beobachtungen	2109	2109	2109	2109	2109	210
R^2	0,291	0,222	0,662	0,237	0,188	0,265

*,**,*** zeigen jeweils statistische Signifikanz auf einem 5%-, 1%- bzw. 0,1%-Signifikanzniveau an.

Tabelle B-2: Ergebnisse der 0-1-normierten Standard-Regressionen auf Basis der Gleichung 4-5 für Kreditgenossenschaften und Sparkassen

	(1) HHI	(2) HHI^{w}	(3) D^{Bund}	(4) D^{Land}	(5) D^{Ort}	(6) D^{BWS}
SM	-0,458***	0,196**	-0,476***	-0,491***	-0,375***	-0,528***
	(-6,46)	(2,83)	(-8,72)	(-9,28)	(-8,32)	(-10,48)
sparkasse·SM	-0,059	0,489***	0,995***	0,603***	0,215***	0,987***
	(-1,81)	(5,50)	(11,29)	(7,86)	(4,32)	(10,00)
kred_ant	-0,055	0,088*	-0,025	-0,017	0,011	-0,045
	(-1,80)	(2,04)	(-0,54)	(-0,37)	(0,24)	(-0,96)
privat	0,057*	0,171***	0,138***	0,142***	0,149***	0,099**
	(2,05)	(5,32)	(4,32)	(4,42)	(4,49)	(3,20)
bank_ford	0,032	0,014	0,052	0,038	0,052	0,047
	(0,93)	(0,34)	(1,17)	(0,87)	(1,23)	(1,05)
hyp	0,082**	0,077**	0,063*	0,081**	0,097***	0,057*
	(3,16)	(2,76)	(2,50)	(3,22)	(3,72)	(2,30)
blanko	-0,040	-0,049	-0,042	-0,031	-0,044	-0,058*
	(-1,81)	(-1,94)	(-1,80)	(-1,30)	(-1,84)	(-2,52)
personal_kredit	-0,159***	-0,086**	-0,136***	-0,128***	-0,132***	-0,130***
	(-6,65)	(-2,86)	(-5,52)	(-5,16)	(-5,34)	(-5,31)
bilanz	0,019	0,228***	-0,050	-0,087*	-0,015	-0,106*
	(0,41)	(5,10)	(-1,16)	(-2,11)	(-0,41)	(-2,37)
fusion1	-0,042	0,041	-0,008	-0,020	-0,012	-0,009
	(-1,96)	(1,69)	(-0,38)	(-0,88)	(-0,52)	(-0,40)
fusion2	-0,101***	-0,117***	-0,107***	-0,101***	-0,110***	-0,109***
	(-5,02)	(-5,07)	(-5,19)	(-4,84)	(-5,23)	(-5,31)
sparkasse		-0,481***	-1,095***	-0,684***	-0,257***	-1,057***
		(-4,71)	(-10,29)	(-7,09)	(-3,70)	(-9,32)
Beobachtungen	2109	2109	2109	2109	2109	2109
R^2	0,237	0,119	0,179	0,180	0,146	0,205

*,**,*** zeigen jeweils statistische Signifikanz auf einem 5%-, 1%- bzw. 0,1%-Signifikanzniveau an.

Tabelle B-3: Ergebnisse der 0-1-normierten Standard-Regressionen auf Basis der Gleichung 4-6 für Kreditgenossenschaften und Sparkassen

	(1) HHI	(2) HHI^w	(3) D^{Bund}	(4) D^{Land}	(5) D^{Ort}	(6) D^{BWS}
SM	-0,228***	0,022	-0,319***	-0,450***	-0,278***	-0,272***
	(-9,24)	(0,63)	(-9,88)	(-14,09)	(-10,89)	(-9,28)
sparkasse·SM	0,398***	0,745***	0,375***	0,146*	0,159***	0,415***
	(3,87)	(7,61)	(5,01)	(2,22)	(3,92)	(4,93)
kred_ant	-0,399***	-0,346***	-0,432***	-0,434***	-0,407***	-0,429***
	(-13,29)	(-11,11)	(-14,29)	(-15,48)	(-13,89)	(-14,09)
privat	-0,260***	-0,210***	-0,231***	-0,233***	-0,219***	-0,247***
	(-12,13)	(-9,50)	(-10,86)	(-11,34)	(-10,46)	(-11,29)
bank_ford	0,036	0,026	0,019	0,014	0,030	0,019
	(1,17)	(0,76)	(0,61)	(0,49)	(0,96)	(0,59)
hyp	0,092***	0,084***	0,088***	0,092***	0,106***	0,089***
	(4,46)	(3,83)	(4,11)	(4,58)	(5,04)	(4,15)
blanko	-0,052**	-0,053**	-0,055**	-0,047**	-0,050**	-0,061***
	(-2,86)	(-2,81)	(-3,01)	(-2,70)	(-2,80)	(-3,33)
personal_kredit	-0,264***	-0,229***	-0,257***	-0,241***	-0,255***	-0,255***
	(-13,50)	(-10,82)	(-13,13)	(-13,12)	(-13,18)	(-12,81)
bilanz	-0,085**	0,028	-0,197***	-0,289***	-0,152***	-0,170***
	(-2,84)	(0,86)	(-5,20)	(-7,91)	(-4,90)	(-4,59)
fusion1	0,086***	0,098***	0,093***	0,063**	0,085***	0,098***
	(4,29)	(4,86)	(4,65)	(3,25)	(4,25)	(4,87)
fusion2	-0,037*	-0,046**	-0,040*	-0,036*	-0,042**	-0,038*
	(-2,44)	(-2,81)	(-2,55)	(-2,43)	(-2,67)	(-2,44)
sparkasse	-0,170	-0,517***	-0,196*	0,023	0,049	-0,212*
	(-1,60)	(-5,18)	(-2,41)	(0,31)	(1,02)	(-2,37)
Beobachtungen	2109	2109	2109	2109	2109	2109
R^2	0,432	0,413	0,427	0,474	0,429	0,422

*,**,*** zeigen jeweils statistische Signifikanz auf einem 5%-, 1%- bzw. 0,1%-Signifikanzniveau an.

Tabelle B-4: Ergebnisse (Ausschnitt) der nicht normierten Standard-Regressionen auf Basis der Gleichungen 4-4 bis 4-6

	(1) HHI	(2) HHI^w	(3) D^{Bund}	(4) D^{Land}	(5) D^{Ort}	(6) D^{BWS}
Kreditgenossenschaften (Regressionsgleichung 4-4)						
SM	-0,00702***	0,00463**	-0,00447***	-0,00410***	-0,00207***	-0,00522***
	(-5,78)	(3,30)	(-7,17)	(-7,24)	(-4,06)	(-8,85)
Beobachtungen	1575	1575	1575	1575	1575	1575
R^2	0,283	0,201	0,216	0,219	0,171	0,247
Kreditgenossenschaften (Regressionsgleichung 4-5)						
SM	-0,00768***	0,00390**	-0,00501***	-0,00475***	-0,00315***	-0,00574***
	(-6,31)	(2,88)	(-8,08)	(-8,45)	(-7,36)	(-9,77)
Beobachtungen	1575	1575	1575	1575	1575	1575
R^2	0,248	0,120	0,168	0,180	0,146	0,203
Kreditgenossenschaften (Regressionsgleichung 4-6)						
SM	-0,0128***	0,00244	-0,00945***	-0,0140***	-0,00762***	-0,00847***
	(-8,85)	(1,04)	(-7,66)	(-11,90)	(-8,88)	(-7,20)
Beobachtungen	1575	1575	1575	1575	1575	1575
R^2	0,353	0,301	0,334	0,399	0,342	0,330
Sparkassen (Regressionsgleichung 4-4)						
SM	-0,0128***	0,00984***	0,00380***	0,00137*	0,000297	0,00275***
	(-7,83)	(6,48)	(5,81)	(2,43)	(0,76)	(3,74)
Beobachtungen	534	534	534	534	534	534
R^2	0,436	0,417	0,413	0,374	0,366	0,388
Sparkassen (Regressionsgleichung 4-5)						
SM	-0,0168***	0,00876***	0,00425***	0,000931	-0,00212***	0,00278***
	(-9,97)	(5,02)	(5,61)	(1,44)	(-3,38)	(3,29)
Beobachtungen	534	534	534	534	534	534
R^2	0,332	0,252	0,270	0,214	0,229	0,234
Sparkassen (Regressionsgleichung 4-6)						
SM	0,00402	0,0324***	-0,00553	-0,0116***	-0,00289	-0,00533
	(0,71)	(4,71)	(-2,00)	(-4,71)	(-2,88)	(-1,85)
Beobachtungen	534	534	534	534	534	534
R^2	0,568	0,578	0,561	0,576	0,564	0,560

*,**,*** zeigen jeweils statistische Signifikanz auf einem 5%-, 1%- bzw. 0,1%-Signifikanzniveau an.

Tabelle B-5: Ergebnisse (Ausschnitt) der nicht normierten Standard-Regressionen auf Basis der Gleichungen 4-4 bis 4-6 unter Ausschluss von Banken mit extremen Variablenausprägungen

	(1) HHI	(2) HHI^w	(3) D^{Bund}	(4) D^{Land}	(5) D^{Ort}	(6) D^{BWS}
Kreditgenossenschaften (Regressionsgleichung 4-4)						
SM	-0,601***	0,404***	-0,425***	-0,411***	-0,155***	-0,492***
	(-26,23)	(13,28)	(-10,12)	(-10,30)	(-3,56)	(-12,90)
Beobachtungen	1334	1334	1334	1334	1334	1334
R^2	0,430	0,302	0,254	0,256	0,190	0,293
Kreditgenossenschaften (Regressionsgleichung 4-5)						
SM	-0,637***	0,383***	-0,458***	-0,469***	-0,290***	-0,527***
	(-25,12)	(12,28)	(-10,84)	(-11,87)	(-8,55)	(-13,90)
Beobachtungen	1334	133	1334	1334	1334	1334
R^2	0,384	0,208	0,186	0,201	0,151	0,230
Kreditgenossenschaften (Regressionsgleichung 4-6)						
SM	-0,182***	0,286***	-0,161***	-0,387***	-0,166***	-0,133***
	(-7,73)	(11,57)	(-4,69)	(-10,73)	(-6,25)	(-4,16)
Beobachtungen	1334	1334	1334	1334	1334	1334
R^2	0,371	0,410	0,359	0,419	0,366	0,356
Sparkassen (Regressionsgleichung 4-4)						
SM	-0,275***	0,313***	0,370***	0,188***	0,062	0,260***
	(-6,25)	(7,22)	(7,89)	(3,70)	(1,11)	(5,20)
Beobachtungen	423	423	423	423	423	423
R^2	0,405	0,408	0,423	0,365	0,343	0,385
Sparkassen (Regressionsgleichung 4-5)						
SM	-0,335***	0,305***	0,428***	0,179**	-0,136**	0,293***
	(-7,51)	(6,12)	(8,59)	(3,13)	(-2,78)	(5,29)
Beobachtungen	423	423	423	423	423	423
R^2	0,288	0,254	0,302	0,211	0,204	0,246
Sparkassen (Regressionsgleichung 4-6)						
SM	0,053	0,193***	-0,071	-0,142***	-0,101**	-0,075
	(1,42)	(4,73)	(-1,65)	(-3,54)	(-2,96)	(-1,85)
Beobachtungen	423	423	423	423	423	423
R^2	0,539	0,562	0,539	0,550	0,545	0,540

*,**,*** zeigen jeweils statistische Signifikanz auf einem 5%-, 1%- bzw. 0,1%-Signifikanzniveau an.

Tabelle B-6: Ergebnisse (Ausschnitt) der nicht normierten Standard-Regressionen auf Basis der Gleichung 4-6 bei veränderter Datenbasis

	(1) HHI	(2) HHI^w	(3) D^{Bund}	(4) D^{Land}	(5) D^{Ort}	(6) D^{BWS}
Berücksichtigung aller Kreditgenossenschaften						
SM	-0,259***	0,057	-0,260***	-0,411***	-0,230***	-0,235***
	(-9,64)	(1,41)	(-8,24)	(-12,91)	(-8,88)	(-7,72)
Beobachtungen	1980	1980	1980	1980	1980	1980
R^2	0,365	0,316	0,346	0,407	0,349	0,342
Berücksichtigung aller Sparkassen						
SM	0,023	0,173***	-0,070	-0,156***	-0,083**	-0,067
	(0,77)	(4,84)	(-1,85)	(-4,53)	(-2,83)	(-1,92)
Beobachtungen	581	581	581	581	581	581
R^2	0,558	0,577	0,560	0,573	0,563	0,560
Berücksichtigung der Kreditgenossenschaften mit zwölf Beobachtungen						
SM	-0,269***	0,043	-0,258***	-0,431***	-0,281***	-0,236***
	(-8,71)	(0,93)	(-6,68)	(-11,23)	(-8,92)	(-6,35)
Beobachtungen	1142	1142	1142	1142	1142	1142
R^2	0,362	0,307	0,339	0,409	0,357	0,336
Berücksichtigung der Sparkassen mit zwölf Beobachtungen						
SM	0,020	0,167***	-0,081	-0,193***	-0,095**	-0,090*
	(0,58)	(3,72)	(-1,85)	(-4,75)	(-2,80)	(-2,24)
Beobachtungen	421	421	421	421	421	421
R^2	0,552	0,569	0,555	0,575	0,559	0,556
Kreditgenossenschaften bei Berücksichtigung von Dummys für Beobachtungszeiträume						
SM	-0,267***	0,044	-0,273***	-0,436***	-0,271***	-0,245***
	(-9,35)	(1,03)	(-7,89)	(-12,38)	(-9,50)	(-7,40)
Beobachtungen	1575	1575	1575	1575	1575	1575
R^2	0,358	0,305	0,340	0,407	0,351	0,335
Sparkassen Berücksichtigung von Dummys für Beobachtungszeiträume						
SM	0,020	0,169***	-0,072	-0,161***	-0,089**	-0,063
	(0,64)	(4,43)	(-1,80)	(-4,34)	(-3,08)	(-1,72)
Beobachtungen	534	534	534	534	534	534
R^2	0,568	0,586	0,571	0,584	0,575	0,570

*,** *** zeigen jeweils statistische Signifikanz auf einem 5%- 1%- bzw. 0,1%-Signifikanzniveau an.

Tabelle B-7: Ergebnisse (Ausschnitt) der 0-1-normierten Regressionen auf Basis der Gleichungen 4-4 bis 4-6 bei zusätzlicher Aufnahme der Variablen *markt_ant1* für die Kreditgenossenschaften

	(1) HHI	(2) HHI^w	(3) D^{Bund}	(4) D^{Land}	(5) D^{Ort}	(6) D^{BWS}
Regressionsgleichung 4-4						
markt_ant1	-0,003	-0,086***	-0,016	-0,021	-0,090***	-0,010
	(-0,15)	(-3,80)	(-0,83)	(-1,14)	(-4,55)	(-0,50)
Beobachtungen	1575	1575	1575	1575	1575	1575
R^2	0,283	0,207	0,216	0,219	0,178	0,247
Regressionsgleichung 4-5						
markt_ant1	0,018	-0,056*	0,008	0,001	-0,095***	0,013
	(0,73)	(-2,24)	(0,38)	(0,03)	(-4,34)	(0,59)
Beobachtungen	1575	1575	1575	1575	1575	1575
R^2	0,248	0,123	0,168	0,180	0,154	0,204
Regressionsgleichung 4-6						
markt_ant1	0,016	-0,018	0,014	0,021	-0,063**	0,010
	(0,79)	(-0,97)	(0,71)	(1,03)	(-3,15)	(0,54)
Beobachtungen	1575	1575	1575	1575	1575	1575
R^2	0,353	0,301	0,335	0,399	0,345	0,330

*,**,*** zeigen jeweils statistische Signifikanz auf einem 5%-, 1%- bzw. 0,1%-Signifikanzniveau an.

Tabelle B-8: Ergebnisse (Ausschnitt) der 0-1-normierten Regressionen gemäß den Gleichungen 4-4 bis 4-6 auf Basis von Bankmittelwerten des Zeitraums 1995 bis 2000 und des Zeitraums 2001 bis 2006 für die Kreditgenossenschaften

	(1) HHI	(2) HHI^w	(3) D^{Bund}	(4) D^{Land}	(5) D^{Ort}	(6) D^{BWS}
Regressionsgleichung 4-4 für den Zeitraum 1995 bis 2000						
SM	-0,375***	0,387***	-0,277***	-0,289***	-0,110*	-0,355***
	(-4,82)	(5,09)	(-6,03)	(-6,58)	(-2,36)	(-8,44)
Beobachtungen	1967	1967	1967	1967	1967	1967
R^2	0,238	0,260	0,172	0,179	0,143	0,197
Regressionsgleichung 4-5 für den Zeitraum 1995 bis 2000						
SM	-0,426***	0,352***	-0,338***	-0,369***	-0,245***	-0,417***
	(-5,44)	(4,67)	(-7,16)	(-8,20)	(-5,69)	(-9,64)
Beobachtungen	1967	1967	1967	1967	1967	1967
R^2	0,200	0,165	0,115	0,137	0,102	0,149
Regressionsgleichung 4-6 für den Zeitraum 1995 bis 2000						
SM	-0,290***	0,092*	-0,314***	-0,473***	-0,255***	-0,287***
	(-9,61)	(2,23)	(-10,29)	(-15,37)	(-9,64)	(-9,80)
Beobachtungen	1967	1967	1967	1967	1967	1967
R^2	0,384	0,327	0,367	0,445	0,364	0,361
Regressionsgleichung 4-4 für den Zeitraum 2001 bis 2006						
SM	-0,356***	0,223**	-0,272***	-0,280***	-0,197***	-0,310***
	(-5,73)	(2,92)	(-5,55)	(-5,66)	(-4,01)	(-6,50)
Beobachtungen	1277	1277	1277	1277	1277	1277
R^2	0,177	0,116	0,115	0,119	0,094	0,130
Regressionsgleichung 4-5 für den Zeitraum 2001 bis 2006						
SM	-0,374***	0,200**	-0,285***	-0,302***	-0,242***	-0,323***
	(-6,02)	(2,65)	(-5,85)	(-6,13)	(-6,02)	(-6,80)
Beobachtungen	1277	1277	1277	1277	1277	1277
R^2	0,166	0,084	0,094	0,103	0,090	0,111
Regressionsgleichung 4-6 für den Zeitraum 2001 bis 2006						
SM	-0,209***	0,009	-0,136***	-0,308***	-0,157***	-0,123***
	(-8,56)	(0,19)	(-3,69)	(-8,25)	(-5,09)	(-3,43)
Beobachtungen	1277	1277	1277	1277	1277	1277
R^2	0,391	0,355	0,365	0,411	0,372	0,363

*,**,*** zeigen jeweils statistische Signifikanz auf einem 5%-, 1%- bzw. 0,1%-Signifikanzniveau an.

Tabelle B-9: Ergebnisse (Ausschnitt) der 0-1-normierten Regressionen gemäß den Gleichungen 4-4 bis 4-6 auf Basis von Bankmittelwerten des Zeitraums 1995 bis 2000 für die Sparkassen

	(1) HHI	(2) HHI^w	(3) D^{Bund}	(4) D^{Land}	(5) D^{Ort}	(6) D^{BWS}
Regressionsgleichung 4-4						
SM	-0,240***	0,388***	0,287***	0,143**	0,088	0,158**
	(-5,83)	(9,73)	(5,70)	(2,88)	(1,80)	(3,13)
Beobachtungen	576	576	576	576	576	576
R^2	0,338	0,388	0,335	0,303	0,295	0,305
Regressionsgleichung 4-5						
SM	-0,306***	0,382***	0,355***	0,116*	-0,148***	0,174**
	(-7,17)	(8,89)	(6,53)	(2,02)	(-3,32)	(3,11)
Beobachtungen	576	576	576	576	576	576
R^2	0,218	0,233	0,208	0,147	0,157	0,156
Regressionsgleichung 4-6						
SM	0,009	0,146***	-0,034	-0,134***	-0,083***	-0,011
	(0,37)	(4,85)	(-1,20)	(-4,90)	(-4,03)	(-0,40)
Beobachtungen	576	576	576	576	576	576
R^2	0,704	0,718	0,704	0,716	0,710	0,704

*,**,*** zeigen jeweils statistische Signifikanz auf einem 5%-, 1%- bzw. 0,1%-Signifikanzniveau an.

Anhang C

Ergänzende Tabellen zum Kapitel 5

Tabelle C-1: Ergebnisse der nicht normierten Standard-Regressionen mit ZEQ^{ausf} als erklärter Variable auf Basis von Bankmittelwerten für die Kreditgenossenschaften

	(1) HHI	(2) HHI^w	(3) D^{Bund}	(4) D^{Land}	(5) D^{Ort}	(6) D^{BWS}
SM	0,000851	-0,00102	-0,00142	-0,00658*	-0,00135	-0,0000338
	(0,23)	(-0,37)	(-0,52)	(-2,34)	(-0,79)	(-0,01)
kred_ant	-0,00966***	-0,0100***	-0,0102***	-0,0120***	-0,0103***	-0,00984***
	(-4,76)	(-5,17)	(-5,12)	(-5,87)	(-5,32)	(-4,92)
privat	-0,00466**	-0,00492**	-0,00496**	-0,00562***	-0,00495**	-0,00482**
	(-2,63)	(-2,91)	(-2,94)	(-3,34)	(-2,98)	(-2,78)
blanko	-0,0111***	-0,0112***	-0,0111***	-0,0110***	-0,0111***	-0,0111***
	(-5,83)	(-5,89)	(-5,86)	(-5,83)	(-5,85)	(-5,85)
markt_ant1	-0,00205	-0,00185	-0,00179	-0,000937	-0,00213	-0,00196
	(-1,29)	(-1,15)	(-1,09)	(-0,54)	(-1,26)	(-1,22)
markt_struktur	0,00373**	0,00364**	0,00363**	0,00304*	0,00349**	0,00369**
	(2,98)	(2,89)	(2,86)	(2,35)	(2,75)	(2,92)
hoehe	-0,00196	-0,00178	-0,00165	-0,00100	-0,00163	-0,00183
	(-1,69)	(-1,92)	(-1,54)	(-0,94)	(-1,62)	(-1,73)
ZAQ	-0,0520	-0,0470	-0,0483	-0,0335	-0,0466	-0,0502
	(-0,46)	(-0,42)	(-0,43)	(-0,30)	(-0,41)	(-0,44)
verwaltung	0,220***	0,218***	0,218***	0,209***	0,218***	0,219***
	(5,17)	(5,17)	(5,22)	(5,21)	(5,20)	(5,20)
bilanz	-0,000856***	-0,000909***	-0,000978***	-0,00136***	-0,000973***	-0,000885***
	(-5,01)	(-5,82)	(-4,68)	(-6,01)	(-5,90)	(-4,51)
agglom1	0,00149***	0,00153***	0,00148***	0,00142***	0,00156***	0,00151***
	(3,81)	(3,85)	(3,67)	(3,54)	(4,03)	(3,74)
agglom2	0,000909**	0,000928**	0,000909**	0,000842**	0,000905**	0,000917**
	(2,78)	(2,85)	(2,80)	(2,59)	(2,79)	(2,83)
ost	-0,00811***	-0,00812***	-0,00816***	-0,00879***	-0,00820***	-0,00813***
	(-9,07)	(-8,85)	(-9,01)	(-9,30)	(-9,09)	(-8,98)
fusion2	-0,00126**	-0,00127**	-0,00129**	-0,00136***	-0,00129**	-0,00127**
	(-3,10)	(-3,21)	(-3,21)	(-3,39)	(-3,23)	(-3,17)
Beobachtungen	1575	1575	1575	1575	1575	1575
R^2	0,209	0,209	0,209	0,215	0,209	0,209

*,**,*** zeigen jeweils statistische Signifikanz auf einem
5%-, 1%- bzw. 0,1%-Signifikanzniveau an.

Tabelle C-2: Ergebnisse der nicht normierten Standard-Regressionen mit ZEQ^{ausf} als erklärter Variable auf Basis von Bankmittelwerten für die Sparkassen

	(1) HHI	(2) HHI^w	(3) D^{Bund}	(4) D^{Land}	(5) D^{Ort}	(6) D^{BWS}
SM	-0,00497	0,0200*	0,0121**	-0,000614	-0,00342	0,00868*
	(-0,43)	(2,31)	(3,28)	(-0,18)	(-1,63)	(2,32)
kred_ant	-0,000424	-0,0000955	0,000750	-0,000484	-0,000508	0,000258
	(-0,13)	(-0,03)	(0,22)	(-0,14)	(-0,15)	(0,08)
privat	0,0125***	0,0122***	0,0124***	0,0125***	0,0124***	0,0131***
	(4,72)	(4,66)	(4,83)	(4,70)	(4,66)	(4,93)
blanko	-0,0107***	-0,0103***	-0,0108***	-0,0107***	-0,0107***	-0,0108***
	(-5,00)	(-4,79)	(-5,08)	(-5,01)	(-5,00)	(-5,06)
markt_ant1	0,00500*	0,00455*	0,00425	0,00490*	0,00488*	0,00467*
	(2,19)	(2,05)	(1,91)	(2,17)	(2,17)	(2,12)
markt_struktur	-0,00337	-0,00299	-0,00271	-0,00328	-0,00402	-0,00312
	(-1,36)	(-1,24)	(-1,12)	(-1,34)	(-1,59)	(-1,31)
hoehe	-0,00125	-0,000199	0,000177	-0,00118	-0,00134	-0,000636
	(-0,89)	(-0,14)	(0,13)	(-0,83)	(-0,96)	(-0,47)
ZAQ	0,0474	0,0457	0,0535	0,0461	0,0481	0,0461
	(0,40)	(0,38)	(0,45)	(0,39)	(0,41)	(0,39)
verwaltung	0,203*	0,217*	0,231*	0,204*	0,197*	0,221*
	(2,27)	(2,39)	(2,55)	(2,24)	(2,20)	(2,43)
bilanz	-0,00102***	-0,000758**	-0,000376	-0,00100**	-0,00110***	-0,000608*
	(-3,69)	(-2,76)	(-1,16)	(-3,17)	(-4,07)	(-1,98)
agglom1	0,000480	0,000435	0,000787	0,000457	0,000499	0,000808
	(0,91)	(0,83)	(1,53)	(0,86)	(0,94)	(1,52)
agglom2	-0,000502	-0,000451	-0,000354	-0,000490	-0,000545	-0,000322
	(-0,95)	(-0,87)	(-0,70)	(-0,93)	(-1,03)	(-0,63)
ost	-0,00643***	-0,00682***	-0,00576***	-0,00651***	-0,00658***	-0,00625***
	(-6,63)	(-6,99)	(-5,91)	(-6,52)	(-6,79)	(-6,45)
fusion2	-0,00147**	-0,00159**	-0,00144**	-0,00147**	-0,00144**	-0,00144**
	(-2,71)	(-2,93)	(-2,64)	(-2,71)	(-2,67)	(-2,66)
Beobachtungen	534	534	534	534	534	534
R^2	0,474	0,479	0,484	0,474	0,476	0,479

*,**,*** zeigen jeweils statistische Signifikanz auf einem 5%-, 1%- bzw. 0,1%-Signifikanzniveau an.

Tabelle C-3: Ergebnisse (Ausschnitt) der 0-1-normierten Regressionen mit ZEQ^{ausf} als erklärter Variable auf Basis von Bankmittelwerten bei veränderter Datenbasis

	(1) HHI	(2) HHI^{w}	(3) D^{Bund}	(4) D^{Land}	(5) D^{Ort}	(6) D^{BWS}
Berücksichtigung aller Kreditgenossenschaften						
SM	0,022	-0,010	-0,031	-0,128**	-0,030	0,005
	(0,56)	(-0,37)	(-0,73)	(-2,80)	(-0,97)	(0,12)
Beobachtungen	1980	1980	1980	1980	1980	1980
R^2	0,205	0,204	0,205	0,211	0,205	0,204
Berücksichtigung aller Sparkassen						
SM	-0,014	0,091*	0,158***	-0,001	-0,049	0,110**
	(-0,36)	(2,32)	(3,58)	(-0,01)	(-1,50)	(2,62)
Beobachtungen	581	581	581	581	581	581
R^2	0,453	0,458	0,465	0,453	0,455	0,460
Berücksichtigung der Kreditgenossenschaften mit zwölf Beobachtungen						
SM	-0,018	-0,021	-0,028	-0,138**	-0,041	-0,003
	(-0,45)	(-0,57)	(-0,62)	(-3,11)	(-1,13)	(-0,07)
Beobachtungen	1142	1142	1142	1142	1142	1142
R^2	0,262	0,263	0,263	0,270	0,263	0,262
Berücksichtigung der Sparkassen mit zwölf Beobachtungen						
SM	-0,028	0,114*	0,189***	-0,007	-0,046	0,140**
	(-0,61)	(2,37)	(3,72)	(-0,14)	(-1,19)	(2,91)
Beobachtungen	421	421	421	421	421	421
R^2	0,463	0,470	0,479	0,463	0,464	0,473
Kreditgenossenschaften bei Berücksichtigung von Dummys für Beobachtungszeiträume						
SM	0,009	-0,009	-0,025	-0,127*	-0,032	0,001
	(0,21)	(-0,28)	(-0,54)	(-2,56)	(-0,92)	(0,03)
Beobachtungen	1575	1575	1575	1575	1575	1575
R^2	0,216	0,216	0,217	0,223	0,217	0,216
Sparkassen bei Berücksichtigung von Dummys für Beobachtungszeiträume						
SM	-0,016	0,086*	0,153***	0,005	-0,048	0,103*
	(-0,43)	(2,11)	(3,36)	(0,11)	(-1,43)	(2,40)
Beobachtungen	534	534	534	534	534	534
R^2	0,479	0,483	0,489	0,479	0,480	0,484

*,**,*** zeigen jeweils statistische Signifikanz auf einem 5%-, 1%- bzw. 0,1%-Signifikanzniveau an.

Tabelle C-4: Ergebnisse der 0-1-normierten Regressionen mit ZEQ^{ausf} als erklärter Variable auf Basis von Bankmittelwerten für Sparkassen unter Ausschluss der Variablen *bilanz*

	(1) HHI	(2) HHI^w	(3) D^{Bund}	(4) D^{Land}	(5) D^{Ort}	(6) D^{BWS}
SM	0,020	0,127**	0,176***	-0,010	-0,009	0,140***
	(0,52)	(3,29)	(5,02)	(-0,30)	(-0,27)	(3,89)
kred_ant	0,006	0,011	0,026	0,017	0,006	0,019
	(0,07)	(0,14)	(0,34)	(0,22)	(0,07)	(0,25)
ost	-0,435***	-0,480***	-0,400***	-0,407***	-0,431***	-0,431***
	(-6,22)	(-6,78)	(-5,89)	(-5,91)	(-6,26)	(-6,23)
Beobachtungen	534	534	534	534	534	534
R^2	0,462	0,472	0,483	0,464	0,462	0,476

*,**,*** zeigen jeweils statistische Signifikanz auf einem 5%-, 1%- bzw. 0,1%-Signifikanzniveau an.

Tabelle C-5: Ergebnisse der 0-1-normierten Regressionen mit ZEQ^{ausf} als erklärter Variable auf Basis von Bankmittelwerten für Sparkassen unter Ausschluss der Variablen *bilanz* und *ost*

	(1) HHI	(2) HHI^w	(3) D^{Bund}	(4) D^{Land}	(5) D^{Ort}	(6) D^{BWS}
SM	-0,009	0,059	0,202***	-0,003	0,002	0,139***
	(-0,22)	(1,47)	(5,41)	(-0,05)	(0,04)	(3,65)
kred_ant	0,152	0,163*	0,164*	0,158*	0,153*	0,166*
	(1,95)	(2,06)	(2,14)	(2,03)	(1,97)	(2,14)
privat	0,229***	0,223***	0,199***	0,220***	0,229***	0,224***
	(5,80)	(5,65)	(5,33)	(5,68)	(5,81)	(5,85)
Beobachtungen	534	534	534	534	534	534
R^2	0,415	0,417	0,442	0,424	0,414	0,428

*,**,*** zeigen jeweils statistische Signifikanz auf einem 5%-, 1%- bzw. 0,1%-Signifikanzniveau an.

Tabelle C-6: Ergebnisse der 0-1-normierten Regressionen mit ZEQ^{ausf} als erklärter Variable auf Basis von Bankmittelwerten bei Segmentierung nach *bilanz*

	(1) HHI	(2) HHI^{w}	(3) D^{Bund}	(4) D^{Land}	(5) D^{Ort}	(6) D^{BWS}
Kleine Kreditgenossenschaften						
SM	-0,024	-0,049	-0,087	-0,161	-0,062	-0,080
	(-0,27)	(-0,94)	(-1,11)	(-1,76)	(-0,99)	(-1,07)
Beobachtungen	525	525	525	525	525	525
R^2	0,239	0,240	0,243	0,253	0,241	0,242
Mittelgroße Kreditgenossenschaften						
SM	0,093*	0,031	0,012	-0,076	-0,029	0,047
	(2,18)	(0,69)	(0,25)	(-1,55)	(-0,68)	(0,99)
Beobachtungen	525	525	525	525	525	525
R^2	0,194	0,188	0,188	0,192	0,188	0,189
Große Kreditgenossenschaften						
SM	0,008	0,003	0,004	-0,061	0,008	0,032
	(0,14)	(0,06)	(0,07)	(-1,03)	(0,16)	(0,65)
Beobachtungen	525	525	525	525	525	525
R^2	0,208	0,208	0,208	0,210	0,208	0,208
Kleine Sparkassen						
SM	-0,006	0,047	0,147*	0,054	-0,058	0,036
	(-0,09)	(0,76)	(2,33)	(0,76)	(-1,26)	(0,57)
Beobachtungen	178	178	178	178	178	178
R^2	0,526	0,528	0,540	0,528	0,529	0,527
Mittelgroße Sparkassen						
SM	-0,000	0,113	0,119	-0,053	-0,022	0,139*
	(-0,01)	(1,73)	(1,75)	(-0,79)	(-0,36)	(2,17)
Beobachtungen	178	178	178	178	178	178
R^2	0,488	0,496	0,497	0,489	0,488	0,502
Große Sparkassen						
SM	-0,109	0,194**	0,105	-0,019	-0,124	0,121
	(-1,83)	(2,76)	(1,37)	(-0,28)	(-1,93)	(1,54)
Beobachtungen	178	178	178	178	178	178
R^2	0,389	0,404	0,387	0,380	0,390	0,389

*,**,*** zeigen jeweils statistische Signifikanz auf einem 5%-, 1%- bzw. 0,1%-Signifikanzniveau an.

Tabelle C-7: Ergebnisse (Ausschnitt) der 0-1-normierten Regressionen mit ZEQ^{ausf} als erklärter Variable auf Basis von Bankmittelwerten bei Segmentierung nach *provision* für Sparkassen

	(1) HHI	(2) HHI^w	(3) D^{Bund}	(4) D^{Land}	(5) D^{Ort}	(6) D^{BWS}
Institute mit niedrigem Provisionsanteil						
SM	0,069	0,035	0,155	0,137	-0,002	0,074
	(0,97)	(0,44)	(1,49)	(1,41)	(-0,03)	(0,78)
Beobachtungen	178	178	178	178	178	178
R^2	0,370	0,367	0,376	0,374	0,366	0,369
Institute mit mittelhohem Provisionsanteil						
SM	-0,012	0,222**	0,196*	-0,030	-0,088	0,191*
	(-0,20)	(3,06)	(2,32)	(-0,39)	(-1,23)	(2,40)
Beobachtungen	178	178	178	178	178	178
R^2	0,432	0,463	0,449	0,433	0,437	0,450
Institute mit hohem Provisionsanteil						
SM	-0,079	0,072	0,152*	0,004	-0,081	0,087
	(-1,43)	(1,03)	(2,00)	(0,06)	(-1,51)	(1,19)
Beobachtungen	178	178	178	178	178	178
R^2	0,562	0,560	0,567	0,557	0,561	0,561

*,**,*** zeigen jeweils statistische Signifikanz auf einem 5%-, 1%- bzw. 0,1%-Signifikanzniveau an.

Tabelle C-8: Ergebnisse (Ausschnitt) der 0-1-normierten Regressionen mit ZEQ^{ausf} als erklärter Variable auf Basis von Bankmittelwerten bei Segmentierung nach dem Agglomerationsgrad des Geschäftsgebietes für Sparkassen

	(1) HHI	(2) HHI^w	(3) D^{Bund}	(4) D^{Land}	(5) D^{Ort}	(6) D^{BWS}
Institute mit ländlichem Geschäftsgebiet						
SM	-0,023	0,177	0,204	-0,142	-0,009	0,213*
	(-0,24)	(1,61)	(1,98)	(-1,27)	(-0,09)	(2,13)
markt_struktur	0,301*	0,242	0,256*	0,295*	0,292*	0,235
	(2,13)	(1,89)	(1,99)	(2,20)	(2,17)	(1,84)
bilanz	-0,024	0,038	0,132	-0,105	-0,020	0,113
	(-0,23)	(0,38)	(1,07)	(-0,85)	(-0,19)	(0,92)
Beobachtungen	100	100	100	100	100	100
R^2	0,487	0,501	0,507	0,496	0,487	0,514
Institute mit städtischem Geschäftsgebiet						
SM	-0,086	-0,000	0,098	0,006	-0,048	0,039
	(-1,88)	(-0,01)	(1,34)	(0,09)	(-0,81)	(0,61)
markt_struktur	-0,169	-0,136	-0,116	-0,134	-0,145	-0,136
	(-1,46)	(-1,22)	(-1,05)	(-1,20)	(-1,34)	(-1,23)
bilanz	-0,195**	-0,153*	-0,078	-0,148	-0,176*	-0,123
	(-2,74)	(-2,04)	(-0,82)	(-1,58)	(-2,40)	(-1,37)
Beobachtungen	231	231	231	231	231	231
R^2	0,482	0,476	0,480	0,476	0,478	0,477
Institute in Agglomerationsgebieten						
SM	-0,062	0,120	0,186**	0,028	-0,131*	0,138*
	(-0,82)	(1,78)	(2,63)	(0,44)	(-2,50)	(2,10)
markt_struktur	-0,283*	-0,246*	-0,238*	-0,250*	-0,352**	-0,235*
	(-2,29)	(-2,10)	(-2,02)	(-2,11)	(-2,77)	(-1,99)
bilanz	-0,323***	-0,252**	-0,165	-0,276**	-0,349***	-0,201*
	(-3,93)	(-3,24)	(-1,80)	(-3,23)	(-4,37)	(-2,30)
Beobachtungen	204	204	204	204	204	204
R^2	0,520	0,525	0,534	0,518	0,528	0,528

*,**,*** zeigen jeweils statistische Signifikanz auf einem 5%-, 1%- bzw. 0,1%-Signifikanzniveau an.

Tabelle C-9: Ergebnisse (Ausschnitt) der 0-1-normierten Regressionen mit ZEQ^{ausf} als erklärter Variable auf Basis von Bankmittelwerten bei Segmentierung nach *privat*

	(1) HHI	(2) HHI^{w}	(3) D^{Bund}	(4) D^{Land}	(5) D^{Ort}	(6) D^{BWS}
Kreditgenossenschaften mit kleinem Privatkundenanteil						
SM	0,016	-0,024	-0,027	-0,099	-0,010	0,021
	(0,29)	(-0,49)	(-0,52)	(-1,83)	(-0,23)	(0,41)
Beobachtungen	525	525	525	525	525	525
R^2	0,235	0,235	0,235	0,238	0,235	0,235
Kreditgenossenschaften mit mittelhohem Privatkundenanteil						
SM	-0,011	-0,003	-0,023	-0,132	-0,057	0,006
	(-0,18)	(-0,05)	(-0,32)	(-1,89)	(-1,09)	(0,09)
Beobachtungen	525	525	525	525	525	525
R^2	0,257	0,257	0,257	0,263	0,258	0,257
Kreditgenossenschaften mit hohem Privatkundenanteil						
SM	0,006	-0,013	-0,046	-0,139	-0,031	-0,051
	(0,05)	(-0,20)	(-0,41)	(-1,17)	(-0,37)	(-0,49)
Beobachtungen	525	525	525	525	525	525
R^2	0,220	0,220	0,221	0,228	0,221	0,221
Sparkassen mit kleinem Privatkundenanteil						
SM	-0,027	0,134	0,121	-0,069	-0,069	0,095
	(-0,38)	(1,94)	(1,54)	(-0,84)	(-0,97)	(1,22)
Beobachtungen	178	178	178	178	178	178
R^2	0,488	0,498	0,495	0,490	0,491	0,492
Sparkassen mit mittelgroßem Privatkundenanteil						
SM	0,022	0,016	0,128	0,034	0,067	0,046
	(0,33)	(0,21)	(1,35)	(0,43)	(1,09)	(0,51)
Beobachtungen	178	178	178	178	178	178
R^2	0,435	0,435	0,442	0,436	0,438	0,436
Sparkassen mit großem Privatkundenanteil						
SM	-0,105	0,110	0,281***	0,162	-0,112	0,183*
	(-1,37)	(1,60)	(3,36)	(1,78)	(-1,64)	(2,33)
Beobachtungen	178	178	178	178	178	178
R^2	0,424	0,424	0,452	0,428	0,424	0,435

*,**,*** zeigen jeweils statistische Signifikanz auf einem 5%-, 1%- bzw. 0,1%-Signifikanzniveau an.

Tabelle C-10: Ergebnisse (Ausschnitt) der 0-1-normierten Regressionen mit ZEQ^{ausf} als erklärter Variable auf Basis von Bankmittelwerten bei Segmentierung nach der Höhe der Fristentransformation

	(1) HHI	(2) HHI^w	(3) D^{Bund}	(4) D^{Land}	(5) D^{Ort}	(6) D^{BWS}
Kreditgenossenschaften mit niedriger Fristentransformation						
SM	-0,007	-0,074	-0,000	-0,101	-0,049	0,021
	(-0,07)	(-1,28)	(-0,00)	(-0,96)	(-0,60)	(0,22)
Beobachtungen	525	525	525	525	525	525
R^2	0,260	0,264	0,260	0,264	0,261	0,260
SM	0,004	0,001	-0,073	-0,170*	-0,072	-0,022
	(0,09)	(0,01)	(-1,12)	(-2,30)	(-1,22)	(-0,42)
Beobachtungen	525	525	525	525	525	525
R^2	0,235	0,235	0,237	0,246	0,237	0,235
SM	-0,035	-0,012	-0,074	-0,142*	-0,006	-0,080
	(-0,74)	(-0,29)	(-1,23)	(-1,98)	(-0,13)	(-1,38)
Beobachtungen	525	525	525	525	525	525
R^2	0,221	0,220	0,222	0,228	0,220	0,222
SM	-0,004	0,158*	0,205*	-0,015	-0,094	0,162*
	(-0,08)	(2,33)	(2,48)	(-0,23)	(-1,38)	(2,19)
Beobachtungen	178	178	178	178	178	178
R^2	0,518	0,535	0,538	0,518	0,523	0,533
SM	-0,096	-0,044	-0,005	0,002	-0,013	-0,083
	(-1,58)	(-0,65)	(-0,06)	(0,03)	(-0,26)	(-1,25)
Beobachtungen	178	178	178	178	178	178
R^2	0,529	0,523	0,522	0,522	0,522	0,526
SM	0,054	0,183*	0,208*	-0,003	-0,071	0,156
	(0,73)	(2,34)	(2,58)	(-0,04)	(-1,25)	(1,89)
Beobachtungen	178	178	178	178	178	178
R^2	0,464	0,477	0,479	0,461	0,465	0,472

*,**,*** zeigen jeweils statistische Signifikanz auf einem 5%-, 1%- bzw. 0,1%-Signifikanzniveau an.

Tabelle C-11: Ergebnisse (Ausschnitt) der nicht normierten Regressionen mit *ZEQ* als erklärter Variable und LQ^{ausf} als zusätzlicher Kontrollvariable auf Basis von Bankmittelwerten für übernommene bzw. nicht übernommene Kreditgenossenschaften

	(1) HHI	(2) HHI^{w}	(3) D^{Bund}	(4) D^{Land}	(5) D^{Ort}	(6) D^{BWS}
Übernommene Institute						
gkm_satz	-0,00203	-0,00200	-0,00212	-0,00257	-0,00229	-0,00203
	(-1,21)	(-1,19)	(-1,27)	(-1,58)	(-1,37)	(-1,21)
Beobachtungen	392	392	392	392	392	392
R^2	0,430	0,433	0,434	0,447	0,439	0,434
Nicht übernommene Institute						
gkm_satz	-0,00728**	-0,00727**	-0,00713**	-0,00718**	-0,00742**	-0,00727**
	(-2,85)	(-2,95)	(-2,85)	(-3,08)	(-3,10)	(-2,87)
Beobachtungen	1183	1183	1183	1183	1183	1183
R^2	0,401	0,403	0,403	0,413	0,405	0,401

*,**,*** zeigen jeweils statistische Signifikanz auf einem 5%-, 1%- bzw. 0,1%-Signifikanzniveau an.

Anhang D

Ergänzende Tabellen zum Kapitel 6

Tabelle D-1: Korrelationsmatrix der ICB-Branchenindizes auf der Basis von wöchentlichen logarithmierten Aktienindex-Renditen über den Zeitraum 1995-1996

	A1	A2	B1	B2	C1	C2	C3	D	E1	E2	F	G	H1	H2	I
A1: Chemie	1														
A2: Rohstoffe	0,64	1													
B1: Bauwesen, Baumaterial	0,65	0,63	1												
B2: Industriegüter, Dienstleistungen	0,65	0,68	0,74	1											
C1: Automobilhersteller, Zulieferer	0,64	0,62	0,71	0,76	1										
C2: Nahrungsmittel, Getränke	0,51	0,44	0,56	0,56	0,59	1									
C3: Konsumgüter, Haushaltswaren	0,53	0,41	0,67	0,58	0,54	0,69	1								
D: Gesundheit	0,55	0,49	0,43	0,46	0,40	0,47	0,52	1							
E1: Einzelhandel	0,45	0,35	0,59	0,50	0,40	0,63	0,71	0,49	1						
E2: Reisen, Freizeit	0,44	0,52	0,52	0,57	0,53	0,49	0,44	0,34	0,34	1					
F: Telekommunikation	0,39	0,44	0,55	0,53	0,68	0,40	0,39	0,23	0,41	0,31	1				
G: Energieversorgung	0,59	0,50	0,65	0,66	0,67	0,65	0,65	0,44	0,56	0,50	0,57	1			
H1: Versicherungen	0,52	0,55	0,65	0,71	0,70	0,58	0,59	0,30	0,48	0,47	0,57	0,67	1		
H2: Finanzdienstleistungen	0,46	0,47	0,66	0,65	0,62	0,62	0,61	0,38	0,61	0,44	0,55	0,68	0,74	1	
I: Technologie	0,52	0,67	0,69	0,62	0,61	0,52	0,50	0,40	0,44	0,47	0,50	0,58	0,60	0,54	1

Tabelle D-2: Korrelationsmatrix der ICB-Branchenindizes auf der Basis von wöchentlichen logarithmierten Aktienindex-Renditen über den Zeitraum 1997-1998

	A1	A2	B1	B2	C1	C2	C3	D	E1	E2	F	G	H1	H2	I
A1: Chemie	1														
A2: Rohstoffe	0,76	1													
B1: Bauwesen, Baumaterial	0,80	0,84	1												
B2: Industriegüter, Dienstleistungen	0,81	0,85	0,88	1											
C1: Automobilhersteller, Zulieferer	0,80	0,85	0,84	0,86	1										
C2: Nahrungsmittel, Getränke	0,79	0,79	0,83	0,84	0,79	1									
C3: Konsumgüter, Haushaltswaren	0,76	0,79	0,81	0,84	0,84	0,85	1								
D: Gesundheit	0,69	0,62	0,68	0,71	0,68	0,69	0,70	1							
E1: Einzelhandel	0,80	0,77	0,77	0,81	0,84	0,86	0,75	0,66	1						
E2: Reisen, Freizeit	0,74	0,76	0,81	0,82	0,78	0,76	0,77	0,62	0,75	1					
F: Telekommunikation	0,66	0,69	0,75	0,76	0,74	0,75	0,76	0,52	0,74	0,72	1				
G: Energieversorgung	0,70	0,67	0,73	0,75	0,74	0,74	0,74	0,58	0,74	0,65	0,76	1			
H1: Versicherungen	0,75	0,79	0,79	0,81	0,79	0,79	0,79	0,58	0,76	0,79	0,75	0,71	1		
H2: Finanzdienstleistungen	0,76	0,79	0,80	0,82	0,83	0,83	0,80	,061	0,76	0,81	0,74	0,75	0,89	1	
I: Technologie	0,72	0,80	0,82	0,85	0,80	0,75	0,79	0,61	0,71	0,77	0,70	0,67	0,79	0,78	1

Tabelle D-3: Korrelationsmatrix der ICB-Branchenindizes auf der Basis von wöchentlichen logarithmierten Aktienindex-Renditen über den Zeitraum 1999-2000

	A1	A2	B1	B2	C1	C2	C3	D	E1	E2	F	G	H1	H2	I
A1: Chemie	1														
A2: Rohstoffe	0,67	1													
B1: Bauwesen, Baumaterial	0,47	0,41	1												
B2: Industriegüter, Dienstleistungen	0,29	0,20	0,53	1											
C1: Automobilhersteller, Zulieferer	0,63	0,51	0,45	0,36	1										
C2: Nahrungsmittel, Getränke	0,35	0,21	0,11	-0,01	0,32	1									
C3: Konsumgüter, Haushaltswaren	0,29	0,24	0,52	0,50	0,38	-0,03	1								
D: Gesundheit	0,20	0,11	0,17	0,26	0,27	0,41	0,20	1							
E1: Einzelhandel	0,26	0,15	0,61	0,53	0,32	0,16	0,63	0,28	1						
E2: Reisen, Freizeit	0,47	0,41	0,47	0,37	0,46	0,42	0,29	0,26	0,40	1					
F: Telekommunikation	0,11	0,06	0,63	0,64	0,22	-0,16	0,53	0,13	0,55	0,18	1				
G: Energieversorgung	0,07	-0,14	0,42	0,48	0,32	0,47	0,44	0,39	0,37	0,24	0,45	1			
H1: Versicherungen	0,39	0,16	0,27	0,44	0,42	0,32	0,47	0,44	0,39	0,37	0,24	0,45	1		
H2: Finanzdienstleistungen	0,46	0,31	0,41	0,40	0,53	0,47	0,45	0,54	0,52	0,49	0,25	0,38	0,67	1	
I: Technologie	0,20	0,21	0,64	0,61	0,33	-0,22	0,64	0,09	0,55	0,22	0,79	0,48	0,25	0,26	1

Tabelle D-4: Korrelationsmatrix der ICB-Branchenindizes auf der Basis von wöchentlichen logarithmierten Aktienindex-Renditen über den Zeitraum 2001-2002

	A1	A2	B1	B2	C1	C2	C3	D	E1	E2	F	G	H1	H2	I
A1: Chemie	1														
A2: Rohstoffe	0,62	1													
B1: Bauwesen, Baumaterial	0,75	0,70	1												
B2: Industriegüter, Dienstleistungen	0,71	0,70	0,70	1											
C1: Automobilhersteller, Zulieferer	0,78	0,65	0,70	0,79	1										
C2: Nahrungsmittel, Getränke	0,44	0,25	0,26	0,36	0,42	1									
C3: Konsumgüter, Haushaltswaren	0,75	0,62	0,66	0,82	0,84	0,43	1								
D: Gesundheit	0,47	0,021	0,29	0,43	0,49	0,67	0,56	1							
E1: Einzelhandel	0,78	0,61	0,70	0,77	0,82	0,50	0,83	0,66	1						
E2: Reisen, Freizeit	0,70	0,69	0,64	0,83	0,79	0,37	0,79	0,44	0,77	1					
F: Telekommunikation	0,55	0,36	0,48	0,61	0,59	0,15	0,69	0,38	0,62	0,51	1				
G: Energieversorgung	0,67	0,40	0,50	0,57	0,63	0,67	0,65	0,68	0,75	0,56	0,41	1			
H1: Versicherungen	0,52	0,55	0,65	0,71	0,70	0,58	0,59	0,30	0,48	0,47	0,57	0,67	1		
H2: Finanzdienstleistungen	0,47	0,32	0,44	0,45	0,47	0,37	0,49	0,44	0,50	0,50	0,35	0,40	0,51	1	
I: Technologie	0,56	0,48	0,51	0,74	0,61	0,22	0,76	0,38	0,66	0,58	0,76	0,45	0,63	0,34	1

Tabelle D-5: Korrelationsmatrix der ICB-Branchenindizes auf der Basis von wöchentlichen logarithmierten Aktienindex-Renditen über den Zeitraum 2003-2004

	A1	A2	B1	B2	C1	C2	C3	D	E1	E2	F	G	H1	H2	I
A1: Chemie	1														
A2: Rohstoffe	0,66	1													
B1: Bauwesen, Baumaterial	0,83	0,69	1												
B2: Industriegüter, Dienstleistungen	0,78	0,75	0,81	1											
C1: Automobilhersteller, Zulieferer	0,81	0,65	0,83	0,78	1										
C2: Nahrungsmittel, Getränke	0,66	0,45	0,70	0,61	0,64	1									
C3: Konsumgüter, Haushaltswaren	0,76	0,68	0,85	0,83	0,82	0,75	1								
D: Gesundheit	0,60	0,47	0,70	0,53	0,63	0,59	0,67	1							
E1: Einzelhandel	0,71	0,60	0,78	0,69	0,71	0,64	0,81	0,55	1						
E2: Reisen, Freizeit	0,71	0,65	0,79	0,77	0,75	0,61	0,83	0,59	0,73	1					
F: Telekommunikation	0,66	0,54	0,73	0,72	0,67	0,70	0,80	0,52	0,74	0,68	1				
G: Energieversorgung	0,75	0,50	0,78	0,70	0,74	0,64	0,75	0,63	0,68	0,66	0,74	1			
H1: Versicherungen	0,76	0,68	0,86	0,78	0,80	0,69	0,89	0,69	0,78	0,81	0,80	0,73	1		
H2: Finanzdienstleistungen	0,71	0,58	0,84	0,69	0,72	0,69	0,83	0,64	0,77	0,79	0,77	0,69	0,87	1	
I: Technologie	0,66	0,62	0,74	0,78	0,70	0,59	0,85	0,55	0,70	0,76	0,71	0,62	0,78	0,71	1

Tabelle D-6: Korrelationsmatrix der ICB-Branchenindizes auf der Basis von wöchentlichen logarithmierten Aktienindex-Renditen über den Zeitraum 2005-2006

	A1	A2	B1	B2	C1	C2	C3	D	E1	E2	F	G	H1	H2	I
A1: Chemie	1														
A2: Rohstoffe	0,64	1													
B1: Bauwesen, Baumaterial	0,77	0,70	1												
B2: Industriegüter, Dienstleistungen	0,79	0,76	0,89	1											
C1: Automobilhersteller, Zulieferer	0,72	0,54	0,70	0,73	1										
C2: Nahrungsmittel, Getränke	0,73	0,59	0,74	0,74	0,65	1									
C3: Konsumgüter, Haushaltswaren	0,81	0,60	0,78	0,84	0,72	0,81	1								
D: Gesundheit	0,57	0,34	0,46	0,49	0,45	0,49	0,54	1							
E1: Einzelhandel	0,67	0,52	0,63	0,63	0,62	0,68	0,68	0,52	1						
E2: Reisen, Freizeit	0,44	0,52	0,52	0,57	0,53	0,49	0,44	0,34	0,34	1					
F: Telekommunikation	0,42	0,37	0,44	0,47	0,49	0,42	0,49	0,29	0,40	0,59	1				
G: Energieversorgung	0,69	0,57	0,73	0,73	0,54	0,69	0,70	0,39	0,59	0,46	0,39	1			
H1: Versicherungen	0,76	0,64	0,78	0,82	0,74	0,73	0,82	0,45	0,67	0,68	0,51	0,65	1		
H2: Finanzdienstleistungen	0,74	0,70	0,82	0,80	0,65	0,72	0,71	0,43	0,61	0,57	0,44	0,70	0,72	1	
I: Technologie	0,59	0,47	0,62	0,70	0,61	0,56	0,67	0,40	0,46	0,59	0,51	0,49	0,70	0,56	1

Literaturverzeichnis

ACERBI, CARLO; TASCHE, DIRK (2002), On the Coherence of Expected Shortfall, Journal of Banking and Finance, 52, S. 455–467.

ACHARYA, VIRAL; HASAN, IFTEKHAR; SAUNDERS, ANTHONY (2006), Should Banks Be Diversified? Evidence from Individual Bank Loan Portfolios, Journal of Business, 79, S. 1355–1412.

ACHARYA, VIRAL V.; BHARATH, SREEDHAR T.; SRINIVASAN, ANAND (2003), Understanding the Recovery Rates on Defaulted Securities, CEPR Discussion Paper 4098.

ACHLEITNER, ANN-KRISTIN; SCHIERECK, DIRK (2007), Mergers & Acquisitions, in: Köhler, Richard; Küpper, Hans-Ulrich; Pfingsten, Andreas (Hg.), *Handwörterbuch der Betriebswirtschaft*, Schäffer-Poeschel, Stuttgart, S. 1205–1212.

AIKEN, LEONA S.; WEST, STEPHEN G. (1991), Multiple Regression: Testing and Interpreting Interactions, SAGE Puplications, Thousand Oaks.

AKERLOF, GEORGE A. (1970), The Market for 'Lemons': Quality Uncertainty and the Market Mechanism, Quarterly Journal of Economics, 84, S. 488–500.

ALBRECHT, PETER; MAURER, RAIMOND (2005), Investment- und Risikomanagement, Schäffer-Poeschel, Stuttgart, 3. Auflage.

ALLEN, FRANKLIN; SANTOMERO, ANTHONY M. (1998), The Theory of Financial Intermediation, Journal of Banking and Finance, 21, S. 1461–1485.

ALTMAN, EDWARD; RESTI, ANDREA; SIRONI, ANDREA (Hg.) (2005), Recovery Risk: The Next Challenge in Credit Risk Management, Risk Books, London u.a.O.

ALTMAN, EDWARD I.; KISHORE, VELLORE M. (1996), Almost Everything You Wanted to Know about Recoveries on Defaulted Bonds, Financial Analysts Journal, 52, S. 57–64.

ALTMAN, EDWARD I.; SAUNDERS, ANTHONY (1998), Credit Risk Measurement: Developments Over the Last 20 Years, Journal of Banking and Finance, 21, S. 1721–1742.

AMEL, DEAN F.; RHOADES, STEPHEN A. (1988), Strategic Groups in Banking, The Review of Economic and Statistics, 70, S. 685–689.

ARTZNER, PHILIPPE; DELBAEN, FREDDY; EBER, JEAN-MARC; HEATH, DAVID (1999), Coherent Measures of Risk, Mathematical Finance, 9, S. 203–228.

AUER, LUDWIG VON (2007), Ökonometrie, Springer, Berlin, 4. Auflage.

BALTAGI, BADI H. (2005), Econometric Analysis of Panel Data, John Wiley & Sons, Chichester, 3. Auflage.

BAMBERG, GÜNTER; SPREMANN, KLAUS (1989), Agency Theory, Information, and Incentives, Springer, Berlin u.a.O.

BARNIKEL, KERSTIN (2007), Post Merger Integration, CT Salzwasser-Verlag, Bremen.

BARTLETT, FAITH (2000), Secured Loan Recovery Study: The UK Experience, Europe Loan Products, Fitch IBCA.

BASEL COMMITTEE ON BANKING SUPERVISION (2003), Quantitative Impact Study 3, Results.

BASEL COMMITTEE ON BANKING SUPERVISION (2006a), International Convergence of Capital Measurement and Capital Standards - A Revised Framework, Comprehensive Version.

BASEL COMMITTEE ON BANKING SUPERVISION (2006b), Quantitative Impact Study 5, Results.

BERGER, ALLEN N.; UDELL, GREGORY F. (1995), Relationship Lending and Lines of Credit in Small Firm Finance, Journal of Business, 68, S. 351–381.

BERLIN, MITCHELL; SAUNDERS, ANTHONY; UDELL, GREOGERY F. (1991), Deposit Insurance Reform: What are the Issues and What Needs to be Fixed?, Journal of Banking and Finance, 15, S. 735–752.

BERNDT, HOLGER (2004), Statement anlässlich der Pressekonferenz zur Studie „Bankstellendichte in Deutschland", https://www.dsgv.org/DSGV/Presseex.nsf/05a63d11201fd7f6c12568da0032afba/1d93ddf38c5086b5c1256f1800361c16/$FILE/04.09.23%20PK%20Bankzweigstellen%201.0.pdf (20.09.2008).

BERTL, ROMUALD (2007), Insolvenz, in: Köhler, Richard; Küpper, Hans-Ulrich; Pfingsten, Andreas (Hg.), *Handwörterbuch derBetriebswirtschaft*, Schäffer-Poeschel, Stuttgart, S. 762–771.

BLATTMANN, PATRICK A. (2000), Credit Risk Measurement and Management - Die Quantifizierung und Steuerung des Kreditrisikos im inländischen Bankgeschäft, Dissertation, Universität Zürich.

BLUHM, CHRISTIAN; OVERBECK, LUDGER; WAGNER, CHRISTOPH (2003), An Introduction to Credit Risk Modeling, CRC Press, London.

BOOT, ARNOUD W. A.; THAKOR, ANJAN V. (1994), Moral Hazard and Secured Lending in an Infinitely Repeated Credit Market Game, International Economic Review, 35, S. 889–920.

BOOT, ARNOUD W. A.; THAKOR, ANJAN V. (2000), Can Relationship Banking Survive Competition?, Journal of Finance, 55, S. 679–713.

BORCHERT, MANFRED (2003), Geld und Kredit: Einführung in die Geldtheorie und Geldpolitik, Oldenbourg, München, 8. Auflage.

BOS, ROGER J.; KELHOFFER, KEVIN; KEISMAN, DAVID (2002), Recovery Research: Ultimative Recovery in an Era of Record Defaults, Standard & Poor's.

BRÜDERL, JOSEF; PREISENDÖRFER, PETER (1998), Network Support and the Success of Newly Founded Business, Small Business Economics, 10, S. 213–225.

BREITMEYER, CARSTEN (2004), Messung von Wettbewerbsintensität im Kreditwesen anhand von Konzentrationsmaßen, Fritz Knapp Verlag, Frankfurt am Main.

BREITMEYER, CARSTEN; HAKENES, HENDRIK; PFINGSTEN, ANDREAS (2004), From Poverty Measurement to the Measurement of Downside Risk, Mathematical Social Sciences, 47, S. 327–348.

BREUER, WOLFGANG (2002), Investition I: Entscheidungen bei Sicherheit, Gabler, Wiesbaden.

BUNDESAMT FÜR BAUWESEN UND RAUMORDNUNG (2005), Raumordnungsbericht 2005, Band 21, Bonn.

BUNDESANSTALT FÜR FINANZDIENSTLEISTUNGSAUFSICHT (2005), Mindestanforderungen an das Risikomanagement, Rundschreiben 18/2005.

BUNDESVERBAND DER DEUTSCHEN VOLKSBANKEN UND RAIFFEISENBANKEN (2003), Jahresbericht des Bundesverbandes der Deutschen Volksbanken und Raiffeisenbanken 2002, http://www.bvr.de/public.nsf/0365848E1393540DC1256FA900520890/$FILE/BuZ_2002.pdf (10.07.2008).

BUNDESVERBAND DER DEUTSCHEN VOLKSBANKEN UND RAIFFEISENBANKEN (2005), Satzung.

BUNDESVERBAND DER DEUTSCHEN VOLKSBANKEN UND RAIFFEISENBANKEN (2007), Alle Volksbanken und Raiffeisenbanken per Ende 2007, http://www.bvr.de/public.nsf/public.nsf/EED3EEC9F7C7273AC1256F87003532A6/$FILE/alle_banken_2007.pdf (20.08.2008).

BUNDESVERBAND DEUTSCHER BANKEN (2008), Bilanzstruktur der Untergruppen der Kreditbanken, http://www.bankenverband.de/index.asp?channel=168247&art=791 (20.09.2008).

BURGHOF, HANS-PETER; HENKE, SABINE; RUDOLPH, BERND; SCHÖNBUCHER, PHILIPP J.; SOMMER, DANIEL (Hg.) (2005), Kreditderivate - Handbuch für die Bank- und Anlagepraxis, Schäffer-Poeschel, Stuttgart, 2. Auflage.

CERASI, VITTORIA; DALTUNG, SONJA (2000), The Optimal Size of A Bank: Costs and Benefits of Diversification, European Economic Review, 44, S. 1701–1726.

CESPEDES, JUAN C.; HERRERO, JUAN A.; KREININ, ALEX; ROSEN, DAN (2006), A Simple Multi-Factor „Factor Adjustment" for the Treatment of Credit Capital Diversification, Journal of Credit Risk, 2, S. 57–85.

CHATTERJEE, SAMPRIT; PRICE, BERTRAM (2000), Regression Analyses by Example, Wiley, New York u.a.O., 3. Auflage.

CHEN, YI-KAI; MASON, JOSEPH R.; HIGGINS, ERIC J. (2004), Economies of Scale in the Banking Industry: The Effects of Loan Specialization, Diskussionsbeitrag, Drexel University.

CLAEYS, SOPHIE; VENNET, RUDI V. (2008), Determinants of Bank Interest Margins in Central and Eastern Europe: A Comparison with the West, Economic Systems, 32, S. 197–216.

COLEMAN, ANTHONY D. F.; ESHO, NEIL; SHARPE, IAN G. (2006), Does Bank Monitoring Influence Loan Contract Terms?, Journal of Financial Services Research, 30, S. 177–198.

CRAIGWELL, ROLAND; MAXWELL, CHANELLE; TERRELONGE, SOPHIA; MOORE, WINSTON (2006), The Impact of Diversification on the Banking Industry: A Non-stationary Panel Approach in the Presence of Cross Section Dependence, Central Bank of Barbados.

CREDITREFORM RATING AG (2004), Muster „Branchencheck".

CREDITREFORM RATING AG (2005), Creditreform Risikoanalyse – Insolvenzrisiken und Portfolioanalyse.

CROSBIE, PETER; BOHN, JEFF (2003), Modeling Default Risk, Moodys KMV Company, http://www.moodyskmv.com/research/files/wp/ModelingDefaultRisk.pdf.

CROUHY, MICHEL; GALAI, DAN; MARK, ROBERT (2000), A Comparative Analysis of Current Credit Risk Models, Journal of Banking and Finance, 24, S. 59–117.

DAS, STAYAJIT (2005), Credit Derivatives, CDOs, and Structured Credit Products, John Wiley & Sons, New York, 3. Auflage.

D'AURIA, CLAUDIO; FOGLIA, ANTONELLA; REETZ, PAOLO M. (1999), Bank Interest Rates and Credit Relationships in Italy, Journal of Banking and Finance, 23, S. 1067–1093.

DEGRYSE, HANS; ONGENA, STEVEN (2003), The Impact of Competition on Bank Orientation and Specialization, Diskussionsbeitrag, Tilburg University.

DEGRYSE, HANS; VAN CAYSEELE, PATRICK (2000), Relationship Lending within a Bank-based System: Evidence from European Small Business Data, Journal of Financial Intermediation, 9, S. 90–109.

DELL'ARICCIA, GIOVANNI (2001), Asymmetric Information and the Structure of the Banking Industry, European Economic Review, 45, S. 1957–1980.

DELL'ARICCIA, GIOVANNI; FRIEDMAN, EZRA; MARQUEZ, ROBERT (1999), Adverse Selection as a Barrier to Entry in the Banking Industry, RAND Journal of Economics, 30, S. 515–534.

DEMIRGÜÇ, ASLI; HUIZINGA, HARRY (1999), Determinants of Commercial Bank Interest Margins and Profitability: Some International Evidence, World Bank Economic Review, 13, S. 379–408.

DEUTSCHE BUNDESBANK (1998), Monatsbericht, August 1998.

DEUTSCHE BUNDESBANK (2002), Erläuterungen zum Sonderdatenkatalog 01 (SON 01) gemäß § 68 PrüfbV, www.bundesbank.de/download/bankenaufsicht/pdf/son01erlaeuterungen.pdf (10.09.2008).

DEUTSCHE BUNDESBANK (2004a), Monatsbericht, April 2004.

DEUTSCHE BUNDESBANK (2004b), Monatsbericht, Januar 2004.

DEUTSCHE BUNDESBANK (2005a), Bankenstatistik, April 2005.

DEUTSCHE BUNDESBANK (2005b), Bankenstatistik, Richtlinien und Kundensystematik, Januar 2005.

DEUTSCHE BUNDESBANK (2005c), Finanzstabilitätsbericht, November 2005.

DEUTSCHE BUNDESBANK (2006a), Finanzstabilitätsbericht, November 2006.

DEUTSCHE BUNDESBANK (2006b), Monatsbericht, Juni 2006.

DEUTSCHE BUNDESBANK (2007a), Bankenstatistik, Juni 2007.

DEUTSCHE BUNDESBANK (2007b), Bankenstatistik, Richtlinien und Kundensystematik, Januar 2007.

DEUTSCHE BUNDESBANK (2007c), Kapitalmarktstatistik, März 2007.

DEUTSCHE BUNDESBANK (2008), EWU-Zinsstatistik - Zeitreihen, http://www.bundesbank.de/statistik/statistik_zeitreihenliste.php?pdf=S11BAT SUHDE.PDF&open=zinsen (10.09.2008).

DEUTSCHER SPARKASSEN- UND GIROVERBAND (2002), Strategie der Sparkassen-Finanzgruppe: Strategische Leitlinien und konkrete Handlungsfelder.

DIAMOND, DOUGLAS (1984), Financial Intermediation and Delegated Monitoring, Review of Economic Studies, 51, S. 393–414.

DOW JONES INDEXES (2008), http://www.icbenchmark.com/docs/ICB_Structure Sheet_200803.pdf (01.09.2008).

DRUKARCZYK, JOCHEN (2001), Insolvenz und Sanierung, in: Gerke, Wolfgang; Steiner, Manfred (Hg.), *Handwörterbuch des Bank- und Finanzwesens*, Schäffer-Poeschel, Stuttgart, 3. Auflage, S. 1055–1076.

DUBACH, ALEXANDER (1995), Zusammenarbeit zwischen kreditgebender Bank und dem Unternehmen in der Krise, Der Schweizer Treuhänder, 69, S. 141–151.

DÜLLMANN, KLAUS; ERDELMEIER, MARTIN (2008), Crash Testing German Banks, http://www.bis.org/bcbs/events/rtf08duellmannerdelmeier.pdf (Stand: 10.09.2008).

DÜLLMANN, KLAUS; KÜLL, JONATHAN; KUNISCH, MICHAEL (2008), Estimating Asset Correlations From Stock Prices or Default Rates – Which Method is Superior?, Diskussionsbeitrag 04/2008, Deutsche Bundesbank, Frankfurt am Main.

DÜLLMANN, KLAUS; MASSCHELEIN, NANCY (2006), The Impact of Sector Concentration in Loan Portfolios on Economic Capital, Financial Stability Review, ed. National Bank of Belgium, S. 175–187.

DÜLLMANN, KLAUS; MASSCHELEIN, NANCY (2007), A Tractable Model to Measure Sector Concentration Risk in Credit Portfolios, Journal of Financial Services Research, 32, S. 55–79.

ECKEY, HANS-FRIEDRICH; KOSFELD, REINHOLD; DREGER, CHRISTIAN (2004), Ökonometrie, Gabler, Wiesbaden, 2. Auflage.

EHRICKE, ULRICH (2007), Insolvenzrecht, Springer, Berlin u.a.O.

EICHWALD, BERTHOLD; PEHLE, HELMUT (2000), Die Kreditarten, in: von Hagen, Jürgen; von Stein, Johann H. (Hg.), *Geld-, Bank- und Börsenwesen*, Schaeffer Poeschel, 40. Auflage, S. 742–814.

EIM, ALEXANDER (2004), Das Drei-Säulen-System der deutschen Kreditwirtschaft unter besonderer Berücksichtigung des Genossenschaftlichen Finanzverbundes, Diskussionsbeitrag 40, Institut für Genossenschaftswesen, Universität Münster.

ELSAS, RALF; HACKETHAL, ANDREAS; HOLZHÄUSER, MARKUS (2006), The Anatomy of Bank Diversification, Diskussionsbeitrag, European Business School, Oestrich-Winkel.

ELSAS, RALF; KRAHNEN, JAN PIETER (1998), Is Relationship Lending Special? Evidence from Credit-File Data in Germany, Journal of Banking and Finance, 22, S. 1283–1316.

ELYASIANI, ELYAS; DENG, SAIYING (2004), Diversification Effects on the Performance of Financial Services Firms, Diskussionsbeitrag, Temple University, Philadelphia.

EUROPÄISCHE GEMEINSCHAFT (2001), Verordnung (EG) Nr. 2423/2001 der Europäischen Zentralbank vom 22. November 2001 über die konsolidierte Bilanz des Sektors der monetären Finanzinstitute, (EZB/2001/13), Amtsblatt der Europäischen Gemeinschaft, S. L 333/1–L 333/46.

EWERT, RALF; SZCZESNY, ANDREA; SCHENK, GERALD (2000), Determinants of Bank Lending Performance in Germany, Schmalenbach Business Review, 52, S. 344–362.

FABOZZI, FRANK J.; GOODMAN, LAURI S. (Hg.) (2001), Investing in Collateralized Debt Obligations, John Wiley & Sons, New York.

FDIC (2000), Deposit Insurance: An Annotated Bibliography, 1989-1999, Washington, DC.

FDIC (2004), Deposit Insurance: An Annotated Bibliography, Update: 2000-2003, Washington, DC.

FIORENTINO, ELISABETTA; KARMANN, ALEXANDER; KOETTER, MICHAEL (2006), The Cost Efficiency of German Banks: a Comparison of SFA and DEA, Diskussionsbeitrag 10/2006, Deutsche Bundesbank, Frankfurt am Main.

FISCHER, KLAUS (1990), Hausbankbeziehungen als Instrument zur Bindung zwischen Banken und Unternehmen: Eine theoretische und empirische Analyse, Dissertation, Universität Bonn.

FRANKS, JULIAN R.; DE SEVIGNY, ALEXANDRE; DAVYDENKO, SERGEI (2004), A Comparative Analysis of the Recovery Process and Recovery Rates for Private Companies in the U.K., France, and Germany, Standard and Poor's Risk Solutions.

FREIXAS, XAVIER; ROCHET, JEAN-CHARLES (1997), Microeconomics of Banking, MIT Press, Cambridge, Massachusetts.

FREY, RÜDIGER; MCNEIL, ALEXANDER J. (2002), VaR and Expected Shortfall in Portfolios of Dependent Credit Risk: Conceptual and Practical Insights, Journal of Banking and Finance, 26, S. 1317–1334.

FRIEDRICH, ROBERT (1982), In Defense of Multiplicative Terms in Multiple Regression Equations, American Journal of Political Science, 26, S. 797–833.

FRYE, JON (2000a), Depressing Recoveries, Risk, 11, S. 108–111.

FRYE, JON (2000b), A False Sense of Security, Risk, 16, S. 63–68.

GANN, PHILIPP; HOFMANN, BERND (2005), Die Bedeutung des Kreditrisikohandels für spezialisierte Kreditinstitute, Bankarchiv, 53, S. 473–482.

GEHRIG, THOMAS (1998), Screening, Cross-Border Banking, and the Allocation of Credit, Research in Economics, 52, S. 387–407.

GIBSON, MICHAEL S. (2004), Understanding the Risk of Synthetic CDOs, Diskussionsbeitrag 36/2004, Federal Reserve Board.

GIESECKE, KAI (2004), Credit Risk Modelling and Valuation: An Introduction, in: Shimko, David (Hg.), *Credit Risk: Models and Management Vol. 2*, Risk Books, London.

GLUCK, JEREMY; REMEZA, HELEN (2000), Moody's Approach to Rating Multisector CDOs, Moody's Investors Service.

GÖBEL, ELISABETH (2002), Neue Institutionenökonomik. Konzeption und betriebswirtschaftliche Anwendungen, Lucius & Lucius, Stuttgart.

GOLD, CHRISTOPH (1997), Gebietsreformbeeinflusste Fusionen bayerischer Sparkassen, Dissertation, Göttingen.

GORDY, MICHAEL B. (2000), Credit VaR and Risk-Bucket Capital Rules: A Reconciliation, Proceedings of the 36th Annual Conference on Bank Structure and Competition.

GORDY, MICHAEL B. (2003), A Risk-Factor Model Foundation for Rating-Based Bank Capital Rules, Journal of Financial Intermediation, 12, S. 199–232.

GREENBAUM, STUART I.; KANATAS, GEORGE; VENEZIA, ITZHAK (1989), Equilibrium Loan Pricing under the Bank-Client Relationship, Journal of Banking and Finance, 13, S. 221–235.

GREENBAUM, STUART I.; THAKOR, ANJAN V. (1995), Contemporary Financial Intermediation, Dryden, Fort Worth u.a.O.

GREENE, WILLIAM H. (2003), Econometric Analysis, Prentice Hall, Upper Saddle River, 5. Auflage.

GRILL, WOLFGANG; PERCZYNSKI, HANS (2008), Wirtschaftslehre des Kreditwesens, Bildungsverlag Eins, Troisdorf, 42. Auflage.

GROSSMAN, ROBERT J.; BRENNAN, WILLIAM T.; VENTO, JENNIFER (1997), Syndicated Bank Loan Recovery Study, Fitch Research.

GRUNERT, JENS; VOLK, ALEXANDER (2005), Die Bedeutung der Ausfalldefinition bei der Berechnung der Recovery Rate von Unternehmenskrediten, Finanzbetrieb, 5, S. 317–326.

GRUNERT, JENS; WEBER, MARTIN (2007), Recovery Rates of Commercial Lending: Empirical Evidence for German Companies, Diskussionsbeitrag, URL: http://ssrn.com/abstract=964453 (15.09.2008).

GUJARATI, DAMODAR N. (2003), Basic Econometrics, McGraw-Hill, New York, 4. Auflage.

GUPTON, GREG M.; FINGER, CHRISTOPHER C.; BHATIA, MICKEY (1997), Credit Metrics^{TM} – Technical Document, J.P. Morgan, New York.

HACKETHAL, ANDREAS (2001), Strategic Groups in European Commercial Banking, Diskussionsbeitrag 01-19, German Economic Association of Business, Vallendar.

HACKETHAL, ANDREAS (2004), German Banks and Banking Structure, in: Krahnen, Jan.P.; Schmidt, Reinhard H. (Hg.), *The German Financial System*, Oxford University Press, S. 71–105.

HACKL, PETER (2005), Einführung in die Ökonometrie, Pearson Studium, München.

HAHNENSTEIN, LUTZ (2004), Calibrating the CreditMetrics Correlation Concept – Empirical Evidence from Germany, Financial Markets and Portfolio Management, 18, S. 358–381.

HALAJ, GRZEGORZ; ZOCHOWSKI, DAWID (2006), Strategic Groups in Polish Banking Sector and Financial Stability, Diskussionsbeitrag 326, Munich Personal RePEc Archive, München.

HAMILTON, DAVID T.; GUPTON, GREG M.; BERTHAULT., ALEXANDRA (2001), Default & Recovery Rates of Corporate Bond Issuers: 2000, Moodys Investors Service.

HARBRECHT, WOLFGANG (2005), Kundenorientierte Mitgliederförderung durch Wettbewerb im Genossenschaftssektor, Zeitschrift für das gesamte Genossenschaftswesen, 55, S. 99–113.

HARHOFF, DIETMAR; KÖRTING, TIMM (1998), Lending Relationships in Germany - Empirical Evidence from Survey Data, Journal of Banking and Finance, 22, S. 1317–1353.

HARTMANN-WENDELS, THOMAS; PFINGSTEN, ANDREAS; WEBER, MARTIN (2007), Bankbetriebslehre, Springer, Berlin, 4. Auflage.

HAUN, MICHAEL; KALTOFEN, ROBERT G. (2008), Risikoadjustiertes Pricing, in: Becker, Axel; Gehrmann, Volker; Schulte-Mattler, Hermann (Hg.), *Handbuch Ökonomisches Kapital*, Fritz Knapp Verlag, Frankfurt am Main, S. 63–98.

HAUSMAN, JERRY A. (1978), Specification Tests in Econometrics, Econometrica, 46, S. 1251–1271.

HAUSWALD, ROBERT; MARQUEZ, ROBERT (2006), Competition and Strategic Information Acquisition in Credit Markets, Review of Financial Studies, 19, S. 967–1000.

HAYDEN, EVELYN; PORATH, DANIEL; VON WESTERNHAGEN, NATALJA (2007), Does Diversification Improve the Performance of German Banks? Evidence from Individual Bank Loan Portfolios, Journal of Financial Services Research, 32, S. 123–140.

HEID, FRANK; PORATH, DANIEL; STOLZ, STÉPHANIE (2004), Does Capital Regulation Matter for Bank Behaviour? Evidence for German Savings Banks, Diskussionsbeitrag 03/2004, Deutsche Bundesbank, Frankfurt am Main.

HEITFIELD, ERIK; BURTON, STEVE; CHOMSISENGPHET, SOUPHALA (2005), The Effects of Name and Sector Concentrations on the Distribution of Losses for Portfolios of Large Wholesale Credit Exposures, Diskussionsbeitrag, Board of Governors of the Federal Reserve System.

HELLWIG, MARTIN (1991), Banking, Financial Intermediation, and Coporate Finance, in: Giovanni, Alberto; Mayer, Colin P. (Hg.), *European Financial Integration*, Cambridge University Press, Cambridge, S. 35–63.

HELLWIG, MARTIN (1998), Allowing for Risk Choices in Diamond's 'Financial Intermediation as Delegated Monitoring', Diskussionsbeitrag 98-04, University of Mannheim.

HERFINDAHL, ORRIS C. (1950), Concentration in the Steel Industry, Columbia University, New York.

HIES, MICHAEL (1994), Spezialbanken: Gibt es eine Rechtfertigung für ihre Existenz?, Der langfristige Kredit, 45, S. 428–430.

HIRSCHMAN, ALBERT O. (1945), National Power and the Structure of Foreign Trade, University of California Press, Berkeley.

HO, THOMAS. Y.; SAUNDERS, ANTHONY (1981), The Determinants of Bank Interest Margins: Theory and Empirical Evidence, Journal of Financial and Quantitative Analysis, 16, S. 581–600.

HÖLSCHER, REINHOLD (2001), Kreditarten, in: Gerke, Wolfgang; Steiner, Manfred (Hg.), *Handwörterbuch des Bank- und Finanzwesens*, Schäffer-Poeschel, Stuttgart, 3. Auflage.

HOLTON, GLYN A. (2003), Value-At-Risk, Academic Press, Amsterdam u.a.O.

HOMMEL, ULRICH; SCHNEIDER, HILMAR (2004), Die Bedeutung der Hausbankbeziehung für die Finanzierung des Mittelstands, Finanz Betrieb, 9, S. 577–584.

HSIAO, CHENG (2003), Analysis of Panel Data, Cambridge University Press, Cambridge, 2. Auflage.

INSTITUT FÜR MITTELSTANDSFORSCHUNG (Hg.) (2003), Unternehmensgrößenstatistik 2001/2002, Institut für Mittelstandsforschung, Bonn.

JACKEL, PETER (2002), Monte Carlo Methods in Finance, Wiley & Sons, Chichester.

JANKOWITSCH, RAINER; PICHLER, STEFAN; SCHWAIGER, WALTER S.A. (2007), Modelling the Economic Value of Credit Rating Systems, Journal of Banking and Finance, 31, S. 181–198.

JOHNSTON, JACK; DINARDO, JOHN (1997), Econometric Methods, McGraw-Hill, New York, 4. Auflage.

JORION, PHILIPPE (2001), Value at Risk: The New Benchmark for Managing Financial Risk, McGraw-Hill, New York, 3. Auflage.

KABANCE, GREG (2001), Mexican Bankruptcy and Recovery Rate Study, Fitch IBCA.

KALEFELD, KLAUS (2001), Risikomanagement in Genossenschaftsbanken - Von der Idee zur Umsetzung, in: Theurl, Theresia (Hg.), *Münstersche Schriften zur Kooperation*, Universität Münster, 49, S. 127–146.

KAMP, ANDREAS (2006), Diversifikation versus Spezialisierung von Kreditportfolios – Eine Empirische Analyse, Fritz Knapp Verlag, Frankfurt am Main.

KAMP, ANDREAS; MEMMEL, CHRISTOPH; PFINGSTEN, ANDREAS (2007), The Winner's Curse in Lending - Evidence from German Individual Bank Loan Portfolios.

KAMP, ANDREAS; RICKE, MARKUS (2003), Stichwort: Informationsasymmetrie, Zeitschrift für Bank- und Kapitalmarktrecht, 13, S. 527–531.

KAUFMAN, GEORGE G. (2003), Too Big to Fail in U.S. Banking: Quo Vadis?, Diskussionsbeitrag, Loyola University Chicago.

KERBER, WOLFGANG (2003), Wettbewerbspolitik, in: Bender, Dieter; Berg, Hartmut; Cassel, Dieter; Gabisch, Günter; Grossekettler, Heinz; Hartwig, Karl-Hans; Hübl, Lothar; Kerber, Wolfgang; Nienhaus, Volker; Siebke, Jürgen; Smeets, Heinz-Dieter; Thieme, H. Jörg; Vollmer, Uwe (Hg.), *Vahlens Kompendium der Wirtschaftstheorie und Wirtschaftspolitik, Band 2*, Verlag Vahlen, München, 8. Auflage, S. 297–362.

KESSLER, KLAUS U. (1996), Sparkassenfusionen, Duncker & Humblot, Berlin.

KOHTE, WOLFHARD; AHRENS, MARTIN; GROTE, HUGO (2006), Das Restschuldbefreiungs- und Verbraucherinsolvenzverfahren, Hermann Luchterhand, Neuwied, 3. Auflage.

KÖTTER, MICHAEL; BOOS, JAAP W. P.; HEID, FRANK; KOOL, CLEMENS J. M.; KOLARI, JAMES W.; PORATH, DANIEL (2005), Accounting for Distress in Bank Mergers, Diskussionsbeitrag 09/2005, Deutsche Bundesbank, Frankfurt am Main.

KÖTTER, MICHAEL; WEDOW, MICHAEL (2006), Finance and Growth in A Bank-Based Economy: Is It Quantity or Quality That Matters?, Diskussionsbeitrag 02/2006, Deutsche Bundesbank, Frankfurt am Main.

KRANZ, MICHAEL (2001), Bedeutung von Größe und Wachstum für regionale Finanzdienstleister, in: Tietmeyer, Hans; Rolfes, Bernd (Hg.), *Globalisierung der Finanzindustrie*, Gabler, Wiesbaden, S. 123–138.

KRING, THORN (2002), Neue Strategien - neue Managementmethoden, Diskussionsbeitrag 24, Institut für Genossenschaftswesen, Universität Münster.

KÜHN, IRMHILD (2008), Ökonomische Auswirkungen von Schätzfehlern bei der bankinternen Bestimmung von Kreditausfallwahrscheinlichkeiten, erscheint in: Fritz Knapp Verlag, Frankfurt am Main.

LANG, GÜNTER; WELZEL, PETER (1994), Skalenerträge und Verbundvorteile im Bankensektor: Empirische Bestimmung für die bayerischen Genossenschaftsbanken, ifo Studien – Zeitschrift für empirische Wirtschaftsforschung, 40, S. 155–177.

LANG, GÜNTER; WELZEL, PETER (1997), Größe und Kosteneffizienz im deutschen Bankensektor, Zeitschrift für Betriebswirtschaft, 67, S. 269–283.

LAUDI, PETER (2003), Fusionen von Genossenschaftsbanken, Schriftenreihe des IFD, Band 1, Bremen.

LEHMANN, ERIK; NEUBERGER, DORIS; RÄTHKE, SOLVIG (2004), Lending to Small and Medium-Sized Firms: Is there an East-West Gap in Germany?, Small Business Economics, 23, S. 23–39.

LEUSCHNER, CARL-FRIEDRICH (2005), Genossenschaften - Zwischen Corporate und Cooperative Governance, Diskussionsbeitrag 47, Institut für Genossenschaftswesen, Universität Münster.

LUDOLPH, FRANZ-JOACHIM; NEUB, CHRISTOPH; RENNER, REINHARD (2007), Rechnungswesen und Controlling für Bankberufe, Europa-Lehrmittel, Haan-Gruiten.

LUX, REINER (2001), Beleihungswert und Zertifizierung, Der langfristige Kredit, 52, S. 345–351.

MACHAUER, ACHIM; WEBER, MARTIN (1998), Bank Behavior Based on Internal Credit Rating of Borrowers, Journal of Banking and Finance, 22, S. 1355–1383.

MACHAUER, ACHIM; WEBER, MARTIN (2000), Number of Bank Relationships: An Indicator of Competition, Borrower Quality, or just Size?, Diskussionsbeitrag 06/2000, Center for Financial Studies, Frankfurt am Main.

MARQUEZ, ROBERT (2002), Competition, Adverse Selection, and Information Dispersion in the Banking Industry, Review of Financial Studies, 15, S. 901–926.

MASHAL, ROY; NALDI, MARCO; ZEEVI, ASSAF (2003), On the Dependence of Equity and Asset Returns, Risk, 16, S. 83–87.

MEMMEL, CHRISTOPH (2008), Which Interest Rate Scenario is the Worst One for a Bank? Evidence from a Tracking Bank Approach for German Savings and Cooperative Banks, Diskussionsbeitrag 07/2008, Deutsche Bundesbank, Frankfurt am Main.

MERTON, ROBERT C. (1974), On the Pricing of Corporate Debt: The Risk Structure of Interest Rates, Journal of Finance, 29, S. 449–470.

MILNE, ALISTAIR; WHALLEY, ELIZABETH (2001), Bank Capital Regulation and Incentives for Risk-Taking, Diskussionsbeitrag, City University Business School, London.

MORGAN, DONALD P.; STIROH, KEVIN J. (2005), Too Big to Fail After All These Years, Diskussionsbeitrag 220, Federal Reserve Bank of New York.

MÜLLER, WOLFGANG (2007), Anmerkungen zur Rolle und Aufgabe der atypischen Genossenschaftsbanken im Verbund, Zeitschrift für das gesamte Kreditwesen, 60, S. 1227–1230.

NAKAMURA, LEONARD I. (1994), Small Borrowers and the Survival of the Small Bank: Is Mouse Bank Mighty or Mickey, Business Review, S. 3–15.

NEUBAUER, WERNER; BELLGARDT, EGON; BEHR, ANDREAS (2002), Statistische Methoden, Verlag Vahlen, München, 2. Auflage.

NEUBERGER, DORIS (1999), Regionalökonomie und Finanzierung kleiner und mittelständischer Unternehmen: Ansätze zur Erklärung eines Ost-West-Gefälles, Diskussionsbeitrag 24, Universität Rostock.

NORDDEUTSCHE LANDESBANK (2008), Geschäftsbericht 2007, https://www.nordlb.de/fileadmin/Investor_Relations/Geschaeftsberichte/deutsch/2007/Geschaeftsbericht_2007.pdf (20.09.2008).

NORDEN, LARS; SZERENCSES, MANUEL (2005), Migration and Concentration Risks in Bank Lending: New Evidence from Credit Portfolio Data, Diskussionsbeitrag, Universität Mannheim.

OHL, HANS-PETER (1994), Asset-Backed Securities ein innovatives Instrument zur Finanzierung deutscher Unternehmen, Gabler, Wiesbaden.

PELLENS, BERNHARD; FÜLBIER, ROLF U.; GASSEN, JOACHIM (2006), Internationale Rechnungslegung, Schäffer-Poeschel, Stuttgart.

PETERSEN, MITCHELL A.; RAJAN, RAGHURAM G. (1995), The Effect of Credit Market Competition on Lending Relationships, Quarterly Journal of Economics, 110, S. 406–443.

PFINGSTEN, ANDREAS; GUTHOFF, ANJA; WOLF, JULIANE (1997), On the Compatibility of Value at Risk, Other Risk Concepts, and Expected Utility Maximization, in: Hipp, Christian; Eichhorn, Wolfgang; Franke, Günter; Heilmann, Wolf-Rüdiger (Hg.), *Geld, Finanzwirtschaft, Banken und Versicherungen: 1996; Beiträge zum 7. Symposium Geld, Finanzwirtschaft, Banken und Versicherungen an der Universität Karlsruhe vom 11. - 13. Dezember 1996*, Verlag Versicherungswirtschaft, Karlsruhe, S. 591–614.

PFINGSTEN, ANDREAS; RUDOLPH, KAI (2004), Eine Empirische Analyse der Kreditportfoliozusammensetzung deutscher Bankengruppen, Zeitschrift für Betriebswirtschaft, Ergänzungsheft 02, 74, S. 1–24.

PODDIG, THORSTEN; DICHTL, HUBERT; PETERSMEIER, KERSTIN (2003), Statistik, Ökonometrie, Optimierung, Uhlenbruch, Bad Soden/Ts, 3. Auflage.

PYKTHIN, MICHAEL (2003), Unexpected Recovery Risk, Risk, 16, S. 74–78.

RAMMER, CHRISTIAN (2007), Unternehmensdynamik in Deutschland 1995-2005 im internationalen Vergleich, Diskussionsbeitrag 14/2007, Zentrum für Europäische Wirtschaftsforschung, Mannheim.

RAMSEY, JAMES B. (1969), Tests for Specification Errors in Classical Linear Squares Regression Analysis, Journal of the Royal Statistical Society, 132, S. 350–371.

RINGLE, CHRISTIAN M. (2003), Die genossenschaftlichen Bankenverbünde in Deutschland und in den Niederlanden: Perspektiven für eine europaweite Kooperation, Diskussionsbeitrag 29, Hamburger Beiträge zum Genossenschaftswesen, Hamburg.

ROCKAFELLAR, TYRELL; URYASEV, STANISLAV P. (2002), Conditional Value-at-Risk for General Loss Distributions, Journal of Banking and Finance, 26, S. 1443–1471.

RUDOLPH, BERND; HOFMANN, BERND; SCHABER, ALBERT; SCHÄFER, KLAUS (2007), Kreditrisikotransfer. Moderne Instrumente und Methoden, Springer, Berlin u.a.O.

SAUNDERS, ANTHONY; SCHUMACHER, LILIANA (2000), The Determinants of Bank Interest Margins: an International Study, Journal of International Money and Finance, 19, S. 813–822.

SCHIERENBECK, HENNER (2003), Ertragsorientiertes Bankmanagement: Band 1: Grundlagen, Marktzinsmethode und Rentabilitäts-Controlling, Gabler, Wiesbaden, 8. Auflage.

SCHIERENBECK, HENNER; LISTER, MICHAEL; KIRMSSE, STEFAN (2008), Ertragsorientiertes Management Band 2: Risiko-Controlling und integrierte Rendite-/Risikosteuerung, Gabler, Wiesbaden, 9. Auflage.

SCHMALENBACH, EUGEN (1910), Großbankorganisation, Zeitschrift für handelswissenschaftliche Forschung, 5, S. 372–379.

SCHMEISSER, WILHELM; MAUKSCH, CAROLA (2005), Kalkulation des Risikos im Kreditzins nach Basel II, Finanz Betrieb, 7, S. 296–310.

SCHMOLL, ANTON (1999), Kreditrisiken erfolgreich managen, Gabler, Wiesbaden.

SCHÖNBUCHER, PHILIPP J. (2003), Credit Derivatives Pricing Models, Wiley & Sons, Chichester.

SCHULTE-MATTLER, HERMAN; GAUMERT, UWE (2008), Regulatorisches und ökonomisches Eigenkapital, in: Axel Becker, Volker Gehrmann und Hermann

Schulte-Mattler (Hg.), *Handbuch ökonomisches Kapital*, Fritz Knapp Verlag, Frankfurt am Main, S. 25–62.

SHARPE, STEVEN A. (1990), Asymmetric Information, Bank Lending, and Implicit Contracts: A Stylized Model of Customer Relationships, Journal of Finance, 45, S. 1069–1087.

SIEBKE, JÜRGEN (1999), Verteilung, in: Bender, Dieter; Berg, Hartmut; Cassel, Dieter; Gabisch, Günter; Grossekettler, Heinz; Hartwig, Karl-Hans; Hübl, Lothar; Kath, Dietmar; Siebke, Jürgen; Thieme, H. Jörg; Willms, Manfred (Hg.), *Vahlens Kompendium der Wirtschaftstheorie und Wirtschaftspolitik, Band 1*, Verlag Vahlen, München, 7. Auflage, S. 416–453.

SOLVV (2006), Verordnung über die angemessene Eigenmittelausstattung von Instituten, Institutsgruppen und Finanzholding-Gruppen, Bundesministerium der Finanzen, Berlin.

SPARKASSE HANNOVER (2008), Geschäftsbericht 2007, http://www.sparkasse-hannover.de/ueber_uns/unternehmen/geschaeftsdaten/geschaeftsbericht_2007.pdf?IFLBSERVERID=IF@@012@@IF&PHPSESSID=ef1dd52975f39f2e23f964f6f299918a (20.09.2008).

STAATS, STEFAN (2006), Fusionen bei Sparkassen und Landesbanken - eine Untersuchung zu den Möglichkeiten der Vereinigung öffentlich-rechtlicher Kreditinstitute, Duncker & Humblot, Berlin.

STATISTISCHES BUNDESAMT (1979), Systematik der Wirtschaftszweige mit Erläuterungen, Ausgabe 1979, W. Kohlhammer Verlag, Stuttgart u.a.O.

STATISTISCHES BUNDESAMT (1993), Klassifikation der Wirtschaftszweige mit Erläuterungen, Ausgabe 1993, Verlag Metzler-Poeschel, Stuttgart.

STATISTISCHES BUNDESAMT (2005a), Qualitätsbericht Insolvenzstatistik, http://www.destatis.de/jetspeed/portal/cms/Sites/destatis/Internet/DE/Conten t/ Publikationen/Qualitaetsberichte/UnternehmenGewerbeInsolvenzen/Insolvenz, pro perty=file.pdf (15.09.2008).

STATISTISCHES BUNDESAMT (2005b), Qualitätsbericht Umsatzsteuerstatistik, http://www.destatis.de/jetspeed/portal/cms/Sites/destatis/Internet/DE/Conten t/Publikationen/Qualitaetsberichte/FinanzenSteuern/Umsatzsteuer,property=fi le.pdf (30.08.2008).

STATISTISCHES BUNDESAMT (2007), Wirtschaft und Statistik, 4/2007.

STEINER, MANFRED; BRUNS, CHRISTOPH (2007), Wertpapiermanagement, Schäffer-Poeschel, Stuttgart, 9. Auflage.

STIGLITZ, JOSEPH E.; WEISS, ANDREW (1981), Credit Rationing in Markets with Imperfect Information, American Economic Review, 71, S. 393–410.

STIROH, KEVIN J. (2004), Diversification in Banking: Is Noninterest Income the Answer?, Journal of Money, Credit, and Banking, 36, S. 853–882.

STOCK, JAMES H.; WATSON, MARK W. (2007), Introduction to Econometrics, Addison Wesley, Boston u.a.O.

STRÄTER, NORBERT; SUHR, SEBASTIAN (2004), Stichwort: Erwartete und unerwartete Verluste, Zeitschrift für Bank- und Kapitalmarktrecht, 4, S. 356–359.

STRÄTER, NORBERT; WISSING, DANIEL (2008), Market Discipline at German Savings Banks, Diskussionsbeitrag, Universität Münster.

STUDENMUND, A. H. (2006), Using Econometrics: A Practical Guide, Addison Wesley, Boston u.a.O., 5. Auflage.

TABACHNICK, BARBARA G.; FIDELL, LINDA S. (2006), Using Multivariate Statistics, Allyn & Bacon, Boston, 5. Auflage.

TASCHE, DIRK (2006), Measuring Sectoral Diversification in an Asymptotic Multi-Factor Framework, Journal of Credit Risk, 2, S. 33–55.

THEURL, THERESIA; KRING, THORN (2002), Governance Strukturen im genossenschaftlichen Finanzverbund, Diskussionsbeitrag 27, Institut für Genossenschaftswesen, Universität Münster.

THORBURN, KARIN S. (2000), Bankruptcy Auctions: Costs, Debt Recovery and Firm Survival, Journal of Financial Economics, 58, S. 337–368.

TRÖGER, NILS H. (2003), Mergers & Acquisitions im deutschen Bankensektor. Eine Analyse der Bestimmungsfaktoren, Gabler, Wiesbaden.

UBS AG (2005), UBS Outlook Risikomanagement, http://www.ubs.com/1/g/ubs_ch/bb_ch/market_information/outlook.html#risikomanagement (20.09.2008).

UDELL, GREGORY (1989), Loan Quality, Commercial Loan Review and Loan Officer Contracting, Journal of Banking and Finance, 29, S. 157–174.

UHRIG-HOMBURG, MARLIES (2002), Valuation of Defaultable Claims - A Survey, Schmalenbach Business Review, 54, S. 24–57.

VARMAZ, ARMIN (2006), Rentabilität im Bankensektor, Gabler Edition Wissenschaft, Wiesbaden.

VÖLKER, JÖRG (2000), Optimale marktorientierte Banksteuerung mit risikoadjustierten Performancemaßen auf Basis des Value-at-Risk, in: Holst, Jonny; Wilkens, Marco (Hg.), *Finanzielle Märkte und Banken*, Berliner Wissenschafts-Verlag, Berlin.

WAHRENBURG, MARK; NIETHEN, SUSANNE (2000), Vergleichende Analyse alternativer Kreditrisikomodelle, Kredit und Kapital, 33, S. 235–257.

WALDECK, OLIVER (2005), Bankbeziehungen von Unternehmen - Stand der empirischen Bankbeziehungsforschung, Diskussionsbeitrag, Universität Bremen.

WELCH, B. L. (1938), The Significance of the Difference Between Two Means When the Population Variances are Unequal, Biometrika, 29, S. 350–362.

WELCH, B. L. (1947), The Generalization of Student's Problem When Several Different Population Variances are Involved, Biometrika, 34, S. 28–35.

WETH, MARK A. (2002), The Pass-Through from Market Interest Rates to Bank Lending Rates in Germany, Diskussionsbeitrag 11/2002, Deutsche Bundesbank, Frankfurt am Main.

WHITE, HALBERT (1980), A Heteroskedasticity-consistent Covariance Matrix Estimator and a Direct Test for Heteroskedasticity, Econometrica, 48, S. 817–830.

WILSON, PATRICIA F. (1993), The Pricing of Loans in an Bank-borrower Relationship, Diskussionsbeitrag, Indiana University.

WINTON, ANDREW (1999), Don't Put All Your Eggs in One Basket? Diversification and Specialization in Lending, Diskussionsbeitrag 9903, Finance Department, University of Minnesota, Minneapolis.

WOOLDRIDGE, JEFFREY M. (2008), Introductory Econometrics: A Modern Approach, South-Western, Mason, 4. Auflage.

WU, GUOJUN; XIAO, ZHIJIE (2002), An Analysis of Risk Measures, Journal of Risk, 4, S. 53–75.

YAMAI, YASUHIRO; YOSHIBA, TOSHINAO (2004), Value-At-Risk versus Expected Shortfall: A Practical Perspective, Journal of Banking and Finance, 29, S. 996–1015.

YU, FAN (2003), Default Correlation in Reduced-Form Models, Diskussionsbeitrag, University of California, Irvine.

FSC
www.fsc.org
MIX
Papier | Fördert gute Waldnutzung
FSC® C083411

Kolibri 360 GmbH
Ferdinand-Jühlke-Straße 7
99095 Erfurt, Deutschland
produktsicherheit@kolibri360.de